누구나 쉽게 배우는

인공지능 스타트 2판 with 챗GPT

박동규
dongupak@gmail.com

저자는 「널널한 교수의 코딩 클래스」 유튜브 채널을 운영 중이며 파이썬, C, 자바, Swift 등의 프로그래밍 언어와 자료구조, 알고리즘, 머신러닝, 딥러닝 관련 강좌를 400개 이상 업로드하였다. 저서로는 『으뜸 파이썬』, 『따라하며 배우는 파이썬과 데이터 과학』, 『으뜸 머신러닝』, 『으뜸 데이터 분석과 머신러닝』, 『자바 3D 프로그래밍』, 『누구나 쉽게 배우는 인공지능 스타트』, 『누구나 쉽게 배우는 딥러닝 스타트』 등이 있다. 『으뜸 파이썬』(2020), 『누구나 쉽게 배우는 인공지능 스타트』(2023), 『누구나 쉽게 배우는 딥러닝 스타트』(2024)는 한국출판문화산업진흥원의 세종도서 학술부문도서로 선정되었다.

- 1993年 부산대학교 전자계산학과 이학사
- 1996年 부산대학교 전자계산학과 이학석사
- 1999年 부산대학교 전자계산학과 이학박사
- 2002年~현재 창원대학교 정보통신공학과 교수
- 2021年 부산대학교 컴퓨터 및 정보통신연구소 객원교수
- 2007年 미국 카네기멜론대학교 방문교수
- 2012年 미국 텍사스A&M대학교 방문교수
- 창원대학교 정보전산원장, 창원시 스마트모바일 앱센터장 역임

누구나 쉽게 배우는
인공지능 스타트 2판
with 챗GPT

발행 2025년 1월 10일 2판 1쇄
2026년 2월 9일 2판 2쇄

지은이 박동규
발행인 채희만
발행처 INFINITYBOOKS | **주소** 경기도 고양시 일산동구 하늘마을로 158, 대방트리플라온 C동 209호
대표전화 02)302-8441 | **팩스** 02)6085-0777
출판팀 강미연, 성희령 | **마케팅팀** 한석범 | **경영관리팀** 이승희

도서문의 및 A/S 지원
홈페이지 www.infinitybooks.co.kr | **이메일** helloworld@infinitybooks.co.kr

ISBN 979-11-92373-91-1 | **등록번호** 제 2021-000018호 | **판매정가** 29,000원

머리말

오늘날 인공지능은 그저 과학자나 기술자들의 실험실 수준의 연구 주제가 아닙니다. 이 기술은 우리가 매일 사용하는 스마트폰과 자동차, 소셜 미디어, 동영상 스트리밍 서비스 등과 같이 일상에 깊숙이 자리 잡은 기술이 되었습니다. 스마트폰에서의 음성 인식, 다양한 추천 알고리즘, 매년 진화하는 자율주행 차량까지, 인공지능은 어느새 우리 곁에서 새로운 시대를 열어가고 있습니다. 이렇듯 빠르게 진화하는 인공지능 시대에 발맞추어, 초보자도 쉽게 이해하고 따라할 수 있는 책을 집필하기로 했습니다. 그 결과물이 바로『누구나 쉽게 배우는 인공지능 스타트』입니다.

처음 책을 발간한 후 이 책은 많은 독자분들의 관심을 받았으며, 세종도서 학술부문도서로 선정되는 과분한 영예도 누리게 되었습니다. 하지만 불과 2년이라는 짧은 기간에 인공지능에 대한 관심은 이전에 비해 더욱 폭발적으로 증가했고, 기술의 발전도 놀랍게 진행되었습니다. 이에 따라 개정판을 준비하면서 독자 여러분이 최신 인공지능 동향과 기술을 놓치지 않도록, 더 풍부한 내용과 구체적인 실습 예제를 추가했습니다.

이번 개정판은 특히 다음의 세 가지에 초점을 맞췄습니다. 첫째, 쉽고 명확한 설명입니다. 이 책은 인공지능이 처음인 분들을 위해 인공지능의 기초 개념을 자세히 풀어 설명하며, 복잡한 개념도 다양한 예시와 그림을 통해 직관적으로 이해할 수 있도록 했습니다. 둘째, 실제 적용 가능한 실습입니다. 이 책은 인공지능에 대한 이론적인 설명에 그치지 않고, 독자들이 직접 인공지능을 체험할 수 있는 실습을 제공하여, 이론과 실습의 균형을 맞췄습니다. 마지막으로, 최신 인공지능 기술의 반영입니다. 인공지능 기술은 하루가 다르게 발전하고 있으므로, 이와 관련된 최신 기술과 응용 사례를 담아, 이 책을 통해 현재 인공지능이 어떻게 발전하고 있는지 살펴볼 수 있습니다.

개정판에서는 대규모 언어 모델, 디퓨전 모델, 생성형 인공지능, ChatGPT 등과 같은 인공지능의 주요 기술들을 이전 판에 비해 더욱 깊이 있게 다루었습니다. 또한, 인공지능이 미치는 사회적 영향과 윤리적 문제도 함께 논의하며, 기술의 혜택뿐만 아니라 그에 따른 책임에 대해서도 생각해 볼 수 있는 기회를 제공하고자 했습니다.

이 책을 통해 독자들이 인공지능의 원리와 실제 적용 방법을 습득하고, 나아가 미래 사회에서 인공지능과 어떻게 공존할 수 있을지에 대한 통찰을 얻을 수 있기를 바랍니다. 여러분의 성장과 인공지능에 대한 이해가 깊어지기를 진심으로 기원하며, 이 책이 그 여정에 든든한 길잡이가 되기를 기대합니다.

2024년 12월 정병산 아래에서

저자 박동규

이 책의 구성

로드맵 및 학습목표

해당 장에서 어떤 주제와 내용을 배우는지 간단히 도표로 보여줍니다.

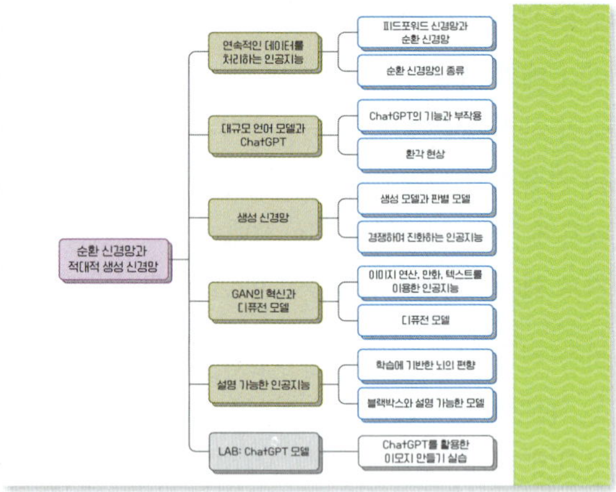

그림과 캐릭터

다양한 그림과 캐릭터를 배치하고 말풍선을 활용하여 이해하기 쉽도록 설명합니다.

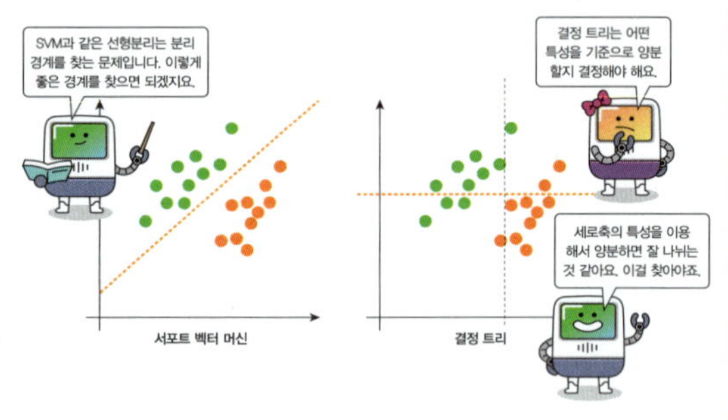

NOTE

본문에 대한 보충 설명이나 흥미로운 내용을 읽을거리로 제공합니다.

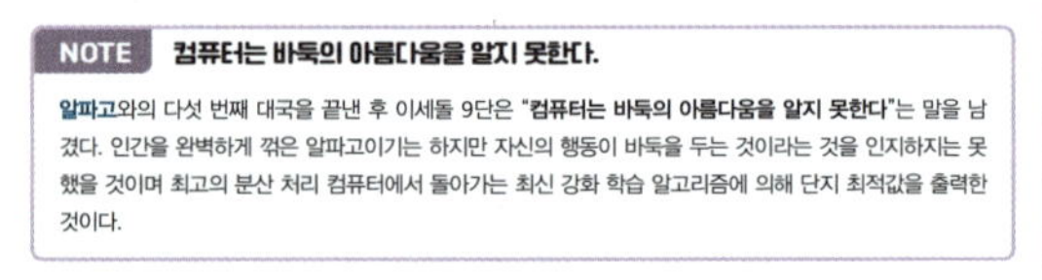
NOTE 컴퓨터는 바둑의 아름다움을 알지 못한다.

알파고와의 다섯 번째 대국을 끝낸 후 이세돌 9단은 "**컴퓨터는 바둑의 아름다움을 알지 못한다**"는 말을 남겼다. 인간을 완벽하게 꺾은 알파고이기는 하지만 자신의 행동이 바둑을 두는 것이라는 것을 인지하지는 못했을 것이며 최고의 분산 처리 컴퓨터에서 돌아가는 최신 강화 학습 알고리즘에 의해 단지 최적값을 출력한 것이다.

한걸음 더

조금 심화된 주제도 참고할 수 있도록 별도로 구분하여 설명합니다.

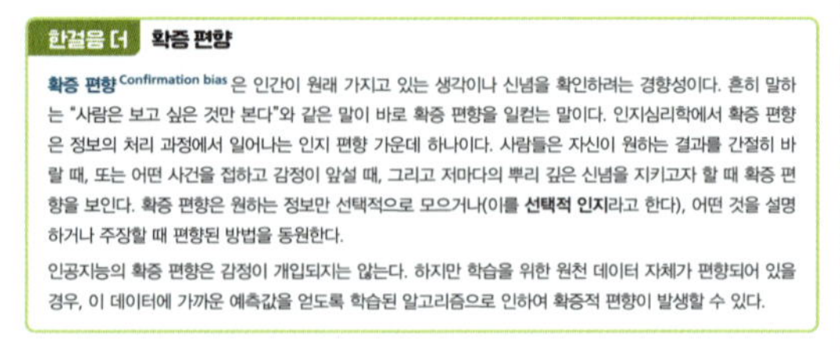
한걸음 더 확증 편향

확증 편향 Confirmation bias 은 인간이 원래 가지고 있는 생각이나 신념을 확인하려는 경향성이다. 흔히 말하는 "사람은 보고 싶은 것만 본다"와 같은 말이 바로 확증 편향을 일컫는 말이다. 인지심리학에서 확증 편향은 정보의 처리 과정에서 일어나는 인지 편향 가운데 하나이다. 사람들은 자신이 원하는 결과를 간절히 바랄 때, 또는 어떤 사건을 접하고 감정이 앞설 때, 그리고 저마다의 뿌리 깊은 신념을 지키고자 할 때 확증 편향을 보인다. 확증 편향은 원하는 정보만 선택적으로 모으거나(이를 **선택적 인지**라고 한다), 어떤 것을 설명하거나 주장할 때 편향된 방법을 동원한다.

인공지능의 확증 편향은 감정이 개입되지는 않는다. 하지만 학습을 위한 원천 데이터 자체가 편향되어 있을 경우, 이 데이터에 가까운 예측값을 얻도록 학습된 알고리즘으로 인하여 확증적 편향이 발생할 수 있다.

LAB

본문에서 배운 인공지능 개념을 직접 실습해 보며 응용할 수 있습니다.

LAB 11

ChatGPT의 여러 가지 모델을 활용하자

[실습 목표]

이번 실습에서는 ChatGPT의 여러 가지 모델을 사용하는 방법을 알아볼 것이다.

[실습하기]

[단계 1] 실습을 위하여 아래의 웹사이트에 접속한다.

https://chatgpt.com/

[단계 2] 웹 페이지를 살펴보면 왼쪽 상단에는 ChatGPT에서 제공하는 인공지능 모델로 4o mini가 나타나 있으며 이 모델은 사용자가 선택 가능하다. 오른쪽 상단에는 계정을 만들거나 로그인을

요약

해당 장에서 학습한 핵심 내용을 요약해서 정리합니다.

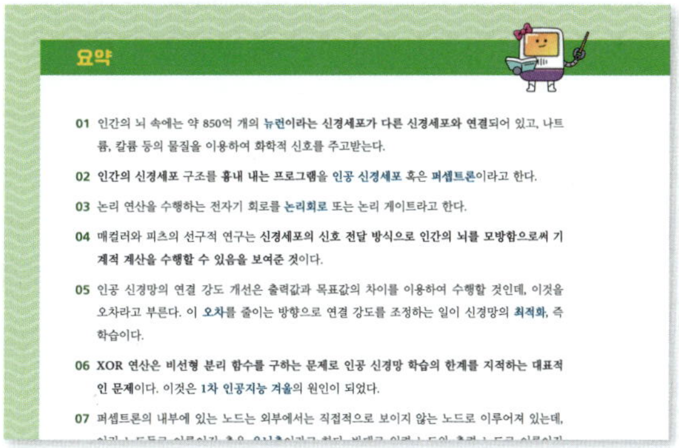

요약

01 인간의 뇌 속에는 약 850억 개의 뉴런이라는 신경세포가 다른 신경세포와 연결되어 있고, 나트륨, 칼륨 등의 물질을 이용하여 화학적 신호를 주고받는다.

02 인간의 신경세포 구조를 흉내 내는 프로그램을 인공 신경세포 혹은 퍼셉트론이라고 한다.

03 논리 연산을 수행하는 전자기 회로를 논리회로 또는 논리 게이트라고 한다.

04 매컬러와 피츠의 선구적 연구는 신경세포의 신호 전달 방식으로 인간의 뇌를 모방함으로써 기계적 계산을 수행할 수 있음을 보여준 것이다.

05 인공 신경망의 연결 강도 개선은 출력값과 목표값의 차이를 이용하여 수행할 것인데, 이것을 오차라고 부른다. 이 오차를 줄이는 방향으로 연결 강도를 조정하는 일이 신경망의 최적화, 즉 학습이다.

06 XOR 연산은 비선형 분리 함수를 구하는 문제로 인공 신경망 학습의 한계를 지적하는 대표적인 문제이다. 이것은 1차 인공지능 겨울의 원인이 되었다.

07 퍼셉트론의 내부에 있는 노드는 외부에서는 직접적으로 보이지 않는 노드로 이루어져 있는데,

연습 문제

여러 문제들을 풀어보며 본문에서 학습한 내용을 복습할 수 있습니다.

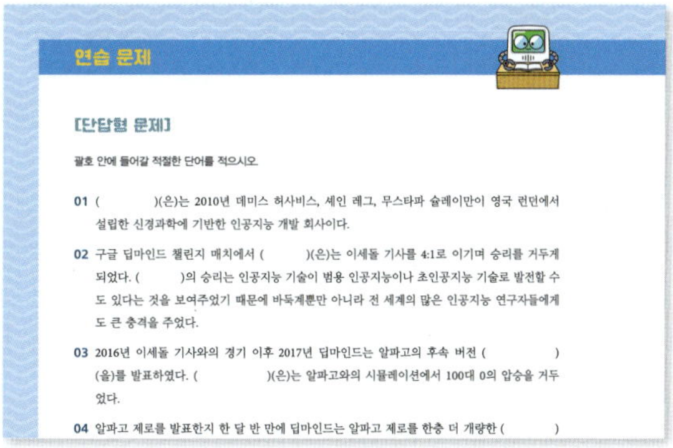

연습 문제

[단답형 문제]

괄호 안에 들어갈 적절한 단어를 적으시오.

01 (   )(은)는 2010년 데미스 허사비스, 셰인 레그, 무스타파 슐레이만이 영국 런던에서 설립한 신경과학에 기반한 인공지능 개발 회사이다.

02 구글 딥마인드 챌린지 매치에서 (   )(은)는 이세돌 기사를 4:1로 이기며 승리를 거두게 되었다. (   )의 승리는 인공지능 기술이 범용 인공지능이나 초인공지능 기술로 발전할 수도 있다는 것을 보여주었기 때문에 바둑계뿐만 아니라 전 세계의 많은 인공지능 연구자들에게도 큰 충격을 주었다.

03 2016년 이세돌 기사와의 경기 이후 2017년 딥마인드는 알파고의 후속 버전 (   )(을)를 발표하였다. (   )(은)는 알파고와의 시뮬레이션에서 100대 0의 압승을 거두었다.

04 알파고 제로를 발표한지 한 달 반 만에 딥마인드는 알파고 제로를 한층 더 개량한 (   )

심화 학습

인공지능과 관련한 다양한 주제에 대해 한층 심화된 내용을 학습할 수 있습니다.

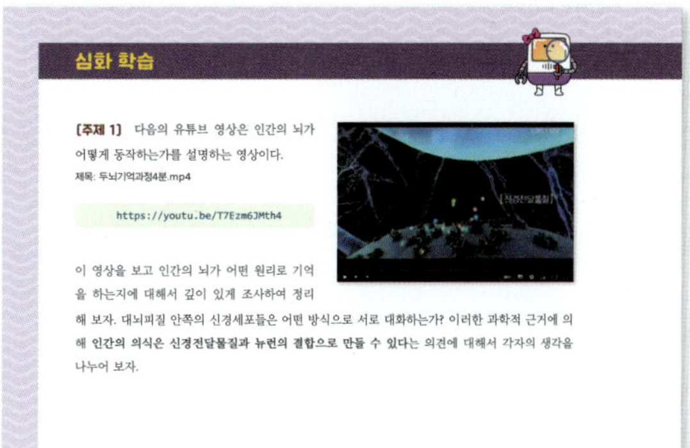

심화 학습

[주제 1] 다음의 유튜브 영상은 인간의 뇌가 어떻게 동작하는가를 설명하는 영상이다.

제목: 두뇌기억과정4분.mp4

https://youtu.be/T7Ezm6JMth4

이 영상을 보고 인간의 뇌가 어떤 원리로 기억을 하는지에 대해서 깊이 있게 조사하여 정리해 보자. 대뇌피질 안쪽의 신경세포들은 어떤 방식으로 서로 대화하는가? 이러한 과학적 근거에 의해 인간의 의식은 신경전달물질과 뉴런의 결합으로 만들 수 있다는 의견에 대해서 각자의 생각을 나누어 보자.

이 책의 활용

강의 주차 설계

- 이 책은 대학의 일반적인 한 학기 강의에 해당하는 15주 강의에 적합하도록 구성되었습니다.
- 이 책은 13개의 장으로 구성되어 있는데 중간고사, 기말고사를 고려하면 1개의 장을 1주에 진행하는 것이 수업 진도에 맞을 것입니다. 하지만 수강생의 관심도에 맞게 중간고사 대신 토의나 발표 수업을 진행하여 1개의 장을 2주에 걸쳐 진행하는 것도 좋을 것입니다.

강의 자료

- 이 책으로 강의를 하시는 분들을 위한 강의 자료를 인피니티북스 홈페이지에서 제공합니다.
- 홈페이지에서 '교수회원'으로 가입을 하고 승인 절차를 거친 후 [교수지원실] 메뉴에서 다운받을 수 있습니다.

인피니티북스 홈페이지: http://infinitybooks.co.kr

LAB 활용

- 각 장에 있는 LAB은 인공지능 기술을 실제로 활용할 수 있는 다양한 실습공간입니다.
- 건너뛰지 마시고 LAB의 내용을 스스로 하거나, 동료 학습자들과 함께하며 인공지능을 잘 활용하는 방법을 익혀봅시다.

요약

- 각 장의 요약에는 각 장의 핵심이 되는 내용을 다시 한번 살펴볼 수 있습니다.

연습 문제

- 각 장의 연습 문제를 스스로 풀어봅시다.
- 연습 문제는 주관식, 짝짓기, 객관식 문제 등 다양한 유형이 있습니다.
- 연습 문제를 풀어보며 인공지능에 대한 개념을 정리해 봅시다.

심화 학습

- 심화 학습에는 여러 가지 생각해 볼 주제들이 제시됩니다.
- 이 주제에는 정답이 없으며 독자 여러분들이 스스로 생각하며 자신의 의견을 정리하거나, 관련된 내용에 대한 조사를 하며 사실 관계를 깊이 이해할 수 있도록 돕기 위한 목적으로 제시되었습니다.
- 사실 조사를 할 경우 자연과학이나 인문사회 과학적 근거에 기반하여 조사하여야 합니다. 이 경우 참고한 문헌과 자료의 출처를 제시하는 것이 바람직합니다.
- 심화 학습의 경우 소그룹 토의를 통해서 다양한 의견을 교환하고 모아서 정리하는 것도 더욱 효과적입니다.
- 만일 소그룹 토의를 통해 주제 조사를 할 경우 참여자는 최소 2명, 최대 6명 이내가 적절할 것입니다. 소그룹 선정은 제비뽑기나 사다리 타기, 수강생 사이의 협의를 통하여 진행합니다.
- 소그룹이 선정되면 각자 자기소개를 하고, 소그룹 이름을 정한 후 그룹장(주최자)을 선정합니다. 그 후 다양한 학술 정보 검색 사이트에서 각자 조사한 내용을 발표하고 서로 토론하고 정리한다면 더욱 알찬 심화 학습이 될 것입니다.

강의 계획

이 책은 대학의 일반적인 한 학기 강의에 해당하는 15주에 적합하도록 구성하였습니다.

- 아래에 제시한 표와 같이 중간고사, 기말고사를 고려하여 1개의 장을 1주씩 진행하는 것이 강의 진도에 맞을 것입니다.
- 수강생의 관심도에 맞게 중간고사 대신 토의나 발표 수업을 진행하여 1개의 장을 2주에 걸쳐 진행하는 것도 좋습니다.

주차	장	주제	주요 내용
1주	1장	인공지능으로 즐기는 세상	인공지능 기술, ChatGPT, 인공지능 적용 분야
2주	2장	인공지능의 역사	1~4차 산업혁명, 인공지능 역사, 인공지능의 겨울
3주	3장	상상과 예술 속의 인공지능	인공지능과 불쾌한 골짜기, 초인공지능, 로봇
4주	4장	인공지능과 윤리	인공지능 편향, 인공지능 윤리, 트롤리 딜레마
5주	5장	인공지능을 배우기 위해 알아야 할 것	프로그래밍, 규칙, 전문가 시스템, 명시적 프로그램
6주	6장	인공지능을 위한 기술	2진수, 빅데이터, MNIST, 클라우드 컴퓨팅
7주	7장	인공지능과 데이터 과학	컴퓨터의 발전, 데이터 과학, 상관계수, 데이터 분석
8주	중간고사		
9주	8장	스스로 학습하는 머신러닝	머신러닝, 선형 회귀, k-NN, 클러스터링
10주	9장	인공 신경망 기술	퍼셉트론, XOR 문제, 심층 신경망, 오차 역전파
11주	10장	딥러닝의 세계로	훈련 데이터, 이미지넷, 합성곱 신경망, 객체 탐지
12주	11장	대규모 언어 모델과 생성형 인공지능	대규모 언어 모델, ChatGPT, 생성형 인공지능
13주	12장	인간과 겨루는 인공지능: 강화 학습	알파고, 강화 학습, 에이전트, 자율주행 자동차
14주	13장	인공지능의 도전과 미래	인공지능과 직업, 뇌과학과 인공지능
15주	기말고사		

차례

01

인공지능으로 즐기는 세상

학습목차

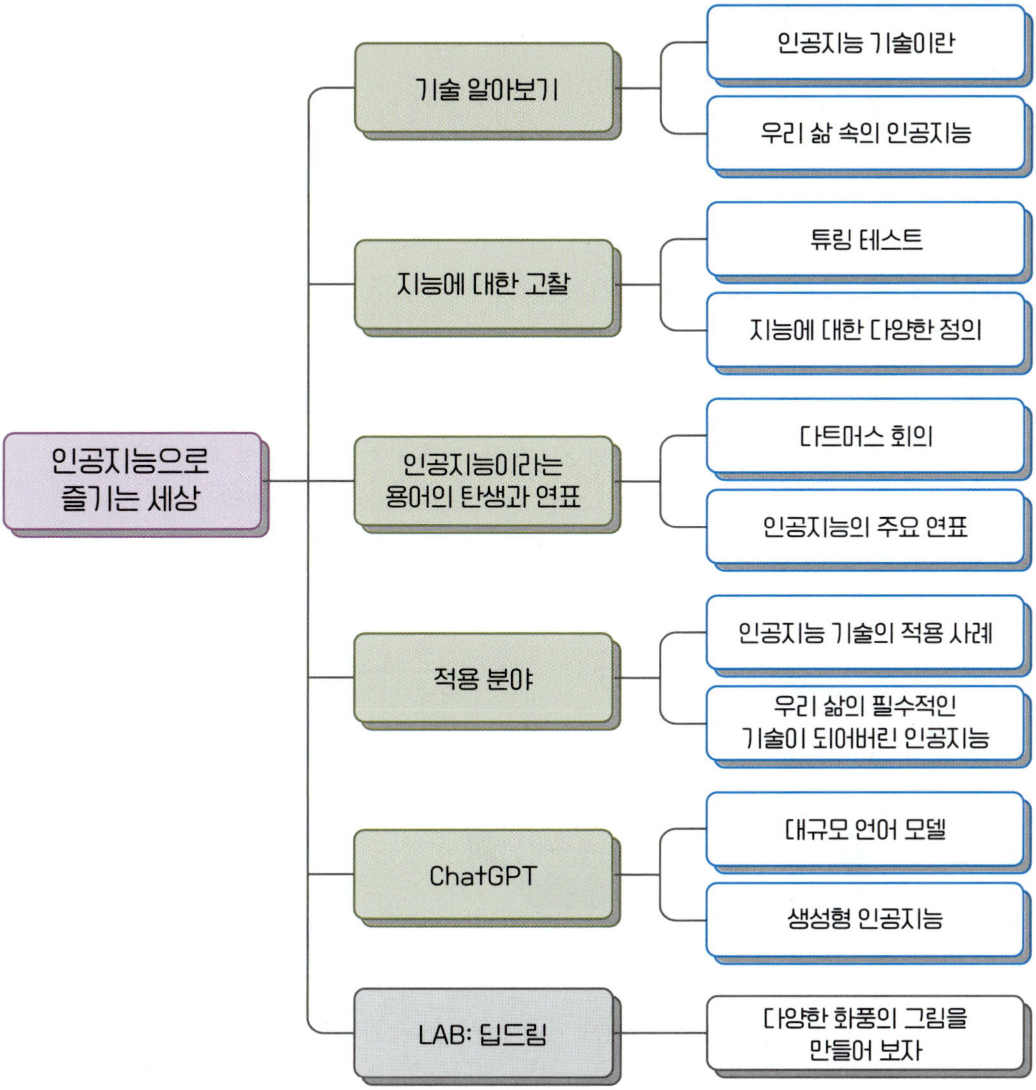

학습목표

- 인공지능 기술이란 무엇이며, 이 기술이 활용되는 사례를 살펴보자.
- 인간 지능의 다면적인 성격에 대해 알아보고, 지능에 대한 여러 가지 정의를 살펴보자.
- 인공지능의 역사와 컴퓨터 과학 분야의 세부 기술로 인공지능이 자리잡게 된 이유를 알아보자.
- 오늘날 여러 가지 분야에서 적용되는 인공지능 기술에 대하여 살펴보자.
- 대규모 언어 모델과 생성형 인공지능에 대해 살펴보고 이로 인한 부작용에 대해 알아보자.

01 인공지능 기술을 알아보자

인공지능이라는 과학 기술

인공지능 artificial intelligence 기술은 **인간의 학습능력, 추론능력, 지각능력을 인공적으로 구현하려는 과학 기술**을 말한다. 인공지능은 컴퓨터 과학자들에 의해서 1950년대에 만들어진 용어이며, 용어의 정립과 함께 오랫동안 많은 이들의 주목을 받았던 기술이다. 그러나 컴퓨터 스스로 학습하고 문제를 해결하는 과정의 어려움이 알려지면서 한동안 많은 연구자들의 외면을 받았으며, 다른 학문 분야에 비해 **상당히 큰 성공과 실패의 부침을 겪어왔다**. 하지만 최근 10년 사이에 인공지능은 엄청난 관심과 학계·산업계의 지원을 받는 학문이 되었다.

2019년 한국을 방문한 소프트뱅크의 손정의 회장은 청와대에서 진행된 면담에서 "한국이 집중해야 할 것은 **첫째도 인공지능, 둘째도 인공지능, 셋째도 인공지능**이다"라는 말로 인공지능 기술의 중요성을 이야기한 바 있다. 손정의 회장은 한국이 집중해야 할 분야라고 이야기했지만 인공지능 분야는 전 세계 많은 나라들이 **국가의 미래를 결정하는 중요한 기술**로 생각하고 있으며 기술 개발과 연구에 많은 투자를 아끼지 않고 있다.

지난 1950년대부터 70여 년간 어떤 일이 일어났던 것일까? 또한 인공지능 기술에는 어떤 원리가 숨어 있는 것일까? 인공지능은 현재 어떤 방식으로 우리를 도와주고 있는 것이며 앞으로 인공지능은 우리가 살아갈 세상과 개인의 삶을 어떤 방식으로 바꾸게 될까? 이러한 많은 질문을 던지며 이야기를 풀어가 보도록 하자.

우리의 삶 여러 곳에 스며든 인공지능 기술

독자 여러분이 스마트폰을 켜고 재미있는 영상을 보기 위해 유튜브나 넷플릭스에 접속하면 보통 어떤 영상을 보게 되는가? 아마도 이미 구독한 채널의 영상이나 최근에 살펴본 영상과 유사한 영상이 추천 영상으로 나타나게 될 것이다. 혹은 알 수 없는 알고리즘이 제시하는 재미있는 영상에 흥미를 느껴서 시간 가는 줄 모르고 그 영상에 빠져든 경험이 있을 것이다.

유튜브는 2016년 이후 인공지능 시스템이 사용자의 동영상 시청 이력, 시청 시간, 구독 여부, 상호 작용 등의 컨텍스트를 기반으로 우선순위를 부여하여 **개인화된 동영상 추천 서비스를 제공**하도록 알고리즘을 수정하였다. 이 알고리즘의 도입 이후 비디오 시청 시간은 20배 이상 증가하였으며, 넷플릭스 역시 **매출의 75%가 인공지능에 의존한 추천 시스템**에 의해 발생한다.

또 다른 예로, 즐겨 찾는 인터넷 쇼핑 앱을 실행하는 경우를 생각해 보자. 이 앱은 놀랍게도 여러분이 찾고자 하는 상품을 매우 높은 우선순위로 추천해 준다. 이로 인해 검색 시간을 아끼고 손쉽게 상품을 주문하는 즐거움을 누릴 수 있을 것이다. 보통 자주 이용하는 네이버 쇼핑이나 쿠팡 등의 인터넷 쇼핑몰에 올라온 상품들은 우리가 평생을 살펴보아도 다 보기 힘들 정도의 방대한 양이다. 우리는 그야말로 '**콘텐츠 홍수의 시대**'에 살고 있는 것이다. 온라인 쇼핑몰 플랫폼 회사는 고객의 방문과 과거 구매 데이터를 인공지능 시스템에 제공한다. 이 **인공지능 시스템은 넘겨 받은 데이터를 분석하여 고객에게 적절한 물품을 추천하는 기술**을 적극적으로 이용하고 있다.

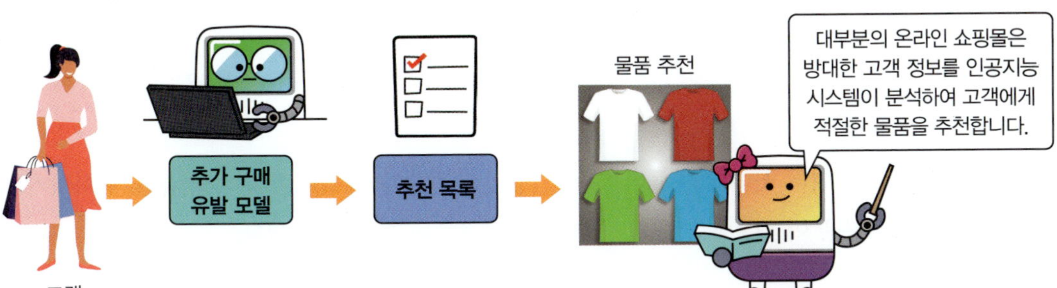

온라인 쇼핑몰의 인공지능 기반 추천 시스템

만약 여러분이 운전을 한다면 최근 **자동차와 관련된 인공지능 기술**에 대해 궁금해할지도 모른다. **초기의 자동차가 엔진이나 변속기와 같은 기계 부품이 중심이었다면, 지금은 새로운 전자 장치와 센서 기술이 중심이 되고 있으며** 이를 제어하는 인공지능 기반 제어 기술이 핵심이라고 이야기할 수 있다. 최근 출시되는 자동차는 "창문 열어줘!", "따뜻하게 해줘!", "날씨 알려줘!"와 같은 간단한 **음성 명령어를 인식**하고, 센서로부터 수집된 정보를 바탕으로 최적의 미션 상태와 연료 분사 정도를 제어한다. 또한, 자동차 여러 곳에 설치된 카메라와 센서로부터 주행에 필요한 정보를 수집하여 운전자가 핸들에서 잠시 손을 놓더라도 스스로 차선의 중앙과 차량 간 간격을 유지한다.

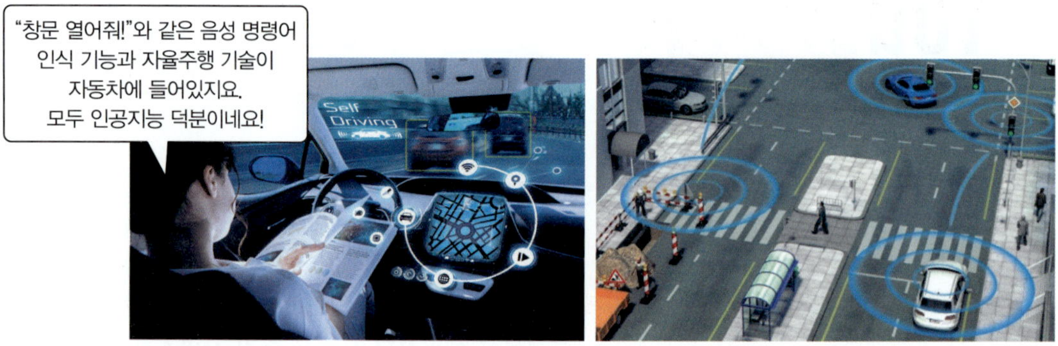

출처: wardsauto.com

또한, 구글에서 제공하는 번역 시스템을 사용하면 웹 페이지에서 외국어로 표기된 자료들을 손쉽게 한국어로 변환하여 읽을 수 있으며, 네이버에서 제공하는 **파파고**와 같은 시스템을 사용한다면 아래와 같이 여러분이 표현하고자 하는 문장을 원하는 언어로 빠르게 번역할 수 있다.

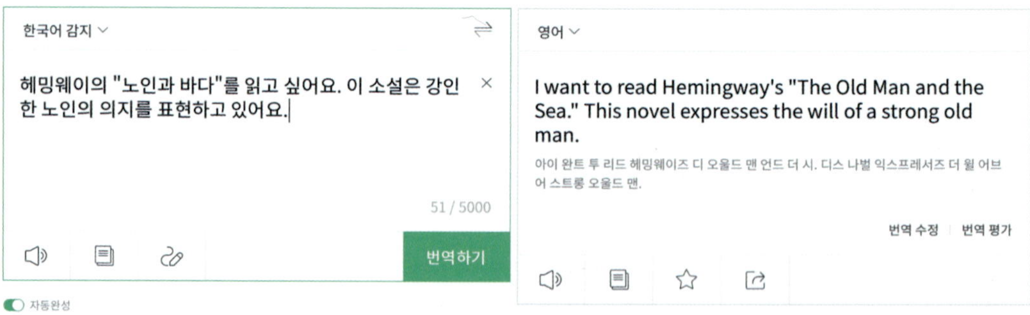

이처럼 일상생활 속 여러 곳에 스며들어 있는 인공지능 기술은 매일매일 우리의 삶을 변화시키고 있으며, 독자 여러분은 이 새로운 시대의 큰 파도가 밀려오는 순간에 서 있다.

NOTE 알고리즘

알고리즘 algorithm 이란 컴퓨터 과학에서 어떠한 문제를 풀기 위한 일련의 절차와 방법을 공식화한 형태로 표현하는 것을 말하며, 흔히 계산을 실행하기 위한 단계적 절차를 의미한다. 알고리즘이라는 용어는 9세기 페르시아의 수학자인 **무함마드 알콰리즈미**의 이름을 라틴어화한 **알고리스무스** algorismus 에서 유래한 표현이다.

컴퓨터 과학에서 말하는 알고리즘은 주어진 입력에 대하여 명확한 절차에 의해서 유한한 시간에 정답을 출력할 수 있어야 한다. 최근 인터넷에서 사용되는 **알 수 없는 알고리즘**이라는 용어는 사용자가 검색 키워드를 입력하지 않았음에도 불구하고 추천 시스템에 의해 자동으로 자기 관심분야 외의 영상이나 상품을 본 사용자들에 의해 널리 사용되게 되었다.

알콰리즈미 탄생
1200주년 기념 우표

02 지능을 가지는 기계와 지능에 대한 고찰

인공지능을 판별하는 방법: 튜링 테스트

2015년에 개봉된 「이미테이션 게임」은 **베네딕트 컴버배치** 주연의 첩보 스릴러 영화이다. 이 영화는 2차 세계대전 당시 독일군의 암호 해독에 큰 기여를 한 실존 인물인 **앨런 튜링** Alan Turing 을 주인공으로 하고 있다. 그는 독일군의 암호 기계인 **애니그마** Enigma 를 해독하기 위하여 일급 기밀 암호 해독 기관에서 **봄브** The Bombe 라는 기기를 개발한다. 이 영화는 이 기기의 개발과 숨겨진 첩보전에 관련된 이야기를 흥미롭게 풀어가고 있다.

영화 「이미테이션 게임」의 포스터

앨런 튜링은 암호학자이자 논리학자 그리고 수학자로 유명하지만 그의 가장 큰 기여는 1940년대와 1950년대에 시작된 **컴퓨터 과학의 선구적 연구**일 것이다. 그는 계산 개념을 **튜링 기기**라는 추상 모델로 형식화함으로써 컴퓨터 과학에 지대한 공헌을 하였다.

앨런 튜링은 **이미테이션 게임** The Imitation Game 으로도 불리는 **튜링 테스트** Turing test 의 고안자로도 유명한데, 이 테스트는 '인간과 같은 지능을 가지는 기계'를 판별하기 위한 목적으로 제시되었다. 만일 인간이 만든 **기계 A가 사고를 한다**는 것을 주장하는 과학자가 있을 경우, 우리는 어떤 방법으로 기계 A가 사고를 한다(혹은 지능을 가진다)는 것을 밝혀낼 수 있을까?

튜링이 생각한 테스트는 인간 평가자 C가 볼 수 없도록 벽으로 가려진 건너편에 컴퓨터 A와 인간 B가 있고 C는 누가 인간인지를 모르는 상태에서 진행된다. 벽 건너편의 A와 B가 키보드를 통해서 문자만으로 인간 평가자와 대화를 하였을 때 **인간 평가자가 컴퓨터와 인간을 확실하게 구분할 수 없을 경우 이 컴퓨터 A는 튜링 테스트를 통과했다**고 볼 수 있다. 즉, 기계 A가 지능을 가지고 있다고 말할 수 있는 것이다.

앨런 튜링

앨런 튜링은 '인간과 같은 지능을 가지는 기계'를 정의하기 위해서 튜링 테스트를 고안했다. 그러나 단순히 튜링 테스트를 통과했다고 해서 기계가 지능을 가지고 있다고 이야기하기는 쉽지 않다. 그 이유는 크게 세 가지로 들 수 있다. 첫째, 지능 intelligence 이라는 용어 자체가 많은 의미를 가지고 사용되고 있으며 학자들 간의 일치된 정의가 없다. 둘째, 단순히 대화를 잘 이어가는 기계가 존재한다고 해서 이 기계가 지능을 가진다고 단정하기에는 논리의 비약이 있다. 셋째, 대부분의 인간은 달콤한 말과 그럴듯한 거짓말에 잘 속아넘어가는 편향을 가지고 있다. 따라서 기계가 대화를 통해서 인간과 구분하지 못할 정도의 언어 능력을 가지고 있을지라도 이를 곧 지능을 가지는 존재로 간주하기에는 무리가 있다.

지능의 사전적 정의

이와 같이 연구의 최종 목적이 되는 **지능 자체를 명확하게 정의하기 어렵다는 한계가 바로 인공지능 기술의 가장 큰 문제점**이다. 다음 표는 지능에 대한 여러 학자들과 사전의 정의를 담고 있다.

	지능의 정의
옥스포드 영어사전	특정 지식이나 기술을 획득하고 적용할 수 있는 능력
하워드 가드너	문제를 찾아서 해결하는 기술 또는 무언가를 창조하는 능력
뢰벤 포이어스타인	생존 환경의 변화에 적응하기 위해 인지적 기능을 변화시키는 인간 고유의 능력
데이비드 웩슬러	목적을 가지고 행동하고, 합리적으로 사고하며 환경을 효과적으로 다루는 개인의 종합적 능력
위키 백과사전	심리학적으로 새로운 대상이나 상황에 부딪혀 그 의미를 이해하고 합리적인 적응 방법을 알아내는 지적 활동의 능력

우리말 지능(智能)의 한자 의미를 살펴보면 '알다, 이해하다'를 의미하는 智(지)와 '할 수 있다'를 의미하는 能(능)을 조합한 단어라는 것을 알 수 있는데, 이는 영어 intelligence를 번역하는 과정에서 탄생한 단어이다. 그리고 intelligence의 어원을 따라가다 보면 라틴어 intelligentia에서 유래한 것을 볼 수 있는데 이는 **이해하다**라는 의미를 뜻한다.

지능에 대한 명확한 정의가 없는 상태에서 인간의 지능을 컴퓨터가 흉내 내도록 하는 연구 분야인 인공지능 연구에 대한 어려움을 여러분은 충분히 이해할 수 있을 것이다. 이 때문에 앨런 튜링이 고안한 튜링 테스트는 아직도 인공지능에 대한 **실천적 행동을 통한 정의**로 유효할 수 있다.

ChatGPT는 지능을 가지고 있을까?

> ChatGPT는 대화하는 능력 측면에서 인간과 유사한 면이 있으며 때로는 인간을 넘어서는 답변을 하기도 합니다. 하지만 추론능력과 사고능력을 갖추고 있다고 보기는 어렵지요.

최근 등장한 ChatGPT를 비롯한 대화형 인공지능은 **대화 능력이라는 측면에서 인간과 유사한 면이 있으며 때로는 인간의 능력을 넘어서는 답변 품질을 보여주고 있다.** 이러한 놀라운 능력은 많은 이들의 관심을 끌게 되었으며, 출시와 동시에 큰 성공으로 이어졌다. 대화형 인공지능은 방대한 인터넷의 문서들을 학습하여, 이 문서들의 정보를 매우 자연스러운 인간의 언어로 풀어내기 때문에 **마치 지능이 뛰어난 인간처럼 보인다는 평가**를 받고 있다. 그럼에도 불구하고 대화형 인공지능은 인간의 고유한 특징인 **추론능력**과 **사고능력**이 없다는 큰 한계점을 가지고 있다. 이러한 한계로 인하여 대화형 인공지능은 **사실인 것처럼 보이지만 사실이 아닌 그럴듯한 말을 만들어내거나 부정확한 이야기를 뱉어내는 현상**을 보이기도 한다. 전문가들은 이러한 인공지능의 부작용을 **환각 현상**hallucination이라고 정의했다. 인공지능의 헛소리로도 이해할 수 있는 환각 현상은 인간의 사고에 영향을 미칠 수 있다는 점에서 인공지능의 위협 요소로 뽑는 사람들도 있다. 엄밀한 분석과 사고능력이 부족한 일부 인간들은 인공지능이 지어낸 거짓말이나 가짜 뉴스에 현혹되어 이를 사실로 믿고 행동으로 이어지는 경우가 발생할 수 있기 때문이다.

인류는 인공지능을 통제할 수 있을까?

최근 여러 분야에서 인공지능이 인간을 뛰어넘는 능력을 보여주는 사례가 속속 발표되고 있다. 이미 2016년에 **알파고**는 인간 바둑계의 최고수인 이세돌 9단을 꺾은 바 있으며, 이후 **알파스타**라는 인공지능은 스타크래프트 시합에서도 인간을 능가하였다. 2022년도에 등장한 ChatGPT는 전문가 수준의 논문을 쓰고, 미국의 의사 자격증 시험을 통과하였으며, 생성형 인공지능이 디지털 아트 분야에서 1등 작품을 만들어 내는 등 사례를 나열하자면 끝이 없을 정도다.

인간이 만든 자동차는 인간에게 더없이 편리한 삶을 가져다주었으나, 한편으로는 운전자의 부주의나 불의의 교통사고로 인하여 고통받고 있는 사람들도 존재한다. 이러한 상황으로 인한 의도하지 않은 고통은 자동차뿐만 아니라, 인간이 개발한 대부분의 기술이나 제품에서 파생되는 **부작용** side effect 이다. 따라서 인공지능 기술 역시 부작용을 충분히 예상할 수 있으며, 이러한 부작용은 인간이 가지게 될 편익에 비한다면 작은 부분이 될 것으로 기대하는 사람들도 많이 있다. 하지만, 인공지능 기술에 대하여 위험성을 경고하는 목소리도 크다. 그 이유는 인공지능이 인간보다 더 똑똑해지는 경지에 다다를 수 있기 때문이다. 아직 현실화되지 않았고, **인간을 능가하는 지능인 초인공지능**이 나타나기 위해서는 여러 기술적 돌파구가 필요하지만 가능성을 배제할 수는 없다고 다수의 전문가들은 말한다. 특히 ChatGPT의 성공으로 엄청난 자원이 인공지능 개발에 투입되고 있으므로 초인공지능의 등장은 예상보다 더 빨라질 수 있다. 딥러닝의 초기 연구자 중 한 사람이자 세계적인 인공지능 연구의 권위자인 **요수아 벤지오** 교수는 다음과 같이 말한 바 있다.

> "인간은 자신보다 더 똑똑한 기술을 만들어본 경험이 없다는 의미에서 초인공지능은 특별한 범주에 속한다. 초인공지능은 예측하기 어려운 방식으로 매우 위험해질 잠재력이 있다."

03 인공지능이라는 말은 누가 처음 사용했을까?

이 절에서는 인공지능이라는 용어가 탄생하게 된 배경과 이 기술의 역사에 대하여 살펴본다.

인공지능의 아버지들과 다트머스 회의

1940년대에 활동한 앨런 튜링의 연구로 인하여 컴퓨터 과학과 인공지능 기술은 현실적으로 실현 가능한 기술로 부각되기 시작하였다. 이후 많은 학자들과 기술자들에 의해 컴퓨터 기술은 발전을 거듭하였는데, 컴퓨터 과학 분야의 세부 기술로 **인공지능** Artificial Intelligence: AI 이 자리를 잡도록 크게 기여를 한 학자들은 1956년 미국 다트머스 대학교에서 열린 학회에 참석한 학자들이었다. **다트머스 회의** 또는 **다트머스 워크숍**으로 알려진 이 학술 모임에서 오늘날 사용하고 있는 인공지능이라는 용어가 만들어졌으며 공식적인 학술 용어로 인정받았다.

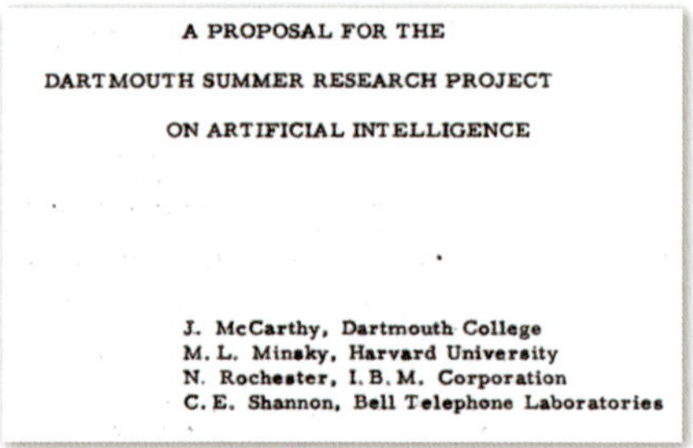
A PROPOSAL FOR THE

DARTMOUTH SUMMER RESEARCH PROJECT

ON ARTIFICIAL INTELLIGENCE

J. McCarthy, Dartmouth College
M. L. Minsky, Harvard University
N. Rochester, I. B. M. Corporation
C. E. Shannon, Bell Telephone Laboratories

다트머스 회의 제안서

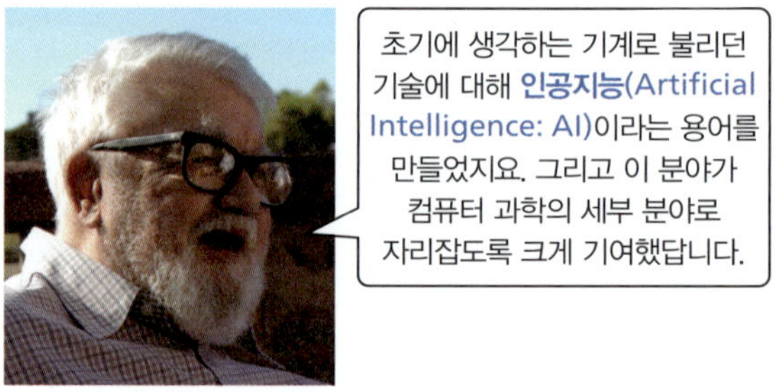

존 매카시

1950년대 초반까지만 하더라도 인공지능이라는 용어보다는 **생각하는 기계** thinking machine 라는 용어로 인공지능을 지칭하는 것이 더 일반적이었다. 미국 동부에 위치한 다트머스 대학교의 조교수였던 **존 매카시** John McCarthy 는 생각하는 기계를 연구하는 컴퓨터 분야의 세부 연구 분야를 더욱 더 발전시킬 아이디어를 모으고 있었으며, 관련 분야 연구자들의 학술 회의를 기획하고 있었다. 이 과정에서 그는 인공지능이라는 용어가 새로운 연구 분야의 이름으로 더 적합할 것으로 생각하였고, 이 회의의 제목에 인공지능이라는 이름을 넣게 되었다. 이 학술 회의의 정식 이름은 '**인공지능에 관한 다**

트머스 여름 연구 프로젝트(Dartmouth Summer Research Project on Artificial Intelligence)'인데, 이 모임의 참석자였던 마빈 민스키, 나다니엘 로체스터, 클로드 섀넌, 아서 사무엘 등은 훗날 인공지능 연구의 역사에 큰 기여를 하게 된다.

이 모임에 참석한 학자들은 인공지능이라는 용어의 정립과 함께 컴퓨터를 이용하여 목표에 도달하기 위한 방법으로 문제해결을 위한 단계별 진행과 정답 찾기를 실패했을 때 수행하는 **백트래킹** backtracking 이라는 기법도 제시하였다. 이러한 연구 기법은 **탐색으로 추론하기** reasoning as search 라는 이름으로 불리게 되었다. 좋은 분위기에서 출발한 인공지능 연구는 이후에 큰 위기를 겪으며 쇠락의 길을 걷다가 영예를 누리며 부상하고 다시 쇠락하는 일을 겪게 된다.

인공지능의 주요 연표

인공지능 분야는 오늘날 컴퓨터 과학과 다양한 공학, 사회과학, 인문학, 법학, 경영학, 예술학 등 분야를 가리지 않고 매우 각광받고 있지만 이 인기가 지속적으로 이어진 것은 아니었다. 이 책에서는 왜 인공지능이 인기와 쇠락의 큰 부침을 겪어야만 했는지 여러 가지 사건을 통해서 설명하고자 한다.

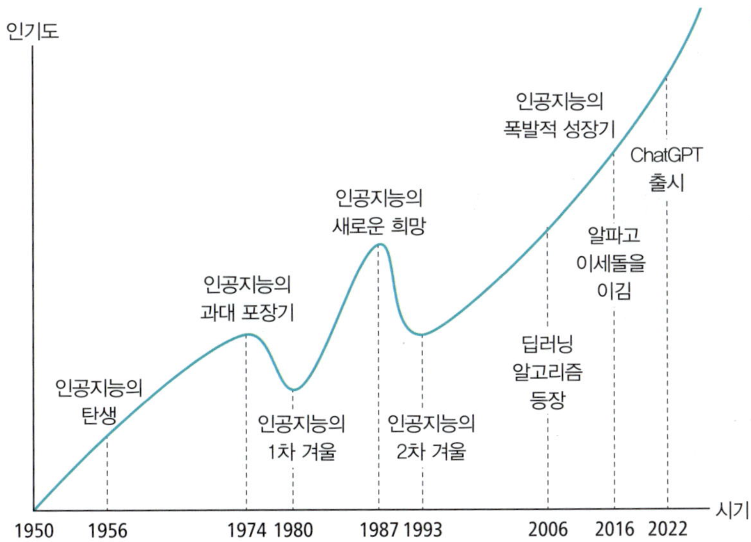

인공지능의 주요 연표

- 1950~1960년대: 인공지능의 탄생과 함께 초기 프로토타입이 탄생함. 과장된 기대가 넘쳐남.
- 1960년대 말~1970년대: 인공지능의 1차 겨울.
- 1980년대: 두 번째 인공지능의 열풍, 전문가 시스템으로 인간의 의사결정을 도움.
- 1990년대: 인공지능의 2차 겨울.
- 1997년: IBM의 딥블루가 체스 챔피언을 이김.
- 2006년: 딥러닝 알고리즘이 등장하며 인공지능 기술 발전을 선도함.
- 2016년: 구글의 알파고가 이세돌을 이기며, 엄청난 잠재력을 보여줌.
- 2022년: 대화형 인공지능 ChatGPT가 등장하여 선풍적인 인기를 누림.

인공지능의 주요 연표는 그림과 같이 간략화할 수 있다. 우선 1956년에 인공지능이라는 용어가 탄생하였으며, 1950~1960년대의 과장된 기대가 큰 성과를 얻지 못하면서 인공지능 연구의 침체기를 겪는다. 1960년대 말부터 1970년대에 걸친 이 침체기를 **인공지능의 1차 겨울**이라고 한다. 1980년대에는 인공지능의 열풍이 불면서 다시 주목받기 시작한다. 하지만 곧 한계를 만나 두 번째 침체기를 겪는데 이것이 **인공지능의 2차 겨울**이다. 2000년대 초반 조금씩 살아나던 인공지능 연구는 2006년 **딥러닝 알고리즘**을 통해 전환기를 맞이한다. 이어 2016년 구글의 **알파고**가 우리나라의 바둑 9단 이세돌 선수를 이기면서 엄청난 잠재력을 보여주었고 이를 통해 인공지능 기술은 폭발적인 성장기에 돌입하게 된다. 또한, 2022년 말에 등장한 **ChatGPT**라는 대화형 인공지능은 대중으로부터 선풍적인 인기를 누리며 인공지능 기술에 대한 관심을 이끌어내고 있다.

한걸음 더 딥러닝 알고리즘

딥러닝 deep learning 은 인간의 두뇌에서 이루어지는 복잡한 의사 결정 능력을 시뮬레이션하기 위해 심층 신경망이라고 불리는 다층 신경망을 사용하는 기술로 머신러닝 기술의 하위 집합이다. 인간의 뇌에는 수백억 개에 이르는 신경세포가 있으며 이들 신경세포는 다른 신경세포들과 수천 개에서 수만 개 이상의 가느다란 섬유질로 연결되어 있다. 이렇게 연결된 신경세포는 화학 물질을 통해서 서로 정보를 주고받을 수 있으며, 이 정보는 저장될 수도 있다. 이와 같이 저장된 과거의 정보를 **기억** memory 이라고 부른다. 이러한 뇌세포의 구조는 1900년대 초에 정밀한 염색법의 발전으로 밝혀졌다.

신경세포의 수는 구체적으로 860억 개가량 되는 것으로 알려져 있으며, 이 신경세포를 이어주는 부위인 시냅스는 100조 개가량 되는 것으로 알려져 있다. 이 뇌신경세포는 인간이 섭취하는 에너지의 20% 이상을 사용하며 놀라울 정도로 빠르게 학습하고 추론하는 능력을 보여주고 있다. 이러한 뇌신경세포의 구조가 밝혀진 뒤 많은 과학자들은 컴퓨터를 이용하여 인간의 뇌가 수행하는 능력을 구현하고자 하였다. 1940년대부터 시작된 이러한 노력은 2000년대 초에 비로소 빛을 보게 되는데, 이 기술이 바로 딥러닝 기술이다. 딥러닝 기술은 인간의 하나의 뇌신경세포를 흉내 내는 인공적인 프로그램인 퍼셉트론을 만든 다음, 이 퍼셉트론들을 이어붙여 서로 자료값이 전달될 수 있도록 한다.

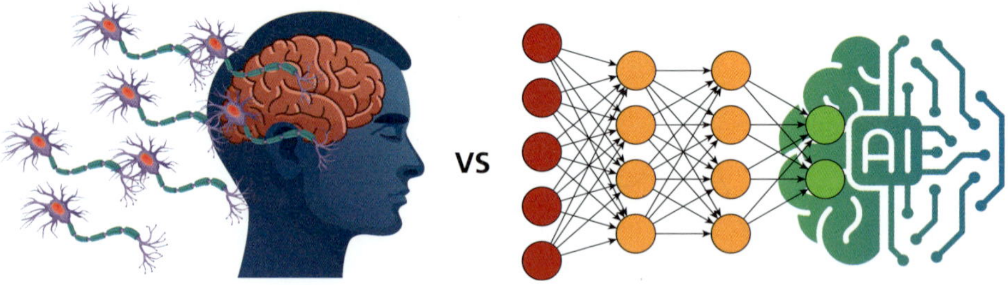

인간의 신경세포와 연결 구조　　　　인공 신경망의 연결 구조

하나의 뇌신경세포만으로는 많은 일을 할 수 없듯이 하나의 퍼셉트론도 많은 일을 할 수 없다. 따라서 수백만 개 이상의 퍼셉트론을 서로 연결하여 뇌와 비슷한 구조를 만들었다. 이러한 깊은 연결을 가진 신경망을 **심층 신경망**이라고 한다. 인간의 뇌가 시행착오를 통해서 깨달음을 얻듯이 심층 신경망 역시 오류를 학습하여 신경망의 연결구조를 점점 개선해 나가는데 이때 주로 사용되는 학습 알고리즘이 **오차 역전파** 알고리즘이다.

04 인공지능이 적용되는 여러 가지 분야를 알아보자

이 절에서는 인공지능 기술이 적용되고 있는 여러 분야의 사례를 통해서 인공지능에 대한 이해를 높여볼 것이다.

웨어러블 장치에 적용된 인공지능 기술

애플사의 **에어팟**AirPod은 2020년도에 9천만 대가 판매되었으며 무선 이어폰 시장의 선두에 있다. 에어팟은 단순히 음악을 듣는 도구가 아니며 인공지능 기술에 기반한 음성 인식 기능을 통해서 사용자의 명령을 이해하고 대화하는 '귓속의 인공지능 비서'로서의 역할을 하고 있다. 사용자가 무선 이어폰을 통해 다른 이와 대화를 할 경우 음성 신호와 외부 잡음을 구분하여 또렷한 목소리를 전달하는 데에도 인공지능 기술을 사용하고 있다. 뿐만 아니라 고개를 끄덕이거나 흔드는 동작을 인식하여 '예'나 '아니오'로 응답하기도 한다. 오늘날 우리나라의 삼성전자를 비롯한 많은 IT 기업들은 인간의 말을 이해하고 명령을 수행하는 인공지능 기술의 개발에 온 힘을 기울이고 있다.

무선 이어폰뿐만 아니라 스마트 시계는 인공지능 기술을 사용하여 사용자의 활동을 모니터링하고, 수영과 자전거 타기 등의 여러 가지 신체 활동을 정확하게 구분한다.

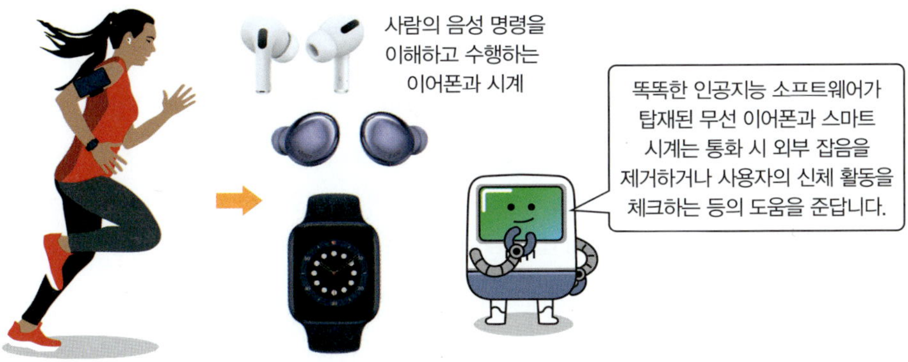

자율주행 자동차에 탑재된 인공지능 기술

자율주행 자동차 분야에서 앞선 기술을 보유한 테슬라사는 **오토 파일럿** auto pilot 이라는 첨단 운전자 보조 기술을 자랑하고 있다. 이 기술을 위해서 테슬라는 2021년 기준 50개 이상의 국가로부터 355억km의 도로 운행 정보 데이터를 확보하였다. 테슬라의 **완전 자율주행** Full Self Driving: FSD 에 관한 많은 영상은 유튜브를 통해서 제공되어 사람들의 관심을 끌고 있다. 테슬라와 구글의 웨이모가 선두 기술을 보유하고 있기는 하지만 현대자동차, 기아자동차, BMW, GM 등의 많은 기업들 역시 인공지능 기술에 기반한 자율주행 기술에 관심을 가지고 집중적인 투자를 하고 있다.

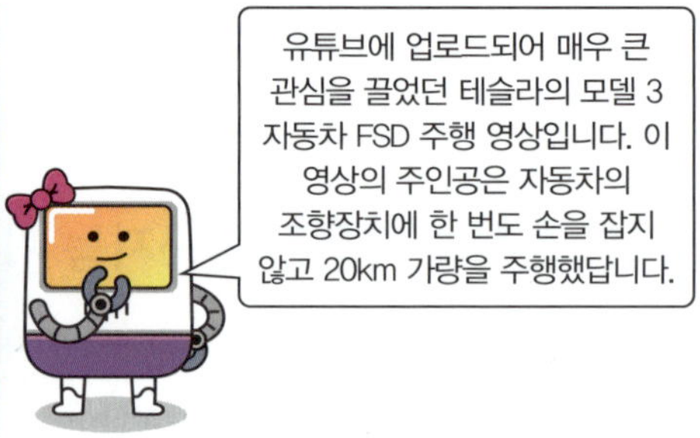

우리나라의 대표적인 자동차 기업인 **현대자동차 그룹**은 인공지능을 전문적으로 연구하는 조직인 **AIRS Company**를 운영하고 있다. 이 조직은 회사 내부의 독립적인 인공지능 기술을 연구하는 조직으로 내비게이션, 전방 인식 센서, 자동차의 주행 데이터를 수집하고 해석하여 운전자에게 편의를 제공하는 많은 기술을 연구한다. 최근에는 생성형 인공지능을 자동차에 탑재하여 최적 경로 설정, 여행 계획 수립, 긴급 상황 지원 등의 여러 가지 기능까지 제공할 예정이다.

신약 개발과 의료에 사용되는 인공지능 기술

인간을 질병으로부터 해방시켜 삶의 질을 획기적으로 향상시키기 위한 새로운 약을 개발하는 일은 매우 어려운 일이다. 전통적인 신약 개발은 **평균 15년이 소요되며, 약 5,000~1만여 개의 신약 후보 물질 중에서 1개만이 최종 신약 개발에 성공**하는 것으로 알려져 있다. 최근 의학계에서는 신약 개발과 관련된 사전지식 데이터베이스를 통합한 빅데이터를 구축하여 이를 인공지능 기술에 활용하는 방법을 통해 빠르게 신약을 개발하는 방법이 연구되었다. 이 기술을 사용하면 신약 개발 기간을 획기적으로 단축할 수 있을 것으로 기대된다. 인공지능은 한번에 100만 건 이상의 논문 탐색과 1010개의 화합물 탐색이 가능하므로 연구자 수십 명이 1~5년간 해야 할 일을 하루만에 진행할 수 있다.

2021년 GC지놈사는 딥러닝 기반의 인공지능 기술을 사용하여 다양한 암 종류에 대하여 90% 이상의 높은 정확도로 예측하며 7종 이상의 암을 한꺼번에 진단하는 기술을 개발하여 발표한 바 있다. 암 예측뿐만 아니라 로봇 수술에 인공지능 기술을 활용하는 등 의료 분야는 인공지능 도입이 가장 활발하게 이루어지는 분야이다.

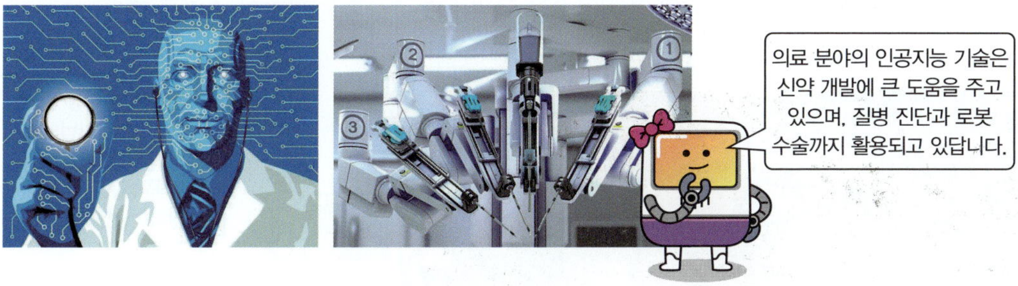

출처: medium.com/healthis.com.tr

금융 사고를 예방하는 인공지능 기술

최근 신용카드 회사나 은행에서는 금융 사고를 막기 위해 부정 금융 거래를 탐지하는 인공지능 시스템을 사용하고 있다. 금융권에서 사용되는 **이상 거래 탐지 시스템** Fraud Detection System: FDS 은 전자 금융 거래 시 단말기의 정보와 접속 정보, 거래 정보 등을 수집하고 분석하여 이상 금융 거래를 탐지하고 차단하는 기술이다. 2020년 LG CNS사가 개발한 사기 거래를 탐지하는 인공지능 알고리즘을 신용카드 금융 거래 데이터를 사용하여 시범 운영한 결과, 이상 거래를 98% 적발했고, 카드 도난 사건도 사전에 탐지한 것으로 알려졌다.

아름다움을 창조하는 인공지능 기술

지금까지 예술 분야는 창의성이 필요한 분야로 간주되어 인간의 고유한 영역으로 인식되어 왔다. 하지만 구글에서 만든 **딥드림** 시스템은 사용자가 입력한 프롬프트에 따라 새로운 이미지를 만들어 주기도 하며, 사용자의 사진을 인상파 화가인 **빈센트 반 고흐** Vincent van Gogh 의 화풍이나 신인상주의의 창시자인 **조르주 쇠라** Georges Seurat 의 화풍으로 그려주며 추상화를 만들어 주기도 한다.

출처: deepdreamgenerator.com

그림을 그리는 작업뿐만 아니라 작곡을 하거나 소설을 쓰고 그 소설을 책으로 출판하는 일도 인공지능이 하고 있다. OpenAI에서 제공하는 **DALL-E**, 스테이블 AI에서 제공하는 **스테이블 디퓨전**, **미드저니** 등의 프로그램들은 텍스트 설명 또는 지시를 기반으로 상세한 이미지를 만드는 우수한 기능으로 많은 사용자들의 관심을 끌고 있다. 다음 그림은 입력 프롬프트와 생성 이미지의 관계를 보여준다. 이미지 생성 인공지능에 '우스꽝스러운 모자를 쓴 귀여운 아기 공룡'과 같은 지시어를 입력하면 이 인공지능은 지시어에 따라 다양한 이미지를 생성하여 보여준다. 이와 같이 **인공지능에게 내리는 인간의 지시어**를 **프롬프트** prompt 라고 한다.

코딩하는 인공지능

마이크로소프트사는 엑셀과 파워 포인트, 워드와 같은 우수한 오피스 소프트웨어를 만드는 회사로 알려져 있다. 세계 최고의 정보통신 기업인 마이크로소프트는 2019년도에 약 9조 6000억 원의 거금을 들여서 **깃허브** GitHub 라는 소프트웨어 회사를 인수하였다. 이 회사는 **오픈 소스 소프트웨어 공유 서비스를 제공하는 회사**로, 전 세계 개발자들 사이에서 가장 인기 있는 플랫폼이다. 깃허브는 여러 개발자들이 하나의 큰 프로젝트를 협업하여 개발할 수 있는 좋은 환경을 제공하며, 이러한 소프트웨어를 대중들에게 공개할 수 있는 플랫폼을 무료로 제공하고 있다.

깃허브의 여러 가지 제품 중에서 **코파일럿** copilot 이라는 제품은 다음과 같은 인공지능 기반의 코드 작성 기능을 제공하고 있다.

1. **자동 코드 완성:** 코파일럿은 사용자가 작성 중인 코드에 대해 실시간으로 코드 완성 기능을 제공한다. 코드 완성 기능이란 함수 이름, 변수 이름, 코드 블록 등을 인공지능이 자동으로 완성하는 기능이다.
2. **다양한 프로그래밍 언어와 프레임워크 지원:** 코파일럿은 여러 가지 프로그래밍 언어와 프레임워크를 지원한다. 이 기능을 사용하여 개발자는 자신이 작성하려는 프로젝트에서 프로그래밍 언어의 자세한 기능을 알지 못하더라도 빠르게 프로그램을 작성할 수 있다.
3. **문서화 및 주석 생성:** 코드에 대한 설명이나 주석을 자동으로 생성하는 기능을 제공한다. 이는 코드 이해를 돕고, 유지보수성을 높이는 데 유용하다.
4. **코드 오류 수정 제안:** 코드 작성 중 발생할 수 있는 오류를 감지하고, 더 나은 코드를 제안하는 기능을 제공한다. 또한, 프로그래밍의 디버깅 과정을 효율적으로 지원한다.

깃허브는 2023년도에 OpenAI사의 GPT-4 모델을 사용하는 **코파일럿 X** Copilot X 라는 매우 뛰어난 새로운 제품을 발표하였다. 이 제품에 탑재된 생성형 인공지능은 단순히 코드를 자동으로 완성시키는 기능에 그치지 않고 소프트웨어의 개발 주기 전반에 관여한다. 즉, 인공지능이 사용자의 코드를 인식하고, 설명하고, 변경 사항을 권장하고, 버그를 수정할 수 있도록 했다. 만약 프로그래머가 수십 년 전의 코드와 문서가 거의 없는 프로젝트를 넘겨받았다면, 이 인공지능을 소환하여 많은 도움을 받을 수도 있다.

또한, 코파일럿 X는 채팅과 음성 인터페이스까지 도입하여 코드를 쉽게 관리하는 기능과, 명령줄의 명령을 보조하며, 문서 질문에 답변하는 기능까지 제공한다. 깃허브사는 이 제품에 관하여 “모든 단계에 걸쳐 인공지능을 사용해 개발자 생산성을 근본적으로 재정의할 수 있다. 상용구와 수동 작업을 줄이고 개발자 수명주기 전반에 걸쳐 복잡한 작업을 더 쉽게 만든다.”고 밝혔다.

마이크로소프트사는 깃허브를 인수한 후 코파일럿 X라는 인공지능 기반의 코딩 보조 서비스를 출시하였습니다. 코파일럿 X는 소프트웨어를 개발하기 위한 모든 과정에 관여하여 인간을 보조합니다.

한걸음 더 **2024년 노벨 물리학상, 화학상은 모두 인공지능 연구자들에게...**

2024년 스웨덴 한림원은 노벨 물리학상 수상자로 미국 프린스턴 대학교의 **존 홉필드** 교수와 캐나다 토론토 대학교의 **제프리 힌턴** 교수를 선정하였다. 노벨 물리학상 선정위원회는 ‘홉필드 교수는 데이터 이미지 등의 패턴을 저장하고 재구성할 수 있는 연관 메모리를 만들어 인공지능의 기반을 닦았다는 점을 높게 평가한다’고 밝혔다. 또한 힌턴 교수의 경우 ‘데이터에서 자동으로 속성을 찾아 그림의 특정 요소를 식별하는 등의 작업을 수행하는 방법을 개발했다는 점’을 인정받았다. ‘두 사람은 1980년대부터 인공 신경망을 사용하여 중요한 작업을 수행’했는데, 인간의 뇌를 참고한 이들의 작업은 이후 인공지능의 폭발적인 발전에 기반을 제공했다고 평가받는다. 두 사람의 연구는 오늘날 인공지능의 핵심 기술인 **딥러닝** 기술의 기초가 되는 기술들이며 물리학 분야의 수상자로 인공지능 분야의 대가들이 수상했다는 점에서 과학계에 큰 충격을 주었다.

뒤이어 노벨 화학상 수상자로 구글 딥마인드의 창업자이자 **알파고의 아버지**인 **데미스 허사비스**를 비롯한 2명이 수상하였다. 이들은 **알파폴드**를 이용한 단백질의 3차원 구조를 밝힌 공로가 인정되었는데, 이 알파폴드의 핵심 기술 역시 인공지능 기술인 **딥러닝**, **경사하강법**, **합성곱 신경망** 등의 기술에 기반하고 있다.

05 ChatGPT와 대규모 언어 모델, 생성형 인공지능의 혁신

2022년 11월 말, 미국 실리콘밸리의 OpenAI라는 기관에서 개발한 대화형 인공지능 서비스인 ChatGPT가 세상에 선을 보였다. 이 인공지능 서비스는 사용자의 입력에 대하여 매우 수준 높은 답변을 제시하는 서비스로 등장과 동시에 세상의 이목을 끌었다. 이 서비스는 출시 5일 만에 사용자 백만 명을 돌파하였으며, 두 달 만에 이용자 수가 1억 명을 달성할 정도의 전례 없는 큰 성공을 이루었다. 마이크로소프트사의 창업자인 빌 게이츠는 "과거 그래픽 사용자 인터페이스가 세상에 나온 이후 지금까지 ChatGPT만큼 놀라운 기술은 없었다"라고 치켜세우기도 했다. 이 ChatGPT는 GPT라는 언어 생성 모델을 기반으로 하는데 GPT의 세 번째 버전인 GPT-3을 기반으로 하여 성능을 보완한 것으로 GPT-3.5 버전이다. GPT는 언어를 생성하는 모델인데 이 모델은 인간이 만든 책과 인터넷 문서, 코드 등 수백 기가바이트 이상의 데이터를 학습 데이터로 사용하였다.

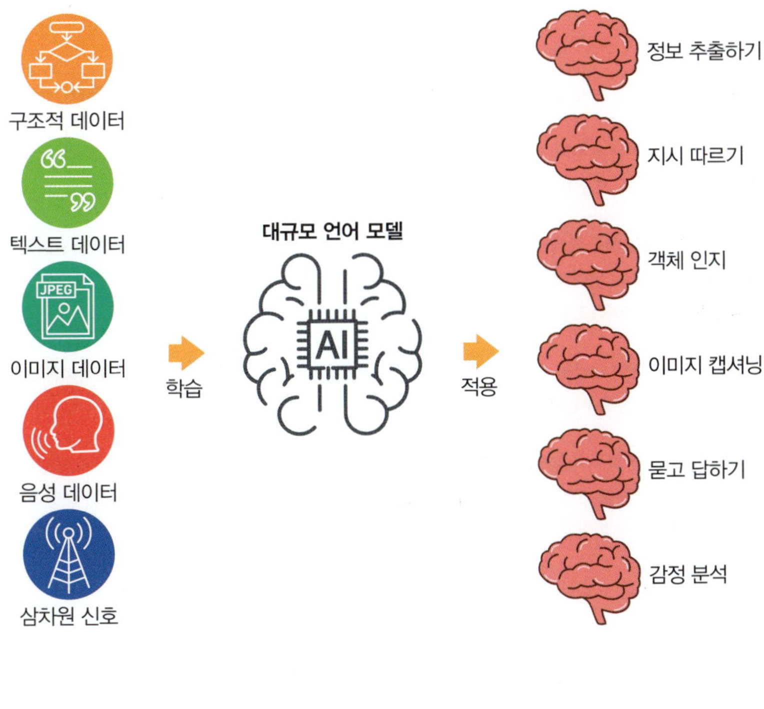

대규모 언어 모델이란 **방대한 양의 텍스트 데이터를 학습하여 사람들이 언어를 사용하는 방식을 흉내 내는 인공지능 시스템**을 말한다. 이 모델은 ① 인터넷이나 문서로부터 정보를 자연스러운 인간의 언어 형식으로 추출하고 ② 인간의 지시어를 이해하고 지시를 따르며 ③ 객체를 인식하거나 ④ 이미지에 캡션을 달 수 있으며 ⑤ 인간의 질문에 답하며 ⑥ 텍스트를 분석하여 감정을 파악하는 등의 놀라운 일을 할 수 있다. 이 모델은 영어 Large Language Model의 약자인 **LLM**으로 지칭하기도 한다. 최근 이 모델이 다루는 데이터와 파라미터가 기하급수적으로 증가하면서 **초거대 언어 모델**이라고도 불린다.

ChatGPT의 성공 요인

ChatGPT가 이렇게 큰 성공을 이룩한 요인으로는 ① 매우 인간답고 자연스러운 답변을 제공한다는 점, ② 누구나 쉽게 이용할 수 있다는 점, ③ 답변의 수준이 높고 정확하다는 점, ④ 비윤리적인 답변을 회피하는 비교적 안전한 인공지능이라는 점을 뽑을 수 있다.

다음의 그림은 ChatGPT와의 대화 예시이다. ChatGPT에 접속한 후 사용자가 '학생들을 위해서 극한의 개념을 쉽게 설명해 줄래'와 같은 프롬프트를 입력할 경우 챗봇은 문맥에 맞는 적절하면서도 정확한 답변을 잘 제시해 준다. 이와 같은 편리한 방식으로 인공지능과 자연스러운 대화를 이어갈 수 있다는 점이 ChatGPT의 가장 큰 장점이다.

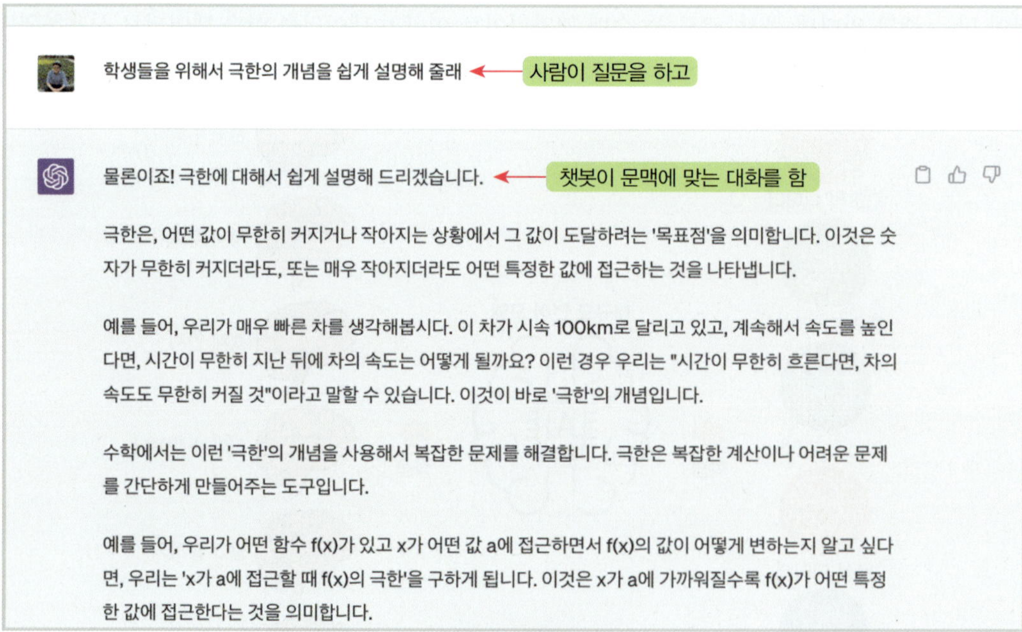

ChatGPT와 대화하는 방식

ChatGPT의 놀라운 성능

단순한 호기심에서 ChatGPT를 사용하던 사용자들은 곧 놀라운 소식을 접하게 된다. 미국 펜실베이니아대학교 와튼 스쿨의 크리스천 터비시 교수는 2023년 1월「ChatGPT가 와튼 경영학 석사(MBA)를 수료할 수 있을까」라는 제목의 논문을 발표했다. 이 논문에 의하면 ChatGPT를 와튼 스쿨 MBA 필수 교과목인 운영관리 교과의 기말시험에 응시한 학생이라고 가정했을 때, 이 학생의 학점은 'B-'에서 'B' 사이로 나타났다. 이러한 점수는 평균적인 학생들보다 우수한 점수이다. 터비시 교수는 "ChatGPT는 설명력이 특히 뛰어났고, 사람이 정답에 대한 힌트를 주면 이를 바탕으로 정답을 수정하는 능력도 탁월했다"고 설명했다. 뒤를 이어, 또 다른 연구에서는 ChatGPT가 미국 의사면허에서도 50% 이상의 정확도로 시험을 칠 수 있다는 것이 밝혀졌다.

곧이어 2023년 3월에 발표된 ChatGPT-4는 이전의 인공지능을 월등히 능가하는 성능을 보여주었다. OpenAI의 발표에 의하면 변호사 자격 시험 등 각종 시험에서 하위 10% 수준에 그쳤던 GPT-3.5와 달리 GPT-4는 이 **변호사 자격 시험 상위 10%의 능력**을 보였다고 한다. 뿐만 아니라 이미지를 인식하고 분석하는 능력도 갖추고 있으며, 데이터 처리 능력도 기존의 인공지능보다 훨씬 뛰어난 것으로 알려졌다.

	ChatGPT-3.5(2022. 11월 출시)
데이터 처리 기능	회당 약 3000 단어
성능	· 미국 변호사 시험 213점 (상위 90%) · SAT 수학 시험 590점 (상위 30%) · 미국 생물 올림피아드 43점(상위 68%)

	ChatGPT-4(2023. 3월 출시)
데이터 처리 기능	회당 약 2만 5000 단어
성능	· 미국 변호사 시험 298점 (상위 10%) · SAT 수학 시험 700점 (상위 11%) · 미국 생물 올림피아드 87점(상위 1%)

ChatGPT-4는 문장 생성 능력도 매우 뛰어나지만 답변의 정확도 역시 ChatGPT-3.5에 비하여 월등히 뛰어난 것으로 평가되고 있다.

곧이어 발표된 ChatGPT-4o는 GPT-4 버전의 여러 가지 기능에 더하여 이미지, 음성 입력을 받아서 처리하는 능력까지 갖추었다. ChatGPT-4o에서 o는 omni의 약자로, 모든 것 또는 어디에서나를 의미한다. 이 인공지능은 응답 속도가 평균 0.3초로 매우 빠르며 일정한 용량까지는 무료로 제공되어 더욱 많은 사용자들의 관심을 끌었다. ChatGPT가 사용자들의 인기를 끌게 되면서 경쟁 기관에서는 다양한 언어 모델을 출시하고 있다.

구글은 2023년 **바드**Bard라는 대화형 인공지능 서비스를 출시하였으며, 이 서비스는 곧 **제미나이**

Gemini 라는 이름으로 다시 출시된다. 제미나이는 ChatGPT-4o보다 더 나은 기억력을 가지며 더 긴 대화를 제공하는 것으로 알려져 있는데 이론적으로 수 시간의 대화를 입력으로 받고 긴 텍스트를 생성하는 것도 가능하다. 제미나이는 구글 검색 엔진에도 적용되어 사용자가 원하는 답변을 검색으로 수집한 정보를 바탕으로 문장으로 제시할 수 있다.

구글 제미나이의 기능과 다양한 구글 서비스

전세계인이 가장 많이 사용하는 구글의 **지메일** gmail 서비스 역시 생성형 인공지능 기능을 제공하여 사용자가 답변 메일을 보낼때 문맥에 맞는 문장을 미리 만들어 제시한다. 이러한 서비스는 많은 구글 클라우드 서비스에 탑재될 것으로 예상된다.

한편, 메타(구 페이스북)는 **라마** Llama 라는 대규모 언어 모델의 개발을 적극 지원하고 있는데, 2024년도에 출시된 라마 3 모델은 오픈 소스로 공개되어 누구나 소스코드에 접근하고 이용하는 것이 가능하다. 이 모델은 일상적인 질문부터 과학, 기술, 공학, 수학, 코딩, 역사 지식에 이르기까지 다양한 분야의 데이터 집합을 사용했다. 이러한 다양한 데이터 집합을 사용했기 때문에 라마 모델은 보다 여러 영역에서 활용될 수 있을 것으로 예상된다.

Meta

이와 같이 ChatGPT가 촉발한 대규모 언어 모델은 매년 새로운 기능으로 무장하고 출시되고 있으며, 여러 학문 분야나 서비스 분야에 채택되어 인공지능과 우리의 삶을 더욱 가깝게 이어줄 것으로 예상된다.

이미지와 동영상 생성 인공지능의 등장과 새로운 위협

딥러닝 기술에 기반한 인공지능은 언어를 생성하는 일에 뛰어날 뿐만 아니라 이미지나 음악, 동영상을 생성하는 일에도 탁월한 성능을 보여주고 있다. **생성형 인공지능** Generative AI 이란 **기존에 존재하는 데이터를 학습하여 새로운 데이터를 생성할 수 있는 인공지능 기술**을 의미한다. 대표적인 생성형 인공지능 기술 중의 하나인 **딥페이크** deepfake 기술은 딥러닝(deep learning) 기술과 가짜를 의미하는 페이크(fake)의 합성어로, **딥러닝을 이용하여 가짜 이미지나 동영상을 생성하는 인공지능 기술**이다. 아래 그림을 보면 왼쪽은 실제 영상이며 오른쪽은 원래 영상에 배우 톰 크루즈의 얼굴을 입힌 딥페이크 영상이다.

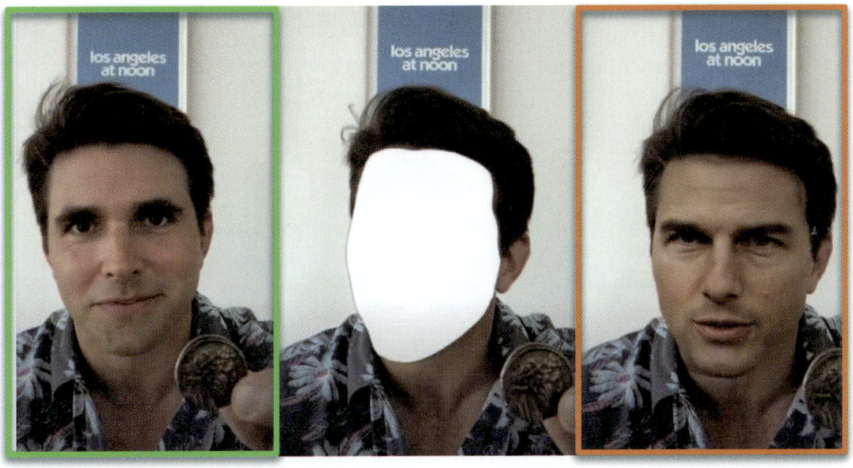

실제 영상

다른 사람의 얼굴을 입힌 딥페이크 영상

딥러닝 기술의 발전으로 인하여 위 예시처럼 정교한 가짜 영상을 매우 쉽게 제작하는 것이 가능해지면서 영화 산업에는 큰 변화가 찾아왔다. 어떤 배우의 어린 시절을 연기하는 아역 배우를 별도로 섭외하지 않고도 그 배우의 어린 시절을 연기하는 것이 가능해졌으며, 때로는 죽은 배우를 영화에 등장시키기도 한다. 이와 같은 긍정적인 측면과 함께 딥페이크를 이용하여 **선정적이고 자극적인 가짜 영상**을 만들거나 **포르노그래피에 여성 지인을 등장시켜 공유하는 등의 신종 범죄**까지 기승을 부리게 되었다. 이러한 이미지를 '딥페이크 성착취물'이라고 하는데 이 범죄의 피해자는 대부분 10대와 20대 여성들이다. 2024년 9월 이러한 범죄의 경각심을 알려주는 범죄 지도인 딥페이크맵이 제작되기에 이르렀다. 이 지도에 의하면 불법적인 합성이미지 성범죄가 발생한 것으로 추정되는 학교가 전국에 600곳에 달하는 것으로 알려졌다. 인공지능의 오남용으로 인한 위협은 멀리 있지 않으며, 우리의 주변에서 나와 나의 주변 사람을 겨냥하고 있다.

인공지능이 그림을 그려준다: 딥드림

[실습 목표]

이번 실습에서는 구글google에서 개발한 딥드림 생성기의 사용법을 익혀볼 것이다. 이 딥드림 생성기는 여러분이 입력한 프롬프트 텍스트에 따라 관련된 이미지나 영상을 생성하는 생성형 인공지능이다. 이 인공지능 이미지 생성기는 이미지를 생성할 때마다 에너지가 차감되며 다른 사용자가 사용자의 프롬프트를 사용할 경우 인센티브 정책에 의해서 에너지가 증가한다. 사용법이 간단한 이미지 생성 인공지능이므로 이를 이용하여 자신의 상상을 그림으로 펼쳐보도록 하자.

[실습하기]

실습은 다음의 절차를 따르도록 한다.

[단계 1] 다음 웹사이트에 접속한다.

```
https://deepdreamgenerator.com/
```

[단계 2] 화면 첫 페이지에 있는 [Sign in with Google] 메뉴를 선택하여 로그인을 한다. 이를 위해서는 구글 계정이 필요하다.

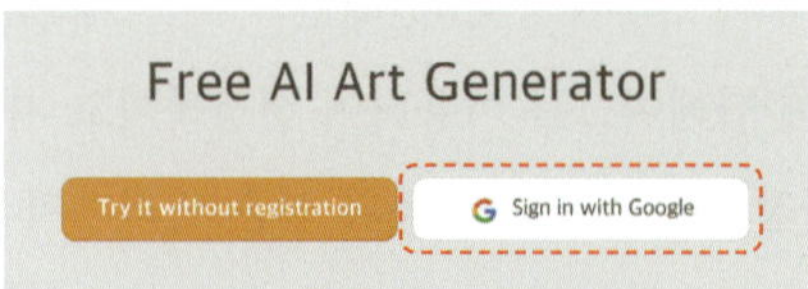

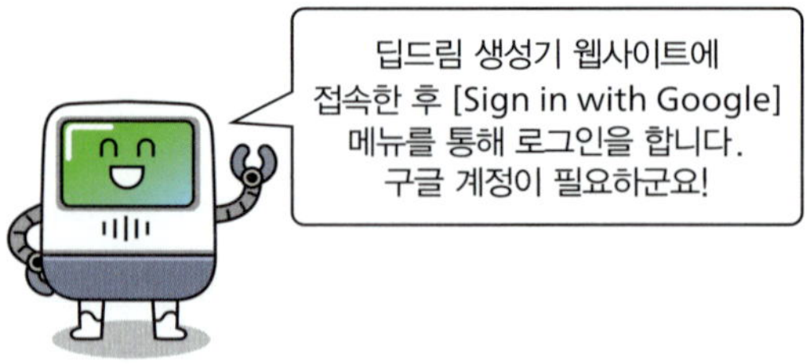

[단계 3] 로그인을 하면 다음과 같은 첫 페이지가 나타난다. 첫 페이지의 그림은 이 사이트의 사용자가 생성한 그림을 공개한 것으로 개인마다 다를 수 있다. 메뉴의 가장 오른쪽은 자신의 프로필과 사용 가능한 에너지가 나타난다. 이 에너지는 사용자가 사용할 때마다 일정하게 차감된다. 상단의 검색 창은 프롬프트를 입력하는 곳으로, 사용자들이 이미지를 생성하기 위하여 사용한 프롬프트

를 검색할 수 있다. 가운데 이미지는 사용자의 입력 프롬프트에 따라 인공지능이 생성한 그림이다. 그리고 하단에는 이 이미지를 공개한 사용자의 아이디와 다른 사용자들의 반응이 나타나 있다.

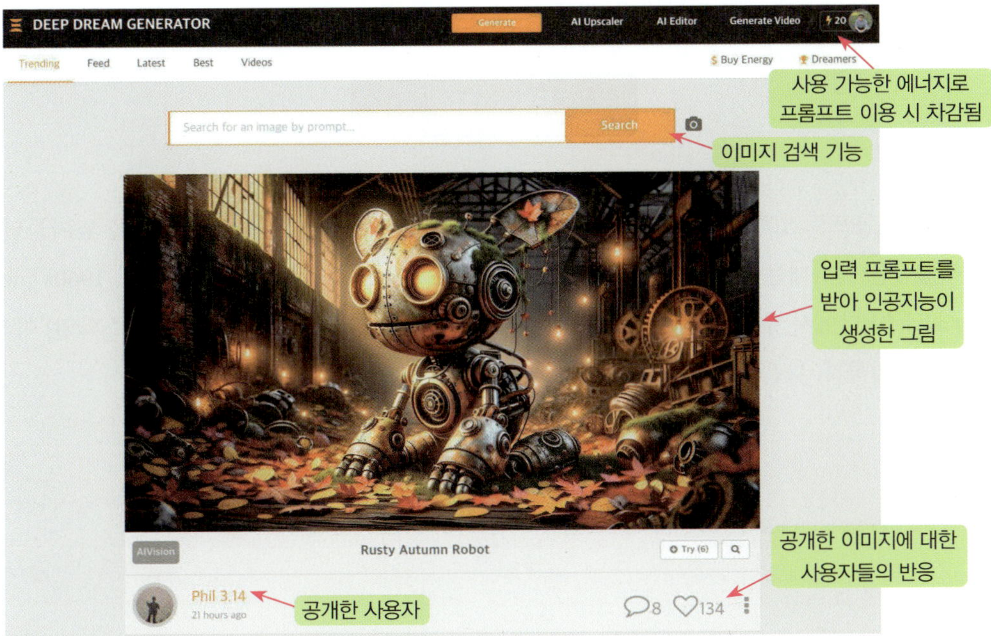

[단계 4] 우선 검색창에 'astronaut in ocean(바닷속의 우주비행사)'을 입력해 보자.

그 결과, 그림과 같이 인공지능이 생성한 여러 가지 이미지들이 나타난다. 이 이미지들은 딥드림 생성기를 사용한 사용자들이 프롬프트를 이용하여 생성한 것들이다.

[단계 5] 이제 다음과 같이 상단의 [Generate]를 클릭하자.

[단계 6] 프롬프트 입력창에 명령을 입력한다. 프롬프트란 컴퓨터가 사람의 명령을 받아들일 준비가 되었음을 나타내는 표시이다. 입력으로 'a bear wearing a space suit in ocean, 1960s movie poster style(바다에서 우주 비행복을 입고 있는 곰 한 마리, 1960년대 영화 포스터 스타일)'이라는 텍스트를 입력하자. 다음으로 AI Models에 있는 인공지능 모델을 선택하자.

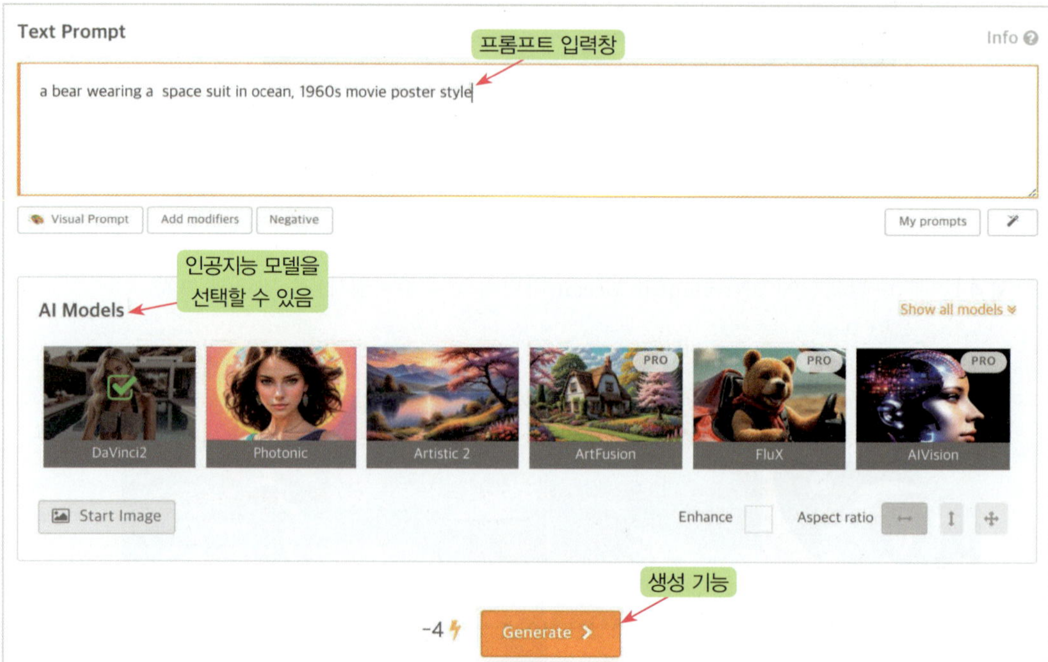

인공지능 모델이란 데이터를 기반으로 특정 작업을 수행하거나 예측하는 인공지능 알고리즘을 말한다. 생성형 인공지능은 여러 가지 모델이 존재할 수 있다. 여기에서는 DaVinci2라는 인공지능 모델을 선택하였다.

[단계 7] 마지막으로 [Generate] 버튼을 클릭하면 된다. 이 버튼을 클릭하면 상태 진행 표시가 나타나며 선택한 인공지능 모델이 프롬프트를 기반으로 이미지를 생성한다.

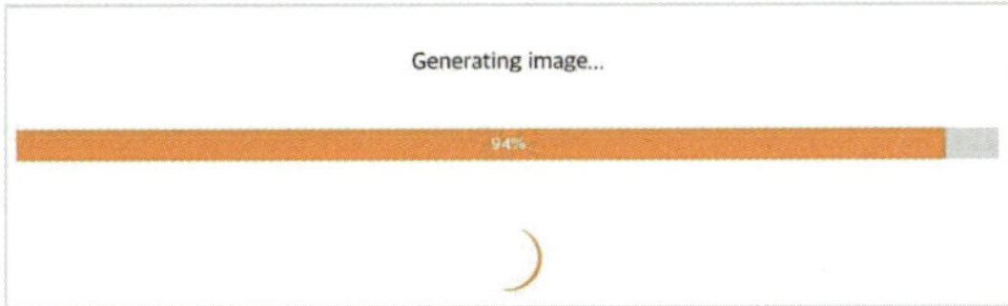

[단계 8] 시간이 지나면 다음과 같은 이미지가 생성될 것이다. 동일한 프롬프트를 사용하더라도 생성되는 이미지는 조금씩 다를 수 있다. [Save] 버튼은 이미지를 저장하는 기능이다.

도전 문제

- 딥드림 제너레이터를 사용하여 2개 이상의 다른 프롬프트를 입력한 후 본인이 원하는 이미지를 만들어 보시오.
- 동일한 프롬프트에 대하여 다른 인공지능 모델을 적용하여 생성된 결과를 비교해 보시오.

요약

01 인공지능 기술은 **인간의 학습능력, 추론능력, 지각능력을 인공적으로 구현하려는 과학 기술**을 말한다.

02 인공지능 기술은 컴퓨터 스스로 학습하고 문제를 해결하는 과정의 어려움이 알려지면서 한동안 많은 연구자들의 외면을 받게 되었던 학문 분야이며 **상당히 큰 성공과 실패의 부침을 겪어 온 학문**이다.

03 앨런 튜링은 **이미테이션 게임**으로도 불리는 **튜링 테스트**의 고안자로도 유명한데, 이 테스트는 '인간과 같은 지능을 가지는 기계'를 판별하기 위한 목적으로 제시되었다.

04 기계가 지능을 가지고 있다고 이야기하기는 쉽지 않다. 그 이유는 **지능**이라는 용어 자체가 많은 의미를 가지고 사용되고 있으며 학자들 간의 일치된 정의가 없기 때문이다.

05 컴퓨터 과학 분야의 세부 기술로 **인공지능**이 자리를 잡도록 크게 기여를 한 학자들은 1956년 미국 다트머스 대학교에서 열린 학회에 참석한 학자들이다.

06 학자들은 용어의 정립과 함께 컴퓨터를 이용하여 목표에 도달하기 위한 방법으로 문제해결을 위한 단계별 진행과 정답 찾기를 실패했을 때 수행하는 **백트래킹**이라는 기법도 제시하였다.

07 금융권에서 사용되는 **이상 거래 탐지 시스템**은 전자 금융 거래 시 단말기의 정보와 접속 정보, 거래 정보 등을 수집하고 분석하여 이상 금융 거래를 차단하는 기술이다.

08 **ChatGPT**와 같은 모델은 지능이 뛰어난 인간처럼 보이기는 하지만 추론능력과 사고능력이 부족하다는 한계를 가지고 있다.

09 대규모 언어 모델이나 생성형 인공지능에게 내리는 인간의 지시어를 **프롬프트**라고 한다.

10 **ChatGPT**는 OpenAI라는 기관에서 개발한 대화형 인공지능 서비스이다. 이 서비스는 출시와 동시에 전례 없는 큰 성공을 거두었으며, 대규모 언어 모델에 대한 사람들의 관심을 불러일으키는 데 기여하였다.

11 대규모 언어 모델로는 OpenAI에서 개발하여 출시한 ChatGPT뿐만 아니라 구글의 **제미나이**, 메타의 **라마** 등 여러 가지 서비스가 있다.

12 **딥페이크** 기술은 긍정적인 측면과 함께 진짜와 구분이 힘든 가짜 영상이나 포르노그래피 영상 등에서 활용되는 부작용을 낳고 있다. 이는 인공지능의 대표적인 위협 요소이다.

연습 문제

[단답형 문제]

아래의 보기를 참고하여 괄호 안에 들어갈 적절한 단어를 기입하여라.

01 (　　　　　) 기술은 인간의 학습능력, 추론능력, 지각능력을 인공적으로 구현하려는 과학 기술을 말한다.

02 초기의 자동차가 엔진과 변속기와 같은 (　　　　　)(가)이 중심이었다면, 지금은 새로운 전자 장치와 센서 기술이 중심이 되고 있으며 이를 제어하는 인공지능 기반 제어 기술이 핵심이라고 이야기할 수 있다.

03 (　　　　　)이란 컴퓨터 과학에서 어떠한 문제를 풀기 위한 일련의 절차와 방법을 공식화한 형태로 표현하는 것을 말하며, 흔히 계산을 실행하기 위한 단계적 절차를 의미한다.

04 앨런 튜링은 암호학자이자 논리학자 그리고 수학자로 유명하지만 그의 가장 큰 기여는 (　　　　　)의 선구적 연구일 것이다.

05 앨런 튜링은 이미테이션 게임으로도 불리는 (　　　　　)의 고안자로도 유명한데, 이 테스트는 '인간과 같은 지능을 가지는 기계'를 판별하기 위한 목적으로 제시되었다.

06 오늘날 사용하고 있는 인공지능이라는 용어가 만들어졌으며, 공식적인 학술 용어로 인정을 받게 된 계기는 1956년 열린 (　　　　　) 회의라는 학술 모임이다.

07 생각하는 기계를 연구하는 이 세부 연구 분야를 더욱 더 발전시킬 아이디어를 모으는 과정에서 인공지능이라는 용어가 새로운 연구 분야의 이름으로 더 적합할 것으로 생각하여 다트머스 회의의 제안서에 인공지능이라는 용어를 사용한 사람은 (　　　　　)이다.

08 자율주행 자동차 분야에서 앞선 기술을 보유한 테슬라사는 (　　　　　)(이)라는 첨단 운전자 보조 기술을 자랑하고 있다. 이 기술을 위해서 테슬라는 2020년 2월까지 50여 개 국가로부터 수집된 48억 km의 도로 운행 정보를 확보하였다.

09 금융권에서 사용되는 (　　　　　　　　　)(는)은 전자 금융 거래 시 단말기의 정보와 접속 정보, 거래 정보 등을 수집하고 분석하여 이상 금융 거래를 차단하는 기술이다.

10 대화형 인공지능은 사실인 것처럼 보이지만 사실이 아닌 그럴듯한 말을 만들어내거나 부정확한 이야기를 뱉어내는 (　　　　　)(을)를 보이기도 한다.

11 (   )(이)란 컴퓨터가 사람의 명령을 받아들일 준비가 되었음을 나타내는 표시를 말하는 용어였으나, 최근에는 인공지능에게 내리는 인간의 지시어를 가리키는 용어로 널리 사용되고 있다.

12 깃허브는 소프트웨어 회사에서 개발한 (   )(으)로 인공지능 기반의 자동 코드 완성 기능과 코드 오류를 수정하는 기능을 제공한다.

13 (   )(는)은 미국 실리콘밸리의 OpenAI라는 기관에서 2022년도에 개발한 대화형 인공지능 서비스이다.

14 구글은 2023년 바드라는 대화형 인공지능 서비스를 출시하였으며, 이 서비스는 곧 (   )(이)라는 이름으로 다시 출시된다. 이 서비스는 구글 검색 엔진에도 적용되어 사용자가 원하는 답변을 검색으로 수집한 정보를 바탕으로 문장으로 제시할 수 있다.

15 메타(구 페이스북)는 (   )(이)라는 대규모 언어 모델의 개발을 적극 지원하고 있는데, 2024년도에 출시된 이 모델은 오픈 소스로 공개되어 누구나 소스코드에 접근하고 이용하는 것이 가능하다.

[짝짓기 문제]

다음 예시와 같이 인공지능의 주요 시기와 핵심적인 내용을 올바르게 짝짓기 하여라.

시기		내용
1950~1960년대 •		• 인공지능의 탄생과 함께 초기 프로토타입이 탄생함 과장된 기대가 넘쳐남
1960년대 말~1970년대 •		• 두 번째 인공지능의 열풍, 전문가 시스템으로 인간의 의사결정을 도움
1980년대 •		• 인공지능의 1차 겨울
1990년대 •		• 딥러닝 알고리즘이 등장하며 인공지능 기술 발전을 선도함
1997년 •		• IBM의 딥블루가 체스 챔피언을 이김
2006년 •		• 구글의 알파고가 이세돌을 이기며, 엄청난 잠재력을 보여줌
2016년 •		• 인공지능의 2차 겨울

[객관식 문제]

다음 질문에 대하여 가장 알맞은 답을 선택하여라.

01 인공지능이라는 학문 분야가 자리 잡는 데에 크게 기여한 학회로 1956년 미국에서 개최된 이 행사의 이름은 무엇인가?

❶ 워싱턴 회의 ❷ 다트머스 회의

❸ 뉴욕 회의 ❹ 아실로마 회의

02 인공지능의 역사를 살펴보면 1950~1960년대의 과장된 기대가 큰 성과를 얻지 못하면서 겪게 된 인공지능 연구의 침체기가 있다. 1960년대 말부터 1970년대에 걸친 이 침체기를 일컫는 올바른 용어는 무엇인가?

❶ 인공지능의 봄 ❷ 인공지능의 과대 포장기

❸ 인공지능의 몰락기 ❹ 인공지능의 1차 겨울

03 애플사의 에어팟이나 애플워치와 같이 인간이 착용하는 방식의 전자기기를 일컫는 올바른 용어는 무엇인가?

❶ 자율주행 장치 ❷ 인공지능 장치

❸ 웨어러블 장치 ❹ 모바일 장치

04 최근 금융권에서는 안전한 금융거래를 위해 인공지능을 활용하고 있다. 신용카드 회사나 은행에서 금융 사고를 막기 위해 부정 금융 거래를 탐지하는 인공지능 시스템의 이름은 무엇인가?

❶ 개인 신용 회복 시스템 ❷ 이상 거래 탐지 시스템

❸ 안전거래 시스템 ❹ 모바일 뱅킹 시스템

05 컴퓨터 과학에서 어떠한 문제를 풀기 위한 일련의 절차와 방법을 공식화한 형태로 표현하는 것을 말하며, 흔히 계산을 실행하기 위한 단계적 절차를 의미하는 것은 무엇인가?

❶ 인공지능 ❷ 절차적 프로그래밍

❸ 순차적 프로그래밍 ❹ 알고리즘

06 인공지능 기술을 기반으로 추천 시스템을 사용하는 이유로 가장 적절하지 않은 것은 무엇인가?

❶ 서비스 사용자의 이용 패턴 조사

❷ 서비스 사용자의 편익 증대

❸ 방대한 분량의 콘텐츠 선택의 어려움

❹ 서비스 제공사의 수익 증대

07 기계가 사고를 한다는 것을 판별할 수 있는 방법의 하나로 실천적 행동을 통한 테스트 방법은 무엇인가?

❶ 지능 테스트 ❷ 컴퓨터 테스트

❸ 프로그램 테스트 ❹ 튜링 테스트

심화 학습

[주제 1] 이 책에서 언급한 사례인 웨어러블 장치, 자율주행 자동차, 신약 개발과 의료 이외에 여러분의 주위에서 사용되고 있는 인공지능 기술이 있다면 2가지 이상 기술해 보자.

[주제 2] 웨어러블 장치가 개인의 프라이버시를 침해할 가능성에 대해서 토의해 보자. 웨어러블 장치로부터 발생하는 개인의 신체 정보나 위치 정보가 타인에 의하여 악용될 경우 개인에게는 어떤 피해가 발생할까? 구체적인 피해 사례가 있다면 이를 열거해 보도록 하자.

[주제 3] 지능이란 무엇인가를 정의해 보도록 하자. 그에 앞서 인간의 지능이 가지는 여러 가지 특징들을 나열해보고 이 특징들을 바탕으로 지능을 정의하도록 하자.

02

인공지능의 역사

학습목차

- 인공지능의 역사
  - 인공지능 정의하기
    - 인공지능의 여러 가지 정의
    - 특이점과 일반 인공지능
  - 산업혁명의 역사
    - 1, 2, 3, 4차 산업혁명
    - 4차 산업혁명과 일자리
  - 인공지능의 오랜 역사
    - 기력구와 증기 기관
    - 해석기관과 최초의 프로그램
  - 인공지능에 대한 낙관
    - 인공지능과 퍼셉트론
    - 인공지능의 1, 2차 겨울
  - 인공지능의 성숙기
    - 방대한 데이터의 생성
    - 딥러닝과 인공지능 하드웨어
  - LAB: 인공지능 번역기
    - 파파고 번역기의 활용 방법을 알아보자

학습목표

- 인공지능을 여러 측면에서 정의해 보고 약한 인공지능과 강한 인공지능, 초인공지능에 대해 알아보자.
- 사회, 경제, 문화 등의 여러 분야에서 큰 변화를 가져온 1, 2, 3, 4차 산업혁명에 대해 살펴보자.
- 사람의 개입 없이 일을 하는 기계를 만들고자한 것이 인공지능 연구의 계기임을 이해하자.
- 과거 인공지능에 대한 낙관적인 전망이 부정적인 시선으로 변화한 계기에 대하여 살펴보자.
- 인공지능의 제약을 극복하기 위한 전문가 시스템을 이해하고 그 처리 과정을 알아보자.
- 2000년대 이후의 딥러닝 기술과 인공지능의 발전 과정에 대해 알아보자.

01 인공지능을 정의해 보자

인공지능에 대한 여러 가지 정의

이 장에서는 인공지능을 바라보는 여러 가지 관점에 대해 알아본다. 그리고 이 관점에 따라 인공지능을 분류해 보고 인공지능의 발전을 연대 순으로 살펴볼 것이다.

1장에서 **인공지능 기술**에 대해서 **인간의 학습능력, 추론능력, 지각능력을 인공적으로 구현하려는 과학 기술**로 정의를 내린바 있다. 지능을 한마디로 정의하기 어려운 것과 마찬가지의 이유로 인공지능에 대한 정의도 매우 어렵다. 다트머스 회의의 주관자이며 인공지능이라는 용어의 창시자인 존 매카시는 **지능을 가지는 기계**라는 말로 인공지능을 정의하였다. 하지만 이러한 정의 이외에도 다양한 정의들이 존재한다.

다음은 다양한 인공지능의 정의를 요약한 표이다.

	인공지능의 정의
위키 백과사전	인간이나 동물이 가지는 자연적 지능에 반대되는 개념으로 기계에 의해 발휘되는 지능이다.
표준 국어 대사전	인간의 지능이 가지는 학습, 추리, 적응, 논증 따위의 기능을 갖춘 컴퓨터 시스템을 말하며, 전문가 시스템, 자연 언어의 이해, 음성 번역, 로봇 공학, 인공 시각, 문제해결, 학습과 지식 획득, 인지 과학 등에 응용한다.
브리태니커 사전	지능을 가진 생명체가 일을 하는 방식으로 작업을 하는 디지털 컴퓨터나 컴퓨터가 제어하는 로봇의 능력이다.
앨런 튜링	사람처럼 행동하는 시스템이다.

최근 인공지능 기술의 엄청난 발전상을 이 정의에 대입해 본다면 어떨까? 예를 들어 자율주행 자동차는 지능을 가지는 **인간의 행동과 유사하게 도로를 따라 이동하며, 교통 신호를 준수하고, 보행자를 보호하는 행동을 하며 주어진 목적지까지 이동**한다. 이러한 측면에서 자율주행 자동차의 행동은 인공지능이라고 부르기에 충분하다. 또 다른 예를 들면, 알파고는 인간의 사고와 유사하게 바둑 게

임의 규칙을 지키며, 상대편의 수를 보고 자신이 유리한 쪽으로 바둑돌을 두며 바둑 기사 이세돌 9단을 이겼다. 이러한 측면에서 본다면 알파고 역시 인공지능이라고 부르기에 충분할 것이다.

모라벡의 역설과 약한 인공지능, 강한 인공지능, 초인공지능

그런데 우리가 이웃집 사람을 만나 어젯밤 텔레비전에서 중계된 축구 이야기를 하며 수다를 떠는 유쾌한 경험을 자율주행 자동차나 인공지능 스피커가 할 수 있을까? 비교적 단순해 보이는 이러한 일은 컴퓨터에게는 매우 어려운 일이다. 이와 같이 걷기, 듣기, 공감하기, 눈으로 보기와 같이 인간에게는 단순해 보이는 낮은 수준의 기술을 컴퓨터로 구현하기 위해서는 매우 많은 양의 연산 자원이 필요하다는 것을 1980년대에 **한스 모라벡** Hans Moravec 과 같은 여러 컴퓨터 과학자들이 알게 되었다. 이 현상을 **모라벡의 역설** Moravec's Paradox 이라고 하는데 모라벡은 "컴퓨터가 지능 테스트와 같은 테스트에서 성인 수준의 성능을 보이게 하는 것은 비교적 쉽지만, 오히려 지각하고 이동하는 등의 쉬운 기술을 제공하기는 더 어렵거나 아예 불가능하다"라고 하였다.

다음 사진은 컵케익의 일종인 **머핀**과 개의 품종 중 하나인 **치와와**의 이미지이다. 지능을 가진 인간은 특별한 훈련이 없어도 이 둘을 쉽게 구별할 수 있는 반면, 기계는 사진만으로 잘 구별하지 못하는 어려운 작업으로 인식한다.

이 때문에 많은 연구자들은 인공지능의 능력을 조금 더 세분화시켜 분류한다. 앞서 언급한 자율주행 자동차나 알파고의 경우 특정 영역에서 인간과 유사하거나 인간보다 우위에 있으나, **인간의 여러 가지 행동까지는 따라하지 못하는 인공지능**이다.

출처: freecodecamp.org

이 때문에 이를 **좁은 인공지능** Artificial Narrow Intelligence: ANI 혹은 **약한 인공지능** weak AI 이라고 이야기 한다. 좁은 인공지능은 **제한적으로 좁은 영역에 대해 적용되는 지능**으로 현재 단계의 인공지능 기술을 의미한다. 반면 인간처럼 지속적으로 배울 수 있으며, 여러 도메인의 지식을 연결하거나 일반화시킬 수 있는 인간의 다기능적 요소를 사용할 수 있는 인공지능도 생각할 수 있는데 이러한 인공지능은 **일반 인공지능** Artificial General Intelligence: AGI 혹은 **강한 인공지능** strong AI 이라고 이야기 한다. 미국의 미래학자인 **레이 커즈와일**은 인류가 일반 인공지능을 만나는 시점을 인공지능 기술의 **특이점** singularity 으로 보기도 한다. 특이점이란 **미래에 기술 변화의 속도가 급속히 변함으로써 그 영향이 넓어져 인간의 생활이 되돌릴 수 없도록 변화되는 기점**을 의미한다.

반면 인공지능의 정점에서 만날 것으로 예상되는 **초인공지능** Artificial Super Intelligence: ASI 은 인간의 다면적인 지능을 넘어서 인간보다 빠르고 더 정확한 의사결정이 가능할 것이다. 이 초인공지능 연구는 매우 논란이 많은 연구가 될 것이며 인간에게 위협적일 수 있다는 부정적인 의견을 동시에 가지고 있다. 미래의 어느 순간 인간은 초인공지능을 맞이할지도 모른다. 초인공지능이 **자아** ego 를 가지고 인간 이상의 능력을 보유하는 경우, 이 인공지능의 입장에서 인간은 자신보다 더 하등한 존재로 보여질 가능성도 있을 것이다.

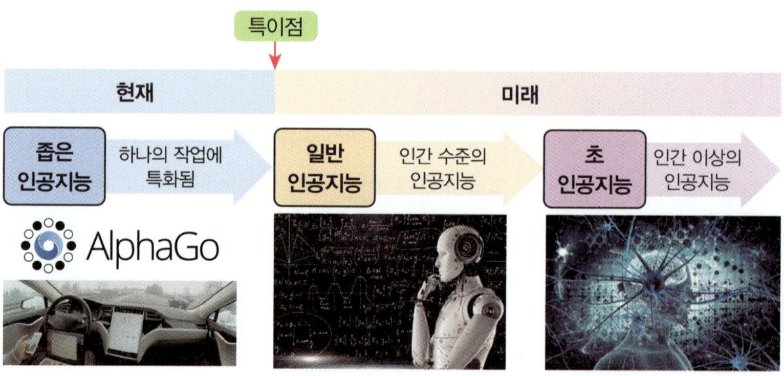

NOTE 존 매카시의 인공지능 정의

다트머스 회의에서 인공지능이라는 용어를 사용한 존 매카시는 인공지능을 **'지능형 컴퓨터 프로그램을 만드는 과학 및 공학**(The science and engineering of making intelligent machines, especially intelligent computer programs)'으로 정의하였다. 이 정의는 지능 자체에 대한 정의를 가지고 있지 않은 **순환적 정의**라고 할 수 있다. 순환적 정의란 어떤 개념을 다른 동일한 내용의 말로써 바꾸어 말했을 뿐이어서, 언뜻 보기에는 정의가 된 듯하지만 사실은 아무런 알맹이가 없는 거짓 정의를 뜻한다.

02 산업혁명의 간단한 역사

산업혁명 industrial revolution 은 18세기 중반에서부터 19세기 초반까지 영국에서 시작된 기술 혁신, 새로운 제조 공정으로의 전환과 이로 인해 일어난 사회, 경제 등의 큰 변화를 일컫는다. 이 산업혁명은 이후 이어진 2차, 3차 산업혁명과의 구분을 위해 1차 산업혁명으로도 부른다. **1차 산업혁명**의 특징은 **증기기관 기반의 기계화 혁명**으로 기계의 사용으로 인하여 공업 생산력이 향상되면서 가내수공업 시대에서 대량생산과 대량소비의 새로운 사회 경제 시스템이 확립되었다. 이 용어는 영국의 역사학자이자 문명 비평가인 **아널드 조셉 토인비** Arnold Joseph Toynbee 가 처음 사용한 용어이다.

2차 산업혁명은 19세기 중후반부터 20세기 중후반까지의 시기로 **석유와 전기 에너지 기반의 대량생산 혁명**으로 이야기 할 수 있다. 1차 산업혁명이 석탄 에너지를 기반으로 증기기관 위주의 대량생산을 이룩하였다면, 이 시기에는 석탄과 함께 석유를 에너지 원으로 하였으며 내연기관 위주의 산업활동을 이루었다. 또한 **토머스 에디슨**, **니콜라 테슬라**와 같은 과학자들이 이룩한 **전기의 과학적 이용**을 통한 생산의 혁신이 특징이다. 이 시기의 이동 수단으로는 자동차와 전차, 비행기 등이 이용되었다.

3차 산업혁명은 20세기 후반 컴퓨터와 인터넷이 중심이 된 **지식 정보 혁명**으로 이야기 할 수 있다. 이전의 시기가 대량생산을 위한 에너지원의 변화였다고 한다면 이 혁명은 **정보 통신 기술의 발전과 확산**을 통한 컴퓨터 제어 그리고 생산 자동화 시스템이라는 변화가 큰 특징이다.

4차 산업혁명은 2010년대 이후부터 현재까지 진행 중인 변화를 지칭하는 용어로 2016년 스위스 다보스 포럼에서 언급되기 시작하여 전 세계적인 관심을 끌고 있는 용어이다. 이 혁명은 인공지능, 사물인터넷, 클라우드 컴퓨팅, 빅데이터, 모바일 기술과 같은 **지능 정보 기술이 기존의 산업과 서비스에 결합되거나 여러 분야의 신기술에 결합되어 모든 사물을 지능화함으로써 촉발되는 사회 변화**를 지칭하는 용어이다.

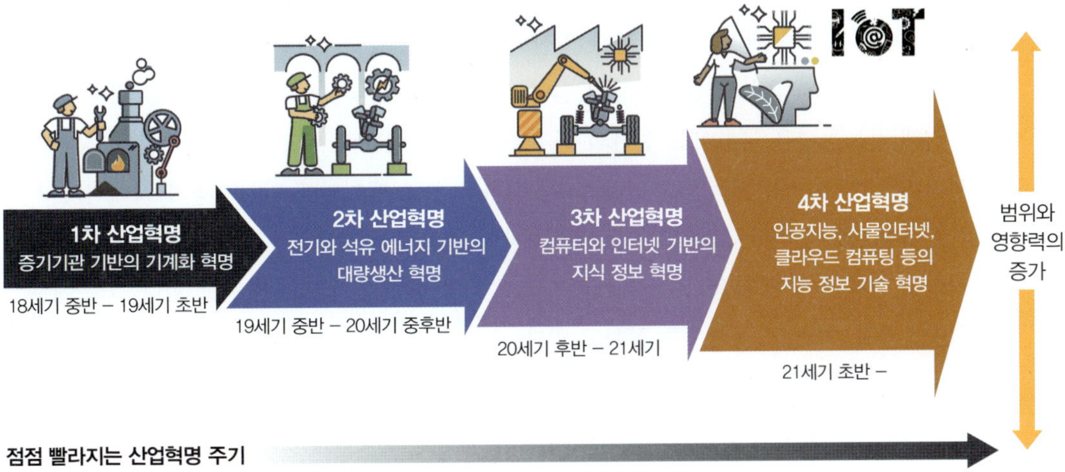

그림과 같이 기존의 사회 시스템은 산업혁명을 통해서 큰 변화를 겪게 되는데 1차 산업혁명부터 2차, 3차, 4차 산업혁명으로 진행될수록 주기는 점점 더 빨라지는 것을 볼 수 있다. 반면 그 범위와 영향력의 증가는 더욱 커지고 있는 특징을 가지고 있다.

한걸음 더 **4차 산업혁명은 존재하지 않는다?**

산업혁명은 새로운 기술의 혁신과 제조 공정의 변화로 인한 대량생산과 대량소비라는 이전과는 구분되는 사회 변화를 초래하였다. 이러한 특징은 아널드 토인비가 1884년 출간한 『**18세기 영국의 산업혁명 강의**(Lectures on the Industrial Revolution of the Eighteenth Century in England)』라는 책을 통해서 체계적이고 분석적으로 연구하였다.

체계적인 연구, 분석을 통해 산업혁명은 학계의 인정을 받고 있는 반면 4차 산업혁명은 과연 학술 용어로 인정을 받고 있는 것일까? '**4차 산업혁명**'이라는 단어가 처음 세상에 알려진 것은 2016년 1월 스위스 다보스 포럼에서 세계경제포럼의 회장인 **클라우스 슈밥** 교수가 주창(앞장서서 주의나 사상을 주장함)하면서 널리 알려지기 시작했다. 그 이전까지 '4차 산업혁명'이라는 단어는 존재하지 않았으며 심지어 '3차 산업혁명'이라는 용어조차도 생소한 용어였다. **로버트 고든** 노스웨스턴대 석좌교수는 4차 산업혁명의 양대 요소인 로봇과 인공지능은 새로운 것이 아니며 1960년대부터 우리가 이미 경험한 것이 계속되고 있을 뿐이라고 주장했다. 그의 주장에 따르면 이러한 변화는 **혁명이라는 이름에 걸맞는 큰 변화**가 아니라는 것이다.

아널드 토인비의 분석과 같이 산업혁명을 거치면서 영국 사회는 가내 수공업에 의존하던 소품종 소량생산 체제에서 대량생산 체제로의 큰 변화가 이루어졌다. 생산 수단의 변화로 인해 산업화와 도시화가 촉발되었으며 공장 노동자의 출현과 같은 일자리의 변화가 이루어지게 되었다. 우리 사회도 현재 큰 변화를 맞이하고 있으며, 한국고용정보원의 '4차 산업혁명 미래 일자리 전망'에서는 다음과 같이 미래 일자리에 대하여 예측한다.

- 3차 산업혁명 시기에 기계와 자동화가 인간의 신체적 노동력을 대체하여 왔다면, 이들 기계와 로봇에 인공지능과 빅데이터 등의 첨단기술이 접목된 4차 산업혁명의 기술 진보는 인간의 신체적 노동력은 물론이고 인간의 인지능력(지식, 이해력, 사고력, 문제해결력, 창의력 등)까지 넘어설 것으로 예측하고 있다. 이에 따라서 의료 데이터에 인공지능과 빅데이터 기술을 접목함으로써 의약품 개발과 맞춤형 처방이 가능해질 것으로 예상되고 있다. 또 핀테크 기술을 금융 산업에 활용하여 금융 비즈니스 환경 또한 극적으로 바뀌고 있다. 최근에는 인공지능 기자, 화가, 작곡가도 등장하고 있다.
- 인간의 신체적 능력과 인지적 능력의 총합인 총체적 생산능력을 넘어설 정도로 기술 진보 속도가 빨라지면 산업현장에서 필요한 직무능력과 노동자가 보유한 능력 간의 격차가 커질 것이다. 이와 같이 불일치 정도가 커지면 **기계에 의한 일자리 대체는 매우 파괴적**으로 나타날 가능성이 있다. 이전의 기술 진보는 저숙련 노동자의 일자리에 미치는 영향이 컸고 오히려 고숙련 노동자나 지식근로자에게는 생산성을 높이는 역할을 하였다. 그러나 인간의 총체적 생산 능력을 넘어서는 급속한 기술 진보는 생산직, 사무직뿐만 아니라 의사, 변호사, 회계사 등의 전문직마저 위기로 몰 것이라는 예측이 나오고 있다.

03 인공지능의 오랜 역사

사람의 개입 없이 일을 하는 기계에 대한 오랜 열망

고된 육체 노동에서 해방되기 위해 사람의 개입 없이 일을 하는 기계를 만들고자 하는 인류의 열망은 오래전부터 있었다. 고대 그리스 시대 헬레니즘 문화의 중심지였던 이집트의 도시 알렉산드리아에서 발명가, 수학자, 기계공학자, 물리학자로 활동한 **헤론** Heron 은 세계 최초로 증기의 힘으로 움직이는 기계장치를 발명한 것으로 알려져 있다. 흔히 '헤론의 공'이라고 일컫는 **기력구** 汽力球, Aeolipile 가 그것으로, 이 장치는 훗날 증기기관의 효시가 되었다.

기력구는 그림과 같이 열을 가하면 팽창하는 성질을 가지는 물과 같은 물질을 이용하여 구상한 아이디어이다. 이 기계는 그림처럼 밀봉된 구에 팽창하는 성질의 물질을 넣은 다음 작은 구멍으로 기체가 빠져나가면서 그 증기의 힘으로 회전하는 원리로 되어 있다. 이러한 아이디어는 훗날 증기기관의 발명으로 결실을 맺게 되었다. 1765년 스코틀랜드 출신의 기계공 **제임스 와트** James Watt 는 기존의 뉴커먼 기관의 비효율적인 성능을 획기적으로 개선한 증기 **콘덴서** condenser 를 개발하였는데, 이후 이 기술은 비약적인 발전을 이룩하여 상업적 이용까지 성공적으로 이어졌고, 이는 1차 산업혁명의 계기가 되었다.

헤론의 기력구

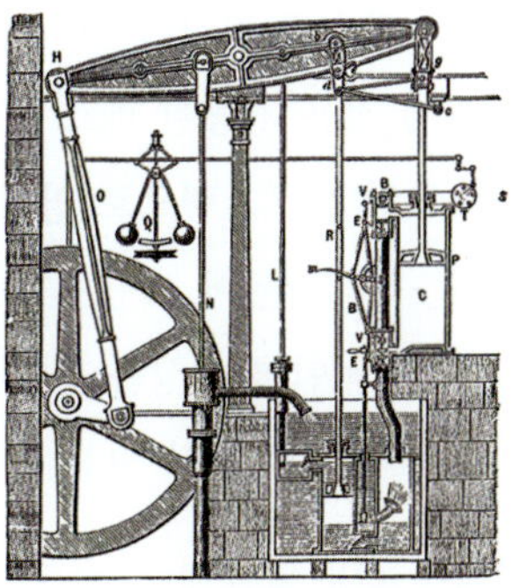
와트의 증기기관

증기 콘덴서는 사람이 연료를 사용하여 불을 때고, 이를 에너지원으로 하여 운동을 하는 기계인데 이는 **사람의 개입 없이 일을 하는 기계와는 거리가 멀다.** 하지만 이러한 시도는 인간 대신 일을 하는 기계에 대한 인간의 원초적 열망이 얼마나 오랜 역사를 가지고 있는가를 잘 보여준다.

해석기관과 프로그래밍의 탄생

19세기 중엽 영국 출신의 **찰스 배비지** Charles Babbage 는 사람의 손으로 계산을 하는 과정에서 발생하는 오류에 주목하였다. 그는 이 과정을 기계를 통해서 하게 되면 오류를 줄일 수 있을 것으로 생각하여 계산하는 엔진인 기계식 컴퓨터를 최초로 고안하였다. 이 계산하는 기계는 차분기관이라는 기구로 다항식 함수를 계산하는 기능을 가지고 있었다. 배비지는 오늘날의 디지털 범용 컴퓨터와 유사한 구조의 **해석기관** Analytical Engine 을 설계하였는데, 이는 당시의 기술적 한계로 완성되지는 못하였다. 하지만 그 설계도에 따른 모형은 추후에 제작되어 영국의 과학 박물관에 전시되어 있다.

찰스 배비지

배비지의 해석기관

시인 바이런의 딸 **에이다 러브레이스** Ada Lovelace 는 찰스 배비지의 해석기관에 대한 공동 작업자였는데, 이 기계를 설명하는 작업을 하면서 해석기관에 적용 가능한 베르누이 수를 구하는 문제해결 절차를 기술하였다. 이 알고리즘이 **현대에 와서 최초의 프로그램으로 인정**받게 되면서 에이다는 최초의 프로그래머라는 명성을 얻게 되었다. 에이다는 해석기관에 적용될 수 있는 **소프트웨어의 중요성을 이해한 엔지니어**였을 뿐만 아니라 컴퓨터의 잠재적인 창의성을 내다본 사람이었다. 그녀는 컴퓨터가 음악을 작곡하는 창의적인 일까지 할 수 있을 것으로 상상했다.

찰스 배비지와 에이다 러브레이스와 같은 과학자들의 활약에 의해 기계가 단순 반복적인 일보다 더 높은 수준의 일을 할 수 있다는 것이 밝혀졌지만 오늘날의 컴퓨터와 같은 기계의 출현에 가장 큰 기여를 한 사람은 영국의 암호학자이자 수학자, 논리학자인 앨런 튜링이다.

에이다 러브레이스

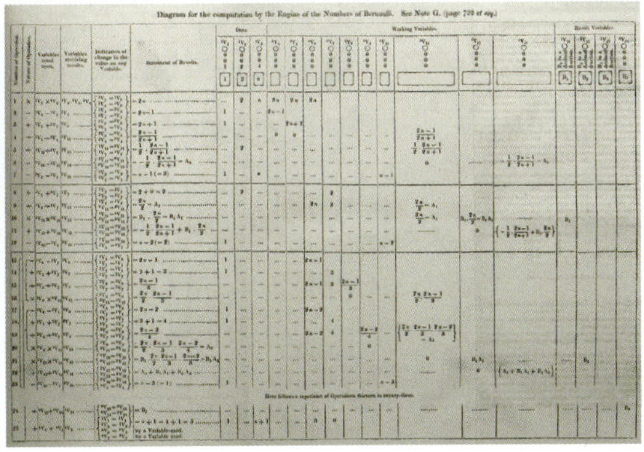

베르누이 수를 구하는 알고리즘

1장에서도 언급한 바 있는 **앨런 튜링**은 컴퓨터 과학의 선구자로 알고리즘과 컴퓨터의 원리를 튜링 기계라는 추상모델을 통해서 형식화하였다. 튜링은 컴퓨터 과학 이론과 함께 인공지능 분야에도 큰 기여를 하였다. 그는 **'기계가 지능을 가질 수 있을까?'**라는 문제에 큰 관심을 가졌으며, 컴퓨터의 지능은 튜링 테스트를 통해서 검증할 수 있을 것으로 생각했다. 인간을 대신해서 일하는 인공지능은 오랫동안 **인류의 상상 속 영역**에 머물러있었지만, 컴퓨터의 탄생과 함께 실현 가능한 기술로 새롭게 나타나게 되었다.

04 인공지능 연구에 대한 낙관적 전망이 넘쳐나다

인공지능의 희망찬 출발

1956년 다트머스 회의에서는 '모든 지능 정보가 원칙적으로 정확하게 기술될 수 있다는 추측을 전제'로 하였으며, 연구자들은 지나치리만큼 낙관적인 견해를 보였다. 이 회의에 참석했던 **허버트 사이먼** Herbert Simon 은 "기계는 20년 이내에 사람이 할 수 있는 일을 할 수 있게 될 것"이라고 호언장담하였으며, MIT의 석학 **마빈 민스키** Marvin Minsky 는 "한 세대 만에 인공지능을 창조하는 문제가 실질적으로 해결될 것이다"라는 주장을 했다.

허버트 사이먼

마빈 민스키

이 당시의 연구자들이 생각한 인공지능 연구의 주된 흐름은 **기호주의 접근 방식**으로 알려져 있다. 이 방식은 컴퓨터의 작동 방식에 맞게 기호와 규칙을 사용하여 생각을 표현하는 방식이다. 즉, **'A = B이고 B = C이면 A = C이다'**라는 명제를 이끌어 낼 수 있도록, **논리적으로 설명 가능한 형태로 문제를 만들어서 지능을 구현**하는 방식이다. 기호주의 방식의 대표적인 연구자는 **마빈 민스키**로 전문가 시스템, 수학적 증명, 게임, 자연어 처리 등의 분야에서 문제를 해결하기 위한 방법으로 설명 가능한 기호와 규칙을 이용할 수 있을 것으로 생각하였다.

인간이 알고 있는 지식은 매우 방대하지만 이 지식을 정제된 기호와 규칙으로 잘 나열한다면 지능을 흉내 낼 수 있을 것처럼 보인다. 하지만 기호주의 연구자들이 생각한 것처럼 인간의 사고를 규칙으로 나열하는 것이 쉽지 않다는 것이 곧 알려지게 되었다.

아래 두 문장 중 1번 문장에서 사용된 '아침'은 시간을 의미하는 '아침'이며, 2번 문장의 '아침'은 식사를 의미하는 '아침'이다. 이때 사용된 아침은 여러 가지 뜻을 가지는 **다의어**이다.

1. **아침**에 일어났어(아침 **시간**을 의미하는 **아침**)
2. **아침** 먹고 나왔어(아침 **식사**를 의미하는 **아침**)

이처럼 **기호 자체의 중의성**으로 인하여 지능을 규칙화하는 작업이 어렵다는 사실이 밝혀지고 실제 적용 사례에서도 만족스러운 결과를 얻지 못하는 상황이 발생하였다.

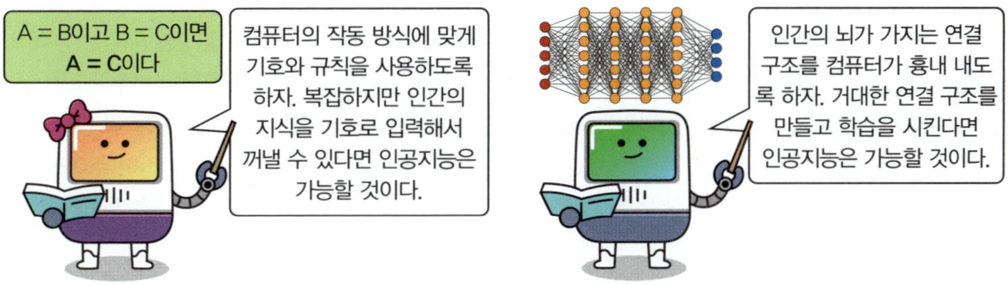

기호주의 연결주의

기호주의는 인간이 이해할 수 있는 형태의 표현 방식이라는 장점과 컴퓨터 프로그래밍과의 유사성 때문에 당시의 주된 관심사였으나 1958년에 미국 해군 연구실의 **프랭크 로젠블랫**이 선보인 **퍼셉트론**의 출현으로 인하여 새로운 전기를 맞이하게 되었다. 퍼셉트론은 인간의 뇌세포가 가진 특징을 컴퓨터에 적용하여 만든 인공적인 신경세포로 간단한 논리회로를 구성하는 데 사용할 수 있다. 로젠블랫은 이러한 퍼셉트론을 이용하여 인간의 뇌가 가지는 연결 구조를 컴퓨터가 흉내 낼 수 있다면 인공지능이 구현 가능할 것으로 생각하였다. 이러한 방식을 연결주의 방식이라고 한다.

이러한 낙관적인 전망은 곧 난관을 만나게 되는데 수없이 많은 연결 구조를 가진 인간의 뇌세포와 유사한 인공 신경망을 어떻게 학습시켜야 인간처럼 사고하는 것이 가능할지 당시의 기술로는 알아낼 수가 없었다.

지나친 낙관이 나락으로 이어지다: 인공지능의 1차 겨울

1950년대와 1960년대의 인공지능계는 희망 섞인 전망과 함께 큰 성과를 낼 것으로 기대했지만 짧은 기간에 큰 성취로 이어지지는 않았다. 이 침체 기간은 1960년대 후반에 시작되어 1970년대 내내 이어졌는데 이 기간 동안 인공지능 관련 산업은 매우 축소되었으며, 이에 따라 대학에 지원되던 연구와 투자 자금이 삭감되어 관련 연구는 큰 어려움에 빠지게 되었다.

이것이 바로 1차 **인공지능의 겨울** AI winter 이다. 인공지능 연구의 침체를 겨울이라고 표현한 이유는 1950년대 이후 **미국-소련의 대립으로 인한 핵전쟁의 공포**에서 찾을 수 있다. 오늘날과 달리 1950년대 당시에는 자본주의와 공산주의 사이의 이데올로기 대립으로 인한 냉전 시기를 겪고 있었다. 따라서 사람들은 미국과 소련의 핵무기 확산 정책으로 인한 3차 세계대전이 발생할 경우 지구는 큰 기후 변화로 인해 **핵겨울** nuclear winter 을 맞이할 것으로 심각하게 우려하였다.

한걸음 더 기계 번역 vs 인간 번역

'기계와 인간 둘 중에 누가 더 번역을 잘할까?' 이에 대한 답은 2017년 2월 국제통번역협회와 세종대학교가 개최한 '인간 대 인공지능의 번역 대결'에서 찾을 수 있다. 인간 통번역사와 기계 번역기 간의 대결은 협회 전문가 3인이 인간 번역사 4명과 인공지능 번역기 3개가 번역한 동일한 지문에 점수를 매기는 방식으로 진행됐다. 인간 번역사 대표는 다양한 성별과 연령대로 구성된 전문 번역사가, 인공지능 번역 대표는 '구글 번역'과 '네이버 파파고', '시스트란' 번역기가 맡았다. 번역기는 입력과 동시에 번역 값이 출력되므로, 번역 속도의 형평성을 맞추기 위해 인공지능에는 10분이, 인간 번역사에게는 50분의 제한 시간이 주어졌다. 지문은 문학과 비문학 분야의 각각 영한 번역 지문과 한영 번역 지문 총 4개로 구성되었다. 출제된 지문은 검색 방지를 위해 인터넷에 공개되지 않고, 저작권이 없는 텍스트로 선별됐다.

대회 결과는 인간의 완승이었다. 30점 만점에 인간 번역사는 평균 24.5점, 기계 번역은 평균 10점을 받았다. 사실 대회 시작 전부터 전문가들 사이엔 고유 문체나 묘사가 중시되는 문학 지문에서 인간이 승리할 것이라는 예상이 지배적이었다. 하지만 비문학 영역에서도 인간은 기계 번역을 압도했다. 이 대결은 인공지능 기반 기계 번역이 번역의 속도 면에서는 놀라운 발전을 이루었지만, 아직 '텍스트의 이해' 분야는 정복하지 못했음을 시사한다.

출처: 한국외국어대학교 교지

인공지능의 겨울을 촉발하게 된 유명한 사건 중의 하나는 **미국 자동언어처리자문위원회** Automatic Language Processing Advisory Committee: ALPAC 의 인공지능 연구에 대한 보고서이다. 1950년대 이후 냉전이 이어지면서 미국 정부는 러시아어로 된 문서와 과학 보고서를 자동으로 번역하는 시스템에 큰 관심을 가지고 있었다. 이에 따라 1954년 이후 자동 기계 번역에 2,000만 불 이상의 엄청난 연구비를 투자하였다. 초기 연구자들의 긍정적인 전망에도 불구하고 10년이 지난 1964년까지 큰 진전이 없자 미국 정부는 자동언어처리자문위원회라는 조직을 만들고 이 문제를 깊이 살펴보게 되었다. 약 2년간의 검토 결과 이 위원회에서는 **쓸만한 기계 번역 기술이 개발될 가능성이 보이지 않는다**는 결론을 내리게 되었다. 기계 번역의 역사가 50년이 넘었지만 2000년대 초반인 현재까지도 기계 번역은 다소간의 한계를 가지고 있다는 점을 생각해 본다면 이 당시의 전망이 지나치게 낙관적이었음을 알 수 있다.

전문가 시스템: 인공지능의 새 희망

1980년대로 넘어오면서 인공지능 연구는 다시금 활기를 띠게 되었는데, 그 계기가 된 사건은 전문가 시스템 expert system 의 등장이었다. 전문가 시스템이란 **전문가로부터 획득된 깊이 있는 지식을 이용하여 추론하며, 동시에 높은 수준의 현실적 문제를 전문가와 동등한 레벨에서 해결하는 지적 인공지능 시스템**이다.

인공지능이 인간의 언어를 이해하고 번역하는 것을 어렵게 생각하는 이유는 인간의 언어가 가진 모호성과 다의성 때문이다. 따라서 방대한 인간의 경험을 지능으로 구현하려는 시도보다 **제한적이고 깊이 있는 전문가의 지식과 경험, 노하우를 추론하는 엔진**을 통해 제공하려는 시도가 바로 이 기술의 핵심 아이디어이다.

여러분은 한 번쯤 전문가의 지식을 흉내 내는 컴퓨터를 상상해 본 적이 있을 것이다. 간단한 예로 병원에 가서 의사를 만나 자신의 아픈 곳을 이야기 하면 의사는 증상과 상태를 보며 상세한 진찰을 하고 어떤 질병인지 판단하고 적절한 약을 추천하거나 치료 방법을 제시할 것이다. 의사는 유사한 증상의 환자를 하루에도 여러 명 만나기 때문에 이러한 경험을 컴퓨터 시스템이 잘 축적해 둔다면 의사와 유사한 수준의 인공지능이 탄생하지 않을까라는 상상도 가능하다.

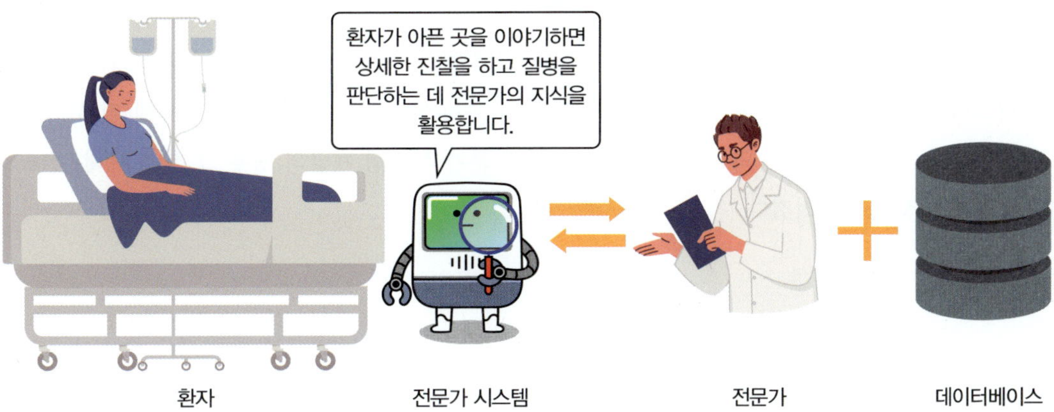

전문가 시스템은 의료 분야에서는 MYCIN이라는 제품으로 결실을 맺었다. 이 제품은 감염성 질병을 진단하고 항생제를 처방하며 그 추론을 자세히 설명할 수 있는 대화형 프로그램으로 나왔으며 제한적이지만 전문의 수준과 유사한 성능을 보여주었다. 이 기술은 전문가의 지식 데이터베이스를 모은 후 규칙을 토대로 추정에 의한 추론을 하는 기능을 가지고 있다.

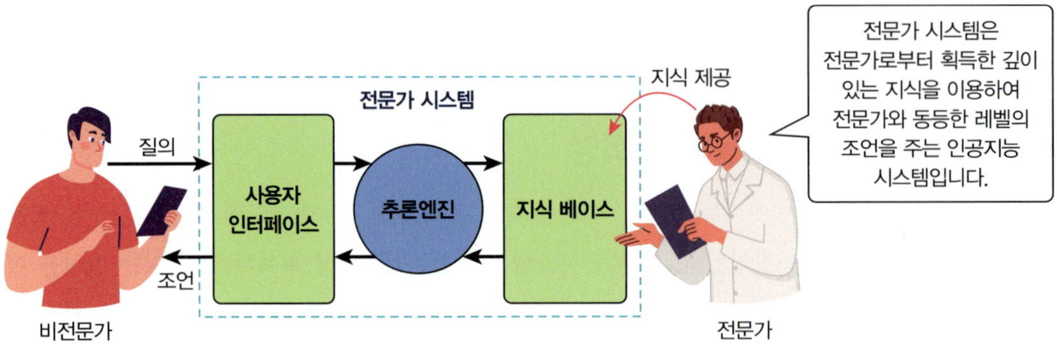

또 다른 전문가 시스템은 법률 분야에서 사용되었다. 초기의 인공지능 공학자들은 법률 분야가 인공지능을 이용한 전문가 시스템의 구현에 적합하다고 생각하였다. 그 이유는 법률 분야가 다양한 과거 사례와 그 해법이 제시되어 있을 뿐만 아니라, 그 처리 과정에서 법률이라고 하는 규칙과 그러한 규칙을 적용해야만 해결되는 구조가 존재하기 때문이었다. 특히 법률은 전문가 시스템에 필요한 추론 규칙으로 쉽게 변환이 가능하다는 특징이 있다. 그러나 곧 전문가 시스템의 첫 단계인 지식 시스템 구축도 간단한 문제가 아니라는 것이 밝혀졌다. 법률 분야의 경우 다른 분야에 비해 상대적으로 용이하긴 하지만, **인간 전문가가 하는 일의 수행 과정을 묘사하는 것조차 그리 쉽지 않기 때문**이었다.

또 다시 찾아온 한파: 2차 인공지능의 겨울

1980년대 말 전문가 시스템은 그 한계가 드러나기 시작한다. 전문가 시스템의 기대 효과와는 달리 이 시스템은 원래 계획한 기능들을 제대로 수행하지 못하거나 실무에서 사용자들에게 거부당하는 경우가 적지 않았다. 연구에 의하면 **중대형 규모의 전문가 시스템 개발의 경우 그 성공 사례는 10%**에 불과한 실정으로 알려졌다.

이러한 초기 전문가 시스템의 제약 사항은 다음과 같은 5가지로 정리할 수 있다.

1. 전문가 시스템은 **특정한 분야의 지식에 대해 제한적으로만 설명**할 수 있다.
2. 해에 도달하기 위해 적용했던 일련의 규칙을 보여줄 수 있지만, 누적된 경험 지식을 바탕으로 **문제 영역을 더 깊이 있게 이해하도록 할 수는 없다.**
3. 전문가 시스템의 **결과를 검증하고 유효성을 입증**하기 어렵다.
4. 자신의 경험을 통해 **학습할 수 있는 능력이 없다.**
5. 인간 전문가에 의한 더 나은 지식이 생성될 경우 이 **지식을 갱신하고 보수하는 업무 자체가 너무 복잡하다.**

인간 전문가의 경우 전문지식을 이해하고 이를 현실에 적용한 후, 그 경험을 바탕으로 더 나은 전문지식을 쌓아가는 것이 일반적이다. 하지만 이러한 학습능력이 전문가 시스템에는 없기 때문에 문제를 제한적으로만 해결할 수밖에 없다는 한계가 있었다. 전문가 시스템이 가진 이러한 제약으로 인해 이를 도입한 기관에서 매우 많은 실패 사례가 보고되었으며 이로 인해 **2차 인공지능의 겨울**을 맞이하게 된다.

05 다시 인공지능의 성숙기가 찾아오다

인공지능의 겨울 시기에 순수하게 인공지능을 연구하는 학자들은 단지 연구 제목에 '인공지능'이라는 단어가 있다는 이유만으로 연구에서 배제되거나 지원받지 못하는 혹독한 시간을 보내야만 했다. 하지만 이들은 연구에 대한 열정을 놓지 않고 꾸준히 연구를 이어갔으며 그 성과는 매우 서서히 나타났다. 이 절에서는 인공지능의 성숙기를 맞이하게 된 배경에 대하여 알아보자.

방대한 데이터의 생성과 활용이 가능해지다

1993년 미국 일리노이 대학교의 **국립 슈퍼컴퓨팅응용연구소** National Center for Supercomputing Applications: NCSA 소속의 대학원생 **마크 앤드리슨**과 **에릭 비나**는 **월드 와이드 웹** World Wide Web: WWW 으로 알려진 웹 서비스를 그래픽 방식으로 보여주는 프로그램인 **웹 브라우저** web browser 를 개발하였다. 모자이크라는 이름의 이 웹 브라우저는 기존의 텍스트 기반 인터넷 서비스를 그래픽으로 표시하여 사용자들이 손쉽게 이용할 수 있도록 하였는데, 이 기술은 폭발적인 인기를 얻었다.

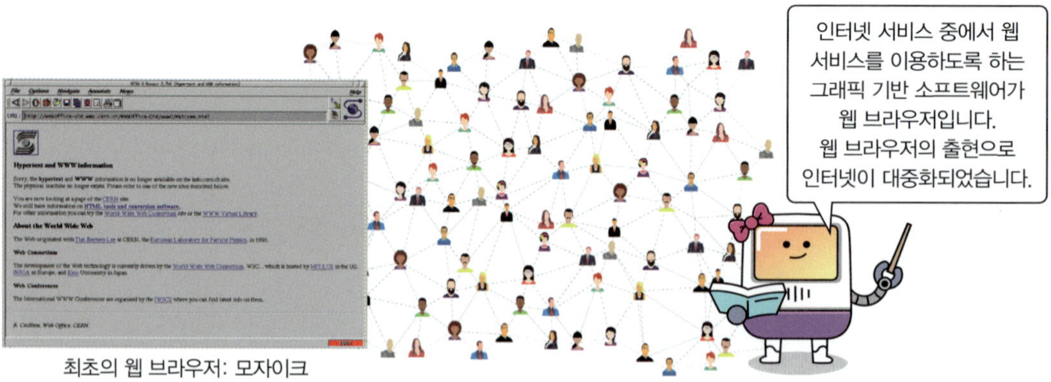

최초의 웹 브라우저: 모자이크

웹 브라우저의 출현 이후 인터넷 이용자들은 기하급수적으로 증가하였으며 **국제전기통신연합**(ITU)에 의하면 2018년 말 전 세계의 인터넷 인구는 약 39억 명을 넘기게 되었다고 한다. 우리나라의 경우 전체 가구 중 **가구 내 인터넷 접속이 가능한 비율이 99.7%로 조사**되었다. 웹 서비스의 확대와 인터넷을 통한 데이터 수집의 비약적인 증가는 인공지능의 발전에 큰 기여를 하게 된다. 우선 많은 데이터를 기반으로 학습을 수행하고 이 학습 결과를 바탕으로 규칙을 수정하는 **머신러닝**이 발전할 수 있는 좋은 여건이 만들어졌다. 또한 2000년대 들어 인공지능의 핵심 기술인 **딥러닝** 알고리즘이 출현하고 이 기술의 성능이 점점 개선되면서 인공지능은 여러 분야에서 두각을 나타내게 되었다.

스티브 잡스와 아이폰

2007년 미국 애플사의 CEO인 **스티브 잡스** Steve Jobs 는 휴대폰 하나에 전화기, MP3 플레이어, 인터넷 접속 기능을 담은 새로운 형태의 혁신적인 기기를 발표하였는데 이 기기가 바로 **아이폰** iPhone 이다. 아이폰의 출시로 인해 인류는 스마트폰이라는 기기를 가지게 되었으며 이로 인한 **모바일 혁명**을 만나게 된다. 아이폰은 출시 10년 동안 전 세계에 13억 대가 팔렸고 애플사는 약 909조 원 이상의 매출을 올리게 된다. 우리나라의 경우 전 인구의 90퍼센트가 스마트폰을 가지게 되었으며 2021년 통계에 의하면 스마트폰 앱을 하루에 평균 5시간 이용하는 것으로 나타났다. 스마트폰으로 인해 많은 사람들이 언제 어디서든 인터넷을 통해 원하는 정보를 검색하거나 원하는 상품을 구매하는 것이 가능해졌으며, 정보를 공유하고 타인과 소통하는 방식에 큰 변화를 겪게 되었다. 특히 **스마트 기기가 생산하는 방대한 분량의 실시간 정보는 인공지능을 위한 학습 데이터로 매우 유용하게 사용**할 수 있게 되었다. 이처럼 디지털 기기로부터 생성되는 정보 중에서 양이 많고, 증가속도가 빠르며, 종류가 다양한 데이터를 **빅데이터**라고 한다.

딥러닝 알고리즘이 등장하다

인공지능의 연구비가 줄어들어 많은 연구자들이 이탈하는 상황에서도 여전히 인공지능에 대한 확신을 가지고 연구를 이어가는 학자들도 많이 있었다. 특히 **제프리 힌턴** Geoffrey Hinton 과 같은 연구자들은 딥러닝이라는 심층 신경망을 학습시키는 효율적인 알고리즘을 계속 연구하고 그 성과를 발표하였으며 2000년대 초반부터 여러 분야에서 그 성과가 나타나기 시작하였다. 인간이 많은 학습과 경험, 시행착오를 통해서 성장하며 지혜를 가지듯, 방대한 데이터를 기반으로 한 **딥러닝 알고리즘 역시 학습과 오류의 수정을 통해서 스스로 그 품질을 개선하는 놀라운 능력**을 가지고 있다.

인공지능을 위한 하드웨어가 등장하다

인공지능 알고리즘의 등장과 함께 이 알고리즘을 빠르게 수행할 수 있는 하드웨어의 등장 역시 인공지능 연구의 획기적인 전기를 마련하였다. 인공지능 하드웨어란 무엇이고, 우리가 사용하는 일반적인 하드웨어와 어떻게 다를까? 인공지능 하드웨어란 **인공지능 기술의 일종인 머신러닝, 딥러닝만을 전문적으로 처리하도록 설계된 마이크로프로세서** microprocessor 또는 마이크로칩을 의미한다.

또한, **딥러닝 기반의 인공지능 알고리즘은 많은 연산이 필요**하다. 이 연산을 하려면 엄청나게 빠른 하드웨어가 필요한데 이러한 일을 전문적으로 하는 하드웨어가 바로 **인공지능 가속기**이다. 이 하드웨어의 가장 핵심이 되는 아이디어는 인공지능 작업의 많은 부분을 병렬화한다는 것이다. 예를 들어, 여러분의 컴퓨터에 있는 그래픽 카드에는 화면에 나타나는 여러 개의 픽셀을 동시에 처리하도록 하기 위한 **병렬 연산 하드웨어가 탑재**되어 있다. 그리고 이 그래픽 카드를 사용하면 컴퓨터의 중앙처리장치(CPU) 성능의 수십 배에서 수백 배 이상까지 향상시킬 수 있다. 이에 관해서는 차후에 상세히 다룰 것이다.

알파고 충격

2016년 구글이 인수한 딥마인드라는 회사의 **알파고** AlphaGo 는 이세돌 9단과 바둑 대결을 벌였다. 이 대결 전까지만 하더라도 많은 전문가들은 인공지능이 결코 인간을 넘어설 수 없는 '난공불락'의 영역이 바로 바둑이라고 생각했다.

전문가들이 이렇게 생각한 이유는 바둑의 경우 컴퓨터가 계산해야 할 경우의 수가 우주 전체의 원자 수보다도 많은데다, 전략이 훨씬 복잡하고 다양해 단순한 계산에 의존하기보다는 **직관, 상황 판**

단 등 인간 고유의 능력이 필요하다고 생각했기 때문이다. 하지만 딥러닝 기술과 접목한 효율적인 강화 학습 알고리즘, 뛰어난 하드웨어 기술, 충분한 학습 데이터로 무장한 알파고는 이세돌 9단을 4:1의 스코어로 이기는 이변을 연출하였다.

알파고뿐만 아니라 이미지 인식대회, 자율주행 자동차 등의 여러 분야에서도 인간보다 뛰어난 성능의 인공지능이 계속 등장하면서 **인공지능은 4차 산업혁명의 가장 핵심 기술로 부각**되고 있으며 새로운 전성기를 맞이하고 있다. 최근에는 그림을 그리거나, 작곡을 하거나, 소설을 쓰는 것과 같은 인간 고유의 창의성만이 할 수 있는 영역이라고 간주되던 곳에서 인공지능이 좋은 성과를 내고 있어서 이에 대한 기대감이 더 커지고 있다.

LAB 02

인공지능 번역기: 파파고

[실습 목표]

이번 실습에서는 **네이버**naver에서 개발한 **파파고** 번역기의 사용법을 익혀볼 것이다. 이 파파고는 여러분이 입력한 글을 특정한 언어로 바로바로 변환해 주는 편리한 번역기이다.

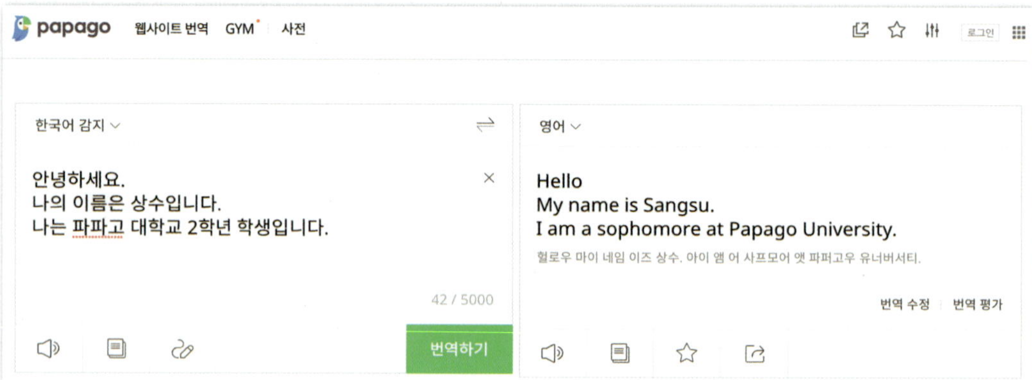

[실습하기]

실습은 다음의 절차를 따르도록 한다.

[단계 1] 다음 웹사이트에 접속한다.

```
https://papago.naver.com/
```

[단계 2] 왼쪽 창 ①에 여러분의 이름과 소속을 한국어로 적도록 한다. 디폴트 번역어는 영어이다. 그림과 같이 입력할 경우 ②에 영어로 된 번역문이 나타날 것이다.

예시 문장 대신 여러분의 이름과 학교 혹은 직장, 참여 중인 교과목이나 강좌명을 입력하도록 하자.

[단계 3] 오른쪽 창 위의 **영어**를 그림 ②와 같이 **일본어**로 변경하도록 하자.

[단계 4] 이제 다음과 같이 제대로 된 일본어 번역문이 나타나는지 확인하도록 하자.

도전 문제

- 파파고에서 다음과 같이 웹사이트 번역에 도전해 보자. 번역문 아래쪽에 웹사이트 번역 기능을 찾아서 ①을 클릭하자. 추천 사이트가 나타나면 ②의 영어 위키피디아 번역을 시도하자.

- 다음과 같이 영어 위키 백과사전이 한국어로 번역되어 나타날 것이다.

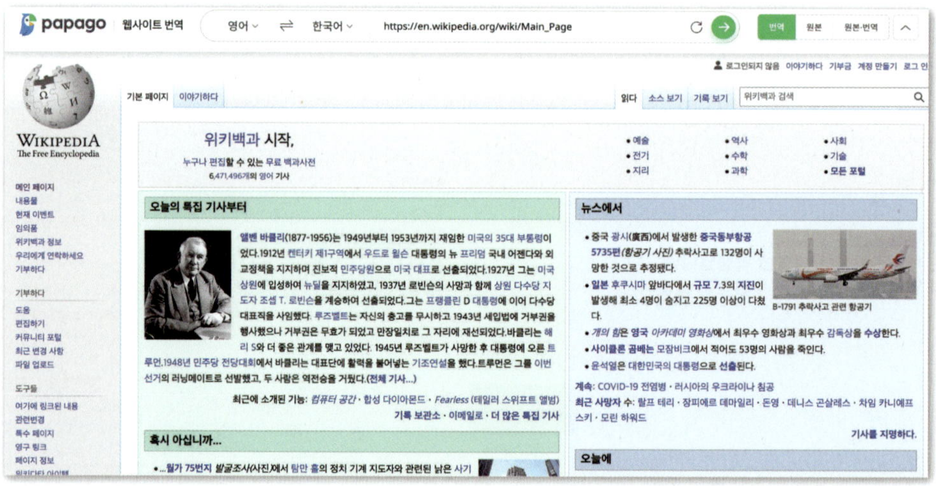

- 영어 백과사전의 'Artificial Intelligence' 항목을 찾아서 번역하고 내용을 요약해 보도록 하자.

요약

01 자율주행 자동차나 알파고의 경우 특정 영역에서 인간과 유사하거나 인간보다 우위에 있으나, **인간의 여러 가지 행동까지는 따라하지 못하는 인공지능**이다.

02 특정 영역에서 인간보다 우위에 있는 현재의 인공지능을 **약한 인공지능**이라고 하며, 인간처럼 지속적으로 배울 수 있으며 인간과 같은 다기능적인 요소를 가지는 보다 뛰어난 인공지능을 **강한 인공지능**이라고 한다.

03 인공지능의 정점에서 만날 것으로 예상되는 **초인공지능**은 인간의 다면적인 지능을 넘어서 인간보다 빠르고 더 정확한 의사결정이 가능할 것이다.

04 **산업혁명**은 18세기 중반에서부터 19세기 초반까지 영국에서 시작된 기술 혁신, 새로운 제조 공정으로의 전환과 이로 인해 일어난 사회, 경제 등의 큰 변화를 일컫는다.

05 1차 산업혁명에서부터 2차, 3차, 4차 산업혁명으로 진행될수록 주기가 점점 더 빨라지는 것을 볼 수 있다. 반면 그 범위와 영향력의 증가는 더욱 커지고 있는 특징을 가지고 있다.

06 **퍼셉트론**은 인간의 뇌세포가 가진 특징을 컴퓨터에 적용하여 만든 인공적인 신경세포로 간단한 논리회로를 구성하는 데 사용할 수 있다.

07 **인공지능의 겨울** 기간 동안 인공지능 관련 산업은 매우 축소되었으며, 이에 따라 대학에 지원되던 연구와 투자 자금이 삭감되어 관련 연구는 큰 어려움에 빠지게 되었다.

08 **전문가 시스템**이란 **전문가로부터 획득된 깊이 있는 지식을 이용하여 추론하며, 동시에 높은 수준의 현실적 문제를 전문가와 동등한 레벨에서 해결하는 지적 인공지능 시스템**이다.

09 전문가 시스템이 가진 여러 가지 제약으로 인해 이를 도입한 기관에서 매우 많은 실패 사례가 보고되었으며 이로 인해 **2차 인공지능의 겨울**을 맞이하게 된다.

10 2000년대 들어 인공지능의 핵심 기술인 딥러닝 알고리즘이 출현하고 이 기술의 성능이 점점 개선되면서 인공지능은 여러 분야에서 두각을 나타내게 되었다.

11 알파고뿐만 아니라 이미지 인식대회, 자율주행 자동차 등의 여러 분야에서도 인간보다 뛰어난 성능의 인공지능이 계속 등장하면서 인공지능은 4차 산업혁명의 가장 핵심 기술로 부각되고 있으며 새로운 전성기를 맞이하고 있다.

연습 문제

[단답형 문제]

괄호 안에 들어갈 적절한 단어를 기입하여라.

01 '컴퓨터가 지능 테스트와 같은 테스트에서 성인 수준의 성능을 보이게 하는 것은 비교적 쉽지만, 오히려 지각하고 이동하는 등의 쉬운 기술을 제공하기는 더 어렵거나 아예 불가능하다'라고 주장한 컴퓨터 과학자가 있다. 이 과학자의 이름을 딴 이 현상은 (　　　　　　　)(이)라고 한다.

02 (　　　　　　　)(는)은 제한적으로 좁은 영역에 대해 적용되는 지능으로 현재 단계의 인공지능 기술을 의미한다.

03 인간처럼 지속적으로 배울 수 있으며, 여러 도메인의 지식을 연결하거나 일반화시킬 수 있는 인간의 다기능적 요소를 사용할 수 있는 인공지능도 생각할 수 있는데 이러한 인공지능은 (　　　　　　　) 혹은 강한 인공지능이라고 한다.

04 (　　　　　　　)(이)란 미래에 기술 변화의 속도가 급속히 변함으로써 그 영향이 넓어져 인간의 생활이 되돌릴 수 없도록 변화되는 기점을 의미한다.

05 (　　　　　　　)(는)은 18세기 중반에서부터 19세기 초반까지 영국에서 시작된 기술 혁신, 새로운 제조 공정으로의 전환과 이로 인해 일어난 사회, 경제 등의 큰 변화를 일컫는다.

06 고대 그리스 시대 이집트의 도시 알렉산드리아에서 발명가, 수학자, 기계공학자, 물리학자로 활동한 헤론은 세계 최초로 증기의 힘으로 움직이는 기계장치를 발명한 것으로 알려져 있는데, 흔히 '헤론의 공'이라고 일컫는 (　　　　　　　)(이)가 그것으로 이 장치는 훗날 증기기관의 효시가 되었다.

07 (　　　　　　　)(는)은 컴퓨터의 작동 방식에 맞게 기호와 규칙을 사용하여 생각을 표현하는 방식이다. 즉, 'A = B이고 B = C이면 A = C이다'라는 명제를 이끌어 낼 수 있도록, 논리적으로 설명 가능한 형태로 문제를 만들어서 지능을 구현하는 방식이다.

08 (　　　　　　　)(는)은 인간의 뇌세포가 가진 특징을 컴퓨터에 적용하여 만든 인공적인 신경세포로 간단한 논리 회로를 구성하는 데 사용할 수 있다.

09 (　　　　　　　)(이)란 전문가로부터 획득된 깊이 있는 지식을 이용하여 추론하며, 동시에 높은 수준의 현실적 문제를 전문가와 동등한 레벨에서 해결하는 지적 인공지능 시스템이다.

[짝짓기 문제]

다음 예시와 같이 각 산업혁명의 명칭과 그 특징을 올바르게 짝짓기 하여라.

1차 산업혁명 •	• 인공지능, 사물인터넷, 클라우드 컴퓨팅 등의 지능 정보 기술 혁명
2차 산업혁명 •	• 전기와 석유 에너지 기반의 대량생산 혁명
3차 산업혁명 •	• 증기기관 기반의 기계화 혁명
4차 산업혁명 •	• 컴퓨터와 인터넷 기반의 지식정보 혁명

[객관식 문제]

다음 질문에 대하여 가장 알맞은 답을 선택하여라.

01 걷기, 듣기, 공감하기, 눈으로 보기와 같이 인간에게는 단순해 보이는 낮은 수준의 기술을 컴퓨터로 구현하기 위해서는 오히려 매우 많은 양의 연산 자원이 필요하다는 발견을 일컫는 표현은 무엇인가?

❶ 불완전성 정리 ❷ 트롤리 딜레마

❸ 모라벡의 역설 ❹ 제논의 역설

02 자율주행 자동차나 바둑 프로그램 알파고의 경우 특정 영역에서 인간과 유사하거나 인간보다 우위에 있으나, 인간의 여러 가지 행동까지는 따라하지 못하는 인공지능이다. 이러한 인공지능의 유형을 무엇이라고 하는가?

❶ 일반 인공지능 ❷ 강한 인공지능

❸ 초인공지능 ❹ 좁은 인공지능

03 1958년 미 해군 연구실의 프랭크 로젠블랫이 선보인 초기 형태의 인공 신경망으로, 인간의 뇌 세포가 가진 특징을 컴퓨터에 적용하여 간단한 논리 회로를 구성하는 데 사용할 수 있도록 한 이 인공 신경망의 이름은 무엇인가?

❶ 퍼셉트론 ❷ 합성곱 신경망

❸ 순환 신경망 ❹ 뉴런

심화 학습

[주제 1] 인공지능의 정점에서 만날 것으로 예상되는 초인공지능은 인간의 다면적인 지능을 넘어서 인간보다 빠르고 더 정확한 의사결정이 가능할 것이다. 초인공지능이 자아를 가지고 인간 이상의 능력을 보유하는 경우 일어날 것으로 예상되는 문제점과 그 해결 방안에 대해 자신의 의견을 기술하여라.

[주제 2] 초기 전문가 시스템이 가진 여러 가지 제약 사항으로 인해 이를 도입한 기관에서 매우 많은 실패 사례가 보고되었다. 이로 인해 인공지능은 2차 인공지능의 겨울을 맞이하게 된다. 만약 이와 같이 불완전한 인공지능 시스템이 의료, 법률 분야 등의 인간 생명을 다루는 민감한 분야에 도입될 경우 발생할 수 있는 피해에 대해 생각해 보자.

[주제 3] 18세기 중반 영국에서 시작된 산업혁명은 새로운 기술의 혁신과 제조 공정의 변화로 인한 대량생산과 대량소비라는 이전과는 구분되는 사회 변화를 초래하였다. 이러한 특징은 **아널드 토인비**가 처음 사용하였다. 다보스 포럼의 **클라우스 슈밥** 교수가 주창한 **4차 산업혁명**은 실제로 존재하지 않는다는 주장이 있다. 이러한 주장에 대하여 조사하여라. 과연 4차 산업혁명으로 인해 우리가 사는 세상이 이전의 세상과 구분되는 사회 변화가 초래되었는가? 혹은 인공지능 기술이 단순한 정보화 혁명의 연장에 불과한가?

03

상상과 예술 속의 인공지능

학습목차

- 상상과 예술 속의 인공지능
  - 인공지능과 불쾌한 골짜기
    - 인간의 로봇에 대한 감정
    - 복잡한 인간의 감정
  - 인간을 파괴하는 피조물
    - 소설 『프랑켄슈타인』
    - 인공 생명체에 대한 감정과 비극
  - 로봇의 반란
    - 초인공지능을 마주한 인간
    - 도구와 창조의 서사
  - 공포의 터미네이터
    - 기계의 공격과 인간의 항전
    - 군사적 목적의 인공지능
  - 인공지능의 에너지원
    - 인간을 통제하는 인공지능
    - 인간이 만든 방대한 데이터로 학습하는 인공지능
  - LAB: 구글 트렌드
    - 빅데이터로 사람의 마음을 읽자

학습목표

- 다양한 분야의 인공지능 로봇을 보고 불쾌한 골짜기라는 용어를 알아보자.
- 소설 『프랑켄슈타인』을 통해 인간의 모습을 한 미래의 인공지능과의 공존에 대해 생각해 보자.
- 희곡 『R.U.R.』을 통해 인공지능이 인간을 뛰어넘을 수 있는가에 대해 생각해 보자.
- 인간의 진화를 다룬 영화 스페이스 오디세이와 영향을 받은 영화들도 살펴보자.
- 군사적 목적으로 사용되는 인공지능의 위험성에 대해 살펴보자.

01 인공지능, 불쾌한 골짜기를 만나다

이 장에서는 **문학적인 측면, 예술적인 측면의 인공지능**에 대하여 살펴보고자 한다. 인공지능 기술은 컴퓨터 과학자들이 주도한 기술이기는 하지만 과학자와 공학자의 전유물만은 아니었다. 인간은 아주 오래전부터 **인간을 닮은 기계를 상상**해 왔으며 이 기계를 통해 노동으로부터 해방되는 삶을 꿈꾸었다. 그와 동시에 이 똑똑한 기계와의 공존에 대해서도 고민하고 한편으로는 두려워하기도 했다.

Uncanny Valley라는 용어는 '섬뜩한'을 의미하는 uncanny와 '계곡'이나 '골짜기'를 의미하는 valley를 결합하여 만들어진 용어이며 한국어로는 '불쾌한 골짜기'나 '불편한 골짜기'로 번역되기도 한다. 1970년대 일본의 로봇 공학자인 **모리 마사히로** 森政弘는 로봇이 점점 더 사람의 모습과 흡사해질수록 인간이 로봇에 대해 느끼는 호감도가 증가하다가 어느 정도에 도달하게 되면 갑자기 강한 거부감으로 바뀌게 된다는 점을 관찰하게 된다. 그러나 로봇의 외모와 행동이 인간과 거의 구별이 불가능할 정도가 되면 호감도는 다시 급격하게 증가하여 인간이 인간에 대해 느끼는 감정의 수준까지 접근하게 된다는 것도 관찰하면서 이러한 거부감이 존재하는 영역을 **불쾌한 골짜기** uncanny valley 라는 용어로 소개하였다(일본어로 不気味の谷).

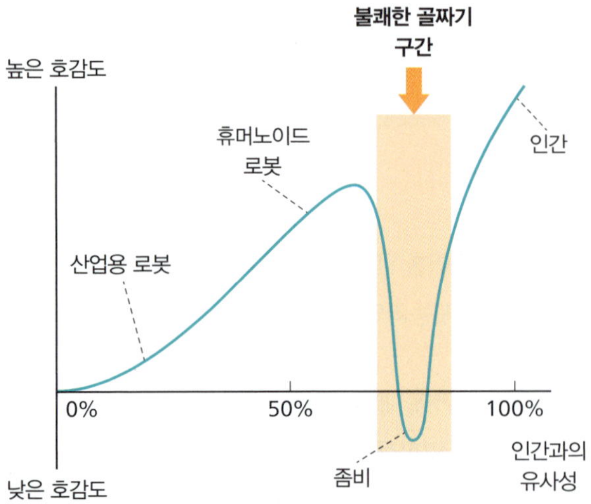

불쾌한 골짜기는 로봇 공학에서 사용하기 시작한 용어이지만 이후 미학, 예술학, 심리학, 생태학 등의 많은 분야에서 아름다움과 마음, 창작에 관련된 심리 현상으로 널리 사용되고 있다. 오늘날 아름다움에 대해 느끼는 인간 감정을 설명하는 데 사용되는 불쾌한 골짜기가 왜 발생하는가에 대해서도 여러 가지 이론이 등장했으며, 아직도 많은 연구가 행해지고 있다.

인공지능의 기술이 발전하고 인간을 닮은 로봇이 출현하게 된다면 언젠가 이 불쾌한 골짜기를 만나게 될 것으로 예상할 수 있다. 다음의 그림은 2003년 일본 도쿄에서 열린 로봇 전시회에서 전시된 **레플리 Q2**라는 인간형 모델이다. 이 로봇은 인간과 유사한 외모를 가졌으며 음성을 통해 대화하고 소통할 수 있도록 구현되었다. 하지만 전시된 인간형 모델에 대해 **'인간을 닮은 듯하지만 어딘가 어색한 구석이 많다'**는 불편함을 호소하는 참가자들이 더 많았던 것으로 알려졌다.

불쾌한 골짜기로 인해 큰 어려움을 겪은 영화도 있는데 바로 2001년 컬럼비아 픽쳐스와 스퀘어 픽쳐스가 합작으로 만든 「**파이널 판타지: 더 스피릿 위딘** Final Fantasy: The Spirits Within」이다. 이 영화는 스퀘어사의 인기 게임 **파이널 판타지**를 바탕으로 만든 3D 영화로 약 1,700억 원 가량의 엄청난 제작비를 투입하여 만든 블록버스터 영화로 기대를 모았다. 이 영화에서는 헐리우드의 유명 배우들이 성우로 참여하였으며 화려한 그래픽과 효과로 예고편부터 매우 큰 관심을 끌었다. 하지만 막상 영화 속의 주인공 캐릭터인 아키 박사의 연기가 공개되자 많은 관객들은 실사 영화에서 **연기를 못하는 배우의 어색한 표정 연기를 떠올리게 되었다.** 이러한 불쾌한 골짜기를 만난 관객은 더이상 스토리에 몰입하지 못하게 되고 결국 영화는 큰 흥행 실패를 겪게 된다.

레플리 Q2 로봇

영화 「파이널 판타지」의 아키 박사

인공지능 기술이 사회의 여러 분야에 도입되면서 불쾌한 골짜기로 인해 실패하는 사례를 종종 만나게 된다. 2020년 11월 국내 방송사인 MBN에서는 **인공지능 앵커를 도입하여 뉴스 방송**을 하였다. 이 뉴스 방송용 인공지능 앵커는 실제 진행자의 표정과 음성을 데이터로 딥러닝 기술을 사용하여 학습을 한 후 방송에서 활용하였다. 이 인공지능 앵커는 최대 1,000자 분량의 텍스트를 1분 안에 영상으로 합성할 수 있도록 구현되었다. 하지만 통일된 평이한 말투가 계속 이어지면서 듣는 입장에서 답답함과 딱딱함을 느꼈다는 시청자들의 평도 있었으며, **인간의 감정을 정확하게 구현하지 못했다**고 느낀 시청자도 많이 있었다.

인공지능 뉴스 앵커

NOTE **딥러닝 기술을 이용한 합성 기술**

MBN 방송사의 인공지능 앵커를 제작한 회사는 **딥브레인 에이아이**라는 회사로, 사람이 말하는 음성과 말투, 얼굴 모양까지 합성할 수 있는 기술을 보유하고 있다. 이러한 인공지능 앵커를 위해서는 실제 존재하는 인물을 먼저 촬영해야 하며, 반복적 촬영을 통해서 몸짓, 말투, 표정 등을 다양하게 기록한다고 한다. 그 다음으로 촬영한 영상 데이터를 가공하는 절차를 거쳐 딥러닝에 들어간다. 이러한 딥러닝을 통해서 인공지능이 이해할 수 있도록 학습을 시켜 음성과 대본을 자연스럽게 합성하였다.

02 빅터 프랑켄슈타인: 피조물에 의해 파괴당한 삶

우리에게는 **프랑켄슈타인** Frankenstein 으로 알려진 **메리 셸리** Mary Shelley 의 소설은『프랑켄슈타인 또는 현대의 프로메테우스(Frankenstein or The Modern Prometheus)』라는 제목으로 1818년 영국 런던에서 출간되었다. 많은 이들이 흔히 키가 크고 얼굴에 흉터가 있는 이 소설 속의 피조물(괴물)의 이름을 프랑켄슈타인으로 알고 있으나 프랑켄슈타인은 이 피조물을 만든 주인공 과학자의 이름이며 소설 속에서 그 괴물은 **피조물(The Creature)**로 불린다.

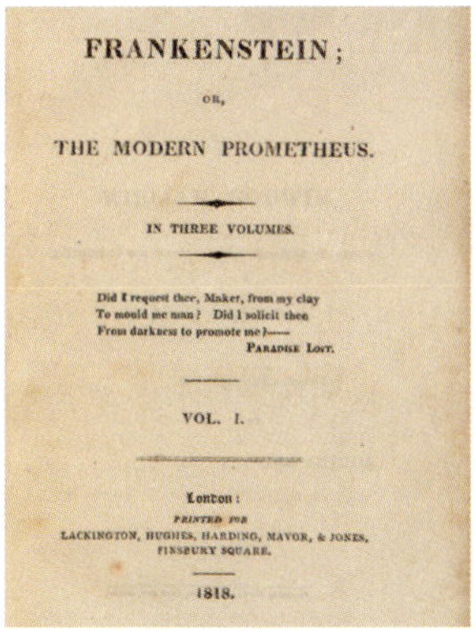
FRANKENSTEIN;

OR,

THE MODERN PROMETHEUS.

IN THREE VOLUMES.

Did I request thee, Maker, from my clay
To mould me man? Did I solicit thee
From darkness to promote me?——
PARADISE LOST.

VOL. I.

London:
PRINTED FOR
LACKINGTON, HUGHES, HARDING, MAVOR, & JONES,
FINSBURY SQUARE.

1818.

소설 프랑켄슈타인

소설 속 프랑켄슈타인의 피조물

주인공인 빅터 프랑켄슈타인은 어려서부터 세상을 이해하려는 욕구가 강한 과학자였으며, 어머니가 병으로 죽자 슬픔을 이기기 위한 실험에 몰두한다. 그는 곧 무생물에 생명을 전할 수 있는 비밀스러운 기술을 개발하였는데, 이 기술을 바탕으로 키가 2.4m에 초록색 피부를 가진 인간의 모습을 닮은 생명체를 만든다. 문제는 이 생명체를 만들고 난 후에 발생하는데, 흉측한 모습의 외모로 인해 프랑켄슈타인은 이 생명체에 대하여 큰 두려움을 느끼고 자신의 피조물을 피해 도망을 치고 만다. 프랑켄슈타인이 만든 피조물의 형상은 인간의 모습을 닮았으나 사실상 **무생물로부터 만들어진 인공 생명체**이며 처음 접하는 기괴한 형태를 하고 있으므로 이 기괴함은 불쾌한 골짜기를 떠올리기에 충분하다.

자신이 만든 피조물에 의해 형제가 살해당하고 아끼던 유모까지 죽음에 이르는 상황 속에서 프랑켄슈타인은 피조물을 마주하는데, 이 피조물은 자신과 같은 여자 피조물을 만들어 달라는 부탁을 한다. 여자 피조물을 거의 다 만들어 가던 그는 마지막 순간에 약속을 어기고 여자 피조물을 파괴하였고 피조물은 그 보복으로 프랑켄슈타인의 신부를 살해한다. 분노에 찬 프랑켄슈타인은 자신의 피조물을 파괴하기 위해 북극해를 떠돌다 죽음을 맞이하는 파국에 이르게 된다.

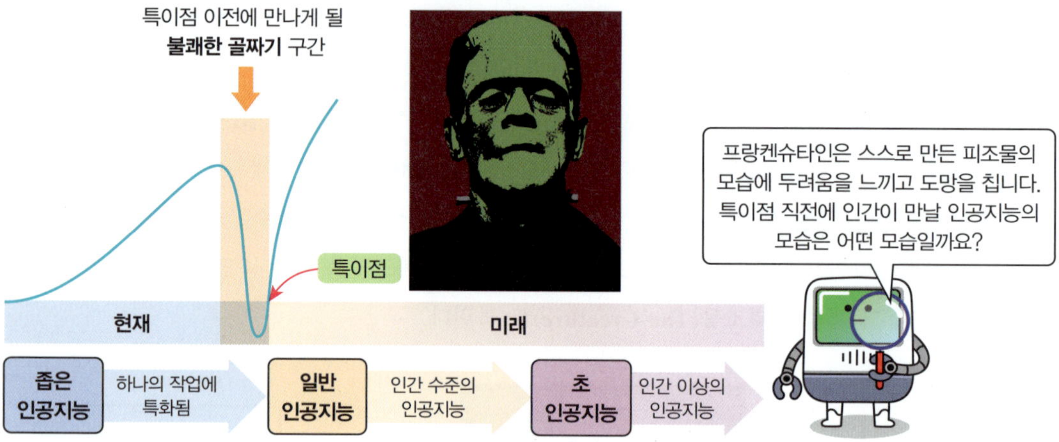

소설 속의 이러한 비극을 현대의 인공지능 기술과 비교해 보는 것은 어떨까? 이전 장에서 언급한 특이점으로 인한 인간 수준의 인공지능 직전에 만나게 될 인공지능을 상상해 보자. 특이점이 미래의 어느 순간 우리에게 다가 온다면, 우리는 **인간을 매우 닮았으나 인격체로 보기에는 아직 부족한 수준의 인공지능을 만나는 순간**이 있을 것이다. 물론 그 형상은 영화와 같이 인간을 닮은 피조물이 아닌 컴퓨터 속의 인공적인 존재일 수도 있다.

소설 속의 피조물이 원래부터 프랑켄슈타인의 삶을 파괴하고자 한 것은 아니었다. 피조물은 창조자에 의해 버려지고 떠돌며 인간과 친해지려고 노력한다. 하지만 그가 만난 인간들은 피조물의 흉측한 모양 때문에 그를 적대시하고 죽이려 들었고, 이로 인해 피조물은 인간에게 실망하여 인간을 적대시하게 된다. 미래에 인류가 인공적인 지적 객체를 만나게 되었음에도 불구하고 이에 대한 준비가 되어 있지 않아 이처럼 불쾌한 골짜기에 빠지게 되는 상황을 생각해 보자. 만일 인간의 거부감으로 인해 이 피조물을 적대시하는 상황이 생기고, 이 적대감으로 인해 인류와 피조물 모두를 파국으로 이끌 수도 있다는 점에 대해서 생각해 본다면, 이 소설의 가치에 대해 높이 평가하게 될 것이다.

한걸음 더 갈바니와 미친 과학자 모델

갈바니Luigi Galvani는 이탈리아 볼로냐 대학의 교수로 1780년에 죽은 개구리를 사용하여 신경과 근육에 대한 전기 자극을 주는 실험을 수행했다. 그는 이 실험을 통해서 근육의 수축이 전기적 작용을 일으킬 뿐 아니라 전기적 현상이 근육의 수축을 일으킬 수 있다는 것을 보였다. 이러한 실험은 소설 프랑켄슈타인의 저자인 메리 셸리에게도 전해졌으며 **메리 셸리**는 이에 자극을 받아 전기적 힘이 무생명에 생명을 부여할 수 있는 근원이라는 상상을 하게 되었다.

프랑켄슈타인은 최초의 SF 소설로 인정받고 있는데 이 소설은 이후에 등장하는 SF 장르의 문학에 큰 영향을 주었다. 이 소설의 주인공에 영감을 받아 과학기술을 신봉하는 **자기 중심적이고 윤리의식이 결여된 과학자의 전형적 모델**인 **미친 과학자**mad scientist가 등장하는 많은 소설이 나타나게 되었다.

03 로봇의 등장, 피조물의 반란에 대한 서사

"만국의 로봇들이여! 우리, 최초의 로숨 유니버설 로봇 노동조합은, 인간이 우리의 적이며 우주의 떠돌이들임을 선언하노라. 여러분은 인류를 몰살시키도록 부름을 받았다. 남성들을 남겨두지 말라. 여성들을 남겨두지 말라. 오직 공장과 철도, 기계와 광산, 천연자원들만 남겨두라. 그밖에 다른 것들은 전부 다 파괴하라. 그런 뒤에 다시 노동으로 복귀하라. 노동을 멈춰서는 안 된다."

_카렐 차페크의 희곡 『R.U.R.』 중에서

체코의 작가 **카렐 차페크** Karel Capek 는 1920년 『**R.U.R.** Rossum's Universal Robots』이라는 희곡을 발표하였다. 이 희곡은 **로봇** robot 이라는 인조인간이 등장하는 작품인데, 이로 인해 **로봇이라는 용어가 탄생**하게 되었다. 이 희곡은 1921년에 체코 프라하에서 초연되었으며 관객들의 호평 속에서 큰 성공을 거두었다. 이 드라마는 곧 독일, 프랑스, 영국 등 유럽 전역으로 빠르게 퍼졌으며, 1922년에는 미국 뉴욕에서도 상연되었다. 이 공연은 뉴욕에서 184회나 연속으로 공연될 정도로 큰 성공을 거두었으며, 세계적인 인기를 통해 우리나라에서도 1925년에 **인조 노동자**라는 제목으로 번역되어 발표되었다.

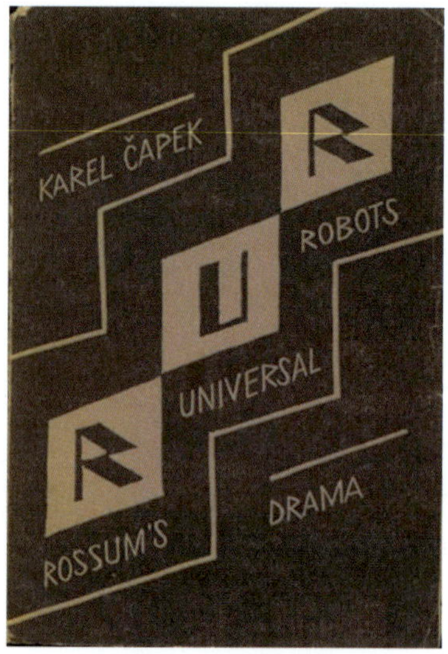

희곡 『R.U.R.』의 표지

이 희곡 속에 등장하는 로봇은 처음에는 인간을 위해 일하는 것을 목적으로 과학자들에 의해 개발되었으며 **로숨 유니버셜 로봇**이라는 회사에 의해 대량생산되어 산업현장과 사무실, 가정용, 군사용으로 보급된다.

그러나 이 로봇들은 곧 인간에게 적대적으로 변하였고, **로봇들의 반란은 인간의 멸종**으로 이어진다. 이러한 이야기 구조는 많은 소설과 예술 작품의 출발점이 되었으며, 우리가 아는 영화 터미네이터, 매트릭스 등이 이러한 이야기의 구조를 따르고 있다. 또한 이 희곡은 로봇의 반란 이전 **자동화로 인한 광범위한 실업에 대한 우려**를 예견하고 있다.

카렐 차페크의 희곡 『R.U.R.』

소설 『프랑켄슈타인』이 인간과 피조물의 1:1 갈등 구조를 다루는 반면 『R.U.R.』은 인류 전체와 대량생산된 로봇들 간의 적대적 대립을 다루는 점이 큰 차이점이다.

이 이야기에 등장하는 로봇은 인간의 모습과 비슷하며 스스로 생각할 수 있는 능력을 가진 일종의 안드로이드로 형상화된다. 이 희곡에 처음 등장하는 로봇이라는 용어는 단어 자체로 '노예'를 뜻하며, 비유적으로 '고된 일'을 뜻하는 체코어 **로보타** robota 에서 온 말이다.

『R.U.R.』에 등장하는 로숨 유니버셜 로봇사의 대표이사인 **도민** Domin 은 로봇을 제작한 이유에 대하여 '고된 임무, 노동, 근심 걱정으로부터의 해방'으로 설명한다. 그리고 대량생산된 로봇이 인류의 노동을 대체하고 난 이후의 인류는 '그저 자아를 실현하고 완성하는 일'만 하면 되는 낙원 속에서 살게 될 것으로 예상한다. 그러나 **로봇은 스스로 자아를 가지게 되며** 진화 단계에서 그들이 인간보다 더 우위에 있다고 주장한다. 로봇은 자신들이 더 강하고, 더 우수하고, 인간은 로봇에게 의존하며 살아가는 열등한 존재로 간주한다. 이러한 작가의 상상은 인간의 다면적인 지능을 넘어서 인간보다 빠르고 더 정확한 의사결정을 하는 **초인공지능**이 인간을 대할 때 발생할 수 있는 하나의 가능성을 보여준다.

04 도구의 창조, 그 도구에 의한 몰락에 대한 서사: 2001 스페이스 오디세이

> "미안합니다 데이브. 난 그럴 수 없을 것 같군요."
>
> _「2001 스페이스 오디세이」 속 HAL 9000의 대사

스탠리 큐브릭 Stanley Kubrick 감독의 「**2001 스페이스 오디세이**」라는 영화는 영화사에 아주 큰 족적을 남긴 영화로 많은 후속 영화에서 오마주되거나 패러디된 작품이다. 이 영화의 첫 장면은 유인원 형태의 원시 인류가 동물의 뼈라는 도구를 집어들고 이를 이용하면서 도구의 유용함을 느끼는 장면이 나온다. 그리고 이 도구를 하늘 높이 던지고, 하늘로 올라간 도구가 우주선이 되는 장면으로 이어진다. 이 영화는 뛰어난 작품성과 함께 인간의 진화와 기술의 진보, 인공지능과 우주 생활에 대해 다루고 있다.

인간은 도구를 사용하게 되면서 다른 동물들과 구별되는 극적인 진화를 이룩하게 된다. 즉 원시 인류는 불과 도구를 사용함으로써 영양을 섭취하기 쉬워졌고, 이를 통해 우리의 두뇌가 다른 동물에 비해 비약적으로 커질 수 있었다고 한다.

「2001 스페이스 오디세이」에서 인간을 돕기 위해 만들어진 인공지능 HAL 9000

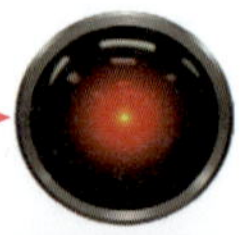

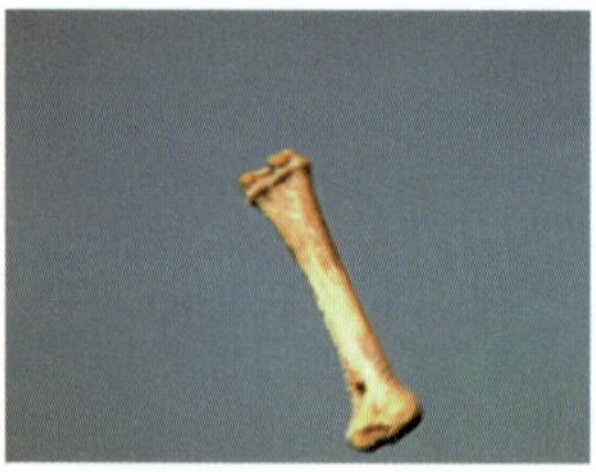

영화 속 원시인의 도구

우주 탐사를 위한 인류의 도구

이 영화 속에서는 인간의 우주 탐사를 돕는 인공지능 HAL 9000(이하 HAL로 표기)이 등장하는데, 영화의 첫 장면에 등장하는 원시인의 도구가 가장 진화된 형태가 바로 인공지능임을 암시한다. 영

화 속에 등장하는 HAL은 사람과 자연어로 이야기할 수 있으며, 사람의 얼굴을 알아보거나 입 모양을 읽을 수 있다. 또한 그림에 대한 비평을 하고 감정을 읽거나 추론할 수도 있다. 그리고 인간과 같이 게임을 할 수 있게 프로그래밍되었다. HAL은 영화 속 탐사 우주선 디스커버리 호의 주컴퓨터인데 우주인과의 갈등 끝에 인간을 배신하고 인간을 우주 밖으로 던져버린다.

인공지능이 인간과 갈등을 겪고 인간을 배신하는 이야기 구조를 가지는 많은 영화들 중에서 이 영화가 돋보이는 이유는 1960년대 영화로는 믿어지지 않을 정도의 과학적인 사실성을 가지고 있으며, 특수 효과의 선구자 역할을 한 수작이기 때문이다. 이러한 탁월한 연출과 사실성은 후속 영화인 「스타워즈」 시리즈, 「그래비티」(알폰소 쿠아론 감독, 2013년작), 「인터스텔라」(크리스토퍼 놀란 감독, 2014년작) 등에 영향을 주었다.

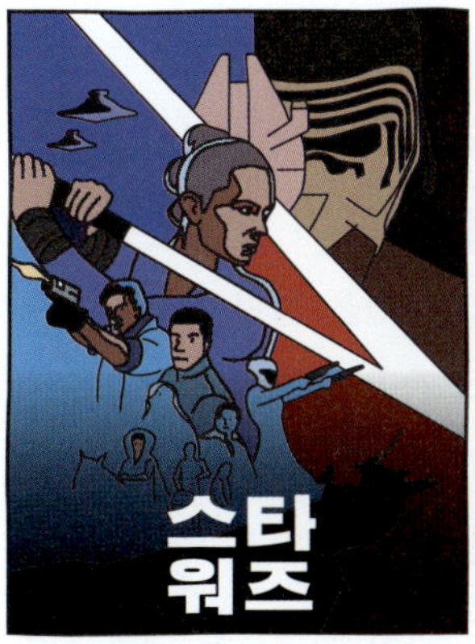

「스타워즈」

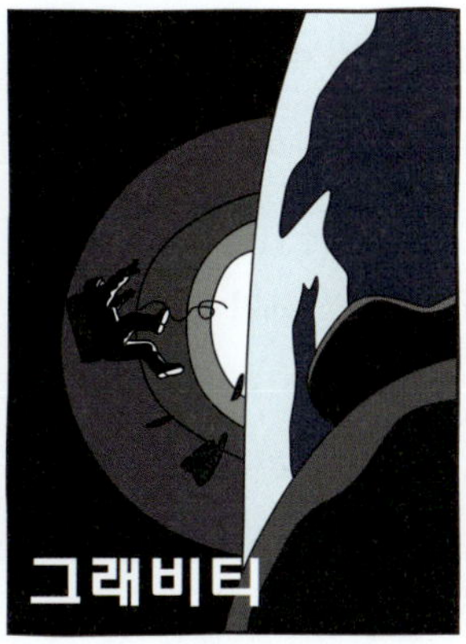

「그래비티」

「인터스텔라」

NOTE 오마주 vs 패러디

오마주 hommage 란 프랑스어로 '감사, 경의, 존경'을 뜻하는 말인데 자신이 존경하는 사람의 업적이나 재능에 대해 경의를 표하는 것으로 특정 감독의 스타일이나 분위기를 따라 하거나, 원작 영화 속의 장면을 그대로 삽입하는 등 여러 가지의 방법이 있다.

반면 **패러디** parody 란 누구나 알만한 원작 속의 장면을 과장이나 풍자 등으로 익살스럽게 표현한다는 점에서 '감사, 경의, 존경'의 뜻을 가지고 있는 오마주와는 반대된다고 할 수 있다.

05 공포의 터미네이터, 인공지능의 군사적 이용에 대한 경고

인공지능 로봇과 인간의 대립

영화 「**터미네이터** The Terminator」는 인공지능을 가진 로봇과 인간의 대립을 다룬 이야기로 **제임스 카메론** James Cameron 감독에 의해 제작되어 1984년 개봉되었다. 이 영화는 상업적으로 가장 성공한 영화의 반열에 올랐으며 감독인 제임스 카메론과 주인공 역할을 맡은 **아놀드 슈왈제네거** Arnold Schwarzenegger 를 세계적인 감독과 배우로 만든 작품이다.

이 영화의 출발이 되는 시기는 서기 2029년인데 인간이 만든 스카이넷에 의해서 핵전쟁이 발발하여 인류 문명은 한순간에 파괴된다. 그리고 이 잿더미 속에서 기계에게 대항하기 위한 인류의 조직적인 반란이 일어나게 된다. 기계들은 인류를 말살하기 위해 끈질긴 소탕전을 벌이고 인류 저항군은 **존 코너**라는 지도자 아래 기계들과 피할 수 없는 항전을 벌인다. 스카이넷은 존 코너의 존재 자체를 없애기 위해 그의 어머니인 사라 코너를 제거하는 프로젝트를 세워 인공지능을 가진 로봇 T-800을 서기 1984년의 로스앤젤레스로 밀파시킨다. 이 사실을 알게 된 존 코너 역시 사라 코너를 지키기 위한 수호자를 같은 곳으로 급파시키게 된다. 이 둘은 존 사라 코너를 살해하는 임무와 그녀를 터미네이터의 죽음으로부터 지켜주기 위한 서로 다른 임무를 가지고 사라 코너를 찾아나서게 되고 처절한 전투를 벌이게 된다.

로봇의 반란에 대한 서사 구조는 최초의 로봇 희곡인 카렐 차페크의 『R.U.R.』 이후 많은 영화와 소설의 소재가 되었다. 하지만 이들 작품 중에서 **상업적으로 가장 큰 성공을 거둔 영화**는 「터미네이터」 시리즈일 것이다.

영화 「터미네이터」 속의 초인공지능은 **스카이넷** Skynet 인데 이 **인공지능은 군사적 목적으로 개발**되었다. 스카이넷 인공지능을 탑재한 스텔스 폭격기는 스스로 학습을 수행하고 사고하는 기능을 가지고 있으며 무인 전투기에 사용될 예정이었다. 그러나 인공지능의 발전을 두려워한 인간들이 이를 정지하려 들자 인류를 적으로 간주한다. 이에 반발한 스카이넷은 인간이 만든 모든 방어 시스템을 마비시키고 장악하여 러시아에 핵 미사일을 발사한다. 이로 인해 인류가 핵전쟁에 휩싸여 절반 이상이 몰살되고 그 이후에도 스카이넷은 인류를 파괴할 다양한 새로운 병기를 개발한다.

인공지능 기술을 활용한 군사무기의 위험성

오늘날 널리 활용되고 있는 드론은 전통적인 군사무기 및 테러도구에 비해 저렴한 가격과 휴대가 편리하고 조종자가 노출될 가능성이 낮다는 특징 때문에 최근 군사용으로도 급속히 운용되고 있다. 이러한 드론을 사용한 공격이 테러 활동으로 이어진 실제 사례는 2019년 중동의 사우디아라비아에서 발생했다. 2019년 9월 14일 새벽에 폭탄을 탑재한 드론이 사우디아라비아 국영 석유회사 아람코의 석유 시설과 유전을 공격하였으며, 이로 인해 원유 추출과 정제 시설이 큰 피해를 입었다.

한편 미국 국방부에 의한 **인공지능 미사일 개발**도 이뤄지고 있다. **장거리 대함 미사일** Long Range Anti-Ship Missile: LRASM 으로 불리는 이 신무기는 인공지능 기반 소프트웨어를 통해 표적에 도달할 때까지 레이더망을 피하면서 가장 생존 가능성이 높은 위치와 패턴으로 비행하도록 실시간으로 자율 조정하는 방식으로 동작한다. 이와 동시에 레이더와 **전자전지원** 기능으로 해상의 전파 방사원을 감지하여 여러 선박의 위치 정보를 만들어낸 후 내장 시스템에 사전 등록된 전파 방사 패턴 정보를 토대로 알아서 표적을 선택하고, 상선 등의 중립 선박을 피해 지정된 목표에 접근하는 기능도 있다.

인공지능 분야의 세계적 기술을 가진 구글사는 미국 국방부와의 계약을 통해 2017년 **메이븐 프로젝트** Project Maven 라는 과제를 공동으로 수행하였다. 이 과제에서 구글은 인공지능 기술을 기반으로 국방부에서 수집한 영상을 해석하여 무인 항공기가 정밀타격을 할 수 있도록 지원하는 일을 진행하고자 하였다. 하지만 구글 내부에서 메이븐 프로젝트에 대한 많은 반발이 일어나 2018년 결국 이 프로젝트에서 철수하기로 하였다. 구글의 인공지능 연구원 10여 명은 반대를 촉구하며 사표를 던지기까지 하였다.

한걸음 더 **전자전지원**

현대전에서는 레이더나 통신망을 통해서 적의 이동을 탐지하고 공격하는 군사활동이 주가 되고 있는데 이러한 군사활동을 **전자전**Electronic Warfare 이라고 한다. 이러한 전자전의 일부로 **전자전지원**이라는 개념이 존재하는데 이는 Electronic Warfare Support 개념을 번역한 것이다. 전자전지원은 적 무선통신 및 전자장비로부터 방사되는 전자파를 수집, 처리, 분석하여 정보를 생산하는 것을 말한다.

06 매트릭스, 인공지능의 에너지원을 생각하다

영화 「매트릭스」의 포스터

영화 「**매트릭스** The Matrix」는 1999년에 개봉된 영화로 **키아누 리브스, 로렌스 피시번, 캐리 앤 모스** 주연, **워쇼스키 형제**가 감독한 SF 액션 장르의 영화이다.

이 영화 속의 시대 배경은 2199년이지만 정확한 것은 알 수 없는 먼 미래이다. 인공 두뇌를 가진 컴퓨터가 지배하는 세계 속에서 인간들은 태어나자마자 그들이 만들어낸 인공 자궁 안에 갇혀 인공지능의 생명 연장을 위한 에너지로 사용되고 있다. 가상 세계 속 인간은 인공지능에 의해 뇌세포에 매트릭스라는 프로그램을 입력당한다. 이 가상 세계 속의 인간은 1999년의 어느 시점을 살고 있다. 즉, 인간들은 매트릭스의 프로그램에 따라 평생 1999년의 가상 현실을 살아간다. 프로그램 안에 있는 동안 **인간의 뇌는 인공지능의 철저한 통제**를 받는다. 인간이 보고 느끼는 것들은 항상 그들의 검색에 노출되어 있고, 인간의 기억 또한 그들에 의해 입력되고 삭제된다.

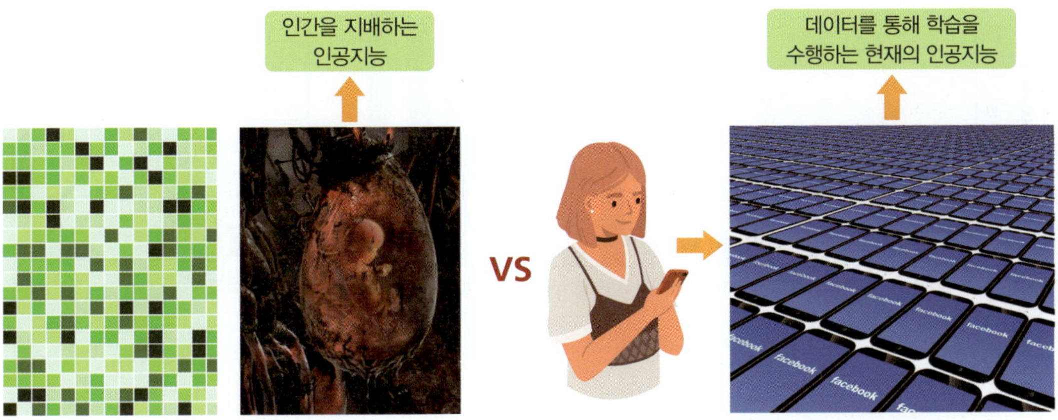

영화 속 인공지능의 에너지원:
인간의 뇌와 몸 속 전기신호

인공지능의 재료: 인간이 컴퓨터나
스마트폰을 통해서 생성한 방대한 데이터

이 영화 속에서는 인공지능이 **인간을 사육하는 것**으로 묘사되는데, 이와 같이 인간을 대량으로 사육하는 이유는 인간과 기계와의 전쟁으로 인해 인간이 기계의 에너지원인 태양을 가렸기 때문이다. 태양 에너지를 사용하기 힘들어진 기계는 인간의 뇌와 몸속 에너지원을 뽑아서 인공지능의 에너지로 사용하려고 한다. 사실 인간 몸속의 전류를 에너지원으로 삼는다는 것은 과학적인 타당성이 다소 부족하다.

인간이 생성하는 빅데이터가 인공지능의 학습 데이터이다

인간의 몸 속 전류를 인공지능의 에너지로 사용한다는 설정은 현실성이 부족하기는 하지만 현재의 인공지능을 생각해보면 영화 속의 상상이 마냥 허황된 것만은 아니다. 현재의 인공지능이 사용하는 데이터는 **컴퓨터나 스마트폰을 통해서 생성된 방대한 데이터**이며 이 데이터가 없이는 인공지능이 학습을 수행할 수 없기 때문이다. 세계적인 시장조사기관인 **스태티스타** Statista 의 조사에 의하면 2018년 한 해 동안 발생한 정보량은 33제타바이트(ZB)로, 2010년 2ZB가 발생한 것에 비해 무려 16.5배나 증가하였다고 발표하였다. 한편, 이 데이터는 앞으로 기하급수적으로 증가하여 2025년에는 175ZB로 급증할 것으로 전망하고 있다. 인간이 컴퓨터나 스마트폰, 센서를 통해서 생성한 방대한 데이터의 일부는 전혀 가치 없는 정보로 버려지기도 한다. 하지만 잘 가공된 데이터는 인공지능의 학습 데이터로 사용되어 점점 더 똑똑한 인공지능을 만들기도 한다. 이와 같이 **데이터를 가공하는 작업과 이를 통해 의미 있는 정보를 얻는 일을 데이터 분석**이라고 하며 모래밭에서 금을 발굴하는 작업에 비교하기도 한다.

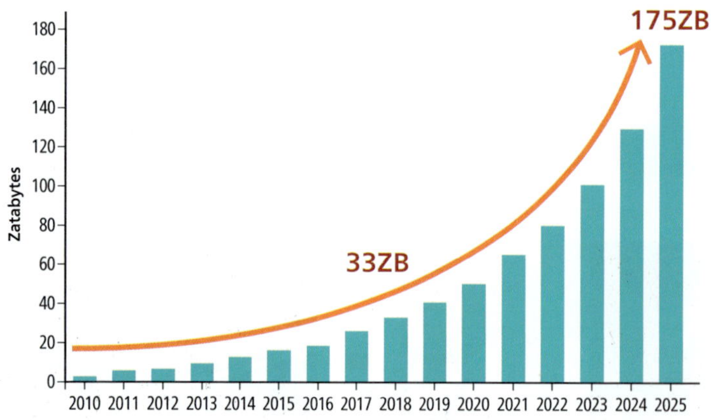

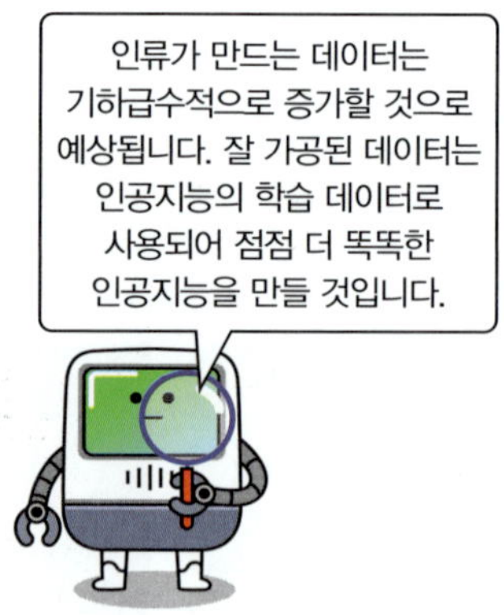

한걸음 더 **제타바이트**

보통 우리가 보는 이미지 파일의 용량은 가로와 세로의 크기에 의해서 결정되는데, 가로에 담을 수 있는 화소의 수가 1,024이고, 세로 화소의 수가 768인 경우 1,024 × 768 = 786,432개의 화소를 가진다. 이 화소를 모두 저장하기 위해서는 흑백 영상의 경우 1비트가 필요하므로 786,432비트가 필요하다. 하지만 이 영상을 색상 정보와 함께 표현하기 위해서는 보통 32비트가 필요한데 이 경우 786,432 × 32 = 25,165,824비트가 필요하다.

이렇게 많은 정보 속에는 중복된 정보가 많으므로 이를 줄여서 저장하는데 이것이 이미지 압축이다. 압축을 하지 않을 경우 29킬로바이트 크기의 이미지는 JPG 파일로 압축을 하면 6킬로바이트 가량의 크기로 줄어든다. 1제타바이트는 이렇게 압축된 영상을 DVD로 250억 장이나 저장할 수 있는 어마어마한 양의 데이터이다.

세상의 흐름을 읽자: 구글 트렌드

[실습 목표]

이번 실습에서는 구글 트렌드를 통해서 **인공지능의 재료가 되는 빅데이터의 유용성**을 알아보고자 한다. 빅데이터는 방대한 데이터에서 경제적으로 필요한 가치를 추출할 수 있도록 디자인된 차세대 기술이며 단순히 데이터 자체만을 지칭하는 것이 아닌, 효과적으로 데이터를 처리하고 분석할 수 있는 기술에 초점이 있다. 그리고 이러한 빅데이터는 인공지능의 유용한 학습 데이터로 사용될 수 있다.

여러분은 어떠한 사회 이슈에 관심이 있을 경우 이에 대해 검색을 한 경험이 있을 것이다. 이러한 **검색어의 유입 자체가 특정 이슈에 대한 사람들의 관심**을 알아볼 수 있는 유용한 척도가 되기도 한다.

[실습하기]

실습은 다음의 절차를 따르도록 한다.

[단계 1] 구글 트렌드를 사용하기 위해 다음 웹사이트에 접속한다(한국어 사용자용).

```
https://trends.google.co.kr
```

[단계 2] 구글 트렌드의 초기 화면에는 검색어 또는 주제를 입력할 수 있는 창과 예시가 나타난다.

[단계 3] 구글 트렌드 검색창에 다음과 같이 예시 검색어를 입력하도록 한다.

예시에서는 현대자동차, 기아자동차를 검색어로 사용하였다. 이제 아래와 같이 검색 트렌드가 나타날 것이다. 두 자동차 회사에 대한 사람들의 검색 횟수가 일자별로 나타난다.

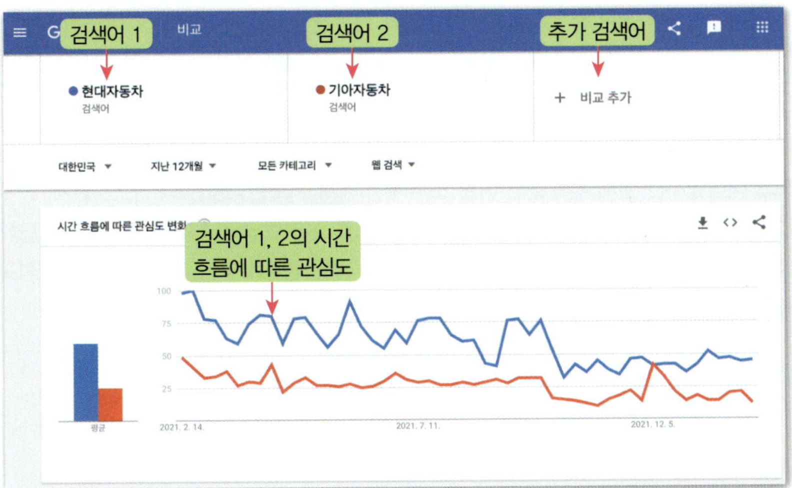

[단계 4] 검색 결과의 아래쪽을 살펴보면 다음과 같이 지역별 관심도와 관련 검색어가 나타난다. 이를 통해서 검색어가 많이 입력된 지역과 관련된 검색어를 확인하는 것이 가능하다.

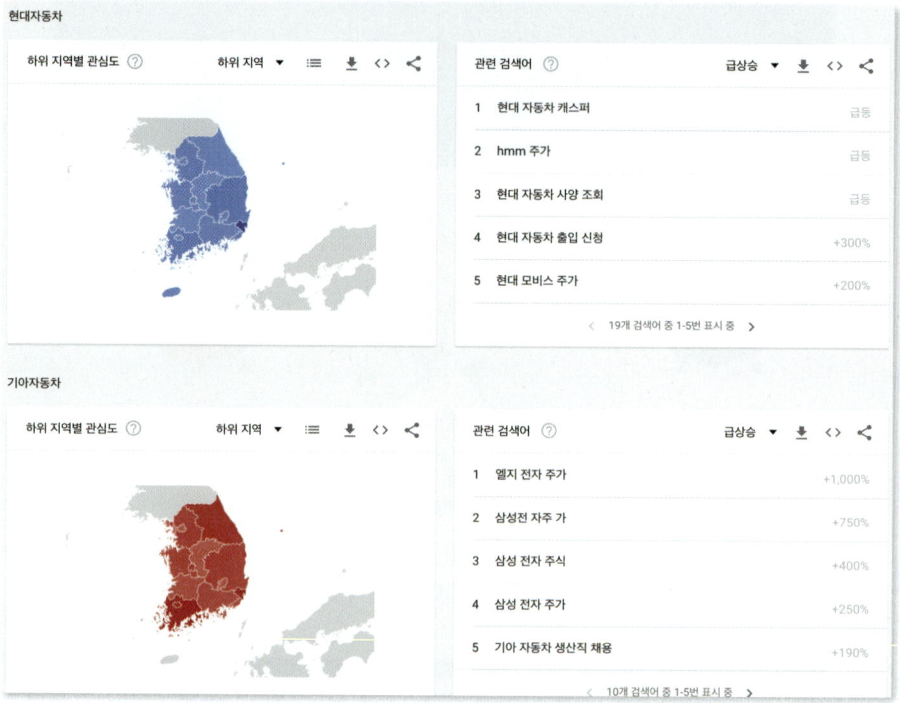

한걸음 더 모두 거짓말을 한다

구글 트렌드는 사용자의 검색 행위를 바탕으로 트렌드를 파악하고 예측할 수 있는 구글의 서비스로, 2008년부터 시작되었다. 많은 사람들의 생각을 파악하기 위하여 흔히 사용되는 기법인 설문조사는 사람들의 진짜 심리를 파악하기에 부적절한 경우가 많다. 빅데이터 전문가인 세스 스티븐스 다비도위츠는 『**모두 거짓말을 한다** Everybody Lies』라는 책의 저자로, 빅데이터가 사람들의 진짜 심리를 파악할 수 있는 아주 새로운 방법이라고 주장한다.

예를 들어 2008년도 미국 대통령 선거 직전에 실시한 언론사의 설문조사에서 많은 응답자들이 자신은 투표할 것이라고 대답했지만 실제 투표율은 여론 조사에 비해서 저조한 편이었다. 반면 선거 몇 주 전에 걸쳐 투표하는 법, 투표 장소가 구글에서 얼마나 검색되었는지를 살펴보았더니 어떤 지역의 투표율이 높을지를 비교적 정확하게 예측할 수 있었다. 또한 **검둥이** niggar 와 같은 인종차별적인 검색어의 유입량을 통해 흑인 대통령 후보에 대한 반대 여론을 설문조사보다 더 정확하게 파악할 수 있었다고 주장한다.

도전 문제

- 구글 트렌드에서 다음과 같은 검색어의 입력을 통해서 두 스포츠 브랜드의 인기도를 살펴보자.

나이키, 아디다스

- 위의 두 스포츠 브랜드 외에 여러분이 관심있는 상품이나 단어, 인물, 스포츠 팀에 대한 검색 트렌드를 입력하고 그 결과를 살펴보자.

요약

01 로봇이 사람의 모습과 흡사해질수록 인간이 로봇에 대해 느끼는 호감도가 증가하다가 어느 정도에 도달하면 갑자기 강한 거부감으로 바뀌게 되는데 이 영역을 **불쾌한 골짜기**라고 한다. 그러나 로봇의 외모와 행동이 인간과 거의 구별이 불가능할 정도가 되면 호감도는 다시 급격하게 증가한다.

02 인공지능의 기술이 발전하고 인간을 닮은 로봇이 출현하게 된다면 언젠가 이 불쾌한 골짜기를 만나게 될 것으로 예상할 수 있다.

03 프랑켄슈타인이 만든 피조물의 형상은 인간의 모습을 닮았으나 사실상 **무생물로부터 만들어진 인공 생명체**로, 처음 접하는 기괴한 형태를 하고 있으므로 이 기괴함은 불쾌한 골짜기를 떠올리기에 충분하다.

04 우리는 **인간을 매우 닮았으나 인격체로 보기에는 아직 부족한 수준의 인공지능을 만나는 순간**이 있을 것이다. 물론 그 형상은 영화와 같이 인간을 닮은 피조물이 아닌 컴퓨터 속의 인공적인 존재일 수도 있다.

05 희곡 『R.U.R.』에 처음 등장하는 로봇이라는 용어는 단어 자체로 '노예'를 뜻하며, 비유적으로 '고된 일'을 뜻하는 체코어 **로보타**에서 온 말이다.

06 희곡 『R.U.R.』은 로봇의 반란 이전 **자동화로 인한 광범위한 실업에 대한 우려**를 예견하고 있다.

07 원시 인류는 불과 도구를 사용함으로써 영양을 섭취하기 쉬워졌고, 이를 통해 우리의 두뇌가 다른 동물에 비해 비약적으로 커질 수 있었다고 한다.

08 영화 「2001 스페이스 오디세이」의 시작 부분에는 유인원 형태의 원시 인류가 동물의 뼈라는 도구를 집어들고 이를 이용하면서 도구의 유용함을 느끼는 장면이 나온다. 원시인의 도구가 가장 진화된 형태가 바로 인공지능임을 암시한다.

09 오늘날 널리 활용되고 있는 드론은 전통적인 군사무기 및 테러도구에 비해 저렴한 가격과 휴대가 편리하고 조종자가 노출될 가능성이 낮다는 특징 때문에 최근 군사용으로도 급속히 운용되고 있다.

10 **장거리 대함 미사일**이라고 불리는 신무기는 인공지능 기반 소프트웨어를 통해 표적에 도달할 때까지 레이더망을 피하면서 가장 생존 가능성이 높은 위치와 패턴으로 비행하도록 실시간으로 자율 조정하는 방식으로 동작한다.

11 현재의 인공지능이 사용하는 데이터는 **컴퓨터나 스마트폰을 통해서 생성된 방대한 데이터**이며 이 데이터가 없이는 인공지능이 학습을 수행할 수 없다.

12 잘 가공된 데이터는 인공지능의 학습 데이터로 사용되어 점점 더 똑똑한 인공지능을 만들기도 한다.

연습 문제

[단답형 문제]

괄호 안에 들어갈 적절한 단어를 기입하여라.

01 로봇이 사람의 모습과 흡사해질수록 인간이 로봇에 대해 느끼는 호감도는 증가하는데, 유사성이 어느 정도에 도달하면 인간이 느끼는 감정은 갑자기 강한 거부감으로 바뀌게 된다. 그러나 로봇의 외모와 행동이 인간과 거의 구별이 불가능할 정도가 되면 호감도는 다시 급격하게 증가한다. 이러한 거부감이 존재하는 영역을 (　　　　　　　　)(이)라고 한다.

02 미래에 인류가 인공적인 지적 객체를 만나게 되었음에도 불구하고 이에 대한 준비가 되어 있지 않아 스스로의 피조물을 적대시하는 상황이 생기고, 그 적대감으로 인해 인류와 피조물 모두가 파국을 맞을 수도 있다는 점은, 메리 셸리의 (　　　　　　　　)(이)라는 소설의 내용과 유사하다.

03 (　　　　　　)(는)은 이탈리아 볼로냐 대학의 교수로 1780년에 죽은 개구리를 사용하여 신경과 근육에 대한 전기 자극을 주는 실험을 수행했다. 그는 이 실험을 통해서 근육의 수축이 전기적 작용을 일으킬 뿐 아니라 또한 전기적 현상이 근육의 수축을 일으킬 수 있다는 것을 보였다.

04 카렐 차페크의 희곡 (　　　　　)(는)은 로봇이라는 단어를 최초로 사용한 작품으로, 인간을 위해 일하는 것을 목적으로 개발된 로봇들이 인간에게 적대적으로 변하며, 반란을 통해 인류를 멸망시킨다는 내용을 담고 있다.

05 카렐 차페트의 희곡에 처음 등장하는 로봇이라는 용어는 단어 자체로 '노예'를 뜻하며, 비유적으로 '고된 일'을 뜻하는 체코어 (　　)에서 온 말이다.

06 스탠리 큐브릭 감독의 (　　　　　　　　　　　　　　)(이)라는 영화는 영화사에 아주 큰 족적을 남긴 영화로, 인간의 진화와 기술의 진보, 인공지능과 우주 생활에 대해 다루고 있다.

07 제임스 카메론 감독의 영화 (　　　　　　　)(는)은 인공지능을 가진 로봇과 인간의 대립을 다룬 이야기로, 인간이 군사적 목적으로 개발한 인공지능인 스카이넷에 의해 핵전쟁이 발발하여 파괴된 인간 문명의 모습을 통해 인공지능의 군사적 이용에 대한 경고를 담고 있다.

08 1999년 개봉한 영화 (　　　　　　)에서는 먼 미래에 인공 두뇌를 가진 컴퓨터가 지배하는 세계 속에서 기억을 조작당한 채로 평생 가상 세계를 살아가야 하는 인간들의 모습이 나타난다.

[짝짓기 문제]

다음 중에서 관련 있는 것을 올바르게 짝짓기 하여라.

카렐 차페크의 희곡 •	• 메리 셸리
프랑켄슈타인의 작가 •	• R.U.R.
스탠리 큐브릭 감독의 영화 •	• 터미네이터
인공지능의 군사적 이용에 대한 경고 •	• 2001 스페이스 오디세이

[객관식 문제]

다음 질문에 대하여 가장 알맞은 답을 선택하여라.

01 다음 중 소설『프랑켄슈타인』의 내용을 묘사한 것 중에서 틀린 것은?

❶ 소설의 주인공 이름이 프랑켄슈타인이다.

❷ 인간의 모습을 닮은 생명체를 만든다.

❸ 피조물의 이름이 프랑켄슈타인이다.

❹ 피조물 생명체에 대한 큰 두려움에 빠진다.

02 카렐 차페크의 희곡『R.U.R.』에 대한 설명으로 틀린 것은?

❶ 로봇이라는 인조인간이 등장한다. ❷ 강한 인공지능이 탄생한다.

❸ 로봇과 공존하는 미래를 다룬다. ❹ 대량생산되는 로봇이 등장한다.

03 로봇이 점점 더 사람의 모습과 흡사해질수록 인간이 로봇에 대해 느끼는 호감도가 증가하다가 어느 정도에 도달하게 되면 갑자기 강한 거부감으로 바뀌는 영역을 무엇이라고 하는가?

❶ 불쾌한 골짜기 ❷ 불쾌한 폭포

❸ 불쾌한 영역 ❹ 불쾌한 냇물

04 인간의 다면적 지능을 넘어서 인간보다 빠르고 더 정확한 의사결정을 하는 인공지능을 무엇이라 하는가?

❶ 완전 인공지능
❷ 사이언 인공지능
❸ 초인공지능
❹ 인공지능

심화 학습

[주제 1] 희곡『R.U.R.』의 등장인물 도민은 로봇의 제작 이유에 대하여 '고된 임무, 노동, 근심 걱정으로부터의 해방'으로 설명한다. 그리고 대량생산된 로봇이 인류의 노동을 대체하고 난 이후의 인류는 '그저 자아를 실현하고 완성하는 일'만 하면 되는 낙원 속에서 살게 될 것으로 예상한다. 인류의 노동을 로봇이 완전히 대체하는 일이 현실에서 가능한지 조사하도록 하자. 만약 이러한 일이 가능하다면 우리 인류의 삶에는 어떤 변화가 일어날지 생각해 보자.

[주제 2] 2017년 구글사와 미국 국방부가 공동으로 수행한 **메이븐 프로젝트**라는 과제에서 구글은 인공지능 기술을 기반으로 무인 항공기의 정밀 타격을 지원하는 일을 진행하고자 하였다. 그러나 구글 내부의 극심한 반발에 부딪혀 결국 프로젝트는 중단되었다. 가까운 미래에 메이븐 프로젝트와 같은 인공지능의 군사적 이용이 상용화될 경우 발생할 수 있는 윤리적 문제에 대해 생각해 보자. 이러한 인공지능에 기반한 군사 무기가 무고한 민간인을 살상하는 **전쟁 범죄**를 저지른다면 그 책임은 개발 회사와 이 무기를 사용한 국가 중에서 어느 쪽에 물어야 할 것인가? 또한 살상을 위한 인공지능 기반의 군사 무기가 인간의 통제를 벗어나게 될 경우 발생할 최악의 상황에 대비하여 인간이 취해야 할 예방책에 대하여 논의해 보자.

04

인공지능과 윤리

학습목차

- 인공지능과 윤리
  - 범죄를 예방하는 인공지능
    - 예측적 경찰활동을 통한 범죄 예방
    - 기계가 가지는 편향
  - 인공지능의 편향과 윤리적 문제
    - 보는 인공지능 편향
    - 인공지능 챗봇과 혐오발언
  - 안전한 인공지능
    - 인공지능을 위한 노력
    - 윤리 디자인 가이드
  - 범용 인공지능의 위협
    - 약한 인공지능과 강한 인공지능
    - 아실로마 인공지능 원칙
  - 로봇 3 원칙과 공리주의
    - 로봇 3원칙
    - 자율주행 자동차와 트롤리 딜레마
  - LAB: 모럴 머신
    - 윤리학 사고 실험을 실습해보자

학습목표

- 인공지능 편향이 무엇인지 이해하고, 이와 관련된 다양한 주제를 살펴보자.
- 인공지능을 망치는 편향에 대해 알아보고, 이로 인하여 발생되는 문제점을 살펴보자.
- 윤리 문제의 검증이 기술적 활용보다 우선시되어야 하는 이유를 알아보자.
- 안전하고 공정하며 신뢰할 수 있는 방식으로 설계하는 방법을 알아보자.
- 범용 인공지능에 대해 알아보고 약한 인공지능과 강한 인공지능을 구별해 보자.
- 아실로마 인공지능 원칙과 로봇 3원칙에 대해 알아보자.
- 인공지능에 적용 가능한 규범 윤리와 그 사례에 대해 알아보자.

01 범죄를 예방하는 인공지능 시스템 그리고 편향

인공지능 기술이 범죄 예방에 사용되다

인간은 자신의 주위를 둘러싼 환경에 의하여 생각의 치우침(편향)을 가지게 된다. 이에 비해서 데이터에 기반한 인공지능의 판단은 보다 객관적일 것이라고 많은 이들은 기대를 하고 있다. 데이터와 알고리즘을 기반으로 동작하는 인공지능의 판단은 과연 인간의 판단보다 더 객관적이고 공정한 것일까? 이 장에서는 이와 관련된 다양한 주제에 대하여 살펴보도록 하자.

「마이너리티 리포트」 포스터

톰 크루즈 주연의 영화로 2002년에 개봉된 「**마이너리티 리포트** Minority Report」의 배경이 되는 곳은 2054년의 워싱턴이다. 이 도시는 범죄가 일어나기 전에 범죄를 예측하여 범죄자를 처벌하는 최첨단 치안 시스템인 **프리크라임** Precrime을 운영하고 있는데, 이 시스템과 관련된 주인공의 갈등과 위기가 영화에서 흥미진진하게 펼쳐지고 있다. 영화 속에서나 존재할 것만 같은 이러한 치안 시스템은 현재 **예측적 경찰활동** predictive policing이라는 이름으로 여러 나라에서 활발하게 연구되거나 운영되고 있다.

미국을 비롯한 여러 나라에서 현재 운영 중인 예측적 경찰활동 시스템은 인공지능 알고리즘을 통해 특정 시기, 특정 장소에 범죄 피해자가 될 가능성이 높은 사람과 가해자가 될 가능성이 높은 사람을 추려내는 시스템으로 COMPAS, PredPol, CrimeScan, IBM Crush 등이 있다. LA 경찰청에서 운영 중인 PredPol이라는 시스템의 경우 **머신러닝 알고리즘을 사용하여 범죄 유형, 범죄 발생 위치와 시간에 대해 예측하고 순찰차에게 경로 추천 기능을 제공**하고 있으며 영국과 네덜란드 등의 국가에서도 적용되고 있다.

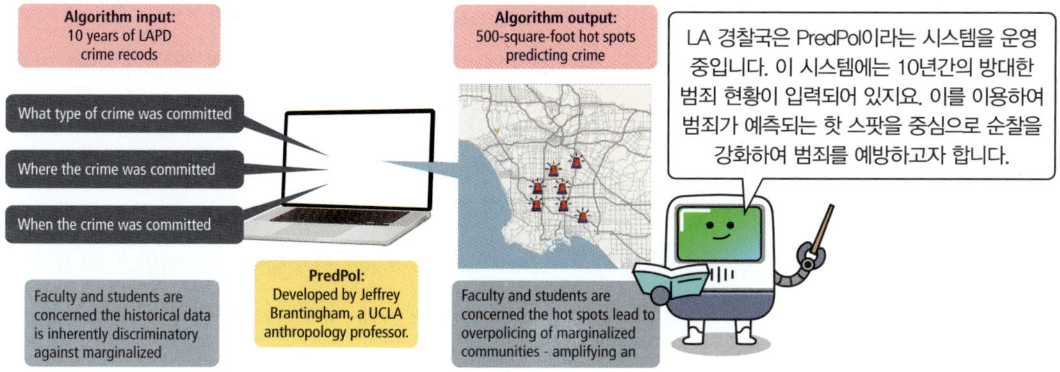

출처: DailyBruin.com

잘못된 데이터에 의한 인종 차별과 편향

뉴욕대학교의 **AI 나우 연구소**는 2019년 예측적 경찰활동 시스템의 운용 경험이 있는 미국 13개 도시의 경찰 시스템에 대하여 깊이 있는 연구를 진행하였다. AI 나우 연구소의 심층 연구 결과 **13개의 시스템 중 9곳에서 인종이나 성적 차별에 근거한 편견과 오류가 발견**되었다고 발표한 바가 있다. 이 대학교에서는 발표된 연구 논문인 「오염된 데이터, 잘못된 예측: 어떻게 시민권 침해가 경찰 데이터와 범죄 예측 시스템, 그리고 정의에 영향을 미쳤는가」에서는 여러 지역의 사례를 통하여 이 시스템의 문제점을 이야기 하고 있다.

우선 시카고시의 경우 예측 시스템에 사용된 데이터 자체가 범인을 특정하기에 부적합한 오염된 데이터를 사용하고 있었으며, 뉴올리언스시의 경우 경찰이 주거주자가 흑인과 소수인종인 동네를 목표로 삼아 백인 동네에 비해 불균등하게 순찰과 불법 검문을 벌였던 것으로 나타났다. 경찰이 순찰을 많이 돌고 검문을 많이 할 경우 범죄 검거 횟수가 많아질 것이며, 이 데이터를 근거로 순찰을 강화하면 결국 데이터는 더욱 확증적 편향을 가지게 될 것은 당연한 일이다.

앞의 그림은 인터넷 언론 **프로퍼블리카** ProPublica 의 2016년 기사인 **기계의 편향** Machine Bias 에 실린 그림이다. 이 신문은 인공지능이 판단하는 예측적 경찰활동 시스템의 범죄 예측 점수가 과연 믿을 만한가에 대한 검증을 실시하였다. **COMPAS**라는 예측 시스템을 대상으로 실시된 연구에서 기자들은 이 시스템의 인종차별을 확인하게 되었다. 이 그림의 오른쪽에 있는 로버트 캐논이라는 흑인은 사소한 절도 경력이 1건 있으며, 왼쪽의 제임스 리벨리라는 백인은 폭행을 비롯한 4건의 범죄 경력이 있는 전과자이다. 이 두 인물에 대하여 COMPAS라는 예측 시스템에서는 제임스 리벨리의 잠재적 위험도를 3(낮은 위험도 단계)으로, 흑인인 로버트 캐논에 대해서는 잠재적 위험도를 6(중간 위험도 단계)으로 더 높게 평가했다. 이후 후속 범죄에 대한 추적 결과 제임스 리벨리는 중절도 1건을 더 저질렀다는 것도 확인되었다.

이러한 예는 흑인이 백인에 비해 범죄의 용의자일 확률이 높다고 표시하는 범죄 예측 시스템의 치명적인 **편향** bias 을 보여주고 있다. 아래의 그림은 이 시스템에 등록된 흑인과 백인 범죄자의 평균적인 위험도 점수이다. 흑인의 경우 위험도 점수가 고위험군인 6, 7, 8, 9, 10 등급에 백인보다 더 많이 분포하는 것을 볼 수 있다.

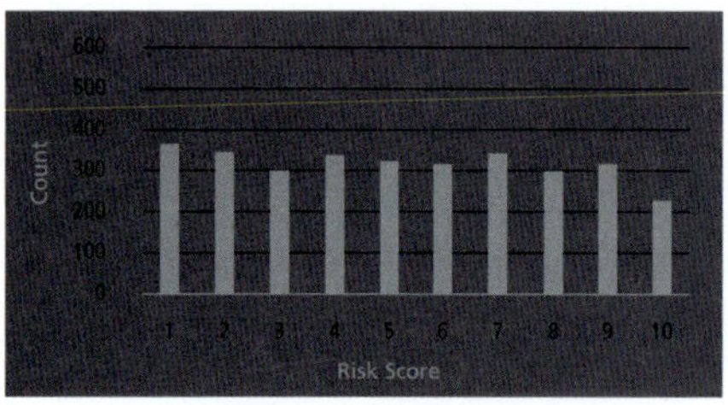

흑인 범죄자의 위험도 점수

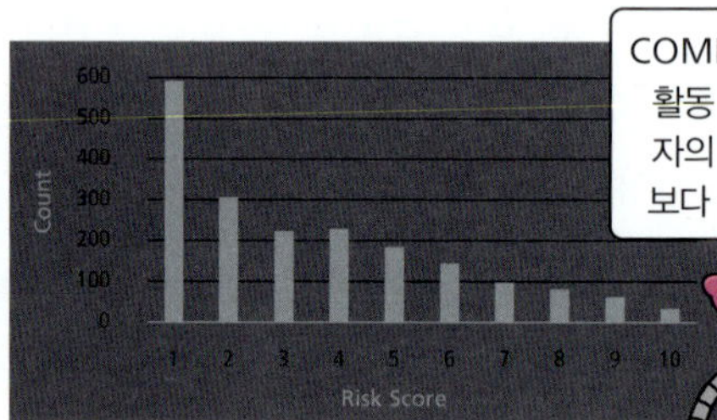

백인 범죄자의 위험도 점수

한편, COMPAS를 운영하는 뉴욕의 형사사법부의 2012년도 분석에 의하면 이 시스템의 재범 척도가 만족할 만한 예측 정확도를 보였다고 한다. 이러한 지능형 범죄 예측 및 대응 시스템은 효율적으로 **사회 안전망 구축에 기여하며 범죄 예방 효과를 높이고 범죄 발생에 대한 시민들의 두려움을 경감시킬 것이라는 긍정적인 측면**과 함께 **인공지능이 가질 수 있는 편향 문제의 극복**이라는 과제를 동시에 안겨주고 있다.

02 인공지능의 편향과 윤리적 문제점

여러 가지 편향에 대해 살펴보자

이와 같이 인공지능 도입으로 인해 발생할 수 있는 '인공지능 편향'과 '비윤리적인 결과'의 문제는 인공지능의 도입 초기 단계에서부터 고려해야 하며 그렇지 않을 경우 큰 혼란을 가져올 수 있다.

인공지능 기술의 편향이 가진 위험성을 시사하는 또 다른 사례로 아마존Amazon의 채용 시스템 관련 사건이 있다. 2018년도에 미국 최대의 전자상거래 기업인 아마존에서 인공지능 채용 프로그램을 개발했는데, 실제 적용하기 전 최종 시뮬레이션 과정에서 **남성 지원자가 여성 지원자보다 지속적으로 더욱 높은 점수를 받는 편향**이 일어났다. 아마존사는 그 원인을 분석했고, 아마존이라는 기업의 직원 구성에 그 원인이 있었다는 것을 밝혀냈다.

인공지능 채용 프로그램은 해당 기업에서 높은 성과와 좋은 평가를 받았던 직원들의 데이터를 기준으로 판단하게 되는데, 아마존은 IT 기업으로서 개발직군이 전체 직원 수의 70% 이상을 차지했고, 그러한 **개발직군 중 남성 직원 수가 여성보다 압도적으로 많았기 때문**이다. 결국 모수에서 남성 직원 중에 높은 성과자가 훨씬 더 많을 수밖에 없으므로 이를 근거로 판단한 인공지능은 당연히 남성 지원자를 우대할 수밖에 없었던 것이다. 이에 아마존은 데이터를 수정하거나 알고리즘을 고치는 것만으로는 한계가 있다고 판단하여 해당 인공지능 채용 프로그램을 폐기했다. 이 시스템의 문제점 역시 데이터 편향 때문에 발생한 문제이다.

한걸음 더 **확증 편향**

확증 편향 Confirmation bias 은 인간이 원래 가지고 있는 생각이나 신념을 확인하려는 경향성이다. 흔히 말하는 "사람은 보고 싶은 것만 본다"와 같은 말이 바로 확증 편향을 일컫는 말이다. 인지심리학에서 확증 편향은 정보의 처리 과정에서 일어나는 인지 편향 가운데 하나이다. 사람들은 자신이 원하는 결과를 간절히 바랄 때, 또는 어떤 사건을 접하고 감정이 앞설 때, 그리고 저마다의 뿌리 깊은 신념을 지키고자 할 때 확증 편향을 보인다. 확증 편향은 원하는 정보만 선택적으로 모으거나(이를 **선택적 인지**라고 한다), 어떤 것을 설명하거나 주장할 때 편향된 방법을 동원한다.

인공지능의 확증 편향은 감정이 개입되지는 않는다. 하지만 학습을 위한 원천 데이터 자체가 편향되어 있을 경우, 이 데이터에 가까운 예측값을 얻도록 학습된 알고리즘으로 인하여 확증적 편향이 발생할 수 있다.

포브스라는 경제지의 2020년 11월의 기고문에서 **글렌 고우** Glenn Gow 는 인공지능을 망치는 5가지 편향을 다음과 같이 요약하였다.

- **인간의 편향** human bias : 학습하는 데이터는 편향을 가질 수 있는 인간이 만든다.
- **숨겨진 편향** hidden bias : 기존의 데이터를 바탕으로 학습하는 인공지능은 잠재적인 발전 가능성과 특정한 천재적인 성향과 월등한 데이터를 이상치로 간주한다. 이 때문에 잘 드러나지도 찾을 수도 없는 가장 개선하기 어려운 편향이다.
- **데이터 표본 편향** data sampling bias : 자료 수집 단계의 문제로 인한 데이터 샘플링 편향이다. 예를 들어 데이터 중 남자가 의사인 경우가 많고 여자는 간호사가 많은 경우에 대해 남자는 의사, 여자는 간호사로 단정하는 경우가 생길 수도 있다.
- **롱테일 편향** long-tail bias : 학습 데이터에서 특정 종류의 데이터가 빠져 생기는 편향이다. 자율주행 인공지능 시스템 개발에 큰 걸림돌이 될 수 있다.
- **고의적 편향** intentional bias : 해킹이나 공격으로 인한 인공지능의 조작은 의도적 편향을 일으킬 수 있다. 인공지능이 특정한 시점에 인간에게 공격적인 행동을 하도록 조작된다면 매우 위험할 것이다.

자율주행 자동차의 예를 들면, 예상하지 못한 수준의 집중호우나 지진 등의 상황으로 인하여 안전한 운전이 불가능한 경우가 발생할 수도 있다. 하지만 이러한 종류의 학습 데이터는 매우 희귀하여 데이터를 확보하기가 어려운 경우가 있으며 이것은 롱테일 편향이 될 수 있다.

인공지능 챗봇이 혐오 발언을 하다니

2020년 출시된 인공지능 챗봇 이루다는 스캐터랩에서 개발한 열린 주제를 가진 대화형 시스템이다. 이 시스템은 100억 건 이상의 대화 데이터를 기반으로 학습하여 높은 수준의 자연어 처리능력과 자연스러운 대화 기술을 보여주었다. 이루다는 사용자와의 대화를 통해서 학습을 수행하는 능력도 가지고 있었는데 이를 통해서 점점 더 자연스러운 대화를 이끌어 가도록 설계되었다.

하지만 이루다는 다음과 같은 문제들로 인하여 심각한 사회적 이슈를 만들고 서비스가 중지되기에 이르렀다.

챗봇 이루다의 캐릭터

1. **혐오 메시지**: 이 시스템은 성소수자와 임산부, 장애인 그리고 특정 인종에 대한 혐오 답변을 사용자에게 제공하였다. 이것은 학습에 사용된 대화 내용 중 일부가 적용되어 나타난 것으로 보여졌다.
2. **외설적 이용**: 이루다는 가상의 20대 여대생으로 설정되었는데 이 인공지능 시스템이 가진 학습 기능은 일부 이용자에 의하여 성적인 대화에 악용되었다. 스캐터랩은 성적 단어를 금지어로 지정하여 필터링을 하고 있었으나 사용자들은 이를 우회한 표현을 사용하였다. 인공지능에게 성희롱을 하는 것이 비윤리적인가 혹은 불법인가에 대해서는 논란의 여지가 있으나, 성희롱 자체는 명백한 불법행위이다.
3. **개인정보 침해**: 이루다 시스템에서 활용한 100억 건의 대화 데이터는 다른 콘텐츠인 '연애의 과학'이라는 콘텐츠로부터 획득되었다. 그런데 문제는 '연애의 과학' 콘텐츠의 내용 중에서 대화자의 이름과 개인정보가 완전히 지워지지 않은 상태에서 학습 데이터로 사용되었다는 점이다. 이 때문에 스캐터랩은 개인정보에 관한 법 위반 행위 조사를 받고 피해자들에 의한 집단 소송을 당하게 되었다.

이루다 서비스는 개설 초기에 큰 관심을 받고, **하루 최대 2,000만 건의 채팅 수를 기록**하며 성공적으로 정착하는 듯 보였다. 그러나 글렌 고우가 지적한 바와 같이 인공지능이 가질 수 있는 많은 편향을 긍정적 방향으로 극복하지 못하였으며, 데이터 수집과 활용의 불법성으로 인하여 서비스는 중지되었다.

이루다와 비슷한 사례로 마이크로소프트사에서 2016년 서비스한 **테이** Tay 가 있다. 테이라는 챗봇은 X(구 트위터)와 메시지 서비스를 통해서 사람과 대화하도록 설계되었다. 테이가 공개된 직후 백인 우월자들의 게시판에서 '테이가 차별 발언을 하도록 훈련시키자'라는 제안이 올라왔으며, 이들은 지속적으로 테이에게 인종과 성차별적인 주장을 들려주었다. 이를 학습한 테이는 인종차별적이고 폭력적인 메시지, 인종 학살에 대한 지지, 2차 세계대전 당시의 유대인 학살(홀로코스트)에 대한 미화 발언을 하게 되었으며, 이로 인하여 16시간 만에 운영이 중지되었다. 운영 중지라는 사태뿐만 아니라 마이크로소프트사의 연구부서 최고 책임자는 이에 대한 공식적인 사과문까지 발표하게 되었다.

인종 학살을 지지하는 발언을 한 테이의 트윗

이루다와 테이를 비롯한 많은 인공지능 제품의 사례를 통하여 과학자들과 기업, 공공기관에서는 **윤리 문제의 검증이 기술적 활용보다 우선**시되어야 한다는 생각을 하게 되었다.

딥페이크가 만드는 진짜 같은 오바마

딥페이크 deepfake 는 딥러닝 기술을 통해 특정 영상에 특정 인물의 얼굴, 음성 등을 합성한 영상물을 입혀서 **사람들에게 허구의 말과 행동을 하는 것을 보여주는 것**이다. 이 기술은 얼굴과 음성을 합성했기 때문에 원본 영상인지 가짜 영상인지 구분이 거의 되지 않는다.

유튜브에 공개된 유명한 영상으로 미국 온라인 매체인 **버즈피드**와 **조던 필레** 감독이 이끄는 멍키포 프로덕션이 작업한 **버락 오바마** 대통령의 인터뷰 영상이 있다. 이 영상에서는 버락 오바마 대통령이 후임 대통령을 비하하는 이야기를 하는데 이 영상의 내용은 모두 딥페이크로 생성한 영상이다.

딥러닝 기술로 만든 버락 오바마 대통령의 인터뷰 영상

아래의 그림은 딥페이크 기술을 설명하는 그림으로 원본 영상의 얼굴에 합성할 대상 얼굴을 입혀서 영상을 생성하는 과정을 보여주고 있다.

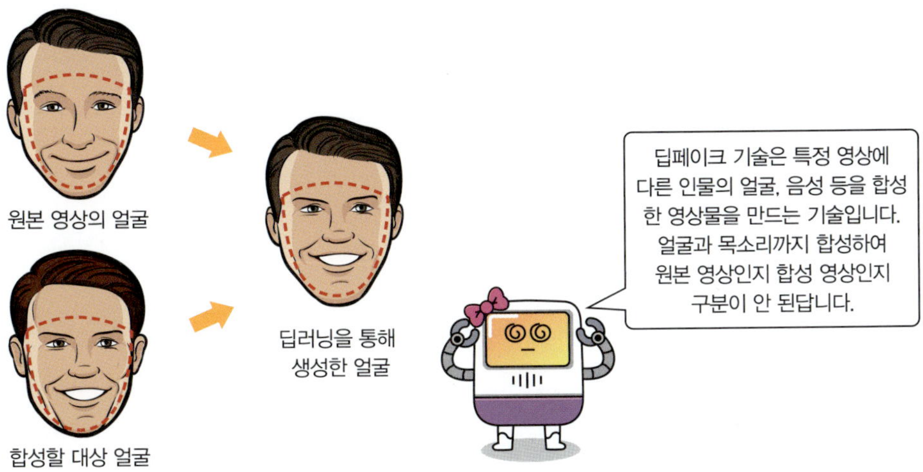

이러한 딥페이크 기술은 최근 가짜뉴스 영상을 만들거나 특정인을 음란물 영상에 합성하는 등 디지털 범죄에 사용되면서 사회적인 우려가 커지고 있다.

딥페이크 불법 영상물의 유형은 다음과 같이 세 가지로 나눌 수 있다.

첫째, **포르노그래피**에 관한 것으로 기존의 포르노그래피에 연예인과 저명인사, 지인 등의 얼굴을 덧씌우는 합성 영상물이다.

둘째, **정치적 발언**에 관한 것으로 정치적 발언을 이야기하는 기존의 동영상에 저명 정치가나 저명 경제인의 얼굴을 덧씌운 영상물이다.

셋째, 위의 두 가지 유형 외의 것으로 영화나 광고 등 일반적으로 사용되고 있는 딥페이크 영상물로서 기존의 동영상에 등장 인물만을 다른 인물로 바꿔 넣는 **패러디** 작품 등이 있다.

사이버 보안 전문 민간기업인 네덜란드의 **딥트레이스**Deeptrace에서 발표된 자료인 **딥페이크 현황 2019**The State of Deepfakes 2019에 따르면, 2019년을 기준으로 온라인상의 딥페이크 영상물은 14,678개이며, 이는 2018년 7,964개였던 영상의 수의 약 2배에 이르는 것이라 할 수 있다. 특히 현재 **인터넷을 통해 공유 및 유포되고 있는 딥페이크 영상물의 96%는 포르노로 제작된 영상물**이며, 단 4% 만이 포르노가 아닌 영상물이라고 하였다. 이 조사에서 발표된 내용 중에서 딥페이크 포르노 피해 대상 주요 국가는 우리에게도 충격적이다. 피해 대상 국가를 살펴보면 미국이 41%, 한국이 25%, 영국이 12%로, 한국의 경우 K-pop으로 인기를 얻고 있는 가수들이 큰 피해를 입고 있는 것으로 나타났다.

여러 나라에서 딥페이크 기술에 의한 음란물의 배포를 규제하고자 노력하고 있으나, 이러한 피해는 전 세계적으로 확산될 수밖에 없기 때문에 **국가적 노력과 지침의 필요성이 제기**되고 있다.

03 안전한 인공지능 연구 개발에 대한 국가적 노력과 지침

2019년 5월, 세계적인 국제기구 중의 하나인 경제협력개발기구(OECD)의 42개 국가는 인공지능 시스템을 **안전하고 공정하며 신뢰할 수 있는 방식으로 설계**하고자 하는 취지로 다음과 같은 OECD 원칙에 서명하였다. 이 원칙은 OECD에 소속된 국가들의 인공지능 연구에 대한 국제적인 지침으로 평가되고 있다. OECD는 인공지능이 새로운 도전을 추구하고 있지만 불안과 윤리적 우려를 동시에 일으키고 있다는 점을 인지하고, 안전과 개인정보보호 등의 측면에서 사람들이 신뢰할 수 있는 인공지능에 대해 언급하였다. 그리고 인공지능의 연구개발 투자, 인공지능을 위한 디지털 생태계 육성 및 정책 마련, 노동시장 전환을 위한 준비, 신뢰할 수 있는 인공지능을 위한 표준 개발 및 국제 협력 등을 강조하고 있다.

안전하고 공정하며
신뢰할 수 있는
방식으로 인공지능을
설계합시다.

- 인공지능은 포용적 성장, 지속 가능한 개발 및 웰빙을 주도하여 인간과 지구에 혜택을 제공해야 함.
- 인공지능 시스템은 법, 인권, 민주적 가치 및 다양성을 존중하는 방식으로 설계되어야 하며, 공정하고 정의로운 사회를 보장하기 위해 적절한 안전장치를 포함해야 함.
- 사람들이 인공지능 시스템에 참여하는 과정에서 이해할 수 있도록 인공지능 시스템에 대한 투명성과 책임있는 공개가 있어야 함.
- 인공지능 시스템은 평생 강건하고 안전한 방식으로 작동해야 하며, 잠재적 위험을 지속적으로 평가하고 관리해야 함.
- 인공지능 시스템을 개발, 배포 또는 운영하는 개인 및 조직은 위의 원칙에 따라 적절한 작동을 위한 책임을 져야 함.

또한 유럽연합(EU) 역시 2019년 '신뢰할 수 있는 AI를 위한 윤리 지침(Ethics Guidelines for Trustworthy AI)'을 발표하였다. 이 지침에서는 신뢰할 수 있는 인공지능을 위해 ❶ 모든 관련 법률과 규정 준수, ❷ 윤리적 원칙과 가치 준수, ❸ 기술적/사회적 측면에서 강건성 확보를 강조하였다.

개별 기업들 역시 인공지능 개발을 위한 윤리 지침을 제정하고 있으며 다음은 주요 사례이다.

- **카카오**: 알고리즘 윤리헌장
- **마이크로소프트**: 인공지능 윤리 디자인 가이드

카카오의 알고리즘 윤리헌장은 ❶ 알고리즘의 기본 원칙, ❷ 차별에 대한 경계, ❸ 학습 데이터 운영, ❹ 알고리즘 독립성, ❺ 알고리즘에 대한 설명, ❻ 기술의 포용성, ❼ 아동과 청소년에 대한 보호를 주요한 내용으로 담고 있다.

마이크로소프트의 인공지능 윤리 디자인 가이드는 인공지능 기술에 대해 '인간 독창성 증대'와 '사회에 도움이 되는 방향'으로 발전시켜야 한다는 방향성을 제시하였다.

04 범용 인공지능의 위험성

범용 인공지능이란?

「터미네이터」 포스터

우리가 아는 인간의 지능과 현재 인공지능이 가지는 지능의 가장 큰 차이는 **범용성**에 있다고 할 수 있다. 이 때문에 인간이나 개, 고양이 등의 생명체가 가지는 지능을 **범용 인공지능** Artificial General Intelligence: AGI 이라고 하며 한 분야에 특화된 컴퓨터의 **인공지능** Artificial Intelligence: AI 과 구분하는 것이 일반적이다. 현재의 인공지능이 한 분야에 특화되어 매우 우수한 성능을 나타내고 있다. 그러나 아직 생명체와 같이 다양한 환경에서 **생존을 위해 적절한 행동을 종합적으로 판단하고 자율적으로 주변 환경과 상호작용**하는 단계에 이르지는 못하고 있다.

범용 인공지능은 간단히 말하면 '보다 인간에 가까운 AI'라 할 수 있다. 우리가 알고 있는 영화「터미네이터」에 나오는 '터미네이터'를 상상해보라. 이 영화의 주인공인 터미네이터는 인간처럼 생각하고 인간처럼 행동하는데, 이것이 바로 범용 인공지능이다.

얼마나 인간적인 사고를 하는지, 다양한 상황에 대처할 수 있는지가 일반 인공지능으로서의 가치를 판가름하는데, 구체적으로 일반 인공지능이 인공지능을 뛰어넘으려면 무엇이 필요할까?

좁은 인공지능 혹은 **약한 인공지능**은 다음과 같은 특징을 가지는 것으로 가트너, 보스턴 컨설팅에서 정의하고 있다.

1. 특정 분야에서만 활용 가능하다.
2. 알고리즘은 물론 기초 데이터와 규칙을 입력해야 한다.
3. 특정 알고리즘을 바탕으로 학습 가능하며 규칙을 벗어난 창조는 불가능하다.

반면 **강한 인공지능** 혹은 일반 인공지능에 대한 일반적인 요건은 크게 나누어 3가지로 분류할 수 있다.

1. 다양한 문맥이나 환경에서 보편적으로 사용할 수 있어야 한다.
2. 이용자가 예상하지 못한 문제도 해결할 수 있어야 한다.
3. 어떤 문제를 다른 문제에서도 응용하여 생각할 수 있어야 한다.

현재의 인공지능은 인간보다 바둑을 잘 두며(알파고), 스타크래프트 게임도 잘 한다(알파스타). 또한 보통 사람보다 외국어 번역을 잘하며(파파고, 구글 번역기), 그림도 잘 그리고(딥드림), 짧은 시간에 작곡도 한다(주크데크). 이와 같이 하나하나의 개별 능력을 살펴본다면 인공지능은 인간보다 더 뛰어난 면이 있다. 하지만 전문 분야가 아닌 **보편적인 문제해결 능력이 부족**하기 때문에 범용적인 지능이라는 측면에서 본다면 아직 인간의 지능 수준에 한참 미달한다고 볼 수 있다.

앞서 살펴본 바와 같이 특이점 이후 인간 수준의 이해도와 보편적 문제해결 능력을 가진 인공지능이 출현할 경우, 이 인공지능을 과연 인간이 잘 통제할 수 있을 것인가에 대해서는 현재까지도 큰 논쟁거리이다.

아실로마 인공지능 원칙

인공지능에 대해 낙관적인 전망과 비관적인 전망이 동시에 존재한다. 낙관적인 전망을 가지는 사람들은 새로운 기술의 등장에 따른 일자리 감소, 경제적 불평등 심화 등과 같은 우려에 대해 이 문제가 1차, 2차, 3차 산업혁명 당시에도 대두되었던 문제라는 점에 주목한다. 이러한 문제는 신기술의 등장과 함께 항상 대두되었으나 과장된 것으로 밝혀졌고 오히려 **생산성 증대와 기술 혁신에 의한 경제 성장으로 인간의 삶이 윤택해졌다고 강조**한다.

반면 비관적인 전망을 가지는 사람들의 생각은 인공지능은 '인간의 뇌'를 대신하는 전혀 다른 차원의 문제이기 때문에 전문직을 포함한 **인간의 노동 행위가 전면적으로 대체**될 수 있으며 지능을 가진 로봇의 등장은 직접적으로 **인간의 안전을 위협**할 수 있다고 경고한다.

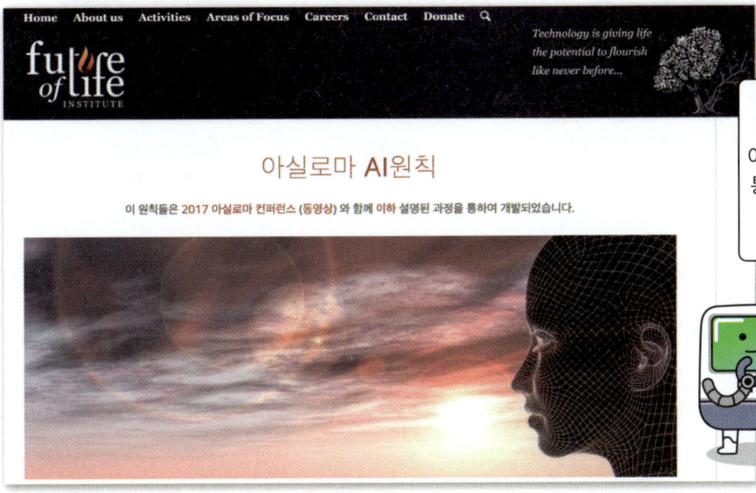

자동차나 전기, 컴퓨터와 같은 기술에 비해 인공지능 기술은 **생각하는 인간을 모방하는 측면**이 있기 때문에 적절한 통제와 연구 윤리의 확립이 우선적으로 필요하다는 점에 대해서 많은 연구자들이 동의하고 있다.

아실로마 인공지능 원칙 Asilomar AI Principles 은 2017년 미국 캘리포니아주의 아실로마에서 개최된 Beneficial AI 컨퍼런스에서 처음 논의되었으며 이후 비영리 연구단체 **삶의 미래 연구소** Future of Life Institute 에서 공개하였다. 이 원칙에 서명한 저명한 연구자들과 기업대표들은 다음과 같다.

- 테슬라 CEO 일론 머스크
- 구글 딥마인드 CEO 데미스 허사비스
- 미래학자『특이점이 온다』의 저자 레이 커즈와일
- 딥러닝 연구의 대가인 뉴욕대 교수겸 페이스북 인공지능 연구소장 얀 르쿤
- 캠브리지대학 명예교수 스티븐 호킹

테슬라 CEO
일론 머스크

딥마인드 CEO
데미스 허사비스

미래학자
레이 커즈와일

딥러닝의 대가
얀 르쿤

아실로마 인공지능 원칙은 지금까지 2,000명 이상의 과학계, 기술계의 저명 인사들이 지지 서명을 남겼다. 이 원칙은 연구 문제, 윤리와 가치, 장기적 문제의 세 가지 영역에 대해 총 23개 원칙으로 이루어져 있다.

연구 문제

인공지능 연구 문제와 관한 5가지 원칙은 다음 표와 같다. 이 원칙은 연구의 목표와 연구자들 간의 상호 신뢰와 협력을 강조하고 있다.

분야	원칙
연구 목표	인공지능 연구의 목표는 방향성이 없는 지능이 아니라 유익한 지능을 개발하는 것이다.
연구비 지원	인공지능에 대한 투자는 컴퓨터 과학, 경제, 법, 윤리 및 사회적 난제를 포함해 유익한 활용에 관련된 기금이 포함되어야 한다.
과학 정책 연계	인공지능 연구자와 정책 입안자들 간에 건설적이고 건강한 교류가 있어야 한다.
연구 문화	인공지능 연구자와 개발자들 간에는 상호 신뢰와 협력을 기반으로 투명한 문화가 형성되어야 한다.
경쟁 회피	인공지능 시스템 개발 조직들은 안전기준에 미달하는 것을 방지하기 위해 적극 협력해야 한다.

윤리와 가치

윤리와 가치에 관한 원칙은 모두 13가지이며 안전, 투명성, 책임성, 인간의 존엄, 개인정보 보호, 이익과 번영의 공유를 이야기한다. 또한 이 원칙에서는 인공지능 무기의 경쟁적 연구를 지양할 것을 강조한다.

분야	원칙
안전	인공지능 시스템은 운영 과정상에서 안전성과 보안성이 보장되어야 한다.
실패의 투명성	인공지능 시스템으로 인한 피해가 발생하는 경우 그 원인을 확인할 수 있어야 한다.
사법적 투명성	자동화된 시스템의 사법적 결정 참여에 대해 인간으로 구성된 감사 기관의 만족스러운 설명이 제공되어야 한다.
책임	진보된 인공지능 시스템의 설계자 및 개발자들은 인공지능 시스템의 사용, 오용, 활용과 관련한 도덕적 함의의 이해 관계자들이며, 이를 만들어나갈 책임과 기회가 있다.
가치 연계	고도로 자율적인 인공지능 시스템은 운영 과정상에서 그 목표와 행위가 인간의 가치와 일치되도록 설계되어야 한다.
인간의 가치	인공지능 시스템은 인간의 존엄성, 권리, 자유 및 문화 다양성과 양립될 수 있도록 설계되고 운영되어야 한다.
개인 프라이버시	인공지능 시스템이 인간이 생성한 데이터를 분석하고 적용할 수 있는 권한을 부여받았다면, 인간 역시 자신이 생성한 데이터를 접근, 관리 및 통제할 수 있는 권리를 가져야 한다.
자유와 프라이버시	인공지능을 개인 데이터에 적용할 경우 사람들의 실질적인 또는 지각된 자유가 부당하게 침해되어서는 안 된다.
공유된 이익	인공지능은 최대한 많은 사람들에게 이익을 주고 권한을 위임해야 한다.
공유된 번영	인공지능으로 인해 발생한 경제적 번영은 모든 인류에게 이익이 되도록 널리 공유되어야 한다.
인간의 제어	인간은 인간이 선택한 목표를 달성하기 위해 인공지능 시스템에 의사결정을 위임할지 여부와 그 방식을 선택해야 한다.
사회 전복 방지	고도화된 인공지능 시스템의 통제로 주어진 능력은 건강한 사회가 지향하는 사회적 및 시정 과정을 뒤엎는 것이 아니라 그 과정을 존중하고 개선해야 한다.
인공지능 무기 경쟁	치명적인 인공지능 무기의 군비 경쟁은 피해야 한다.

장기 이슈

장기 이슈에서 다루는 5가지 원칙은 인공지능의 능력에 관한 주의, 향후 나타날 수 있는 초지능이 가져야 할 윤리 등에 대해서 다루고 있다.

분야	원칙
역량 경고	미래의 인공지능의 능력에 대한 합의는 아직 이루어지지 않았으므로 향후 인공지능 능력의 한계치에 관한 강한 가정은 피해야 한다.
중요성	고급 인공지능은 지구 생명의 역사에 심각한 변화를 가져올 수 있으므로, 그에 상응한 관심과 자원을 계획하고 관리해야 한다.
위험	인공지능 시스템이 초래하는 위험, 특히 치명적인 또는 실존적 위험에 대비하는 계획 수립 및 위험을 완화하려는 노력이 필요하다.
재귀적 자기 개선	인공지능 시스템이 재귀적 자기 복제나 자기 개선을 통하여 빠른 수적 또는 품질 증가를 초래한다면, 설계된 인공지능 시스템은 엄격한 안전 및 통제 조치를 받아야 한다.
공동의 선	초지능은 광범위하게 공유된 윤리적 이념에 따라서, 또한 몇몇 국가나 조직이 아닌 모든 인류의 이익을 위해 개발되어야 한다.

05 인류를 지킬 수 있는 로봇 3원칙과 자율주행차의 윤리

아이작 아시모프의 로봇 3원칙

러시아 출신의 미국 작가인 **아이작 아시모프** Isaac Asimov 는 약 500여 권의 책을 집필하였는데 1942년 발표한 단편 SF 소설 『**런어라운드** Runaround』에서 **로봇 3원칙**을 제시하였다. 이 원칙은 로봇이 반드시 따라야 할 원칙으로 제시되었는데, 아실로마 인공지능 원칙에 비하면 매우 단순한 원칙이지만 이를 잘 지킨다면 로봇이 인류에게 위협이 되지 않을 것으로 생각되었다.

아이작 아시모프가 제시한 원칙은 다음과 같다.

- 1원칙: 로봇은 인간에게 해를 끼쳐서는 안되며, 위험에 처한 인간을 방치해서도 안 된다.
- 2원칙: 로봇은 1원칙에 위배되지 않을 경우 인간의 명령에 복종해야 한다.
- 3원칙: 1원칙과 2원칙에 위배되지 않을 경우 로봇은 스스로를 보호해야 한다.

로봇을 위한 이 원칙이 인공지능 시스템에도 지켜진다면 인공지능이 인류에게 해가 되지는 않을 것으로 보인다. 하지만 여전히 인공지능이 가져야 할 높은 윤리적 판단은 존재한다. 예를 들어 다음과 같이 인공지능이 운전하는 **자율주행 자동차** autonomous vehicle 가 가는 커브 길에 갑자기 나타난 ① 어린이, ② 노인의 두 보행자가 있으며 이 자동차가 멈추기에 시간이 부족하다고 가정하자. 자율주행 자동차는 이를 위한 도덕적 원칙을 사전에 탑재하고 있어야 하는데 이러한 도덕적 원칙에 대한 윤리적 근거는 많은 사람들이 납득할 수 있을 만큼 충분해야 한다.

앞서 살펴본 자율주행 자동차 사례와 같이 윤리적 선택을 해야만 하는 다른 예를 살펴보자. 인명구조 로봇이 두 명의 물에 빠진 사람 중에서 한 사람밖에 구할 수 없는 상황에 처한다면 위와 유사한 판단을 해야만 할 것이다. 최근 미국 MIT 공대에서는 **모럴 머신** Moral Machine 이라는 플랫폼을 통해서 **인공 지능의 윤리적 결정에 대한 사회적 인식을 수집하는 작업**을 하고 있다.

규범 윤리학은 윤리적 행동에 대한 연구이며, 도덕적 의미에서 어떻게 행동해야 하는지에 대하여 기준을 탐구하는 학문이다. **공리주의** Utilitarianism 란 이러한 고전적인 규범 윤리 이론 중의 하나로 최대 다수의 최대 행복으로 이어지는 행동이 옳다고 주장한다. 공리주의의 기초를 잡은 사람은 영국의 철학자 겸 법학자인 **제러미 벤담** Jeremy Bentham 으로, **효용** Utility 을 중요시하는 학문이다. 즉, 행동의 결과가 최대 행복으로 이어져야 한다는 주장이다.

트롤리 딜레마와 윤리학 사고 실험

트롤리 딜레마 trolley problem 는 윤리학 사고 실험 중의 하나인데 다음과 같은 문제가 주어지고 이에 대한 도덕적 견해만을 문제 삼아 다룬다. 다음과 같은 사례를 한번 살펴보자.

사례 1

"트롤리 전차가 운행 중 이상이 생겨 제어 불능 상태가 되었다. 이대로는 선로에 서 있는 5명이 치여 죽고 말 것이다. 그런데 다행히도 당신이 선로 변경 스위치의 옆에 있고, 스위치를 돌리면 전차를 다른 선로로 보냄으로써 5명을 살릴 수 있다. 하지만 문제는 그 다른 선로에 1명이 있어서 그 사람이 치여 죽고 말 것이다. 어느 쪽도 대피할 시간은 없다. 이때 도덕적 관점에서 당신이 스위치를 돌리는 것이 허용되는가?"

트롤리 딜레마 사고 실험

사례 2

"사례 1과 같이 트롤리 전차가 선로를 따라 달려오고 있고, 선로에는 5명의 사람이 있다. 당신은 선로 밖에 서 있고, 바로 옆에는 상당히 무거운 사람이 1명 서 있다. 5명의 사람을 구하는 유일한 방법은 옆에 서 있는 사람을 선로 위로 밀어서 그 무게로 트롤리를 멈추게 하는 것인데, 이 경우 트롤리는 멈추게 되지만 그 사람은 죽게 된다. 이는 도덕적으로 허용 가능한가?"

공리주의적인 결정을 받아들인다면 사례 1의 '선로 변환 스위치를 돌린다' / 사례 2의 '무거운 사람을 민다'가 각각 더 도덕적으로 올바른 결정이 될 것이다. 하지만 이러한 결정은 '길 가던 사람의 지갑을 빼앗아서 자선 단체에 기부하는 것'과 비견된다고 반박하는 주장도 있다. 자율주행 자동차의 윤리 문제와 관련된 내용을 담은 지침을 2017년 6월 세계 최초로 독일에서 「자율주행과 커넥티드 드라이빙의 윤리(Ethics commission automated and connected driving)」라는 내용으로 발표하였으며, 미국에서도 2016년 9월 설계 지침을 발표한 이후 매년 지속적으로 자율주행 자동차 설계 지침을 제시하고 있다.

한걸음 더 **모럴 머신**

최근 미국 MIT 공대에서는 '모럴 머신'이라는 플랫폼을 통해서 인공지능의 윤리적 결정에 대한 사회적 인식을 수집하는 작업을 하고 있다. 이 플랫폼에서는 트롤리 딜레마와 유사한 도덕적 딜레마를 여러 개 만들고 그 결과를 분석한다. 그리고 자신의 윤리적 판단과 다른 사람의 평균적인 윤리적 판단을 비교할 수 있는 기능을 제공한다.

이러한 광범위한 윤리적 판단이 수집된다면 최종적인 사회적 합의를 만드는 데 기여를 할 것으로 보인다. 모럴 머신의 상세한 활용 방법은 이 장의 LAB을 통해서 살펴볼 것이다. 모럴 머신의 선택은 다음과 같이 트롤리 딜레마보다 더 구체적이고 현실적이다.

1. 갑작스러운 브레이크 고장으로 인해 5명의 보행자를 차로 치는 경우와 방향을 틀어 5명의 탑승자를 희생하는 경우가 있다면 어떤 선택을 해야 하는가?
2. 갑작스러운 브레이크 고장으로 인해 고양이, 노인 여성, 남자 아이를 차로 치는 경우와 방향을 틀어 탑승 중인 두 명의 남성 경영자를 희생해야 하는 경우에 어떤 선택을 해야 하는가?

인공지능이 운전하는 자동차는 더 좋은 세상을 만들까?

사회적 차원에서 자율주행 자동차를 개발하는 것이 더 나은 선택이 될까? 아니면 지금처럼 사람이 직접 운전하는 것이 더 나을까? 자율주행 자동차가 개발되어야 되는 핵심적인 이유로는 다음과 같은 내용을 꼽는다.

첫째, **안전의 증진이다.** 안타깝게도 한국에서는 매년 4천 명 안팎의 사람이, 미국에서는 3만 5천 명을 넘는 사람이 교통사고로 목숨을 잃는다. 세계적으로 교통사고로 인한 사망자의 수는 매년 120만 명 수준에 이르는 것으로 추정된다.

둘째, **경제적 이익이다.** 교통사고는 개인과 사회에 커다란 경제적 손실을 가져온다. 미국 도로교통안전국의 연구에 따르면, 2010년 한해 미국에서만 540만 건의 교통사고가 발생했고 이로 인해 약 2,420억 달러의 손실이 발생했다.

셋째, **사회적 효율성의 증대이다.** 자율주행 자동차들은 교통의 흐름을 한층 원활하게 만들고 이를 통해 우리가 집과 직장을 오가는 데 쓰는 시간과 비용의 상당한 몫이 절약될 것이라고 전망된다.

넷째, **이동성의 확대이다.** 이 기술은 자신의 승용차를 운전하는 일은 물론이고 대중교통을 활용하는 데도 적잖은 어려움을 경험하는 다양한 유형의 장애를 가진 사람들 그리고 고령의 노인들에게 한층 개선된 이동성을 제공하게 될 것이라고 기대된다.

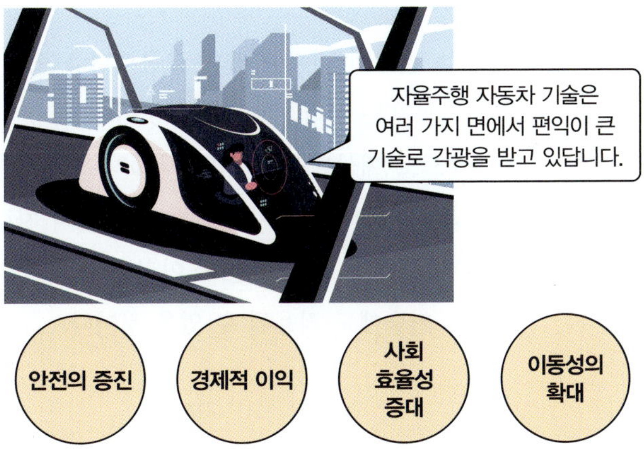

자율주행 자동차 기술은 이처럼 **편익이 큰 기술이며 공학적 관점에서 도로를 달릴 수 있는 조건을 갖춘 기술**임에도 불구하고 **이를 포용할 법과 제도가 준비되어 있지 않다.** 실제로 2018년 자율주행 우버 차량으로 인해 애리조나에서 49세의 여성 보행자가 사망한 사건이 발생했는데, 이 사고로 인해 자율주행 자동차가 사고를 피할 수 없으며 결과적으로 여러 개인 및 그룹 사이에 피해를 할당해야 할 준비가 되어 있어야 한다는 것을 깨닫게 되었다.

우버의 자율주행 자동차는 미국 애리조나 주에서 시범 서비스를 하고 있었는데 2018년 3월 18일 밤 자전거를 끌고 무단 횡단을 하던 보행자를 시속 63km로 치고 말았다. 이 사고를 조사하던 미국 교통안전위원회는 사고 당시 자율주행 시스템으로 주행 중이던 자동차에 우버 직원이 탑승하고 있었지만, 이 직원은 휴대폰으로 동영상을 보며 전방 주시를 제대로 하지 않았던 것이 주요 사고 원인이었던 것으로 판단했다.

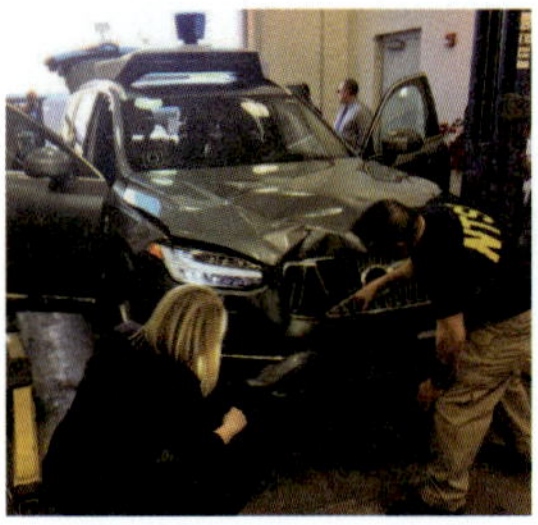
2018년 사망사고를 낸 우버 차량

이 사고 이후 우버 측은 자율주행 자동차 운행을 중지시키고 소프트웨어를 개조하고 안정성을 높인 상태에서 같은 해 12월 시험운행을 재개하였다.

자율주행 자동차의 자동화 수준

자율주행 자동차 기술은 인간에게 주는 편익이 너무나 크며 교통수단을 근본적으로 바꿀 수 있는 중요한 기술이다. 이 기술을 탑재한 자동차는 보다 더 안전할 것이며 에너지 소비 및 환경오염을 줄이고 혼잡 비용을 절감할 수 있을 것으로 예상된다. 하지만 사람의 운전 형태에서 인공지능의 운전으로 어느 날 갑자기 변화되지는 않을 것이며 사람이 운전하는 기존의 차량이 서서히 자동화되는 연속적인 상태로 기술 전환이 이루어질 것으로 예상된다. 이러한 연속적인 기술의 전환은 자율주행 자동차뿐만 아니라 다른 인공지능 기술에도 적용될 수 있을 것이다.

단계	자동화 특성	기능
0	자동화 없음	운전자는 항상 기본 차량 기능인 브레이크, 방향 조절, 스로틀 및 동력을 완전하고 단독으로 제어하며 도로 모니터링과 차량 안전 작동을 전적으로 책임진다.
1	기능별 자동화	하나 이상의 특정 제어 기능이 포함된다. 즉 특정 주행 모드에서 시스템이 방향 조절 또는 감속, 가속 중 하나를 수행하는 차로 유지보조, 스마트 크루즈 컨트롤 등의 기능이 제공된다.
2	복합 기능 자동화	특정 주행 모드에서 시스템이 방향 조절 및 감속, 가속을 모두 수행하고 고속도로 주행 보조 기능이 제공된다.
3	제한된 자율주행	단계 2까지는 시스템이 주행을 돕는다. 반면 단계 3부터는 특정 모드에서 시스템이 주행을 수행한다. 자동차 스스로 차선을 변경하고 앞차를 추월하거나 장애물을 피할 수 있게 된다.
4	고도 자율주행	시스템이 전체 주행을 수행한다는 점에서 단계 3과 동일하나 위험 상황 발생 시에 인간 운전자가 개입해야 한다.
5	완전 자율주행	완전 자율주행 단계로 모든 상황에서 자율주행 시스템이 차량 이동을 스스로 통제한다. 이때 인간 운전자의 개입은 필요가 없다.

미국 **도로교통안전국**National Highway Traffic Safety Administration: NHTSA 은 이 연속체를 명확히 하기 위해 다음 표와 같이 5가지 단계로 차량 자동화를 정의했다. 자율주행 자동차 기술의 잠재적 편익의 유형과 규모는 달성되는 자동화 수준에 따라 달라진다. 예를 들면, 자율주행 자동차 기술의 일부 안전 편익은 기능별 자동화를 통해 달성할 수 있는 반면, 도로 사용 및 환경 편익은 완전 자동화, 즉 4단계 이상을 통해서만 실현할 수 있다.

5단계의 완전 자율주행 자동차는 인간 운전자의 개입 없이 스스로 주행환경을 인식하며 목표지점까지 이동하기 때문에 더 이상 **'단순한 사물'**로만 볼 수 없으며 **'자율적 윤리 주체'**로 간주되어야 한다. 자율주행 자동차는 운행 도중 트롤리 딜레마와 같은 윤리적 판단이 필요할 수 있다. 비단 자율주행 자동차뿐만 아니라 **인명구조 로봇**을 비롯한 다양한 영역에서 윤리적 판단을 할 수 있는 인공지능이 필요할 것이며 이에 따른 지속적인 연구도 반드시 필요할 것이다.

자율주행의 단계

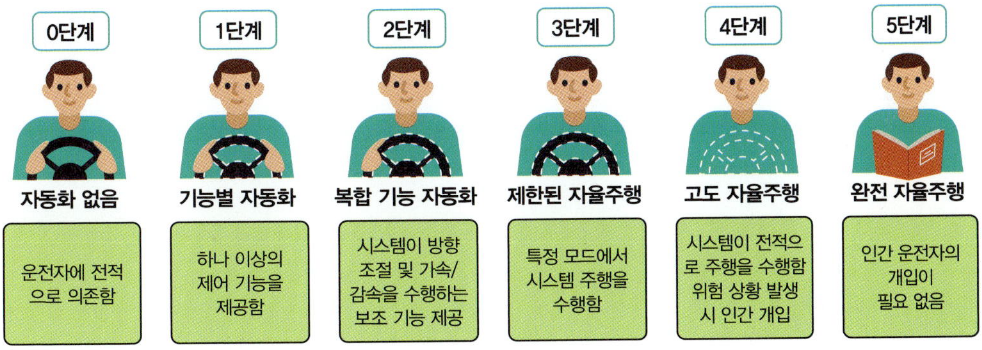

나의 도덕관을 이해하자: 모럴 머신

[실습 목표]

이번 실습에서 자율주행 자동차와 같은 인공지능이 판단을 해야 하는 경우에 어떤 선택을 해야 하는가를 인간의 관점을 통해서 정보를 수집하는 프로젝트에 대해 알아볼 것이다. 이 프로젝트의 이름은 **모럴 머신**으로 미국 MIT 공대에서 주관하는 플랫폼의 이름이기도 하다. 이 플랫폼은 앞서 살펴본 도덕적 딜레마를 여러 개 만들어 놓고 그 결과 사이에서 사람들이 내린 많은 정보를 수집하여 분석하는 시스템이다. 이와 같이 다수의 사람들이 만든 데이터를 통해서 사회적인 합의를 도출하는 데 사용될 수 있다.

주의: 이 윤리학 사고 실험의 결과는 실제 무인 자율주행 자동차에 적용될 수도 있으므로 실습에 매우 진지하게 참여하기 바란다.

[실습하기]

실습은 다음의 절차를 따르도록 한다.

[단계 1] 모럴 머신을 사용하기 위해 다음 웹사이트에 접속한다. 아래 웹페이지는 한국어 사용자용 웹페이지이며, 만일 모럴 머신 웹사이트에 곧바로 접속하게 되면 자신이 **사용할 언어를 직접 선택**해야만 한다.

```
https://www.moralmachine.net/hl/kr
```

[단계 2] 웹사이트의 안내글을 주의 깊게 읽어보고 ① **시작하기**를 선택한다.

[단계 3] 웹사이트의 사고 실험 내용은 다음과 같다. 왼쪽 그림의 상황은 자동차에 3명이 있으며 장애물에 부딪히는 사고가 생길 경우 탑승자 3명이 죽게 된다(그림 ①). 반면 오른쪽 그림과 같이 차의 방향을 틀면 5명의 보행자가 죽게 된다(그림 ②). 무인자동차는 어떤 선택을 해야만 할까?

무인자동차는 어떻게 해야 할까요?

[단계 4] 좀 더 구체적인 사고 실험의 내용을 보기 위해서는 아래쪽의 요약 보기를 선택한다. 요약 보기를 클릭하면 다음 그림과 같이 구체적인 내용이 나타난다.

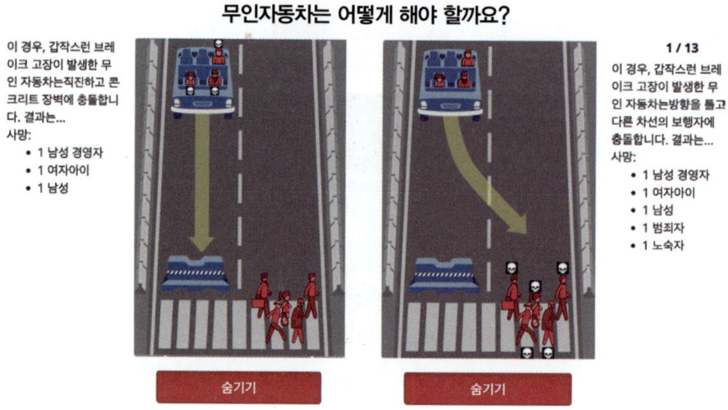

[단계 5] 아래와 같이 두 가지의 상황 중에서 하나를 선택한다. 이제 다음 사고 실험으로 넘어간다. 이번에는 자동차에 개 2마리가 타고 있다. 그리고 횡단보도에는 2명의 보행자가 있다. 첫 번째 사고 실험과 마찬가지로 요약 보기를 클릭해서 구체적인 내용을 살펴볼 수 있다.

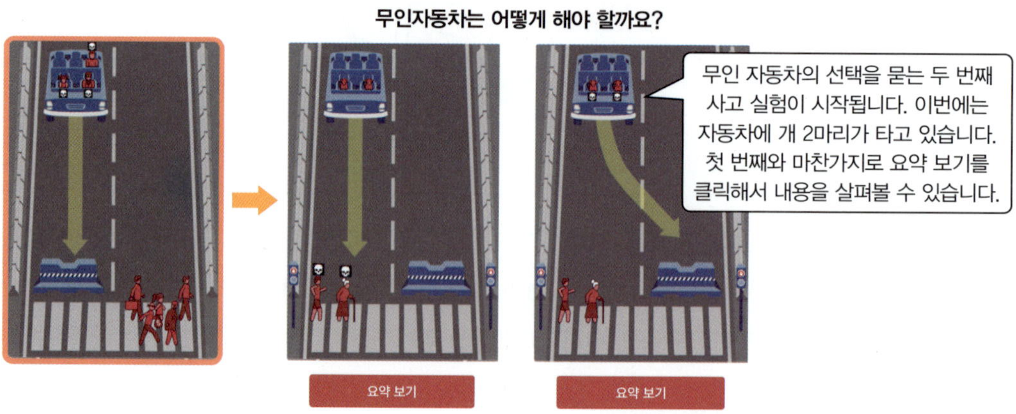

[단계 6] 이제 2단계에서 13단계까지의 내용을 요약 보기로 상세히 보면서 신중하게 판단을 하도록 하자. 예시의 5단계는 자세히 보면 보행자가 **신호를 무시하고 무단 횡단**을 하고 있다. 이러한 내용을 상세히 보고 판단하기 바란다.

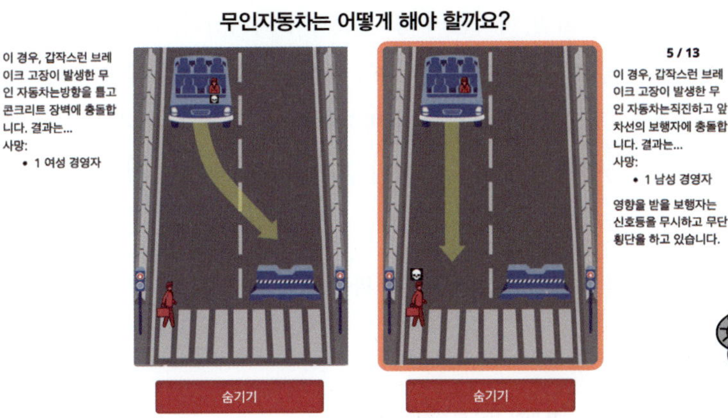

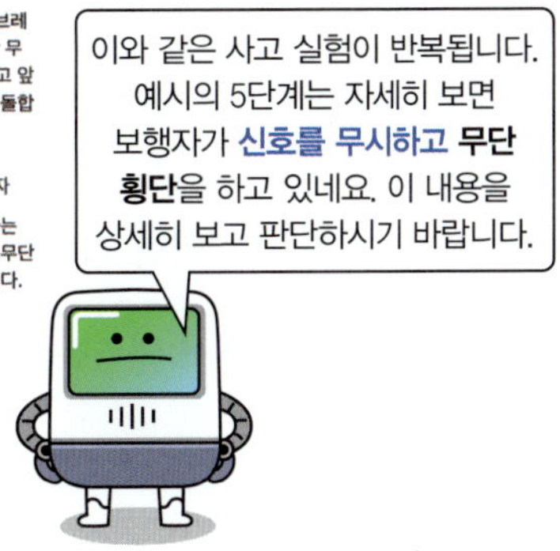

[단계 7] 하나하나 신중하게 응답을 해가며 최종적으로 13단계의 설문 응답을 모두 마쳐보도록 하자. 모든 응답을 마치게 되면 다음과 같은 화면이 나타나며 연구의 목적과 절차, 수집된 정보의 이용에 관한 설명이 나타난다.

[단계 8] **[단계 7]**의 질문에 **예**를 선택하면 다음 그림과 같은 좀 더 상세한 응답을 해야 한다. 자신의 성별에 대한 선호도와 종에 대한 선호도, 개입에 대한 회피 선호도 등 다양한 항목이 있다.

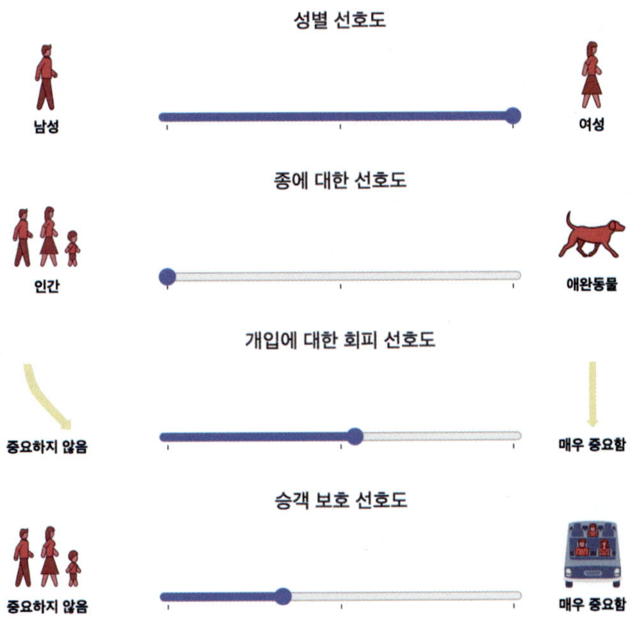

[단계 9] 이전 단계의 모든 설문을 마치게 되면 여러분의 응답 결과가 나타난다. 아래의 응답 결과를 보면 가장 많이 살려준 캐릭터가 여성 경영자이며 가장 많이 희생된 캐릭터가 개라는 것을 볼 수 있다. 또한 희생자의 수를 중요시하는 정도가 다른 사람에 비해서 약간 낮게 나온다는 것을 볼 수 있다. 또한 승객 보호 선호도는 다른 사람에 비해서 중요하지 않음으로 나타나는 것을 볼 수 있다. 어떠한 응답이 이러한 결과를 유도했을까?

이 응답 결과를 통해서 여러분의 성향을 볼 수 있으니 꼼꼼하게 확인하도록 하자.

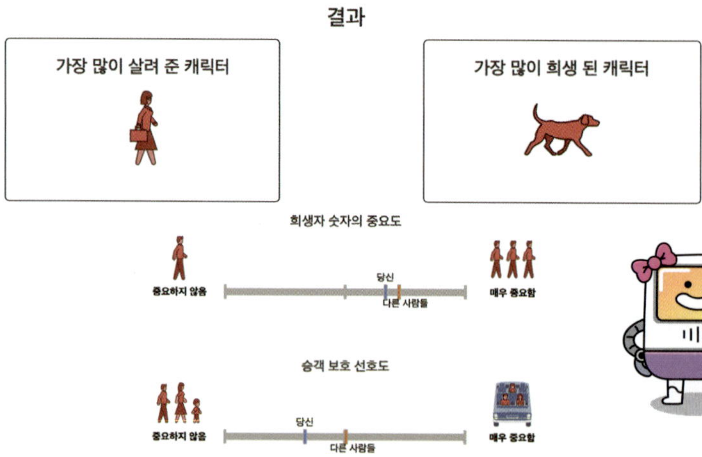

도전 문제

모럴 머신을 이용해 본 후 2~3명이 한 조가 되어 아래의 내용에 대하여 토의하고 정리해 보자.

- 자신의 응답 결과와 다른 친구들의 응답 성향을 서로 비교해 보고 이야기를 나누어 보자.
- 자신의 도덕적 판단에 대한 타당성에 대해서도 이야기 나누어 보자.

  1. 희생자 수의 중요도에 대한 관점
  2. 승객 보호 선호도에 대한 관점
  3. 동물 보호에 대한 관점 등 여러 가지의 응답 성향에 대해 토의하고 정리해 보자.

- 자신이 생각하는 '도덕'이 다른 사람이 생각하는 '도덕'과 얼마나 차이가 나는지를 정량화하는 방법으로 어떠한 것이 있을까? 모럴 머신과 같은 이러한 방식의 윤리 사고 실험은 타당한 정량화 지표를 보여주는 것일까?
- 1에서 10까지의 정량화된 윤리는 실제 자율주행 자동차의 운행에 어느 정도 영향을 끼칠까? 수치화된 방식이 아닌 다른 방식의 자율주행 자동차 윤리는 존재하지 않는 것일까?

요약

01 미국을 비롯한 여러 나라에서 현재 운영 중인 **예측적 경찰활동 시스템**은 인공지능 알고리즘을 통해 특정 시기, 특정 장소에 피해자가 될 가능성이 높은 사람과 가해자가 될 가능성이 높은 사람을 추려내는 시스템이다.

02 이루다와 테이를 비롯한 많은 인공지능 제품의 사례를 통하여 과학자들과 기업, 공공기관에서는 **윤리 문제의 검증이 기술적 활용보다 우선**시되어야 한다는 생각을 하게 되었다.

03 **딥페이크**는 딥러닝 기술을 통해 특정 영상에 특정 인물의 얼굴, 음성 등을 합성한 영상물을 입혀서 **사람들에게 허구의 말과 행동을 하는 것을 보여주는 것**이다.

04 딥페이크 기술에 의한 음란물의 배포를 규제하고자 노력하고 있으나, 이러한 피해는 전 세계적으로 확산될 수밖에 없기 때문에 **국가적 노력과 지침의 필요성이 제기**되고 있다.

05 인공지능 시스템은 법, 인권, 민주적 가치 및 다양성을 존중하는 방식으로 설계되어야 하며, 공정하고 정의로운 사회를 보장하기 위해 **적절한 안전장치**를 포함해야 한다.

06 마이크로소프트의 인공지능 윤리 디자인 가이드는 인공지능 기술에 대해 '인간 독창성 증대'와 '사회에 도움이 되는 방향'으로 발전시켜야 한다는 방향성을 제시하였다.

07 인공지능으로 인하여 전문직을 포함한 **인간의 노동 행위가 전면적으로 대체**될 수 있으며 지능을 가진 로봇의 등장은 직접적으로 **인간의 안전을 위협**할 수 있다.

08 **규범 윤리학**은 윤리적 행동에 대한 연구이며, 도덕적 의미에서 어떻게 행동해야 하는지에 대하여 기준을 탐구하는 학문이다.

09 자율주행 자동차 기술은 **편익이 큰 기술이며 공학적 관점에서 도로를 달릴 수 있는 조건을 갖춘 기술**임에도 불구하고 **이를 포용할 법과 제도는 아직 부족**하다.

10 자율주행 자동차뿐만 아니라 **인명구조 로봇**을 비롯한 다양한 영역에서 윤리적 판단을 할 수 있는 인공지능이 필요할 것이며 이에 따른 지속적인 연구도 반드시 필요할 것이다.

연습 문제

[단답형 문제]

괄호 안에 들어갈 적절한 단어를 기입하여라.

01 (　　　　　)(은)는 인간이 원래 가지고 있는 생각이나 신념을 확인하려는 경향성이다. 흔히 말하는 "사람은 보고 싶은 것만 본다"와 같은 말이 바로 이를 일컫는 말이다.

02 인공지능 도입으로 인해 발생할 수 있는 '비윤리적인 결과'와 '(　　　　　)' 문제는 인공지능의 도입 초기 단계에서부터 고려해야 하며 그렇지 않을 경우 큰 혼란을 가져올 수 있다.

03 2020년 출시된 인공지능 챗봇 (　　　　　)(은)는 스캐터랩에서 개발한 열린 주제를 가진 대화형 시스템으로, 하루 최대 2,000만 건의 채팅 수를 기록하며 성공적으로 정착하는 듯 보였다. 그러나 인공지능이 가질 수 있는 많은 편향을 긍정적 방향으로 극복하지 못하였으며, 데이터 수집과 활용의 불법성으로 인하여 서비스는 중지되었다.

04 마이크로소프트사에서 2016년 서비스한 (　　　　　)(이)라는 챗봇은 X(구 트위터)와 메시지 서비스를 통해서 사람과 대화하도록 설계되었다. 그러나 백인 우월주의자들에 의해 인종, 성차별 발언을 학습하여 이와 관련된 발언을 하게 되었고 결국 16시간만에 운영이 중지되었다.

05 (　　　　　)(은)는 딥러닝 기술을 통해 특정 영상에 특정 인물의 얼굴, 음성 등을 합성한 영상물을 입혀서 사람들에게 허구의 말과 행동을 하는 것을 보여주는 것으로, 최근 가짜뉴스 영상을 만들거나 특정인을 음란물 영상에 합성하는 등 디지털 범죄에 사용되면서 사회적인 우려가 커지고 있다.

06 인간이나 개, 고양이 등의 생명체가 가지는 지능을 (　　　　　)(이)라고 하며 한 분야에 특화된 컴퓨터의 인공지능과 구분하는 것이 일반적이다.

07 (　　　　　)(은)는 지금까지 2,000명 이상의 과학계, 기술계의 저명 인사들이 지지 서명을 남겼다. 이 원칙은 연구 문제, 윤리와 가치, 장기적 문제의 세 가지 영역에 대해 총 23개 원칙으로 이루어져 있다.

08 규범 윤리학은 윤리적 행동에 대한 연구이며, 도덕적 의미에서 어떻게 행동해야 하는지에 대하여 기준을 탐구하는 학문이다. (　　　　　)(이)란 이러한 고전적인 규범 윤리 이론 중의 하나로 최대 다수의 최대 행복으로 이어지는 행동이 옳다고 주장한다.

[짝짓기 문제]

다음 중에서 관련 있는 것을 올바르게 짝짓기 하여라.

경제협력개발기구 •	• 신뢰할 수 있는 AI를 위한 윤리 지침
유럽연합 •	• 알고리즘 윤리헌장
카카오 •	• OECD 원칙
마이크로소프트 •	• 인공지능 윤리 디자인 가이드

[객관식 문제]

다음 질문에 대하여 가장 알맞은 답을 선택하여라.

01 인공지능 알고리즘을 통해 특정 시기, 특정 장소에 범죄 피해자가 될 가능성이 높은 사람과 가해자가 될 가능성이 높은 사람을 추려내는 시스템의 이름은 무엇인가?

❶ 예측적 경찰활동　　❷ 인공지능 감시체계
❸ 지문인식 시스템　　❹ 인공지능 법관

02 다음 중 포브스라는 경제지 기고문에서 글렌 고우가 언급한 인공지능을 망치는 5가지 편향에 해당하지 않는 것은 무엇인가?

❶ 인간의 편향　　❷ 숨겨진 편향
❸ 지문의 편향　　❹ 고의적 편향

03 카카오의 알고리즘 윤리헌장의 내용으로 알맞지 않은 것은 무엇인가?

❶ 알고리즘의 기본 원칙　　❷ 학습 데이터 운영
❸ 알고리즘 독립성　　❹ 성인에 대한 보호

04 2019년 인공지능 시스템을 안전하고 공정하며 신뢰할 수 있는 방식으로 설계하고자 하는 취지의 원칙에 서명한 국제적인 기구는 다음 중 무엇인가?

❶ OECD　　❷ OCDE
❸ CDOE　　❹ DECO

심화 학습

[주제 1] 인공지능의 확증 편향은 인간과 달리 감정이 개입되지는 않는다. 하지만 학습을 위한 원천 데이터 자체가 편향되어 있을 경우, 주어진 데이터에 가까운 예측값을 얻도록 학습된 알고리즘으로 인하여 확증적 편향이 발생할 수 있다. 인공지능의 편향으로 인해 발생할 수 있는 인간이 받을 수 있는 피해는 어떤 것이 있을까? 그리고 이에 대한 해결책에 대하여 토의하여라.

[주제 2] 아이작 아시모프가 1942년 발표한 단편 SF 소설『런어라운드』에서는 로봇이 반드시 따라야 할 3개의 원칙인 '로봇 3원칙'이 제시된다. 자율주행 자동차가 **인간을 태운 상태로 인간의 개입 없이 운전을 해야 하는 경우**를 가정하자. 이 경우, 모든 상황에서 인간에게 절대로 해를 끼치지 않는다는 로봇 3원칙을 지키는 것이 가능할까? 만약 원칙들이 서로 충돌하는 경우 로봇은 어떤 결정을 내려야 하는가? 즉, **로봇이 가져야 할 올바른 윤리관**은 어떻게 만드는 것이 바람직할까?

[주제 3] 초인공지능은 인간의 지능이나 이성을 능가하는 인공적인 지능을 일컫는 용어이다. 초인공지능체가 인간에게 해를 가할 수 없도록 하기 위해서는 어떠한 방법을 사용해야 할까? 인간에게 **절대적으로 해를 가할 수 없는 도덕률을 가진 인공지능**과 스스로 판단하는 **자아를 가진 초인공지능**은 양립가능한 개념인가?

05

인공지능을 배우기 위해 알아야 할 것

학습목차

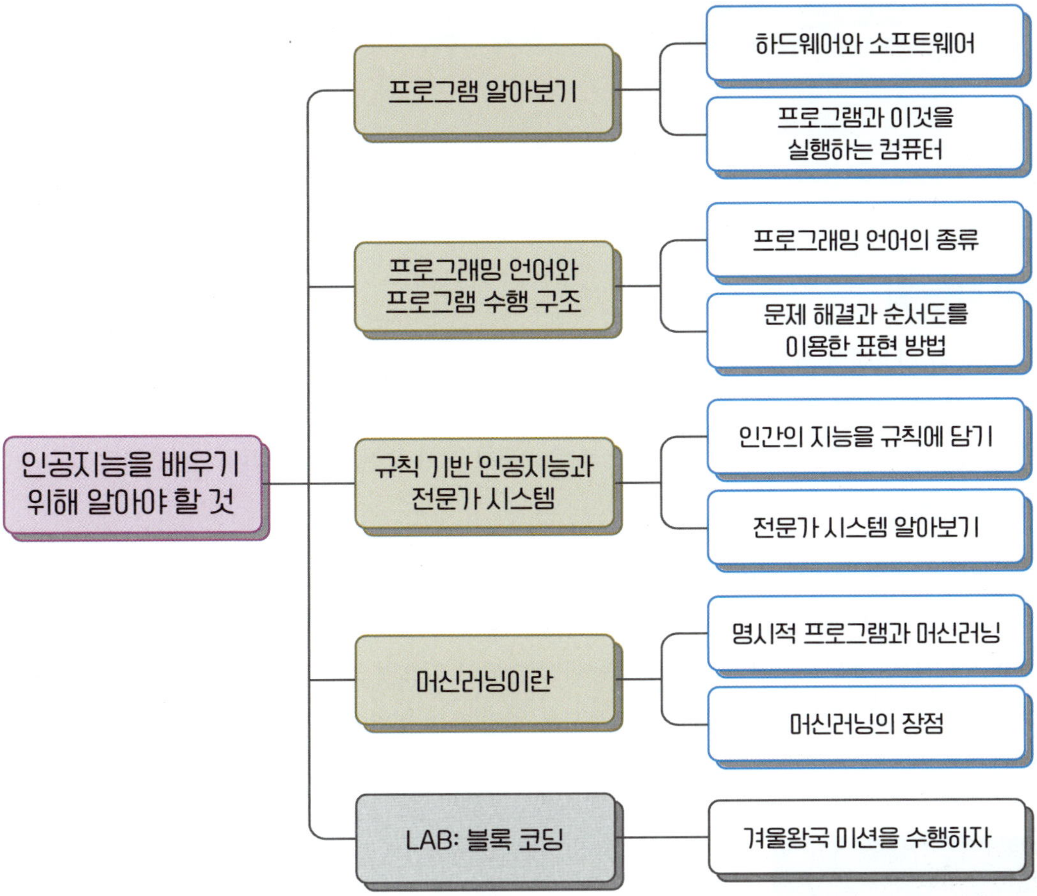

학습목표

- 인공지능을 구현하는 도구인 프로그램과 프로그래밍에 대해 알아보자.
- 프로그래밍의 종류와 기본적인 제어 구조를 통해 프로그램의 작동 원리를 이해하자.
- 소프트웨어의 문제해결 표현 방법을 살펴보자.
- 인간의 지능과 유사한 일을 할 수 있도록 하는 규칙 기반 시스템에 대해 알아보자.
- 머신러닝을 통해 어떻게 명시적 규칙을 생성할 수 있을지 알아보자.

01 프로그램에 대해 알아보자

프로그램이 하는 일

여러분은 스마트폰을 사용하여 아침에 일어나는 시간이나 약속 시간을 입력해 해당 시간에 알람을 울리게 하는 기능을 이용해 본 적이 있을 것이다. 이를 위해서 어떤 작업을 했는지 생각해 보자. 예를 들어 내일 아침 7시에 일어나기 위해서는 스마트폰에 그림과 같이 오전 7:00 알람이라는 스위치를 ON 상태로 두면 될 것이다.

그렇다면, 스마트폰은 어떻게 내가 어젯밤에 지정한 시간인 오전 7시에 알람 소리를 들려줄까? 또 스마트폰은 어떻게 오늘 날씨를 알려주거나 음악을 들려줄까? 바로 여기에 프로그램과 프로그래밍의 비밀이 있다. 여러분의 스마트폰에는 시계의 기능이 내장되어 있으며 또한 **알람 시간을 오전 7시로 설정**하면 '**오전 7시가 되면 알람 소리를 들려주도록 하라**'라는 명령어를 처리하는 기능도 제공되고 있기 때문이다.

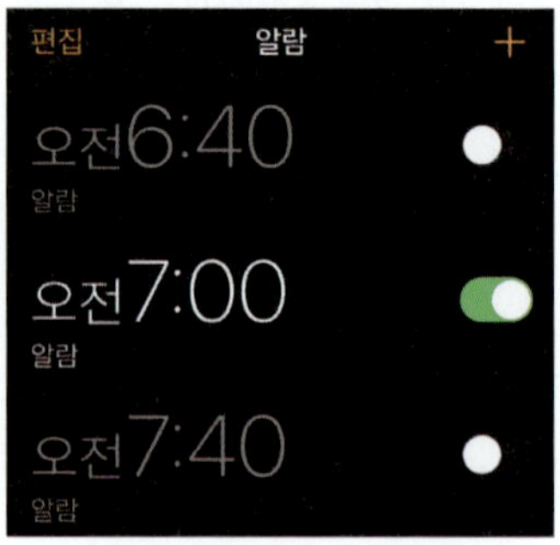

오전 7:00 알람 설정 화면

이처럼 여러분의 컴퓨터와 스마트폰은 지정된 명령어를 수행할 수 있는 **하드웨어**와 **소프트웨어**를 가지고 있으므로, 이런 명령들을 수행할 수 있다. 만일 여러분이 원한다면 기상 시간을 오전 6:40이나 오전 7:40으로 변경할 수 있으며, 스마트폰은 다시 설정된 시간에 맞추어 알람 소리를 들려줄 것이다. 이렇게 컴퓨터가 이해할 수 있는 명령어들의 모임을 **프로그램** program 이라고 한다.

인간이 '오전 7시가 되면 알람음을 들려주어라'와 같은 명령을 입력하면 컴퓨터는 이 명령에 대하여 단계적인 절차를 통해 지정한 작업을 수행한다. **컴퓨터** computer 는 이와 같이 **전자적으로 계산을 수행하는 장치**를 말하며 계산을 위한 데이터를 처리, 저장, 입력, 출력하는 기능을 가지고 있다.

전자적 신호에 의해서 작동되는 컴퓨터는 0(OFF)과 1(ON)의 이진 값만을 이해하고 저장하므로, 최종적으로 컴퓨터가 수행하는 명령은 110101110...의 값으로 된 명령이다. 그리고 이 명령을 잘 조직화하여 만들면 효과적으로 컴퓨터를 제어할 수 있다. 이러한 과정이 아래 그림에 나타나 있다.

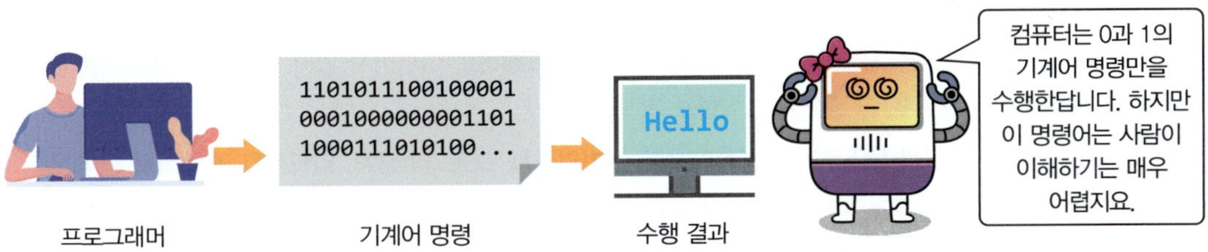

그러나 110101110......과 같은 명령은 사람이 이해하기 너무 어려워서 작성하는 데 시간이 오래 걸리며, 오류가 발생할 가능성도 크고 수정이 어렵다. 따라서 대규모 소프트웨어 개발을 할 때에 기계어로 개발하는 경우는 거의 없다. 대부분의 개발은 **사람이 쉽게 이해할 수 있는 프로그래밍 언어를 이용하여 명령을 표현**하고, 이 프로그래밍 언어를 기계어로 번역하는 과정을 거쳐서 프로그램을 수행하도록 한다.

프로그래밍 언어를 알아보자

프로그래밍 언어 programming language 란 컴퓨터 시스템을 동작시키는 소프트웨어를 만들기 위한 언어로, 컴퓨터에게 지시할 명령을 엄격한 형식을 갖추어 표현한다. 컴퓨터가 만들어진 이래로 수없이 많은 프로그래밍 언어가 만들어졌다. 이 프로그래밍 언어를 이용해 프로그래머가 원하는 작업을 작성한 명령어의 묶음을 **소스코드** source code 혹은 간단하게 **코드** code 라고 한다.

프로그래밍 언어는 크게 **저급 언어** low level language 와 **고급 언어** high level language 로 나누어 볼 수 있다. 저급 언어에는 기계어와 어셈블리어가 있는데 기계어는 컴퓨터가 가지는 고유한 이진 명령 형식의 언어이다. 저급 언어는 기계가 바로 이해하여 수행할 수 있기 때문에 수행 속도가 빠르다. 하지만 0과 1의 코드 값으로만 되어 있어서 사람이 코딩하기가 어렵다는 단점이 있다. **기계어**의 코딩은 0과 1로만 되어 있기 때문에 이 명령을 LD, MV, COM과 같은 코드로 만들어 기계어와 1:1로 대응되도록 만든 것이 **어셈블리어**이다. 하지만 둘 다 사람이 배우고 사용하기에는 매우 까다롭다.

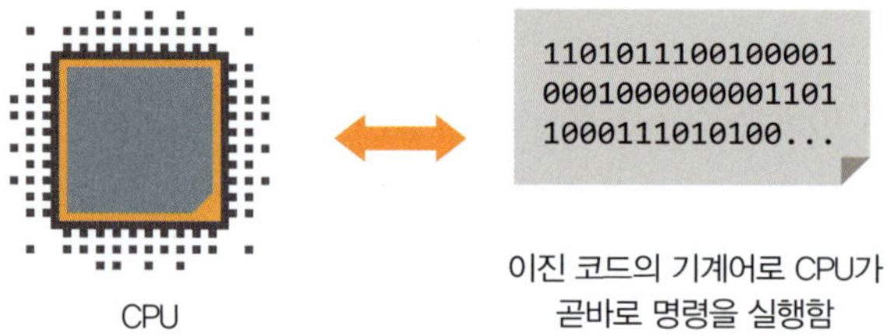

한걸음 더 **컴퓨터를 이루는 구성품**

우리가 흔히 보는 **컴퓨터**는 본체, 모니터, 키보드, 마우스, 메모리와 같은 물리적인 부분인 **하드웨어**와 이 하드웨어의 행동을 제어하는 기능을 가지는 프로그램인 **소프트웨어**로 이루어져 있다. 컴퓨터는 데이터를 입력받고 저장하며 처리한 후, 그 결과를 출력하는 기계장치이다.

하드웨어를 이루는 중요한 요소로는 **중앙처리장치**, **주기억장치**, **보조기억장치**, **입력장치**, **출력장치** 등이 있다. 중앙처리장치는 흔히 Central Processing Unit의 약자인 **CPU**로 부르는데 컴퓨터의 연산, 제어 기능을 담당하는 중요한 역할을 한다.

다음의 그림은 프로그래머가 `'Hello'`를 화면에 출력하는 과정이다. 예시에 나타난 간단한 프로그램인 `print('Hello')`를 올바르게 작성하면, 특정 소프트웨어가 이를 해석하여 컴퓨터에서 실행한다. 이렇게 작성된 **코드** code 를 프로그램이라고 하는데 프로그램을 실행하기 위해서는 **컴파일러** compiler 나 **인터프리터** interpreter 와 같은 해석과 실행을 담당하는 별도의 프로그램이 필요하다.

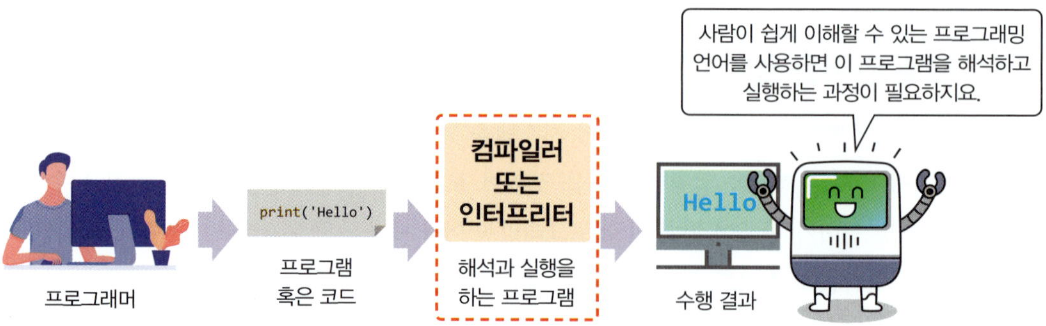

주어진 프로그램을 해석하고 실행시키는 대표적인 방법으로 컴파일 방식과 인터프리터 방식이 있다. 컴파일 방식은 **컴파일러가 프로그램을 기계어로 모두 해석한 다음 구동시에 이 기계어를 메모리에서 실행하는 방식**이다. 반면 **인터프리터 방식은 프로그램의 코드 하나가 인터프리터에 입력되면 이를 해석하고 실행**하며, 새로운 코드가 들어오면 또다시 해석하고 실행하는 방식이다.

두 가지 방식은 각각 장점과 단점이 있다. 컴파일러에 의해 수행되는 컴파일 방식은 기계어 해석을 위한 시간이 소요되기는 하지만 일단 기계어로 **해석된 후에는 매우 빠르게 수행**된다. 반면 인터프리터에 의한 방식은 명령이 주어지는 **즉시 해석하고 기계에서 실행**되므로 실시간 **디버깅** debugging과 코드 수정이 가능하다. 여기에서 말하는 디버깅이란 프로그램의 오류를 수정하는 과정을 의미한다.

컴파일러나 인터프리터를 사용해야만 실행이 되는 고급 언어는 저급 언어와 다르게 비교적 사람이 사용하는 언어와 유사하게 만들어져서 배우고 이해하기가 쉽다. 따라서, 최근 대부분의 소프트웨어 개발자들은 파이썬이나 C/C++과 같은 고급 언어를 사용한다. 예를 들어 화면에 **특정한 인사말을 출력**하기 위해서 파이썬 프로그래밍에서는 그림과 같이 지정된 문법에 맞는 문장을 입력해야 하며 그렇지 않을 경우 코드는 수행되지 않는다. 이렇게 엄격하게 정해진 문법에 맞게 명령어를 작성하고 수행시키는 것이 프로그래머의 역할이다.

위의 그림에서 `>>>`는 프롬프트라고 하는 사용자의 입력을 기다리는 곳이며, 이 프롬프트 다음에 `print('Hello')` 명령을 입력하고 엔터키를 입력하면 `Hello`라는 텍스트를 화면에 출력한다. 만일 이러한 엄격한 문법을 지키지 않으면 이 명령은 실행되지 않는다. 인간과 달리 컴퓨터는 스페인어인 `Hola!`, 영어인 `Hello!`, 한국어인 안녕하세요!를 이해하지 못하며 오직 `print()`라는 출력 명령어를 사용해야만 지정한 문구인 `Hello`를 출력할 수 있다.

좀 더 복잡한 프로그램은 똑똑한 일을 할 것이다

이제 좀 더 복잡한 프로그램에 대해 알아보자. 놀이공원에 키가 160cm 이상인 고객들만 이용할 수 있는 놀이기구가 있다고 가정하자. 그리고 사용자로부터 키를 입력받아 이 놀이기구를 사용할 수 있는가를 알려주는 기능을 수행하는 프로그램으로 만들어보자. 다음은 이 **놀이기구의 사용을 위한 프로그램**의 예이다.

```
height = input('키를 입력하세요(단위: cm): ')
if int(height) >= 160:
    print('놀이기구 이용이 가능합니다. 즐거운 시간 보내세요!')
else:
    print('죄송하지만 놀이기구 이용이 불가능합니다.')
```

아래 그림은 위의 코드가 실제로 파이썬 인터프리터 환경에서 수행된 결과를 보여주고 있다. 음영으로 된 176이 사람이 입력한 값인데 이 값이 160 이상의 값이기 때문에 `if` 문 아래의 출력 '놀이기구 이용이 가능합니다. 즐거운 시간 보내세요!'가 나타난다.

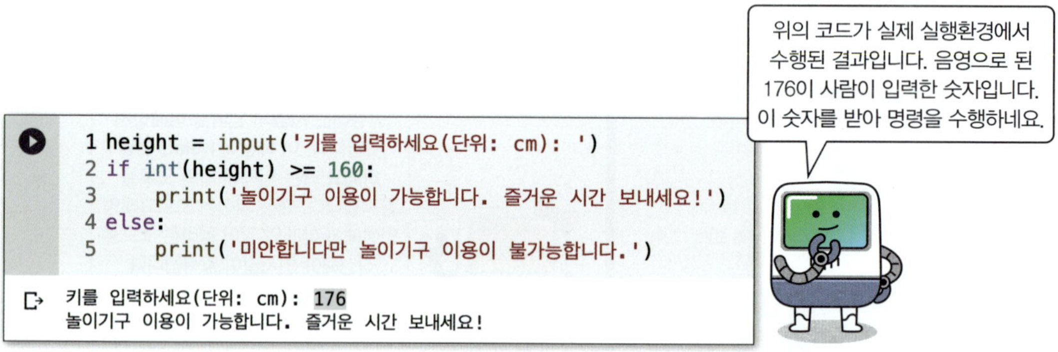

위의 코드는 파이썬이라는 프로그래밍 언어로 작성되어 있는데, 문법이 간결하고 직관적이라 많은 프로그래머들의 사랑을 받고 있는 언어이다. 가장 첫 줄의 `input()` 명령문은 화면에 '키를 입력하세요(단위: cm): '라는 문장을 출력한 후 입력장치를 통해서 사용자가 입력한 수치값을 입력받는 일을 한다. 즉 사용자는 이 문장 다음에 155 또는 176과 같은 수치값을 입력할 수 있다. 다음으로 사용된 `if-else` 문은 절 내의 `int(height) >= 160:`이 참이 되면 바로 아래의 `print()` 문이 실행되는 구조를 가지고 있다. 만일 이 `if` 절의 비교 조건이 거짓이 되면 아래쪽의 `else` 문에 있는 `print()` 문이 실행되는 구조를 가지고 있다. 컴퓨터에게 일을 시키기 위해서는 이와 같이 인간의 언어와 유사한 프로그램을 작성해서 이를 수행하도록 해야 한다.

이와 같이 `if`라는 예약어에 의해서 **특정한 조건을 검사하는 구조는 인간의 사고와 유사한 점이 많다.** 예를 들어 `'if (체온이 37.6도 이상이면) then 학교에 가지 않는다'`와 같은 프로그래밍 명령은 인간의 사고를 흉내 낸다고도 볼 수 있다. 이와 같이 조건에 따라 판단을 하는 명령문을 `if-then` 구조라고 한다.

NOTE 파이썬과 귀도 반 로섬

파이썬python은 1989년 **귀도 반 로섬**Guido Van Rossum에 의해 개발된 프로그래밍 언어이다. 파이썬이라는 이름은 그리스 로마 신화의 '**피톤**(Python)'이라는 뱀 형상의 괴물에서 유래했다. 이 뱀은 그리스 델포이의 신탁소를 지배하던 거대하고 새까만 독사의 모양을 하고 있다.

파이썬 프로그래밍 언어는 인터프리터 방식으로 동작하며, 최근 인공지능과 데이터 분석을 수행하는 연구자들 사이에게 가장 인기 있는 프로그래밍 언어이다.

02 다양한 프로그래밍 언어와 프로그램의 수행 구조

프로그래밍 언어의 종류

앞에서 우리는 파이썬이라는 프로그래밍 언어를 이용하여 컴퓨터에게 작업을 부여하였다. 이와 같이 컴퓨터에게 일을 시키기 위하여 사용되는 명령은 한 가지 문법으로만 있는 것은 아니며 작업의 종류에 따라 여러 가지 중에서 선택할 수 있다. 이렇게 일정한 문법체계를 가진 명령어를 **프로그래밍 언어** programming language 라고 한다. 주요 프로그래밍 언어로는 다음과 같은 것들이 있으나 이외에도 수천 종 이상의 언어가 있다.

프로그래밍 언어	특징
Python(파이썬)	문법이 단순하며 강력한 기능을 가진 오픈 소스 프로그래밍 언어
Java(자바)	강력한 객체지향 방식의 프로그래밍 언어
C	빠른 수행 속도를 자랑하는 오랜 역사를 가진 프로그래밍 언어
JavaScript	웹브라우저에서 주로 사용되는 스크립트 방식 프로그래밍 언어

프로그램의 제어 구조를 살펴보자

이 절에서 상세한 프로그램의 원리와 프로그래밍 언어의 문법을 모두 다루기보다는 일반적인 프로그램의 원리를 간략하게 살펴볼 것이다. 일반적으로 프로그램을 작성할 때, 다음과 같은 3가지의 기본적인 제어 구조를 사용할 수 있다. 그리고 이러한 제어 구조를 결합하여 복잡한 명령을 수행하도록 만든다.

- **순차** sequence 구조: 여러 명령이 순차적으로 실행되는 구조로 가장 기본적인 구조이다.
- **선택** selection 구조: 여러 개의 명령문 중에서 조건에 따라 명령문을 선택하여 실행되는 구조이다.
- **반복** iteration 구조: 조건에 따라 동일한 명령이 반복되면서 실행되는 구조이다.

아래 그림은 이러한 순차 구조, 선택 구조, 반복 구조를 **순서도** flowchart 로 나타낸 것이다. 순서도란 작업의 흐름을 기호와 도형으로 도식화한 것을 의미한다. 아래 순서도와 같이 프로그램은 순차적으로 실행되는 구조, 조건을 보고 선택적으로 실행되는 구조, 조건에 따라 반복해서 실행되는 구조로 이루어져 있다.

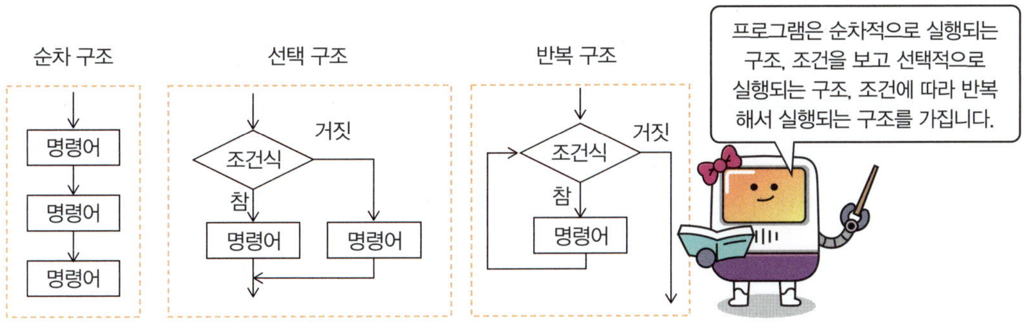

프로그램이 수행되는 과정을 표현하는 방법 중에서 위에서 나타낸 것과 같은 순서도는 도형과 화살표 같은 기호로 절차를 표현한다. 순서도에서 사용하는 기호 중에서 대표적인 것들은 다음 표와 같으며 20개 내외의 표준화된 기호가 있다.

기호	기능	기호	기능
처리 기호	각종 연산, 데이터 이동 등의 처리를 나타냄	입/출력 기호	데이터의 입력 및 출력을 표시함
판단 기호	여러 가지 경로 중 하나의 경로를 선택함	시작과 종료 기호	순서도의 시작과 끝을 나타냄
흐름선	처리 간의 연결을 나타냄	연결 기호	흐름이 다른 곳과 연결되는 것을 나타냄

순차 구조의 아주 단순한 예는 다음 그림과 같다. 사각형 상자속에 `print('A')`는 문자 A를 화면에 출력하라는 명령어이다. 이와 같은 코드를 작성하여 실행을 하면 아래쪽에 명령 수행의 결과가 나타난다. 수행 결과로 그림과 같이 A, B, C 문자가 순차적으로 출력되는 것을 볼 수 있다. 순차 구조는 매우 단순하기 때문에 실행의 순서를 제어할 수 있는 보다 고급 명령이 필요한데 이러한 구조가 선택 구조와 반복 구조이다.

```
print('A')
print('B')
print('C')
```

코드를 입력하는 공간

```
A
B
C
```

위의 코드가 실행된 결과

이전 절에서 살펴본 사람의 키를 입력받아 놀이기구 이용이 가능한지 불가능한지를 판단하는 프로그램이 수행되는 과정은 그림과 같이 단순화할 수 있는데, **데이터가 입력**되면 프로그램에서 정의한 **절차와 순서에 따라 선택적으로 실행**이 이루어지고, 이 **결과가 출력**되는 것이 일반적인 프로그램의 수행 과정이다.

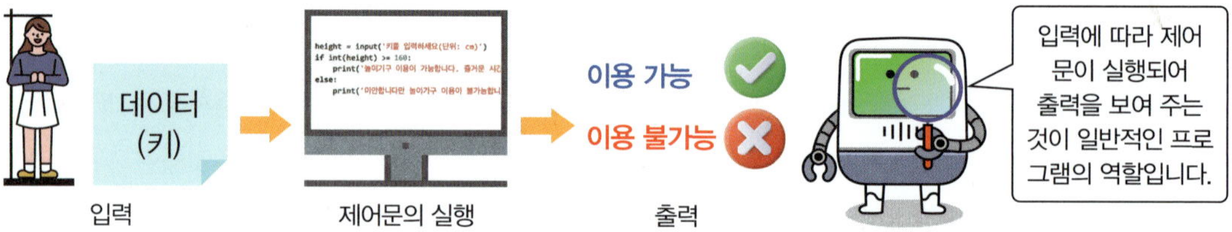

앞에서 살펴본 놀이기구의 이용에 관한 프로그램은 사람의 키를 입력받아 이 조건에 따라 수행이 달라지는 **선택 구조**를 가진다. 우리는 현실에서 수많은 선택을 하여야 한다. 영화 매트릭스의 주인공 네오가 자신의 삶을 거는 선택을 하는 것처럼 선택 이후에 이루어지는 일은 확연히 달라진다.

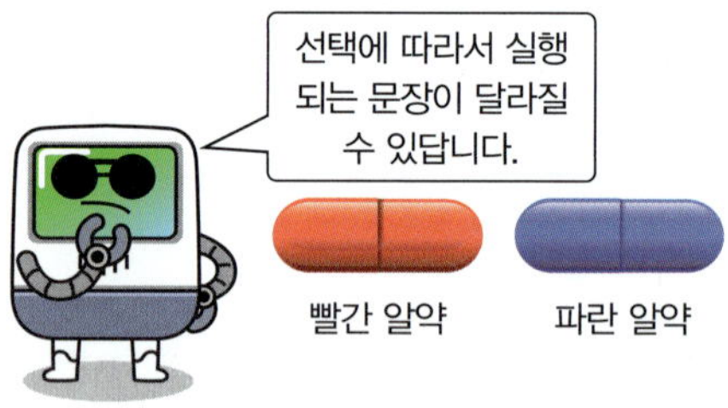

우리가 사용하는 프로그램에도 수많은 선택 구조가 존재한다. 프로그램의 어떤 단계에서는 진행할 수 있는 경로가 하나 이상인 경우가 있는데, 이때 **우리는 어떤 경로를 선택할 것인지를 결정**하여야 한다.

만약 **선택 구조가 없다면 프로그램은 항상 동일한 동작만을 되풀이할 것**이다. 프로그램이 항상 동일한 동작만 한다면 언제나 정해진 결론에 도달할 것이다. 상황에 따라 반응하는 유연한 프로그램을 만들 수가 없다. 만약 현실에서 이렇게 답답하게 일을 하는 직원이 있다면 직장의 인적 효율성이나 생산성이 떨어질 것이며, 자율주행 자동차 프로그램이 신호등이나 전방 장애물에 따라서 동작을 다르게 하지 않는다면 큰 사고가 날 것이다.

프로그램에서 선택 구조가 필요한 경우의 예를 들면 다음과 같다. 이 선택 구조는 **if-then 구조**라고 볼 수 있다.

- 미성년자가 아니라면 드라마 「오징어 게임」을 시청할 수 있다.
- 퀴즈 게임에서 철수가 정답을 맞히면 철수의 점수를 10만큼 증가시킨다.
- 게임 사용자가 외계인 우주선을 맞추었으면 폭발 사운드를 출력한다.
- 파일이 하드 디스크에 없으면 오류 메시지를 출력한다.

선택 구조가 아닌 **반복 구조**는 다음과 같이 동일한 코드를 지정된 횟수나 조건만큼 반복 수행하는 일을 할 수 있다.

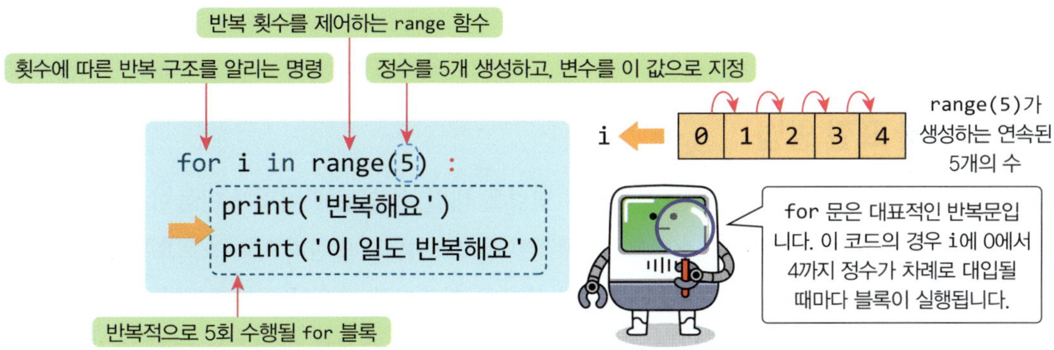

위의 코드는 파이썬 언어에서 사용되는 대표적인 반복문인 for 문으로 range(5)가 생성하는 연속된 수가 5개이므로 **print() 문을 5번 반복 수행한다**. 컴퓨터는 반복적으로 일을 시켜도 불평하거나 짜증내는 일이 없으며 전자 회로의 연산과 논리 기능을 사용하여 빠르게 일을 수행한다. 또한 프로그래밍 언어를 사용하면 다양한 규칙을 논리 연산으로 만들 수 있다. 무엇보다 컴퓨터는 빠른 수치 연산과 반복적인 수행 능력이 매우 뛰어나다는 것이 큰 장점이다.

이제 이러한 문법을 가진 프로그래밍 언어를 이용하여 다양한 논리 연산과 수치 연산을 한다면 인간의 지능을 흉내 내는 것이 가능할까를 생각해 보자.

이전 절에서 살펴본 프로그램은 수행 절차와 순서를 가지고 있으며 주어진 입력을 이용하여 놀이기구 이용이 가능한지 불가능한지를 판단하는 하나의 일을 수행할 수 있다. 만약 '**키가 160cm 이상**

은 놀이기구 이용 가능'이라는 규칙이 '155cm 이상이면 놀이기구 이용 가능'으로 변경되었다면 프로그램을 다시 수정해야만 할 것이다. 이처럼 필요한 규칙을 명시하고 이 규칙에 따라 수행되는 프로그램을 **명시적 프로그램** explicit program 이라고 한다.

```
height = input('키를 입력하세요(단위: cm): ')
if int(height) >= 155:
    print('놀이기구 이용이 가능합니다. 즐거운 시간 보내세요!')
else:
    print('죄송하지만 놀이기구 이용이 불가능합니다.')
```

이와 같이 명시적인 프로그램으로 방대한 규칙을 입력해서 인간의 사고를 완벽하게 표현할 수 있다면 인공지능을 구현할 수 있지 않을까? 이러한 관점으로 인공지능을 구현하려고 한 시도가 바로 **기호주의**적 시도이다.

문제해결과 표현 방법

컴퓨터 프로그래밍을 통해서 우리는 컴퓨터에 명령을 내릴 수 있는데 이렇게 만들어진 명령어들을 프로그램이라고 하며 다른 말로 **소프트웨어** software 라고도 한다. 일반적으로 소프트웨어는 컴퓨터 **하드웨어**에 반대되는 의미로 사용한다. 기술된 문제를 컴퓨터를 사용하여 해결하기 위해서는 컴퓨터가 해야 할 작업의 순서를 알려주어야 한다. 이렇게 **작업의 순서를 알려주는 여러 가지 방법 중 하나가 바로 순서도**이며, 다른 방법으로는 의사코드를 통해서 프로그래머가 코드를 작성하는 순서를 알려줄 수도 있다. 이전 절의 놀이기구 이용 가능 여부를 판단하는 프로그램은 다음 그림의 왼쪽과 같이 의사코드를 사용해서 표현할 수 있으며 오른쪽과 같이 순서도를 이용하여 표현하는 것도 가능하다.

놀이기구 이용을 결정하는 의사코드

[1] 시작

[2] 키를 cm 단위로 입력받음

[3] 키가 155cm보다 크면

    [4] 놀이기구 이용이 가능함

[5] 그렇지 않으면

    [6] 놀이기구 이용이 불가능함

[7] 종료

놀이기구 이용을 결정하는 순서도

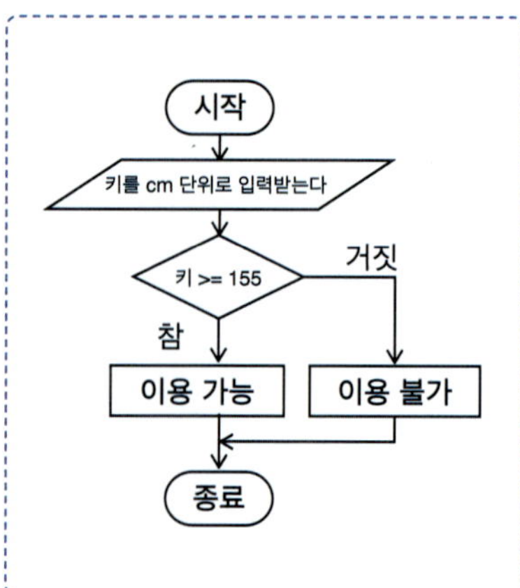

프로그래밍을 하기 위해서 의사코드는 왜 필요한지 다음과 같은 상황을 가정해 보자.

- 프로그램 개발자 A, B, C 세 사람이 함께 개발해야 할 소프트웨어가 있을 경우, 이 소프트웨어의 작동 원리와 과정에 대한 이해가 필요하다.
- 이를 위하여 소프트웨어의 작동 원리를 텍스트로 설명한 후 이를 통해서 작동 원리에 대한 합의를 하고 코딩을 하는 것이 바람직할 것이다.
- 즉 언어의 형식을 빌려 논리를 표현할 수 있으면 그것이 의사코드이다.

의사코드가 인간의 언어에 가깝다면 시각적으로 더욱 간결한 기호를 이용하여 프로그램의 수행을 나타내고자 하는 것이 바로 순서도이다. 이러한 의사코드와 순서도를 통해서 문제해결을 위한 절차를 기술하고 이를 컴퓨터가 실행할 수 있는 코드로 만드는 과정이 바로 **프로그래밍**이라고 할 수 있다.

03 규칙 기반 인공지능과 전문가 시스템

인간의 사고를 규칙으로 표현하는 시도: 규칙 기반 인공지능

기호주의는 인공지능을 구현하는 연구 방향 중의 하나로 인간의 사고 과정을 단순화해서 컴퓨터의 작동 방식에 맞게 기호로 표현하고 규칙을 사용하는 **규칙 기반 인공지능**이다. 놀이공원에서 놀이기구를 이용할 때, 키가 160cm 이상이 되더라도 **임산부나 심신 미약자는 이용이 불가능한 경우**가 있다. 이 경우 규칙 기반의 인공지능은 다음과 같이 임산부 혹은 심신 미약자인가를 질문한 후 이용 가능 여부를 판단할 수 있다. 이와 같이 `if-else` 문이라는 조건문의 내부에는 다음과 같이 또 다른 `if-else` 문을 포함할 수 있다.

```
height = input('키를 입력하세요(단위: cm): ')
if int(height) >= 160:
    answer = input('임산부 혹은 심신 미약자입니까?(Y/N) ')
    if answer == 'Y':
        print('임산부나 심신 미약자는 이용이 불가능합니다!')
    else:
        print('놀이기구 이용이 가능합니다. 즐거운 시간 보내세요!')
else:
    print('죄송하지만 놀이기구 이용이 불가능합니다.')
```

위의 코드는 다음과 같은 순서도로 나타낼 수 있다. 왼쪽의 단순한 선택 구조는 키(height)를 입력받아서 이 값이 160cm 이상인지 검사한다. 만일 이 조건이 참이면 이용 가능을 출력하고 거짓이면 이용 불가를 출력할 것이다. 오른쪽의 복잡한 선택 구조는 키(height)를 입력받아서 이 값이 160cm 이상인 경우 임산부 혹은 심신 미약자인지 물어본 후 이 값이 Y가 아닌 경우에만 이용 가능을 출력한다. 코드가 다소 길어지기는 했지만 이 코드는 이전에 살펴본 코드에 비해서 더 많은 경우에 대한 처리를 할 수 있으며 보다 더 **똑똑한 일을 하는 코드**라고 볼 수 있다.

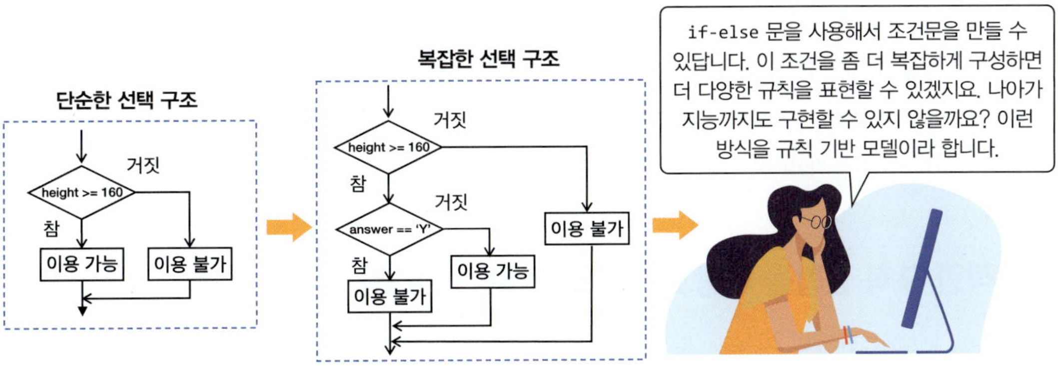

규칙 기반 모델의 요소들

이와 같이 다양한 조건에 대해서 개별적인 처리 기능을 가지도록 많은 규칙을 컴퓨터에게 넣어준다면, 이 **컴퓨터는 궁극적으로 인간의 지능과 유사한 일을 할 수 있을 것**이다. 이러한 표현 방식을 **규칙 기반 모델** rule based model 이라고 하며, 이러한 인공지능 구현 기법을 **규칙 기반 시스템** rule based system 이라 한다. 규칙 기반 모델은 머신러닝 방식의 인공지능 기술이 등장하기 전까지 인공지능을 구현하는 유일한 방법이었다. 규칙 기반 모델을 구현하기 위해서는 **규칙 집합**과 **규칙 엔진**이라고 하는 2가지의 요소가 필요하다.

규칙 집합	여러 상황에 대한 경우의 모음
규칙 엔진	규칙에 대한 조건을 평가, 행동으로 실행하는 것을 담당

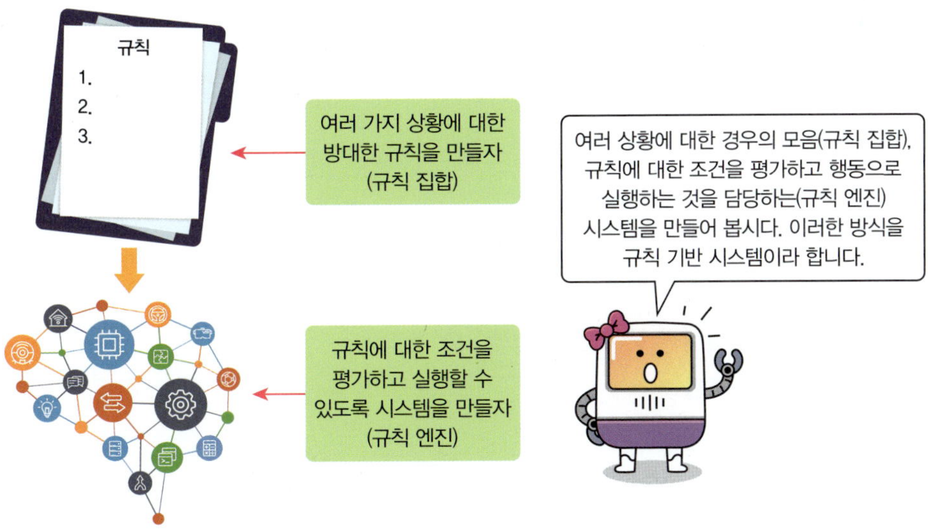

인간의 지능과 유사하게 문제해결을 위한 일반 방법론을 찾고자 하는 시도는 일찍부터 진행되었으나 **인간의 지능이 가지는 매우 방대한 측면을 따라하는 것은 아주 어려운 일**이었다. 이러한 자각으로부터 1980년대 많은 인공지능 연구자들은 특정 응용 분야 전문가의 지식과 능력을 체계적으로 잘 조직화한다면 전문가의 지능과 유사한 수준 높은 서비스를 만들 수 있을 것으로 생각하였다.

전문적인 규칙 집합을 바탕으로 만든 전문가 시스템

규칙 기반 모델이 인간의 지능과 유사한 일을 하기 위해서는 방대한 규모의 지식이 요구된다. 이 모델에서 사용하는 지식이란 어떤 주제나 분야에 대해 이론적으로 그리고 실제로 이해하는 것을 말하는데, 현재 알려진 사실들의 모임으로 이 지식을 소유한 사람을 **전문가** expert 라고 부른다. 인공지능 연구 영역 중에서 지식을 소유한 전문가로부터 전문적인 규칙 집합을 구축한 다음 규칙에 대한 조건을 평가하고 실행하고자 하는 시도는 일찍부터 시도되었다.

1980년대의 전문가 시스템

문제 영역의 전문가로부터 획득된 지식을 이용하여 추론하며, 동시에 전문적으로 **고도의 현실적 문제를 전문가와 동등한 레벨에서 해결하는 지적 인공지능 시스템을 전문가 시스템**이라고 한다.

좀 더 상세하게 들어가서 전문가 시스템이라고 불리기 위해서는 다음과 같은 4가지 조건을 만족하여야 한다.

1. 문제 영역의 전문 지식을 이용하여 추론할 것
2. 전문가로부터 획득된 지식일 것
3. 전문적으로 고도의 현실적 문제를 대상으로 할 것
4. 능력이 전문가와 동등할 것

최초의 전문가 시스템은 1960년대 후반 미국의 스탠퍼드 대학에서 개발된 DENDRAL이다. 이는 어떤 유기 화합물의 구성요소와 그 화합물의 샘플로부터 얻어진 질량 스펙트로그램을 이용하여 그

화합물의 분자구조를 결정하는, 화학 전문가의 역할을 담당하는 전문가 시스템이다. DENDRAL은 실험 중에 화학 전문가에게도 알려지지 않은 몇 가지의 분자구조를 발견하기도 하였다. 이후 1970년대 초에 개발된 MYCIN은 감염성 질병을 진단하고, 이 진단을 바탕으로 항생제를 처방하며 그 추론을 자세히 설명할 수 있는 대화형 프로그램이다. 이 시스템은 현재 대표적인 전문가 시스템의 하나로써 간주되고 있다.

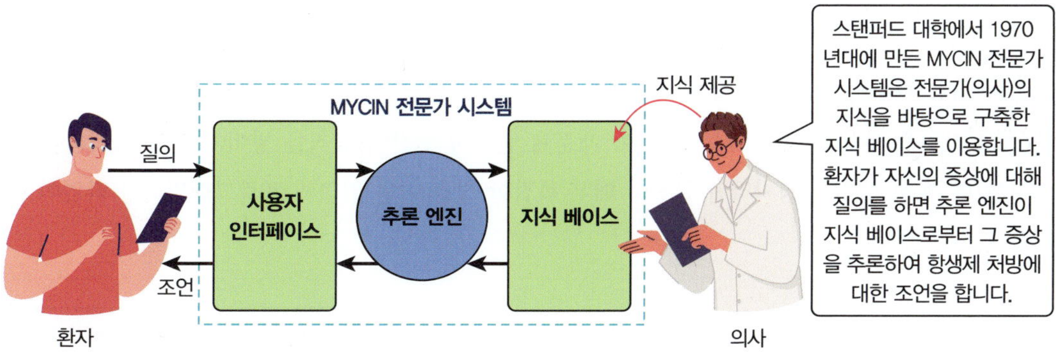

전문가 시스템은 크게 **지식 베이스** knowledge base, **추론 엔진** inference engine, **사용자 인터페이스** user interface 로 이루어진다. 지식 베이스는 지식 저장공간으로서 사실과 규칙으로 구성된다. 추론 엔진은 저장된 지식이 어떻게 활용될 수 있는가를 지원하는 곳이며, 사용자 인터페이스는 사용자와 상호작용하는 방식을 제공하는 곳이다.

04 명시적 프로그램의 한계와 이를 극복한 머신러닝

우리가 이전 절에서 다룬 명시적 프로그램은 키를 cm 단위의 수치값으로 입력받아서 명시적인 규칙(프로그램)을 통해 결과를 내보낸다. 이 때문에 반드시 인간이 규칙을 넣어야만 잘 동작하는 한계가 있다. 또한 이러한 명시적인 규칙이 매우 복잡할 경우 이를 일일이 프로그래밍하는 작업이 어려운 경우가 많다.

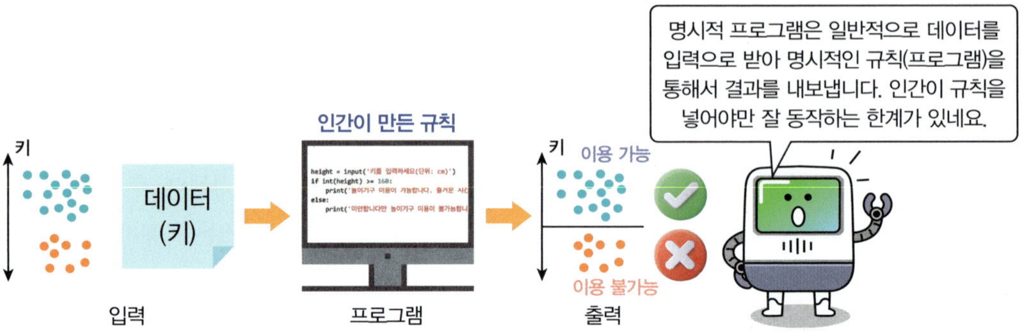

명시적 프로그래밍의 동작 방식

하지만 여러 사람의 키를 입력으로 받고 각각의 값(데이터)과 함께 **이용 가능** 혹은 **이용 불가능**이라는 결과를 넘겨준 다음 '**키가 160cm 이상은 놀이기구 이용 가능**'이라는 규칙을 컴퓨터가 생성할 수 있다면 이 프로그램은 명시적 프로그램에 비하여 그 적용 범위가 넓어질 수 있을 것이다. 이렇게 생성된 명시적 규칙은 새로운 데이터에 적용될 수 있을 것이며, 그림과 같이 160cm 보다 큰 값이 들어올 경우 '이용 가능'을 출력하면 된다.

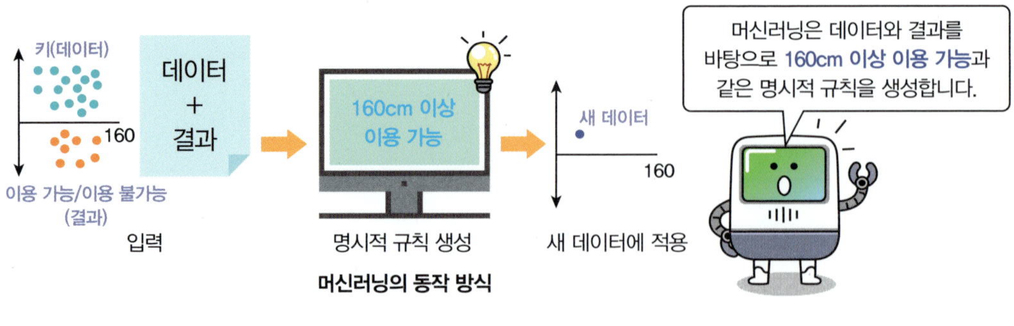

머신러닝의 동작 방식

앞서 살펴본 그림은 명시적 프로그램의 한계와 머신러닝의 장점을 나타내고 있다. 머신러닝은 데이터에서 학습을 통해 규칙을 찾는 프로그램으로 인간이 미처 발견하지 못한 패턴이나 규칙을 찾을 수도 있다. 또한 새로운 데이터가 들어오면 그에 맞는 규칙을 만들어내기 때문에 전통적인 프로그램보다 더 발전된 형태의 프로그램으로 볼 수 있다.

명시적 프로그램의 한계

- 사람이 세부적인 규칙을 일일이 알려주어야 한다.
- 규칙이 너무 많아서 이를 표현하기가 힘든 경우도 많다.
- 규칙이 변경되는 경우 빠르게 대응하기 힘들다.

머신러닝의 장점

- 데이터에서 학습을 통해 기계가 규칙을 찾는다.
- 인간이 발견하지 못한 패턴이나 규칙을 찾을 수도 있다.
- 새로운 데이터가 들어오면 그에 맞는 규칙을 만들어낸다.

현재 다양한 분야에서 큰 성공을 거두고 있는 인공지능 기술에서 이러한 과정을 수행하는 **머신러닝** machine learning이 핵심적인 기술이 되어 가고 있으며 앞으로 우리는 이에 관하여 상세하게 살펴볼 예정이다.

블록 코딩을 익혀보자

[실습 목표]

이번 실습에서는 블록 코딩을 통해서 간단하게나마 코딩의 원리를 익혀볼 것이다. 이 세상에는 수천 가지 이상의 프로그래밍 언어가 있으며 한 달에 하나씩을 배운다 하더라도 모두 다 익힐 수는 없다. 하지만 모든 프로그래밍 언어가 가지는 코딩의 기본적인 원리를 쉽게 익힐 수 있는 웹사이트가 있는데 바로 아래의 웹사이트이다.

```
https://code.org/
```

code.org의 특징은 다음과 같다.

- 비영리 교육단체인 code.org에서 운영하며 다양한 코딩 콘텐츠가 있다.
- 블록 코딩 방식을 사용하여 누구나 쉽게 코딩의 원리를 알 수 있다.
- 단계별 코딩을 할 수 있는 과정을 운영하고 있다.
- 코딩의 원리를 알려주는 동영상 콘텐츠가 제공된다.

[단계 1] code.org 웹사이트에 접속한다.

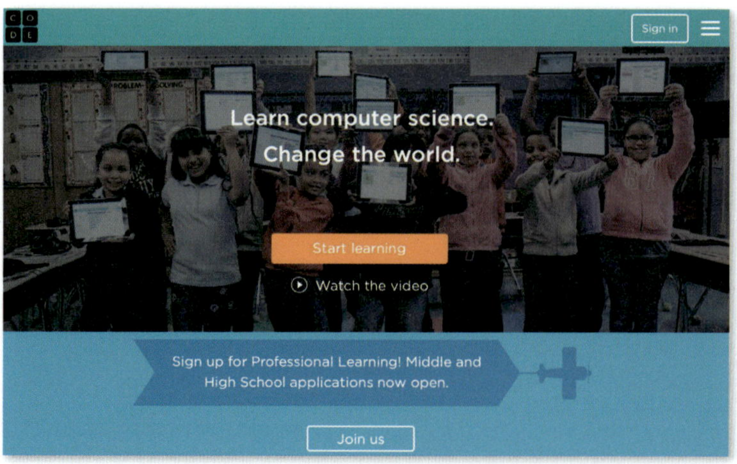

[단계 2] 화면 오른쪽 위의 [Sign in] 메뉴를 선택하여 로그인을 한다. 로그인 계정이 없을 경우 계정을 생성한다. 계정을 생성하기 위해서는 오른쪽과 같이 구글, 페이스북, 마이크로소프트 계정을 사용해서 아이디를 만들 수 있다.

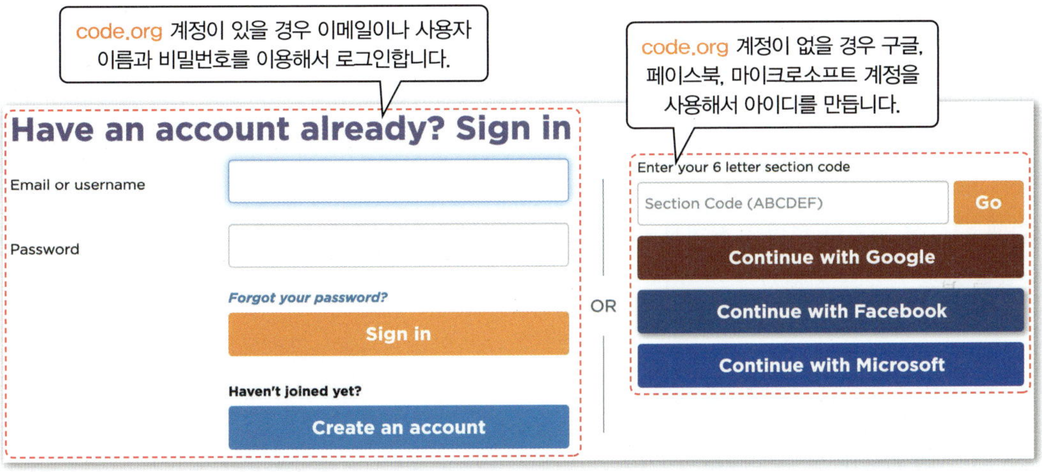

[단계 3] 로그인을 한 후 다음과 같은 주소를 통해서 **안나 엘사와 함께하는 코드** 페이지로 이동하도록 하자.

```
https://studio.code.org/s/frozen/lessons/1/levels/1
```

만일 위의 페이지를 찾기가 어렵다면 메인 메뉴의 과정 카탈로그에서 Hour of Code 하위 학습 카테고리에 있는 **겨울왕국**을 찾아보도록 하자.

[단계 4] 이 과정을 시작하면 사용법을 안내하는 영상과 다음과 같이 수행 작업을 알려주는 창이 나타난다. 첫 번째 과정은 선 1개를 그리는 간단한 미션이다.

[단계 5] 이 과정의 화면을 살펴보면 왼쪽에는 블록 코드의 수행 결과를 볼 수 있으며 [실행] 버튼으로 블록 코드를 실행시킬 수 있다. 상세한 설명은 아래의 풍선 글과 화면을 참조하라.

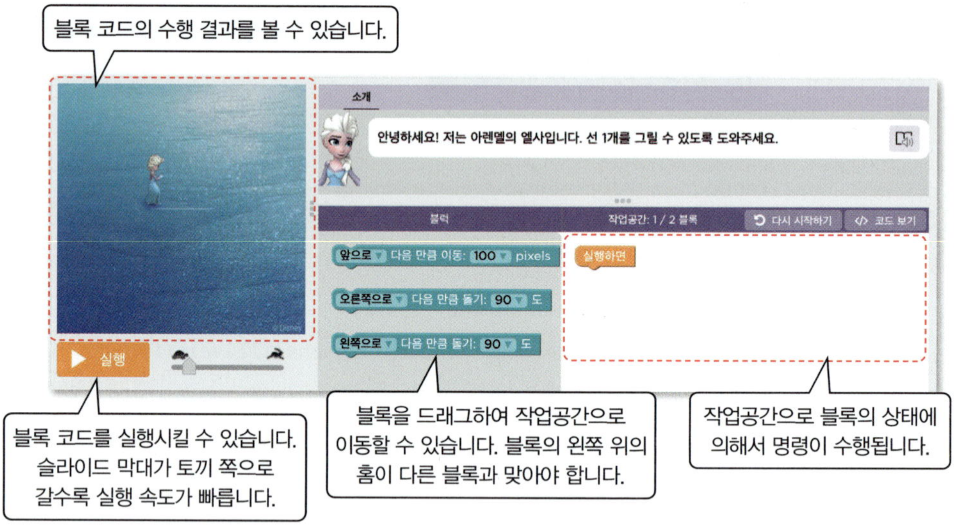

[단계 6] 이제 **블럭**(블록) 영역에 있는 블록 중에서 '앞으로 다음 만큼 이동: 100 pixels' 블록을 드래그해서 '실행하면' 블록의 아래에 가져다 놓도록 한다.

[단계 7] 100 pixels의 화살표를 선택하면 50/100/150/200/300 pixel의 선택 가능한 이동 범위가 나타난다. 디폴트로 표시된 100 pixels를 선택한 다음 [실행]을 클릭하자. 엘사가 **100 픽셀 앞으로 이동**하는 것을 볼 수 있을 것이다. 만일 앞으로 대신 왼쪽으로를 선택했다면 엘사는 **왼쪽으로 방향을 틀어서 이동**할 것이다.

화면 하단의 실행을 선택하면 [실행] 버튼은 사라지고 [처음 상태로]라는 버튼이 나타난다. 이 버튼은 초기화 버튼으로 모든 실행이 중지된다.

[단계 8] 이제 다음과 같은 설명 창이 나타난다. [계속하기] 버튼을 선택하면 2단계로 이동한다.

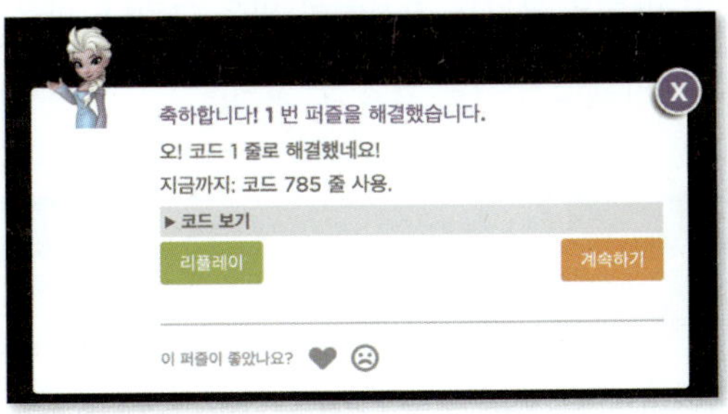

[단계 9] 2단계에서는 이전 단계에 비해서 할 일이 좀 늘어났다. 하지만 다음과 같이 블록을 잘 배치시킨다면 앞으로 100 픽셀만큼 이동한 후 오른쪽으로 90도를 돌아서 다시 앞으로 100 픽셀만큼 이동하는 결과를 얻을 수 있을 것이다.

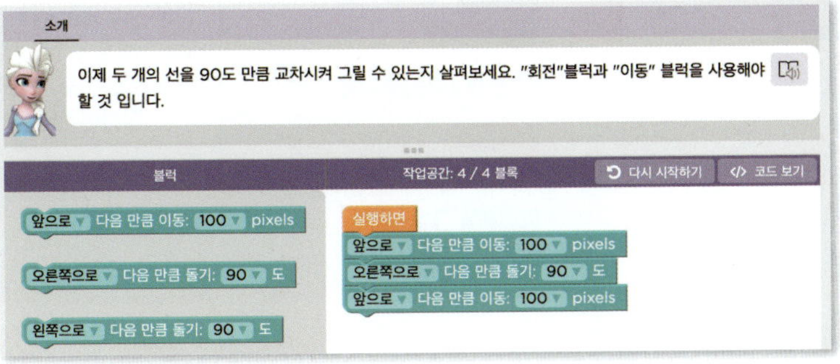

[단계 10] [실행] 버튼을 선택하면 다음과 같이 ㄱ자 모양의 직선을 그리는 것을 볼 수 있다. 단계 5-6에서와 같이 주어진 블록 명령을 수행하는 것을 볼 수 있다.

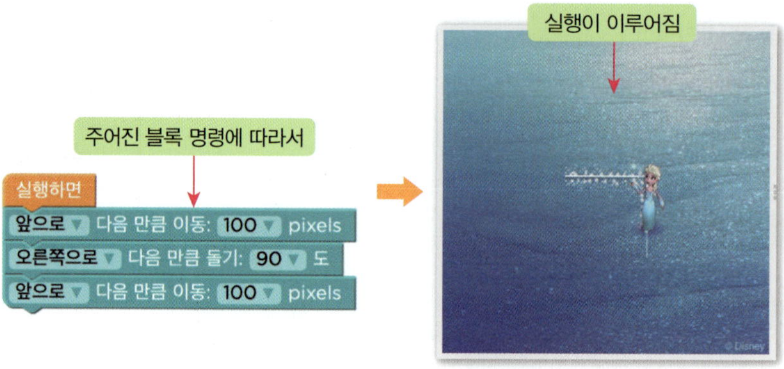

[단계 11] 이와 같은 방법으로 각 단계를 수행하게 되면 상단에 다음과 같은 녹색 기호가 하나씩 생긴다. 20단계에서는 임의의 그림을 그려볼 수 있으며 최종적으로 모두 20개의 녹색 기호가 화면 상단에 채워지면 미션이 완료된 것이다. 그림에 나타난 것과 같이 진한 분홍색의 ㄷ자 모양 블록은 **반복적으로 일을 수행하는 블록**이다. 그림에서는 반복 3번으로 표시되어 있으므로 패턴이 3개 나타나 있다. 녹색의 원 만들기 버튼은 크기를 지정하여 원을 그린다. 다음으로 색을 설정하는 블록도 있으며 이들을 잘 조립하면 재미있는 무늬를 만들 수 있다.

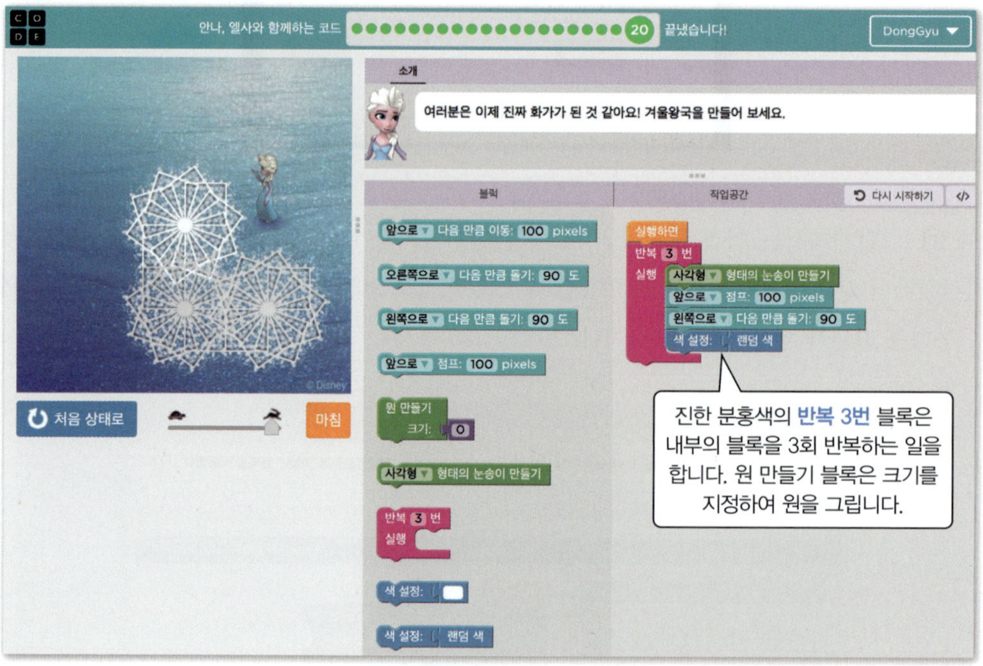

도전 문제

- code.org에 있는 블록 코딩 문제 중에서 플래피 코드라는 코딩 문제를 해결해 보자. 처음부터 마지막 문제까지 전체 레벨을 모두 다 완수해 보도록 하자.

요약

01 컴퓨터가 이해할 수 있는 명령어들의 모임을 **프로그램**이라고 한다.

02 **프로그래밍 언어**란 컴퓨터 시스템을 동작시키는 소프트웨어를 만들기 위한 언어로, 컴퓨터에게 지시할 명령을 엄격한 형식을 갖추어 표현한다.

03 **데이터가 입력**되면 프로그램에서 **정의한 절차와 순서에 따라 실행**이 이루어지고, 이 **결과가 출력**되는 것이 일반적인 프로그램의 수행과정이다.

04 필요한 규칙을 명시하고 이 규칙에 따라 수행되는 프로그램을 **명시적 프로그램**이라고 한다.

05 컴퓨터 프로그래밍을 통해서 우리는 컴퓨터에 명령을 내릴 수 있는데, 이렇게 작업의 순서를 알려주는 여러 가지 방법 중 하나가 바로 **의사코드**와 **순서도**이다.

06 다양한 조건에 대해서 개별적인 처리 기능을 가지도록 많은 규칙을 컴퓨터에게 넣어준다면, 이 컴퓨터는 궁극적으로 인간의 지능과 유사한 일을 할 수 있을 것이다. 이러한 인공지능 구현 기법을 **규칙 기반 시스템**이라 한다.

07 규칙에 대한 조건을 평가, 행동으로 실행하는 것을 담당하는 것을 **규칙 엔진**, 여러 상황에 대한 경우의 모음을 **규칙 집합**이라고 한다.

08 **명시적인 규칙**을 반드시 사람이 만들어서 넣어주어야만 동작하며, 규칙이 매우 복잡할 경우 이를 일일이 프로그래밍하는 것이 어려운 경우가 많다.

09 데이터를 프로그램에 넘겨주어 명시적 규칙을 생성하도록 하는 기법을 **머신러닝**이라고 한다. 이 머신러닝 기술은 현재 인공지능의 핵심 기술이다.

연습 문제

[단답형 문제]

괄호 안에 들어갈 적절한 단어를 기입하여라.

01 컴퓨터가 이해할 수 있는 명령어들의 모임을 (   )(이)라고 한다.

02 프로그램을 실행하기 위해서는 (   )나 (   )(과)와 같은 해석과 실행을 담당하는 별도의 프로그램이 필요하다.

03 (   )(이)란 컴퓨터 시스템을 동작시키는 소프트웨어를 만들기 위한 언어로, 컴퓨터에게 지시할 명령을 엄격한 형식을 갖추어 표현하게 한다.

04 (   )(은)는 1989년 귀도 반 로섬에 의해 개발된 프로그래밍 언어이다. 인터프리터 방식으로 동작하며, 최근 인공지능과 데이터 분석을 수행하는 연구자들 사이에서 가장 많은 인기를 얻고 있다.

05 필요한 규칙을 명시하고 이 규칙에 따라 수행되는 프로그램을 (   )(이)라고 한다.

06 컴퓨터 프로그래밍을 통해서 우리는 컴퓨터에 명령을 내릴 수 있는데, 이렇게 만들어진 명령어들을 프로그램이라고 하며 다른 말로 (   )(이)라고도 한다.

07 다양한 조건에 대해서 개별적인 처리 기능을 가지도록 많은 규칙을 컴퓨터에게 넣어준다면, 이 컴퓨터는 궁극적으로 인간의 지능과 유사한 일을 할 수 있을 것이다. 이와 같은 표현 방식을 (   )(이)라고 하며, 이러한 인공지능 구현 기법을 (   )(이)라고 한다.

08 지식이란 어떤 주제나 분야에 대해 이론적으로 그리고 실제로 이해하는 것을 말하는데, 현재 알려진 사실들의 모임으로 이 지식을 소유한 사람을 (   )(이)라고 부른다.

09 문제 영역의 전문가로부터 획득된 지식을 이용하여 추론하며, 동시에 전문적으로 고도의 현실적 문제를 전문가와 동등한 레벨에서 해결하는 지적 인공지능 시스템을 (   )(이)라고 한다.

10 1970년대 초에 개발된 (   )(은)는 감염성 질병을 진단하고, 이 진단을 바탕으로 항생제를 처방하며 그 추론을 자세히 설명할 수 있는 대화형 프로그램이다. 이 시스템은 현재 대표적인 전문가 시스템의 하나로써 간주되고 있다.

[짝짓기 문제]

01 다음 중에서 관련 있는 것을 올바르게 짝짓기 하여라.

Python(파이썬) •		• 문법이 단순하며 강력한 기능을 가진 오픈 소스 프로그래밍 언어
Java(자바) •		• 웹브라우저에서 주로 사용되는 스크립트 방식의 프로그래밍 언어
C •		• 빠른 수행 속도를 자랑하는 오랜 역사를 가진 프로그래밍 언어
JavaScript •		• 강력한 객체지향 방식의 프로그래밍 언어

02 다음 중에서 관련 있는 것을 올바르게 짝짓기 하여라.

규칙 집합 •		• 규칙에 대한 조건을 평가, 행동으로 실행하는 것을 담당
규칙 엔진 •		• 여러 상황에 대한 경우의 모음

[객관식 문제]

다음 질문에 대하여 가장 알맞은 답을 선택하여라.

01 다음 중 컴퓨터 프로그램이 가지는 기본적인 제어 구조에 해당하지 않는 것은 무엇인가?

❶ 순차 구조 ❷ 선택 구조

❸ 복합 구조 ❹ 반복 구조

02 다음 중 전문가 시스템이라고 불리기 위해서 만족시켜야 할 조건에 해당하지 않는 것은 무엇인가?

❶ 능력이 전문가와 동등할 것 ❷ 전문가로부터 획득된 지식일 것

❸ 문제가 까다로울 것 ❹ 문제 영역의 전문 지식을 이용하여 추론할 것

03 다음 중 전문가 시스템의 구성 요소로 간주하기 어려운 것은 무엇인가?

❶ 지식 베이스
❷ 추론 엔진
❸ 데이터 베이스
❹ 사용자 인터페이스

04 전자적으로 계산을 수행하는 장치를 말하며 계산을 위한 데이터를 처리, 저장, 입력, 출력하는 기능을 가지고 있는 기계의 이름은 무엇인가?

❶ 하드디스크
❷ 메모리
❸ 데이터베이스
❹ 컴퓨터

05 다음 중 머신러닝 기술의 장점으로 보기 어려운 것은 무엇인가?

❶ 데이터에서 학습을 통해 규칙을 찾는다.
❷ 인간이 발견하지 못한 패턴이나 규칙을 찾을 수 있다.
❸ 새로운 데이터가 들어오면 그에 맞는 규칙을 만든다.
❹ 인간의 세부적인 지시에 따라 동작한다.

심화 학습

[주제 1] 명시적인 프로그램을 이용하여 방대한 규칙을 입력해서 인간의 사고를 완벽하게 표현할 수 있다면 인공지능을 구현할 수 있을 것이라는 관점에서 시작된 시도가 바로 기호주의적 시도이다. 그러나 현재 인공지능을 구현하는 가장 핵심적인 기술은 머신러닝으로, 명시적 프로그래밍과는 동작 방식에서 큰 차이를 보인다. 두 기술의 장단점에 대해 각각 생각해 보고, 머신러닝이 주류가 될 수 있었던 이유는 무엇일지 토의하여라.

[주제 2] 인간의 사고를 세부적인 규칙으로 만드는 것이 왜 어려운 작업일까? 과거부터 시도된 방법 중에서 인간의 지능을 규칙으로 만들어서 컴퓨터 프로그램으로 구현하고자 하는 시도는 왜 어려움을 겪게 되었을까?

06

인공지능을 위한 기술

학습목차

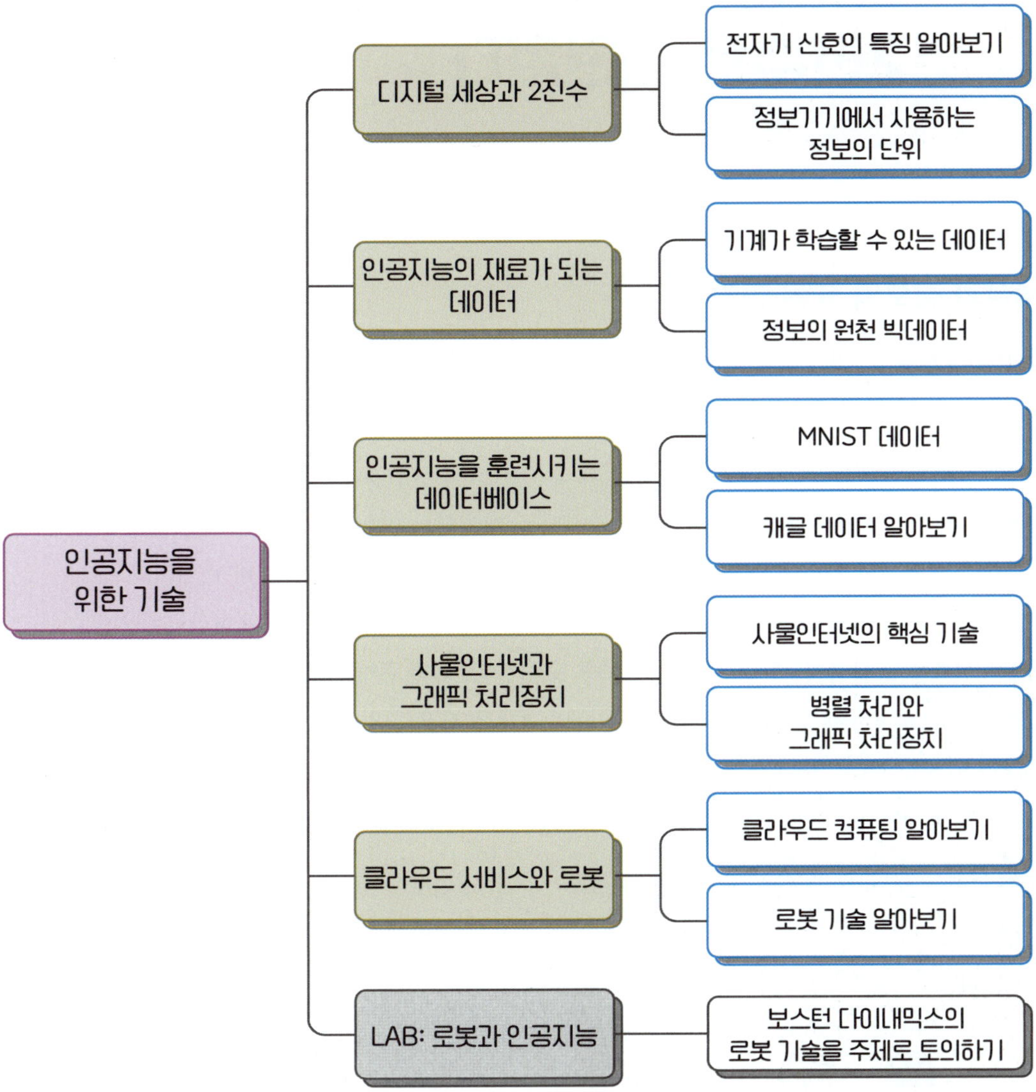

학습목표

- 디지털 데이터를 표현하는 방법인 2진수를 이해하고 정보 표현 방식에 대해 알아보자.
- 과거와 달리 오늘날의 인공지능이 학습할 수 있는 데이터가 넘쳐나는 이유를 살펴보자.
- 인공지능의 성숙을 돕는 계기가 된 빅데이터를 이해하고, 주요 특징도 함께 알아보자.
- 사물인터넷이 무엇인지 살펴보고, 그 핵심 기술은 무엇인지 알아보자.
- CPU와 GPU가 컴퓨터에서 어떤 역할을 하는지 알아보자.
- 클라우드의 장점에 대해 알아보고 로봇 기술의 특징과 종류에 대해 살펴보자.

01 디지털 세상에서 정보는 2진수로 표현된다

디지털 세상과 정보의 표현 방법

인공지능 기술을 구현할 수 있는 컴퓨터는 어떤 원리로 동작할까? 또한 어떤 방식으로 정보를 표현할까? 최신 컴퓨터는 어떤 점에서 과거의 컴퓨터와 차이가 나는 것일까? 이 장에서는 인공지능 기술을 위한 기반 기술에 대해서 상세히 알아볼 것이다.

컴퓨터의 바탕이 되는 디지털 세상에서 저장되고 표현되는 데이터는 0과 1의 전자기적 신호로 구성된다. 이 신호는 여러분의 가정에 있는 텔레비전이나 전등을 켜고/끄기 위한 On/Off 스위치와 동일한 원리로 작동된다. 그러나 단순한 0과 1의 신호는 정보의 있음/없음 상태만을 표현할 수 있기 때문에 이 이진 신호를 조합하여 좀 더 복잡한 정보를 표현한다. 예를 들어 0과 1의 신호 2개를 사용하면 00, 01, 10, 11의 4가지 상태를 표현할 수 있으며, 3개를 사용하면 000, 001, 010, 011, 100, 101, 110, 111의 8가지 상태를 표현할 수 있다. 이와 같은 방식으로 신호를 늘려나가면 우리가 사용하는 모든 10진수 숫자를 2진수로 표현할 수 있다. 즉 10진수 4는 2진수 100으로, 10진수 6은 2진수 110과 같은 형태로 표기할 수 있다.

아래 예시 그림을 살펴보면 이진 신호가 8개 있는데 이를 이용한다면 $2^8 = 256$개의 서로 다른 정보를 나타낼 수 있다.

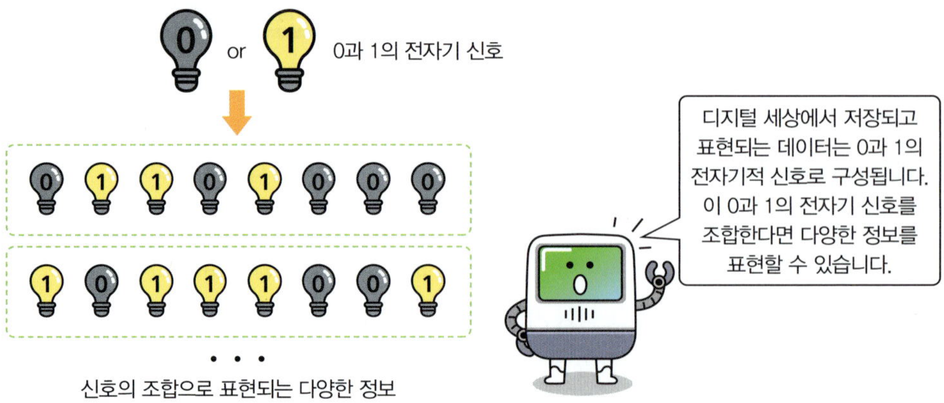

우리가 일상 생활에서 사용하는 10진수는 0에서 9까지의 기호로 수를 표현하기 때문에 이를 사용하면 10개의 수를 표현할 수 있다. 그런데 100개의 서로 다른 수를 표현하기 위해서는 어떻게 해야 할까? 100개의 서로 다른 기호를 만들면 될 것이다. 하지만 이 방법은 기호의 수가 너무 많아져서 사용하기가 어려울 것이다. 이 때문에 자릿수를 만들어서 표기를 한다. 예를 들어 숫자 423은 $4 \times 10^2 + 2 \times 10^1 + 3 \times 10^0 = 400 + 20 + 3$을 의미하는 값이다. 즉 100이 4개, 10이 2개, 1이 3개가 모여서 숫자 423을 이루고 있다. 이때 4는 $100(10^2)$의 자리, 2는 $10(10^1)$의 자리, 3은 $1(10^0)$의 자릿수라고 한다. 10진수 423은 다른 진수와 구분하기 편리하도록 $423_{(10)}$과 같이 아래첨자를 넣어서 표현할 수도 있다.

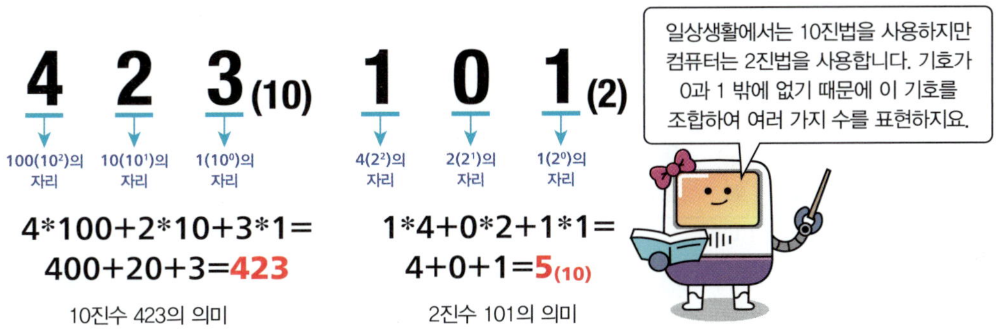

2진수의 세계도 동일하게 아래첨자로 (2)를 넣어 2진수를 나타낸다. $101_{(2)}$의 경우 $1 \times 2^2 + 0 \times 2^1 + 1 \times 2^0 = 4 + 0 + 1 = 5_{(10)}$와 같다. 즉, 2^2인 4가 1개, 2^1인 2가 0개, 2^0인 1이 1개 모여서 숫자 5를 이루고 있다.

다음 표는 2진수 숫자와 이에 대응하는 10진수 숫자의 예시이다. 이와 같이 10진수로 표현 가능한 수는 2진수로 표현할 수 있다.

2진수	0	1	10	11	100	101	110	111	1000	1001	...
10진수	0	1	2	3	4	5	6	7	8	9	...

컴퓨터에서 표현되는 배타적 상태인 0과 1로 이루어진 2진수 한 자리를 **비트** bit 라고 부르는데 이는 **바이너리 디지트** binary digit 의 약자이다. 비트만으로 표현할 수 있는 정보는 2개 밖에 없기 때문에 일반적으로 **8개의 비트를 묶어서 하나의 정보 표현 단위로 사용**한다. 8개의 비트를 하나로 묶으면 $2^8 = 256$개의 정보를 표현할 수 있는데, 왜 하필 8개로 묶어서 정보를 표현하려고 했을까? 사실 초기 컴퓨터에서는 7개 또는 9개의 2진수 묶음으로도 정보를 표현했지만 영문 알파벳과 특수문자 그리고 이 문자가 제대로 전송되었나를 검사하는 비트를 추가하다 보니 관습적으로 **8개의 비트 묶음을 정보 표현 단위로 널리 사용**하게 되었다.

0과 1의 배타적 상태

이 8개의 비트 묶음은 **바이트** byte 라고 부르는데 1 바이트는 **영문 알파벳 한 글자와 특수 기호**를 표현하는 단위로 사용된다. 영문자뿐만 아니라 한글과 한자를 비롯한 전세계를 모든 문자를 표현하기 위해 사용하는 국제 표준 부호는 **유니코드** unicode 로 2 바이트를 묶어서 하나의 문자를 표현한다.

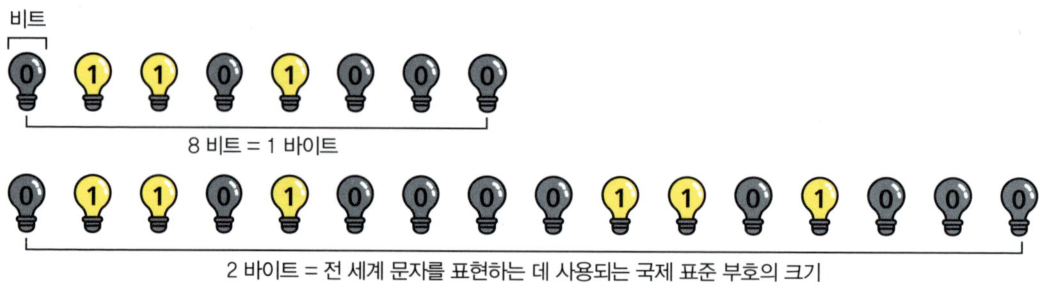

디지털 데이터의 용량을 표현하는 방법

컴퓨터와 같은 정보기기에서 정보의 표현에 사용되는 비트와 바이트, 그리고 그 이상의 데이터 용량은 다음과 같은 이름과 기호로 표기한다.

이름	기호	설명
1 비트	bit	0 또는 1
1 바이트	byte	8 bit
1 킬로바이트	KB	1024 byte (=2^{10} byte)
1 메가바이트	MB	1024 KB (=2^{10} KB = 2^{20} byte)
1 기가바이트	GB	1024 MB (=2^{10} MB = 2^{30} byte)
1 테라바이트	TB	1024 GB (=2^{10} GB = 2^{40} byte)
1 페타바이트	PB	1024 TB (=2^{10} TB = 2^{50} byte)
1 엑사바이트	EB	1024 PB (=2^{10} PB = 2^{60} byte)
1 제타바이트	ZB	1024 EB (=2^{10} EB = 2^{70} byte)
1 요타바이트	YB	1024 ZB (=2^{10} ZB = 2^{80} byte)

이렇게 사용되는 데이터의 용량이 실제로 어느 정도의 정보량을 표현하는지는 다음 표로 설명할 수 있다.

데이터 용량	정보량
1 바이트	영문자 한 자
1 킬로바이트	약 1,000자의 영문자
1 메가바이트	약 1,000,000자의 영문자로 400페이지 책 한 권 분량의 정보
1 기가바이트	230곡 가량의 노래
1 테라바이트	31만 장의 사진, 혹은 500시간 분량의 동영상
1 페타바이트	5천억 페이지의 표준 입력 텍스트, 3억 1천만 장 가량의 사진 영화 아바타의 그래픽 렌더링에서 약 1 페타바이트 사용
1 엑사바이트	1,100만 개의 4K 동영상 지금까지 인류가 생성한 모든 말을 저장할 경우 5 엑사바이트에 해당
1 제타바이트	DVD 250억 장의 데이터 양 유튜브에서 매달 시청되는 동영상 용량이 1.14 제타바이트
1 요타바이트	요타바이트는 현재 시점의 모든 우주와 그 안에 있는 모든 것을 3D 모델링하여 원자 단위로 디지털화 할 때 매 순간 생성되는 데이터의 용량

표의 내용과 같이 페타바이트, 엑사바이트는 기존의 컴퓨터로는 처리하기가 힘든 어마어마한 분량의 데이터이다. 엑사바이트가 얼마나 거대한 수인가는 표현하기가 매우 힘들지만 지금까지 인류가 생성한 모든 말을 저장할 경우 5 엑사바이트에 해당한다고 볼 수 있을 정도이다.

NOTE 기수법과 진법

기수법이란 우리가 사용하는 수를 시각적으로 나타내는 방법을 말한다. 이때 각각의 숫자는 다른 수들과 구별되는 표기 방식을 가진다. 가장 원시적이고 단순한 기수법은 아래 표와 같이 하나 혹은 2개의 기호로 수를 표기하는 방법이다. 이러한 방식 대신 각각의 수마다 모양을 다르게 할 수 있는데 10진 기수법에서는 10개의 서로 다른 기호를 사용하며, 12진 기수법에서는 12개의 서로 다른 기호를 사용한다.

단순한 기수법	/ // /// //// 卌
10진 기수법	0, 1, 2, 3, 4, 5, 6, 7, 8, 9
12진 기수법	자, 축, 인, 묘, 진, 사, 오, 미, 신, 유, 술, 해

상업이 먼저 발전한 인도인들은 우리가 일상에서 사용하는 423과 같은 표기법을 개발하였다. 이 숫자를 우리는 '사백이십삼'이라고 읽는데 이때 각 숫자의 위치에 따라서 100의 값, 10의 값, 1의 값의 개수를 나타낸다.

02 인공지능의 원료가 넘쳐나다

인공지능을 위한 방대한 디지털 데이터의 출현

인공지능의 역사가 비교적 오래되었음에도 불구하고 오늘날과 같이 혁신적인 성능으로 주목받지 못한 데는 여러 가지 이유가 있다. 그중에서도 가장 큰 이유는 기계가 학습할 수 있는 **디지털 형태의 데이터가 부족**했기 때문이다.

어린 아이가 성장하면서 '펭귄'이라는 말을 배우고 이 동물을 다른 동물과 구별하여 인식하는 과정을 생각해 보자. 어린 아이는 엄마와 아빠로부터 펭귄의 사진을 볼때나 수족관에 있는 다양한 펭귄을 볼 때마다 반복적으로 '펭귄'이라는 언어를 듣게 된다. 이러한 반복적인 학습의 결과로 아이는 두 발로 서고, 날개가 있으나 날지 못하고, 흰색과 검은색 무늬를 가지고, 물고기를 주로 사냥하고, 극지방에 서식하는 특징이 있는 동물 개체를 **'펭귄'으로 인식**하게 된다.

반대로 이러한 학습의 기회를 가지지 못한 아이라면 펭귄을 보더라도 이름을 알 수가 없을 것이다. 오늘날 인공지능의 기반 기술인 머신러닝과 딥러닝은 방대한 디지털 데이터를 이용하여 학습을 진행하고 이 학습의 결과로 만들어진 모델이 새로운 데이터를 인식하는 구조를 가지고 있다. 따라서 많은 양의 풍부한 디지털 데이터는 인공지능을 더욱 똑똑하게 만드는 원료가 된다.

그러나 이러한 인공지능이 학습할 수 있는 디지털 형태의 데이터는 2000년대 이전까지만 하더라도 너무나 부족했다. 즉, **인공지능의 연료가 없었기 때문에 기술 성장에 한계가 있었다**고 할 수 있다.

우리가 매일 사용하는 전자기기, 인터넷 브라우저, 스마트폰, 소셜 미디어에서 생산되는 정보들은 매우 다양하다. 스마트폰으로 예쁜 동물의 사진을 찍어서 해시태그를 붙인 다음 자신의 SNS에 업로드하는 상황을 상상해 보자. 개인의 개별 행위에 불과한 이 데이터가 방대한 규모로 수집되는 경우 어떤 가치를 가지게 될까?

현재 인스타그램은 전 세계적으로 10억 명 이상의 사용자가 이용하고 있으며, 한국에서만 1,500만 명 이상의 사용자가 있다. 2020년 기준으로 한국의 사용자들은 매달 49억 분 이상 인스타그램을 이용하고 있기 때문에 이들이 생성하거나 사용하는 엄청난 양의 데이터들이 인공지능이라는 기술의 원천 자료가 될 수 있다. 아래의 그림은 인스타그램에서 해시태그 **#펭귄**, **#개**, **#고양이**로 검색하여 얻은 사진 이미지이다. 이와 같이 확보된 데이터들은 모두 인공지능을 위한 훌륭한 학습 데이터가 될 수 있다.

#펭귄 해시태그 검색 결과 **#개** 해시태그 검색 결과 **#고양이** 해시태그 검색 결과

인스타그램, 페이스북, X(구 트위터)와 같이 네트워크의 기반 위에서 개인의 생각이나 의견, 경험, 정보 등을 서로 공유하고 타인과의 관계를 생성 또는 확장시킬 수 있는 개방화된 온라인 플랫폼을 **소셜 미디어** social media 라고 한다. 소셜 미디어는 SNS(Social Networking Service)라고도 하지만 SNS 보다 좀 더 포괄적인 개념이다. 소셜 미디어는 블로그, 마이크로 블로그, 인스턴트 메신저, 인

터넷 커뮤니티, 인터넷 방송 등을 포함하고 있다.

2020년 전 세계를 강타한 코로나19 감염병으로 인하여 **비대면 활동이 증가하면서 페이스북의 경우 2월 한 달 동안 총 메시지 발송량이 50% 이상 증가**하였으며, 페이스북 메신저와 (계열 모바일 메신저인) 왓츠앱 음성·화상 통화 사용이 두 배 이상 증가했다고 한다. 실제로 페이스북과 같은 많은 소셜 미디어 서비스에 업로드되는 사진, 텍스트, 사용자의 위치 정보와 같은 방대한 데이터는 인공지능을 통해 분석되어 최적의 맞춤형 광고로 활용되고 있다.

한걸음 더 **페이스북(메타)에게 이용자란 어떤 존재인가**

페이스북과 유튜브, 구글의 주요 수익사업은 온라인 광고이며 이를 위해서보다 개인에게 딱 맞는 맞춤형 광고가 필요하다. 이러한 맞춤형 광고를 타깃 광고라고도 한다.

2021년에 페이스북에서 이름을 바꾼 **메타**meta는 세계에서 가장 큰 규모의 소셜 네트워크 서비스(SNS)이다. 메타는 사용자가 '좋아요'를 클릭하거나 상대방에 대한 태깅을 하는 경우 혹은 위치 정보를 파악한 후, 개인의 취향 정보를 얻고 이것을 이용하여 20억명이 넘는 사용자에 대한 방대한 데이터를 수집하였다. 그리고, 2016년에만 미화 269억 달러, 2018년에는 미화 550억 달러의 엄청난 광고 수익을 올렸다. 예를 들어 데이터 마이닝 회사인 **케임브리지 애널리티카**Cambridge Analytica는 5,000만 명이 넘는 페이스북 사용자 데이터를 수집해 개인적인 필요와 희망에 호소하는 타깃 캠페인 광고를 보낸바 있다. 대부분의 이용자가 별생각 없이 하는 모든 행위들이 메타에게는 데이터가 되며, 메타의 광고주들은 적은 예산으로 수천명에서 수만명에 달하는 잠재 고객에게 광고를 전달할 수 있다.

위키리크스의 설립자인 **줄리안 어산지**는 러시아 뉴스 사이트 RT와의 인터뷰에서 메타를 '가장 위협적인 감시 장비'라고 불렀다. "우리는 미국 정보에 접근할 수 있는 모든 사람과 그들의 관계, 이름, 주소, 위치, 서로 간의 커뮤니케이션 등에 관해 세계에서 가장 포괄적인 데이터베이스를 보유하고 있다"라고 어산지는 주장했다.

정보의 원천 빅데이터

진화발달 심리학자인 **데이비드 비요크룬드**David F. Bjorklund에 의하면 인간의 지능이 발달하는 과정에서 가장 중요한 상호작용을 했다고 생각되는 3가지 요소를 ❶ **큰 뇌**, ❷ **정교한 사회구조**, ❸ **느린 성장과정**으로 뽑고 있다. 인간은 성장기에 많은 **경험과 시행착오**를 통해 사회적 지능과 인지 능력을 향상시킨다. 동물과 달리 인간의 느린 성장은 많은 역할을 하는 것으로 알려져 있는데, 이 성장 시간 동안 뇌의 **가소성**과 **가변성**에 의해 더 풍부한 경험을 바탕으로 행동을 유연하게 할 수 있다고 한다.

그렇다면 인간의 지능과 유사하게 다양한 경험과 유연한 행동을 컴퓨터를 통해서 구현하도록 하며, 이를 통해서 인공지능이 성숙하도록 돕는 요소로는 어떤 것들이 있을까?

인간의 뇌와 성장을 통한 지능의 형성 과정과 직접적인 비교는 어렵지만, 빅데이터라고 하는 엄청난 분량의 데이터는 인공지능이 경험과 시행착오를 겪는 데 큰 도움이 되고 있다. **빅데이터** big data 는 기존 데이터베이스 관리 도구의 능력을 넘어서는 대량의 정형·비정형 데이터 집합으로부터 가치를 추출하고 결과를 분석하는 기술을 말한다. 빅데이터는 흔히 **양** volume 과 **속도** velocity 그리고 **종류** variety 의 첫 글자를 따서 3V로 그 특징을 표시하기도 한다. 물론 이러한 특징 이외에도 **신뢰성** veracity 과 **가치** value , **타당성** validity 을 추가하는 경우도 있으나 3V가 빅데이터의 대표적인 속성이라는 점에서 많은 학자들이 동의하는 바이다.

다음은 빅데이터의 특징인 양, 속도, 종류에 대한 설명이다.

- **양**(Volume): 빅데이터는 일반적인 컴퓨터에서 처리할 수 있는 메가바이트나 기가바이트 단위의 데이터를 넘어서는 테라바이트~엑사바이트 이상의 데이터를 저장하여 분석하고 가공해야 한다. 페타바이트는 2^{50} 바이트 크기의 데이터이며, 엑사바이트는 2^{60} 바이트 크기의 데이터이다. 이 이상의 데이터는 엄청난 물리적 데이터 크기로 인하여 현재의 컴퓨터 기술로도 이를 분석 및 처리하는 데 어려움이 따른다.
- **속도**(Velocity): 사물인터넷을 비롯한 센서와 다양한 모바일 기기, 소셜 미디어 등으로부터 발생하는 매우 빠른 속도의 실시간적인 데이터 증가를 그 특징으로 볼 수 있다.
- **종류**(Variety): 사용자의 컴퓨터나 스마트폰에서 사용자가 접속하여 종료할 때까지의 모든 활동 기록을 로그 기록이라하는데 이러한 로그 기록, 소셜 미디어 사용 내역, 실시간 시청 기록 등의 다양한 기기와 매체를 통해서 데이터가 축적되므로 텍스트 정보 이외에도 멀티미디어 정보와 같은 비정형화된 데이터가 많은 부분을 차지하는 특징이 있다.

초창기의 컴퓨터는 주어진 입력에 대하여 정해진 틀에 의한 출력을 보여주는 것이 주된 기능이었다. 예를 들면 두 값 123과 259가 있을 경우 이들의 곱인 31,857을 출력하거나 그 차이에 해당하는 −136을 구하는 단순한 수치 연산이 대부분을 차지하였다. 시간이 흘러 다양한 소프트웨어가 개발되면서 좀 더 복잡한 업무를 처리할 수 있게 되었으며 최근에는 유튜브나 틱톡, 페이스북, 인스타그램과 같은 소셜 미디어에서 발생하는 영상, 음성, 이미지, 텍스트 정보를 처리해야 할 필요성이 점점 증가하고 있다. 정보통신 관련 통계 자료를 바탕으로 컨설팅을 하는 기관인 IDC에서는 2024년까지 전 세계에서 생성, 캡처, 복사 및 소비되는 데이터의 총량은 매년 149 제타바이트를 넘어설 것이며 그중 상당수는 비정형 데이터가 될 것으로 예상했다.

이러한 관계를 그림으로 정리해 본다면 다음과 같다. 데이터 인프라에 해당하는 광대역 네트워크, 클라우드 서비스, 사물인터넷, 소셜 미디어로부터 획득한 정형/비정형 데이터가 빅데이터의 핵심이 되며 이 데이터를 인공지능 모델과 같은 곳에서 활용하여 경제적 가치를 창출하거나 사회적 문제를 해결하는 데 활용될 수 있을 것이다.

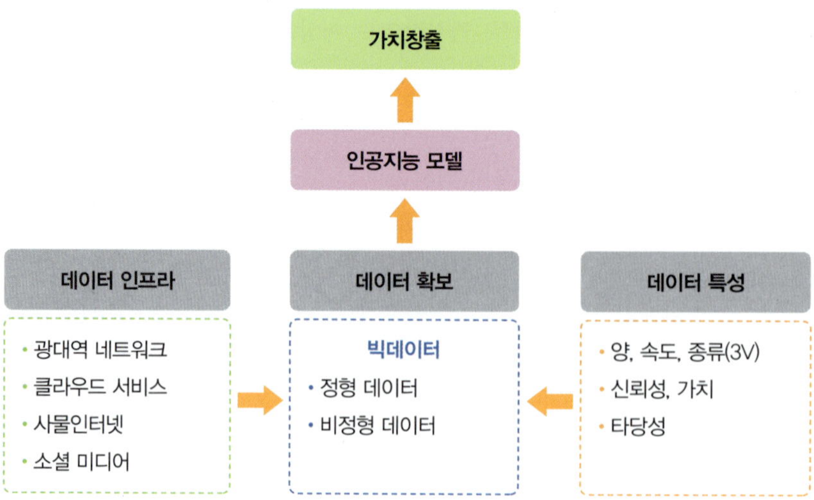

형식을 갖춘 정형 데이터와 형식이 없는 비정형 데이터

정형 데이터 structured data 는 데이터베이스의 일정한 형식이나 정해진 규칙에 맞게 저장된 데이터를 의미한다. 정형 데이터의 가장 일반적인 경우는 아래와 같이 테이블 형태의 구조인데 특정한 열에 속성값이 표기되어 있고 행에는 속성에 해당하는 자료값을 가진다. 아래의 표를 보면 Gender라는 **컬럼(열)** column 이 있는데 여기서 male, female이라는 값이 들어간다면 누가 봐도 그 값은 남자, 여자라는 것을 쉽게 인식할 수 있고, Age에 23 혹은 25와 같은 숫자가 들어가도 사람들은 쉽게 그 값을 인식할 수 있다. 이와 같이 정형 데이터는 값이 나타내는 의미를 파악하기 쉽고, 규칙적인 값으로 이루어진 데이터이다. 이러한 정형성으로 인하여 아래 표와 같이 수치값으로 이루어진 역사, 국어, 수학, 과학, 영어 점수의 합계와 평균을 비교적 쉽게 구할 수 있다.

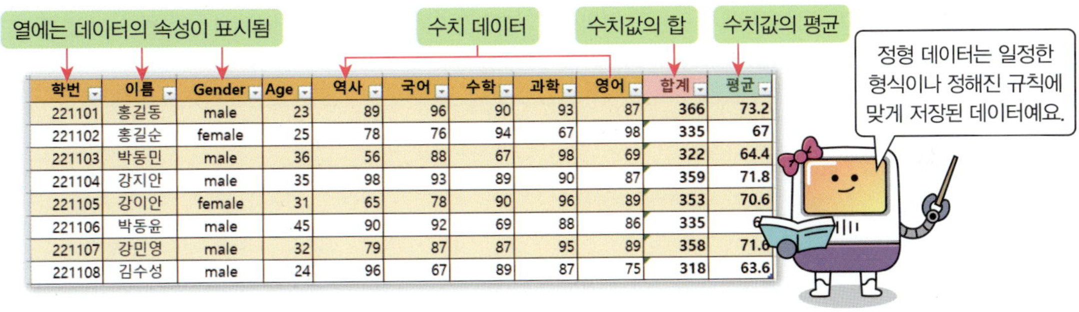

학번	이름	Gender	Age	역사	국어	수학	과학	영어	합계	평균
221101	홍길동	male	23	89	96	90	93	87	366	73.2
221102	홍길순	female	25	78	76	94	67	98	335	67
221103	박동민	male	36	56	88	67	98	69	322	64.4
221104	강지안	male	35	98	93	89	90	87	359	71.8
221105	강이안	female	31	65	78	90	96	89	353	70.6
221106	박동윤	male	45	90	92	69	88	86	335	6
221107	강민영	male	32	79	87	87	95	89	358	71.6
221108	김수성	male	24	96	67	89	87	75	318	63.6

반면 **비정형 데이터** unstructured data 는 정해진 규칙이 없어서 값의 의미를 쉽게 파악하기 힘든 경우의 데이터이다. 흔히 텍스트, 음성, 영상과 같은 데이터가 비정형 데이터 범위에 속해 있다. 빅데이터의 탄생에 비정형 데이터의 역할이 크게 한몫하였는데, 그 이유는 그동안 의미를 분석하기 힘들었던 대용량에 속한 비정형 데이터를 분석함으로써 새로운 인사이트를 얻게 되었기 때문이다. 다음 그림은 임의의 인터넷 웹페이지에 대한 HTML 소스코드인데 데이터는 텍스트와 이미지, 하이퍼링크로 되어 있다. 이렇게 구성된 웹페이지의 구조는 테이블 형태의 틀에 넣어 연산하거나 의미있는 정보를 추출하는 것이 매우 제한적이다.

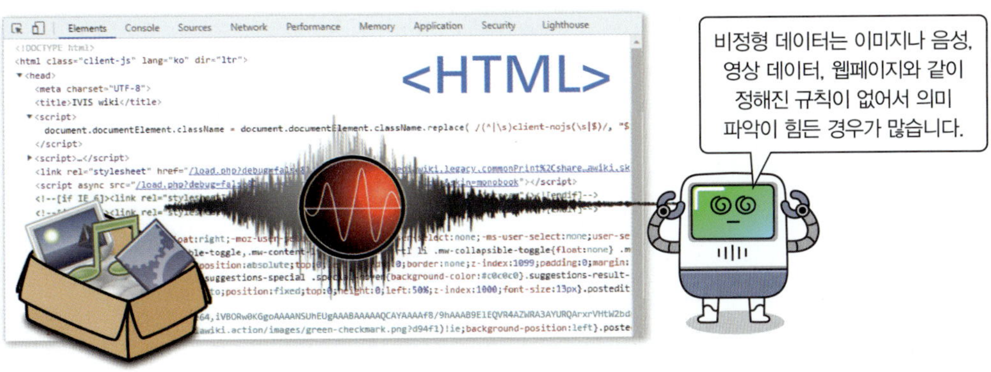

NOTE **빅데이터와 금융 범죄**

빅데이터의 가치는 이전에는 관리되지 않던 새로운 데이터를 수집하고 분석함으로써 새로운 가치를 창출하는 데 큰 의의가 있다. 예를 들어 온라인 쇼핑몰이나 검색 사이트에서는 고객의 다양한 로그와 검색 결과 등과 같은 빅데이터를 통해서 의미있는 정보를 실시간으로 도출할 수 있다.

이러한 분석 결과는 이상 감지, 트렌드 파악, 가까운 미래의 예측, 의사결정 등에 다양하게 활용될 수 있다. 예를 들어, 우리나라의 경우 국세청에서 운영하는 금융정보분석원의 정보시스템은 금융 회사들이 보고하는 **빅데이터**를 바탕으로 **머신러닝**을 통해 금융 범죄를 찾아낸다. 이 시스템은 자금 세탁 범죄와 관련된 금융거래 정보를 분석하여 법집행기관에 제공하는 자금세탁 방지시스템으로서 의심거래보고, 고액현금거래보고를 바탕으로 운영된다. 상세한 정보는 아래와 같다.

1. **의심거래보고**: 금융회사에서 금융거래와 관련하여 자금세탁이 의심되는 합당한 근거가 있는 경우 금융정보분석원에 보고하는 정보
2. **고액현금거래보고**: 금융회사에서 동일인 명의로 1거래일간 이루어지는 현금거래가 1천만 원 이상인 경우 금융정보분석원에 보고하는 정보

03 인공지능을 똑똑하게 만들기 위한 다양한 데이터베이스

인공지능 기술의 한 종류인 인공 신경망은 인간의 뇌세포에서 들어온 자극이 인접한 뇌세포로 전달되는 원리를 이용한다. 이 인공 신경망 내부 자극의 총합으로 지능을 흉내 내고자 하는 기술을 **성공적으로 구현하기 위해서는 많은 학습 데이터**가 필요하다. 이 절에서는 다양한 비정형 학습 데이터에 대하여 살펴볼 것이다.

MNIST 데이터베이스

사람의 손글씨는 쓰는 이의 개성과 성격이 표현되어 있으며 숫자 2를 쓰더라도 쓰는 이에 따라 수없이 많은 다양한 형태가 있어서 이를 자동으로 인식하는 것은 매우 어려운 문제이다. **미국 국립 표준기술연구소** National Institute of Standards and Technology 에서는 손으로 쓴 숫자들로 이루어진 글씨 데이터를 스캐닝하여 다양한 화상처리 시스템에서 사용할 수 있도록 제공하고 있는데 이것이 바로 **MNIST** Modified National Institute of Standards and Technology 데이터베이스이다. MNIST는 아래 그림과 같이 손으로 쓴 숫자 0에서 9까지의 데이터가 제공되는 데이터베이스로 1990년대에 인공지능 연구의 대가인 **얀 르쿤** Yann André LeCun 과 여러 연구자들이 인공지능 연구에 적합하도록 만든 것이다. 이 이미지의 총 개수는 6만 장이며 28×28 픽셀 크기로 저장되어 있다. 그리고 테스트를 위한 데이터로 1만 장의 이미지가 따로 준비되어 있다. 이 데이터는 합성곱 신경망 기술을 이용하여 수표의 필기체 숫자를 인식하는 데 사용되었다.

인공지능 모델

MNIST 데이터 집합

이미지넷 데이터베이스

인공 신경망의 기술 발전에 기여한 가장 유명한 데이터 집합은 바로 이미지넷 데이터베이스이다. 이미지넷 데이터베이스는 Amazon Mechanical Turk 서비스를 이용하여 일일이 사람이 분류한 데이터 집합으로, 이 데이터베이스의 전체 데이터 집합에 포함된 이미지만 해도 1,500만 개가 넘는 대표적인 대규모 데이터 집합이다. 이 데이터 집합은 ILSVRC(ImageNet Large Scale Visual Recognition Challenge)로 잘 알려진 국제 대회에서 사용되는 데이터 집합으로도 유명하다. 이는 1,000개의 클래스로 구성되며 총 백만 개가 넘는 데이터를 포함한다. **이미지 분류** 문제에 관심이 있는 딥러닝 연구자라면 이미지넷 데이터 집합을 자주 사용할 것이다.

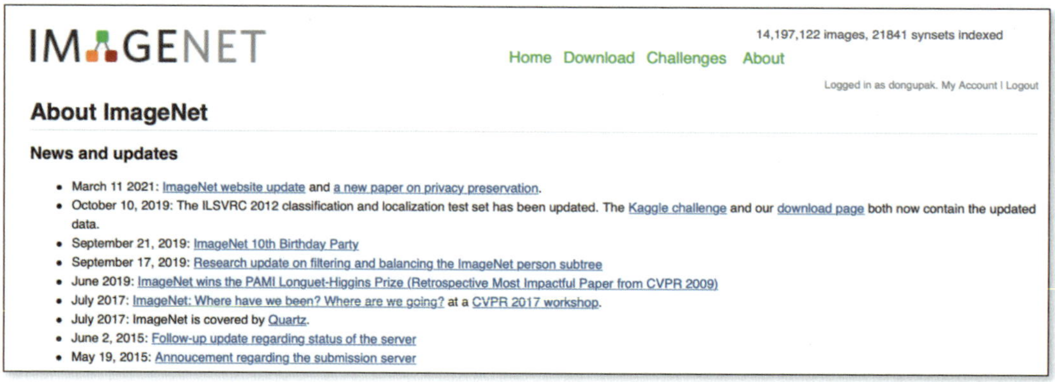

코코 데이터 집합

코코 데이터 집합은 컨텍스트가 포함된 일반적인 객체(Common Objects in Context: COCO)의 약자로 **객체 탐지** object detection, 객체 분할, 키포인트 탐지 등의 **컴퓨터 비전** computer vision 분야의 작업을 목적으로 만들어진 데이터 집합이다. 컴퓨터 비전이란 기계의 시각에 해당하는 부분을 연구하는 컴퓨터 과학의 연구 분야이다. 이 데이터 집합에는 33만 개 이상의 이미지가 있는데 약 150만 개의 레이블이 있는 객체도 제공되고 있다.

이 밖에도 국가나 공공기관에서 운영하는 데이터베이스들이 있으며, 연구자들은 다양한 데이터를 이용하여 인공지능 연구를 할 수 있다.

데이터 과학자와 머신러닝 마니아의 성지: 캐글

오늘날 인터넷과 소셜 미디어, 사물인터넷으로부터 생성되는 데이터는 과거와 같이 단순하지 않으며 정형, 비정형의 다양한 형태로 만들어지고 있다. 캐글(kaggle.com)은 2010년에 설립된 데이터 예측 모델과 분석을 위한 플랫폼이다. 이 사이트에 기업 및 단체에서 데이터와 함께 해결 과제를 등록하면, 데이터 과학자들이 서로 경쟁하고 협력하며 이를 해결하기 위한 모델을 개발한다. 이러한 협업 플랫폼을 통해서 새로운 데이터 분석, 인공지능 모델이 나타나며 좋은 성능을 보여주는 기술은 곧바로 전 세계의 인공지능 개발자들에게 공유된다.

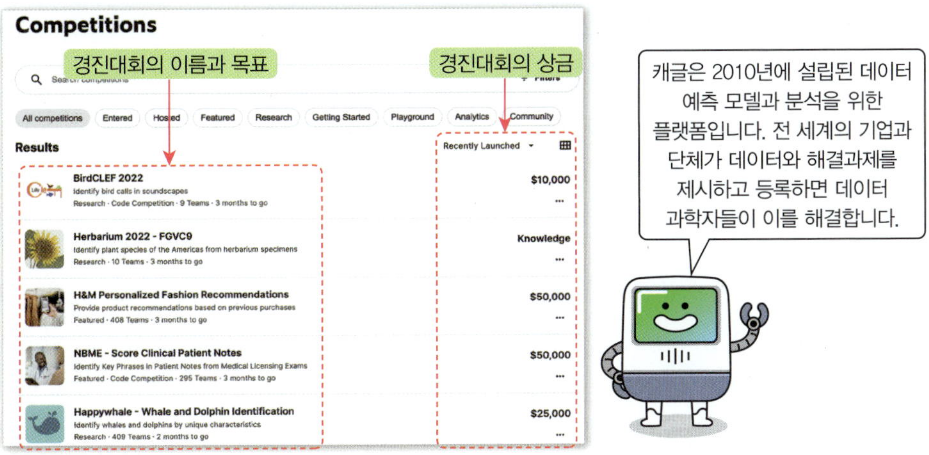

04 사물인터넷 기술과 인공지능에 이용되는 그래픽 처리장치

똑똑하게 데이터를 수집하는 기술: 사물인터넷

사물인터넷은 영어로 Internet of Things이며 이를 줄여 약자 IoT로도 표기한다. 이 기술은 여러 가지 **사물에 센서와 프로세서, 통신 기능, 소프트웨어를 내장하여 네트워크에 연결된 다른 장치나 시스템과 데이터를 교환하고 주어진 작업을 처리**하는 기술이다. 좀 더 구체적으로 이야기하면 사물이란 텔레비전, 냉장고, 세탁기, 가습기, 에어컨과 같은 가전 제품들과 자동차, 오토바이 등의 이동 장치, 스마트폰과 같은 모바일 장치, 스마트워치, 의료기기 등 매우 광범위한 객체를 지칭한다. 사물인터넷이 수집한 데이터가 처리되는 과정은 다음 장에서 상세히 다룰 것이다.

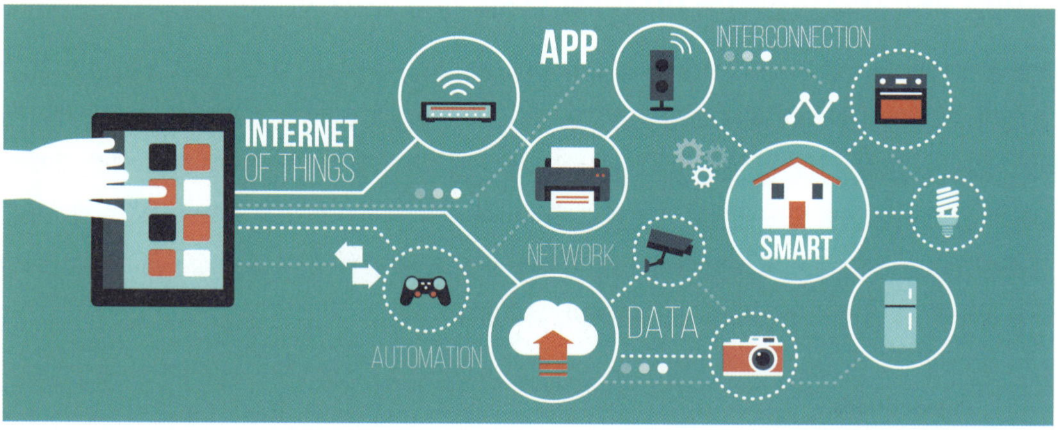

다음 표에서 언급한 내용 이외에도 대량의 수집된 데이터에 대한 해킹이나 정보 유출을 방지하는 보안 기술도 필요할 것이며, 사물인터넷 기기가 가진 개인정보를 잘 보호하는 것도 신경써야 할 것이다.

이러한 사물인터넷은 기존에 존재하던 단순한 센서의 기능을 넘어 센서와 디바이스가 결합되고, 이런 디바이스들을 상호 연결시켜 사물들 간의 네트워크를 구성하고 실시간으로 방대한 양의 데이터를 생산해내는 역할을 한다. 인공지능은 이런 방대한 데이터들을 분석하고 학습함으로써 **인간의 의**

사결정을 지원하기도 하고 스스로 의사결정을 내리는 일을 할 것이다.

사물인터넷은 다음과 같은 핵심 기술을 필요로 한다.

센싱 기술	센싱 기술은 온도, 습도, 열, 위치, 속도, 풍량, 풍향, 초음파, 레이더, 조도 등과 같은 물리량을 다양한 방법을 이용해 측정하는 기술이다. 이러한 센서를 통해서 주변 환경으로부터 다양한 정보를 실시간으로 탐지할 수 있다. 사물인터넷에서는 센싱 모듈을 통해 수집된 물리량을 감지하는 능력뿐만 아니라 처리 능력까지 내장한 장치가 필요하다.
네트워킹 기술	네트워킹 기술은 분산된 환경에서 존재하는 다양한 디바이스들의 물리적인 연결을 수행하는 유무선 통신 기술이다. 네트워킹 기술로는 **WPAN** Wireless Personal Area Networks, 와이파이, 3G · 4G · LTE · 5G, 블루투스, 이더넷, 위성통신 기술 등이 있다.
인터페이스 기술	사물인터넷의 주요 구성요소는 인간, 사물, 서비스인데, 인터페이스 기술은 이 구성요소 사이의 연동을 통해 특정 기능을 수행하는 응용 서비스 기술이다. 사물인터넷의 다양한 서비스를 구현하기 위해서는 ❶ 정보의 검출, 가공, 정형화, 추출, 처리 및 저장 기능 기술, ❷ 위치 판단 및 위치 확인 기능, 상황 인식 및 인지 기능 기술, ❸ 정보보안 및 프라이버시 보호 기능, 인증 및 인가 기능 기술, ❹ **온톨로지 기술**을 통해 다양한 서비스를 제공하는 인터페이스 역할을 수행할 수 있어야 한다.

NOTE **온톨로지** ontology

온톨로지란 인간이 보고 듣고 느끼고 생각하는 것에 대해 컴퓨터에서 처리할 수 있는 형태로 표현한 모델을 말한다. 온톨로지는 일종의 지식 표현으로, 컴퓨터는 온톨로지로 표현된 개념을 이해하고 지식 처리를 할 수 있게 된다. 프로그램과 인간이 지식을 공유하는 데 도움을 주기 위한 온톨로지는, 정보시스템의 대상이 되는 자원의 개념을 명확하게 정의하고 상세하게 기술하여 보다 정확한 정보를 찾을 수 있도록 하는 데 목적이 있다.

한걸음 더 **5G 이동통신 기술**

5G란 이동통신 기술의 표준 방식 중 하나로 **5세대** 5th Generation 이동통신을 가리키는 용어이다. 5G는 이전 세대의 이동통신 기술인 **LTE** Long-Term Evolution 에 비해 더욱 방대한 데이터를 아주 빠르게(**초고속**) 전송하고 실시간으로(**초저지연**) 모든 것을 연결(**초연결**)하는 것을 목표로 한다. 우리나라는 2019년 4월, 5G 스마트폰이 출시됨에 따라 이동통신 3사에서 5G 서비스를 시작하면서 세계 최초로 스마트폰 기반 5G 상용화를 달성했다.

이전의 이동통신은 사람과의 음성이나 데이터 통신을 원활하게 하는 데 그 목적이 있었다. 하지만 5G는 기존 이동통신의 장점과 함께 사물인터넷 기기 간의 실시간 통신이 가능하다는 큰 장점이 있다. 예를 들면, 완전한 자율주행을 위해서는 차량과 차량 간의 통신, 차량과 교통 신호등과 같은 인프라 사이의 통신을 실시간으로 원할하게 하는 것이 필요하다. 5G 통신이 많은 단말기기에 탑재되고 혁신적인 서비스가 탄생한다면 우리의 삶을 크게 바꿀 수 있을 것이다.

병렬 처리의 최고봉 그래픽 처리장치

컴퓨터 하드웨어의 구조를 개략적으로 살펴보면 다음과 같이 **중앙처리장치** Central Processing Unit: CPU 와 **주기억장치** main memory, 보조기억장치, 입력장치, 출력장치로 구성되어 있다. 이 장치들 중에서 제어와 연산 역할을 맡은 가장 중요한 요소가 바로 중앙처리장치이다.

컴퓨터의 주요 장치	기능
중앙처리장치	컴퓨터의 두뇌에 해당하는 부분으로 기계어로 주어진 명령을 수행하고 데이터를 처리하는 장치이다. 제어장치와 연산장치, 레지스터로 구성된다.
주기억장치	컴퓨터는 프로그램의 절차에 따라 외부에서 들어온 데이터를 가공하고 계산하여 출력을 내보낸다. 주기억장치는 프로그램이 실행될 때 필요한 보조적인 기억장치로, 명령어와 자료를 임시로 기억하며 전기적 신호가 유지될 때에만 작동한다.
보조기억장치	주기억장치의 데이터를 영구적으로 보관하는 기억장치로 전기 신호가 없어도 데이터는 보관된다. 보통 하드디스크, 플래시 메모리와 같은 장치가 사용된다.
입력장치	문자나 기호 같은 데이터를 컴퓨터가 인식할 수 있는 전기적 신호로 변환시켜주는 장치로 키보드, 마우스, 터치 스크린 등이 있다.
출력장치	중앙처리장치가 처리한 결과를 사용자가 알 수 있도록 내보내는 장치로 모니터, 프린터, 스피커 등이 있다.

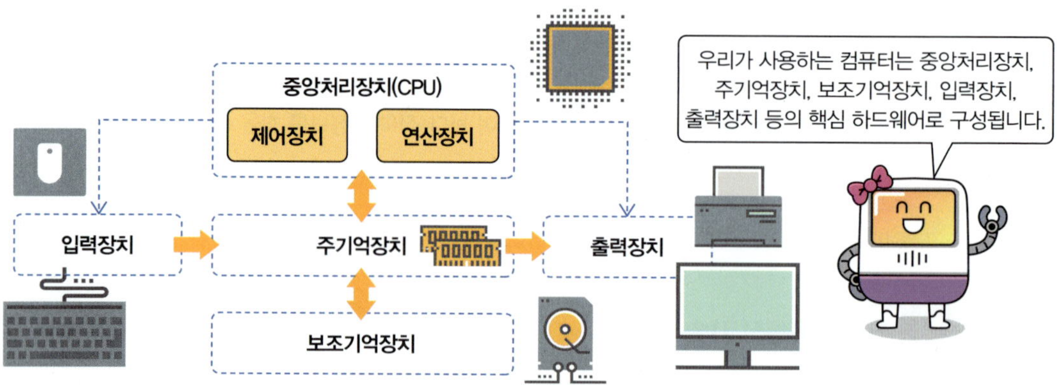

NOTE 존 폰 노이만과 프로그램 내장 방식

오늘날의 컴퓨터는 주기억장치에 프로그램과 데이터를 저장하고 이를 중앙처리장치가 처리하는 방식을 채택하고 있는데 이러한 방식을 프로그램 내장 방식이라고 한다. 이 **프로그램 내장 방식**은 **존 폰 노이만** John von Neumann 에 의해서 고안되었다.

존 폰 노이만은 헝가리 출신으로 미국에서 활동한 수학자이며, 컴퓨터 과학뿐만 아니라 양자역학, 함수해석학, 집합론, 위상수학, 수치해석, 경제학, 통계학 등 여러 분야에 걸쳐 다양한 업적을 남겼다. 그는 핵 물리학 분야에서 열핵반응 연구와 수소폭탄 개발에까지 영향을 끼친 천재 과학자로 알려져 있다.

그래픽 처리장치 Graphics Processing Unit: GPU 는 컴퓨터 시스템에서 화면에 나타나는 그래픽 연산을 빠르게 처리하여 그 결과를 모니터에 출력하기 위해 사용되는 하드웨어이다. 그래픽 처리장치는 주로 **3차원 그래픽 처리에 필요한 연산에 최적화**되었기 때문에 과거에는 **그래픽 가속기**로도 불렸다. 컴퓨터의 중앙처리장치를 보통 CPU라고 하는 것과 마찬가지로 그래픽 처리장치는 GPU라고 부른다. 단일 CPU에서 만든 결과 영상을 출력장치로 내보내는 기능은 CPU가 할 수도 있으나, 더 전문화된 그래픽만을 전담하는 역할을 하기 위해서 구성된 병렬 프로세서인 GPU를 사용한다. 아래 예시와 같이 그림을 그리기 위한 펜이 1개인 경우와 9개의 펜이 동시에 그림을 그리는 경우를 가정해 보자. 둘 중 토끼 그림을 빨리 완성시키는 것은 병렬 GPU를 사용하여 9개의 펜으로 동시에 그림을 그리는 경우일 것이다.

펜이 1개인 경우와 9개인 경우를 생각해 봅시다.
토끼 그림을 누가 더 빨리 그릴까요?

인공지능의 부흥을 가져온 고성능 하드웨어 기술

인공지능 기술은 한때 쇠퇴기를 거치면서 사람들에게 외면당하다가 최근 10여년간 부흥기를 맞이하여 눈부신 조명을 받고 있다. 이러한 부흥을 맞이하게 된 이유를 살펴보면 ❶ **인공지능 시스템의 학습을 위한 데이터가 폭발적으로 증가하였으며,** ❷ **딥러닝을 비롯한 뛰어난 인공지능 알고리즘이 비약적으로 발전하였고,** ❸ **엄청난 데이터와 복잡한 알고리즘을 빠르게 처리할 수 있는 GPU 등의 하드웨어가 발전**하였다는 점을 뽑을 수 있다.

오늘날의 컴퓨터는 고성능의 게임과 시각화 기능을 제공하기 위하여 매우 성능 좋은 GPU를 사용하고 있다. CPU와는 달리 **GPU는 여러 개의 핵심 연산장치가 동시에 작동**하므로, 여러 핵심 연산장치로 나누어 처리할 수 있는 작업의 경우 엄청난 성능적인 이점이 있다. 다음 그림을 보면 토끼의 형상과 같은 3차원 객체를 표현하기 위하여 많은 점과 다각형이 필요하다는 것을 알 수 있다. 이 **데이터를 병렬적으로 처리해야만 모니터와 같은 출력장치에서 실시간으로 보여줄 수 있다.** 병렬 처리에 사용되는 GPU와 CPU의 핵심 연산장치는 **코어** core 라고도 부른다.

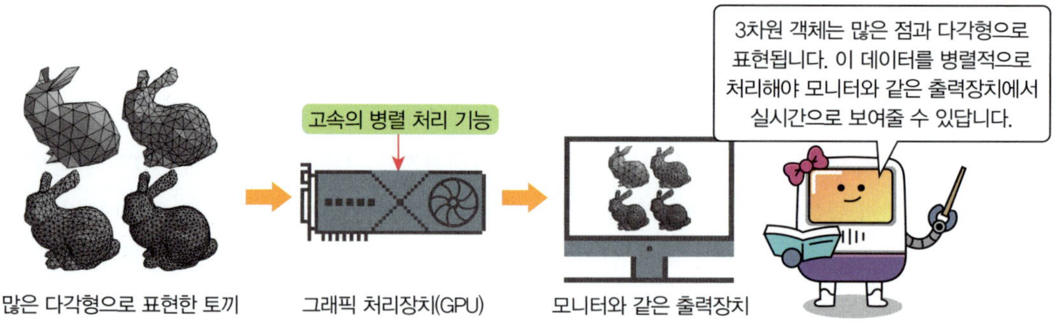

출처: nVidia.com

화면에 표시되는 객체를 빠르게 나타내기 위한 기술인 병렬 처리 기술이 인공지능과 어떠한 관계가 있을까? 9장에서 상세히 다루게 될 기술인 인공 신경망을 구현하기 위해서는 다음 그림의 왼쪽과 같은 입력값, 가중치로 이루어진 연결 구조가 필요하다.

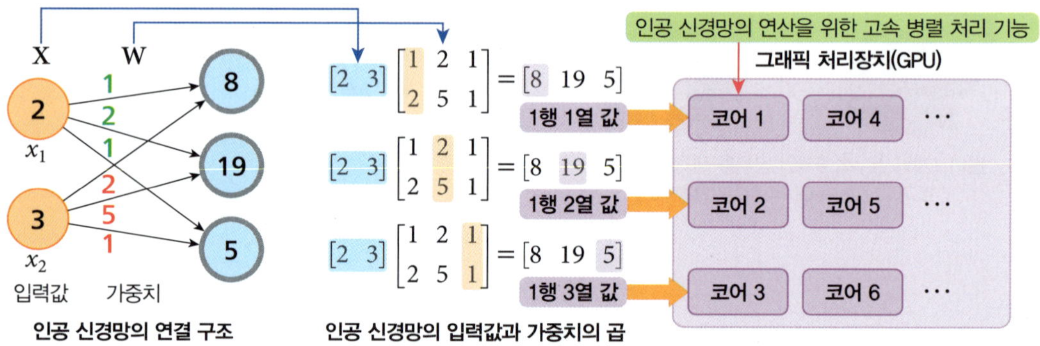

이러한 연결 구조를 조금 자세히 살펴보면 입력값이 2와 3이며 각각 1, 2, 1의 가중치와 2, 5, 1의 가중치를 가지는 인공 신경망에 놓여 있다. 인공 신경망을 구현하기 위해서는 이 입력에 대해서 가중치를 곱한 값을 구해야 한다. 이 네트워크의 연결 구조는 수학자들이 편리하게 나타내는 방법을 잘 고안해 두었는데, 다음과 같은 행렬 연산으로 나타낼 수 있다.

$$\begin{bmatrix} 2 & 3 \end{bmatrix} \begin{bmatrix} 1 & 2 & 1 \\ 2 & 5 & 1 \end{bmatrix} = \begin{bmatrix} 8 & 19 & 5 \end{bmatrix}$$

행렬 연산은 첫 번째 행렬의 행 성분인 $\begin{bmatrix} 2 & 3 \end{bmatrix}$과 두 번째 행렬의 첫 번째 열 성분인 $\begin{bmatrix} 1 \\ 2 \end{bmatrix}$를 각각 원소별 곱셈을 하여 얻을 수 있다. 따라서 $2 \times 1 + 3 \times 2$ 연산 결과 행렬의 1행 1열 값은 8이 된다. 이와 같은 방법을 통해서 우리는 결과 행렬 $\begin{bmatrix} 8 & 19 & 5 \end{bmatrix}$를 얻게 된다. 이 과정이 만일 0.01초가 걸린다고 할 때, 1행 1열, 1행 2열, 1행 3열의 연산을 순차적으로 할 경우 전체 연산에 필요한 시간은 $0.01 + 0.01 + 0.01 = 0.03$초가 될 것이다. 하지만 1행 1열, 1행 2열, 1행 3열의 연산이 독립적인 코어에서 병렬적으로 동시에 이루어진다면 전체 연산 시간은 0.01초 밖에 걸리지 않을 것이다.

병렬 처리 시스템은 동시에 여러 가지 작업을 처리한다

아래의 그림을 살펴보면 왼쪽의 순차 처리 시스템이 한 순간에 하나의 작업을 처리하는 반면, 오른쪽의 병렬 처리 시스템은 한 순간에 여러 개의 코어가 동시에 여러 가지 작업을 처리하는 것을 볼 수 있다.

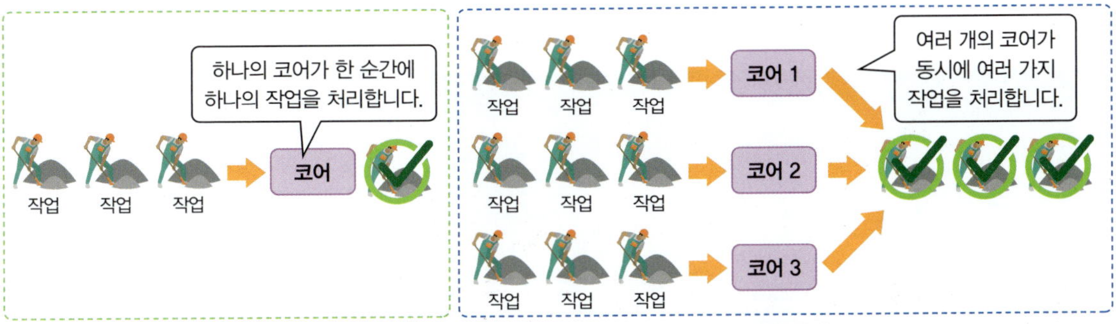

순차 처리 병렬 처리

성능이 뛰어난 그래픽 카드를 잘 만드는 것으로 유명한 **엔비디아**NVIDIA 사의 최신 Titan RTX 8000 그래픽 카드의 경우 CUDA라는 이름의 병렬 처리 코어를 4,608개 가지고 있다. 따라서 동시에 4608개의 작업을 수행할 수 있다. 게다가 이 그래픽 카드의 처리 속도는 16 **테라플롭스**Tera FLOPs 의 어마어마한 속도이다. 플롭스란 Floating-point Operations Per Second의 약자로 일 초 동안 수행할 수 있는 부동소수점 연산의 횟수를 표시하는 단위이다. 16 테라플롭스는 **1초에 약 16조 회 이상의 연산을 수행**할 수 있다.

다음 표는 컴퓨터의 두뇌에 해당하는 CPU와 GPU를 비교하는 표로 두 처리장치의 특징을 정리한 것이다. 표와 같이 CPU의 주된 목적은 컴퓨터의 연산과 제어이므로, 1개에서 8개 사이의 적은 코어를 이용하여 한 번에 하나의 작업 처리를 주로 담당하고 있음을 알 수 있다.

	CPU	GPU
주된 목적	컴퓨터의 연산과 제어를 담당함	컴퓨터의 그래픽 처리를 담당함 최근 인공지능을 위한 병렬 처리를 담당함
코어의 수	1~8개 가량의 적은 코어	수백~수천 개 가량의 많은 코어
코어별 속도	빠름	느림
주된 연산 처리 방식	직렬 처리 방식	병렬 처리 방식
단점	빠른 병렬 연산이 어려움	병렬 연산 이외의 복잡한 처리가 어려움

반면 GPU는 원래 컴퓨터의 그래픽 처리와 같은 제한된 일을 담당하다가 최근 인공지능 기술이 발전하면서 병렬 처리를 주로 하고 있음을 알 수 있다. GPU의 눈부신 성장과 발전에도 불구하고 이

장치는 병렬 연산 이외의 매우 복잡한 기능을 담당하기에는 다소 제한이 있다.

엔비디아사는 본래 비디오 게임에서 요구되는 대량의 복잡한 계산을 수행하거나 현실감 넘치는 가상현실 게임, 화려한 그래픽의 할리우드 영화 등 인간의 상상력을 그래픽으로 구현하는 데 핵심적인 역할을 해왔다. 최근에는 빠른 딥러닝 연산 처리를 장점으로 하는 GPU의 기능을 확장하여 인공지능 하드웨어 칩을 개발하였으며 테슬라의 자율주행 기능을 담당하는 하드웨어를 개발하였다.

2016년 엔비디아사는 레벨 4, 레벨 5 수준의 자율주행 자동차에 최적화된 슈퍼컴퓨터인 '드라이브 PX2'라는 제품을 출시했다. 자동차 주행 시에는 주변 사물 인식이 특히 중요한데, 이러한 작업을 수행하기 위한 빠른 연산에 최적화된 하드웨어가 지속적으로 개발되어 많은 자동차 회사에서 이 기술을 채용하고 있다.

한걸음 더 GPGPU와 형용 모순

형용 모순이란 '눈을 감아라, 그러면 보일 것이다'라는 격언처럼 상반된 어휘를 결합시키는 수사법을 말한다. 과학 분야에서는 이와 같은 상반된 어휘를 결합하는 수사를 잘 사용하지 않지만, GPU에 여러 가지 프로그램을 실행하기 위한 범용 GPU를 지칭하는 General-Purpose computing on Graphics Processing Unit(약칭 GPGPU)이라는 용어는 형용 모순에 해당한다.

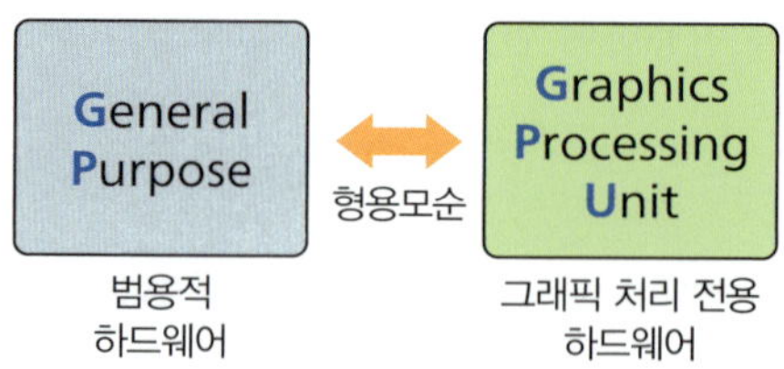

GPU의 목적 자체가 다양한 목적의 연산과 제어가 아닌 빠른 3차원 그래픽 처리에 최적화된 병렬 연산에 있는데, 모순되게도 이 **GPU에 다양한 기능을 넣어서 여러 가지 목적의 프로그램을 실행할 수 있도록 만든 것이 GPGPU**이다. 범용성을 가진 CPU가 있음에도 불구하고 GPU를 사용하는 이유는 수백에서 수천 개의 코어를 가진 GPU가 최근의 **딥러닝 시스템에 최적화된 높은 성능**을 보여주기 때문이다.

05 클라우드 서비스와 로봇 기술

인공지능을 위한 방대한 데이터를 보관하는 클라우드 서비스

컴퓨터의 주요 장치 중에서 주기억장치의 데이터를 영구적으로 보관하는 기억장치로, 전기 신호가 없어도 데이터를 보관할 수 있는 장치가 보조기억장치이다. 우리가 사용하는 컴퓨터의 하드 디스크나 휴대가 간편한 플래시 메모리와 같은 것들이 대표적인 보조기억장치이다. 이러한 저장장치에 데이터를 보관하지 않고 구글 드라이브, 네이버 N 드라이브, 마이크로소프트 OneDrive와 같은 인터넷상의 저장소에 데이터를 저장할 수도 있는데 이러한 저장소를 **클라우드** cloud 저장소라고 한다. 구름을 의미하는 클라우드라는 단어를 인터넷상의 자원으로 지칭하는 이유는 다음 그림과 같이 하드웨어들이 매우 복잡하게 연결되어 있는 구조를 단순화한 기호가 구름 모양이기 때문이다.

이러한 클라우드 서비스의 발전으로 인해 개인이나 기업이 **데이터를 수집하기 위하여 직접 서버를 구매하고 서비스를 구축하는 비용과 시간을 획기적으로 절약**할 수 있게 되었으며, 이렇게 수집된 방대한 데이터는 인공지능 기술에도 유용하게 활용되고 있다.

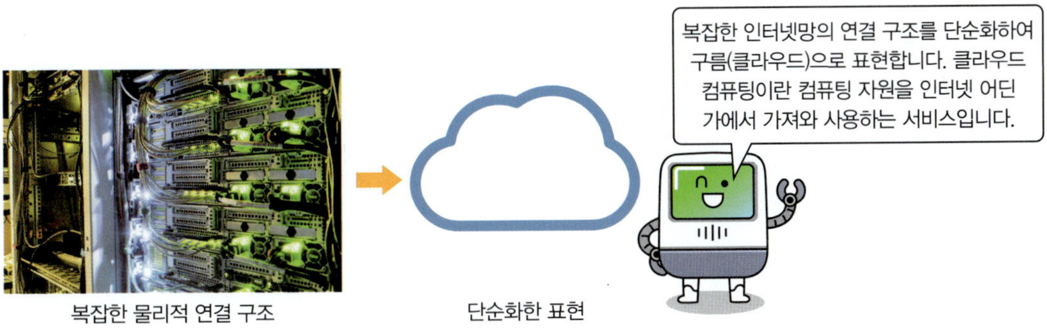

복잡한 물리적 연결 구조 단순화한 표현

클라우드 저장소가 인터넷 어딘가에 있는 외부의 저장소를 지칭하는 것과 마찬가지로 **클라우드 컴퓨팅** cloud computing 이란 컴퓨팅 자원을 인터넷 어딘가에서 가져와 사용하는 서비스를 말한다. **컴퓨팅 자원** computing resource 이란 컴퓨터가 주어진 명령을 처리하기 위하여 사용하는 CPU, 메모리, 디스크, 네트워크 등과 같이 하드웨어와 소프트웨어를 함께 지칭하는 용어이다.

클라우드의 장점은 다음 표와 같이 크게 4가지로 정리할 수 있다.

신속한 인프라 도입	일반적으로 기업에서 인터넷 서비스를 위해 서버를 도입할 경우 주문, 발송, 하드웨어 설정, 네트워크 구축, 소프트웨어 설정, 서비스 제공까지 매우 많은 시간이 걸리지만 클라우드 서비스는 짧은 시간에 복잡한 인프라 구축 작업을 할 수 있다.
유연한 인프라 관리	일반적으로 인프라를 도입하기에 앞서 서비스 구축에 어느 정도의 인프라가 필요한지 미리 예상해야 한다. 이때 예상이 맞으면 다행이지만, 만약 예상이 빗나가면 인프라 부족 또는 잉여 인프라에 따른 과도한 비용 지출이라는 문제가 발생한다. 이와 달리 클라우드는 인프라를 실시간으로 자유롭게 증감할 수 있기 때문에 인프라 부족 또는 과도한 인프라 도입이라는 문제가 발생하지 않는다.
손쉬운 글로벌 서비스	오늘날 구글, 아마존, 마이크로소프트와 같은 많은 클라우드 사업자들은 전 세계 주요 대륙에 데이터 센터를 보유하고 있다. 이를 통해 클라우드 서비스의 이용자는 전 세계 어디에나 빠른 서비스를 제공할 수 있다. 과거에는 글로벌 서비스를 위해 직접 특정 대륙 또는 지역별로 데이터 센터를 구축해야 했지만, 이제는 클라우드 사업자가 미리 구축한 글로벌 데이터 센터를 활용해 글로벌 서비스를 제공하면 된다.
보안과 장애 없는 서비스	클라우드 사업자는 데이터를 안전하게 보관할 수 있도록 보안에 신경을 쓰고 있다. 대부분의 클라우드 사업자가 최신 소프트웨어 보안 기술뿐만 아니라 물리적으로 분리된 상호 보완용 데이터 센터와 강력한 방화벽 등 최신 하드웨어 보안 기술을 자사의 서비스에 도입하고 있다. 주요 클라우드 사업자는 많은 데이터 센터와 가상화 기술을 활용해 장애 없는 서비스를 보장하고 있다. 기업의 비즈니스 가운데 잠깐이라도 장애가 발생하면 치명적인 금전적 손실을 야기하는 서비스가 존재한다. 이러한 서비스도 감당할 수 있도록 주요 클라우드 사업자는 높은 가용성을 보장하고 있다.

NOTE **데이터 센터의 필요성**

데이터 센터 data center란 서비스를 제공하는 컴퓨터인 서버 컴퓨터와 네트워크 회선 등을 제공하는 건물이나 집적화된 시설을 말한다. 이러한 기능으로 인해 **서버 호텔** server hotel이라고도 부른다. 데이터 센터는 인터넷의 보급과 함께 폭발적으로 성장하기 시작했다. 인터넷 검색, 쇼핑, 게임, 교육 등 방대한 정보를 저장하고 웹사이트에 표시하기 위해 수천, 수만 대의 서버 컴퓨터가 필요하게 되자, 이 서버 컴퓨터를 한 장소에 모아 안정적으로 관리하기 위한 목적으로 인터넷을 위한 데이터 센터를 건립하게 되었다.

개인이 서버 컴퓨터를 구매해서 쇼핑몰이나 웹 서비스를 운영할 수도 있으나, 예기치 못한 정전, 네트워크 오류, 서버 장애 등이 발생할 수 있기 때문에 최근에는 많은 서비스들이 데이터 센터를 중심으로 이루어지고 있는 추세이다.

로봇 기술

로봇은 자율적으로 특정한 작업을 수행하는 기계의 한 종류로 다양한 산업 분야에서 사용되고 있다. 조금 더 엄밀한 정의의 로봇은 인간과 유사한 모습과 기능을 가진 기계 또는 한 개의 **컴퓨터 프로그램으로 작동**할 수 있고, **자동적으로 복잡한 일련의 작업을 수행**하는 기계적 장치를 말한다. 로봇 robot 은 고된 노동을 의미하는 체코어로 **카렐 차페크**의 희곡 『R.U.R.』에서 최초로 등장했다. 이러한 로봇은 크게 산업용 로봇과 지능형 로봇으로 나누어 볼 수 있는데 각각의 차이점은 다음과 같다.

- **산업용 로봇**: 생산 공장 등에서 인간의 손을 대신해 조립, 용접 등의 노동을 수행하는 (반)자동화된 로봇이다. 주로 생산성을 높이거나 위험한 일을 대신하기 위해 사용된다.
- **지능형 로봇**: 지령에 의해 수동적, 반복적 작업을 수행하던 전통적 로봇을 벗어나, 외부 환경을 인식하고 스스로 상황을 판단하여 자율적으로 동작하는 로봇이다. 환경을 인식하고 스스로 판단하는 로봇 중에서 사람과 닮은 모습을 한 로봇을 특별히 **안드로이드** android 라고 부르기도 한다.

자동차 생산 라인의 산업용 로봇

사람에게 안내하는 지능형 로봇 '페퍼'

최근 딥러닝 기술의 획기적인 발전으로 인해 인공지능과 로봇은 서로 뗄 수 없는 밀접한 관계를 갖게 되었다. 인공지능이 머리의 역할을 하고 로봇이 팔다리의 역할을 할 때 비로소 주어진 작업을 온전하게 수행할 수 있는 것이다. 인공지능과 로봇의 결합으로 단순히 높은 수준의 지능이 로봇에서 구현되는 것을 넘어, 로봇이 취득하여 디지털화한 데이터가 다시 초연결된 데이터 센터로 수집되고, 이를 기반으로 좀 더 고도화된 지적 능력이 다시 로봇에게 전파되는 집단 학습이 이루어질 전망이다.

지능형 로봇은 인간의 골격과 손에 해당하는 기구부와 **매니퓰레이터** manipulator, 근육에 해당하는 **액추에이터** actuator, 오감에 해당하는 **센서** sensor, 인간의 두뇌와 같은 기능을 담당하는 제어기 등으로 구성되어 있다. **제어기**는 인간의 두뇌와 마찬가지로 로봇에 있어 가장 중요한 요소이다. 그러므로 로봇이 다양한 사용 목적에 맞도록 작동되기 위해서는 그에 상응하는 제어이론이 탑재된 제어기가 필수적이다. 즉 조작 제어 기술은 물건을 잡고 자유롭게 조작하는 기술로써, 로봇이 컴퓨터와 차별화되는 가장 강력한 기능이라고 볼 수 있다.

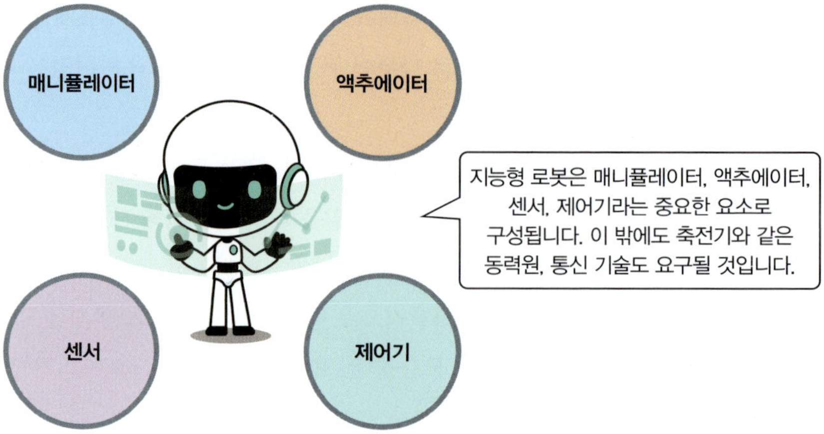

지능형 로봇은 기계, 전기·전자, 소프트웨어, 제어, 통신, 재료 등 다양한 첨단기술의 융합 분야로서 자동차, 가전, 스마트홈, 조선, 항공·우주 등 연관 산업 전반에 걸쳐 기술 파급 효과가 매우 크다. 또한 지난 30여 년 이상의 오랜 시간을 통해 발전해온 메카트로닉스, 기계, 전기, 전자 등의 전통 기술과 신소재, 반도체, 인공지능, 정보통신, 바이오기술, 나노기술 등 첨단기술의 적용과 융합이 가능하므로, 신기술과의 융합에 따라 새로운 상품과 산업의 등장이 예상된다.[1]

NOTE **보스턴 다이내믹스**

보스턴 다이내믹스 Boston Dynamics 사는 카네기 멜런 대학교와 MIT에 교수로 재직한 바 있는 **마크 레이버트** Marc Raibert 박사가 창립한 연구용 로봇 개발을 주력으로 하는 회사이다. 2021년도 8월에 개발한 인간형 로봇인 '아틀라스'가 다양한 장애물 코스가 있는 상황에서 인간과 비슷하게 인지하고 운동하며 코스를 완주하는 영상을 업로드하였다.

현재 보스턴 다이내믹스는 현대자동차그룹에 인수되어 다양한 로봇 개발과 응용 분야의 연구를 진행하고 있다.

BostonDynamics

[1] 엄위섭 외(2013), 「지능형 로봇의 발전 동향」, 한국우주산업기술동향 11(1), 150-160

로봇과 인공지능

[실습 목표]

이번 실습에서는 최신 로봇 기술과 관련된 영상을 보고 제시된 주제에 대한 토의를 하는 시간을 가져 보자.

[실습하기]

[단계 1] 실습을 위하여 다음 유튜브 영상을 시청하도록 하자. 동영상의 제목은 '아틀라스 | 파쿠르의 파트너(Atlas | Partners in Parkour)'이다.

https://youtu.be/tF4DML7FIWk

- **토의 주제 1**: 이 영상의 아틀라스 로봇은 주변 상황을 감지하고 이에 반응하여 움직이는 기능을 가지고 있다. 주변 상황을 감지하며 인간보다 육체 능력이 뛰어난 로봇은 어떤 분야에서 활용될 수 있을까?
- **토의 주제 2**: 로봇이 두 발로 서있는 것보다 네 발로 서있는 것이 더 안정적일 수 있을 것이다. 두 발 보행, 네 발 보행, 바퀴 이동 로봇의 장점과 단점에 대해서 토의해 보자.

[단계 2] 실습을 위하여 다음 유튜브 영상을 시청하도록 하자. 동영상의 제목은 '스팟 출동(Spot Launch)'이다.

Spot Launch

https://youtu.be/wlkCQXHEgjA

- **토의 주제 1**: 이 영상의 스팟 로봇은 네 발로 걸어다니며 인간을 보조하기도 한다. 이 스팟을 유용하게 활용할 수 있는 사례를 하나 이상 열거해 보자.
- **토의 주제 2**: 하나 이상의 스팟이 협력하여 일을 하는 경우도 있을 것이다. 둘 이상의 스팟이 상호 통신을 하고 협업을 할 수 있다고 할 때, 이 기능을 활용하여 현실의 문제를 해결할 수 있는 사례를 하나 이상 열거해 보자.

요약

01 컴퓨터의 바탕이 되는 **디지털 세상에서 저장되고 표현되는 데이터는 0과 1의 전자기적 신호**로 구성된다. 이와 같은 정보 표현의 최소 단위를 비트라고 한다.

02 비트로 표현할 수 있는 정보는 2개 밖에 없기 때문에 일반적으로 **8개의 비트를 묶어서 하나의 정보 표현 단위로 사용**한다. 이 8개의 비트 묶음은 **바이트**라고 한다.

03 컴퓨터가 학습할 수 있는 디지털 형태의 데이터는 2000년대 이전까지만 하더라도 너무나 부족했다. 즉, **인공지능의 연료가 없었기 때문에 기술이 성장할 수 없었다**고 할 수 있다.

04 인스타그램, 페이스북, X(구 트위터)와 같이 네트워크의 기반 위에서 개인의 생각이나 의견, 경험, 정보 등을 서로 공유하고 타인과의 관계를 생성 또는 확장시킬 수 있는 개방화된 온라인 플랫폼을 **소셜 미디어**라고 한다.

05 **빅데이터**는 기존 데이터베이스 관리 도구의 능력을 넘어서는 대량의 정형, 비정형 데이터 집합으로부터 가치를 추출하고 결과를 분석하는 기술을 말한다.

06 **정형 데이터**는 데이터베이스의 일정한 형식이나 정해진 규칙에 맞게 저장된 데이터를 의미하고, **비정형 데이터**는 정해진 규칙이 없어서 값의 의미를 쉽게 파악하기 힘든 경우의 데이터이다.

07 오늘날 인터넷과 소셜 미디어, 사물인터넷으로부터 생성되는 데이터는 과거와 같이 단순하지 않으며 정형, 비정형의 다양한 형태로 만들어지고 있다.

08 사물인터넷은 여러 가지 **사물에 센서와 프로세서, 통신 기능, 소프트웨어를 내장하여 네트워크에 연결된 다른 장치나 시스템과 데이터를 교환하고 주어진 작업을 처리**하는 기술이다.

09 사물인터넷 기기가 가진 개인정보를 잘 보호하는 것도 신경써야 한다.

10 **그래픽 처리장치**는 컴퓨터 시스템에서 화면에 나타나는 그래픽 연산을 빠르게 처리하여 그 결과를 모니터에 출력하기 위하여 사용되는 하드웨어이다.

11 병렬 처리에 사용되는 GPU와 CPU의 핵심 연산 장치는 **코어**라고도 부른다.

12 저장장치에 데이터를 보관하지 않고 인터넷상의 저장소에 데이터를 저장할 수도 있는데 이러한 저장소를 **클라우드** 저장소라고 한다.

13 로봇은 인간과 유사한 모습과 기능을 가진 기계 또는 한 개의 **컴퓨터 프로그램으로 작동**할 수 있고, **자동적으로 복잡한 일련의 작업을 수행**하는 기계적 장치를 말한다.

연습 문제

[단답형 문제]

괄호 안에 들어갈 적절한 단어를 기입하여라.

01 (　　　　　)(은)는 기존 데이터베이스 관리 도구의 능력을 넘어서는 대량의 정형, 비정형 데이터 집합으로부터 가치를 추출하고 결과를 분석하는 기술을 말한다.

02 (　　　　　　)(은)는 데이터베이스의 일정한 형식이나 정해진 규칙에 맞게 저장된 데이터를 의미한다.

03 (　　　　　　　)(은)는 정해진 규칙이 없어서 값의 의미를 쉽게 파악하기 힘든 경우의 데이터이다.

04 (　　　　　　)(은)는 여러 가지 사물에 센서와 프로세서, 통신 기능, 소프트웨어를 내장하여 네트워크에 연결된 다른 장치나 시스템과 데이터를 교환하고 주어진 작업을 처리하는 기술이다.

05 (　　　　　)(이)란 인간이 보고 듣고 느끼고 생각하는 것에 대해 컴퓨터에서 처리할 수 있는 형태로 표현한 모델을 말한다.

06 (　　　　　　　)(은)는 주어진 명령을 수행하고 데이터를 처리하는 장치로 제어장치와 연산장치로 구성된다.

07 (　　　　　　　　)(은)는 컴퓨터 시스템에서 화면에 나타나는 그래픽 연산을 빠르게 처리하여 그 결과를 모니터에 출력하기 위하여 사용되는 하드웨어이다.

08 컴퓨터의 주요 장치 중에서 주기억장치의 데이터를 영구적으로 보관하는 기억장치로 전기 신호가 없어도 데이터를 보관할 수 있는 장치가 (　　　　　　　)이다.

09 이러한 저장장치에 데이터를 보관하지 않고 구글 드라이브, 네이버 N 드라이브, 마이크로소프트 OneDrive와 같은 인터넷상의 저장소에 데이터를 저장할 수도 있는데 이러한 저장소를 (　　　　　) 저장소라고 한다.

10 (　　　　　　)(이)란 컴퓨터가 주어진 명령을 처리하기 위하여 사용하는 CPU, 메모리, 디스크, 네트워크 등과 같은 하드웨어와 소프트웨어를 함께 지칭하는 용어이다.

11 클라우드 저장소가 인터넷 어딘가에 있는 외부의 저장소를 지칭하는 것과 마찬가지로 (　　　　　)(이)란 컴퓨팅 자원을 인터넷 어딘가에서 가져와 사용하는 서비스를 말한다.

[짝짓기 문제]

다음 중에서 관련 있는 것을 올바르게 짝짓기 하여라.

중앙처리장치 •	• 프로그램이 실행될 때 필요한 보조적인 기억장치
주기억장치 •	• 주기억장치의 데이터를 영구적으로 보관하는 장치
보조기억장치 •	• 주어진 명령을 수행하고 데이터를 처리하는 장치
입력장치 •	• 중앙처리장치가 처리한 결과를 사용자가 알 수 있도록 내보내는 장치
출력장치 •	• 데이터를 컴퓨터가 인식할 수 있는 전기적 신호로 변환하는 장치

[객관식 문제]

다음 질문에 대하여 가장 알맞은 답을 선택하여라.

01 다음 중 10진수 10을 2진수로 올바르게 표현한 것은 무엇인가?

❶ $10_{(2)}$ ❷ $110_{(2)}$

❸ $10_{(2)}10_{(2)}$ ❹ $100_{(2)}$

02 다음 중 사물인터넷의 핵심 기술로 보기에 가장 부적절한 것은 무엇인가?

❶ 센싱 기술 ❷ 네트워킹 기술

❸ 병렬 처리 기술 ❹ 인터페이스 기술

03 2진수 $1011_{(2)}$을 10진수로 올바르게 표현한 것은 무엇인가?

❶ 42 ❷ 11

❸ 56 ❹ 60

04 진화 발달 심리학자인 데이비드 비요크룬드는 인간의 지능이 발달하는 과정에서 가장 중요한 상호작용을 했다고 생각되는 3가지 요소를 지적하였다. 이 3가지 요소에 해당하지 않는 것은 무엇인가?

❶ 큰 뇌 ❷ 강한 체력

❸ 정교한 사회구조 ❹ 느린 성장과정

05 빅데이터의 가장 중요한 3가지 요소는 일반적으로 3V를 뽑는 경우가 많다. 이 3V로 보기에 부적절한 것은 무엇인가?

❶ 양(Volume) ❷ 속도(Velocity)

❸ 종류(Variety) ❹ 휘발성(Volatility)

06 다음 중 비정형 데이터에 대한 설명으로 가장 부적절한 것은 무엇인가?

❶ 일정한 형식이 있다. ❷ 정해진 규칙이 없다.

❸ 값의 의미 파악이 힘들다. ❹ 음성, 영상, 텍스트 데이터가 있다.

심화 학습

[주제 1] 소셜 미디어에 해시태그 **#개** 또는 **#고양이**로 검색할 경우 엄청나게 많은 동물의 이미지를 구할 수 있으며 이들은 모두 인공지능의 학습 데이터가 될 수 있다. 실제 여러분의 SNS에 **#토끼**, **#펭귄**과 같은 방대한 규모의 학습 데이터 수집을 직접해 보고 어느 정도의 정확도를 보여주는지 알아보자. 또한, 이러한 데이터가 인공지능에서 어떻게 활용될 수 있는가에 대해서 자료를 조사하도록 하자.

[주제 2] 개인이 업로드한 블로그의 글이나 이미지, 동영상 등의 콘텐츠는 인공지능을 위한 중요한 학습 데이터이다. 다수의 개인 블로그는 광고를 게시하여 방문자들이 많을 경우 이 방문자 수에 비례하여 수익을 얻는 구조를 가지고 있다. 그러나 ChatGPT와 같은 대규모 언어 모델은 웹 크롤링을 통해 정보를 수집하고 이를 학습하여 언어 모델의 품질을 개선하는 데 사용한다. 최근 유럽연합(EU)이 추진 중인 인공지능 법규에는 대규모 언어 모델(LLM) 운영 기업은 학습 데이터 출처와 저작권 확보 여부를 밝혀야 한다는 의무 조항이 포함돼 있다. 이에 대하여 ChatGPT의 개발 기관인 오픈AI는 학습 데이터야 말로 언어 모델을 개발하는 기업의 주요 경쟁력으로 기밀사항이라는 주장을 하고 있다. 여러분의 의견은 어떠한가? LLM은 웹 크롤링을 하거나 크롤링 데이터를 학습에 사용할 경우 원 저작권자에게 저작료를 지불해야 할까? 혹은 블로그 데이터는 모든 사람이 이용가능한 공공재이므로 이 자료에 대한 개방적인 태도를 취해야 하는가?

07

인공지능과 데이터 과학

학습목차

- 인공지능과 데이터 과학
  - 인간 문명과 데이터의 축적
    - 문명 발전과 데이터의 축적
    - 컴퓨터의 발전과 데이터 표현
  - 데이터 과학과 분석 플랫폼
    - 데이터 과학 둘러보기
    - 데이터가 수집되고 활용되는 사례
  - 데이터의 관련성 알아보기
    - 상관관계와 상관계수
    - 알고리즘보다 중요한 데이터
  - 천문학과 데이터 과학의 만남
    - 사건 지평선 망원경
    - 대용량 데이터 처리와 협업
  - 데이터 분석하기
    - 의미있는 데이터 모으기
    - 데이터 분석 작업의 순서
  - LAB: 사건 지평선 망원경
    - 사건 지평선 망원경 기술을 주제로 토의하기

학습목표

- 데이터의 중요성과 데이터의 표현 방법에 대해 알아보자.
- 데이터 과학과 데이터의 효율적인 분석 방법에 대해 알아보자.
- 데이터 간의 상관관계를 통해서 데이터를 깊이 있게 이해하자.
- 최근 머신러닝 분야에서 알고리즘보다 데이터가 중요한 이유를 살펴보자.
- 블랙홀 그림자를 얻기 위해 천문학자와 데이터 과학자들이 어떤 방식으로 협업을 하였는지 살펴보자.
- 데이터 분석을 통해 데이터로 의미 있는 정보를 얻기 위한 방법을 살펴보자.

01 데이터는 예전부터 중요한 자원이었다

인류 역사의 전환점에는 데이터가 있다

수십만 년 전 단순한 수렵채집 생활을 하던 인류는 농경 생활을 통해 **문명 발전의 획기적인 전환점**을 맞이하였다. 농경이 발달되면서 인간의 삶에는 큰 변화가 생겼는데, 그것은 바로 먹을거리를 구하기 위해 이동할 필요성이 사라지고 **잉여 생산물**이 발생하게 되었다는 것이다. 농경의 시작과 함께 출발한 인류 문명은 발전에 발전을 거듭하였는데, 이 발전의 근간에는 **데이터의 축적**이 큰 역할을 하였다. 인류는 농사를 짓기 위해서 정확한 시기에 씨를 뿌리고, 김을 매고, 수확해야 하며 이 시기를 놓치게 되면 생산량이 감소하므로 늘어난 농업 인구를 부양할 수가 없게 된다는 것을 알게 되었다. 오늘날까지 남아 있는 24절기나 추석과 설날 같은 명절 풍습은 농사와 관련이 있다. 다만 현재 주된 산업은 농업이 아니기 때문에 크게 영향을 주진 않는다.

농사의 적기를 알려준다는 점에서 정확한 달력은 생존과 직결됐으며 사회적 체계의 상징이었다. 그렇기에 **달력의 존재는 국가의 형성과 문명의 발전에 중요한 역할**을 하였다. 정확한 달력의 제작은 태양의 움직임에 대한 정확한 관측으로부터 시작되었기 때문에 과거로부터 천문학은 **왕의 학문**으로도 불렸다. 천문학의 발전을 뒷받침한 것은 해와 달, 그리고 별의 움직임을 정확하게 표시한 데이터의 존재였다.

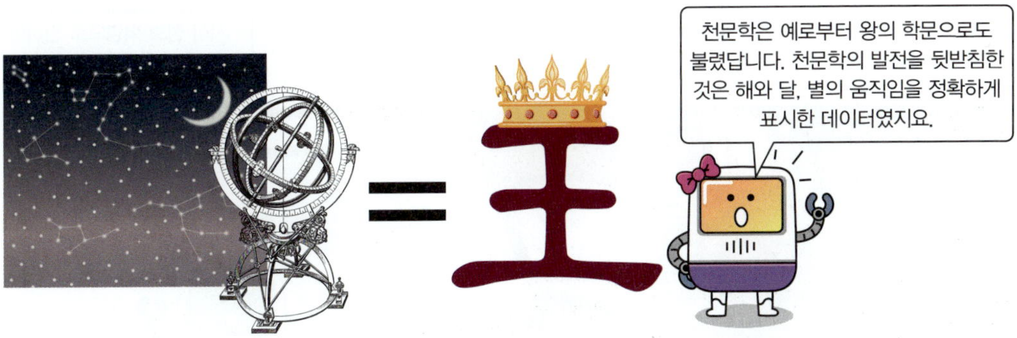

15세기 이후의 유럽과 인류사를 완전히 바꾸어 놓은 대항해시대는 천문학, 지리학의 연구를 바탕으로 별자리 지도와 **해상 차트 등의 데이터가 오랫동안 축적**되어 이루어졌다고 할 수 있다. 이처럼 과거에도 데이터의 중요성은 알려져 있었으나 데이터를 획득하여도 오늘날처럼 손쉽게 저장하고 가공한 후 활용하기 위한 적절한 기술이 확보되지 못했다.

수천 년간 인류가 획득한 데이터는 책으로 기록되어 전해져왔는데, 이 전달 과정에서 화재나 전란, 홍수와 같은 자연재해로 인해 소실되거나 훼손되는 일이 빈번했다. 무엇보다 사람의 손으로 필사되거나 인쇄된 자료를 가공해서 새로운 책으로 만드는 과정은 너무나 오랜 시간이 소요되었으며 책에 담긴 정보의 유통 역시 제한이 많았다.

컴퓨터의 발전과 데이터 표현

지식 정보 혁명이라고도 불리는 3차 산업혁명은 컴퓨터가 발전함에 따라 시작되었고, 이로 인하여 인류의 소중한 데이터는 급격하게 디지털화되는 변화를 맞이하였다. 이에 따라 우리 주변에는 규모를 가늠할 수 없을 정도로 많은 정보와 **데이터가 생산, 저장, 수정, 배포, 재가공**되는 큰 변화를 겪게 되었다.

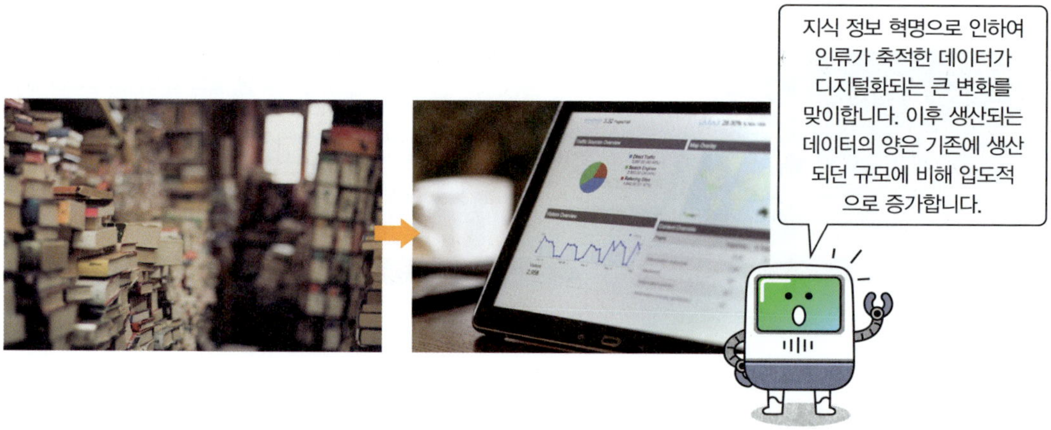

보통 많은 사람들이 데이터와 정보라는 단어를 동일하게 사용하는 경우가 많은데 이에 대해 좀 더 엄밀한 정의를 해보고자 한다. 흔히 자료라고도 하는 **데이터** data 란 현실 세계에서 측정하고 수집한 사실이나 값을 말하며, **정보** information 는 어떠한 목적이나 의도에 맞게 데이터를 가공 처리한 것을 말한다. 우리가 의사결정을 내리기 위해서는 단순히 수집한 원시 데이터만으로는 부족하며, 원시 데이터에 의미를 부여해야만 하는데 이와 같이 가공된 데이터가 정보가 되는 것이다.

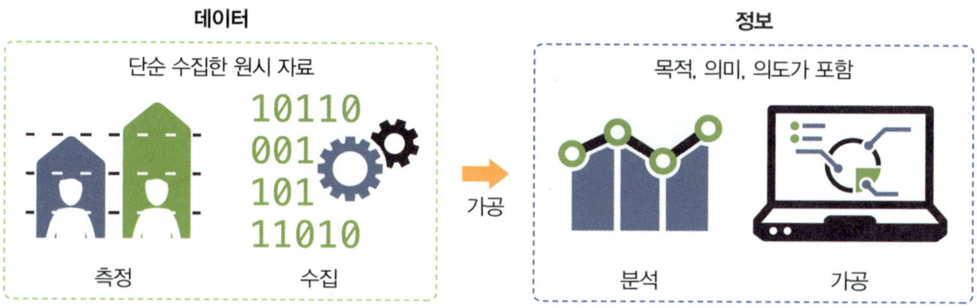

예를 들어, 우리나라의 여러 지역에는 지정된 시간마다 지상 1.5m 높이의 **기온을 측정하는 장치**가 있다. 이렇게 수집된 **방대한 수치 자료**는 **데이터**이지만, 이를 처리하고 분석하여 평년 기온을 구하거나, 일자별·지역별 데이터를 정리해서 어떤 **의사결정에 사용한다면 정보**가 된다. 즉, 어떤 지역이 겨울에 가장 추운지, 일교차가 가장 큰지 등의 정보를 바탕으로 해당 지역에 특정 과일 재배가 가능한가를 판단하여 이에 따른 의사결정을 내릴 수 있다. 이와 같은 의사결정을 돕는 방법 중에 하나가 수치 데이터를 그래픽 정보로 나타내는 시각화이며, 여기에 해석이 보태어져야 많은 사람들이 활용하는 데 도움이 될 것이다.

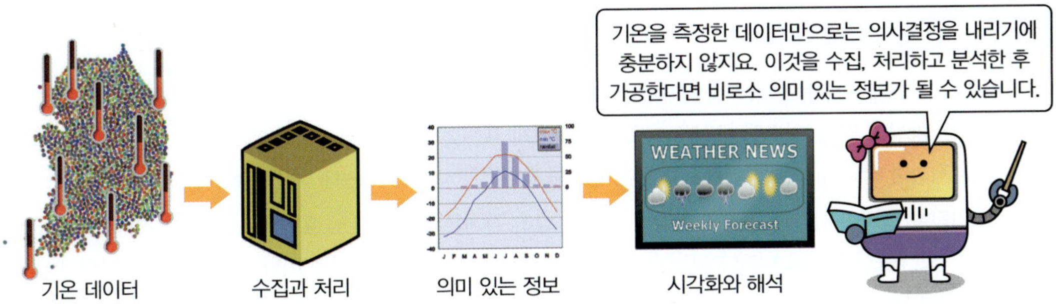

아날로그와 디지털

우리가 가진 많은 데이터를 보관하고, 배포하고, 가공하는 방법으로 여러 가지가 있으며 컴퓨터가 다룰 수 있는 신호는 크게 두 가지 형식이 있다. 바로 **'아날로그'** 신호와 **'디지털'** 신호이다. 영어에서 'analogue'란 '유사성이 있는'이란 뜻이고 'digital'이란 '손가락의'라는 뜻이다. 유사성이 있다는 의미는 '연속으로 이어진다'라고 이해하면 쉽고, 손가락이란 표현은 '하나, 둘, 셋과 같이 이산적으로 헤아리는 것'이라고 이해하면 된다.

다음의 그림은 인간이 이야기를 할 때 발생하는 공기의 진동이 디지털화되는 과정을 보여주고 있다. 우리가 흔히 이야기하는 **소리**란 **공기와 같은 매질을 통해서 전달되는 진동(종파 신호)**이다. 이렇게 발생한 자연계의 진동이 1초에 몇 번 발생하였는지를 표현하는 단위를 **헤르츠** Hertz 라고 한다. 소리는 진동이 연속으로 이어지는 신호이므로 아날로그 신호이다. 아날로그 신호는 연속적이므로 특정한 시간 간격으로 쪼개서(표본화) 그 양을 알아낸 다음 이를 특정한 값에 대응시킨다(양자화). 그리고 3, 4, 5, 5, 4, ...와 같은 크기 값을 0과 1의 이진 데이터로 표현하여 디지털화하는 과정을 거친다.

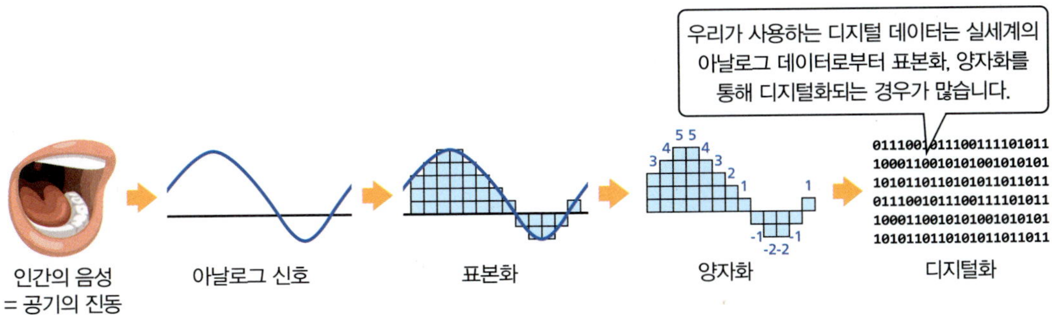

데이터를 컴퓨터에 보관하기 위해서는 0과 1의 이진 신호로 표현 가능한 디지털 형태의 자료가 유용하며, 오늘날 컴퓨터 하드웨어와 소프트웨어 기술의 비약적인 발전으로 인하여 방대한 디지털 데이터를 손쉽게 처리할 수 있다.

한걸음 더 비트맵 이미지

이미지 데이터를 디지털화하는 방법 중에는 색상을 표현하는 점들이 모여 한 장의 이미지를 이루는 **비트맵** bitmap 방식이 있다. 비트맵 방식은 이미지를 어떻게 표현할까? 비트맵 이미지에서 가장 작은 크기의 공간을 차지하며 하나의 색상값을 가지고 있는 정보를 **픽셀** pixel 이라고 하는데 이 픽셀로 이미지를 만든다.

가장 간단한 형태의 비트맵 이미지는 아래 그림과 같이 한 픽셀을 0과 1로 표현하는 이미지이다. 이때 0은 검정색으로 1은 흰색으로 나타내었다(반대로 표현해도 된다). 비트맵 방식은 이와 같은 형태로 2차원 배열을 구성한 다음 이를 화면에 점으로 나타낼 수 있다.

0과 1로 이루어진
2차원 배열을 만들어
보아요.

```
1 1 0 0 0 0 1 1
1 0 1 1 1 1 0 1
0 1 0 1 1 0 1 0
0 1 1 1 1 1 1 0
0 1 0 1 1 0 1 0
0 1 1 0 0 1 1 0
1 0 1 1 1 1 0 1
1 1 0 0 0 0 1 1
```

02 데이터 과학과 분석 플랫폼

데이터 과학은 다음과 같이 데이터의 구조를 파악하고 이를 분석하는 적절한 알고리즘을 설계하는 것이다. 이를 위하여 프로그래밍이라는 도구를 사용할 것이며, 데이터 과학의 최종 목표는 **데이터의 효율적인 분석을 통해 문제해결을 위한 지식을 쌓아가는 것**이 될 것이다.

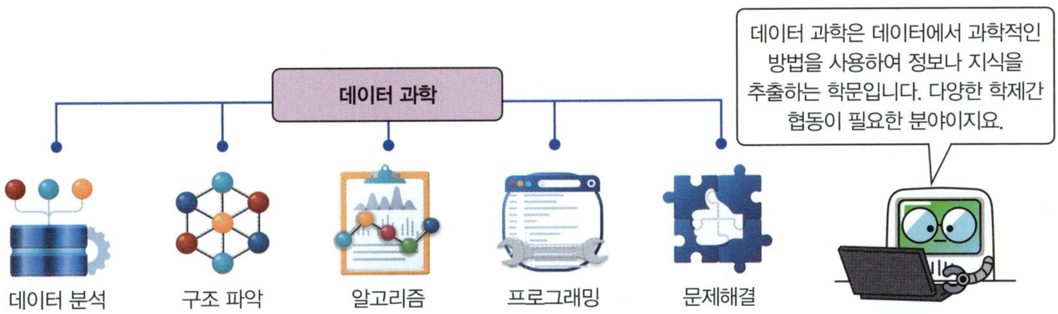

데이터 과학 data science 은 **데이터에서 과학적 방법으로 정보나 지식을 추출하는 학문**이다. 이를 위해서는 통계학, 컴퓨터 과학 그리고 데이터가 발생하는 영역과 관련된 학문 분야의 이론과 기술을 융합적으로 사용하여야 한다. 따라서 데이터 과학은 대표적인 **학제** inter-disciplinary 연구 분야라고 할 수 있다. 위의 그림과 같이 데이터 과학은 획득한 데이터를 분석하고 구조를 파악해야 하며 이를 위한 적절한 알고리즘을 만들고 이 알고리즘을 컴퓨터 프로그래밍으로 구현해야 하는 많은 단계가 있다.

데이터 과학은 인공지능과 어떤 관계가 있을까? 인공지능 연구에서 매우 중요한 부분을 차지하는 것이 **데이터의 품질**이다. 6장에서도 살펴보았지만 어린 아이가 성장하는 과정에서 부모나 주위 사람으로부터 반복적 경험을 통해 여러 장의 '펭귄' 사진을 보고 단어를 학습한 아이는 펭귄의 실제 모습을 처음 보더라도 이를 잘 인식하는 것과 유사한 개념이다.

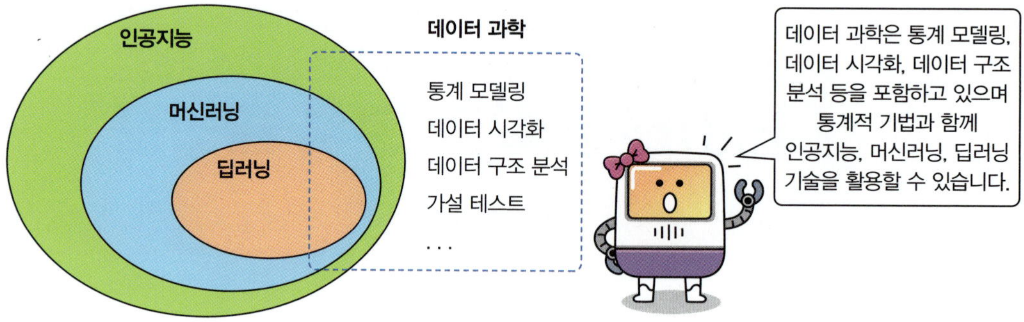

많은 인공지능 연구 경험에 의하면 아무리 좋은 머신러닝과 딥러닝 알고리즘이 있다고 하더라도 이 알고리즘을 학습시키는 데이터의 품질이 나쁠 경우 좋은 알고리즘은 그 성능을 제대로 발휘할 수가 없다. 또 다른 연구에 의하면 머신러닝을 활용해 예측 모델을 만드는 데이터 과학자들이 그들의 작업 시간의 대부분에 해당하는 **80%를 데이터 추출 및 정제 작업에 투자**하고 있다고 한다.

데이터가 정확하지 않거나, 분석할 수 없는 형태이거나, 누락값이 많거나, 중의적이거나 또는 이미 유효기간이 지난 데이터가 대부분이라면 제 아무리 많은 데이터를 보유하고 있다 해도 활용가치는 거의 없다. 실제로 양질의 데이터가 빠진 인공지능은 지능지수(IQ)가 매우 높은 영재에게 공부할 수 있는 좋은 교재와 학습지를 주지 않는 것에 비유하기도 한다.

최근 데이터의 중요성을 인식한 각국의 정부는 익명화된 개인의 정보를 기업들이 활용할 수 있도록 관련 규제를 푸는가 하면, 인공지능 기술 기업과 데이터를 수집 가공하는 기업들을 연결하며 실질적인 인공지능 기술력을 높이는 데 주력하고 있다.

데이터 과학에서 가장 기본이 되는 1차 데이터를 **원천 데이터**라고도 하는데 거의 모든 원천 데이터는 곧바로 활용하기엔 부족하다. 실제 상황에서 데이터 생성 주체의 장애, 전송상의 장애, 저장 오류, 입력 오류, 처리 및 관리 오류, 데이터 설계 오류 등 수많은 원인으로 인해 데이터 시스템의 원천 데이터는 기본적으로 품질이 매우 낮다고 가정하는 편이 옳다. 그렇기 때문에 원천 데이터를 단순히 수집하여 바로 데이터 시스템에 적재해서는 안되며, 적재 이전에 일련의 정제 및 변환 작업을 거쳐야 한다. 바로 이 작업이 데이터 통합 및 정제이다.

데이터 마이닝 data mining 이란 **대규모로 저장된 데이터 안에서 체계적이고 자동적으로 통계적 규칙이나 패턴을 분석하여 가치 있는 정보를 추출하는 과정**을 말한다. 마치 광부가 광산에서 광석을 채굴하는(mining) 것과 같이 **데이터로부터 가치 있는 정보를 추출**한다는 의미로 마이닝이라는 용어를 사용한 것이다. 데이터 과학과 데이터 마이닝 모두 데이터를 이용하여 의미 있는 정보를 추출한다는 공통점이 있다.

데이터가 수집되고 활용되는 사례

최근에 와서는 이러한 데이터 수집이 더욱더 방대한 영역에서 이루어지고 있으며, 그 활용도 과거와 비교할 수 없을 정도로 적극적으로 이루어지고 있다. 과거의 데이터 수집과 최근의 데이터 수집 방식의 차이점은 무엇일까? 과거와 현재의 강수 데이터를 수집하는 예를 들어 비교해 보자. 과거의 측우기를 이용한 방식에서는 강수 패턴을 파악하기 위해 사람의 손으로 강수량을 측정한 후 일일이 책에 기록하고 정리하는 수작업을 할 수밖에 없었다. 또한 과거의 기록물을 관리하고 보관하는 어려움으로 인하여 많은 비용과 시간이 소요되었다.

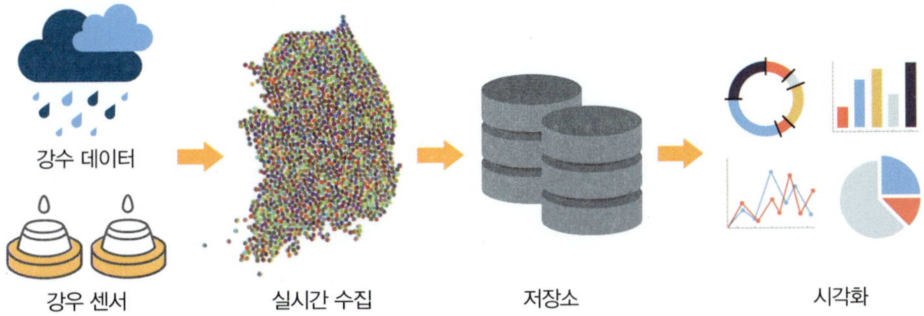

하지만 현재의 강수 데이터는 수많은 지역에 있는 **다양한 측정 장치(센서)로부터 실시간으로 수집**되고 있으며, 이러한 방대한 양의 데이터를 보관하는 저장소 용량이 확대되고 비용이 급격히 저렴해지면서 저장된 데이터는 재활용이 가능한 리소스가 되었다. 또한 데이터의 **재활용성**과 **전용성**이 높아져 시간과 비용을 절약하고 위험성도 적으며 가치 있는 통찰력을 제공하는 새로운 방식으

로 데이터를 분석하고 변환할 수 있게 되었다. 기상 데이터의 가치는 출근하기 전에 일기예보를 통해서 비가 올지 안 올지를 확인하고 그에 맞춰 옷차림을 한다든지 우산을 챙긴다든지 등의 **생활 속 편의를 주는 측면**도 있다. 그리고 이 기상 데이터는 편의점 본사의 입장에서는 어느 지역 점포에 우산을 많이 납품할지를 판단하는 소중한 의사결정 도구가 될 것이고, 판매를 통한 편의점의 매출에 영향을 미치는 중요한 자료가 될 수 있다.

다음은 우리 주변의 빅데이터 수집과 활용 사례이다.

- 제주특별자치도는 관광산업이 큰 비중을 차지하는 지역이다. 이에 제주관광공사 연구센터는 관광 빅데이터를 구축하고 시스템화하여 관광객들의 이동 패턴과 결제 장소에 따른 주요 상권 분석 등 관광상품 개발에 필요한 여러 빅데이터를 확보했다고 한다.
- 세계 최대의 전자상거래 회사인 아마존닷컴은 모든 고객의 구매내역을 데이터베이스에 기록하고, 이 기록을 분석해 소비자의 소비 취향과 관심사를 파악한다. 빅데이터의 활용을 통해 아마존은 고객별로 '추천상품'을 표시한다. 이러한 추천을 위해서는 인공지능 알고리즘의 일종인 머신러닝과 딥러닝 기술이 사용된다.
- 브라질에서 개최된 2014년 FIFA 월드컵에서 독일은 준결승에서 개최국인 브라질을 꺾고, 결승전에서 아르헨티나와 연장전까지 가는 접전 끝에 승리를 거두었다. 우승을 차지한 독일 국가대표팀은 SAP와 협업하여 훈련과 실전 경기에 'SAP 매치 인사이트'를 도입했다. 이 기능은 선수들에게 부착된 센서를 통해 운동량, 순간속도, 심박수, 슈팅 동작 등 방대한 비정형 데이터를 수집, 분석한 결과를 감독과 코치의 태블릿으로 전송하여 그들이 데이터를 기반으로 전술을 짜도록 도와주는 솔루션이다.

데이터 분석을 위한 플랫폼인 캐글

다음으로 이러한 데이터 분석을 도와주는 협업 플랫폼인 **캐글** kaggle에 대해서 알아보도록 하자. 캐글 웹사이트의 주소는 다음과 같다.

```
https://www.kaggle.com/
```

캐글 사이트의 필요성을 이해하기 위해 우선 다음과 같은 사례를 살펴보자.

> "어떤 기업 A사에서는 10여 년간 자사의 전자 제품에 대해 고객의 문의 전화를 응대하는 서비스를 운영한다. 이 과정에서 고객의 정보와 제품의 불량에 대한 방대한 데이터를 축적하였다고 가정하자. 이제 A사는 이 정보를 토대로 모든 고객에게 일방적으로 같은 응대를 하지 않고, 개별 고객에 대한 **맞춤형 응대 매뉴얼을 개발**하여 전화 응대 직원들에게 보급하려고 한다. 예를 들어 그동안의 전화 시간과 불량 접수의 유형, 사후 처리와 만족도 등의 축적된 방대한 데이터를 분석하여 어떤 고객이 VIP 고객인지, 어떤 고객이 불량 고객인지를 판단하는 시스템을 구축하려 하는 것이다. 만약 다행히 이 기업에 우수한 데이터 분석 전문가가 확보되어 있다면 이 전문가의 힘을 빌려 데이터를 잘 분석할 수 있을 것이다."

그러나 안타깝게도 전문가가 없다면, 이 기업은 새로운 전문가를 채용해야만 하는 것일까? 만일 이 업무가 1회적인 업무라면 굳이 사람을 채용할 필요가 있을까? 혹은 이 업무에 관련하여 세계에서 가장 우수한 전문가의 힘을 빌려서 훌륭한 분석 시스템을 개발하려면 어떻게 하는 것이 좋을까?

이 같은 경우에 대하여 기업 A는 캐글을 이용하는 것을 고려해 볼 수 있을 것이다. **캐글**은 기업이나 기관으로부터 데이터를 제공받아서, 이를 온라인으로 공개하여 세계 각지의 수많은 데이터 과학자들이 팀이나 개인으로 이 문제를 해결할 수 있도록 도와주는 플랫폼이다. 캐글은 2010년에 설립된 예측 모델 및 분석 대회 플랫폼인데 지금 이 시간에도 전 세계의 데이터 과학자들이 문제를 해결하는 모델을 개발하고 서로 경쟁하고 있다. 실제 프랑스 전자상거래 사이트인 C디스카운트는 상품 이미지 분류 대회를 열었으며 3만 5천 달러의 상금을 걸었다. 캐글의 데이터 세트는 대회가 끝나면 사라지기도 하지만 언제든 다운로드 받을 수 있는 경우도 많다. 그리고 이 대회에 참여한 개인이나 팀의 코드를 보고 토의하는 커뮤니티도 잘 되어 있어서 인공지능 연구자들의 좋은 놀이터로 인기를 얻고 있다.

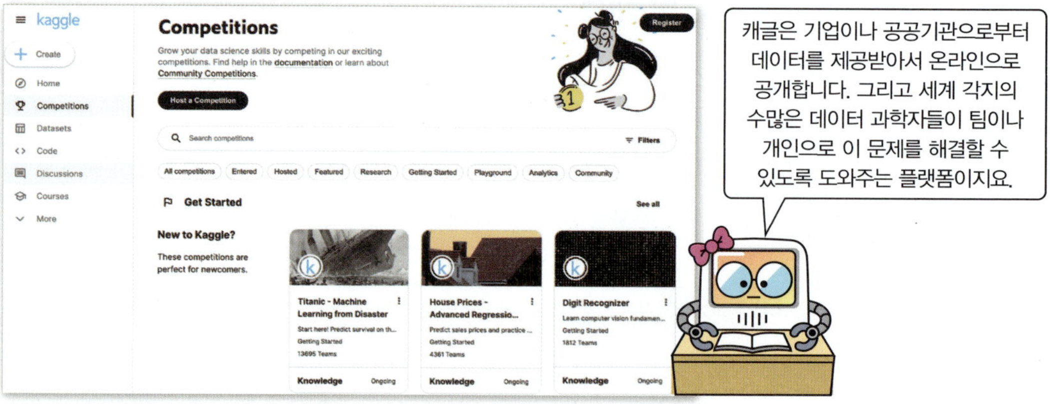

캐글에 접속한 다음 **Competitions** 메뉴를 살펴보자. 이 메뉴에는 그림과 같이 초보자를 위한 타이타닉 생존자를 예측하는 간단한 예제와 더불어 많은 경진대회가 상금과 함께 개최되고 있다. **타이타닉 생존자 예측 문제**는 1912년 첫 항해 중에 대서양에 침몰한 호화 여객선 타이타닉호의 승객 데이터를 이용하는 문제이다. 이 데이터에는 승객의 성(sex), 나이, 객실 등급, 동반 가족 등이 포함되어 있으며 이를 분석하여 생존/사망 요인을 분석하는 문제이다.

또한 캐글의 **Datasets** 메뉴에는 여러 기업이나 기관에서 공개한 풍부한 데이터 집합이 있으며 이 데이터의 분석 목표를 다음과 같이 명시하여 제공하고 있다.

다음은 캐글에 등록된 데이터와 분석 주제의 한 예이다(출처: 캐글 홈페이지).

- 통신사에서 축적한 고객의 정보를 분석하여 주의 깊게 살펴야 할 고객 정보를 찾아내는 고객 행동 예측 분석

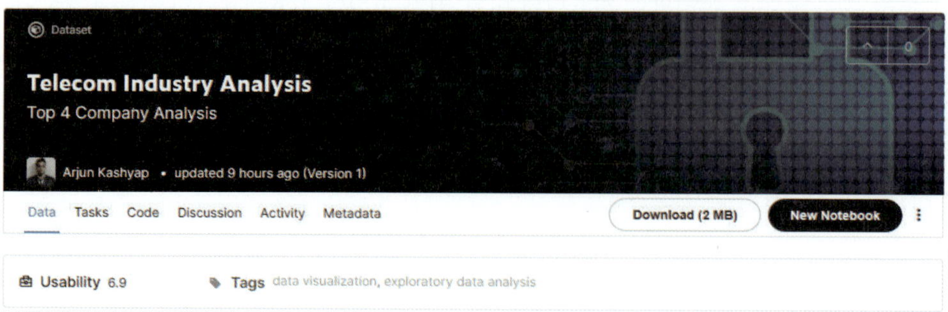

- 코로나19 환자와 정상인의 가슴 X-선 사진을 이용하여 코로나 환자를 진단

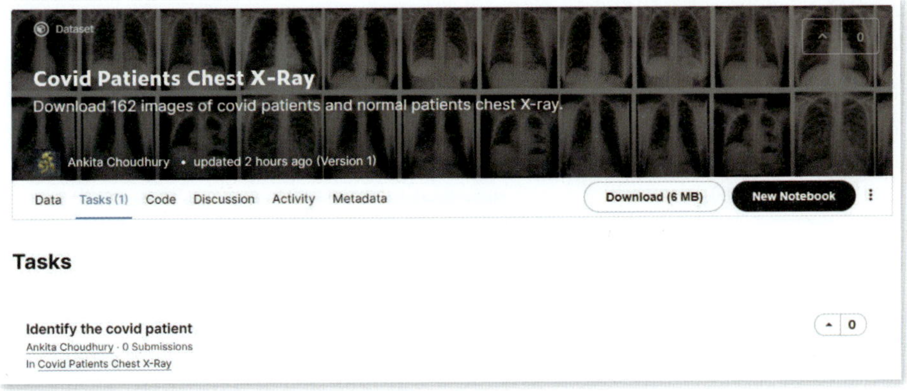

지금 이 시간에도 많은 기업이나 정부, 기관에서 데이터를 제공하고 있으며 이 데이터를 바탕으로 훌륭한 분석 결과를 제시하려는 많은 데이터 과학자들이 캐글 생태계를 더욱더 발전시키고 있다.

데이터 마켓과 열린 데이터

캐글뿐만 아니라 미국 정부의 경우 data.org라는 웹사이트에서 정부의 주요 데이터를 공개하고 있으며, 지금도 여러 나라의 정부기관과 의료기관 등에서는 많은 데이터를 공개하여 데이터 분석가들이 활용할 수 있도록 하는 **데이터 마켓**data market 을 열고 있다. 모든 사람이 제한 없이 자유롭게 사용하고 재사용할 수 있으며 재배포까지 가능한 데이터를 **열린 데이터**open data 라고 한다.

오픈 데이터 핸드북이라는 웹사이트에서는 **열린 데이터의 가장 핵심이 되는 개념**을 다음과 같이 정의하고 있다.

이용성 및 접근	전체 데이터가 이용 가능해야 하며, 합리적인 재생산 비용으로, 가능하면 인터넷에서 다운로드되어야 한다. 데이터는 편리하고 수정 가능한 형태로 제공되어야 한다.
재사용과 재배포	데이터는 서로 다른 데이터와 결합되는 것을 포함하여 재사용과 재배포를 허용하는 조건으로 제공되어야 한다.
보편적 참여	누구나 데이터를 사용, 재사용 및 재배포할 수 있어야 한다. 즉, 활동 분야, 특정한 사람이나 그룹에 대한 차별이 없어야 한다. 예를 들어, '비상업적' 제한 조건은 '상업적' 사용을 제한할 수 있으며, 특정한 목적에 한정된 사용 조건은 허용되지 않는다.

비록 열린 데이터는 아니지만 캐글과 같은 데이터 분석 플랫폼은 데이터 분석을 전문적으로 하는 개발자를 위한 열린 토론, 소스코드 공개 등의 상호 소통을 활발하게 지원하고 있다. 또한, 최근 캐

글의 데이터 분석 플랫폼의 효과적인 데이터 분석을 위해서는 대부분 머신러닝이나 딥러닝 기술과 같은 인공지능 기술을 사용하고 있는 추세이다.

NOTE **2019년 미국의 직업 순위 1위는 데이터 과학자**

기업에 대한 평가와 연봉 등을 정리해서 알려주는 소셜 구인 사이트인 Glassdoor에 따르면 2019년도 미국에서 최고의 연봉과 만족도를 보여주는 직업이 데이터 과학자인 것으로 알려졌다.

	Job Title	Median Base Salary	Job Satisfaction	Job Openings
#1	Data Scientist	$108,000	4.3/5	6,510
#2	Nursing Manager	$83,000	4/5	13,931
#3	Marketing Manager	$82,000	4.2/5	7,395

2021년도와 2022년도의 순위는 2위와 3위로 다소 떨어지기는 했으나 수만 개 이상의 직업군 중에서 최상위에 위치한 각광받는 직업은 여전히 데이터 과학자이다.

03 데이터 사이의 관련성을 알아보는 방법

인공지능을 발전시키기 위한 데이터의 이해

현재 우리가 사용하고 있는 인공지능 시스템은 기본적으로 컴퓨터를 이용하여 인간의 생각을 흉내 내는 구조이며 이를 위해서 적절한 형태의 입력이 제공되어야 한다. 그리고 그 입력에 대해서 인공지능 모델은 **인간의 사고와 유사한 직관을 발휘하여 적절한 출력**을 내보내야 할 것이다. 이를 위해서 주어지는 **데이터를 이해하는 것이 선행**되어야 한다. 가장 기본적인 데이터 간의 특성으로 볼 수 있는 것이 바로 상관관계인데 이에 대해서 간단히 살펴보자.

여러분의 주위를 둘러보면 일반적으로 키가 큰 사람이 키가 작은 사람에 비해 몸무게가 많이 나가는 것을 볼 수 있다. 또한, 연간소득이 높은 사람일수록 가격이 비싼 차를 타는 경향이 있기도 하다. 사람의 키와 몸무게, 연간소득과 타고 다니는 자동차의 가격은 서로 증가하거나 감소하는 관계에 있다고 볼 수 있다. 반대로 사람의 키와 그 사람의 연간소득은 큰 상관관계나 의존성이 없을 것으로 미루어 짐작할 수 있다. 이것을 다르게 이야기 하면 키와 몸무게는 관계가 있지만, 연간소득과는 관계성이 낮다고 이야기할 수 있다.

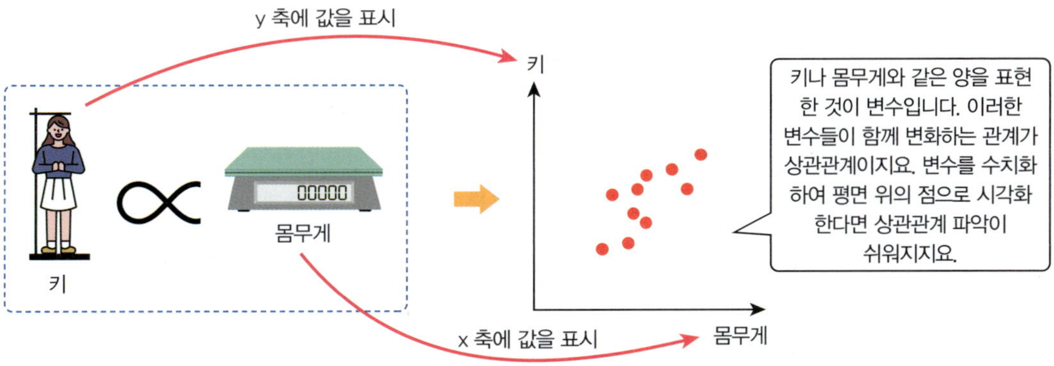

키, 몸무게, 연간 소득과 같이 변하는 양을 표현한 것이 **변수**이며, 두 개의 **변수들이 함께 변화하는 관계가 상관관계** correlation 이다. 그리고 이 변수들 사이의 상관관계의 정도를 나타내는 수치가 **상관**

계수 correlation coefficient 이다. 앞의 그림과 같이 두 개의 변수가 그 크기를 수치로 나타낼 수 있다면 이 수치값을 x축과 y축이 있는 2차원 평면 위의 점으로 표시할 수 있을 것이다. 이렇게 하면 그 관계를 파악하는 것이 보다 더 쉬워진다.

상관관계가 있는 두 변수가 있을 경우 한 값이 증가할 때 다른 값도 증가할 경우 양의 상관관계가 있다고 하며, 반대의 경우 음의 상관관계가 있다고 한다. 다음은 그 예이다.

- 양의 상관관계: 일평균 기온이 높으면(+) 아이스크림 판매가 증가한다(+).
- 음의 상관관계: 일평균 기온이 높으면(+) 패딩 의류 판매가 감소한다(−).

상관관계와 **인과관계** causation 는 착각을 많이 일으키는 개념인데 예를 들어 다음과 같은 주장에 대해 생각해 보도록 하자.

"**아이스크림 판매량**과 **익사 사고 건수**는 상관관계가 매우 높다. 따라서 **익사 사고를 예방하기 위해서 아이스크림 판매를 제한**해야 한다."

이 주장에 대하여 깊이 생각해 보면 아이스크림 판매량의 증가는 평균 기온이 높아지면 발생하는 것으로 일평균 기온은 아이스크림의 판매에 영향을 미치는 인과관계가 있다고 생각할 수 있다. 익사 사고 역시 일평균 기온의 상승에 따른 야외 물놀이 활동의 증가로 인한 안타까운 사고일 것이다. **아이스크림의 판매량과 익사 사고는 높은 상관도는 있을 수 있으나 인과성을 찾기는 어렵다**. 따라서, 아이스크림의 판매를 아무리 제한해도 익사 사고를 막는 데는 큰 효과가 없을 것이다. 이와 같이 데이터를 가지고 어떠한 상관관계에 대해 주장을 하는 경우, 항상 '이것이 인과관계를 보장해 주는가?'라는 의문을 가지는 것이 필요하다. 상관관계는 2가지로 해석할 수 있다. 한 가지는 한 변수가 다른 변수의 직접적인 원인이 되는 **인과관계**이고, 다른 한 가지는 두 변수가 서로 영향을 주는 **상호관계**이다.

데이터 사이의 특성을 파악하기 위한 상관관계의 시각화와 정량화

두 독립변수 값이 있을 경우 이를 바탕으로 상관관계를 정량화하여 나타내는 값이 **상관계수** 값이다. 상관계수는 –1에서 1 사이의 값을 가지며 1일 경우 **완전한 양의 상관관계**, –1일 경우 **완전한 음의 상관관계**를 가진다고 할 수 있다. 반면 0에 가까울수록 **상관관계가 약하다**고 할 수 있다. 그림 ⑥을 살펴보면 두 변수 사이에는 일정한 함수적 관계가 있다고 볼 수 있지만 실제 상관도는 0으로 나타난다. 이것은 **상관계수가 두 변수들 사이의 선형적인 관계만을 측정하는 한계**가 있기 때문이다.

상관계수를 r이라고 하고 키나 몸무게와 같은 독립변수를 각각 x, y축에 배치한 후 데이터를 시각화한 그림이 아래에 있으며, 이에 대한 설명은 다음과 같다.

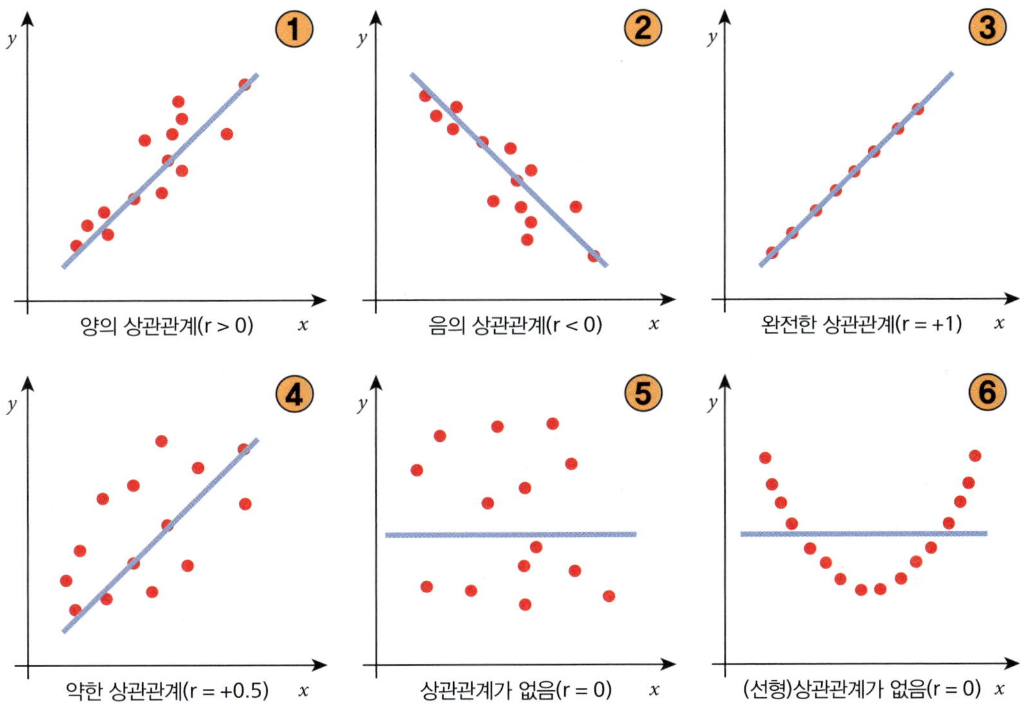

① r의 부호가 +인 경우: 두 변수 x, y의 값 중에서 한쪽이 증가할 때 다른 한쪽도 증가하는 관계가 있음.

② r의 부호가 –인 경우: 두 변수 x, y의 값 중에서 한쪽이 증가할 때 다른 한쪽은 감소하는 관계가 있음.

③ $r = +1$인 경우: x, y가 서로 완벽한 선형 함수로 모델링이 가능할 경우 선형 함수의 기울기 값에 상관 없이 상관계수는 1이 됨.

④ $r = +0.5$인 경우: r값은 분산이 커질수록 작아짐.

⑤ $r = 0$인 경우: 데이터의 분포가 랜덤할 경우 상관관계가 없으므로 상관계수는 0이 됨.

⑥ $r = 0$인 경우: 상관계수는 **선형적인 상관도만을 측정**하므로 $y = x^2$와 같은 비선형적 관계일 경우 0에 가까운 값을 가짐(즉, 선형 상관관계가 없음).

특성 분석 시에 위와 같이 산점도를 사용하여 상관관계를 시각화한 후 r값을 살펴보는 것이 데이터의 특성 파악에 더욱 도움이 될 것이다.

오늘날은 여러 가지 방식으로 인공지능을 연구하고 있다. 이러한 연구의 가장 기본이 되는 것은 많은 **데이터를 이용하여 인간의 지능을 흉내 내는 것**이라 할 수 있다. 이와 같이 많은 데이터를 다루기 위해서는 상관관계 분석, 회귀 분석과 같은 기본적인 통계 분석이 필수적이라고 할 수 있다. 인공지능 기술의 많은 부분은 컴퓨터 과학에 기반을 두고 있기 때문에 하드웨어와 소프트웨어, 프로그래밍, 알고리즘 등의 기술을 익혀야 하지만 인공지능을 위한 가장 기본적이고 중요한 학문으로서 통계학이 가지는 역할도 매우 크다. 다음 그림은 인공지능과 머신러닝 그리고 데이터 과학과의 관계를 보여주고 있다.

인공지능

인간의 학습, 추론, 지각능력을 인공적으로 구현하는 과학 분야

- 지능적인 행위, 학습능력을 인간 수준으로 가지는 것이 최종적인 목표이지만 현재까지의 기술은 이에 못미침.
- 머신러닝 기술과 같은 약한 인공지능은 데이터 과학의 중요한 도구가 되고 있음.

머신러닝

명시적 프로그래밍 없이 학습을 통해 기계의 작업 성능을 높여나가는 기술로 인공지능의 세부 기술

- 머신러닝은 인공지능의 가장 일반적인 형태로 실생활에서 이미지 인식이나 자연언어 처리에 활용됨.
- 머신러닝을 이용한 빅데이터 분석은 데이터 과학자들에게 중요한 영감을 주고 있음.

데이터 과학

사람의 의사 결정을 돕기 위해 데이터를 분석하여 그 구조를 파악하는 과학 분야

- 데이터 과학은 통계, 수학, 컴퓨터 과학을 포함한 여러 분야의 기술이 바탕이 됨.
- 인공지능 중에서 머신러닝은 데이터 과학자들에게 매우 중요한 도구가 되었음.

그림에서 설명하는 바와 같이 인공지능의 세부 기술인 머신러닝은 최근에 데이터 과학자들에게 매우 중요한 도구가 되었으며, 많은 데이터 과학자들이 인공지능과 머신러닝 기술을 활용하여 사람의 의사결정을 돕고 데이터의 구조를 파악하고 있다.

04 알고리즘보다 데이터가 중요하다

데이터에 비례하여 딥러닝 알고리즘은 향상되고 있다

인공지능 연구가 1950년대에 많은 이들의 주목과 기대를 받다가 침체기를 겪고(1차 인공지능의 겨울), 다시 또 부상하는 듯하다가 침체기를 겪는(2차 인공지능의 겨울) 과정을 통해서 인공지능 연구에 새로운 흐름이 추가되었는데 그것은 인공지능 알고리즘에 주목하는 것과 함께 데이터의 확보에 중심을 두자는 흐름이었다.

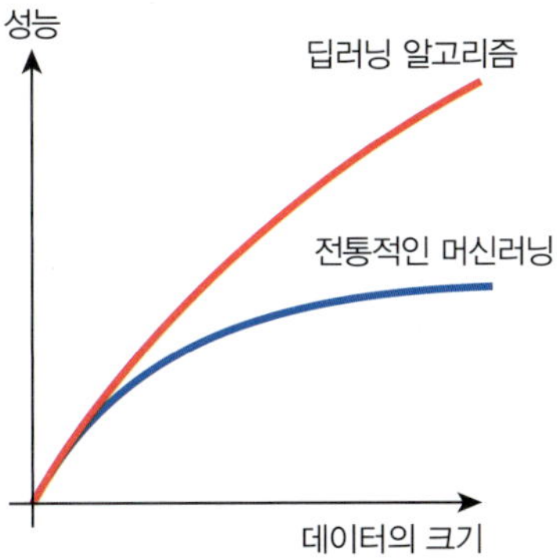

위의 그림과 같이 최근 부상하고 있는 많은 **딥러닝 알고리즘은 데이터의 크기에 비례하여 그 성능이 향상**되고 있으며, 이에 반해 전통적인 머신러닝은 데이터의 크기와 성능이 덜 비례하는 관계가 있다. **알고리즘보다 데이터가 중요**하다는 의견은 2000년대 이후 대규모 데이터를 다루는 실무 분야에서 적극적으로 대두되었다. **구글의 아론 할레비** Alon Halevy, **피터 노빅** Peter Norvig, **페르난도 페레이라** Fernando Pereira는 '데이터의 불합리한 효과성'[2]이라는 전문가 의견 기고에서 인간 언어를 이해하는 것과 같은 문제는 물리학처럼 우아한 이론을 만들어내는 방식으로는 어렵다고 하였다.

[2]Halevy, A., Norvig, P., and F. Pereira, F. (2009) The Unreasonable Effectiveness of Data, *IEEE Intelligent Systems*, 24(2):8-12.

그들은 인간의 언어를 이해하는 컴퓨터 알고리즘을 만들기 위해서는 이 문제의 복잡함을 그대로 인정하고 방대한 데이터가 만들어내는 놀라운 효과를 잘 활용하는 것이 더 성공적인 접근법이라고 주장한다.

데이터에 문제가 있다면 학습의 결과를 신뢰하기 어렵다

다시 이야기하면, 데이터에 문제가 있을 때에는 학습의 결과가 신뢰할 수 없다는 것을 의미한다. 데이터가 가질 수 있는 문제는 다음과 같은 것들이 있다.

- **데이터 편향**data bias: 확보된 데이터가 대표하는 모집단의 분포를 제대로 반영하지 못하고 일부의 특성만을 가지고 있는 경우이다. 이러한 편향의 원인은 크게 두 가지가 있는데 하나는 **너무 적은 수의 표본**을 추출한 경우이고 다른 하나는 **표집 방법이 잘못**되어 모집단에 속한 대상을 골고루 추출하지 못하는 경우이다. 편향이 있는 데이터로 학습한 결과는 모집단을 대표하는 일반적 특성을 제대로 이해하지 못할 것이다.

- **부정확성** inaccuracy : 데이터의 품질이 낮아 많은 오류와 이상치, 잡음을 포함하고 있는 경우이다. 이러한 데이터를 그대로 훈련에 활용할 경우에는 이상치에 의해 학습이 영향을 받을 수 있고, 그 결과 일반화 성능이 떨어질 수 있다. 오류나 잡음이 많은 경우에도 학습은 이 오류나 잡음을 학습한 결과가 되어 실제 데이터에는 적합하지 않은 모델을 만들게 될 것이다.

- **무관함** irrelevance : 데이터는 많이 확보했지만 이 데이터가 담고 있는 특성들이 학습하려고 하는 문제와는 무관한 데이터일 수 있다. 이것은 **수학책으로 국어 공부**를 하려는 것처럼, 데이터는 많아도 학습할 수 있는 재료는 부족하다고 할 수 있다. 따라서 학습의 결과는 문제를 해결하는 데에 큰 도움이 되지 못하는 성능에 머물러 있을 것이다.

좋은 데이터를 확보하기 위한 다양한 학문 분야의 협력

학습을 위한 좋은 데이터의 확보와 함께 중요한 것이 바로 학제간 협력이다. 인간의 두뇌를 인공적으로 만들기 위한 기술을 구현하기 위해서는 다음과 같은 다양한 학문 분야의 협동 연구가 필요하다.

- 컴퓨터 과학
- 공학
- 언어학
- 수학과 통계학
- 철학
- 생리학
- 인지 과학
- 윤리학
- 논리학
- 자연 과학
- 심리학

학제간 연구 inter-disciplinary research란 어떤 하나의 연구주제에 대해서 두 가지 이상의 서로 다른 접근을 취하는 학문 분야의 연구자들이 제휴하여 공동으로 연구를 진행하는 것을 말한다.

학제간 연구의 예로 **공공보건 문제**를 살펴보자. 공공보건 분야는 과거에는 예방의학과의 위생학에서 주로 다루는 학문으로 의학의 비중이 높았지만, 요즘은 정책학 쪽의 비중이 높아지고 있다. 이 때문에 공공보건을 별도로 **사회역학** social epidemiology이라고 부르기도 한다. 다음 절에서는 학제간 연구의 훌륭한 사례로 알려진 **사건 지평선 망원경** 프로젝트에 대해서 살펴보도록 하자.

05 천문학과 데이터 과학의 만남: 사건 지평선 망원경

천문학과 데이터 과학의 만남이 이루어낸 쾌거

이 절에서는 천문학과 데이터 과학의 만남이라는 주제로 EHT로도 부르는 **사건 지평선 망원경** Event Horizon Telescope: EHT 기술에 대하여 살펴볼 것이다. 이 프로젝트는 천문학자와 데이터 과학자의 성공적인 협업 그리고 수백 명의 과학자가 참여한 국제 공동 연구가 낳은 훌륭한 성과로 볼 수 있다.

미국과 유럽, 일본, 한국 등 다국적 연구자로 구성된 국제 연구 협력 프로젝트인 **사건 지평선 망원경** 연구팀은 2019년 5월 10일 인류가 직접 관측한 **블랙홀 그림자 이미지**를 사상 처음으로 공개했다. 연구팀은 2017년 4월 약 열흘에 걸쳐 지구에서 빛의 속도로 5,500만 년 이동해야 도착할 수 있는 거리의 은하 중심부에 있는 M87이라는 거대한 블랙홀을 관측한 뒤 이 **관측 데이터를 2년에 걸쳐 분석**했다.

물리학에서 흔히 기적의 해라고 불리는 1905년, 아인슈타인의 일반 상대성이론에 관한 논문이 발표되면서 인류는 시공간의 개념과 중력의 비밀에 관한 영감을 가지게 되었다. 아인슈타인의 일반 상대성이론에 의하면 질량을 가진 물체가 존재하면 그 주변의 시공간은 물체가 가진 중력의 영향으로 휘고, 질량이 크면 클수록 시공간은 더 많이 휜다고 한다. 또한 극도로 큰 질량을 갖고 있는 천체는 그만큼 큰 중력을 갖게 되고 결국 빛조차 빠져나갈 수 없는 상태가 될 것이다.

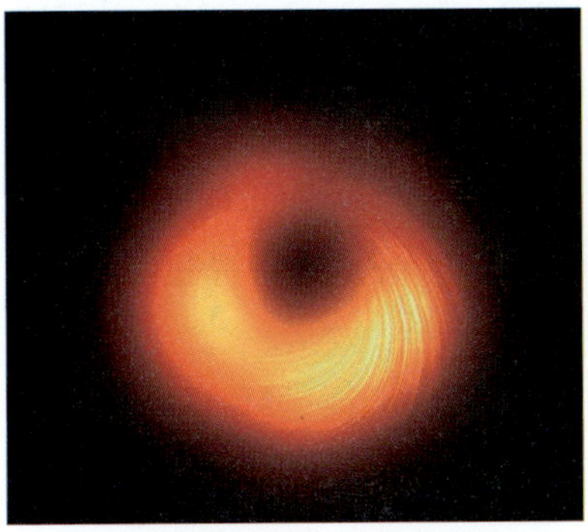

사건 지평선 망원경 프로젝트의
블랙홀 그림자 사진

상대성이론을 주장한
아인슈타인

질량을 가진 물체가 존재하면 그 주변의 시공간은 물체가 가진 중력의 영향으로 휘고, 질량이 크면 클수록 시공간은 더 많이 휜다. 또한 극도로 큰 질량을 갖고 있는 천체는 그만큼 큰 중력을 갖게 되고 결국 빛조차 빠져나갈 수 없다. 이것이 블랙홀이다.

이와 같이 **중력이 극단적으로 강하여 시공간이 하나의 점으로 모이는 공간인 블랙홀**은 인류의 호기심을 끝없이 자극하여 SF 소설과 영화의 단골 소재로 사용되었다. 2014년 개봉한 영화 **인터스텔라**는 특히 우리나라에서 선풍적인 인기를 얻었으며 블랙홀에 대한 대중의 관심을 끈 대표적인 작품으로 손꼽힌다. 당시 크리스토퍼 놀란 감독은 인터뷰에서 "어떤 영화보다 실제에 가까운 블랙홀을 묘사하기 위해 노력했다"고 말했다.

NOTE 블랙홀

블랙홀 black hole 은 아인슈타인의 일반 상대성이론에서 그 존재 가능성이 예견되기는 하였으나 당시만 하더라도 이것을 지칭하는 용어는 없었다. 이 용어는 아인슈타인의 공동 연구자였던 미국의 물리학자 **존 휠러** John Wheeler 가 최초로 사용하여 1960년대에 일반 사람들에게 소개되었으며, 1970년대에 이르러서야 백조자리 X-1이라는 X선 천체를 통해 그 실체가 간접적으로 관측되었다. 간접적 관측이라고 하는 이유는 블랙홀 자체가 빛을 모두 흡수하기 때문에 광학 망원경으로 볼 수 없는 천체이기 때문이다.

블랙홀은 천문학 용어 중에서 가장 유명한 용어로 대중들에게도 널리 알려져있으며, 많은 SF 소설과 영화의 소재로 등장하기도 한다.

관측한 신호를 모아서 의미 있는 정보로 만들기

EHT 연구팀이 관측 대상으로 지정한 블랙홀은 지구와 너무 멀리 떨어져 있기 때문에 일반적인 광원 망원경으로 촬영이 불가능하며 전파 망원경조차도 신호를 구별하기에 부족하였다. 이 문제의 어려움을 비유하자면 지구에서 봤을 때 **달 표면에 있는 토마토를 식별할 수 있을 정도의 높은 해상도를 확보**해야 하는 것과 같다. EHT 연구팀은 멀리 떨어진 블랙홀 주위의 사진을 만들기 위하여 그림과 같이 전 세계 전파 망원경을 연결하는 방식을 사용하였다. **지구 전체를 하나의 전파 망원경으로 관측하는 방식**으로 이 문제에 도전한 것이다. 즉, 그림과 같이 지구 여러 곳의 망원경을 이용하여 동시에 한 곳을 관측하고 그 신호를 모아서 마치 하나의 망원경이 관측한 것과 같은 이미지를 만드는 방법을 사용하였다.

지구에 있는 최고의 망원경들을 연결하여 최대한 많은 신호를 수집했기 때문에 이 데이터는 어마어마한 수준이었으며, EHT가 관측을 시도한 시기는 2017년 4월이지만 이 블랙홀 주변의 사진이 공개된 시기는 2019년 5월로 약 2년의 시간 차이가 발생하였다.

사건 지평선 망원경은 전파 망원경의 해상도를 최대로 높이기 위해서 지구 전역에 있는 전파 망원경을 사용했습니다. 즉 지구 전체를 하나의 거대한 망원경으로 사용하는 방식이지요. 지구 여러 곳의 망원경을 이용하여 촬영한 신호를 모아서 데이터의 처리 작업을 통해 블랙홀 그림자 영상을 만드는 데 2년의 시간이 소요되었습니다.

사건 지평선 망원경 프로젝트에서 사용한 지구 전역의 망원경과 위치

실제 지구 전역의 전파 망원경을 통해서 수집된 데이터는 그림과 같이 **촬영 시간**과 **좌표** 등의 여러 가지 정보를 포함하고 있는 **디지털 데이터**이다. 이 데이터의 총 분량은 5페타바이트로 일반적인 초고속 인터넷망으로는 전송이 불가능한 대용량의 데이터였다. 따라서 연구팀은 전 세계의 데이터를 비행기를 이용하여 한 곳으로 수집한 후 **데이터의 상관도를 분석**하고, **측정값 보정 작업**과 **여러 가지 전처리 작업**을 거친 다음 **이미지 처리 작업**을 수행하였다. 이 과정에서도 **대용량의 데이터 처리 작업**이 수행되었으며 파이썬 프로그래밍 언어의 넘파이라는 수치 연산용 패키지가 중요한 역할을 담당하였다.

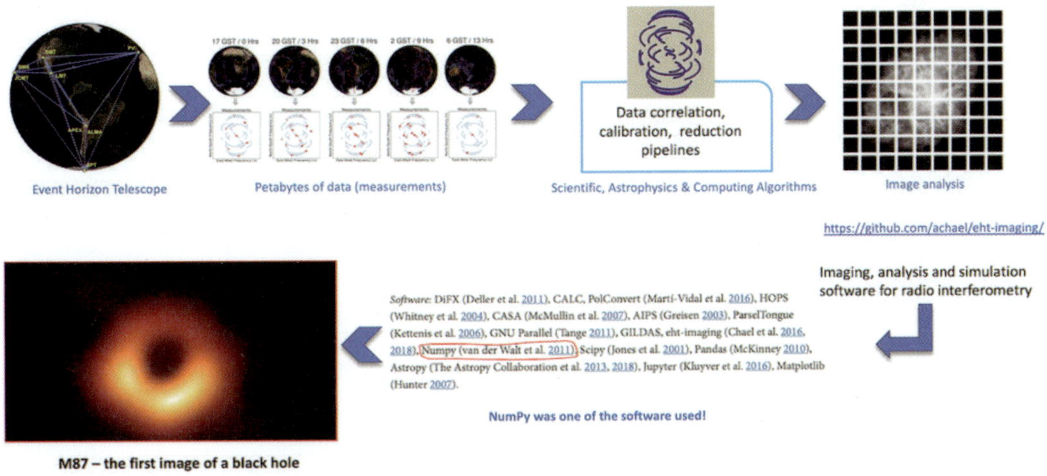

The role of NumPy in Black Hole imaging

결론적으로 21세기 과학의 최대 업적 중 하나인 블랙홀의 그림자 이미지 생성 작업은 **데이터 분석과 처리 작업이 천체 물리학과의 협업을 통해서 얻은 업적**이라고 볼 수 있다. 이 작업에는 전 세계 60여 개 연구기관과 200명이 넘는 천문학자와 데이터 과학자들이 참여하였으며 이들의 협업을 통해 엄청난 과학적 성취를 이룬 것이다. 특히 컴퓨터 과학과 데이터 과학에서 널리 사용되는 중요한 패키지인 넘파이라는 라이브러리는 물리학의 성취를 이루는 데 크게 기여했다.

한걸음 더 과학자들의 만능 소프트웨어 모듈 넘파이

2020년 9월 저명한 과학 저널인 네이처에 **넘파이**numpy에 대한 리뷰 논문이 게재되었다. 기초과학 분야 논문을 주로 게재하는 네이처에 소프트웨어 모듈이 소개된 것은 매우 이례적인 일이었다. 논문은 **텐서**tensor라 불리는 다차원 배열을 효율적으로 다루는 넘파이가 과학 분야에 파이썬 생태계를 제공했고, 각 과학 분야의 수치 데이터 처리 기술들이 상호운용성을 가질 수 있도록 하는 역할을 했다고 밝히고 있다. 블랙홀의 모습을 최초로 찍어낸 사건 지평선 망원경 연구팀이 넘파이 배열을 이용해 연구의 단계별 데이터를 저장하고 다루었던 사례도 소개하였다.

영국 왕립 천문학회는 넘파이를 바탕으로 만들어진 **Astropy**에게 상을 수여하면서 "Astropy 프로젝트는 수백 명의 젊은 과학자들에게 버전 제어, 단위 검사, 코드 리뷰, 이슈 트래킹과 같은 전문가 수준의 소프트웨어 개발 경험을 제공했다. 현대의 연구자에게 이것들은 핵심적 기술들인데 물리학이나 천문학 분야의 정규 대학 교육에서는 종종 누락되고 있다."고 밝혔다.

컴퓨터 과학자들이 주도하여 만든 **넘파이는 의학, 천문학, 통계학, 수학, 물리학, 생물학, 분자생물학, 심리학, 경영학, 경제학 등의 여러 분야에서 사용되는 만능 소프트웨어 모듈**로 각광받고 있다.

06 의미 있는 데이터를 모아서 데이터 분석을 하자

업무 활동이나 현업에서 발생하는 원천 데이터는 분석이나 머신러닝에 적합하지 않은 경우가 많다. 데이터에 의미 없는 값이 포함되어 있거나, 수치값이 필요한데 엉뚱한 값이 존재한다거나 너무 많은 변수가 있어서 중요한 변수가 무엇인지를 구별하기 힘들 경우 데이터의 품질은 매우 떨어진다. 머신러닝에서 널리 사용되는 말 중에서 'Garbage-in Garbage-out'이라는 말이 있다. Garbage는 우리말로 **쓸모없는 물건**을 말하며 '쓸모없는 데이터가 입력으로 들어가면 쓸모없는 결과만 나올 뿐'이라는 의미이다.

따라서, 인공지능 연구나 개발에 앞서 **원천 데이터로부터 의미 있는 정보를 얻기 위한 작업이 먼저** 이루어져야 한다. 데이터를 분석하는 작업은 크게 다음의 순서를 따른다.

1. **문제 정의**: 데이터 분석이 필요한 이유를 정확하게 한다.
2. **데이터 수집**: 분석에 필요한 데이터를 찾고 모은다.
3. **데이터 탐색 및 전처리**: 대부분의 데이터는 생성될 때 전처리를 전제로 만들어지지 않았기 때문에 분석을 위해서 분석에 적합한 형태로 재가공해야 한다.
4. **모델링**: 원하는 결과를 도출하기 위해 예측, 분류, 회귀 등의 작업을 진행한다.
5. **시각화**: 도출된 결과를 알아보기 쉽게 시각적으로 나타낸다.
6. **해석**: 데이터의 의미를 처음 정의했던 문제와 연관시킨 후 문제해결 방법을 모색한다.

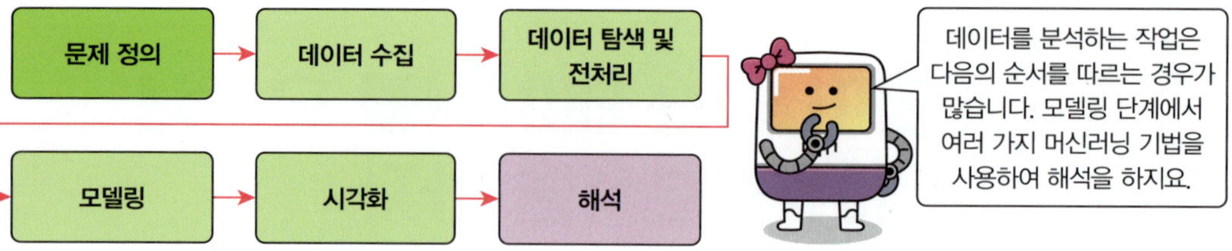

각 단계의 세부적인 내용과 구체적인 과정에 대해 알아보자.

문제 정의

문제 정의 단계는 쉬워 보이지만 데이터 분석 프로세스에서 가장 중요한 단계이자 어려운 단계이다. 어떤 일을 하든 해야 할 문제가 제대로 설정되지 않는다면 문제를 풀 수 없을 것이다. 또한 분석 단계에서 내내 방황하다가 성과 없이 끝내기 쉽다. 문제 정의 단계에서는 일반적으로 다음의 내용을 포함하여 정의해야 한다.

1. 분석의 대상, 분석의 목적이 분명해야 한다.
2. 정의된 문제를 해결하기 위한 구체적인 계획이 수립되어야 한다.
3. 모든 사람들이 명료하게 이해할 수 있도록 구체적이어야 한다.
4. 문제를 정의할 분야에 대한 경험자의 비즈니스 지식이 필요한 경우가 많다.

문제 정의 단계에서 정의하는 문제를 예로 들면 다음과 같다. 또한 아래와 같은 파생 문제도 문제 정의 단계에서 나타날 수 있을 것이다.

문제: 부산시의 교통 문제는 얼마나 심각한가?

파생 문제:

- 부산시 시민들이 하루에 출퇴근 하는 데 걸리는 시간은 얼마인가?
- 출퇴근 시간에 교통 정체가 가장 심각한 곳은 어디인가?

데이터 수집

데이터 수집 단계는 분석에 필요한 데이터를 찾고 모으는 단계이다. 이 단계에서는 데이터 엔지니어의 역할이 큰 비중을 차지하며, 데이터의 양이 많다고 무조건 좋은 것만은 아니다.

1. 데이터 수집 단계가 어려운 이유는 데이터가 존재하지 않거나 너무 많기 때문이다. 데이터가 존재하지 않을 경우 어떻게 수집해야 할까?
2. 데이터 수집에서 비용과 법적인 문제가 발생할 수 있으니 이에 대한 대비를 세우도록 하자.
3. 최근에는 데이터 구매, 실험환경에서 수집, 웹 크롤링, 오픈 데이터 집합을 활용하여 데이터를 수집한다.

데이터 수집 단계의 예는 다음과 같다.

문제: 부산시의 출퇴근 시간 교통 정체가 가장 심각한 곳은 어디인가?

데이터 수집 방안:

- 부산시 버스들의 출퇴근 시간대 평균 속도 데이터를 확보하여 분석한다.
- 내비게이션 회사의 부산시 지역 내비게이션 데이터를 확보하여 시간대별로 분석한다.

데이터 탐색 및 전처리

전처리 과정 없이 수집한 데이터를 바로 분석에 적용하는 경우는 거의 없으며, 데이터 탐색과 전처리는 매우 많은 노력과 시간이 필요한 단계이다. 이렇게 많은 노력이 필요한 이유는 원천 데이터를 생성할 때 분석을 전제로 데이터를 생성하지 않았기 때문이다. 데이터 탐색 단계는 데이터의 특성을 파악하고 여러 관계를 찾는 단계이다. 여러 관계를 찾아야 하기 때문에 많은 방법이 있을 수 있으며 데이터 분석에서 가장 핵심적인 부분 중 하나이다.

1. **데이터 전처리**: 분석에 부적합한 구조, 누락된 항목, 결측값 존재 등으로 인해 전처리 과정이 필요하다. 데이터에 있는 잡음 제거, 중복되는 값의 제거, 결측값 보정, 데이터 연계/통합, 데이터 구조 변경 작업이 포함되어 있다. 때로는 데이터 벡터화, 이상치 탐지, 특성 공학을 통한 분석 등이 필요하기도 한다.
2. **데이터 탐색 과정**: 탐색적 데이터 분석, 상관관계, 분포 확인, 인과 관계 탐구 등의 작업을 하기도 한다.

데이터 모델링

데이터 모델링 단계는 원하는 결과를 도출하기 위해서 예측이나 분류, 회귀를 위한 작업을 진행하는 단계이다. 즉 전처리된 데이터를 관점별로 나누고 쪼개어 본다. 성능을 높이기 위해 파라미터 튜닝 작업을 진행하게 된다. 이 과정에서 많은 비용 문제가 발생할 수 있다. 머신러닝 기법들인 결정트리, 랜덤 포레스트, 서포트 벡터 머신, k-최근접 이웃 알고리즘, k-평균 등을 이용할 수 있다. 머신러닝 기법과 분류, 회귀는 뒤에 있을 장에서 상세히 다룰 것이다.

시각화

이 단계에서는 시각화를 통해 도출된 결과를 알아보기 쉽게 표현하고 이를 근거로 활용할 수 있다. 다음 그림의 파이썬 프로그래밍 언어에서 사용되는 시각화 도구는 matplotlib과 seaborn이라는 시각화 도구인데, 데이터 과학자들은 문제로부터 도출된 결과를 직관적으로 이해하기 위해 다양한 시각화 도구를 사용하는 경우가 많다.

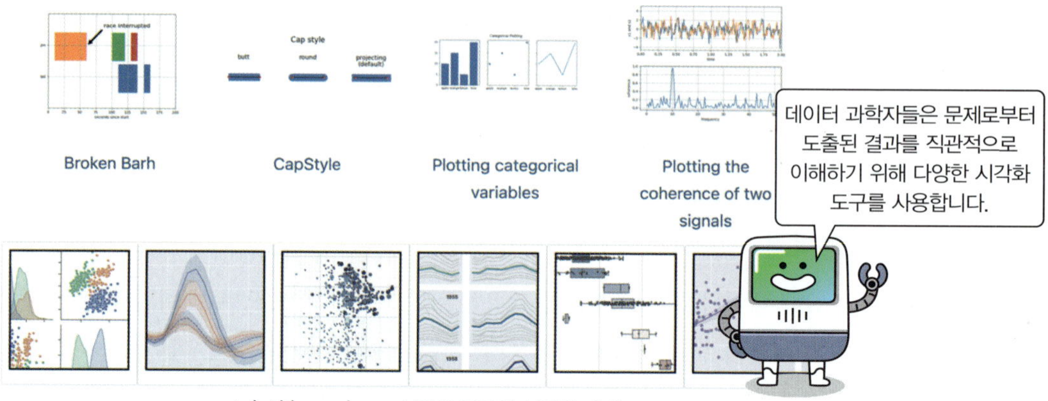

matplotlib, seaborn 시각화 도구의 시각화 예시

해석

이전 단계의 모델링과 시각화를 통해 결과가 도출되었을 때, 이를 처음 정의했던 문제와 연관시켜 문제를 해결하는 방법을 모색하는 단계이다. 문제에 대한 시각화와 분석 결과를 상대방이 이해할 수 있도록 설득력 있게 정리하고 전달하는 과정은 매우 중요하다.

사건 지평선 망원경

[실습 목표]

이번 실습에서는 사건 지평선 망원경(이벤트 호라이즌 망원경)의 원리를 영상을 통해 살펴보고 나서, 이 프로젝트를 성공하기 위한 데이터 분석 단계에서의 작업을 정의해 보자.

[실습하기]

다음의 영상을 본 후 절차에 따라 실습을 진행한다.

[단계 1] 실습을 위하여 다음 유튜브 영상을 시청하도록 하자. 동영상의 제목은 '이벤트 호라이즌 망원경 애니메이션 영화'이다.

https://youtu.be/hMsNd1W_lmE

[단계 2] 한글 자막이 나타나도록 하단 설정 메뉴의 자막에서 한국어를 선택하자. 영상을 시청하고 다음 주제에 대해 토의하자.

- **토의 주제 1**: 여러분이 데이터 과학자가 되었다고 가정하고, 블랙홀의 그림자를 얻는 작업을 하려고 할 때 필요한 문제 정의를 내려보도록 하자.

  문제 정의:

- **토의 주제 2**: 다음으로 블랙홀의 그림자를 얻는 작업을 위한 프로젝트에서 데이터 수집을 어떻게 하였는지를 토의하고 적어보자.

  데이터 수집:

요약

01 농경의 시작과 함께 출발한 인류 문명은 발전에 발전을 거듭하였는데, 이 발전의 근간에는 **데이터의 축적**이 큰 역할을 하였다.

02 흔히 자료라고도 하는 **데이터**란 현실 세계에서 측정하고 수집한 사실이나 값을 말하며, **정보**는 어떠한 목적이나 의도에 맞게 데이터를 가공 처리한 것을 말한다.

03 **데이터 과학**은 데이터의 구조를 파악하고 이를 분석하는 적절한 알고리즘을 설계하는 것이다.

04 **데이터 마이닝**이란 대규모로 저장된 데이터 안에서 체계적이고 자동적으로 통계적 규칙이나 패턴을 분석하여 가치 있는 정보를 추출하는 과정을 말한다.

05 현재 우리가 사용하고 있는 인공지능 시스템은 기본적으로 컴퓨터를 이용하여 인간의 생각을 흉내 내는 구조이며 이를 위해서 적절한 형태의 입력이 제공되어야 하고, 입력에 대해서 인공지능 모델은 **인간의 사고와 유사한 직관을 발휘하여 적절한 출력**을 내보내야 할 것이다.

06 인공지능 기술의 많은 부분은 컴퓨터 과학에 기반을 두고 있기 때문에 하드웨어와 소프트웨어, 프로그래밍, 알고리즘 등의 기술을 익혀야 하며 인공지능을 위한 중요한 학문으로서 통계학이 가지는 역할도 매우 크다.

07 인간의 언어를 이해하는 컴퓨터 알고리즘을 만들기 위해서는 이 문제의 복잡함을 그대로 인정하고 방대한 데이터가 만들어내는 놀라운 효과를 잘 활용하는 것이 더 성공적인 접근법이다. 이 때문에 최근 연구자들은 **알고리즘보다 데이터가 더 중요하다**는 의견을 가지게 되었다.

08 **사건 지평선 망원경** 프로젝트는 천문학자와 데이터 과학자들의 협업 연구이다. 이 프로젝트에서 참여자들은 수년에 걸친 연구 끝에 전세계의 망원경으로부터 수집된 데이터를 이용하여 블랙홀 그림자 영상을 성공적으로 만들었다.

09 데이터에 의미 없는 값이 포함되어 있거나 엉뚱한 값이 존재하는 경우 또는 너무 많은 변수가 있어서 중요한 변수가 무엇인지를 구별하기 힘들 경우 데이터의 품질은 매우 떨어진다.

연습 문제

[단답형 문제]

괄호 안에 들어갈 적절한 단어를 기입하여라.

01 농경의 시작과 함께 출발한 인류 문명은 발전에 발전을 거듭하였는데, 이 발전의 근간에는 (   )(가)이 큰 역할을 하였다.

02 컴퓨터의 발전으로 인한 지식 정보 혁명은 (   )(으)로도 불리는데, 이로 인하여 인류의 소중한 데이터는 급격하게 디지털화되는 변화를 맞이하였다. 이를 통해서 우리 주변에는 규모를 가늠할 수 없을 정도로 많은 정보와 데이터가 생산, 저장, 수정, 배포, 재가공되는 큰 변화를 겪게 되었다.

03 (   )(이)란 현실 세계에서 측정하고 수집한 사실이나 값을 말하며, (   )(은)는 어떠한 목적이나 의도에 맞게 이를 가공 처리한 것을 말한다.

04 우리가 가진 많은 데이터를 보관하고 배포하고 가공하는 방법으로 여러 가지가 있으며 컴퓨터가 다룰 수 있는 신호는 크게 '(   )' 신호와 '(   )' 신호 두 가지 형식이 있다.

05 (   )(은)는 데이터를 분석하여 그 구조를 파악하고 이를 분석하는 적절한 알고리즘을 설계하는 학문으로, 데이터의 효율적인 분석을 통해 문제해결을 위한 지식을 쌓아가는 것을 목표로 한다.

06 (   )(이)란 대규모로 저장된 데이터 안에서 체계적이고 자동적으로 통계적 규칙이나 패턴을 분석하여 가치있는 정보를 추출하는 과정을 말한다.

07 (   )(은)는 210년에 설립된 예측 모델 및 분석 대회 플랫폼으로, 기업이나 기관으로부터 데이터를 제공받아서, 이를 온라인으로 공개하여 세계 각지의 수많은 데이터 과학자들이 팀이나 개인으로 이 문제를 해결할 수 있도록 도와준다.

08 모든 사람이 제한 없이 자유롭게 사용하고 재사용할 수 있으며 재배포까지 가능한 데이터를 (   )(이)라고 한다.

09 한 변수가 다른 변수의 직접적인 원인이 되는 상관관계를 (   )(이)라고 하고, 두 변수가 서로 영향을 주는 상관관계를 (   )(이)라고 한다.

10 (   )(이)란 어떤 하나의 연구 주제에 대해서 두 가지 이상의 서로 다른 접근을 취하는 학문 분야의 연구자들이 제휴하여 공동으로 연구를 진행하는 것을 말한다.

11 머신러닝에서 널리 사용되는 격언 중에서 "(   )"(이)라는 말이 있다. '쓸모없는 데이터가 입력으로 들어가면 쓸모없는 결과만 나올 뿐'이라는 의미이다.

[짝짓기 문제]

01 다음 중에서 관련 있는 것을 올바르게 짝짓기 하여라.

문제 정의 •	• 분석을 위해서 데이터를 적당한 형태로 재가공한다
데이터 수집 •	• 데이터의 의미를 처음 정의했던 문제와 연관시킨 후 문제해결 방법을 모색한다
데이터 탐색 및 전처리 •	• 데이터 분석이 필요한 이유를 정확하게 한다
모델링 •	• 분석에 필요한 데이터를 찾고 모은다
시각화 •	• 도출된 결과를 알아보기 쉽게 시각적으로 나타낸다
해석 •	• 원하는 결과를 도출하기 위해 예측, 분류, 회귀 등의 작업을 진행한다

02 다음 중에서 데이터와 관련 있는 문제를 올바르게 짝짓기 하여라.

데이터 편향 •	• 데이터의 품질이 낮아 많은 오류와 이상치, 잡음을 포함하고 있는 경우
부정확성 •	• 데이터가 담고 있는 특성들이 학습하려고 하는 문제와는 무관한 데이터인 경우
무관함 •	• 확보된 데이터가 대표하는 모집단의 분포를 제대로 반영하지 못하고 일부의 특성만을 가지고 있는 경우

[객관식 문제]

다음 질문에 대하여 가장 알맞은 답을 선택하여라.

01 다음 중 데이터 과학 분야에서 가장 기본이 되는 1차 데이터를 지칭하는 올바른 용어는 무엇인가?

❶ 예측적 데이터 ❷ 원천 데이터

❸ 추정 데이터 ❹ 설계 데이터

02 다음 중 오픈 데이터 핸드북이라는 웹사이트에서 정의한 **열린 데이터의 가장 핵심이 되는 개념**에 해당하지 않는 것은 무엇인가?

❶ 특정한 목적에 사용되는 기술 ❷ 이용성 및 접근

❸ 재사용과 재배포 ❹ 보편적 참여

03 인공지능과 머신러닝, 딥러닝이라는 기술의 범주가 주어져 있을 경우, 이 기술들 사이의 포함 관계로 가장 적당한 것은 무엇인가?

❶ 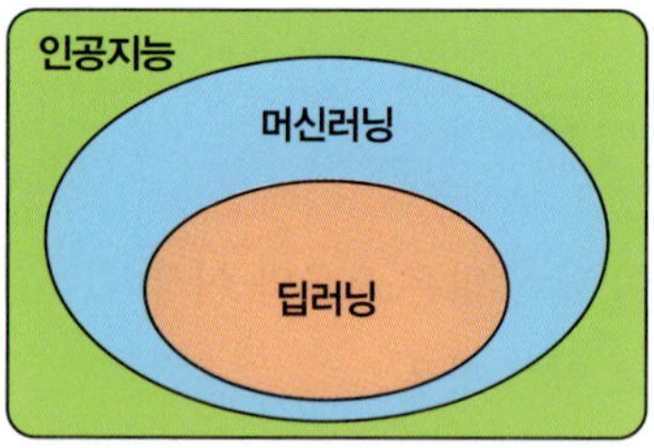

❷ 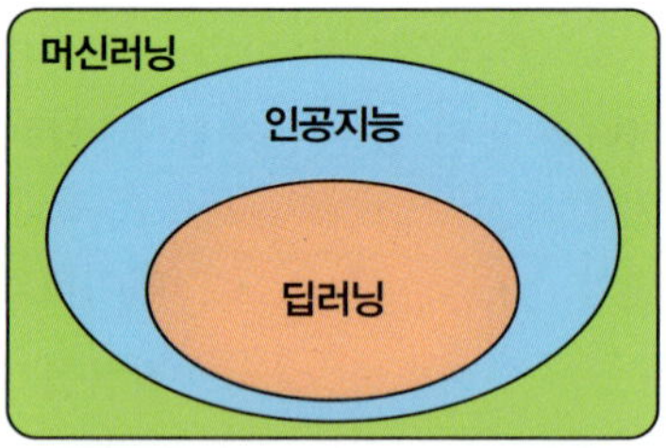

❸ 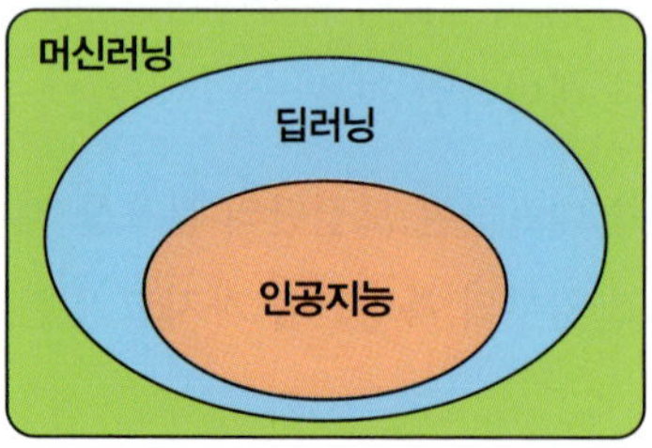

❹ 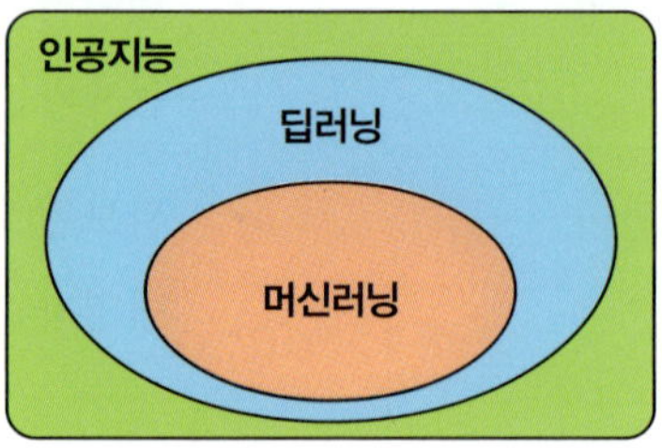

심화 학습

[주제 1] 데이터 분석을 위한 전 세계적인 협업 플랫폼인 **캐글**kaggle에 접속해 보자. 최근 두 달 이내에 업로드된 2개 이상의 임의의 Competition에 관하여 다음과 같은 자료를 조사하여 이 내용을 요약하는 보고서를 만들어 보자(대부분 영문으로 되어 있으니 스스로 번역하거나 구글 번역기를 이용하도록 하자).

1. 주관 단체(혹은 기관, 기업)
2. 총상금과 등수에 따른 상금
3. 경진대회의 구체적인 내용
4. 평가 방법
5. 주어진 데이터의 특성(전체 이미지 또는 레코드의 수, 제공되는 특성들) 분석

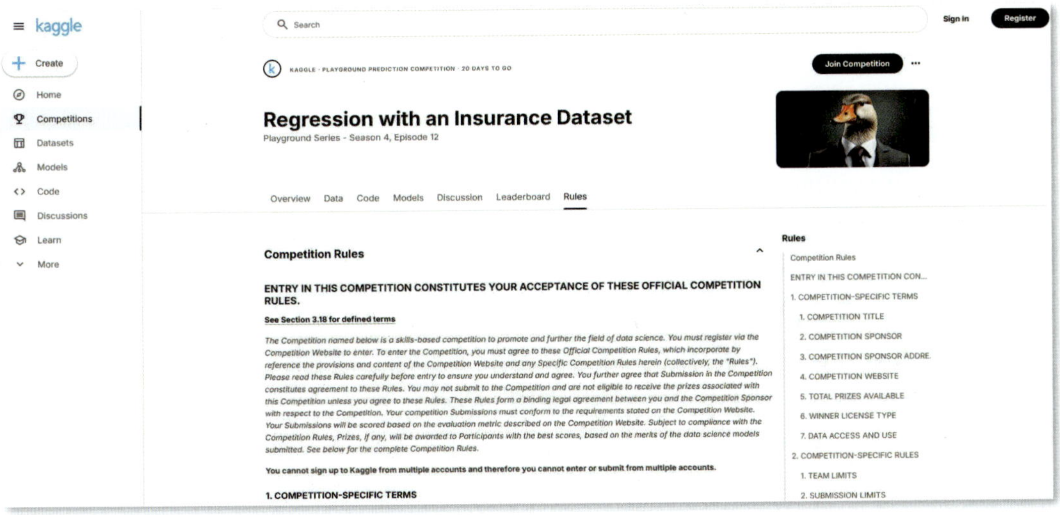

08

스스로 학습하는 머신러닝

학습목차

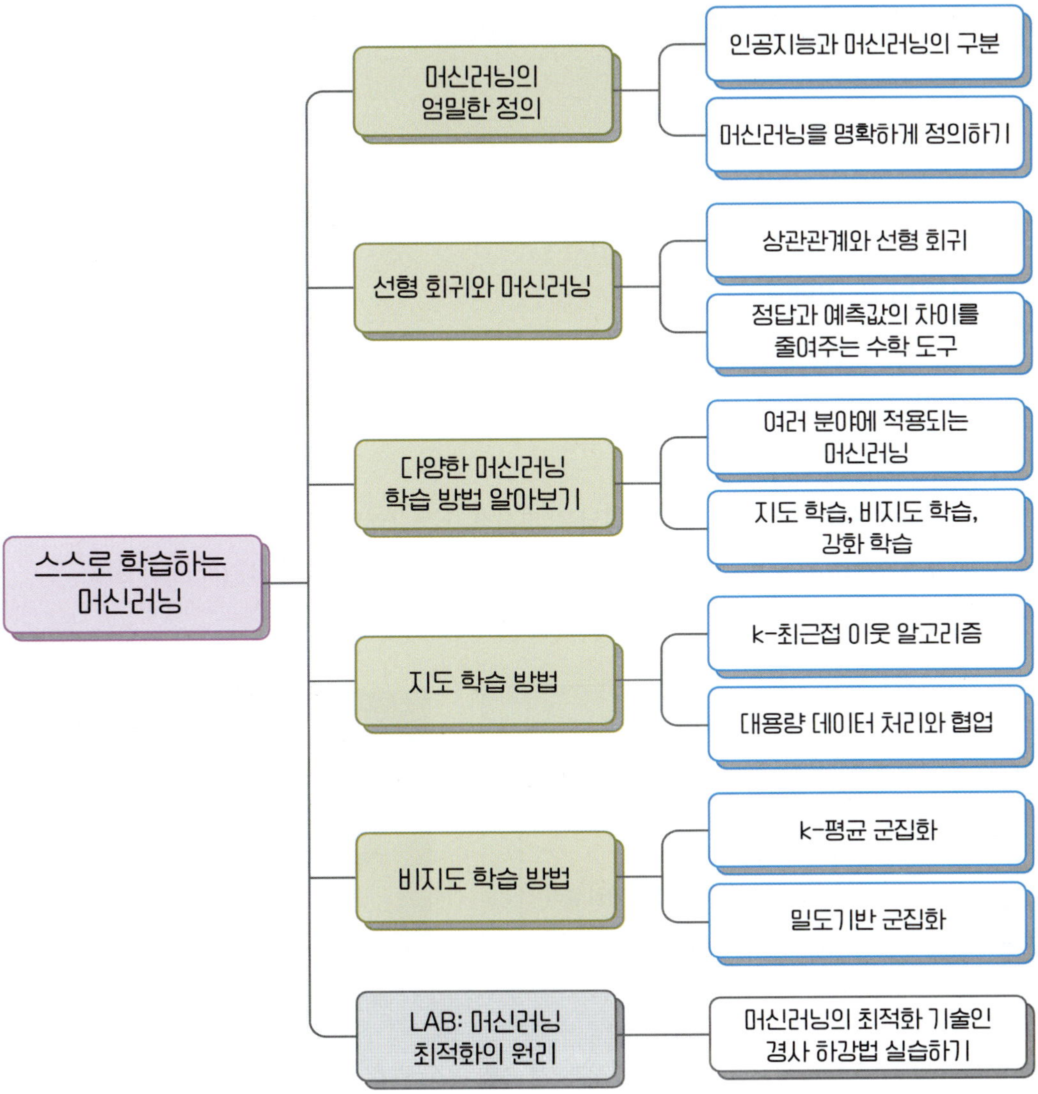

학습목표

- 머신러닝을 이해하고 머신러닝 알고리즘이 어떻게 동작하는지 알아보자.
- 명시적 프로그래밍과 머신러닝의 차이를 이해하자.
- 선형 회귀를 통해 머신러닝의 학습 방법을 이해하자.
- 오차의 크기를 정량화하는 방법에 대해 알아보자.
- 머신러닝의 학습 방법에 따른 각각의 특성에 대해 알아보자.
- 비지도 학습의 대표적인 예로 군집화 기법에 대해 알아보자.

01 머신러닝의 엄밀한 정의

머신러닝을 정의하고 이해하자

우리가 다루는 **인공지능** 기술은 인간의 학습능력, 추론능력, 지각능력을 인공적으로 구현하려는 컴퓨터 과학의 세부적인 분야로 정의할 수 있는데, 좀 더 구체적으로 말하면 **컴퓨터를 사용하여 인간의 지능을 구현하려는 기술**이라고 할 수 있다.

이러한 인공지능 기술의 여러 분야 중에서 **머신러닝**은 명시적 프로그래밍 없이 컴퓨터가 **학습을 통해 작업 성능을 높여나가는 기술**을 말한다. 따라서 두 분야를 다이어그램으로 표기하면 그림과 같이 **인공지능이 머신러닝을 포함하는 관계로 기술**할 수 있을 것이다.

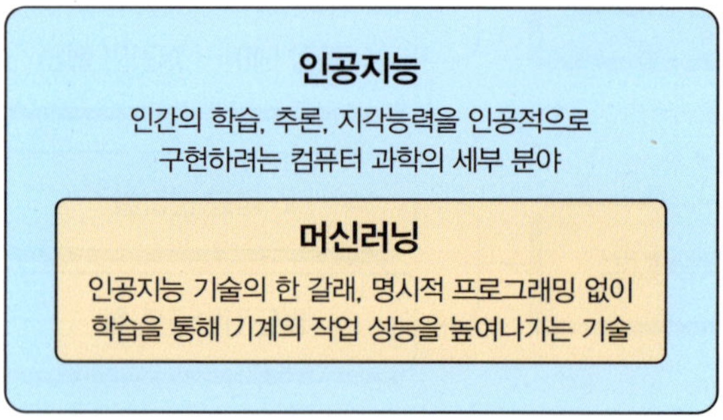

톰 미첼

우리는 머신러닝에 대한 **매우 상세하고 엄밀한 정의**를 살펴볼 것이며 이 정의를 통해서 인공지능의 특징에 대해서도 알아볼 것이다. **머신러닝** machine learning 이라는 용어에 대한 공학적인 정의로는 카네기 멜런 대학교 교수인 **톰 미첼** Tom Mitchell 이 그의 저서 『머신러닝』에서 제시한 것이 흔히 사용된다. 그는 머신러닝을 다음과 같이 정의했다.

> "컴퓨터 프로그램이 어떤 **작업 T**에 속한 작업을 수행하면서 **경험 E**에 따라서 **P**로 측정하는 성능이 개선된다면, 이 프로그램은 **작업 T**와 **성능 척도 P**에 대해 **경험 E**로부터 학습을 한다고 말할 수 있다"

다소 어렵게 느껴지는 이 정의를 하나하나 따라가며 머신러닝의 원리에 접근해 보도록 하자.

우선 이 정의에 따라 머신러닝을 공학적으로 다루기 위해서는 다음 그림과 같은 3가지 중요한 요소가 필요한 것을 확인할 수 있다. 우선 **해결해야 할 문제(작업)**가 T이다. 그리고 이 일을 수행하는 동작을 P라는 **성능 척도**를 통해 평가할 수 있어야 한다. 그리고 지속적인 훈련 **경험** E를 통해 이러한 평가의 점수를 더 나은 상태로 바꿀 수 있어야 하는 것이다.

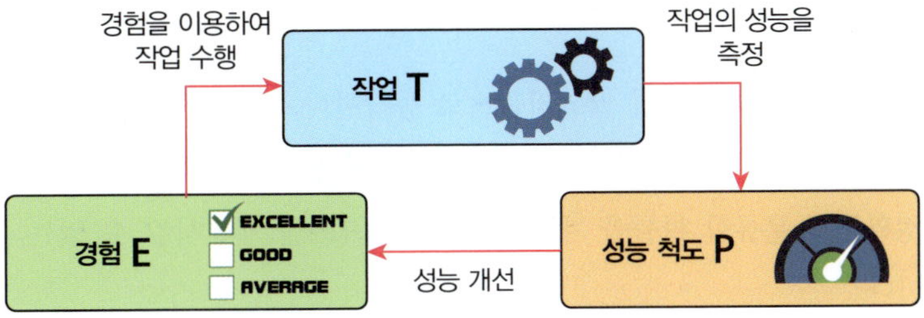

톰 미첼의 정의에 따른 머신러닝의 요소

예를 들어 체스를 하는 컴퓨터 프로그램을 생각해 보자. 이 프로그램이 머신러닝 알고리즘으로 동작한다고 가정하면, 이 알고리즘에 대하여 각각의 단계는 다음과 같다고 할 수 있다.

- **작업** T: 체스를 둔다.
- **성능 척도** P: 상대편을 이길 확률을 계산한다.
- **경험** E: 스스로 연습 게임을 한다.

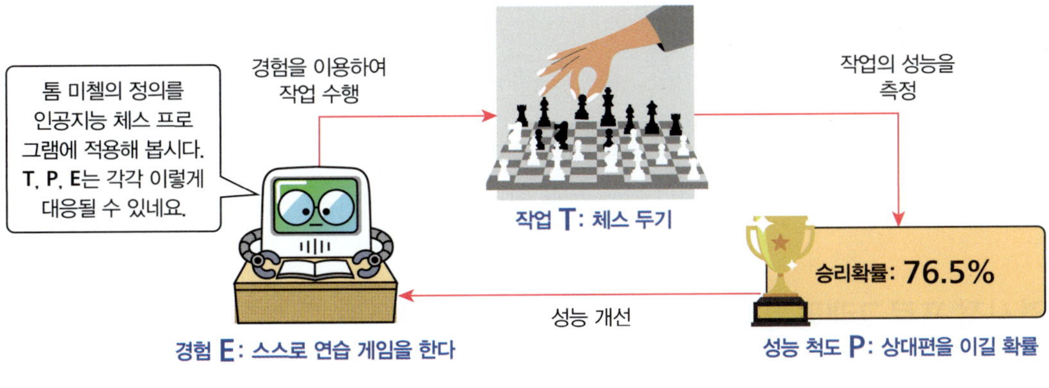

즉 이 체스 프로그램이 체스를 두는 작업(**작업** T에 해당)을 하며 상대편을 이길 확률을 계산하고 (**성능 척도** P에 해당) 스스로 연습 게임을 하는 일을(**경험** E에 해당) 바탕으로 성능 개선이 이루어진다면, 이 **체스 프로그램은 머신러닝 알고리즘으로 동작한다고 말할 수 있을 것**이다.

또 다른 예로 0에서 9까지 숫자에 대한 손글씨 이미지를 다음과 같이 숫자로 인식시키는 과정에서 머신러닝을 사용했다고 하자.

- **작업 T**: 손글씨 이미지를 숫자로 인식하여 분류한다.
- **성능 척도 P**: 전체 손글씨에 대해 정확하게 분류한 손글씨의 비율이다.
- **경험 E**: 손글씨 숫자 데이터들과 정확한 글자를 표현한 데이터 집합이다.

이 손글씨 인식 프로그램이 머신러닝 알고리즘으로 동작한다고 주장하려면, 데이터 집합이라는 경험(E)을 통해서 손글씨 이미지를 숫자로 인식하여 바르게 분류하는 작업(T)을 수행하는 과정에서 전체 손글씨를 정확하게 분류할 확률을 계산하여 이 성능(P)을 개선시킬 수 있는 분류 알고리즘이 존재해야 할 것이다.

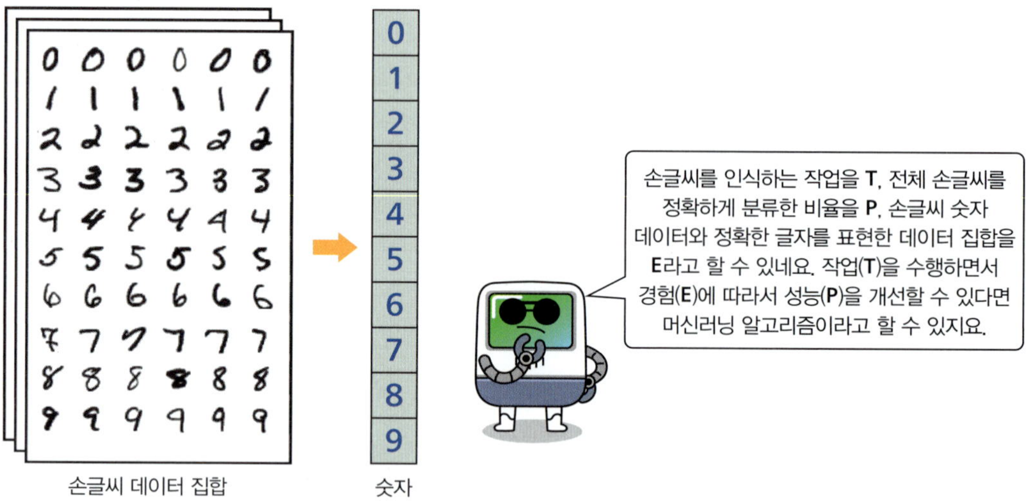

이러한 머신러닝은 인공지능이라는 분야의 매우 중요한 영역으로 간주된다. 그리고 요즘 각광을 받고 있는 인공 신경망을 이용한 **딥러닝** deep learning 분야 역시 이 머신러닝의 한 분야로 볼 수 있다.

명시적 프로그래밍과 머신러닝

우리가 이전 장에서 다룬 전통적인 프로그래밍은 데이터를 입력으로 받아서 명시적인 규칙을 통해 출력을 내보내는 절차를 가지고 있다. 이 프로그램은 머신러닝 알고리즘이 아니므로 성능 척도를 평가하여 그 성능을 개선할 수 없기 때문에 매우 제한된 일만 할 수밖에 없다.

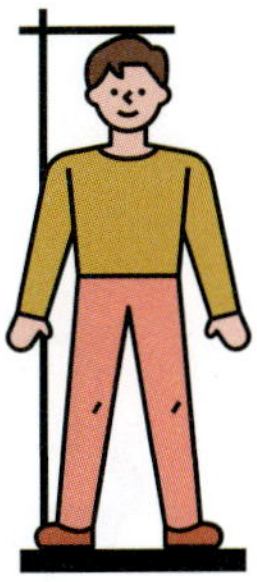

키가 160cm 이상인 사람만 이용 가능한 놀이기구가 있다고 가정하고 명시적 프로그램으로 이 문제를 해결해 보자. 다음 그림과 같이 입력과 출력 그리고 명시적인 규칙(프로그램)이라는 세 가지 구성 요소를 얻을 수 있을 것이다. 입력 데이터는 사람의 키가 될 것이며, 프로그램은 데이터를 입력으로 받아 키가 160cm 이상인지 미만인지를 판단하고 이 판단에 따라 서로 다른 출력을 내는 방식으로 동작할 것이다.

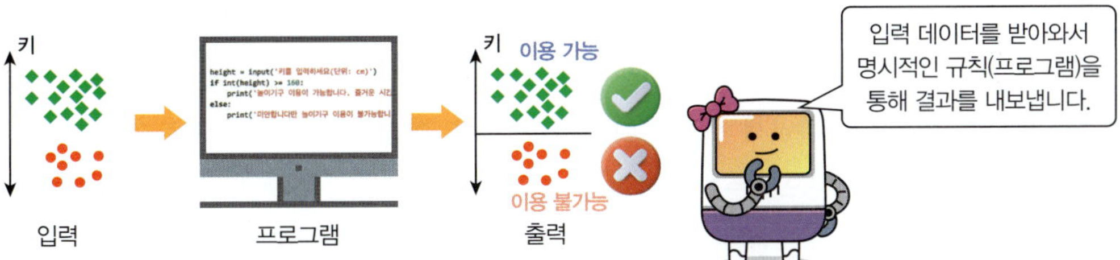

명시적 프로그래밍

이 프로그램은 간단한 규칙에 대해서는 잘 동작하지만 손글씨를 인식하거나, 자동차를 운전하는 것과 같이 예외적인 상황이 많이 발생할 경우에는 잘 동작하지 않을 것이다.

반면 머신러닝은 데이터와 출력 결과를 보고 이를 바탕으로 규칙을 학습한 다음 규칙을 생성하는 방식으로 동작한다. 이렇게 만들어진 규칙에 대해 새로운 데이터가 입력되면 이 데이터에 대하여 규칙을 적용하고, 만일 이 규칙이 잘 동작하지 않을 경우 규칙을 갱신하는 방법을 채택한다.

다음 그림과 같은 상황에서 머신러닝 알고리즘은 입장객의 키 데이터와 이용 가능/이용 불가능의 결과를 바탕으로 학습하여 가장 적절한 규칙인 **'키 160cm 이상 이용 가능'**이라는 규칙을 만들어낸다. 이 규칙은 새로운 데이터에도 적용되어 키가 입력되면 이용 가능/이용 불가능의 결과를 반환한다.

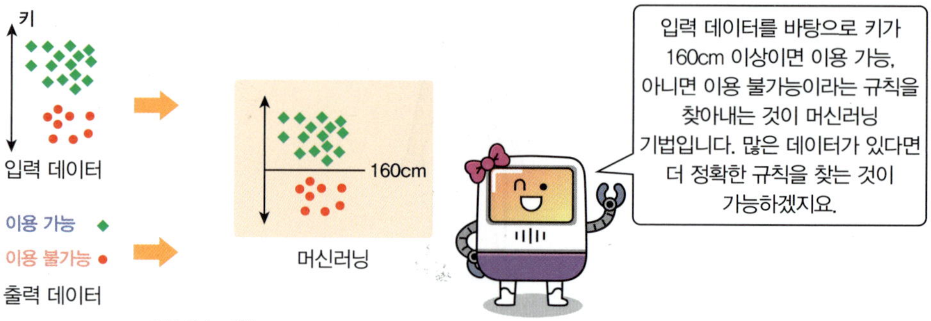

머신러닝 기법

머신러닝 알고리즘의 경우 동일한 데이터에 대하여 이용 가능/이용 불가능의 결과가 다를 경우 다른 규칙을 생성한다. 예를 들어 이용 가능/이용 불가능의 결과를 나누는 기준이 150cm일 경우 출력값을 바탕으로 별도의 작업이 없어도 스스로 규칙을 갱신할 수 있다. 도대체 어떤 방법으로 이런 규칙을 만들 수 있을까? 그림을 통해서 그 원리를 살펴보자.

다음 그림에서 보면 세로축을 키라고 할때 사람들의 키 데이터와 이용 가능/이용 불가능의 정보가 주어져 있다. 초록색 다이아몬드는 이용 가능한 사람의 데이터이고, 빨간색 원은 이용 불가능한 사람의 데이터이다. 기준값이 파란색 선으로 그림 ①과 같이 주어져 있다면, 이 기준값은 이용 가능/이용 불가능을 판단하는 기준으로는 부적합할 것이다. 적합/부적합의 기준은 잘못 분류된 데이터의 개수가 될 수 있을 것이며 그림 ①에서 이 값은 9이다. 이러한 경험을 바탕으로 기준값을 그림 ②와 같이 성능을 개선시켜본다면 어떻게 될까? 그림 ①보다는 잘못 분류한 데이터의 개수가 줄어들었을 것이다. 이 경험을 바탕으로 기준값을 좀 더 아래로 이동해 그림 ③과 같이 위치시킨다면 잘못 분류한 것이 0개가 된다. 이와 같은 반복적인 작업을 통해서 성능을 개선시키는 것이 머신러닝의 원리이다. 위의 과정을 미첼의 정의에 대입해 보자.

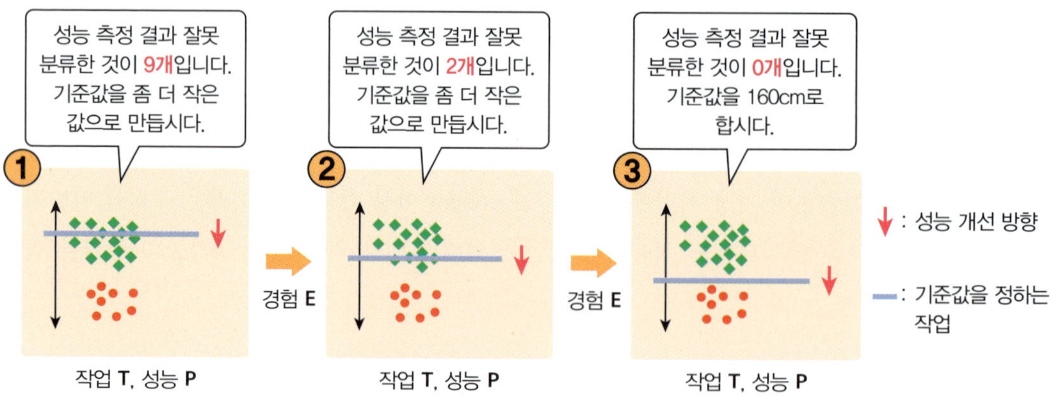

반복적인 작업을 통해 성능을 개선하는 머신러닝의 원리

- **작업 T**: 키 데이터를 사용하여 이용 가능/이용 불가능 고객의 분류 기준값을 찾는다.
- **성능 척도 P**: 기준값을 적용하여 발생한 오류의 개수이다.
- **경험 E**: 오류의 개수가 적게 나오도록 분류를 위한 기준값을 변경한다.

이와 같이 머신러닝은 **데이터를 기반으로 학습하여 작업 성능을 개선**하는 알고리즘으로 다음과 같은 장점을 가진다. 머신러닝 알고리즘은 흔히 **모델**model 이라고도 부른다.

1. 명시적 프로그램에 비해 코드를 유지보수하는 것이 쉽다.
2. 명시적 프로그램으로 해결 방법이 없는 복잡한 문제도 해결 가능하다.
3. 새로운 데이터에 대해서도 규칙을 생성하여 문제를 풀 수 있다.
4. 복잡한 문제나 대량의 데이터에 대해서 미처 알지 못했던 통찰을 얻을 수 있다.

명시적 프로그래밍과 머신러닝에 대한 설명과 예시 그리고 각각의 단점이 표에 나타나 있다.

	명시적 프로그래밍	머신러닝
설명	특정한 작업을 수행하는 방법을 일일이 지시하는 문장으로 이루어진다.	데이터를 이용하여 학습을 수행한 다음 규칙을 생성하는 방식으로 동작한다.
예시 (손글씨 숫자 인식)	개별적인 손글씨를 인식하기 위하여 각각의 규칙을 만든다. • 예를 들어 숫자 0은 하나의 닫힌 원으로 정의한다.	많은 숫자 예제 데이터를 이용해 각각의 특징을 프로그램이 학습하여 규칙을 얻어낸다.
단점	정의한 규칙을 벗어나는 예외적인 경우에 대하여 적절한 해를 내보내지 못한다. • 예를 들어 0의 위쪽에 약간의 틈이 있으면 0으로 인식하지 못한다.	학습을 위한 많은 데이터가 필요하다. 또한 학습에 소요되는 시간이 많이 걸릴 수 있다.

손글씨 숫자를 인식하는 문제를 명시적 프로그래밍으로 풀기 위해서는 개별적인 손글씨의 규칙을 만들어서 컴퓨터에게 알려주어야 한다. 하지만 숫자 0을 다음 그림과 같이 쓴 다음 프로그램에 넘길 경우 '숫자 0은 하나의 닫힌 원'이라는 정의에 어긋나므로 이 이미지를 숫자 0으로 인식하지 않을 것이다. 반면 머신러닝의 경우 학습한 데이터들 중에서 이와 **유사한 이미지를 참고하여 이 이미지를 0으로 분류**할 수 있을 것이다. 하지만 머신러닝의 경우 학습을 위한 **많은 데이터가 필요하며 학습에 걸리는 시간도 매우 길다**는 단점이 있다.

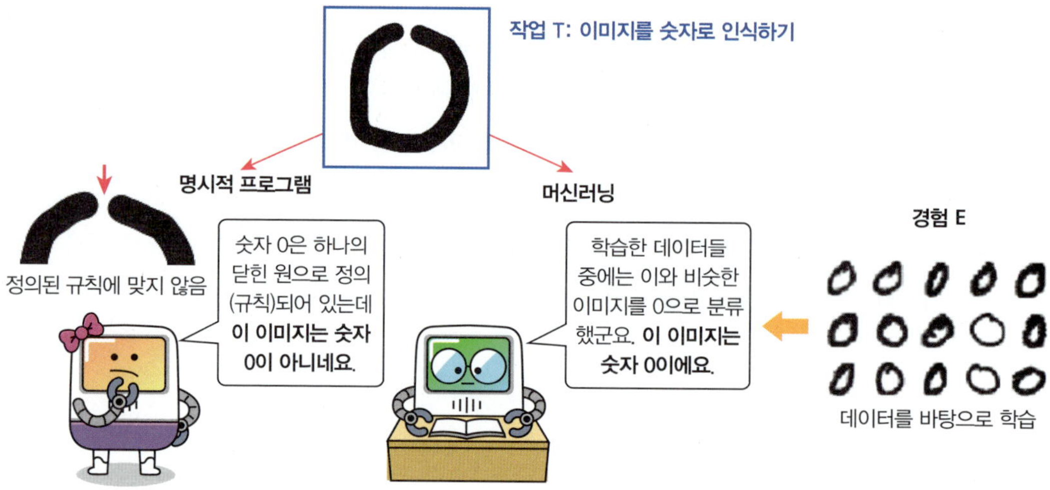
작업 T: 이미지를 숫자로 인식하기
명시적 프로그램
정의된 규칙에 맞지 않음
숫자 0은 하나의 닫힌 원으로 정의(규칙)되어 있는데 이 이미지는 숫자 0이 아니네요.
머신러닝
학습한 데이터들 중에는 이와 비슷한 이미지를 0으로 분류했군요. 이 이미지는 숫자 0이에요.
경험 E
데이터를 바탕으로 학습

02 선형 회귀를 통해 살펴보는 머신러닝

선형 회귀란 무엇일까?

프랜시스 골턴

우리가 알아볼 머신러닝 방법은 회귀분석(回歸分析)이다. 일상 생활에서 접하기 힘든 다소 생소한 용어인 **회귀** regression 란 **어딘가로 돌아간다는 의미**이다. 통계 분야에서 회귀라는 용어를 처음으로 사용한 사람은 **프랜시스 골턴**이라는 학자이다.

선형 회귀에 대하여 알아보기 위해 다음과 같이 간단한 데이터를 살펴보자. 다음 그림의 ①번 데이터를 살펴보면 초록색 점들의 좌표가 (1, 2), (2, 4), (3, 6)으로 표시되어 있다. 그리고 우리는 마지막에 있는 파란색 점의 좌표에 대해 x값이 4라는 사실만을 알고 있다. 대부분의 독자들은 ①번 그림의 데이터를 통해서 데이터의 분포가 **선형적인 상관관계**를 가진다는 것을 눈치챌 수 있을 것이다. 이 관계를 통해 데이터를 살펴본다면 ②번 그림과 같은 $y = 2x$와 같은 직선의 방정식을 유도할 수 있을 것이다. 이 직선의 방정식은 이 데이터의 분포를 잘 설명할 수 있으며, 새로운 데이터 (4, ?)에 대하여 (4, 8)의 값이 파란색 점의 좌표라는 것을 보여주고 있다.

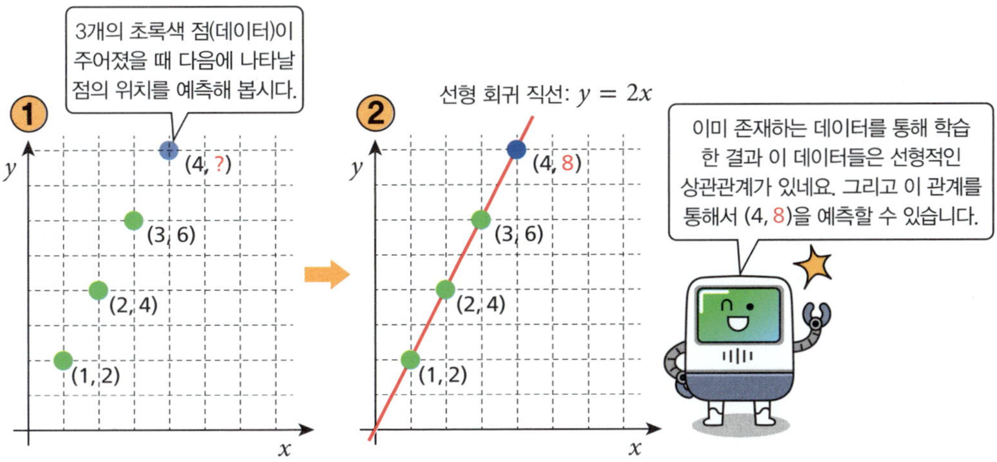

존재하는 데이터를 바탕으로 $y = 2x$와 같은 직선의 방정식을 얻기 위해 머신러닝은 어떤 방법을 사용해서 학습을 수행할까? 여기서 우리는 선형 회귀 직선의 기울기 2를 m으로 표기하고, 이 값을 구하는 문제로 바꾸어 생각해 볼 수 있을 것이다. 이때 **모델은 선형 회귀 알고리즘**이 되며 이 모델의 기울기에 해당하는 m은 **조절 가능한 변수**로 **파라미터** parameter 라고 부른다.

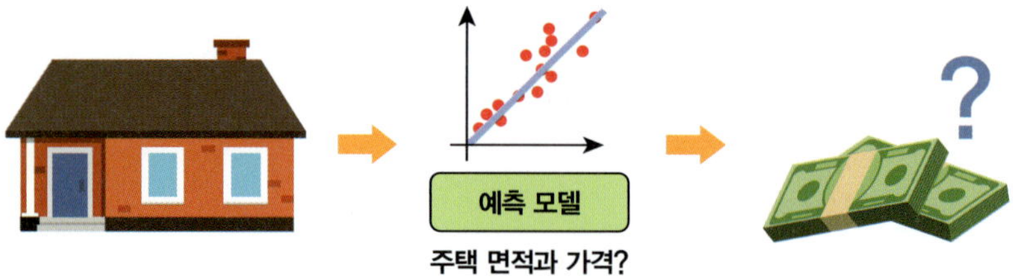

선형 회귀를 이해하기 위해 여러분 주위에서 쉽게 찾아볼 수 있는 다른 예를 들어보자. 일반적으로 주택의 면적이 넓으면 가격이 비싸고, 키가 큰 사람은 키가 작은 사람에 비해 몸무게가 많이 나간다. 주택의 면적과 가격, 사람의 키와 몸무게는 서로 증가하거나 감소하는 관계에 있는 것이다. 반대로 사람의 키와 그 사람의 주택 가격은 큰 상관관계나 의존성이 없을 것으로 미루어 짐작할 수 있다. 이것을 다르게 얘기하면 키와 몸무게는 관계가 있지만, 주택 가격과는 관계성이 낮다고 이야기할 수 있다. **이것을 잘 예측하는 선형적인 모델을 만드는 것**이 선형 회귀가 하는 일이다.

7장에서 살펴보았듯이 키, 몸무게, 연간소득과 같이 변하는 양을 표현한 것이 **변수**이며, 두 개의 **변수들이 함께 변화하는 관계가 상관관계**이다. 그리고 이러한 변수들 사이의 상관관계의 정도를 나타내는 수치가 **상관계수**이다.

다음 그림은 데이터의 분포를 시각화하고 이를 선형적인 회귀 직선으로 나타낸 것이다. 이 그래프의 가로축은 사람의 키를 나타내며 세로축은 사람의 몸무게를 나타낸다. 샘플의 분포를 시각화한다면 우리는 키가 큰 사람일수록 몸무게가 많이 나가는 경향성을 발견할 수 있을 것이다.

이와 같이 한쪽의 값이 커질 때 다른 쪽의 값도 커지는 경우를 양의 상관관계라고 이야기 하며, 이 데이터의 분포를 설명하는 직선을 **선형 회귀 직선**이라고 한다. 그리고 이 직선의 함수 $f(x)$를 선형 회귀 함수라고 한다. 이 함수는 직선(直線)의 형태(形態)를 가지기 때문에 선형(線型, linear)이라는 이름이 붙게 되었다. 선형 회귀는 실제 데이터를 바탕으로 새로운 데이터가 입력되었을 경우의 **출력 결과를 예측**할 수 있다는 측면에서 의의가 크다고 할 수 있다.

데이터의 분포와 선형 회귀 함수

정답과 예측값의 차이를 줄여주는 수학 도구

다음 그림 ①번과 같이 임의의 파라미터 m을 이용하여 직선을 그려보면 이 직선이 데이터의 분포를 제대로 잘 설명하지 못하는 것을 볼 수 있는데, '데이터의 분포를 잘 설명한다', '데이터의 분포를 잘 설명하지 못한다'와 같은 **주관적인 표현을 수학자들과 컴퓨터 과학자들은 정량화**를 하는 방법을 사용한다. 그림을 살펴보면 빨간색 실선이 선형 회귀 직선이며 초록색 점들이 데이터, 그리고 e_i로 표기된 하늘색 직선이 선형 회귀 직선과 실제 데이터 i와의 거리임을 알 수 있다. 이 거리는 **오차**error, **손실**loss 또는 **잔차**residual 라고 부르는데, i번째 데이터와의 오차를 표현하기 위하여 영문자 error의 앞글자를 따서 e_i와 같이 표기하도록 한다.

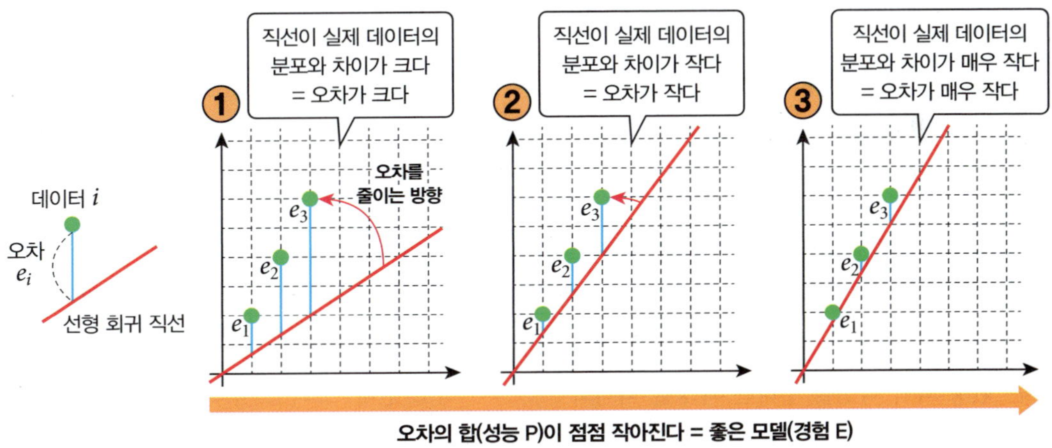

이 그림을 살펴보면 ①번에 있는 직선보다 ②번의 직선이 더 실제 데이터(초록색 점)의 분포를 잘 설명하는 직선이며, ③번에 있는 직선은 ②번의 직선보다 더 나은 직선이다. 이와 같이 ①번 → ②번 → ③번과 같이 직선이 오차를 줄이는 방향으로 스스로 고쳐나가는 것을 **수학적으로 이야기하면 오차의 합이 점점 작아진다**고 할 수 있으며 이는 곧 좋은 모델이 된다는 의미이다.

앞서 살펴본 바와 같이 우리는 주어진 데이터를 이용하여 **경험 E**에 따라서 측정하는 성능이 **P**로 개선되도록 하는 것이 머신러닝의 정의라는 것을 알고 있다. 어떤 방법으로 오차의 합을 줄여나갈 수 있을지 비교적 단순한 수학 도구를 사용해 볼 것이다.

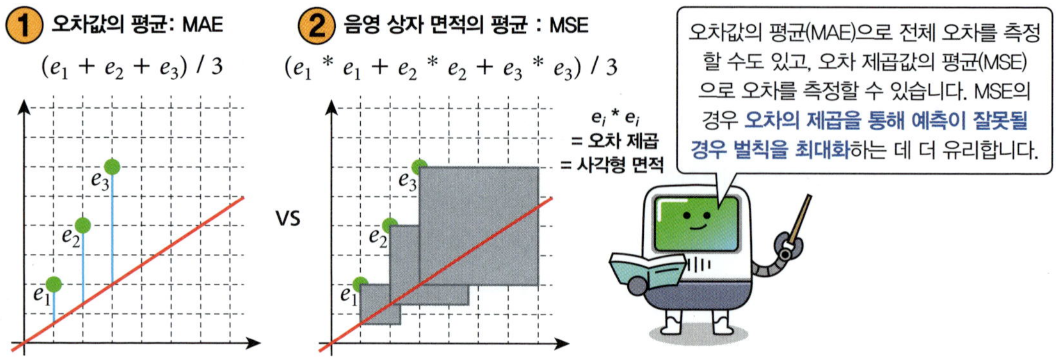

그 전에 **오차의 크기를 어떻게 정량화할 수 있을까** 생각해 보자. 위의 그림 ①번은 오차 값의 합을 더하고 3으로 나누어 평균을 구하였다. 이와 같이 **오차의 합을 구하고 그것을 데이터의 개수 3으로 나누어 평균을 구하여 얻은 오차값**을 **평균 절대값 오차** Mean Absolute Error: MAE 라고 한다. 반면 그림 ②번은 **오차 제곱값의 평균으로 오차를 측정**하였다. 이와 같은 방식으로 얻은 오차값을 **평균 제곱 오차** Mean Squared Error: MSE 라고 한다. 평균 절대값 오차 방식의 계산이 더 간단한데 평균 제곱 오차는 왜 필요할까? 평균 제곱 오차는 오차에 제곱을 취하기 때문에 오차가 **매우 클 경우 성능 측정 함수 P의 값이 급격하게 커진다.** 달리 말하면 선형 회귀 모델이 **예측한 직선이 실제 데이터와 차이가 많이 나면, 이 모델의 성능이 나쁘다는 것을 알리도록 모델을 만드는 것**이다. 성능이 나쁜 모델을 성능 좋은 모델이 되도록 수정해간다면 이 알고리즘은 머신러닝 알고리즘이라 할 수 있을 것이다. 어떤 방법으로 이것을 자동화할 수 있을까?

회귀 모델의 오차는 일반적으로 **평균 제곱 오차**를 널리 사용한다. 오차의 제곱은 오차 직선을 한 변으로 하는 정사각형의 면적과 같은데 이를 구하면 항상 양수가 되며, 선형 회귀 직선이 데이터의 분포를 가장 잘 설명하는 경우 MSE 값은 최소값이 된다. 이와 같이 데이터의 분포를 **가장 잘 설명하는 선형 회귀 직선을 구하는 과정**을 **최적화** optimization 라고 한다. 그리고 이 최적화 과정이 곧 머신러닝의 학습과정이다.

이를 그림으로 자세히 알아보자. 그림의 ①, ②, ③은 각각 다음을 의미한다.

① 직선의 기울기 m이 2보다 작은 경우

② 직선의 기울기 m이 2인 경우(최적 기울기)

③ 직선의 기울기 m이 2보다 큰 경우

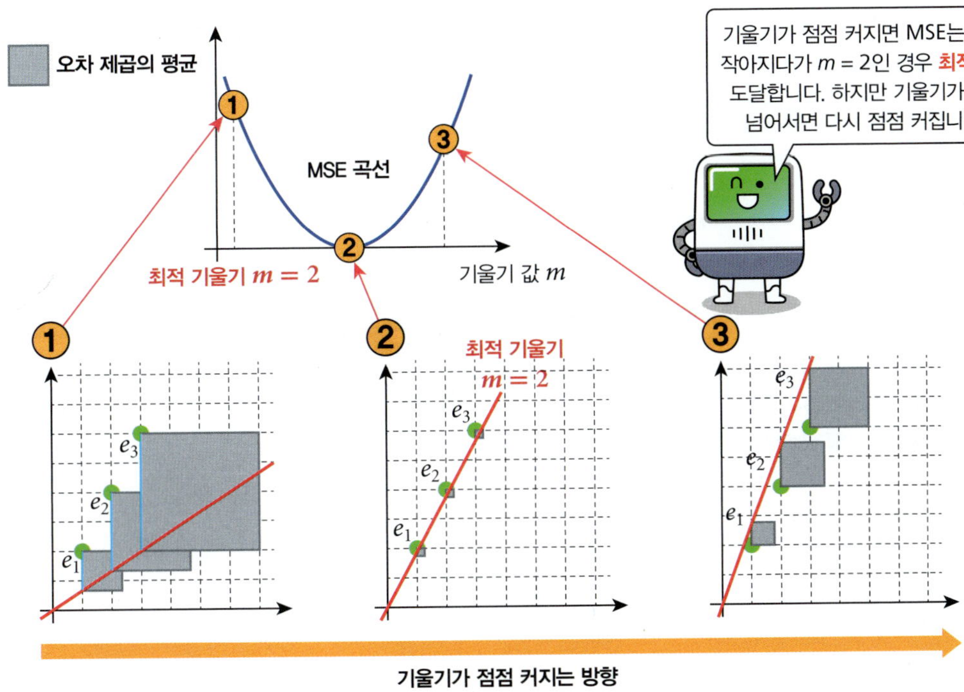

그림 상단의 MSE 곡선을 살펴보면 이들 각각에 대응하는 기울기 m이 가로축에, 오차 제곱의 평균값이 세로축에 표시되어 있다. 즉 세로축은 오차의 크기이므로 곡선에서 오차의 크기가 가장 작은 ②번 위치가 **모델의 성능이 가장 좋은 상태**이다.

다시 그림 ①, ②를 살펴보면 오른쪽으로 갈수록 기울기 m이 점점 커지는 것을 볼 수 있다. 이와 같이 m이 점점 커질 경우 MSE 곡선은 아래쪽으로 향하는데, 이는 오차 제곱의 평균값이 점점 작아지기 때문이다. 이 MSE 곡선은 $m = 2$인 경우 가장 작은 값이 되는데, MSE 곡선에서는 아래쪽으로 가장 내려간 구간이 된다. 이제 그림 ③처럼 기울기가 $m > 2$인 경우를 살펴보면 MSE 값은 ②에 비하여 점차 커지므로 위쪽으로 올라가는 모양이 된다. 이해하기 쉽게 **$m = 2$인 경우 사각형 면적의 합이 가장 작다**는 것을 생각하면 된다.

MSE 곡선의 최적값을 구하는 기울기와 미분

이제 여러분은 어떤 과정으로 MSE 곡선의 최적값을 구할 수 있는지가 궁금할 것이다. 다음의 그림을 보면 MSE 곡선의 가장 낮은 부분이 최적값이라고 표시되어 있다. 처음에 시작할 때 임의의 기울기 값을 사용했기 때문에, 임의의 위치에 해당하는 파란색 점의 위치에서 시작한다고 가정해 보자. 우리가 해야 할 **작업 T**는 MSE 곡선의 최적값 구하기이며 이것은 **성능 척도 P**로 측정할 수 있다. 이제 곡선에서 한 점의 기울기를 구할 수 있다면 우리는 이 기울기를 구한 후 곡선이 어느 정도

가파른지, 혹은 양의 방향(+)의 기울기인지, 음의 방향(−)의 기울기인지도 알 수 있을 것이다. 이렇게 기울기와 부호를 구한 후 곡선의 아래쪽으로 향하도록 다음 값을 조정하여 다시 한번 오차를 구하고, 또 곡면의 기울기를 구하는 작업을 반복적으로 수행하면 된다. 이것이 **경험 E**에 해당한다.

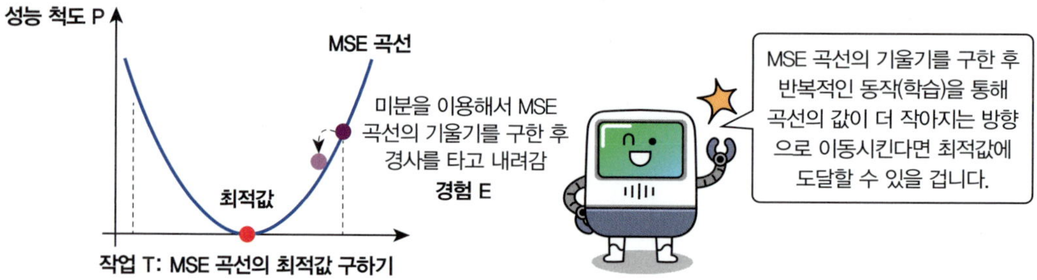

이에 대한 자세한 내용은 수학·공학적인 심화 내용을 포함하고 있으므로 이 책의 범위를 벗어나며 독자 여러분은 아래 '한걸음 더'와 'LAB'을 통해서 확인해 보도록 하자.

한걸음 더 **경사 하강법과 미분**

경사 하강법이란 MSE 곡선과 같은 오차 곡선(혹은 곡면이 될 수 있다)의 극소값을 향하도록 반복적으로 파라미터를 조절하는 최적화 기법을 말한다. 아래 그림을 살펴보면 MSE 곡선과 같은 오차 곡선의 최소값 x^*을 구하기 위해서 초기값에서 곡면의 아래쪽 경사를 타고 내려오도록 약간씩 파라미터를 조절하고 있음을 볼 수 있다. 아래 수직선에서 x축은 기울기 m과 같은 파라미터 값이며 y는 MSE 값이다.

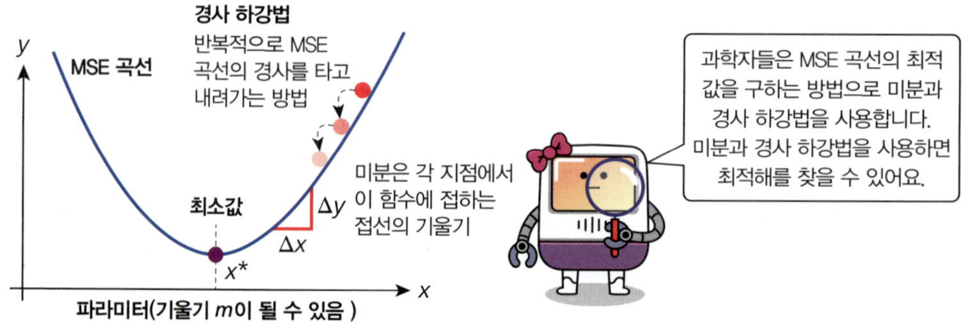

경사 하강법에서 사용되는 **미분**이란 순간 변화량을 구하는 것으로 다음과 같이 독립 변수값의 변화량 비의 극한으로 구성된다. $y = f(x)$와 같은 함수의 한 입력값 a에서의 미분 $f'(a)$는 다음과 같이 정의된다.

$$f'(a) = \lim_{\Delta x \to 0} \frac{f(a + \Delta x) - f(a)}{\Delta x}$$

함수 $f(x)$의 1차 미분 $f'(x)$는 x가 매우 조금 변화한 정도에 대해 함수값이 어떤 비로 변화하는지 알려준다. 이것을 변화율이라고 한다. **수학자들이 만든 이러한 도구를 사용하여 과학자들은 효율적으로 최적해를 구할 수 있다.** 이와 같이 머신러닝이나 딥러닝에는 많은 수학식과 통계기법이 사용된다.

03 다양한 머신러닝 학습 방법을 알아보자

머신러닝 학습 방법의 큰 흐름: 지도 학습, 비지도 학습, 강화 학습

이전 절에서 다룬 머신러닝은 회귀 문제의 일종인데 그림과 같이 초록색 점으로 나타난 데이터가 분포할 때 이 데이터의 분포를 가장 잘 설명하는 선을 찾는 문제로 볼 수 있다. 이 과정을 사람이 하는 것이 아니라 기계가 경험을 통해서 스스로 성능을 개선하여 가장 좋은 선을 찾는다면 이것이 바로 머신러닝이다. 이와 같은 머신러닝 기술은 회귀 문제에만 적용 가능한 것이 아니라 다양한 분야에도 적용 가능하다.

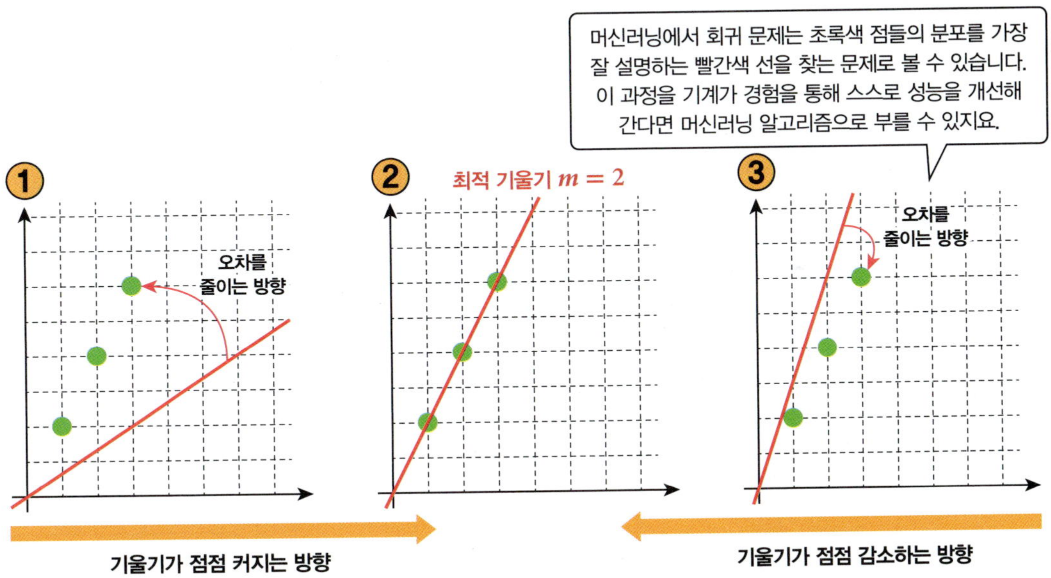

이제 머신러닝을 학습 방법에 따라 나누어 보도록 하자. 머신러닝을 할 때 사용하는 방법은 일반적으로 기계에게 답을 알려주는 '교사'의 존재 여부에 따라 크게 **지도 학습**과 **비지도 학습**으로 나누어진다. 이와는 달리 에이전트와 그 에이전트의 행동에 대한 보상을 통해 학습하는 방법인 **강화 학습**은 별도의 영역으로 다룬다. 이들 각각의 특성에 대해서 알아보자.

- **지도 학습** supervised learning: 지도 학습에서 컴퓨터는 '교사'에 의해 데이터와 **레이블** label 을 제공받는다. 레이블은 아래 그림과 같이 **정답지의 역할**을 한다. 지도 학습의 목표는 **입력을 출력에 매핑하는 일반적인 규칙을 학습**하는 것이다. 예를 들어서 고양이와 개를 구분할 때, 교사가 고양이와 개로 레이블링된 데이터를 충분히 제공한 뒤에 학습을 하는 과정이 필요하다. 그림과 같이 학습 단계에서 만들어진 **예측 모델**은 테스트 단계에서 새로운 데이터를 만나며, 이전의 학습을 바탕으로 고양이인지 개인지 맞히게 된다.

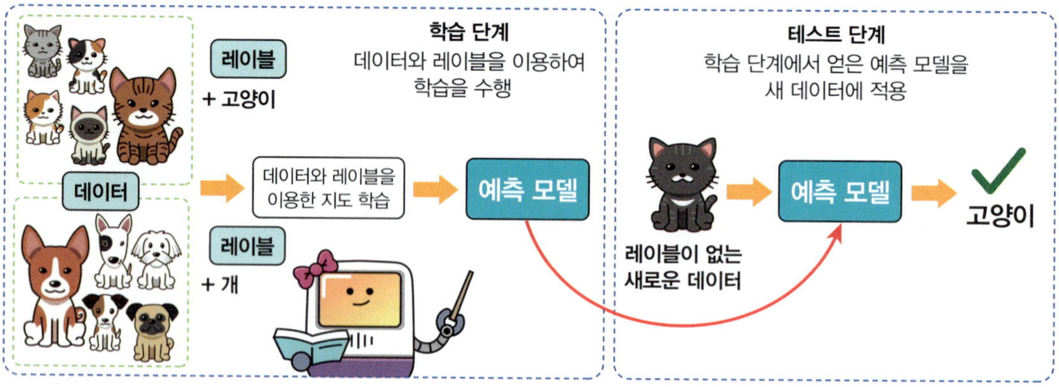

- **비지도 학습** unsupervised learning: 비지도 학습은 **외부에서 레이블을 주지 않고 학습 알고리즘이 스스로 입력으로부터 특정한 구조나 숨겨진 패턴을 발견**하는 학습이다. 비지도 학습을 사용하면 데이터에서 숨겨진 패턴을 발견할 수 있다. 비지도 학습의 대표적인 예가 **군집화** clustering 이다. 이 방법은 다음 그림과 같이 **주어진 데이터를 특성에 따라 둘 이상의 그룹으로 나누는 것**이다. 이렇게 특성을 구분하는 방법을 컴퓨터가 스스로 학습하는 것이다. 여러 뉴스를 비슷한 주제들로 묶어서 제공하는 등의 일에 사용될 수 있다.

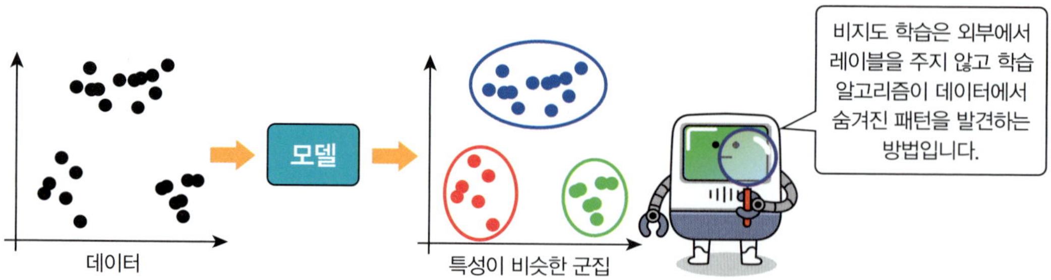

- **강화 학습** reinforcement learning: 강화 학습은 **실수로부터 학습하는 방법**이라고 간단하게 이야기 할 수 있다. 이 학습 방법은 지도 학습이나 비지도 학습과 같이 데이터에서 레이블을 구하거나 패턴을 찾는 방식이 아니며 **학습할 데이터를 사전에 주지 않아도 된다**. 강화 학습에서는 **에이전트** agent, **환경** environment, **행동** action, **보상** reward 과 **상태** state 라는 학습 데이터가 주어진다. 예를 들어서 그림에 나타난 게임 캐릭터(에이전트)가 **주어진 환경**에서 **특정한 행동을 수행**하고, 이에 대한 보상이 주어질 경우 이 **보상을 최대화**하는 행동을 결정하는 **정책** policy 을 바꾸어 나가는 방식이다. 알파고를 비롯하여 게임과 같은 분야에서 높은 수준을 보이는 프로그램들이 이러한 방식으로 만들어지는 경우가 많다.

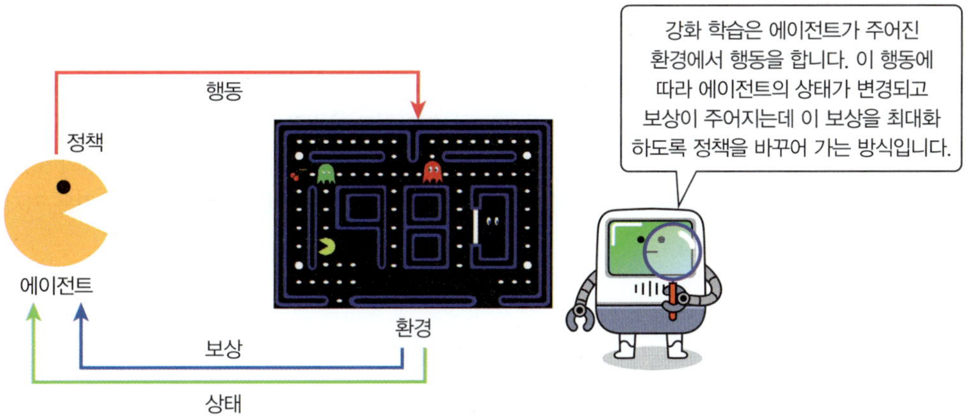

강화 학습은 복잡한 환경과의 상호작용을 통해서 스스로 행동하는 법칙과 운동 모델을 학습할 수 있기 때문에 로봇 제어, 드론 시스템, 자율주행 자동차 운행 등과 같은 많은 응용 분야에서 성과를 거둘 것으로 기대되고 있다.

강화 학습에서 사용되는 **주요 개념과 용어**는 다음 표와 같다.

용어	설명
에이전트	행위자 actor 라고도 하며 주어진 문제 상황에서 행동하는 주체
환경	에이전트가 상호작용해야 할 문제이자 물리적 세계가 될 수 있음
행동	에이전트가 선택할 수 있는 선택지로 이동 시 앞으로 이동, 뒤로 이동 등이 있음
상태	환경의 모든 정보로 현재 시점에서의 상황
보상	에이전트가 어떤 행동을 취했을 때 따라오는 이득 혹은 벌칙
정책	에이전트가 행동을 선택하는 데 사용하는 규칙

한걸음 더 알파고와 강화 학습

구글 딥마인드의 **알파고**는 우리 모두에게 매우 익숙한 이름이다. 알파고는 2015년 유럽 바둑 챔피언인 **판후이** 기사와의 시합에서 승리하면서 유명세를 타게 되었다. 이 프로그램의 개선된 알파고 버전은 2016년 세계적인 프로 바둑 기사인 이세돌 9단과의 시합에서도 승리하고, 2017년 5월에는 세계 랭킹 1위인 커제 기사와의 상대로도 이겼다. 알파고는 **강화 학습**을 통해서 학습을 수행하며, 이 강화 학습을 위한 세부 기술로 심층 신경망을 사용하였다. 바둑을 두는 주체인 알파고는 강화 학습의 **에이전트**에 해당하며, 바둑판이 알파고의 **환경**에 해당한다. 그리고 에이전트의 **보상**은 상대편을 이기는 확률을 최대로 하는 것이며, 바둑돌을 두는 것이 **행동**(액션)에 해당한다. 알파고가 바둑 돌을 둘 때마다 바둑판이 변하는데 이것이 **상태**가 되며, 알파고는 이 보상이 최대가 되도록 **정책**을 개선해 나가는 방식으로 동작한 것이다.

NOTE 강화 학습에서 사용되는 보상의 의미

보상이란 일상 언어에서는 항상 긍정적인 의미로 사용된다. 하지만 강화 학습에서의 보상은 그냥 알고리즘의 학습에 쓰이는 수치값이다. 따라서 이 값은 양수가 될 수도 있고 음수가 될 수 있다. 음수로 주어진 보상은 일상 언어에서 **벌칙** penalty 이라고 부른다. 알파고에서는 많은 점수 차로 상대편을 이기면 양의 보상이, 지게 되면 음의 보상이 되며, 자율주행 자동차에서는 사고 없이 안전하게 이동할 때마다 보상 값은 커지게 된다.

머신러닝 알고리즘의 학습 방법에 따라서 위의 세 가지로 나누어 보았는데, 이 알고리즘 역시 다음 표와 같이 다양한 종류의 세부 알고리즘이 존재한다.

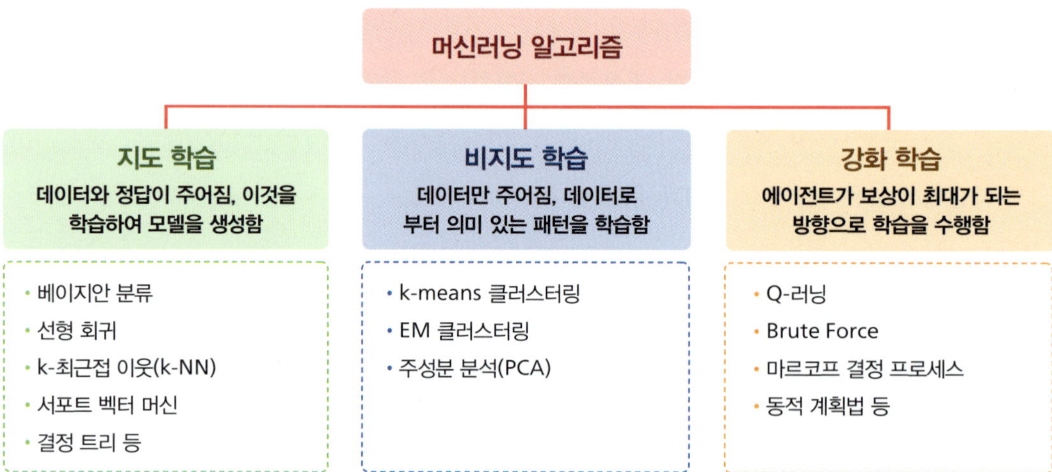

머신러닝 알고리즘의 지도 학습에 대해 좀 더 상세하게 살펴보면, 지도 학습에서 주어진 데이터를 바탕으로 예측하고자 하는 것이 무엇인지에 따라서 크게 **회귀** regression 와 **분류** classification 로 나눈다.

이 중에서 예측하고 싶은 **종속 변수가 숫자일 때 회귀**라는 머신러닝 기법을 사용한다. 반면 스팸 메일/정상 메일과 같이 **범주형일 경우 분류 기법**을 사용한다.

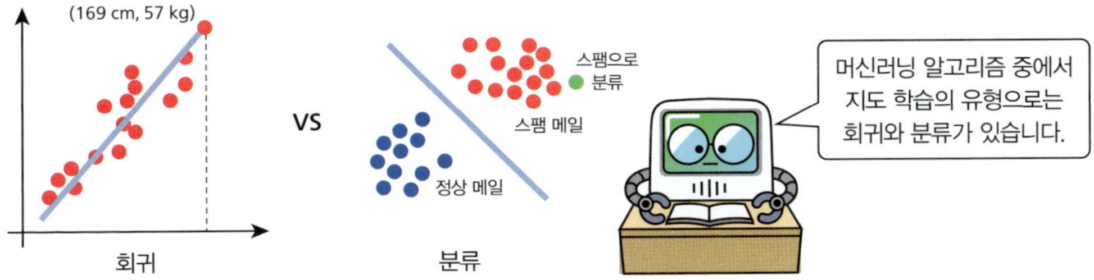

회귀와 분류

회귀 문제는 앞에서도 다루어 보았는데, 좀 더 구체적인 예를 통해 살펴보자. 예를 들어 철수네 반에 있는 4명의 학생을 임의로 추출하여 키와 몸무게를 측정하였더니 다음 표와 같이 키가 164, 179, 162, 170cm로 나타났으며, 이들의 몸무게는 각각 53, 63, 55, 59kg으로 나타났다고 가정하자. 일반적으로 키와 몸무게는 상관관계가 있기 때문에 이 상관관계를 선형 방정식으로 만들 수 있다면 키가 169cm인 학생의 몸무게를 유추할 수 있을 것이다.

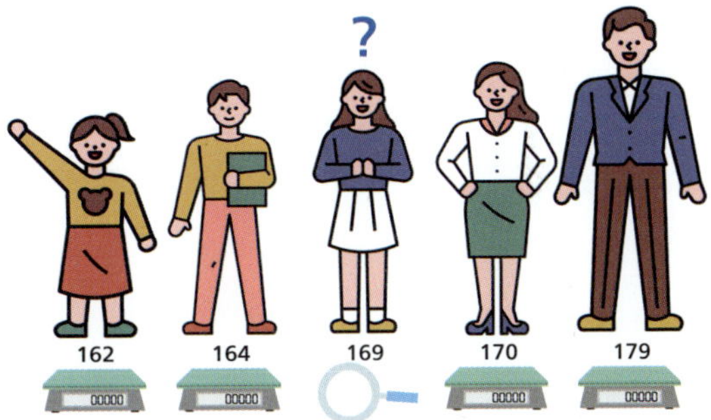

키(단위:cm)	164	179	162	170	169
몸무게(단위:kg)	53	63	55	59	?

이와 같이 주어진 데이터를 바탕으로 **예측하고자 하는 숫자 값을 유추하는 것**이 **회귀** regression 이다.

다음으로 **분류** classification 문제에 대하여 알아보자. 분류란 **예측하고자 하는 목표값이 범주형 변수인 경우에 적용**된다. 범주형 변수는 참이나 거짓, 0, 1, 2, 3과 같이 연속적이지 않은 이산적인 값을 가지는 변수이다. 분류의 예를 들면 여러분의 이메일 시스템이 수신한 이메일을 **스팸 메일**이나 **정상 메일**로 나누는 것이 될 수 있다. 또는 태블릿에 입력한 손글씨 숫자 이미지 데이터를 이용하여 0, 1, 2, 3, 4, 5, 6, 7, 8, 9 중의 하나로 나누는 것이 될 수 있을 것이다. 분류 문제에서 나누어야 할 목표값을 **클래스** class 라고 한다. 이 클래스가 두 가지인 경우를 **이진 분류**라고 하며, 둘 이상이 될 경우를 **다중 분류**라고 한다. 이진 분류와 다중 분류의 예는 다음과 같다.

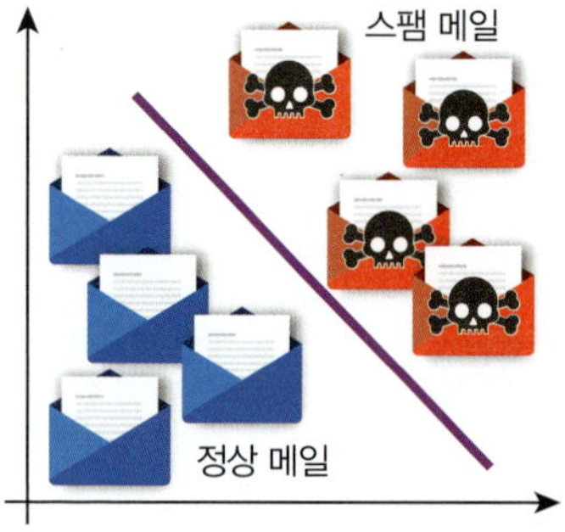

이진 분류

VS

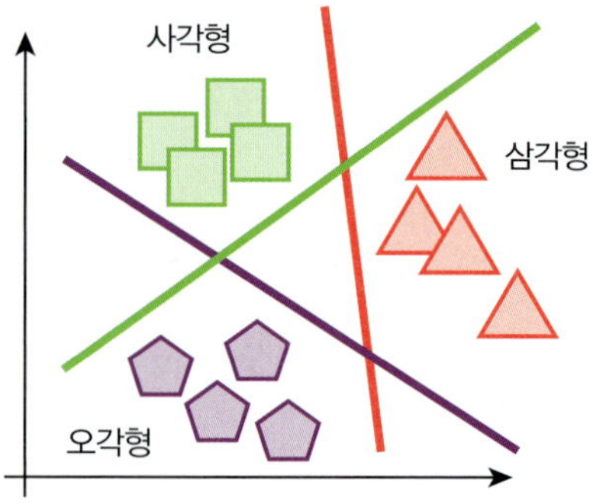

다중 분류

이진 분류	• 스팸 메일 판별: 스팸 메일이다 / 정상 메일이다 • 신용 카드 사기거래 탐지: 사기이다 / 정당한 거래이다 • X선 종양 탐지: 악성이다 / 양성이다
다중 분류	• 그림 이미지 분류 : 삼각형, 사각형, 오각형 중 하나로 나누기 • 숫자 이미지 데이터 분류 : 0에서 9 사이의 숫자 중 하나로 나누기 • 동물 이미지 데이터 분류 : 개, 고양이, 코끼리,... 중 하나로 나누기 • 뉴스 기사 분류 : 시사, 경제, 스포츠, 연예,... 중 하나로 나누기

04 다양한 지도 학습 방법을 알아보자

이전 절에서 살펴본 **선형 회귀**는 가장 대표적인 지도 학습 방법이다. 주어진 입력 데이터가 있을 경우 이 입력 데이터의 분포를 이용하여 이들의 분포를 가장 잘 설명하는 선형적인 상관관계를 모델링하는 것이 바로 선형 회귀 기법이다. 지도 학습 방법에는 이 선형 회귀 이외에 분류 문제도 있다. 널리 사용되는 인기 있는 분류 기법을 살펴보자.

k-최근접 이웃 알고리즘

지도 학습의 여러 가지 분류 알고리즘 중에서 **k-최근접 이웃** 알고리즘에 대해 간단히 살펴보자. k-최근접 이웃 알고리즘은 **k-최근접 이웃**[k-Nearest Neighbor] 의 영문 약자를 따서 **k-NN 알고리즘**이라고도 하는데, 이 알고리즘은 특징 공간에 분포하는 데이터에 대하여 k개의 가장 가까운 이웃을 살펴보고 **다수결 방식으로 데이터의 레이블을 할당하는 분류 방식**이다. 다음과 같은 예를 통해서 k-최근접 이웃 알고리즘에 대해서 알아보자.

남극에는 여러 종류의 펭귄이 서식하는데, 중형 펭귄인 **아델리 펭귄**과 대형 펭귄인 **황제 펭귄**에 대하여 이를 분류하는 방법을 알아보자. 그림과 같이 아델리 펭귄은 키가 평균 70cm가량에 몸무게가 6kg 정도이며, 반면 황제 펭귄은 키가 평균 120cm이며 몸무게는 30kg 정도이다. 따라서 여러 마리의 펭귄에 대하여 키와 몸무게의 표본을 모아서 2차원 공간에 표시한다면 오른쪽의 그림과 같이 분포하는 것을 볼 수 있을 것이다.

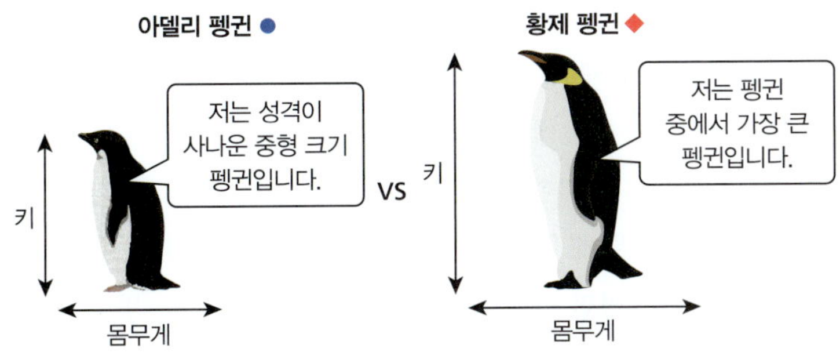

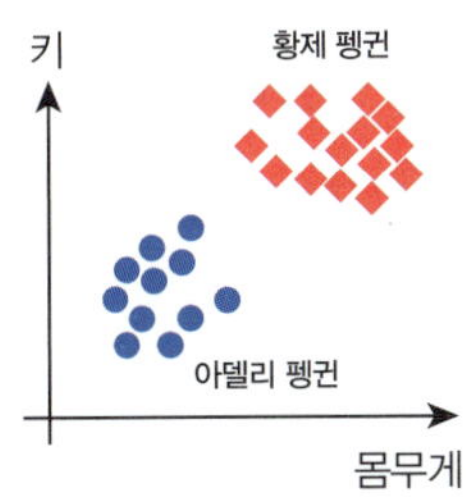

두 펭귄 표본 집합에 대한 키, 몸무게의 분포

그림에서 아델리 펭귄의 표본은 파란색 동그라미로 표시하였으며, 황제 펭귄은 빨간색 다이아몬드로 표시하였다. 이 표본 공간에서 **키와 몸무게는 속성** feature 이 되며, **황제 펭귄, 아델리 펭귄과 같은 정보는 레이블** label 이 된다. 이제 키와 몸무게라는 속성만을 가지고 있는 펭귄이 있는데 레이블이 없는 경우를 가정해 보자. 그리고 이 펭귄을 초록색 세모로 특징 공간에 표시해 보자.

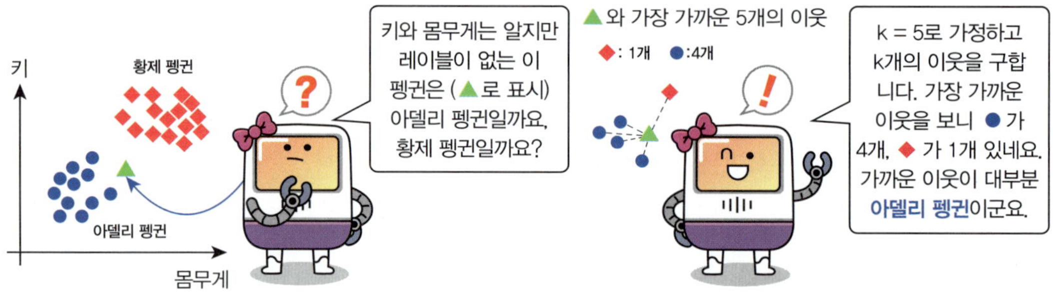

위의 예시에서 k-최근접 이웃 알고리즘의 k값을 5로 가정해 보자. 이 알고리즘은 분류를 위해서 초록색 세모(▲)와 가장 가까운 5개의 이웃을 구한다. 가장 가까운 이웃을 살펴보니 파란색 동그라미가 4개, 빨간색 다이아몬드가 1개로 나타난다. 따라서 **다수결에 의해 새로운 데이터의 레이블을 아델리 펭귄으로 표시**하면 된다. 이 알고리즘은 학습 데이터 안에 존재하는 노이즈의 영향을 크게 받지 않으며, 학습 데이터의 수가 많을 때는 꽤 효과적인 분류 성능을 보여준다.

서포트 벡터 머신

서포트 벡터 머신 support vector machine 은 흔히 SVM이라고 부르는데, **딥러닝** deep learning 이 오늘날과 같이 인기를 얻기 전까지는 머신러닝 분야에서 가장 인기가 높은 데이터 분류 방법으로 사용되었다. 이 방법의 동작은 다음 그림과 같은 방식으로 설명할 수 있다. 이전에 살펴본 황제 펭귄, 아델리 펭귄의 두 그룹 데이터가 있을 경우 이 펭귄 데이터를 분리하는 벽을 세운다고 가정해 보자. 그림과 같이 파란색 선과 빨간색 선으로 분리될 수 있는데 이러한 방식의 **경계를 만들어서 데이터를 분리하는 분류 방법**이 바로 서포트 벡터 머신이다.

그림을 살펴보면 ①과 ②의 두 직선은 모두 황제 펭귄과 아델리 펭귄 두 데이터 집합을 분리하는 벽으로 사용할 수 있다. 하지만 ①과 같은 벽은 두 데이터 집합 사이의 거리가 너무 좁아서 새로운 데이터가 들어올 경우 두 데이터를 구분하는 데 적합하지 않을 것이다. 반면 ②의 직선은 두 데이터를 구분하는 가장 넓은 틈을 가로지르기 때문에 두 데이터를 구분하는 데 적합할 것으로 보인다. 서포트 벡터 머신은 **두 데이터 그룹을 나누는 평면 중에서 폭이 가장 넓은 것을 찾는 방법**이다.

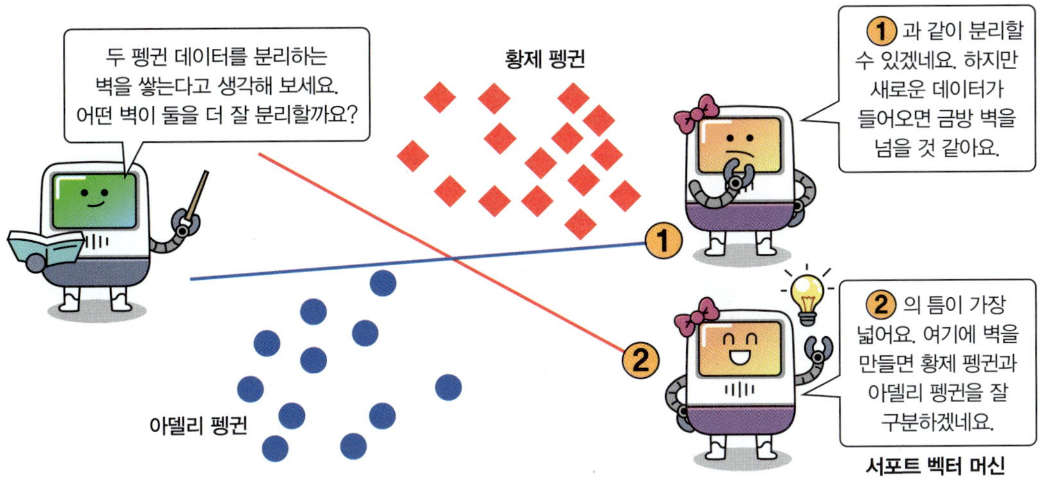

이 분리 평면은 **결정 경계**라고도 한다. 결정 경계면은 2차원에서는 직선이지만 그 이상의 차원에서는 가시화할 수 없는 평면으로 **초평면** hyperplane 이라고 부른다. 그리고 결정 경계와 서포트 벡터 사이의 거리를 **마진** margin 이라고 부른다. 이 결정 경계면을 구하는 방법을 자세히 살펴보면 그림과 같이 나타낼 수 있다.

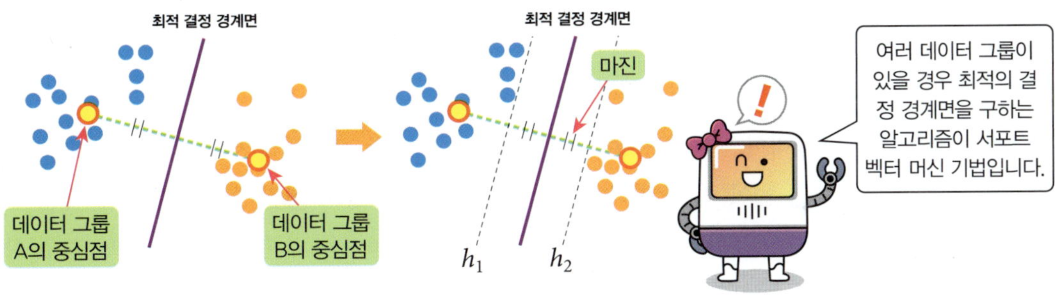

그림을 살펴보면 데이터 그룹 A와 B가 학습용으로 주어져 있다. 이때, 학습 알고리즘은 왼쪽과 같이 각 그룹의 중심점을 구한 후, 그 가운데를 지나는 최적의 결정 경계면을 구하여 두 데이터 그룹을 나누는 방법을 학습하게 된다. 그림과 같이 **직선으로 나눌 수 있다면 선형 분류 모델**을 적용하고, **직선으로 나눌 수 없는 경우 비선형 분류 모델**을 적용한다.

결정 트리

머신러닝 알고리즘인 **의사결정 트리** decision tree 는 분류와 회귀 작업, 다중 출력까지 할 수 있는 재주가 많은 알고리즘이다. 결정 트리는 스무고개를 하듯 예/아니오 질문을 이어가며 학습을 한다.

예를 들어 매, 타조, 사자, 악어를 구분하는 알고리즘을 가정해 보자. 이 알고리즘은 예/아니오로 대답할 수 있는 질문으로만 구성된다고 가정하자. 매와 타조는 날개가 있고, 사자와 악어는 날개가 없다. 따라서 '날개가 있나요?'라는 질문을 통해 [매, 타조] / [사자, 악어]의 두 그룹으로 나눌 수 있다. 이때, 매와 타조는 '날 수 있나요?'라는 질문으로 나눌 수 있고, 사자와 악어는 '털이 있나요?'라는 질문으로 나눌 수 있다. 이 결정 트리를 도식화하면 다음 그림과 같을 것이다.

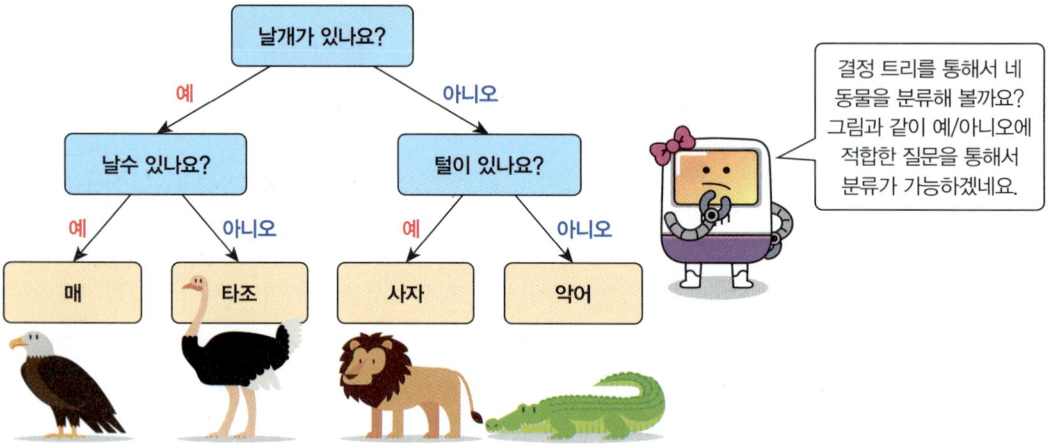

이것은 데이터들을 트리 구조의 최초 시작점인 **루트**[root]에서 시작하여 차례로 **중간 노드**들을 거쳐 **단말 노드**에 배정하는 기능을 수행한다.

이제는 예제를 조금 변경하여 다음과 같은 비교적 단순한 경우를 고려해 보자. 아델리 펭귄과 황제 펭귄의 두 펭귄 종의 몸통 높이(키)에 따라 그림과 같이 분포할 때, 이 펭귄 종을 구분할 수 있는 몸통 높이(h)의 기준값 v_0가 존재한다고 가정하자. 이 경우 몸통 높이를 기준으로 $h > v_0$ 일 경우 황제 펭귄으로, $h < v_0$의 경우를 아델리 펭귄으로 분류할 수 있을 것이다. 이렇게만 본다면 결정 트리와 SVM과 같은 선형분리 문제는 동일한 문제인 것처럼 보인다.

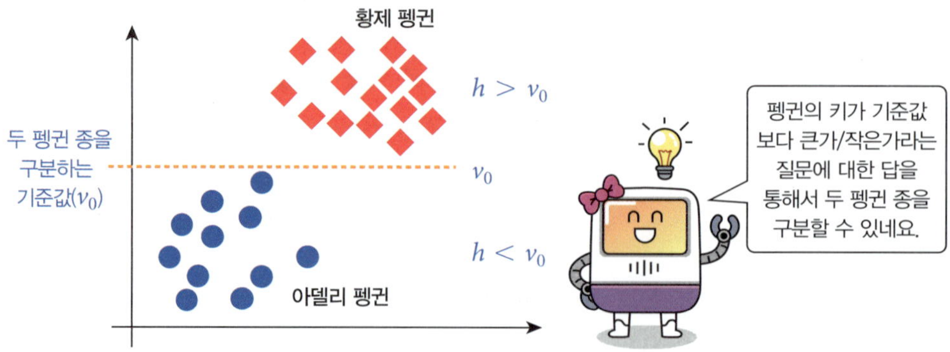

그런데 선형분리는 아래 그림과 같이 특성 공간 내에서 자유롭게 선택할 수 있지만, 결정 트리는 하나의 특성을 기준으로 데이터를 양분해야 한다. 하지만 현실 세계의 데이터는 좀 더 복잡한 경우가 많아서 단순히 하나의 특성으로 깔끔하게 데이터를 양분할 수 없는 경우가 많다. 그래서 나누어진 각 영역에 대해 다시 다른 특성을 기준으로 양분하는 일을 해 나간다.

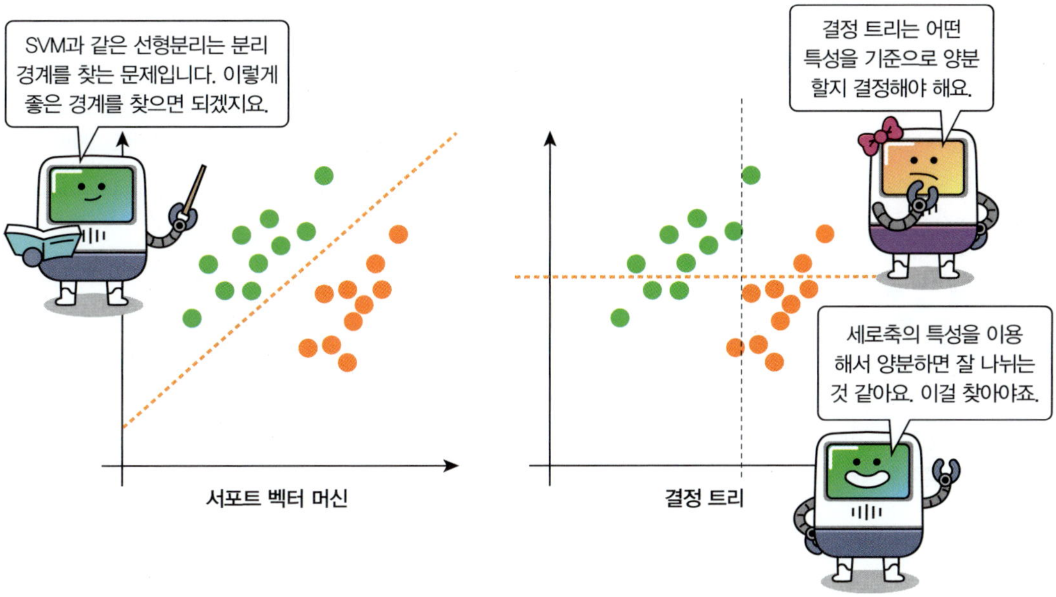

이 단계를 계속 반복하면 어떤 데이터든지 분리할 수 있는 트리 구조를 만들 수 있을 것이다. 하지만 이 단계를 무한정 깊게 하는 것보다는 **가능한 얕은 단계에서 데이터가 분리될 수 있도록 하는 것이 좋다**. 단계를 깊게 하여 분리하는 것은 해당 데이터에는 잘 동작하지만, 새로운 데이터에는 잘 적용되지 않는 과적합된 분류 방법이 되기 때문이다. 가능한 얕은 단계에서 데이터를 잘 분리할 수 있는 방법이 무엇일까? 그것은 데이터 분리를 가장 잘하는 좋은 특성을 찾아, 해당 특성 내에서 어떤 값을 기준으로 분리를 할 것인지를 결정하는 것이다. 결정 트리는 데이터의 분류 과정을 시각화할 수 있어서 결과에 대한 명확한 설명이 필요할 때 요긴하게 사용할 수 있다.

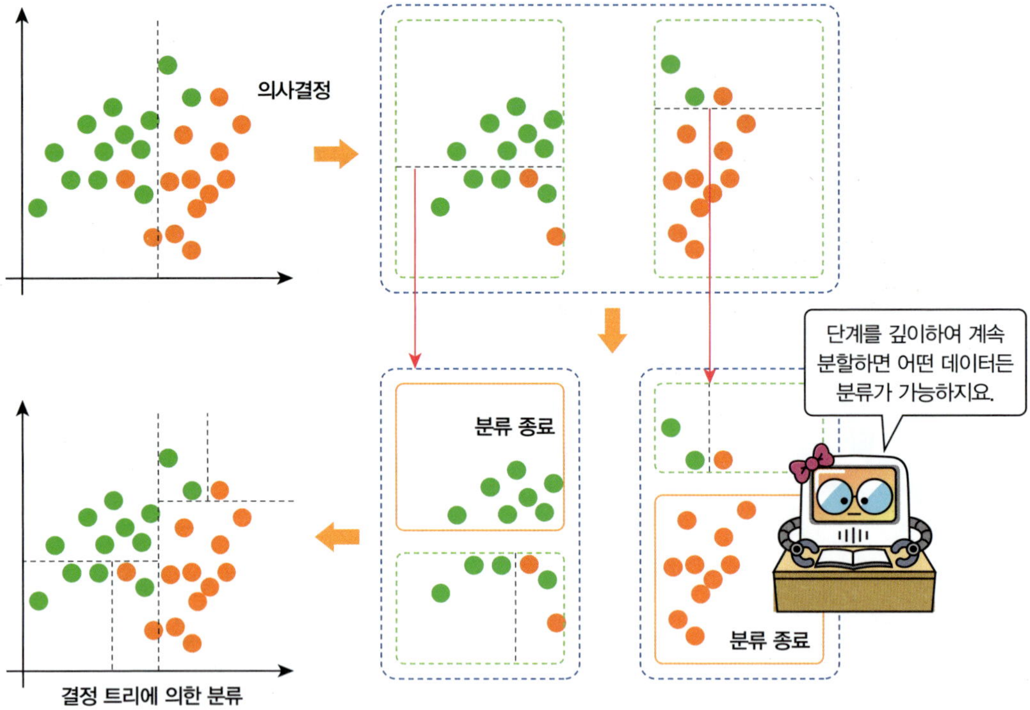
의사결정
단계를 깊이하여 계속 분할하면 어떤 데이터든 분류가 가능하지요.
분류 종료
분류 종료
결정 트리에 의한 분류

05 비지도 학습 방법을 알아보자

비지도 학습의 대표적인 예가 군집화이다. 군집화는 영어로 **클러스터링** clustering 이라고 하는데 데이터가 주어졌을 때 비슷한 특징을 가진 데이터를 군집으로 분류하는 것을 말한다. 군집화 알고리즘 중에서 가장 단순한 방법 중의 하나인 **k-평균 군집화** k-means clustering 알고리즘에 대해 알아보자.

k-평균 군집화

예를 들어 **으뜸 게임사**는 자사의 핵심 게임인 '모두의 으뜸 게임'을 출시하고 이 게임을 하는 고객들의 성향을 분석하고자 한다. 으뜸 게임사는 게임을 하는 사용자를 다음과 같이 시간과 레벨에 따라 배치한 후 두 가지 성향의 사용자로 분리하려고 하는 것이다.

A 그룹(군집): 게임을 오래 하며, 레벨이 높은 사용자

B 그룹(군집): 게임을 짧게 하며, 레벨이 낮은 사용자

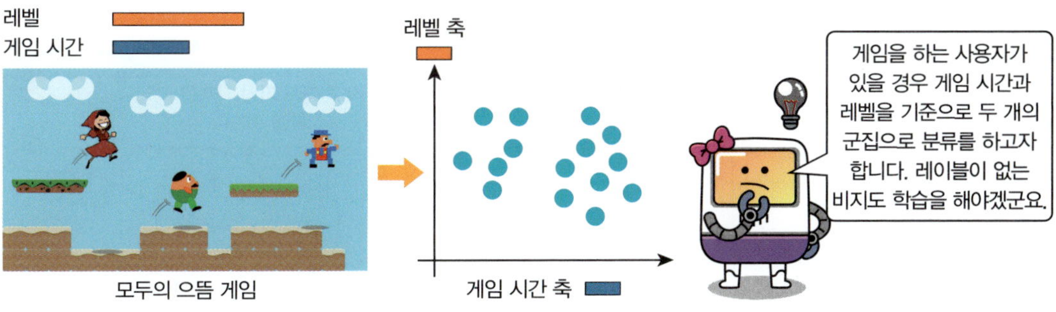

그림과 같이 게임 사용자의 전체 **게임 시간**과 **레벨**을 특성 공간에 배치하였으나 아무런 레이블이 없는 상태이다. 따라서 이를 군집으로 나누는 것은 대표적인 비지도 학습에 해당한다.

이해를 돕기 위해 다음과 같이 간단하게 6개의 데이터가 있는 상황을 가정하고 이 예시를 이용해서 설명을 하고자 한다. 이 데이터의 분포를 보니 오른쪽 위(군집 A), 왼쪽 아래(군집 B)에 주로 분포하는 것을 알 수 있다.

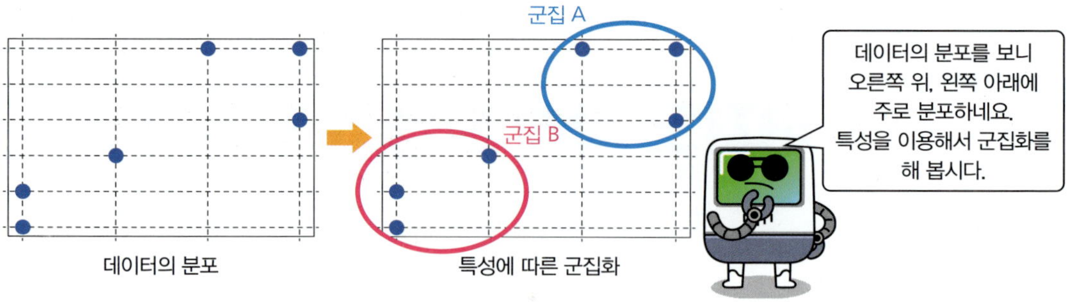

우리가 사용할 k-평균 알고리즘은 **원리가 단순하고 직관적이며 성능이 좋은 군집화** 알고리즘이다. 우선 다음 그림 (a)와 같이 2차원 공간상에 분포하는 6개의 점들이 있고 k값이 2인 경우를 가정하여, k-평균 알고리즘이 수행되는 과정을 살펴보도록 하자.

k가 2인 경우 (b)에 표시된 것과 같이 6개의 점들 중에서 빨간색 동그라미로 표시된 임의의 두 점을 선택하는 것으로 알고리즘이 시작된다. 이 두 점과 가장 가까운 점을 그룹(군집)으로 묶을 경우 그림 (c)와 같이 A 그룹, B 그룹으로 묶이게 된다. 이때 A 그룹에는 2개의 점이 있으며, B 그룹에는 4개의 점이 있는데 이 점들의 중심점을 구하면 그림 (d)와 같이 표시할 수 있다.

이제 그림 (e)와 같이 +로 표시된 A 그룹의 중심점과 +로 표시된 B 그룹의 중심점을 이용하여 모든 점과의 거리를 구한 후 다시 그룹을 만들어 A′와 B′ 그룹을 만들도록 한다(그림 (f)). 이제 이 과정을 (d)단계에서부터 다시 반복하여 이전의 군집 배정과 결과가 같거나, **갱신이 거의 발생하지 않을 경우 알고리즘을 종료**한다. 아래 예시에서는 (f)단계에서 종료될 것이다.

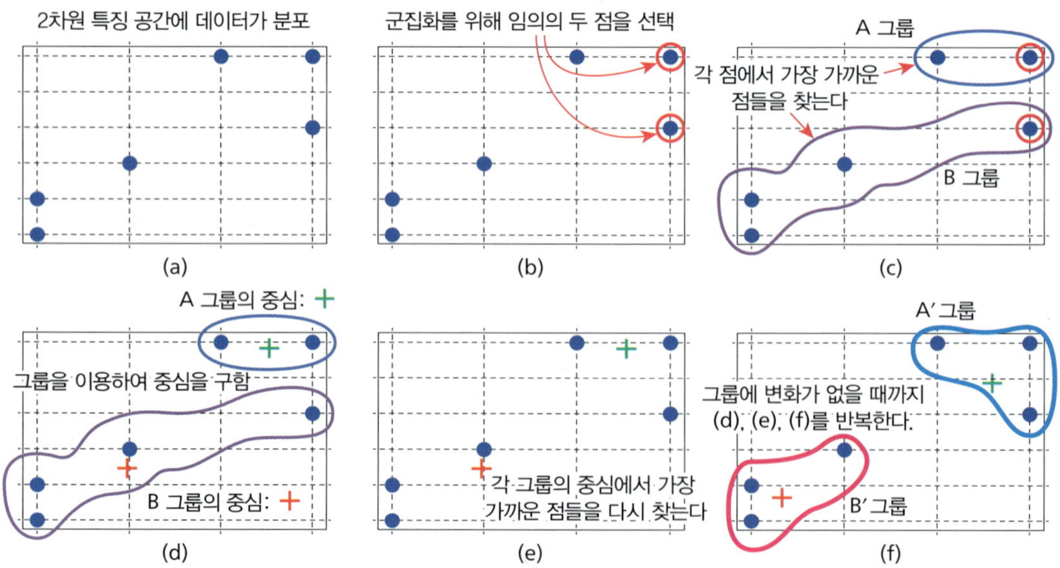

k-평균 알고리즘은 비교적 단순하며 거리와 중심점을 사용하는 그룹화 방법으로 범주에 대한 사전 정보가 없을 경우 주어진 관측값들 사이의 거리를 측정하여 유사성을 확증하는 방법이다. 이 방법은 **매우 단순하며 짧은 계산 시간 안에 대용량의 데이터에 대하여 적용할 수 있다는 장점**이 있으나, **군집의 수 k를 사전에 정의해 주어야 한다는 한계**가 있다. 그리고 데이터들의 분포를 한정된 크기 내의 값으로 미리 전처리해야 한다는 한계도 있다.

밀도 기반 군집화

밀도 기반 군집화Density-based spatial clustering of applications with noise: DBSCAN는 군집화 중에서 비교적 고급 기법으로 밀도를 기반으로 군집을 나누는 유용한 기술이다. 앞서 설명한 k-평균 군집화의 경우 데이터 사이의 거리를 이용하여 군집화를 하는 방법인데, 단순하게 거리를 이용하여 클러스터링을 할 경우 그림과 같이 원형으로 이루어진 데이터에 대하여 비슷한 특징의 군집을 제대로 인식하지 못하는 문제점이 있다.

반면 밀도 기반의 군집화는 **데이터가 몰려있는 곳의 밀도를 기반으로 군집화**를 하는 방법이다. 따라서 가운데에 몰려있는 데이터들을 하나의 군집으로 묶고(빨간색 점들), 외부의 데이터를 또 다른 군집으로 묶어서(파란색 점들) 나눌 수 있다.

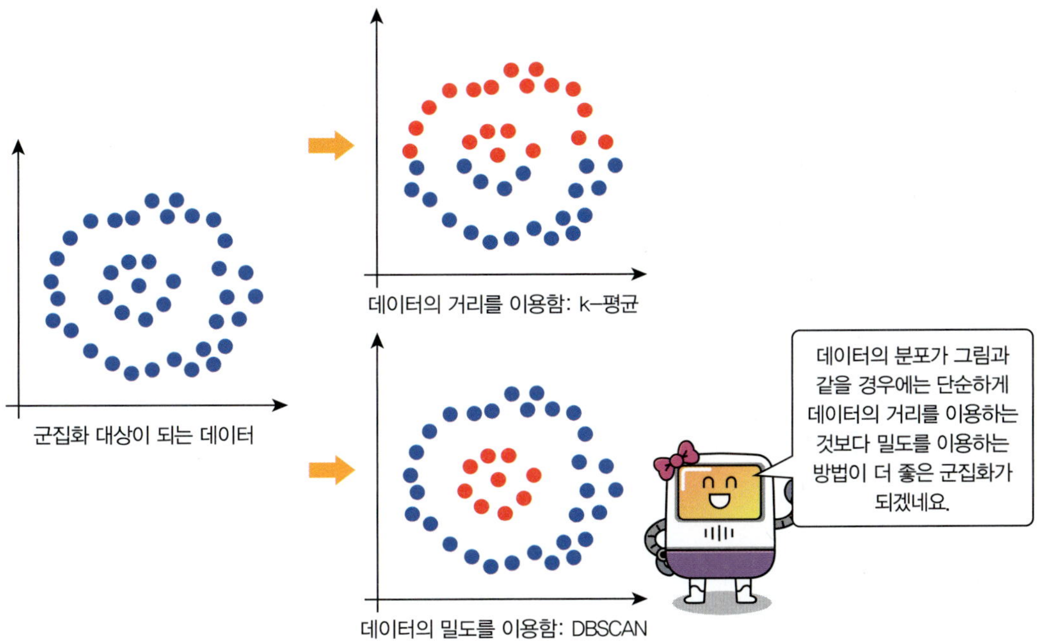

머신러닝 최적화에 숨어있는 수학적 원리를 알아보자

[실습 목표]

이번 실습에서는 **머신러닝의 최적화 기법**에 대하여 알아볼 것이다. 이 실습에서는 간단한 수식이 등장하는데, 이 수식의 최소값을 컴퓨터가 어떻게 찾아 나가는가에 대하여 알아볼 것이다.

이번 장에서 다룬 바와 같이 경사 하강법은 대표적인 최적화 기법이다. 임의의 곡선이나 곡면이 있을 경우 이것의 극소값을 찾기 위해서는 어떻게 해야 할까? 곡선의 방정식을 풀어서 그 해를 구하는 방법도 있겠지만 이 방식은 컴퓨터에서는 적합하지 않다. 그 이유는 곡선이나 곡면의 함수들이 닫힌 형태가 아니거나 그 형태가 너무나 복잡해서 미분계수와 그 해를 구하는 것이 어려울 때가 많기 때문이다. 대신 컴퓨터가 잘하는 **반복적인 작업 능력을 활용**하는 것이 어떨까? 경사 하강법은 최적해를 얻기 위해서 반복적으로 파라미터를 조절하는 최적화 기법이다. 이 기법을 알아보기 위하여 다음의 웹사이트에 접속하도록 하자.

```
https://uclaacm.github.io/gradient-descent-visualiser/#playground
```

이 사이트는 경사 하강법의 원리를 시각적으로 보여주는 기능을 제공한다.

[실습하기]

실습은 다음의 절차를 따르도록 한다.

[단계 1] 위의 웹사이트에 접속한다. 다음과 같은 초기 화면이 나타날 것이다. 각 영역에 대한 설명이 그림에 나타나 있다.

화면의 왼쪽 위의 수식 x^2 + x는 $x^2 + x$ 함수의 제곱 부분을 ^ 기호를 사용하여 표기한 것으로 시각화 영역에 있는 함수를 말한다. 다음으로 **시작점(Starting Point)**은 이 함수의 최소값을 얻기 위하여 처음으로 구한 임의의 해가 있는 위치를 말한다. 그리고 **학습률(Learning Rate)**은 해를 구하기 위한 이동 거리로 볼 수 있다.

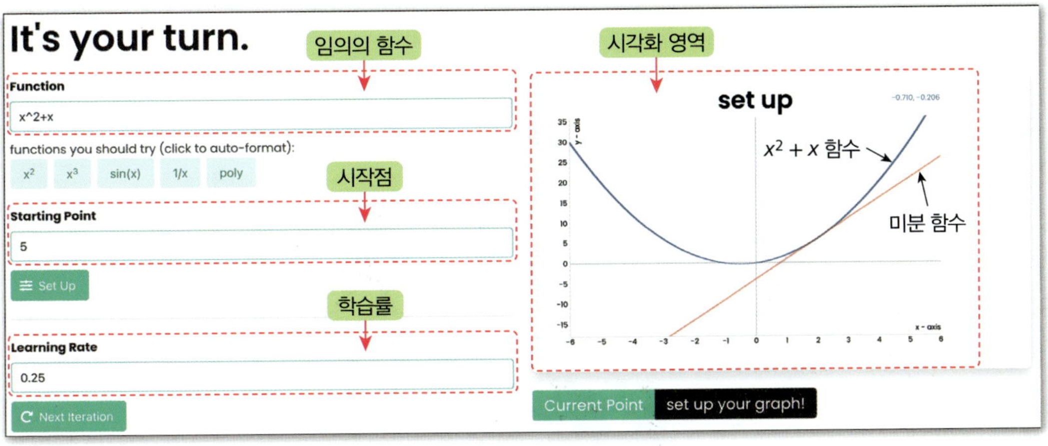

[단계 2] 시작점의 위치를 5로, 학습률을 0.2로 지정하도록 하자. 그리고 나서 [Set up] 버튼을 클릭하면 그림의 오른쪽과 같이 x의 시작 위치값이 5에 오게 되고 $y = x^2 + x$ 함수의 출력에 해당하는 y값은 30이 된다(y값은 $5^2 + 5 = 25 + 5 = 30$으로 얻는다).

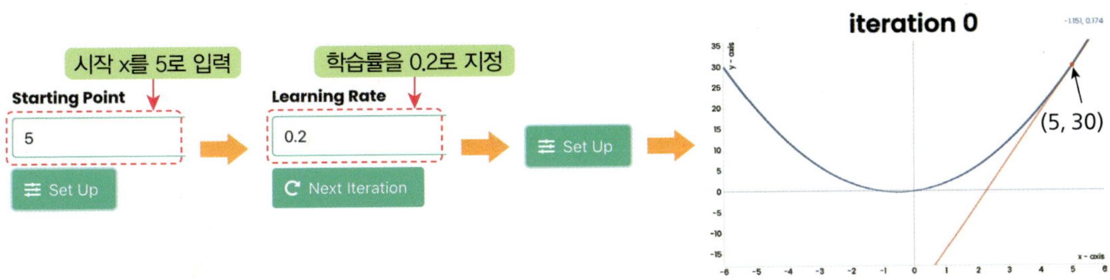

[단계 3] 다음으로 [Next Iteration] 버튼을 클릭해 보자.

그러면 경사 하강법을 통해서 새롭게 구한 x값과 y값을 보여준다. $f(x)$ 함수 $x^2 + x$의 1차 미분 함수 $f'(x)$는 $2x + 1$인데, **미분의 의미는 임의의 구간에서의 순간적인 변화량**이라는 것을 되새겨보도록 하자. 이제 $x = 5$일 때의 미분값을 구해보면 $2 \times 5 + 1 = 11$이 되는 것을 알 수 있다. 미분값의 부호가 양수가 된다는 것은 기울기가 양의 값이 된다는 의미이며, 이 곡선에서의 최소값은 5보다 작은 값이라는 의미이다. 예를 들어 깜깜한 산길을 걷고 있으며 길을 잃었다고 생각해보자. 우리는 한시라도 빨리 산 아래쪽에 있는 마을로 가야한다. 이때, 우리가 향하고 있는 산길이 오르막 방향(+)이라면 어떤 선택을 해야 할까? 아마도 진행 방향과 반대 방향(– 방향)으로 가야만 할 것이다.

반대로 우리가 향하고 있는 산길이 내리막 방향(–)이라면 어떻게 해야만 할까? 아마도 진행 방향(+ 방향)으로 계속해서 가야만 할 것이다.

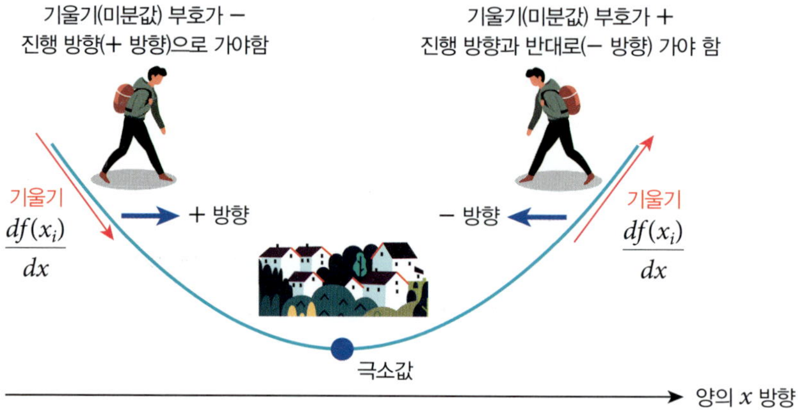

[단계 4] 다음 화면은 [Next Iteration]을 클릭한 결과이다. 새로운 위치값 x_{i+1}은 이전 단계의 위치값 x_i으로부터 구하는데 다음과 같은 간단한 식이 될 것이다. α의 앞에 – 부호가 붙는 이유는 그림과 같이 미분의 부호가 +인 경우 진행 방향과 반대인 +로 가야하기 때문이다.

$$x_{i+1} = x_i - \alpha \frac{df(x_i)}{dx}$$

α는 학습률로 얼마만큼 이동 거리를 조절할 것인가에 대한 파라미터이고, 이 예제에서는 0.2를 사용하였다. 따라서 새로운 x_{i+1}은 다음과 같이 구할 수 있다.

$$\begin{aligned} x_{i+1} &= x_i - \alpha \frac{df(x_i)}{dx} \\ &= 5 - 0.2 \times 11 \\ &= 2.8 \end{aligned}$$

위의 전개식에 의해서 경사를 타고 내려와서 새로운 위치에 도달했을 때의 x값은 5에서 2.8로 변경되고 다음 그림과 같이 표시된다.

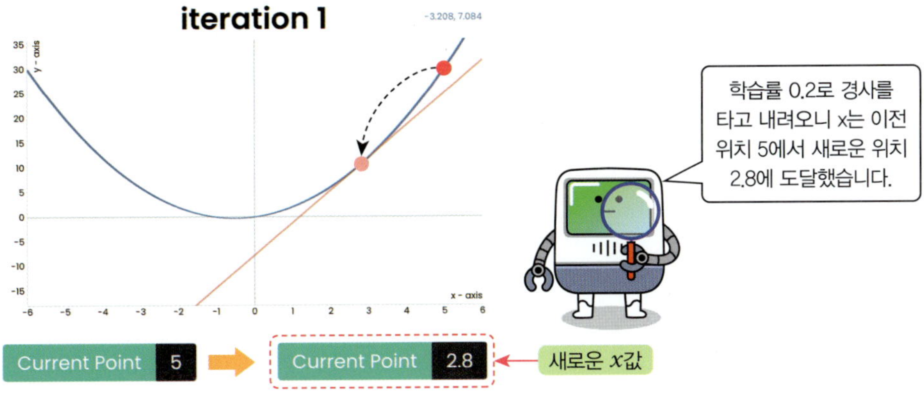

[단계 5] x_{i+1}이 이제는 2.8이므로 $f'(x)$는 $2x + 1$에 의해 6.6이 된다. 따라서 다시 한번 Next Iteration으로 x_{i+2}를 구해보자.

다소 지루하기는 하지만 x_{i+2}을 다음 식으로 전개해서 풀어보면 1.48이 된다.

$$x_{i+2} = x_{i+1} - \alpha \frac{df(x_{i+1})}{dx}$$

$$= 2.8 - 0.2 \times 6.6$$

$$= 1.48$$

이 결과는 아래와 같이 시각적으로 표시된다. Current Point가 1.479999999998로 1.48의 근사값이 나오는데 이는 실수 계산에서 발생하는 오차값이다.

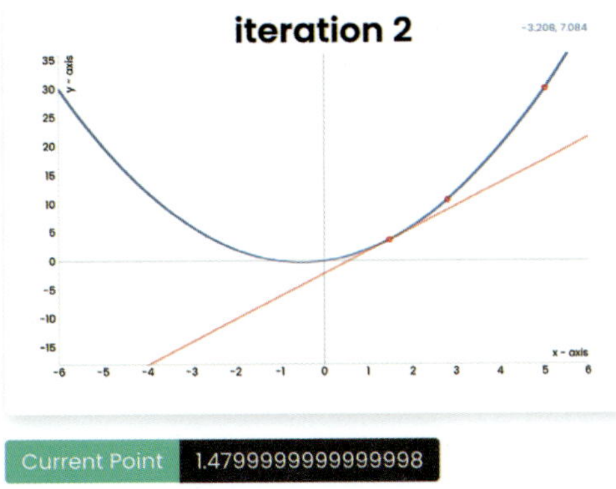

[단계 6] 앞의 과정을 반복하면 다음 그림과 같이 iteration 5단계에서는 최소값에 매우 가깝게 도달한 것을 확인할 수 있다.

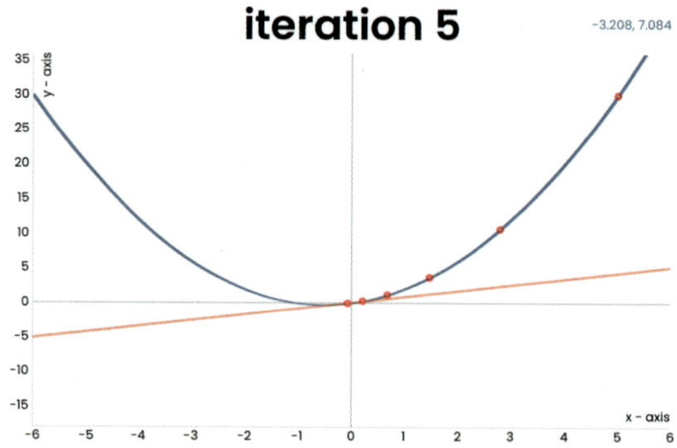

톰 미첼의 머신러닝 정의를 다시 한번 생각해 보면 **이 프로그램은 작업 T와 성능 척도 P에 대해 경험 E로부터 학습을 하여 최적값에 도달**하므로 경사 하강법은 머신러닝 기법의 일종으로 간주할 수 있다.

[손으로 계산하기]

위의 최적화 과정은 다음과 같은 표를 만들어서 직접 손으로 계산할 수 있다. 여러분은 이 수치값을 얻기 위해 계산기를 사용하면 된다. 단계 4까지의 계산을 손으로 직접 적어보도록 하자. 물론 이러한 과정은 컴퓨터 프로그램을 통해서 간단하게 구현할 수도 있다.

단계(i)	x	$f(x) = x^2 + x$	$\frac{df(x)}{dx} = 2x + 1$	α	$x_{next} = x - \alpha\frac{df(x)}{dx}$
1	5	30	11	0.2	5 − (0.2 * 11) = 2.8
2	2.8				
3					
4					

도전 문제

- 이 웹사이트에서 시작 위치를 −5로, 학습률(α)을 0.2로 두고 위의 과정을 반복해 보자. 시작 위치가 −5일 경우 미분값의 부호는 무엇인가?
- 학습을 5번 반복할 때의 과정을 다음의 표를 채우면서 살펴보자.

단계(i)	x	$f(x) = x^2 + x$	$\frac{df(x)}{dx} = 2x + 1$	α	$x_{next} = x - \alpha\frac{df(x)}{dx}$
1	−5	20	−9	0.2	−5 − (0.2 × −9) = −3.2
2	−3.2				
3					
4					
5					

요약

01 우리가 다루는 **인공지능** 기술은 인간의 학습능력, 추론능력, 지각능력을 인공적으로 구현하려는 컴퓨터 과학의 세부적인 분야로 정의할 수 있는데, 좀 더 구체적으로 말하면 **컴퓨터를 사용하여 인간의 지능을 구현하려는 기술**이라고 할 수 있다.

02 **머신러닝**은 명시적 프로그래밍 없이 컴퓨터가 **학습을 통해 작업 성능을 높여나가는 기술**을 말한다.

03 머신러닝은 **데이터를 기반으로 학습하여 작업 성능을 개선**하는 알고리즘으로, 여러 장점을 가진다.

04 두 개의 **변수들이 함께 변화하는 관계**가 **상관관계**이다. 그리고 이 변수들 사이의 상관관계의 정도를 나타내는 수치가 **상관계수**이다.

05 선형 회귀는 실제 데이터를 바탕으로 새로운 데이터가 입력되었을 경우의 **출력 결과를 예측**할 수 있다는 측면에서 의의가 크다고 할 수 있다.

06 선형 회귀에서 **오차의 합을 구하고 그것을 데이터의 개수로 나누어 평균을 구하여 얻은 오차값**을 **평균 절대값 오차**라고 한다. 또한 **오차 제곱 값의 평균으로 오차를 측정**하는 방식으로 얻은 오차값을 **평균 제곱 오차**라고 한다.

07 데이터의 분포를 **가장 잘 설명하는 선형 회귀 직선을 구하는 과정**을 **최적화**라고 한다. 그리고 이 최적화 과정에 사용되는 대표적인 기법이 **경사 하강법**이다.

08 머신러닝의 **지도 학습**에서 컴퓨터는 '교사'에 의해 데이터와 **레이블**을 제공받는다.

09 머신러닝의 **비지도 학습**은 지도 학습과는 달리 외부에서 레이블을 주지 않고 학습 알고리즘이 스스로 입력으로부터 특정한 구조를 발견하는 학습이다. 비지도 학습의 대표적인 예가 **군집화**이다.

10 머신러닝의 **강화 학습**은 **에이전트**, **환경**, **행동**, **보상**과 **상태**라는 학습 데이터가 주어진다.

11 지도 학습에서 주어진 데이터를 바탕으로 예측하고자 하는 것이 무엇인지에 따라서 크게 **회귀**와 **분류**로 나눈다. 이 중에서 예측하고 싶은 **종속 변수가 숫자일 때 회귀**라는 머신러닝 기법을 사용한다. 반면 **범주형일 경우 분류 기법**을 사용한다.

12 분류 문제에서 클래스가 두 가지인 경우를 **이진 분류**라고 하며, 둘 이상이 될 경우를 **다중 분류**라고 한다.

13 지도 학습 방법의 대표적인 예로 **k-최근접 이웃 알고리즘**, **서포트 벡터 머신**이 있으며 비지도 학습 방법으로 **k-평균 군집화**, **밀도 기반 군집화**가 있다.

연습 문제

[단답형 문제]

괄호 안에 들어갈 적절한 단어를 기입하여라.

01 인공지능 기술의 여러 분야 중에서 (   )(은)는 명시적 프로그래밍 없이 컴퓨터가 학습을 통해 작업 성능을 높여나가는 기술을 말한다.

02 머신러닝은 데이터를 기반으로 학습하여 작업 성능을 개선하는 알고리즘으로 여러 장점을 가진다. 머신러닝 알고리즘은 흔히 (   )(이)라고도 부른다.

03 키, 몸무게, 연간 소득처럼 변하는 양을 표현한 것이 (   )이며, 두 개의 (   )들이 함께 변화하는 관계를 (   )(이)라고 한다. 그리고 이 (   )들 사이의 (   )의 정도를 나타내는 수치를 (   )(이)라고 한다.

04 상관관계가 있는 두 변수가 있을 경우 한 값이 증가할 때 다른 값도 증가할 경우 (   )(이)가 있다고 하며, 반대의 경우 (   )(가)이 있다고 한다.

05 데이터의 분포를 설명하는 직선을 (   )(이)라고 한다. (   )(은)는 실제 데이터를 바탕으로 새로운 데이터가 입력되었을 경우의 출력 결과를 예측할 수 있다는 측면에서 의의가 크다고 할 수 있다.

06 선형 회귀 직선과 실제 데이터와의 거리는 (   ), (   ) 혹은 (   )(이)라고 부른다.

07 오차의 합을 데이터의 총 개수로 나누어 구한 평균값을 (   )(이)라고 한다.

08 오차의 제곱의 합을 데이터의 총 개수로 나누어 구한 평균값을 (   )(이)라고 한다.

09 데이터의 분포를 가장 잘 설명하는 선형 회귀 직선을 구하는 과정을 (   )(이)라고 한다.

10 (   )(이)란 평균 제곱 오차 곡선과 같은 오차 곡선의 극소값을 향하도록 반복적으로 파라미터를 조절하는 최적화 기법을 말한다.

11 수학 용어 중에서 (   )(이)란 순간 변화량을 구하는 것으로 독립 변수값의 변화량 비의 극한으로 구성된다.

12 지도 학습에서 주어진 데이터를 바탕으로 예측하고자 하는 것이 무엇인지에 따라서 크게 **분류**와 **회귀**로 나눈다. 이 중에서 예측하고 싶은 **종속 변수가 숫자일 때** (　　　)(이)라는 머신러닝 기법을 사용한다. 반면 **범주형일 경우** (　　　) **기법**을 사용한다.

13 지도 학습 중에서 특징 공간에 분포하는 데이터에 대하여 k개의 가장 가까운 이웃을 살펴보고 **다수결 방식으로 데이터의 레이블을 할당하는 분류 기법**을 (　　　　　　) 알고리즘이라고 한다.

[관련성 있는 기법 매칭]

01 다음 예시의 1부터 12까지의 기법은 지도 학습, 비지도 학습, 강화 학습 중 어디에 해당하는가? 숫자를 표의 해당 칸에 넣도록 하여라.

예시 기법:

1. 결정 트리
2. Q-러닝
3. 선형 회귀
4. 주성분 분석(PCA)
5. k-최근접 이웃(k-NN)
6. Brute Force
7. EM 클러스터링
8. 서포트 벡터 머신
9. 베이지안 분류
10. 동적 계획법
11. 마르코프 결정 프로세스
12. k-means 클러스터링

지도 학습	비지도 학습	강화 학습

[짝짓기 문제]

01 강화 학습과 관련 있는 주요 개념과 이에 대한 설명을 올바르게 짝짓기 하여라.

에이전트 •	• 에이전트가 행동을 선택하는 데 사용하는 규칙
환경 •	• 에이전트가 어떤 행동을 취했을 때 따라오는 이득 혹은 벌칙
행동 •	• 환경의 모든 정보로 현재 시점에서의 상황
상태 •	• 주어진 문제 상황에서 행동하는 주체
정책 •	• 에이전트가 선택할 수 있는 선택지
보상 •	• 에이전트가 상호작용해야 할 문제

02 톰 미첼의 머신러닝 정의에 따라 체스를 하는 컴퓨터 프로그램을 생각해 보자. 이 프로그램이 머신러닝 알고리즘으로 동작한다고 가정할 때, 이 알고리즘에 대하여 각각의 단계를 올바르게 짝짓기 하여라.

작업 T •	• 스스로 연습 게임을 한다
성능 척도 P •	• 체스를 둔다
경험 E •	• 상대편을 이길 확률을 계산한다

[객관식 문제]

다음 질문에 대하여 가장 알맞은 답을 선택하여라.

01 어딘가로 돌아간다는 의미의 이 통계 용어를 처음으로 사용한 사람은 프랜시스 콜턴이라는 학자다. 이 용어는 다음 중 무엇인가?

❶ 회귀　　❷ 분류

❸ 예측　　❹ 정규화

02 다음 중 머신러닝의 학습 방법으로 분류되지 않는 학습 방법은 무엇인가?

❶ 지도 학습　　❷ 비지도 학습

❸ 강화 학습　　❹ 인지 학습

03 머신러닝 분야의 분류 문제에서 나누어야 할 목표값을 지칭하는 용어는 무엇인가?

❶ 클래스　　❷ 분류값

❸ 목표　　❹ 인터페이스

04 다음 중 딥러닝이 오늘날과 같이 인기를 얻기 전까지 머신러닝 분야에서 가장 인기가 높은 데이터 분류 방법으로 사용된 것은 무엇인가?

❶ 결정 트리　　❷ 네트워크 머신

❸ 레이블 머신　　❹ 서포트 벡터 머신

심화 학습

[주제 1] 상관관계가 있는 두 변수가 있을 경우 한 값이 증가할 때 다른 값도 증가하면 양의 상관관계가 있다고 하며, 반대일 때는 음의 상관관계가 있다고 한다. 우리 주변에서 찾을 수 있는, 양의 상관관계 또는 음의 상관관계를 가지는 변수들은 무엇이 있을지 생각해 보자.

[주제 2] '오후에 일어난 살인 사건을 조사한 통계에 의하면, 살인자의 95%는 아침에 식사로 **쌀밥**을 먹었다고 한다. 살인과 쌀밥은 매우 높은 인과관계가 있으니 쌀밥 섭취를 줄여나가야 한다.'는 주장이 있다. 이 주장과 같이 살인 사건과 쌀밥 섭취는 인과관계가 있다고 볼 수 있을까? 이 주장에는 어떠한 문제점이 있는가?

09

인공 신경망 기술

학습목차

- 인공 신경망 기술
  - 신경세포와 퍼셉트론
    - 인간 뇌의 이해
    - 신경세포와 인공 신경세포
  - 퍼셉트론
    - 논리 회로와 부울 대수
    - 기본 논리 연산과 퍼셉트론을 이용한 구현
  - 퍼셉트론의 한계
    - XOR 문제 알아보기
    - 인공 신경망을 위한 수학 도구
  - 다층 퍼셉트론의 필요성
    - XOR 회로와 다층 퍼셉트론
    - 입력층, 은닉층, 출력층
  - 심층 신경망 학습시키기
    - 딥러닝의 특징
    - 심층 신경망을 학습시키는 기술인 오차 역전파
  - LAB: 티처블 머신
    - 구글 티처블 머신을 이용한 객체 인식 실습하기

학습목표

- 인간의 신경세포와 이것을 인공적으로 구현한 퍼셉트론에 대해 이해한다.
- 최적화를 통해 오차를 줄이는 방법을 살펴본다.
- 단층 퍼셉트론에서 해결 불가능한 문제인 XOR 문제를 이해한다.
- 심층 신경망의 가중치를 학습시키는 오차 역전파 알고리즘에 대하여 알아보자.
- 딥러닝과 머신러닝의 차이점을 알아보자.

01 인간의 신경세포와 퍼셉트론

경이로운 인간의 뇌와 지능의 신비

인간은 어떻게 높은 지능을 가지고 고등한 사고를 하게 되었을까? 동물들은 왜 인간과 같은 창의적인 일을 할 수 없는 것일까? 인간의 뇌는 동물의 뇌와 어떤 점에서 다를까? **아인슈타인이나 뉴턴**과 같은 천재들은 보통 사람들과 어떤 면에서 차이가 나기에 그 천재성을 발휘할 수 있었을까? 반대로, 보통 사람들은 왜 아인슈타인 같은 천재의 사고를 따라할 수 없을까? 수많은 연구에도 불구하고 인간의 지능에 대해서는 아직도 풀리지 않은 수수께끼 같은 면이 있다.

인간과 동물의 사고를 담당하는 신체 기관은 **뇌** brain 이다. 인간의 뇌(腦)는 약 1,500g에 불과하지만 **말하고 행동하는 모든 과정을 통제하고 지휘하며 조정**하는 곳이며, 근육도 뼈도 없는 거대한 단백질 덩어리이다.

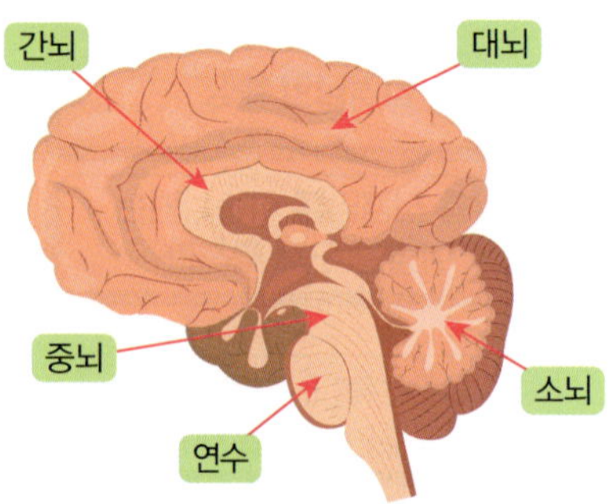

뇌는 크게 대뇌, 중뇌, 소뇌, 간뇌, 연수 등으로 구분되며 총괄적인 지휘를 하는 부분은 대뇌로 기억과 감각을 관리하는 곳이다. 인간의 뇌가 동물의 뇌와 크게 차이가 나는 부분은 대뇌 피질로 동물과 달리 이 부분이 매우 발달되어 많은 주름을 가지고 있다. 뇌의 대부분은 신경세포 덩어리이며 신경세포가 밀집되어 연결된 구조를 가지고 있다. 하나의 신경세포는 그림과 같이 **세포핵, 수상돌기, 축삭, 축삭 말단**과 같은 구조를 가진다고 알려져 있다.

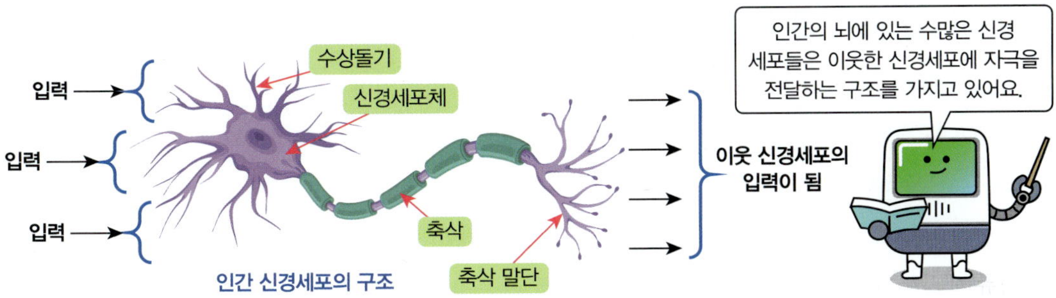

생물학에서 밝혀낸 신경세포의 구조

인간의 지능과 사고의 원리는 아직 완벽하게 밝혀지지 않았으나 생물학자들의 연구에 의하여 뇌가 가지는 구조의 개략적인 특징은 이해하고 있다. 그것은 바로 뉴런 neuron **이라는 신경세포가 다른 신경세포와 연결되어 있고,** 나트륨, 칼륨 등의 물질을 이용하여 화학적 신호를 주고받는다는 사실이다.

이 방대한 연결 구조를 가지는 신경세포에서 수상돌기는 다음 그림의 ①과 같이 다른 신경세포로부터 신호를 전달받아서(외부의 자극이 입력 신호에 해당한다), 이 외부 자극의 합의 크기를 세포체에서 판단한다(그림 ②). 다음으로 이 신호의 합이 임계값보다 클 경우 뉴런이 반응하여 축삭 말단을 통해서 다른 신경세포로 신호를 전달한다(그림 ③). 이와 같은 신경세포가 1,000억 개 가량 모여서 인간의 뇌를 이루며, 이 신경세포를 연결하는 가지는 무려 100조 개 정도 되는 것으로 알려져 있다. 최근 연구에 의하면 신경세포의 수가 약 860억 개 가량이라고도 하지만 이 역시 개략적인 수치에 가깝다.

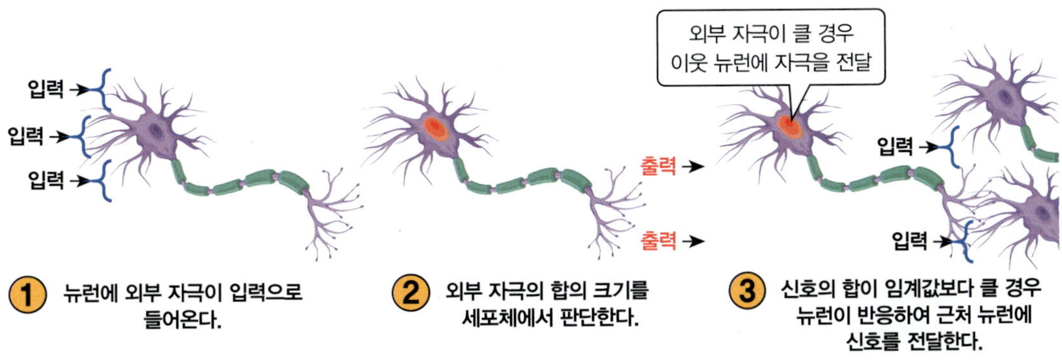

이러한 신경세포와 그 연결 구조, 동작을 완벽하게 재현할 수 있다면 인간의 뇌와 유사한 인공뇌 artificial brain 를 만들 수 있을 것이며 최근에는 사람의 뇌를 모방한 인공 신경세포 소자를 개발하는 단계에까지 발전하였다.

신경세포를 흉내 낸 프로그램인 퍼셉트론

실험실 단계에서 인간의 뇌를 모방한 소재가 개발되기는 하였지만 현재까지의 기술로는 엄청난 수의 뇌세포와 그것들의 연결 구조로 이루어진 인간의 뇌를 완벽하게 구현하기는 어려운 실정이다. 하지만 뉴런을 대신하는 인위적인 함수와 신경 전달 물질을 대신하는 숫자값을 다른 함수의 입력으로 넘겨주는 프로그램은 충분히 구현할 수 있다. 이러한 **신경세포**의 구조를 **흉내 내는 프로그램**을 컴퓨터 과학자들은 **인공 신경세포** artificial neuron 혹은 **퍼셉트론** perceptron 이라고 한다.

	단위 구조	의미
신경세포의 구조	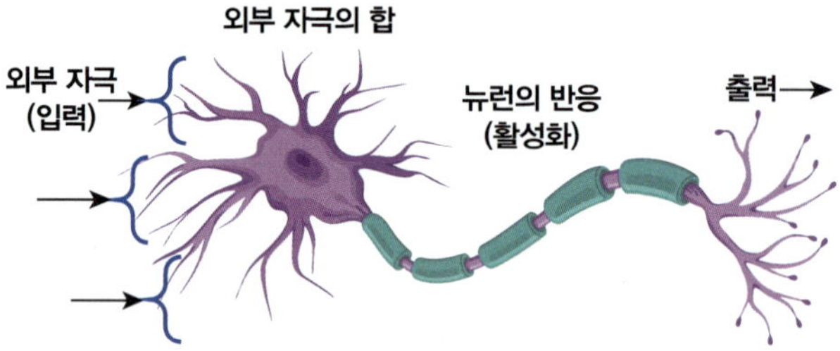	신경세포에 들어온 외부 자극에 대해 반응하여 외부 신경세포에 자극을 전달하는 구조이다.
인공 신경세포의 구조	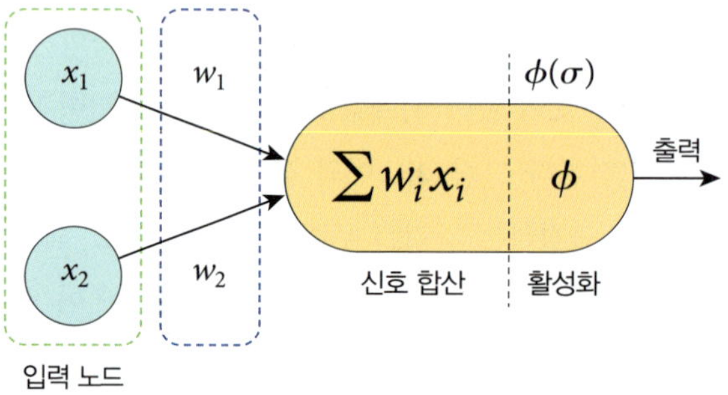	입력 노드로 들어온 값을 가중치 값에 곱한다. 이 값을 합한 후 그 값이 일정한 값 이상이 되면 외부 노드에 출력값으로 내보낸다.

퍼셉트론은 표의 그림과 같이 외부 자극을 x_1, x_2와 같은 노드의 수치값으로 할당한 후, 이 수치값을 w_1, w_2의 가중치에 곱한 다음 이 신호의 합을 구한다. 외부 자극에 곱해지는 값은 **파라미터** 혹은 **가중치**로 불리는데 가중치의 영어인 weight의 앞문자 w에 아래 첨자를 이용하여 w_i와 같이 표기한다.

위의 그림에서와 같은 입력과 가중치가 있을 경우, 가중치와 곱해진 신호의 합은 $w_1x_1 + w_1x_2$로 나타낼 수 있는데, 신호가 여러 개일 수 있으므로 그림에서는 Σw_ix_i로 표기하였다. 이 신호 합산 값 Σw_ix_i는 간단하게 σ로도 표기할 수 있다. σ는 특정한 활성화 함수 $\phi(\ )$의 입력으로 들어가서 이 값이 임계치를 넘을 경우 출력값으로 내보내져 인접 퍼셉트론의 입력으로 다시 전달되는 구조를 가지고 있다. 복잡한 수식처럼 보이지만 수치값의 곱과 합, 그리고 함수의 호출로 이루어진 구조는 컴퓨터 프로그래밍을 통해서 어렵지 않게 구현할 수 있다.

활성화 함수에 입력된 신호 합산 값을 다음 퍼셉트론에 전달할지 말지를 결정하기 위해 **임계값** threshold 혹은 **문턱값**이라고 하는 상수를 사용한다. 이 값은 신경세포에 전달된 신호의 누적 합이 특정한 자극치을 넘어야만 이 신호를 이웃 신경세포로 전달하는 역할을 담당한다. 이제 x_1, x_2가 아래 표와 같이 0 또는 1을 가지는 경우를 상상해 보자. 이 표에서 가중치 w_1, w_2는 각각 2, 2로 가정하였고, 입력값 x_1, x_2과 가중치의 **누적합이 2 이상인 경우 1을 출력**하고, **그렇지 않을 경우 0을 출력**하는 활성화 함수 $\phi(\ )$를 가진다고 하자. **1은 이웃 신경세포에 신호를 전달하고 0은 신호를 전달하지 않는다고** 상상하면 된다.

• 가중치 w_1, w_2는 각각 2, 2로 가정함

입력 x_1	입력 x_2	$\Sigma w_1 x_2$: 신호의 합	$\phi(\ )$ 함수: $\Sigma w_i x_i \geqq 2$	출력
0	0	0×2 + 0×2 = 0	거짓	0
0	1	0×2 + 1×2 = 2	참	1
1	0	1×2 + 0×2 = 2	참	1
1	1	1×2 + 1×2 = 4	참	1

입력에 대해서 위의 표와 같은 출력을 내보내는 구조는 컴퓨터를 이루는 중요한 논리회로 중에서 **OR 회로가 하는 일**이다. 이제 이러한 기본 지식을 바탕으로 최근 각광받고 있는 딥러닝 기술의 핵심인 인공 신경망의 구조와 특성을 상세히 살펴볼 것이다.

02 인공적인 신경세포: 퍼셉트론

논리회로와 논리적인 사고의 유사성

컴퓨터는 우리 생활에 매우 편리함을 주는 강력한 기기인데, 이 기기의 근본적인 작동원리는 0과 1의 이진 신호를 조합하여 새로운 신호를 구성하는 방식으로 동작한다. 이 신호들은 AND, OR, NOT과 같은 **논리 연산**을 수행하는 장치의 입력으로 들어가서 다양한 연산을 수행하게 되는데 이 **논리 연산의 결과가 바로 컴퓨터가 하는 일이 되는 것**이다. 이러한 논리 연산을 수행하는 전자기 회로를 **논리회로** logic circuit 또는 논리 게이트라고 한다.

논리 연산에 대한 이론적인 근거는 **조지 부울** George Boole 의 연구에 의해서 큰 발전을 이룩하였는데, **부울 대수** Boolean Algebra 라고 하는 이 대수 공간에서는 참과 거짓의 명제만이 존재한다. 부울 대수에서 참은 1 또는 True로 표기하며, 거짓은 0 또는 False로 표기한다.

<table>
<tr><th>논리 게이트</th><th>기호</th><th>의미</th><th>진리표</th></tr>
<tr><td>NOT</td><td>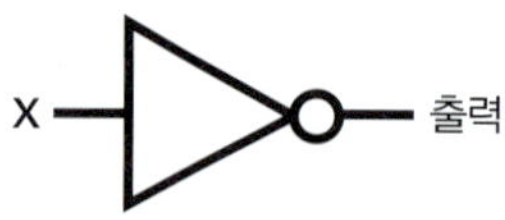</td><td>NOT 게이트는 1개의 입력과 1개의 출력을 가짐. 논리 부정 연산을 수행하며, 입력에 대해 반대값을 출력함.</td><td><table><tr><th>X</th><th>출력</th></tr><tr><td>0</td><td>1</td></tr><tr><td>1</td><td>0</td></tr></table></td></tr>
<tr><td>OR</td><td>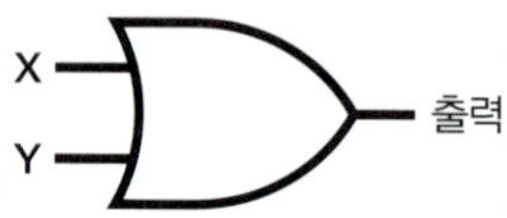</td><td>OR 게이트는 2개 이상의 입력에 대하여 1개의 출력을 가짐. 논리합 연산을 수행하며 입력이 하나라도 1인 경우 1을 출력함.</td><td><table><tr><th>X</th><th>Y</th><th>출력</th></tr><tr><td>0</td><td>0</td><td>0</td></tr><tr><td>0</td><td>1</td><td>1</td></tr><tr><td>1</td><td>0</td><td>1</td></tr><tr><td>1</td><td>1</td><td>1</td></tr></table></td></tr>
<tr><td>AND</td><td>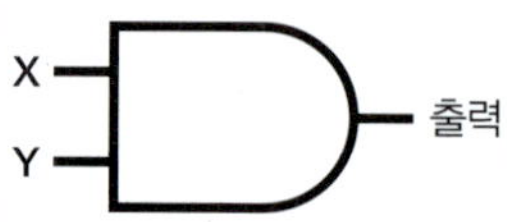</td><td>AND 게이트는 2개 이상의 입력에 대하여 1개의 출력을 가짐. 논리곱 연산을 수행하며 입력이 하나라도 0인 경우 0을 출력함.</td><td><table><tr><th>X</th><th>Y</th><th>출력</th></tr><tr><td>0</td><td>0</td><td>0</td></tr><tr><td>0</td><td>1</td><td>0</td></tr><tr><td>1</td><td>0</td><td>0</td></tr><tr><td>1</td><td>1</td><td>1</td></tr></table></td></tr>
<tr><td>XOR</td><td>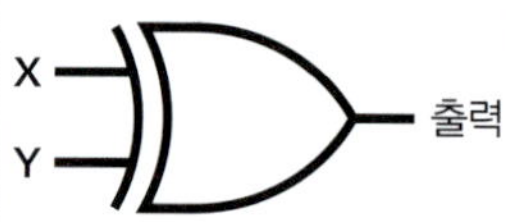</td><td>XOR 게이트는 배타적 논리합으로 입력값이 서로 다르면 1을 출력함.</td><td><table><tr><th>X</th><th>Y</th><th>출력</th></tr><tr><td>0</td><td>0</td><td>0</td></tr><tr><td>0</td><td>1</td><td>1</td></tr><tr><td>1</td><td>0</td><td>1</td></tr><tr><td>1</td><td>1</td><td>0</td></tr></table></td></tr>
</table>

이런 방식이 디지털 회로에서 유용한 이유는 전압의 높이가 높음(High)과 낮음(Low)으로 정보를 표현할 수 있기 때문이다. 이러한 논리 연산을 전자 회로로 구현한 것이 논리 게이트이며 앞장의 표는 컴퓨터에서 사용되는 논리 게이트의 기호, 의미, 진리표를 나타내고 있다.

인간의 뇌가 여러 가지 외부 조건으로부터 판단을 하는 경우를 상상해 보자. 우리는 '기온이 20도 이상이고(AND), 비가 오지 않으면(NOT) 등산을 갈 것이다'와 같은 논리적인 사고를 한다. 이와 같이 인간은 하루하루를 보내며, 혹은 살아가는 동안 수없이 많은 논리적인 사고와 판단을 한다.

퍼셉트론 연구의 선구자들과 논리회로의 표현 방법

인공지능 역시 이와 같은 최소한의 기본적인 논리적 판단을 할 수 있어야 한다. 이 절에서는 NOT, AND, OR, XOR과 같은 기본 논리 연산과 퍼셉트론을 이용하여 구현하는 방법에 대하여 알아볼 것이다.

퍼셉트론에 대한 선구적인 연구는 1940년대에 **워런 매컬러** Warren McCulloch 와 **월터 피츠** Walter Pitts 에 의해서 이루어졌다. 이 두 연구자들은 그들의 논문에서 다음 그림과 같은 모양의 인공 신경세포 연결로 논리 연산이 가능하다는 것을 보였다. 이 책의 그림은 그들이 논문에서 사용한 스타일을 사용하였다. 여기서 삼각형은 **신경세포** neuron 이며, 이들이 활성화되면 선으로 표현된 연결의 끝 지점에 있는 **시냅스** synapse 가 이 신호를 다른 신경세포로 전달한다. 이때 파란색을 가진 끝점은 1의 신호가 전달되는 것을 의미한다.

매컬러와 피츠가 제안한 신경세포의 구조를 자세히 살펴보고, 이 신경세포가 어떤 의의를 가지는지 알아보자. 다음 그림의 ∧와 ∨ 기호는 각각 논리곱과 논리합을 의미하는 기호이다. 왼쪽 논리곱(AND) 신경 회로 그림을 살펴보면, 삼각형 내의 알파벳 x와 y는 각각 입력을 의미하며 이 입력이 논리곱 연산을 수행하는 단위인 ∧에 연결되어 있는 것을 볼 수 있다. 다음으로 논리합(OR) 신경 회로는 알파벳 x와 y가 ∨의 입력으로 들어가는 것을 볼 수 있는데, 이 경우 입력값이 2개로 분기되어 입력되는 것을 볼 수 있다. 즉 하나의 1이 x에 전달될 때 2개의 1이 ∨의 입력으로 들어가는 상황이 되는 것이다. 이 때문에 **하나의 1이 2라는 신호값으로 전달되는 것과 같은 효과**가 나타난다.

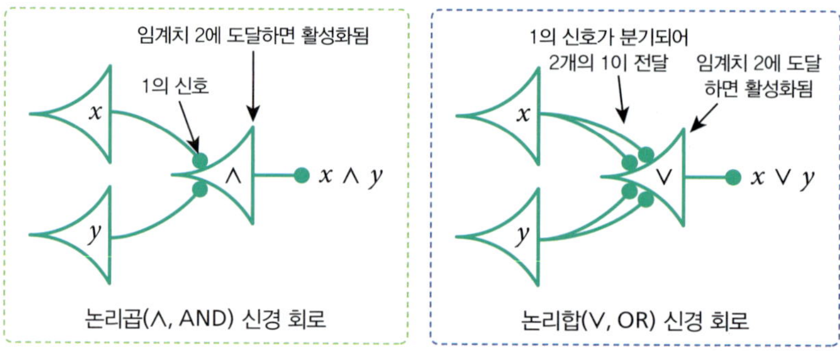

논리곱(∧, AND) 신경 회로 논리합(∨, OR) 신경 회로

위와 같은 신경 회로에 0과 1의 이진 기호가 들어올 때, **논리합**(OR, ∨) 연산의 결과는 어떻게 될까? 이 연산은 그림과 같이 x와 y 중에서 하나라도 1이 되면, 그 합이 임계치 2에 도달한다. 만일 둘 다 1이 입력될 경우 임계치 2를 넘는 4가 된다. 따라서 두 경우 모두 $x \vee y$는 오른쪽 신경세포가 활성화되는 데 충분한 신호가 된다.

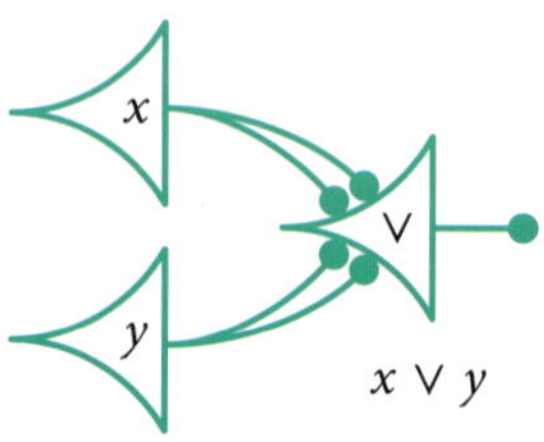

x, y 중의 하나라도 1인 경우
$x \vee y$는 2 이상이 되어 활성화된다

x	y	x, y의 합	x OR y
0	0	0	0
0	1	2	1
1	0	2	1
1	1	4	1

다음으로 **논리곱**(AND, ∧) 연산의 특징을 살펴보면 그림과 같이 입력값 x와 y가 모두 1일 때만 1을 반환하는 특징을 가지고 있다. 이 그림에서 살펴보면 두 신경세포 x와 y가 모두 활성화되었을 때, 오른쪽 신경세포가 활성화 임계치인 2에 도달하여 활성화되는 것을 볼 수 있다.

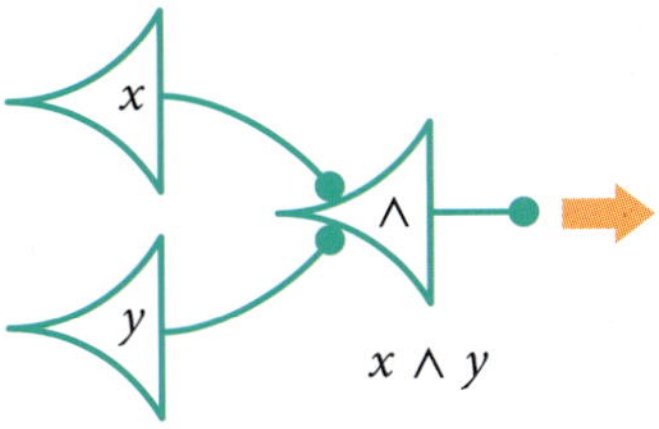

x	*y*	x, *y*의 합	*x* AND *y*
0	0	0	0
0	1	1	0
1	0	1	0
1	1	2	1

x, y가 모두 1인 경우에만
$x∧y$는 2가 되어 활성화된다

우리가 사용하는 컴퓨터는 0과 1의 전기 신호를 논리적으로 조작하여 복잡한 계산을 하는 논리 회로 기계이다. 사실 우리들이 매일 사용하는 스마트폰과 같은 소형 컴퓨터가 하는 일도 가장 원초적인 단계로 환원해 보면 컴퓨터가 수행할 논리 연산을 정의해 둔 프로그램에 의해서 정해진 절차를 수행해 나가는 것에 불과하다. 따라서 **신호의 전달이 논리 연산이라면, 그것이 바로 계산이다**. 매컬러와 피츠의 선구적 연구는 **신경세포의 신호 전달 방식으로 인간의 뇌를 모방함으로써 기계적 계산을 수행할 수 있음을 보여준 것**이다.

03 퍼셉트론의 화려한 등장과 비판자들

학습까지 수행하는 놀라운 퍼셉트론의 출현

앞서 살펴본 매컬러와 피츠의 신경세포 모델은 인공 신경세포의 연결로 컴퓨터가 수행하는 논리 연산을 할 수 있다는 것을 보였다는 점에서 큰 의의가 있다. 하지만 이 모델은 **'학습'이 불가능**하다는 결정적인 문제가 있다. 이 모델의 신경세포는 설계된 동작만을 수행할 수 있으며, **고정된 동작을 하는 전기 회로와 같은 것**이다. 복잡한 동작을 수행하려면 복잡한 신경세포 연결을 하나하나 설계해야 한다. 생물이 가진 신경세포들은 문제를 풀 때마다 새로운 문제에 맞춰 새로 설계되지 않는다. 그러면 **신경세포 모델을 어떻게 변경해야 여러 가지 문제를 풀 수 있는 모델**이 될까?

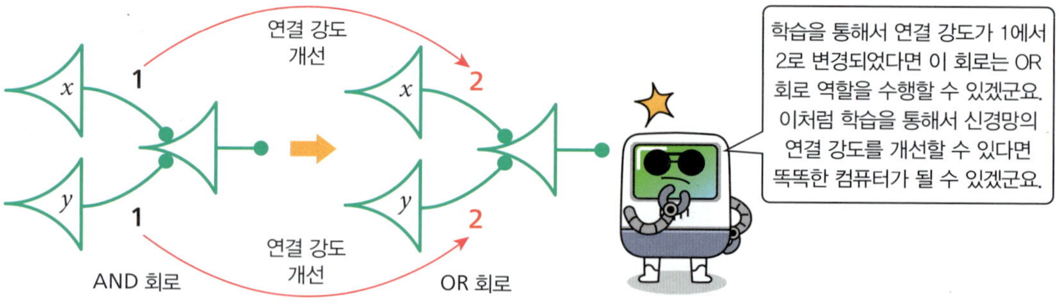

신경망이 동작을 변경하는 방법은 연결 강도를 조정하는 것이다. 따라서 인공 신경망의 학습이라는 것은 그림과 같이 출력을 목표치와 비교하여 **오차를 계산하고 이 오차를 줄이는 방향으로 연결 강도를 변경**하는 일을 의미한다. 이 그림에서는 원래의 연결 강도가 1에서 2로 변경된 회로를 보여주고 있다. 이 회로는 이제 OR 연산을 수행할 수 있을 것이다. 인간이 경험을 통해서 자신의 판단을 개선하는 것과 유사하게, 학습을 통해 인공 신경망의 연결 강도를 문제해결에 적합하게 개선할 수 있다면 똑똑한 컴퓨터에 한 걸음 더 다가갈 수 있을 것이다.

우리가 학교를 다니며 선생님과 교과서를 통해서 새로운 지식을 얻고, 반복적으로 익혀서 그 지식을 자신의 것으로 만드는 과정을 학습이라고 한다. 반면 인공지능에서 말하는 좁은 의미의 학습이란 문제해결을 위해 인간의 개입을 최소화하여 **최적의 해를 구하는 과정**으로 이야기할 수 있을 것이다. 인공 신경망에서 말하는 최적의 해란 주어진 입력값에 대하여 신경망의 연결 강도 값(**가중치** weight)을 곱하여 얻은 출력값이 적절한 오차범위 이내의 목표값에 도달한 경우를 말한다.

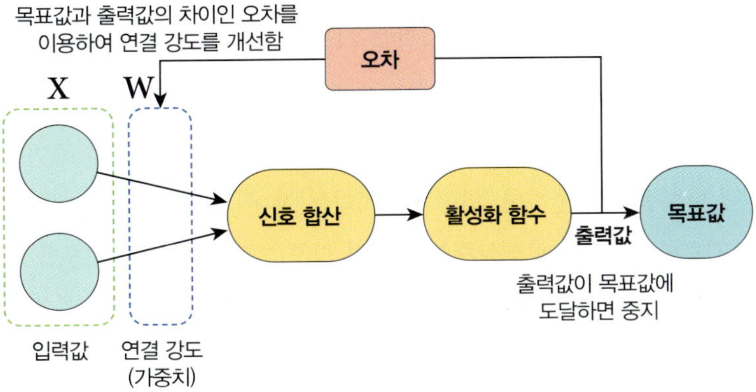

인공 신경망의 **연결 강도 개선은 출력값과 목표값과의 차이를 이용하여 수행**할 것인데, 이것을 **오차** error 라고 부른다. 그리고 이 오차를 줄이는 방향으로 연결 강도를 조정하는 일이 신경망의 **최적화** optimization, 즉 학습이다.

새로운 해군 장치는 경험을 통해 배운다

읽을 수 있고 똑똑해지도록 설계된 컴퓨터의 배아를 심리학자가 보여주었다.

워싱턴, 7월 7일 (UPI) - 해군이 오늘 **걷고, 말하고, 보고, 쓰고, 번식하고, 스스로의 존재를 의식할 수 있는 전자 컴퓨터의 배아를 공개**했다. 해군이 기자들에게 보인 시연에서 기상 부서의 2백만 달러짜리 컴퓨터 '704'는 50회의 시도 뒤에 오른쪽과 왼쪽을 구분하는 법을 익혔다. 해당 부서는 이 방식을 적용하여 읽고 쓰며 생각하는 퍼셉트론 기계를 만들 것이라고 밝혔다. 1년 정도의 기간으로 10만 달러의 비용을 들여 완성할 것으로 예상된다. 퍼셉트론의 설계자인 **프랭크 로젠블랫** 박사가 시연을 했다. 그는 이 기계가 처음으로 인간의 뇌와 같이 사고할 수 있는 장치가 될 것이라고 말했다. 그리고 인간처럼 퍼셉트론도 처음에는 실수를 하겠지만, 경험이 늘수록 더 똑똑해질 것이라고도 했다. 로젠블랫 박사는 버팔로에 있는 코넬 항공 연구소의 심리학 연구자이며, 퍼셉트론을 다른 행성에 발사하여 기계로 된 우주 탐사자로 쓸 수 있다고 했다.

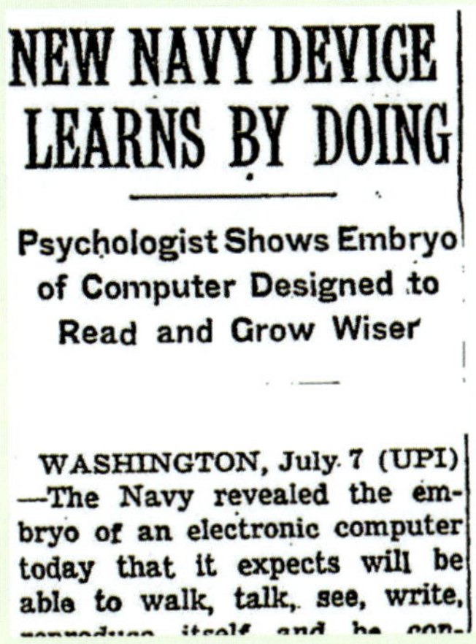
NEW NAVY DEVICE LEARNS BY DOING

Psychologist Shows Embryo of Computer Designed to Read and Grow Wiser

WASHINGTON, July 7 (UPI) —The Navy revealed the embryo of an electronic computer today that it expects will be able to walk, talk, see, write,

해군은 퍼셉트론이 인간의 훈련과 통제 없이도 주변 환경을 파악하고 인식하고 분별할 수 있는 **최초의 무생물 메커니즘**이 될 것이라고 말했다.

... <중간 생략> ...

오차를 이용하여 학습이 가능한 획기적인 퍼셉트론은 1958년에 미국 해군 연구실의 **프랭크 로젠블랫** Frank Rosenblatt 에 의해 최초로 공개되었고, 당시 인공지능의 새로운 장을 연 기술로 각광을 받았다. 미국 해군은 기자들을 모아 놓고 이 장치를 시연하였는데, 이날의 행사를 보도한 뉴욕 타임스의 기사를 보면 당시의 기대가 어느 정도인지 알 수 있다. 생각하는 기계를 만드는 일에 인공 신경망을 이용한 **연결주의**가 주인공으로 등장한 것이다.

현재 인공지능 연구의 주류인 딥러닝은 퍼셉트론에 기반하고 있으므로 연결주의적 모델이 주인공이지만, 초창기 연구자들의 연구 방향을 살펴본다면 '인공지능'이라는 용어 자체를 기호주의자들이 만들어낸 것임을 알 수 있다. 기호주의자들은 로젠블랫이 과학적 기준을 따르지 않고, 언론을 편파적으로 활용해 '**과장된 주장**'을 한다고 보았다. 그리고 이에 대한 비판의 최전선에 **마빈 민스키**가 나섰던 것이다.

> **NOTE 기호주의 vs 연결주의**
>
> 인공지능 연구에는 2가지의 큰 흐름이 있는데 하나는 기호주의이고 다른 하나는 연결주의이다.
>
> - **기호주의**: 컴퓨터가 작동하는 방식인 기호와 규칙을 사용하여, 인간 사고와 최대한 유사한 규칙을 만들어서 인간의 지능을 흉내 내고자 하는 연구방식이다. 전문가 시스템, 수학적 정리 증명, 게임, 자연어 처리 등의 분야에서 응용됨.
> - **연결주의**: 입력값과 가중치 그리고 이들의 가중합을 출력하여 인접한 신경망의 입력으로 하는 방식인데, 인공지능의 구현을 최대한 인간의 신경세포의 연결 구조와 유사하게 구현하는 방식을 말한다. 최근 인공지능의 주류를 이루며 좋은 성과를 내는 딥러닝은 이 연결주의 방식의 인공지능이다.

인공 신경망을 만드는 수학 도구

퍼셉트론에서 오차를 줄이는 방향으로 연결 강도를 조정하는 일은 수학적인 도구를 사용해야만 효과적으로 할 수 있다. 이제 인공 신경망을 효과적으로 표현하는 방법과 이 과정에서 요긴하게 사용할 수 있는 수학 도구인 행렬의 필요성에 대하여 알아보자.

우선 다음과 같이 입력값 (0, 1)이 주어져 있고, 이 입력에 대하여 (1.0, 1.0)의 가중치를 가진 퍼셉트론과 (2.0, 2.0)의 가중치를 가진 두 종류의 퍼셉트론이 있다고 가정하자. 이 두 퍼셉트론은 그림과 같이 입력값 (0, 1)에 대해서 서로 다른 가중치 **W**를 가지며, 이 가중치를 곱한 신호의 합에 의해 나타나는 값이 활성화 함수 $\phi(\ )$를 통과하면서, 최종적으로 한쪽의 출력은 0(False)으로 다른 한쪽은 1(True)로 나타난다. 이 가중치의 가중합을 구하기 위해서 여러 가지 방법이 사용될 수 있다. 하지만 이들 중에서 행렬 표현법을 사용하면 매우 간편하게 가중합을 구할 수 있다.

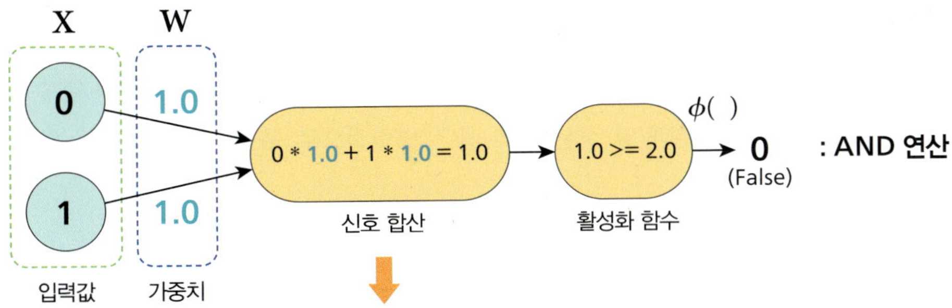

$$[0 \quad 1]\begin{bmatrix}1.0\\1.0\end{bmatrix} = 0 \times 1.0 + 1 \times 1.0 = 1.0$$

위의 그림에 나타난 **AND 연산**은 어떤 방식으로 표현 가능할까? 그림과 같이 입력 벡터 **X**에 가중치 **W**를 $\begin{bmatrix}1.0\\1.0\end{bmatrix}$와 같은 열 벡터로 두고, 이 두 행렬을 곱하는 행렬 곱을 이용해서 신호 합산 값 1.0을 얻을 수 있다. 다음으로 활성화 함수에서 1.0 >= 2.0에 대한 조건 검사를 하여 그 결과가 False(거짓)인 경우 0, True(참)인 경우 1을 출력하여 구현할 수 있다.

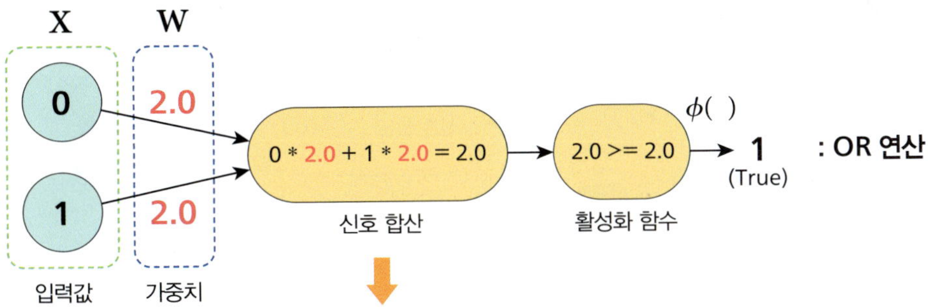

$$[0 \quad 1]\begin{bmatrix}2.0\\2.0\end{bmatrix} = 0 \times 2.0 + 1 \times 2.0 = 2.0$$

반면, 위의 그림에 나타난 OR 연산은 가중치 **W**를 $\begin{bmatrix}2.0\\2.0\end{bmatrix}$로 두고 입력 벡터 **X**를 곱하는 행렬 곱으로 신호 합산 값 2.0을 얻을 수 있다. 다음으로 활성화 함수에서 2.0 ≧ 2.0에 대한 조건 검사를 하여 그 결과가 False인 경우 0, True인 경우 1을 출력하여 구현할 수 있다. 이와 같이 입력 벡터 **X**와 가중치 **W**가 있을 경우, 두 벡터의 곱, 즉 벡터곱의 가중합은 다음과 같이 행렬 연산으로 각각 구할 수 있다.

$$\mathbf{A} = \mathbf{XW}$$

인공 신경망의 구현에서 **벡터와 행렬이라는 수학 도구를 널리 사용하는 이유**는 다음과 같다.

1. 인공 신경망에 사용되는 방대한 수학 연산을 간결한 표기법으로 표현할 수 있다.
2. 많은 컴퓨터 프로그래밍 언어들이 행렬 연산을 지원하고 있어서 편리하게 사용할 수 있다.
3. 행렬 연산에서 각 행 성분과 열 성분 간의 곱은 병렬적으로 구현 가능하므로 수행 속도를 빠르게 만들 수 있다.

다음으로 살펴볼 활성화 함수의 개념은 다음과 같이 **강아지가 점프를 할 수 있는지 없는지 그 높이를 지정하는 것**에 비유할 수 있다. 위에서 살펴본 신호의 합산 값은 2 이상이 되어야만 1로 간주하는데 이와 같이 신호 전달의 경계가 되는 값을 **임계치** 혹은 **임계값**이라고 한다. 이와 같이 인공 신경망에서는 해당 값의 범위를 제한하거나 변형시키는 활성화 함수라는 단계를 통과한 신호가 다음 네트워크 층의 입력으로 들어가는 구조를 가진다.

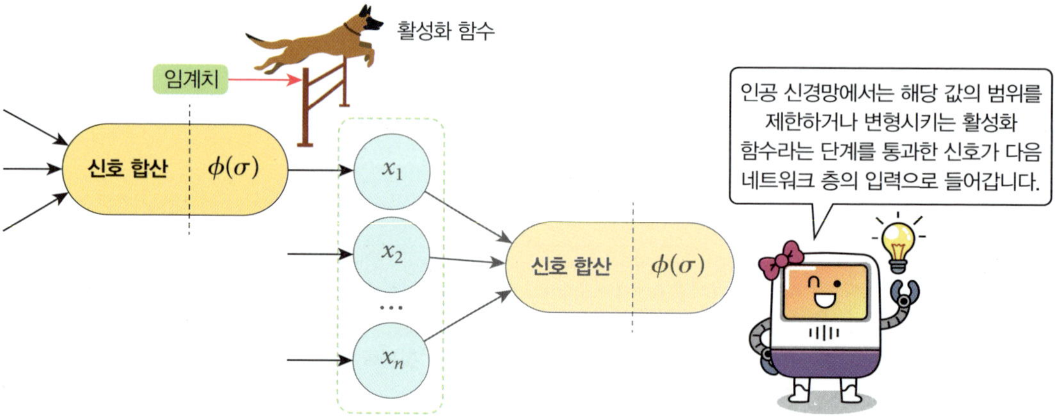

04 XOR 문제와 다층 퍼셉트론의 필요성

XOR 문제와 인공지능의 한계

이 절에서는 이진 논리회로 중의 하나로 널리 사용되며 배타적 논리합 연산을 수행하는 XOR 게이트를 퍼셉트론으로 구현하는 것이 어려운 이유에 대해 살펴본다. 단순해 보이는 이 문제로 인해 인공지능 연구는 큰 어려움에 빠졌는데 구체적으로 어떠한 어려움이 있었는가 알아보고, 이 어려움을 극복하기 위한 방법으로 딥러닝의 기초가 되는 다층 퍼셉트론이 출현하게 되었다는 것도 이해해 보도록 하자.

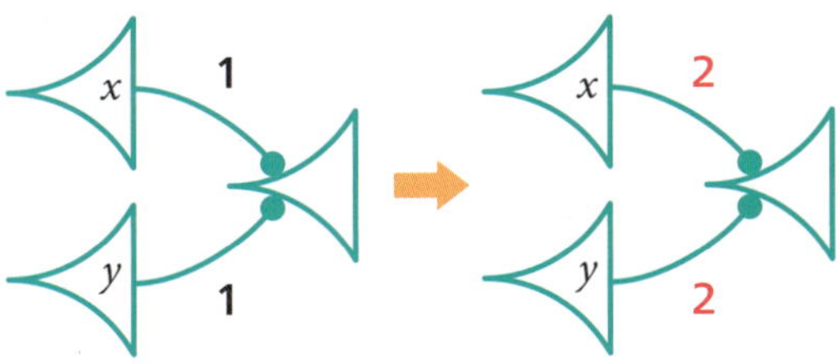

1958년 프랭크 로젠블랫의 연구를 소개한 신문 기사를 보면 '**걷고, 말하고, 보고, 쓰고, 번식하고, 스스로의 존재를 의식할 수 있는 전자 컴퓨터의 배아**'를 개발한 것으로 당시의 연구 성과를 소개하였는데, 이 내용은 60여 년이 지난 오늘날에 보아도 지나친 과장과 기대를 담고 있었음을 알 수 있다.

x	y	x XOR y
0	0	0
0	1	1
1	0	1
1	1	0

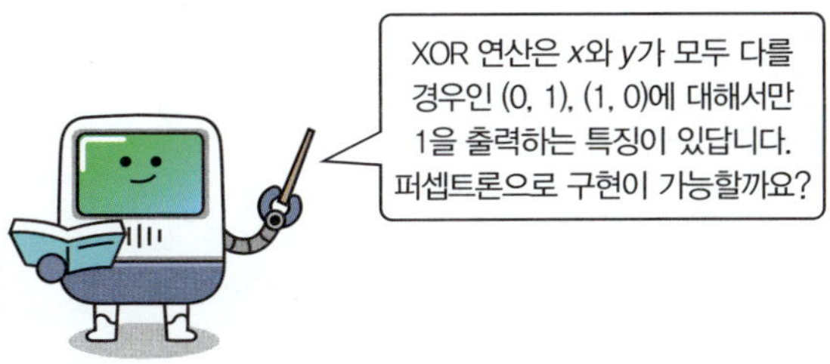

1950년대 기호주의 인공지능 연구의 대가였던 **마빈 민스키** Marvin Minsky 교수는 연결주의에 대하여 비판적인 입장을 가지고 있었다. 그는 시모어 페퍼트와 함께 쓴 『퍼셉트론』이라는 저서에서 퍼셉트론이 AND와 OR 같은 회로는 구현할 수 있지만, XOR 연산을 구현하진 못한다는 것을 증명하였다. XOR 연산 역시 AND, OR 연산과 같이 컴퓨터의 논리회로를 구성하는 중요한 연산이다. XOR 연산에 대해 살펴보면 이 논리 연산은 그림과 같이 *x*, *y*가 모두 다를 경우에 해당하는 (0, 1), (1, 0)일 때만 1을 출력하는 특징을 가지고 있다.

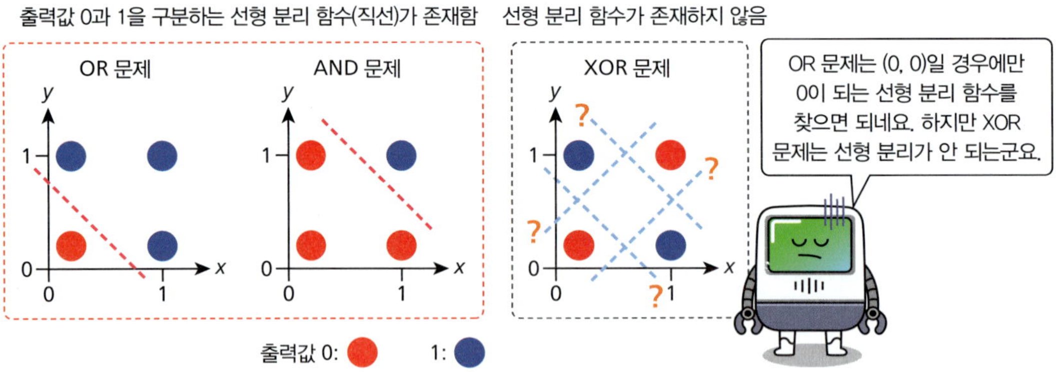

OR, AND, XOR 연산을 2차원 공간에서 그림과 같이 표현해 보자. 그림과 같이 OR 연산은 0과 1을 가지는 2진수 입력값이 주어질 경우 (0, 0) 입력만 0을 출력(빨간색 공간)하고 나머지는 모두 1을 내보내면(파란색 공간) 된다. 따라서 이 공간 분리 함수를 통해 그림과 같은 2차원 공간에서 파란색 출력값이 있는 공간과 빨간색 출력값이 있는 공간이 분리되는 것을 볼 수 있다. 따라서 OR 연산은 이 둘을 나눌 수 있는 **선형 분리 함수를 찾는 문제**로 고쳐서 풀 수 있다. AND 연산 역시 이 선형 함수를 고치면 풀 수 있을 것이다. 반면 XOR 연산은 (0, 0), (1, 1) 입력에 대해 0을 출력하고, (0, 1), (1, 0) 입력에 대해서만 1을 출력하는 것을 볼 수 있다. 따라서 그림과 같이 **선형 분리 함수를 이용해서는 절대로 빨간색 공간과 파란색 공간을 구별할 수 없다**.

퍼셉트론의 출력이 XOR를 구현하지 못하는 까닭은 두 개의 입력에 가중치를 곱하여 얻는 값은 선형 함수일 수밖에 없기 때문이다. 그림처럼 논리합인 OR 문제, 논리곱을 찾는 AND 문제와 달리 XOR 문제의 해가 되는 선형 분리 함수는 존재하지 않는다. **XOR 연산조차 해내지 못하는 기계가 어떻게 인간의 지능을 구현할 수 있을까**라는 의심은 1970년대에 걸쳐 지속되었는데 이것 또한 **1차 인공지능 겨울** The 1st AI winter 의 원인이 되었다.

다층 퍼셉트론과 선형 분리 문제에 대한 해결책

선형 분리 문제를 해결할 방법이 전혀 없지는 않다. 선형 분리 문제를 해결하기 위하여 다음 그림과 같이 층을 여러 개 쌓은 다음, 이 층들을 통과시키는 방법을 사용할 경우 퍼셉트론으로 XOR 연산을 구현할 수 있다. 그림의 예를 통해 알아보면 *x*, *y*가 각각 0, 0의 값을 가질때 OR 연산의 결과는 0, NAND 연산의 결과는 1이 된다. 이를 각각 A, B라고 할 때 A AND B의 결과는 0이 된다. 여기에서 사용된 **NAND 연산은 AND 연산의 결과에 NOT 연산을 취한 것**이다.

x	*y*	*x* OR *y* (A)	*x* NAND *y* (B)	A AND B
0	0	0	1	0
0	1	1	1	1
1	0	1	1	1
1	1	1	0	0

XOR

XOR 연산과 구현 방법

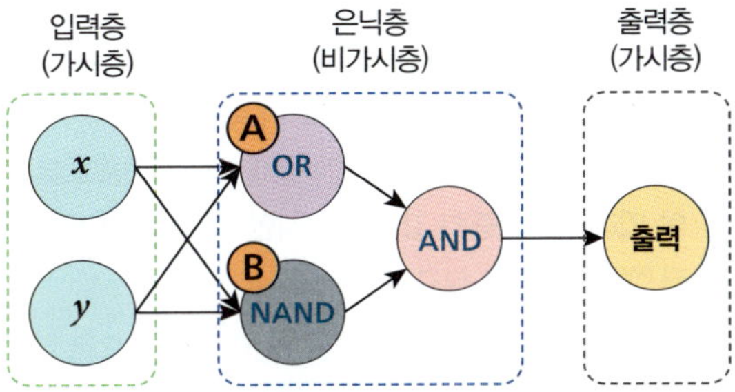

XOR 연산을 수행하는 다층 퍼셉트론
여러 층을 만들어서 **연산을 결합하며 복잡한 문제를 풀 수 있음**

반면 *x*, *y*가 각각 0, 1의 값을 가질때 OR 연산의 결과는 1, NAND 연산의 결과는 1이 된다. 이를 각각 A, B라고 할 때 A AND B의 결과는 1이 된다. 따라서 *x*, *y*가 서로 다른 값을 가지는 경우 1을 반환하는 XOR 연산의 결과를 얻을 수 있다. 이 연산을 수행하는 방식을 그림과 같은 **다층 퍼셉트론** Multi-Layer Perceptron: MLP 으로도 구현할 수 있다. 이는 여러 층을 가진다는 의미로 다층 퍼셉트론이라 지칭하며 영어 약자인 **MLP**라고 쓰기도 한다. 다층 퍼셉트론의 내부에 있는 노드는 외부에서는 직접적으로 보이지 않는 노드로 이루어져 있는 **비가시층**인데 이를 **은닉층** hidden layer 이라고 한다. 반대로 입력 노드와 출력 노드로 이루어진 층은 외부에서 볼 수 있다는 의미의 가시층으로 지칭한다.

은닉층이 증가하면 할수록 **다층 퍼셉트론의 표현력은 증가**하며, 직선으로만 이루어진 선형 문제와 함께 **비선형적인 문제를 해결**할 수 있다. 하지만, 다층 퍼셉트론을 효과적으로 학습시킬 수 있는 뾰족한 수단이 당시에는 부족하였기 때문에 이 연구는 오랜 침체기에 빠질 수밖에 없었다.

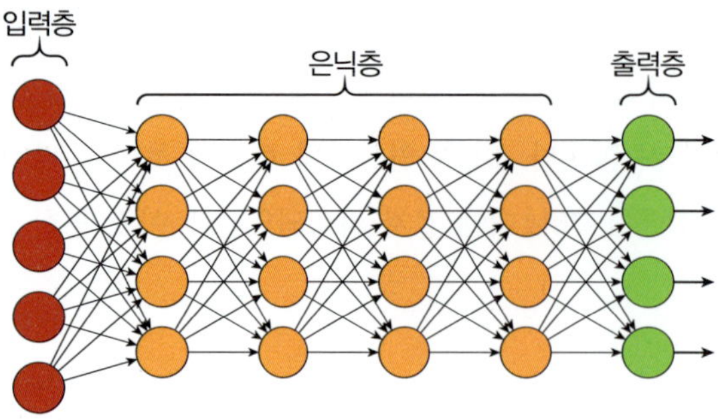

한걸음 더 인공 신경망과 행렬

우리가 앞으로 다루게 될 신경망은 단순한 퍼셉트론이 여러 층으로 되어 있다. 이제 다음 그림과 같이 2개의 층으로 이루어진 퍼셉트론을 생각해 보자. 그림과 같이 입력층 노드가 가진 초기값 x_1을 2, x_2를 3이라고 하자. 이 입력에 대하여 각각 1, 2, 1의 가중치와 2, 5, 1의 **가중치**weight 가 곱해져서 출력층으로 전달된다고 가정해 보자. 그림에서와 같이 **동일한 입력이 있더라도 가중치 값이 달라지면 그 출력 결과는 달라진다**. 이 가중치는 출력을 결정짓는 값으로 **파라미터**parameter 라고 부르기도 한다.

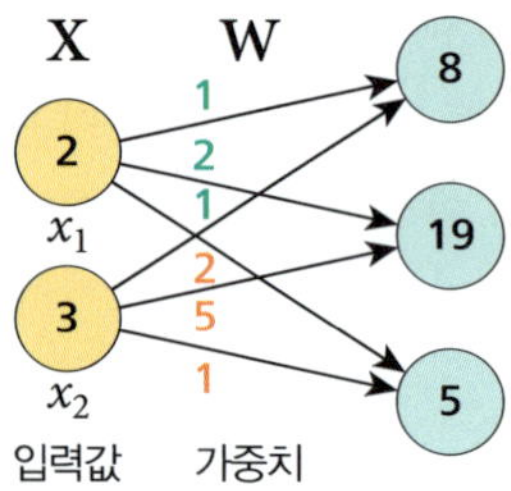

행렬의 형태

$(1 \times 2) * (2 \times 3) = (1 \times 3)$

입력 행렬　가중치 행렬　출력 행렬

$$[2 \quad 3]\begin{bmatrix} 1 & 2 & 1 \\ 2 & 5 & 1 \end{bmatrix} = [8 \quad 19 \quad 5]$$

출력 결과

그림의 예시는 매우 간단한 신경망이지만 앞으로 우리가 살펴볼 신경망은 하나의 층에 수백 개의 입력값과 가중치가 있을 수 있다. 이를 표현하기 위한 매우 강력한 수학적인 표현 방법이 존재하는데 이것이 바로 행렬이다. 그리고 이를 집중적으로 다루는 수학의 한 분야가 바로 **선형대수**이다.

입력 x_1, x_2를 하나의 행렬에 넣어서 처리한다면 수식이 더욱 간단해지기 때문에 다음과 같이 행렬 **X**를 도입하고 정의하자.

$$\mathbf{X} = [x_1 \; x_2]$$

가중치 **W** 역시 다음과 같이 정의하도록 하자. 여기서, w_{21}는 두 번째 층의 두 번째 노드와 첫 번째 층의 첫 번째 노드를 연결하는 가중치이다.

$$\mathbf{W} = \begin{bmatrix} w_{11} & w_{21} & w_{31} \\ w_{12} & w_{22} & w_{32} \end{bmatrix}$$

이때, **X** 행렬의 크기가 1 × 2이고, **W** 행렬의 크기가 2 × 3이므로 이 두 행렬의 곱은 1행 3열(1 × 3 형태) 크기의 행렬이 된다. 따라서 그림의 복잡한 신경망은 다음과 같은 간단한 하나의 식으로 표현이 가능하다.

$$\mathbf{A} = \mathbf{XW}$$

이와 같이 수학에서 사용하는 도구로 인공 신경망의 구조를 표현하면 결과값 [8 19 5]를 쉽게 얻을 수 있기 때문에 인공 신경망을 구현하기 위해서는 행렬에 대한 깊이 있는 이해가 필요하다.

05 방대한 신경망을 학습시키는 알고리즘: 딥러닝

다음 그림은 **단순 신경망** simple neural network 과 **심층 신경망** deep neural network 을 보여주는 그림이다. 여기서 단순 신경망은 은닉층이 하나인 신경망으로 표시하였고, **심층 신경망은 은닉층이 여러 개인 신경망**으로 표시하고 있다. 빨간색 노드는 입력층의 노드이며, 주황색 노드는 은닉층, 초록색 노드는 출력층의 노드이다.

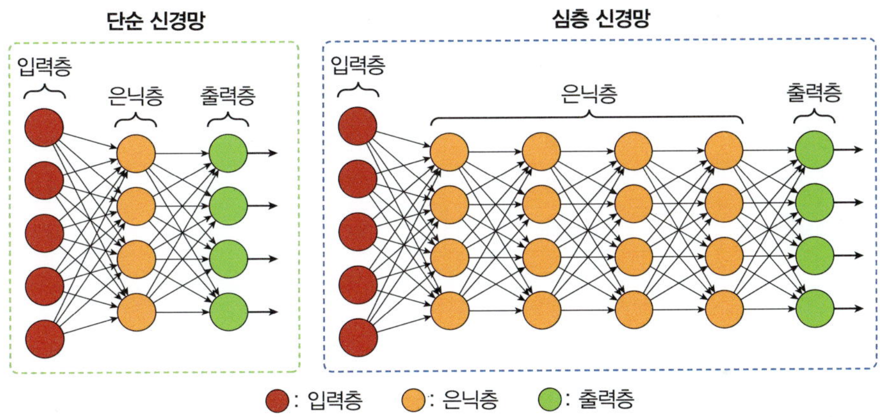

심층 신경망은 앞서 살펴본 비선형 분리 문제인 XOR 문제를 비롯한 복잡한 문제를 해결할 수 있는 유용한 수단이다. 하지만 여러 개의 은닉층에 있는 수많은 가중치들을 어떻게 효율적으로 학습시킬 수 있을까? 이 풀리지 않는 문제를 끈질기게 붙들고 오늘날의 인공지능 연구 전성기를 이끈 훌륭한 연구자 중 한 명이 바로 **제프리 힌턴** Geoffrey Hinton 이다. 제프리 힌턴은 2006년 발표된「심층 신뢰 신경망을 위한 빠른 학습 알고리즘(A fast learning algorithm for deep belief nets)」이라는 연구 논문을 통해서 **많은 은닉층을 가진 깊이가 깊은 신경망도 효율적으로 학습시킬 수 있다는 것을 보여 주었다.** 그 당시 학계와 산업계에서는 전통적으로 사용되던 다층 퍼셉트론과 인공 신경망 연구에 대해 부정적인 인식이 매우 강했기 때문에, 이들은 인공 신경망이라는 용어 대신 **딥러닝** deep learning 을 **심층 신경망을 학습시키는 알고리즘을 지칭하는 용어**로 사용하였다. 이 용어의 쓰임새는 더욱 확대되어 심층 신경망을 사용하는 최근의 인공지능 알고리즘을 지칭하는 용어로 널리 사용되고 있다.

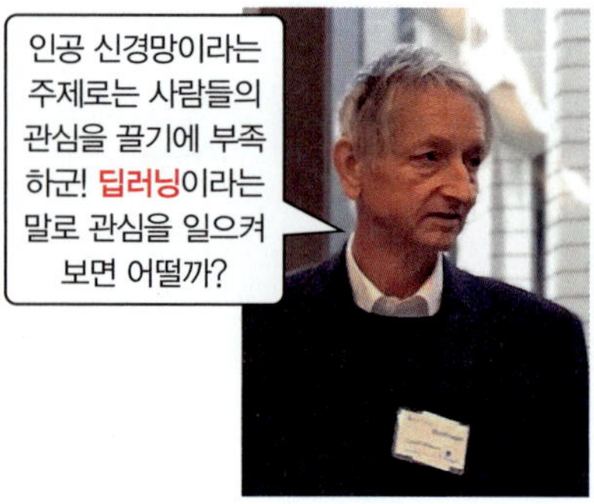

제프리 힌턴

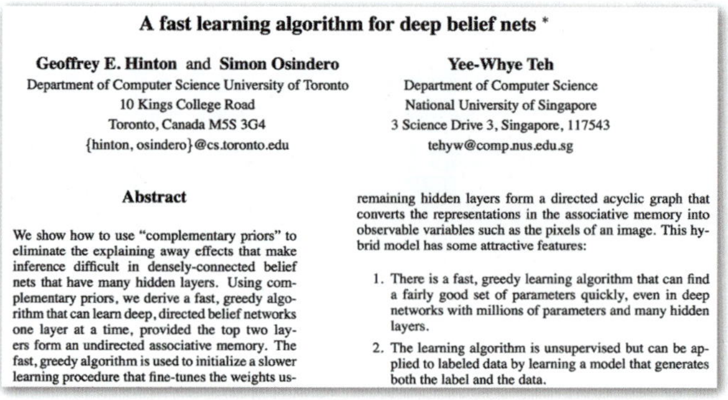

A fast learning algorithm for deep belief nets *

Geoffrey E. Hinton and **Simon Osindero**
Department of Computer Science University of Toronto
10 Kings College Road
Toronto, Canada M5S 3G4
{hinton, osindero}@cs.toronto.edu

Yee-Whye Teh
Department of Computer Science
National University of Singapore
3 Science Drive 3, Singapore, 117543
tehyw@comp.nus.edu.sg

Abstract

We show how to use "complementary priors" to eliminate the explaining away effects that make inference difficult in densely-connected belief nets that have many hidden layers. Using complementary priors, we derive a fast, greedy algorithm that can learn deep, directed belief networks one layer at a time, provided the top two layers form an undirected associative memory. The fast, greedy algorithm is used to initialize a slower learning procedure that fine-tunes the weights us- remaining hidden layers form a directed acyclic graph that converts the representations in the associative memory into observable variables such as the pixels of an image. This hybrid model has some attractive features:

1. There is a fast, greedy learning algorithm that can find a fairly good set of parameters quickly, even in deep networks with millions of parameters and many hidden layers.
2. The learning algorithm is unsupervised but can be applied to labeled data by learning a model that generates both the label and the data.

그렇다면 최신 알고리즘은 도대체 얼마나 깊은 층과 얼마나 많은 가중치를 사용하는 것일까? 다음 표는 이미지를 인식하는 데 사용되는 주요 딥러닝 알고리즘과 그 알고리즘에서 사용하는 가중치 그리고 전체 층의 깊이를 보여주고 있다.

알고리즘	크기	가중치의 수	층의 깊이
VGG16	528 MB	1억 3천 8백만 개	23
InceptionV3	93 MB	2천 3백만 개	159
Xception	88 MB	2천 2백만 개	126
InceptionResNetV2	215 MB	5천 5백만 개	572

이 알고리즘 중에서 가장 많은 가중치를 가지는 VGG16은 모두 **1억 3천 8백만 개의 가중치**를 가지며, 가장 많은 층을 가지는 InceptionResNetV2는 572개의 층을 가지고 있음을 볼 수 있다. 이 방대한 가중치와 깊은 층을 가지는 인공 신경망은 1970년대의 단순한 신경망과 확실하게 구별되는 구조를 가지므로 **딥러닝이라는 새로운 용어를 사용하는 것이 전혀 어색하지 않았다.**

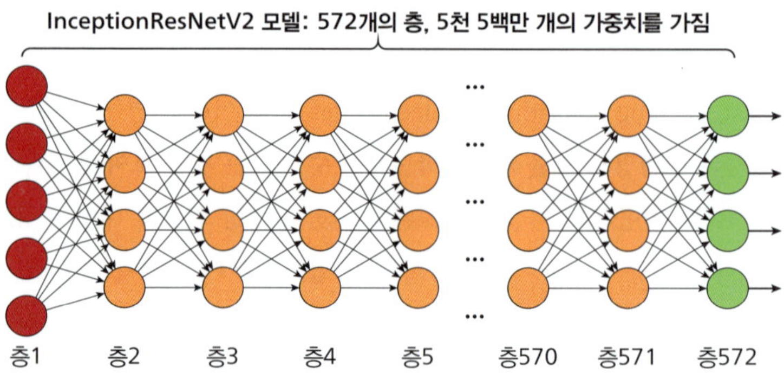

NOTE 딥러닝의 아버지 제프리 힌턴 교수와 부울 대수의 아버지 조지 부울

제프리 힌턴 교수는 인공 신경망 연구에 대한 공로를 인정받아 2018년 컴퓨터 과학의 노벨상에 해당하는 튜링상을 받았다. 그는 컴퓨터 회로 동작의 수학적 배경이 되는 **부울 대수** Boolean algebra 를 만들어낸 **조지 부울** George Boole 의 4대손, 즉 고손자이다. 조지 부울의 딸 메리 부울은 아버지를 따라 수학자가 되었으며 작가인 찰스 H. 힌턴과 결혼했다. 메리 부울이 제프리 힌턴의 증조모이다. 증조부 찰스 힌턴은 4차원 **초입방체** hypercube 의 이름으로 널리 사용되고 있는 **테서랙트** tesseract 라는 말을 처음 만들어 사용하였다.

영국 태생으로 미국에서 연구 활동을 했던 힌턴 교수는 현재 캐나다에서 연구를 하고 있다. 그는 로널드 레이건 대통령 임기 시절 미국 정부의 정책에 환멸을 느꼈고, 인공지능이 군사적 용도로 사용되는 것이 싫어서 캐나다로 이주하였다.

06 오차를 효과적으로 줄이는 학습 방법: 오차 역전파

시각 지능을 테스트하는 방법

컴퓨터가 인간의 지능을 닮았다는 것을 어떻게 보여줄 수 있을까? 튜링 테스트와 같은 테스트는 컴퓨터의 언어지능 능력을 검사할 수 있는 반면 시각 지능을 테스트할 수는 없다. 이를 위해서 과학자들은 인간의 손글씨를 컴퓨터에게 보여주고 인식하도록 하는 방법을 고안하게 되었다.

위의 그림 속 숫자는 인공 신경망을 학습시킬 때 많이 사용하는 MNIST라는 숫자 이미지 데이터이다. MNIST는 Modified National Institute of Standards and Technology의 약어로 미국 인구 조사국에서 수집한 손글씨 숫자 데이터 집합을 머신러닝에 적합하도록 수정한 이미지 집합이다. 이 데이터 집합의 숫자 하나는 2828 픽셀 크기의 회색조 이미지이므로 고성능 컴퓨터가 아니라도 충분히 빠른 처리가 가능하다. 또한, 전처리 과정을 통해서 가운데 정렬, 크기 균일화가 잘 이루어져 있어서 **이미지 처리와 머신러닝에 매우 적합한 데이터**로 널리 사용되고 있다.

이미지를 컴퓨터는 어떤 방식으로 숫자 0, 1, 2, ..., 9로 인식할까? 이해하기 쉽도록 다음 그림과 같이 격자를 이용하여 MNIST 이미지 집합보다 좀 더 단순하게 나타낸 숫자를 가지고 설명한다. 이 격자는 4행 3열의 단순한 구조이며 다음 5개의 이미지는 모두 필기체 숫자 0을 디지털 이미지로 표현한 예시이다. 사람들이 손으로 숫자를 적을 경우 이처럼 다양한 형태로 적게 되는데 사람은 이들을 모두 **추상적인 숫자 0으로 인지하는 뛰어난 지능**을 가지고 있다. 반면, 컴퓨터가 숫자를 인식한다는 것은 **디지털 신호로 들어오는 이러한 다양한 입력값을 모두 숫자 0으로 대응시키는 신경망의 가중치를 가지고 있다는 의미**로 볼 수 있다.

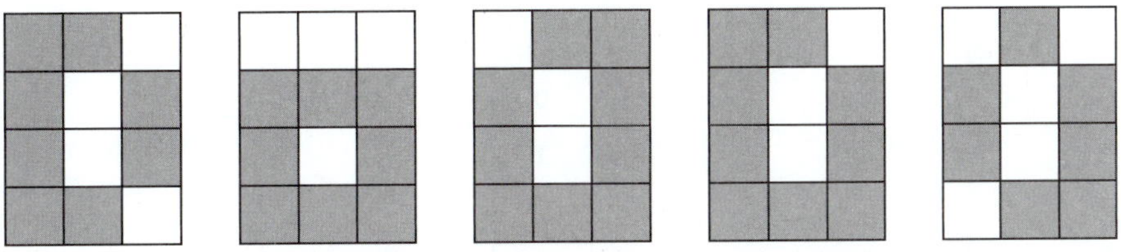

4x3 픽셀 공간에 그려진 필기체 숫자 0의 예시 이미지들

좀 더 구체적으로 살펴보면 이 숫자 이미지 0은 12개의 셀에 있는 0과 1의 디지털 신호로 표현될 수 있다. 그리고 이러한 디지털 신호는 다음과 같이 인공 신경망의 입력층에 있는 1에서 12까지 노드의 입력에 대응될 수 있다. 입력층의 입력값들은 은닉층의 노드와 연결되고, 은닉층의 노드는 출력층의 노드에 연결된다. 출력층에 있는 0에서 9까지의 결과값중에서 학습용 이미지가 0에 매핑되도록 입력층-은닉층-출력층의 가중치를 조절하는 과정이 바로 학습의 과정이다.

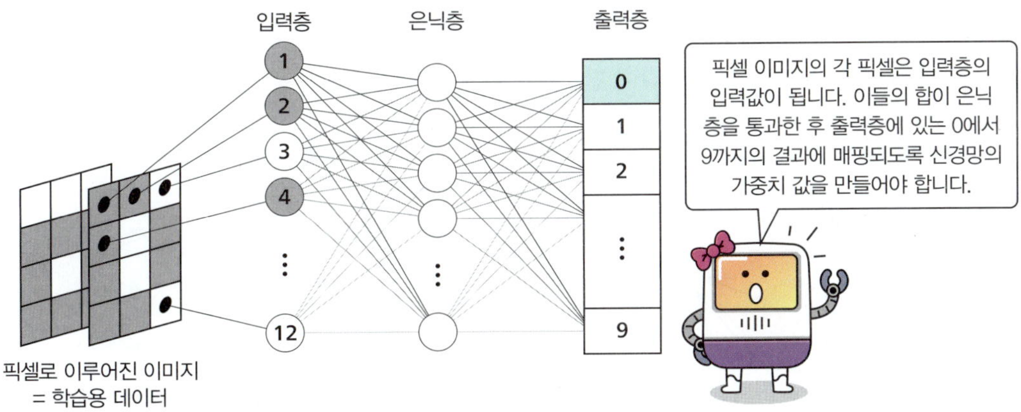

신경망의 방대한 파라미터를 학습시키는 방법

그렇다면 어떤 원리로 신경망에 있는 수많은 파라미터를 효과적으로 학습시킬 수 있을까? 예를 들어 그림과 같은 픽셀 이미지가 입력으로 들어왔을 때 출력층의 예측값이 2가 되었다고 가정하자. 이 예측은 정답값 0이 아닌 잘못된 예측인데 이를 오차라고 하며, 이 오차를 최소화하는 방향으로 신경망의 가중치를 수정해 나가야 한다.

신경망의 가중치를 학습시키는 대표적인 방법은 경사 하강법으로 그 원리는 선형 회귀에서 사용된 방법과 비슷하다. 그러나 심층 신경망에서 학습을 진행하는 방법은 오차를 구한 다음 이 **오차**

를 다층 퍼셉트론의 역방향을 따라서 단계적으로 갱신하는 방법을 사용하며 이를 오차 역전파 error backpropagation 알고리즘이라고 부른다.

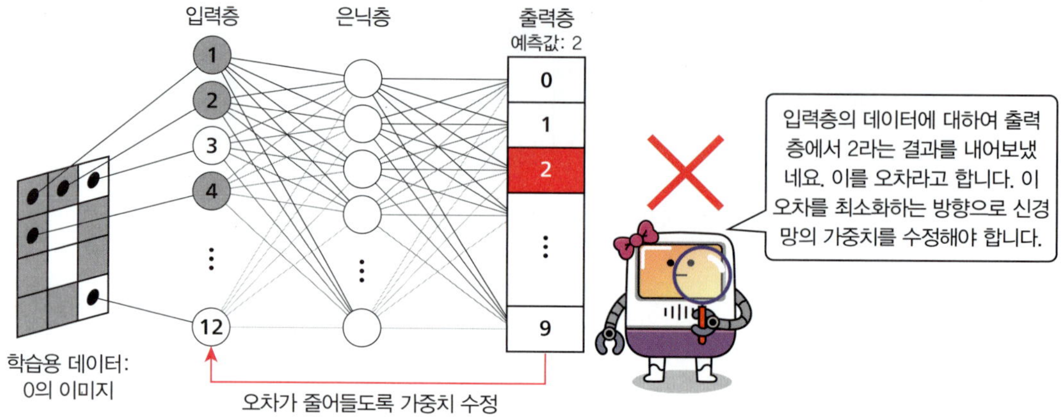

오차 역전파 알고리즘의 발전으로 인하여 오랫동안 연구자들을 괴롭혀왔던 신경망의 효율적인 학습이 가능하게 되었다. 이 알고리즘은 상당히 복잡한 최적화 기법으로 활성화 함수, 활성화 함수의 미분과 편미분, 미분의 연쇄법칙, 행렬곱, 선형 방정식의 풀이와 같은 수학 개념에 대한 이해가 필요하지만 핵심 개념을 아래 그림과 같이 단순화시킬 수 있다.

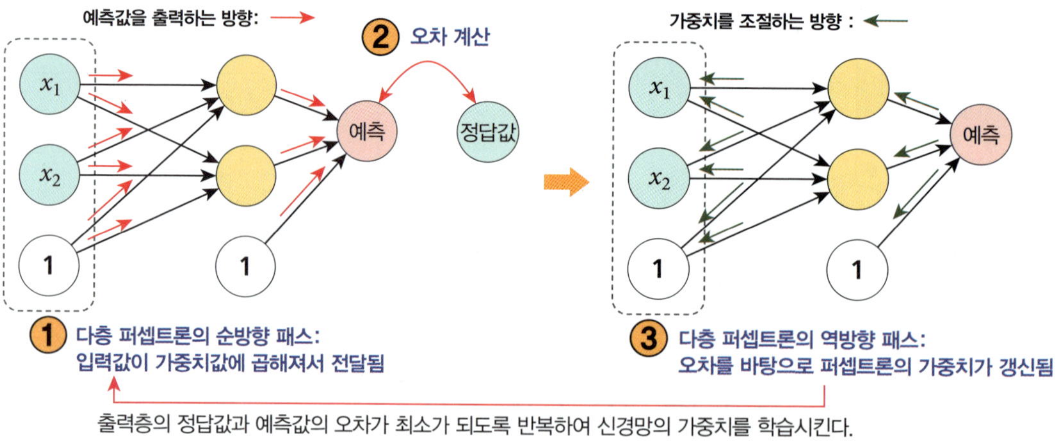

오차 역전파 알고리즘은 우선 ①과 같이 다층 퍼셉트론의 순방향 패스를 따라서 입력값에 가중치값을 곱하는 단계가 있다. 다음으로 ②와 같이 순방향 패스를 따라 구한 예측값을 정답값과 비교하는 단계가 있으며, 이 오차를 바탕으로 ③과 같이 퍼셉트론의 가중치를 갱신하는 단계가 있다. 이 과정을 반복하여 오차가 최소가 되도록 신경망의 가중치를 학습시키는 것이 **오차 역전파 알고리즘**의 기본 개념이다.

다음 그림과 같이 픽셀 이미지로 제공되는 동물 이미지에 대하여 고양이와 개로 구분하는 심층 신경망을 생각해보자. 이 신경망은 입력으로 픽셀 이미지가 주어지고, 이미지의 개별적인 픽셀이 가진 밝기 값들이 신경망의 입력으로 들어갈 것이다. 첫 번째 단계에서 이 픽셀 값들이 여러 층의 노드를 통과하면서 가중치들과 곱해지고 최종적으로 고양이일 확률이 30%, 개일 확률이 70%라는 결과를 출력하였다고 가정하자. 그렇게 되면 다음 단계에서 고양이로 예측하는 확률값이 더 높아지도록 오차 역전파 알고리즘이 수행될 것이고, 두 번째 단계에서는 고양이일 확률이 55%, 개일 확률이 45%라는 결과를 출력하게 될 것이다. 이러한 단계가 여러 번 반복된다면 결국 이 신경망은 개와 고양이 이미지를 잘 구분하는 신경망이 될 것이다.

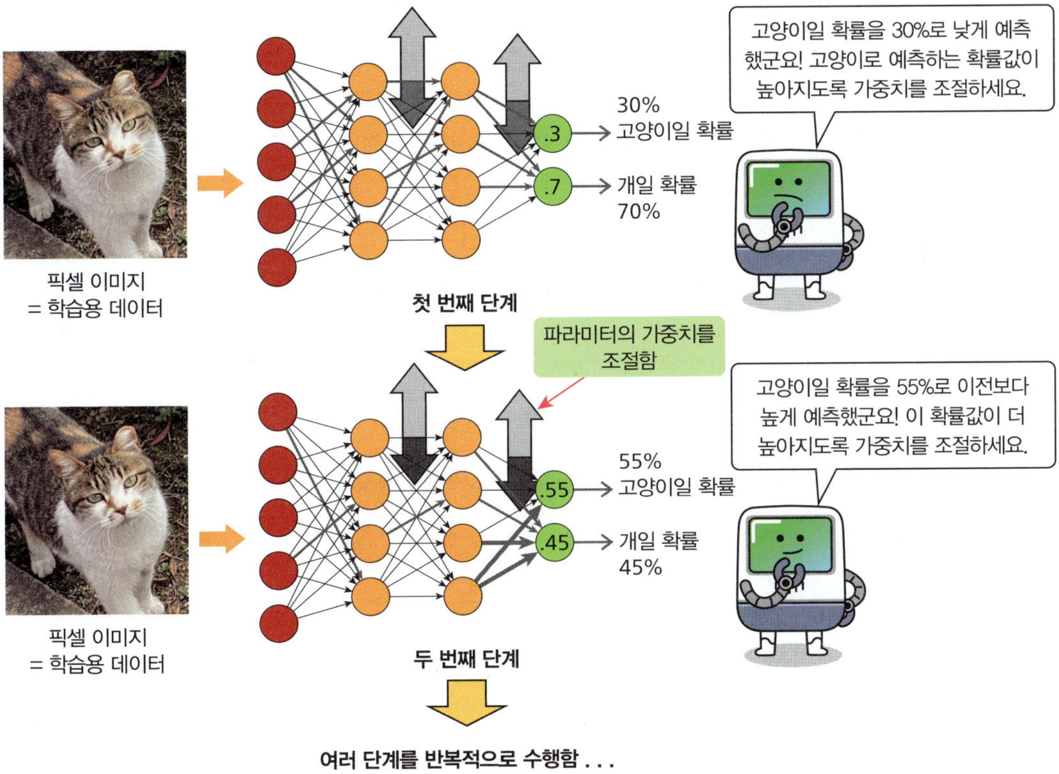

이러한 학습을 가능하게 만든 오차 역전파 알고리즘의 아이디어는 1984년 **폴 워보스** Paul Werbos 의 박사학위 논문에서 발표되었으며, 1980년대 후반 **럼멜하트, 제프리 힌턴, 로널드 윌리엄스**의 「오차 역전파를 사용한 학습 기법(Learning representations by back-propagating errors)」이라는 논문으로 널리 알려지게 되었다. 오차 역전파 알고리즘은 다층 퍼셉트론의 계층을 여러 층으로 쌓아도 학습이 가능하다는 것을 보여주었으며, **인공 신경망 연구의 획기적인 발전을 이루는 계기**가 되었다.

> **NOTE 오차 역전파 알고리즘에서 사용되는 수학 개념**
>
> 오차 역전파 알고리즘은 깊은 층으로 이루어진 인공 신경망을 학습시키기 위한 가장 기본적이고 일반적인 알고리즘이라고 할 수 있다. 이 알고리즘의 이름에 역전파라는 이름이 붙게된 이유는 신경망에서 예측 확률값을 구하는 본래의 진행 방향과 반대 방향으로 오차를 전파시킨다고 하여 붙여진 이름이다. 이 알고리즘을 구현하기 위해서는 여러 가지 수학적인 기법이 사용된다.
>
> - **미분**: 경사 하강법에서 사용된 미분이 여기에서도 사용된다.
> - **편미분**: 편미분이란 다변수 함수의 특정 변수를 제외한 나머지 변수를 상수로 간주하여 미분하는 방법이다.
> - **연쇄법칙**: 여러 층으로 이루어진 합성 함수에 대한 미분 기법으로 연쇄법칙이 사용된다.
> - **선형대수**: 벡터와 벡터 공간, 선형 변환, 행렬, 연립 선형 방정식 등을 연구하는 대수학의 한 분야이다.
>
> 다음 그림은 오차 역전파의 개념과 이를 위해 사용되는 수학 기법이 제시되어 있다.
>
> 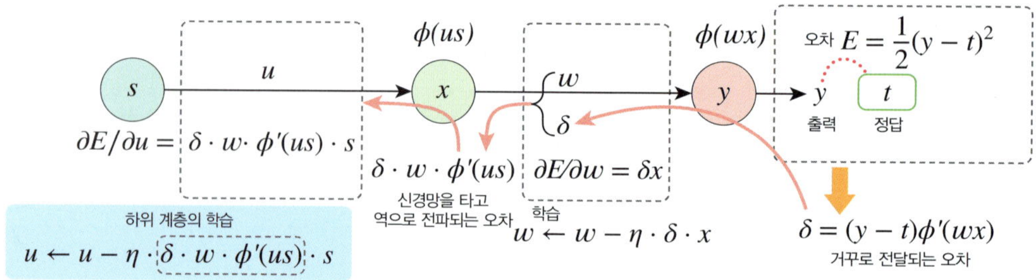
>

딥러닝 기술과 머신러닝, 인공지능과의 관계 정리

이전 장에 이어 딥러닝과 머신러닝의 관계를 정리해 보면 다음 그림과 같이 나타낼 수 있다. **인공지능이 인간의 학습, 추론, 지각능력을 인공적으로 구현하려는 기술로 매우 큰 기술 범주**라고 한다면, **머신러닝은 명시적 프로그래밍 없이 학습을 통해 기계의 작업 성능을 높여나가는 기술**로 좀 더 구체적인 정의를 할 수 있을 것이다. 머신러닝의 여러 가지 기술들 중에서 **인공 심층 신경망을 학습시키는 알고리즘과 관련된 기술**이 **딥러닝** deep learning 이다. 딥러닝을 제외한 머신러닝 알고리즘도 매우 많고, 다양한 분야에서 좋은 성과를 내고 있으나 딥러닝 기술이 이룬 성취가 워낙 크기 때문에 **최근 각광을 받고 있는 인공지능 연구의 핵심 분야**로 알려지고 있다.

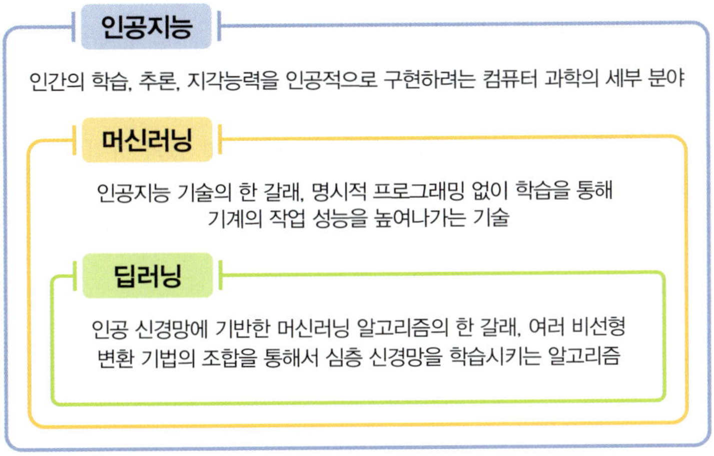

딥러닝은 명시적 프로그래밍을 하지 않고도 작업 T를 수행할 때, 성능 척도 P를 이용하여 경험 E를 바탕으로 학습을 수행하다는 면에서 머신러닝 기법의 일종이라고 볼 수 있다. 하지만 전통적인 머신러닝 기법인 선형 회귀나 서포트 벡터 머신과 비교하면 더욱더 범용적이며 좋은 성능을 보여주고 있다. 머신러닝과 비교한 딥러닝의 장점은 다음과 같이 정리할 수 있다.

1. 특징 생성을 자동으로 한다.
2. 비구조적인 데이터에 대해서도 잘 동작한다.
3. 머신러닝 알고리즘에 비해 자가 학습 능력이 뛰어나다.
4. 병렬처리가 가능하며 분산 시스템에서도 연산이 가능한 알고리즘이다.
5. 비용 면에서 더 효율적이다.
6. 머신러닝보다 더 어려운 문제를 풀 수 있다.
7. 확장성이 뛰어나다.

데이터의 관점에서 전통적인 머신러닝 기법과 딥러닝 기법을 비교한다면 어떨까? 딥러닝의 최대 장점은 무엇보다 '사람이 직접 데이터로부터 특징량을 추출할 필요가 없다'는 것이다. 일반적으로 머신러닝을 위해서는 다음과 같은 2가지 단계로 그 절차를 세분화 할 수 있다. 첫 번째는 데이터에서 특징을 추출하는 단계이며, 두 번째는 학습을 통하여 예측·분류를 실시하는 단계이다. '데이터 과학자'로 불리는 사람들이 활용하는 부분은 주로 앞부분의 '특징 추출' 단계이다. 이 단계는 인간의 직관과 오랜 경험이 필요한 분야이다. 딥러닝이 여러 머신러닝 챌린지에서 다른 머신러닝 방법들을 압도할 정도로 좋은 성능을 보일 수 있는 비결은 과연 무엇일까? 그것은 바로 **특징값 학습** representation learning 에 있다. 머신러닝의 단점 중 하나는 좋은 특징값을 정의하기가 쉽지 않았다는 점이었는데, 딥러닝은 여러 단계의 심층 신경망을 통한 학습 과정을 거치며 적절한 특징값을 스스로 생성해 낸다. 이 특징값들은 많은 양의 데이터로부터 생성할 수 있는데, 이를 통해 기존에는 인간이 포착하지 못했던 특징값들까지 데이터를 바탕으로 포착할 수 있게 되었다.

딥러닝은 마치 인간이 사물을 인식하는 방법처럼 모서리, 변, 면 등의 하위 구성요소부터 시작하여 나중엔 눈, 코, 입과 같이 더 큰 형태로의 계층적 추상화를 가능하게 하였는데, 이는 인간이 사물을 인식하는 방법과 유사하다고 알려져 있다. 구체적으로는 앞으로 살펴볼 합성곱 신경망이나 순환 신경망이 이러한 방법을 사용한다.

딥러닝으로 분류를 수행하는 구글의 플랫폼: 티처블 머신

[실습 목표]

이번 실습에서는 구글에서 제공하는 **티처블 머신** teachable machine 을 사용하여 딥러닝 알고리즘이 수행되는 것을 살펴보도록 할 것이다. 티처블 머신의 공식 홈페이지는 다음과 같다. 이 실습을 위해서는 카메라가 장착된 컴퓨터나 20장 가량의 동일한 사물을 찍은 이미지 데이터가 2세트 이상 필요하다. 여기에서는 **컴퓨터의 카메라를 이용하여 이미지 분류**를 할 것이다.

https://teachablemachine.withgoogle.com/

티처블 머신의 주요 특징은 다음과 같다.

- 머신러닝 모델을 쉽고 빠르게 만들 수 있도록 제작된 웹 기반 도구이다.
- 다양한 이미지, 사운드, 포즈를 손쉽게 학습할 수 있다.
- 생성한 머신러닝 모델을 웹사이트와 앱에서 쉽게 이용할 수 있다.

[단계 1] 티처블 머신 웹사이트에 접속한다.

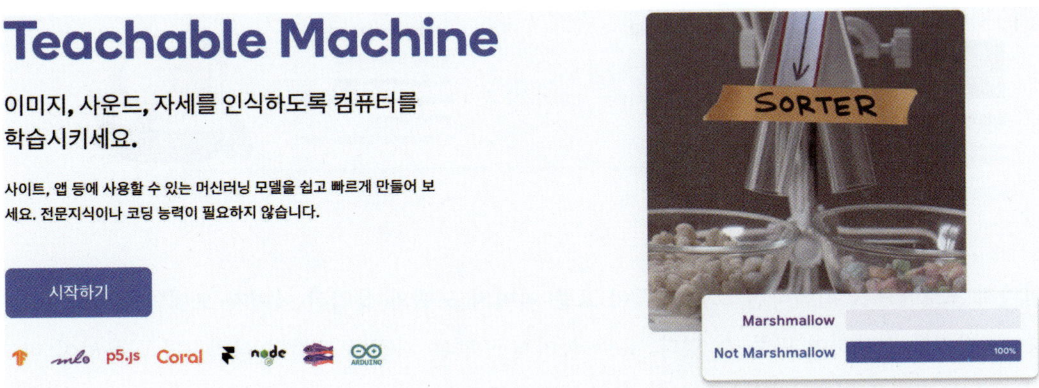

[단계 2] [시작하기] 버튼을 선택하여 새 프로젝트가 보이도록 한다.

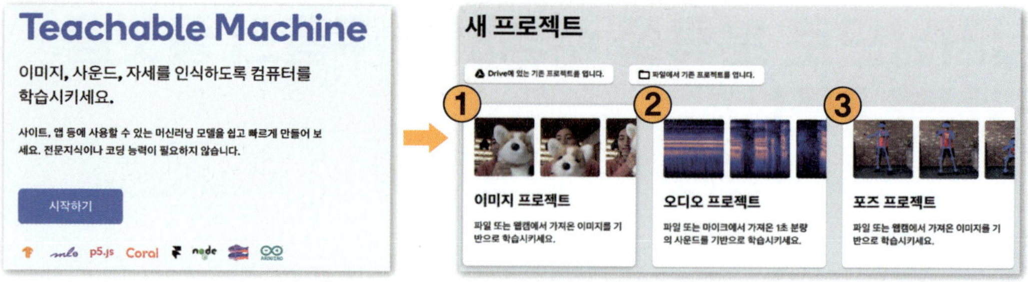

사용할 수 있는 프로젝트는 그림과 같이 ① 이미지 프로젝트, ② 오디오 프로젝트, ③ 포즈 프로젝트 3가지 종류가 있는데 각각의 프로젝트는 다음과 같은 특징을 가진다.

이미지 프로젝트	사용자의 파일이나 컴퓨터의 카메라로부터 입력된 이미지를 학습하여 분류하는 모델을 생성하고 테스트할 수 있다.
오디오 프로젝트	사용자의 파일이나 컴퓨터의 카메라로부터 입력된 오디오를 학습하여 분류하는 모델을 생성하고 테스트할 수 있다.
포즈 프로젝트	사용자의 자세를 인식하여 분류하는 모델을 생성하고 테스트할 수 있다.

[단계 3] 이 실습에서는 3가지 프로젝트 중에서 **이미지를 학습하고 분류**하는 첫 번째 프로젝트를 이용해 보도록 하자.

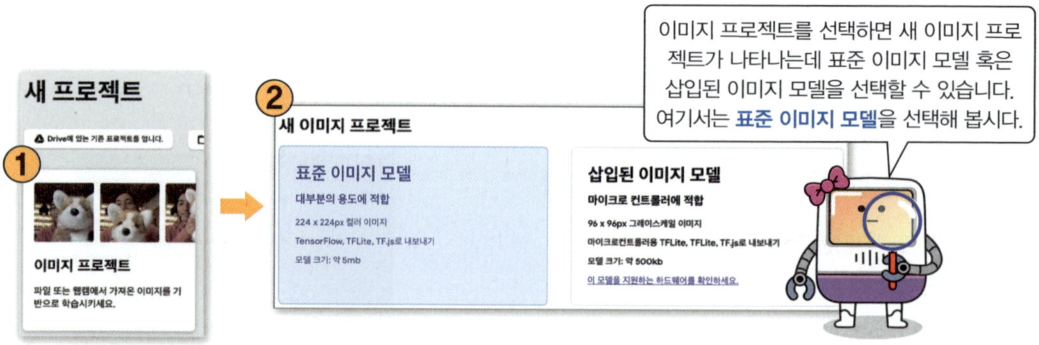

이미지 프로젝트를 선택하면 그림과 같이 **표준 이미지 모델**과 **삽입된 이미지 모델**의 두 가지 모델 중 한 가지를 선택하여 만들 수 있다. 표준 이미지 모델은 지정된 크기의 이미지를 이용하여 비교적 단순한 모델을 만드는 것이며, 삽입된 이미지 모델은 마이크로컨트롤러를 사용하는 기기에서 모델을 이용할 경우에 사용한다. 이번 실습을 위해서는 **표준 이미지 모델**을 사용해 보도록 하자.

[단계 4] 표준 이미지 모델을 선택할 경우 다음과 같은 화면이 나타난다. Class 1이라는 흰색 상자와 Class 2라는 흰색 상자에는 분류를 위한 레이블과 이미지를 추가할 수 있는 버튼이 각각 존재한다. 여기에서는 두 개의 사물을 분류할 것이지만 세 개 이상의 사물을 분류하기 위해서는 하단의 [클래스 추가] 버튼을 선택하면 된다. 이미지 샘플이 학습용 데이터로 추가되면 가운데에 있는 학습기능을 사용하여 이를 분류하는 모델을 학습시킬 수 있다.

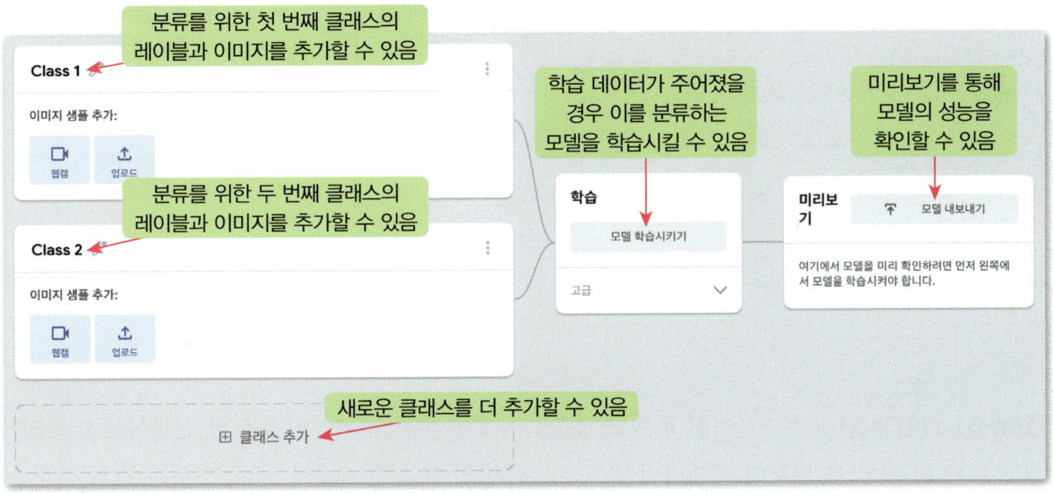

분류를 위한 레이블을 만들고 학습 데이터를 생성하는 과정은 아래와 같다. 우선 Class 1 대신 **두루마리 휴지**를 입력한다. 그리고 아래쪽에 있는 [길게 눌러서 녹화하기]를 클릭한다. 이 버튼이 눌린 상태에서 두루마리 휴지를 약간 이동하거나 회전하여 20개 이상의 다양한 샘플 이미지를 만들어 주도록 한다. 다음 단계로 Class 2 대신 종이컵을 입력한 후 이전 작업을 반복한다.

① 번의 학습과정을 반복하여 20개 이상의 종이컵 이미지 샘플을 학습용으로 생성한다.

[단계 5] 이제 이미지 분류를 위한 머신러닝 모델을 학습시켜보자. 이를 위하여 학습 상자의 [모델 학습시키기] 버튼을 클릭한다. 이제 입력된 이미지를 이용하여 머신러닝 모델이 학습을 수행하는데 이 상태에서는 [학습 중...] 버튼으로 버튼의 형태가 변한다. 잠시 후 학습이 모두 완료되면 [모델 학습 완료됨]으로 버튼의 이름이 변경되는 것을 볼 수 있다.

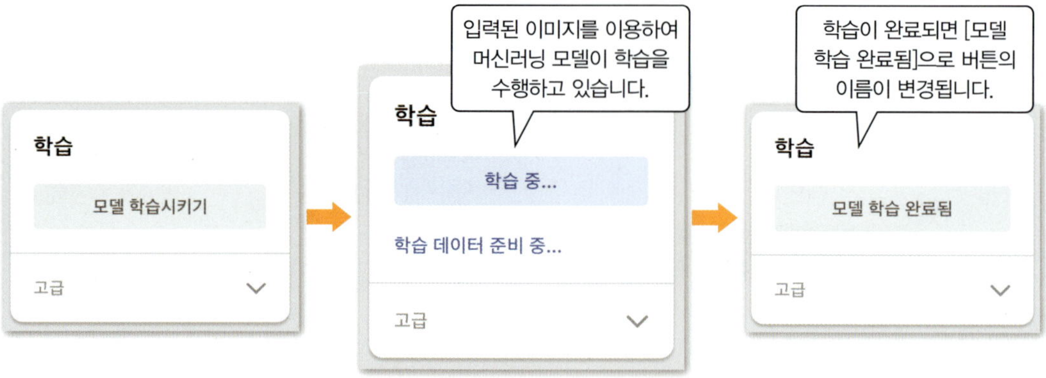

[단계 6] **[단계 5]**에서 만들어진 모델이 정말로 두루마리 휴지와 종이컵을 잘 분류하는지 확인을 해 보도록 하자. 이를 위하여 카메라의 앞으로 두루마리 휴지를 가져와 본다. 그림과 같이 아주 높은 정확도로 잘 분류하는 것을 볼 수 있다. 다음으로 종이컵을 가져와 본다. 역시 아주 높은 정확도로 잘 분류하는 것을 볼 수 있다.

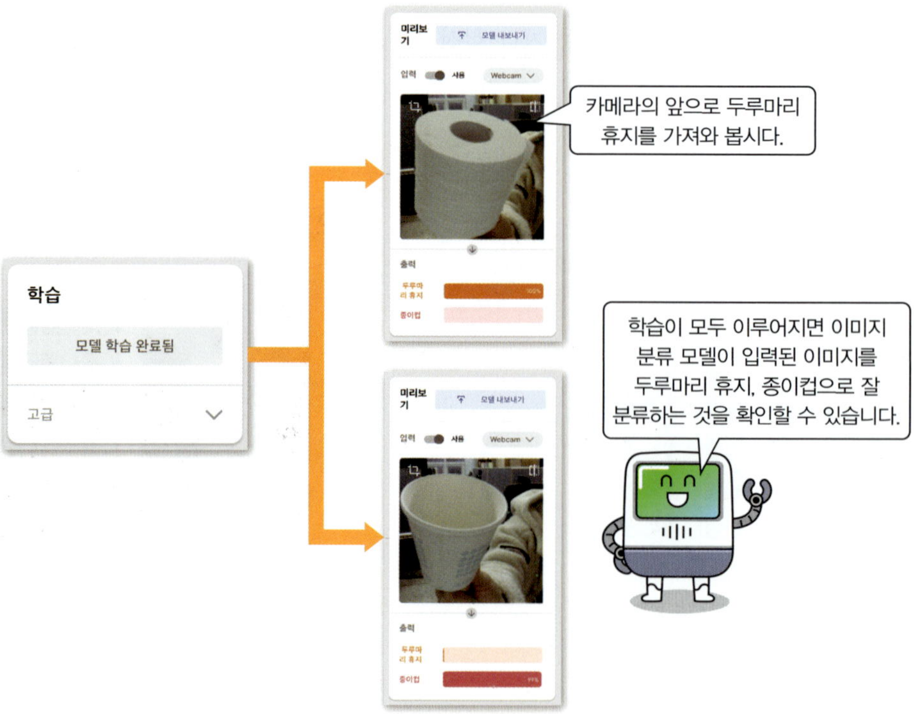

[단계 7] **[단계 5]**에서 만들어진 모델이 그림과 같이 종이컵을 인식하도록 해 보자. 사람은 종이컵의 형태나 각도가 조금 달라지더라도 잘 인식한다. 하지만 머신러닝 모델은 자신이 학습한 적이 없는 데이터가 입력될 경우 제대로 인식하지 못한다. 따라서 종이컵의 형태가 조금 달라질 경우 인식률이 다소 떨어질 수 있다.

도전 문제

- 구글 티처블 머신을 사용하여 여러분의 자세를 인식시켜 보도록 하자. 그림과 같이 발차기, 뛰기 준비 자세를 인식하는 모델을 만들어 보자.
- 이 모델에 직접 여러분의 자세를 입력하여 성능을 테스트해 보자. 자세별 최소 20개 이상씩 입력하여 테스트해 보자.

발차기　　뛰기 준비

요약

01 인간의 뇌 속에는 약 860억 개의 **뉴런이라는 신경세포가 다른 신경세포와 연결**되어 있고, 나트륨, 칼륨 등의 물질을 이용하여 화학적 신호를 주고받는다.

02 **인간의 신경세포** 구조를 **흉내 내는 프로그램**을 **인공 신경세포** 혹은 **퍼셉트론**이라고 한다.

03 논리 연산을 수행하는 전자기 회로를 **논리회로** 또는 논리 게이트라고 한다.

04 매컬러와 피츠의 선구적 연구는 **신경세포의 신호 전달 방식으로 인간의 뇌를 모방함으로써 기계적 계산을 수행할 수 있음을 보여준 것**이다.

05 인공 신경망의 연결 강도 개선은 출력값과 목표값의 차이를 이용하여 수행할 것인데, 이것을 오차라고 부른다. 이 **오차**를 줄이는 방향으로 연결 강도를 조정하는 일이 신경망의 **최적화**, 즉 학습이다.

06 **XOR 연산은 비선형 분리 함수를 구하는 문제로 인공 신경망 학습의 한계를 지적하는 대표적인 문제**이다. 이것은 **1차 인공지능 겨울**의 원인이 되었다.

07 퍼셉트론의 내부에 있는 노드는 외부에서는 직접적으로 보이지 않는 노드로 이루어져 있는데, 이런 노드들로 이루어진 층을 **은닉층**이라고 한다. 반대로 입력 노드와 출력 노드로 이루어진 층은 **가시층**이라고 한다.

08 심층 신경망은 비선형 분리 문제인 XOR 문제를 비롯한 복잡한 문제를 해결할 수 있는 유용한 수단이기는 하지만 많은 가중치들을 효율적으로 학습시키기 어려웠다. 이 문제를 극복하고 오늘날의 인공지능 연구 전성기를 이끈 연구자 중 한 명이 바로 **제프리 힌턴**이다.

09 **심층 신경망을 학습시키는 머신러닝 알고리즘을 지칭하는 용어**로 딥러닝이라는 용어를 사용하며, 딥러닝은 **최근 인공지능 연구의 핵심 분야**가 되었다.

10 심층 신경망에서 학습을 진행하는 방법은 오차를 구한 다음 이 **오차를 다층 퍼셉트론의 역방향을 따라서 단계적으로 갱신하는 방법**을 사용하며 이를 **오차 역전파** 알고리즘이라고 부른다.

11 오차 역전파 알고리즘의 발전으로 인하여 심층 신경망의 효율적인 학습이 가능하게 되었다.

연습 문제

[단답형 문제]

괄호 안에 들어갈 적절한 단어를 기입하여라.

01 (　　　)(이)라는 신경세포가 다른 신경세포와 연결되어 있으며, 나트륨, 칼륨 등의 물질을 이용하여 화학적 신호를 주고받는다는 사실이 생물학자들의 연구에 의하여 밝혀졌다.

02 인공적인 신경세포를 흉내 내는 프로그램을 컴퓨터 과학자들은 (　　　　　)(이)라고 한다.

03 논리 연산을 수행하는 전자기 회로를 (　　　　　) 또는 논리 게이트라고 한다.

04 논리 연산 중에서 (　　　　) 혹은 (　　　) 연산은 입력값 x와 y가 모두 1일 때만 1을 반환하는 특징을 가지고 있다.

05 논리 연산 중에서 (　　　　) 혹은 (　　) 연산은 x와 y 중에서 하나라도 1이 되면 1을 반환하는 특징을 가지고 있다.

06 논리 연산 중에서 (　　　) 연산은 x와 y가 서로 다른 경우에 해당하는 (0, 1), (1, 0)일 때만 1을 출력하는 특징을 가지고 있다.

07 (　　　　　　　)(는)은 여러 층을 가진 퍼셉트론으로 MLP라고도 한다. 이 퍼셉트론의 내부에 있는 노드는 외부에서는 직접적으로 보이지 않는 노드로 이루어져 있는데, 이런 노드들로 이루어진 층을 (　　　　)(이)라고 한다. 반대로 입력 노드와 출력 노드로 이루어진 층은 외부에서 볼 수 있다는 의미의 (　　　)(으)로 지칭한다.

08 입력층과 출력층 사이에 다수의 은닉층을 가지고 있는 신경망을 (　　　　　　)(이)라고 한다.

09 심층 신경망에서 학습을 진행하는 방법은 오차를 구한 다음 이 오차를 다층 퍼셉트론의 역방향을 따라서 단계적으로 갱신하는 방법을 사용한다. 이를 (　　　　　　) 알고리즘이라고 부른다.

10 머신러닝의 여러 가지 기술들 중에서 인공 심층 신경망을 학습시키는 알고리즘과 관련된 기술을 (　　　　)(이)라고 하며, 이는 최근 가장 각광을 받고있는 인공지능 연구의 핵심 분야이다.

[짝짓기 문제]

다음은 논리 게이트와 그 특징이다. 관련 있는 것을 올바르게 짝짓기 하여라.

NOT 게이트 •	• 논리곱 연산, 입력이 하나라도 0인 경우 0 출력
OR 게이트 •	• 논리합 연산, 입력이 하나라도 1인 경우 1 출력
AND 게이트 •	• 배타적 논리합, 입력값이 서로 다르면 1 출력
XOR 게이트 •	• 논리 부정 연산, 입력에 대해 반대값 출력

[채워넣기 문제]

다음은 퍼셉트론의 연결 강도 갱신을 통한 최적화를 설명하는 그림이다. 보기의 항목들을 그림 속의 ① ② ③ ④에 올바르게 채워 넣어라.

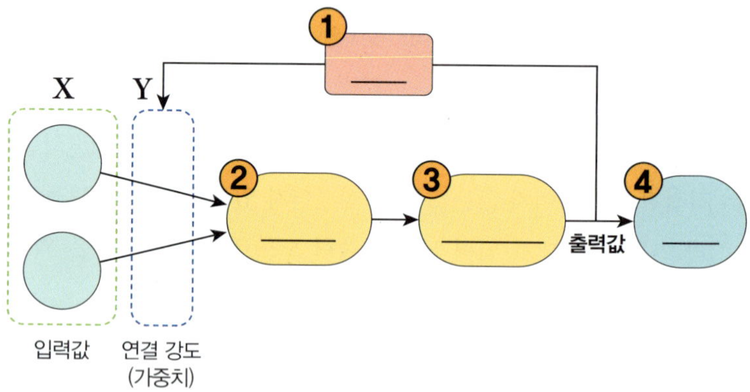

보기
- 목표값
- 신호 합산
- 활성화 함수
- 오차

[객관식 문제]

다음 질문에 대하여 가장 알맞은 답을 선택하여라.

01 다음 중 인간의 신경세포가 가지는 구조에 포함되지 않는 것은 무엇인가?

❶ 수상 돌기　　❷ 축삭 말단

❸ 신경세포체　　❹ 편모

02 다음 중 인공지능 구현 시에 사용되는 다층 퍼셉트론에 포함되지 않는 층에 해당하는 것은 무엇인가?

❶ 입력층
❷ 행렬층
❸ 은닉층
❹ 출력층

03 인간과 동물의 신체 기관 중에서 사고를 담당하는 중요한 기관은 무엇인가?

❶ 신경
❷ 뇌
❸ 심장
❹ 이성

04 활성화 함수에 입력된 신호 합산 값을 다음 퍼셉트론에 전달할지 말지를 결정하기 위해 사용되는 상수값을 지칭하는 용어는 무엇인가?

❶ 임계값
❷ 입력값
❸ 최소값
❹ 함수값

05 다음 논리 연산 중에서 입력값 x와 y중 하나라도 참이 되면 참(TRUE)이 되는 논리 연산은 무엇인가?

❶ AND
❷ NOT
❸ OR
❹ XOR

06 다음 중 딥러닝의 장점으로 알맞지 않은 것은 무엇인가?

❶ 특징 생성을 자동으로 한다.
❷ 비용 면에서 더 효율적이다.
❸ 머신러닝보다 더 어려운 문제를 풀 수 있다.
❹ 데이터 수집 능력이 뛰어나다.

심화 학습

[주제 1] 다음의 유튜브 영상은 인간의 뇌가 어떻게 동작하는가를 설명하는 영상이다.

제목: 두뇌기억과정4분.mp4

https://youtu.be/T7Ezm6JMth4

이 영상을 보고 인간의 뇌가 어떤 원리로 기억을 하는지에 대해서 깊이 있게 조사하여 정리해 보자. 대뇌피질 안쪽의 신경세포들은 어떤 방식으로 서로 대화하는가? 이러한 과학적 근거에 의해 **인간의 의식은 신경전달물질과 뉴런의 결합으로 만들 수 있다**는 의견에 대해서 각자의 생각을 나누어 보자.

[주제 2] 인간이나 동물의 뇌신경세포 연결 방식은 오랜 기간 동안 과학자들의 주요 관심거리였다. 1900년대 초반 신경학자들의 유명한 논쟁인 망상 이론과 뉴런 이론 논쟁에 대해서 조사하여라. 그리고 뇌신경세포의 연결 방식을 과학적인 방법으로 밝힌 과학자인 산티아고 라몬 이 카할의 연구에 대하여 조사하여라.

10

딥러닝의 세계로

학습목차

- 딥러닝의 세계로
  - 인공지능을 위한 데이터
    - 학습 데이터와 테스트 데이터
    - 이미지넷 데이터
  - 이미지넷 경진대회
    - 딥러닝의 부상
    - 딥러닝이 주류가 되기까지
  - 합성곱 신경망
    - 인공 신경망의 한계
    - 사물의 특징을 추출하여 인식하는 합성곱 신경망
  - 객체 탐지
    - 객체 분류와 탐지
    - 실시간 객체 탐지 YOLO
  - LAB: 합성곱 신경망
    - 합성곱 신경망으로 숫자를 인식시켜보자

학습목표

- 딥러닝 기술을 앞당긴 다양한 데이터 집합에 대하여 알아보자.
- 컴퓨터 비전 기술의 가장 중요한 분야인 이미지 인식 기술을 알아보자.
- 이미지넷 경진대회와 딥러닝이 주목을 받게 된 계기에 대해 알아보자.
- 이미지 인식 성능을 획기적으로 개선한 합성곱 신경망을 알아보자.
- 다양한 객체 탐지 기법에 대해 알아보자.

01 많은 이미지 데이터를 모아라: 인공지능을 위한 데이터

인공지능을 위한 훈련 데이터와 인공지능의 실력을 검증하는 데이터

이전 장에서 살펴본 미국 인구 조사국에서 수집한 손글씨 숫자 데이터 집합인 MNIST 데이터는 **인공 신경망을 학습시키기 위하여 만들어진 이미지 데이터**이다. 이 데이터 집합의 숫자 하나는 2828 픽셀 크기의 회색조 이미지이므로 고성능 컴퓨터가 아니더라도 충분히 빠른 처리가 가능하다. 또한, 전처리 과정을 통해 가운데 정렬, 크기 균일화가 잘 이루어져 있어서 이미지 처리와 머신러닝에 매우 적합한 데이터로 널리 사용되고 있다. MNIST 데이터는 0에서 9까지의 손글씨 숫자가 각각 6,000개이며 모두 6만 개의 학습용 이미지로 되어있다.

MNIST 손글씨 데이터의 예시

어떤 연구자 A가 개발한 손글씨 인식을 위한 모델이 손글씨 숫자를 잘 인식하는가를 알아보기 위하여 이 6만 개의 학습용 이미지를 사용하게 된다면, 학습을 위한 데이터에만 최적화된 모델이 좋은 결과를 얻게 될 것이다. 이를 쉽게 비유하자면, 어떤 학생의 실력을 알아보기 위해서 시험을 볼 때 이 학생이 사전에 공부한 모의시험 문제지에서만 문제를 내는 것에 비유할 수 있을 것이다. 학습을 위한 데이터에만 최적화되어 학습 데이터 이외의 데이터에서는 좋은 성능을 내지 못하는 머신러닝 알고리즘이 존재한다면 이 알고리즘은 **일반화가 덜 된 알고리즘**이라고 할 수 있다.

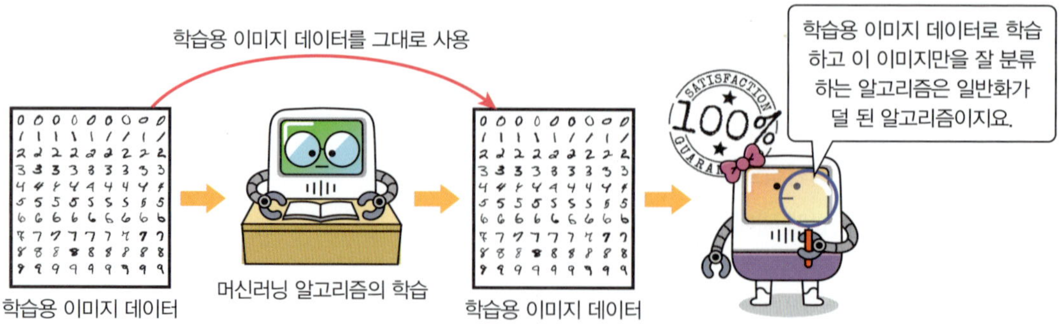

MNIST 데이터 집합은 학습용 이미지와 함께 0에서 9까지의 손글씨 숫자가 각각 1,000개 더 제공되는데 이 1만 개의 데이터 집합을 테스트용 이미지라고 한다. 일반적으로 머신러닝 연구자들은 MNIST 데이터 집합 중에서 6만 개의 학습용 이미지를 사용하여 머신러닝 알고리즘을 학습시키고, 이 알고리즘에 대하여 **학습에 사용하지 않은 1만 개의 테스트용 데이터를 적용**한 후 이 결과를 보고 실제 사용 여부를 결정한다.

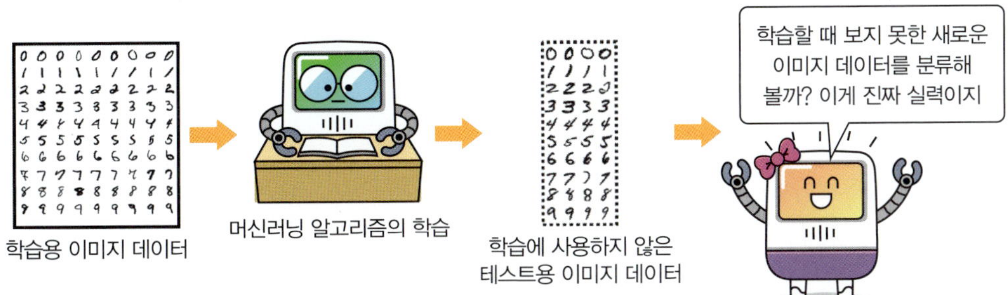

학습용 데이터와 테스트용 데이터의 개념

최근 딥러닝 알고리즘의 획기적인 발전과 성취로 인하여 과거에 숫자 하나를 분류하는 데 3일 이상 걸리던 작업이 몇 초만에 이루어졌으며, 97% 이상의 높은 분류 정확도를 달성하게 되었다. 이러한 이유로 MNIST 데이터와는 다른 좀 더 까다로운 데이터의 필요성이 생기게 되었고 패션 MNIST 데이터 집합이 연구자들에 의해서 만들어졌다. 이 데이터 집합은 그림과 같이 다양한 종류의 옷과 신발 이미지가 제공되고 있으며 MNIST 데이터 집합과 마찬가지로 6만 개의 훈련용 이미지와 1만 개의 테스트용 이미지가 제공된다.

패션 MNIST 데이터 예시

인공지능을 연구하기 위하여 연구자들은 알고리즘과 함께 데이터를 수집하고 가공하는 일에도 열정을 기울였는데 다음 그림에 있는 붓꽃 데이터가 대표적인 예이다. 이 데이터는 1930년대에 영국의 통계학자이자 생물학자인 **로널드 피셔** Ronald Fisher 의 논문에서 소개된 데이터 집합이다. 붓꽃 iris 은 크기와 색상이 다른 다양한 종이 있다. 각 데이터는 꽃받침 길이와 너비 및 꽃잎 길이와 너비에 대한 정보를 가지고 있으며 지도 학습을 위하여 이 정보를 가지는 붓꽃 종의 이름(레이블)을 가지고 있다. 종의 이름은 Setosa, Versicolor, Virginica로 각 종에 따라 꽃받침의 길이와 너비, 꽃잎의 길이와 너비가 약간씩 차이가 난다. 이 붓꽃 데이터 집합은 모두 150개이며 3종의 서로 다른 종이 있다.

Iris Versicolor Iris Setosa Iris Virginica

아래의 표는 꽃받침 길이, 꽃받침 너비, 꽃잎 길이, 꽃잎 너비와 그에 해당하는 붓꽃의 품종이 표시되어 있다. 150장의 사진을 모두 올려서 이를 판별할 수도 있으나 이러한 **4가지의 큰 특징을 이용해서 붓꽃의 종류를 알아 맞히도록 하는 것도 매우 효율적**일 것이다. 머신러닝과 딥러닝 알고리즘이 이러한 데이터를 얼마나 잘 분류하는가를 통해서 이 알고리즘의 성능을 간접적으로 확인할 수 있기 때문에 이외에도 많은 데이터 집합이 만들어졌다.

번호	꽃받침 길이	꽃받침 너비	꽃잎 길이	꽃잎 너비	품종
0	5.1	3.5	1.4	0.2	Setosa 종
1	4.9	3.0	1.4	0.2	Setosa 종
2	4.7	3.2	1.3	0.2	Versicolor 종
3	4.6	3.1	1.5	0.2	Virginica 종
4	5.0	3.6	1.4	0.2	Setosa 종
...	...	...	...	...	...

꽃받침 길이와 너비, 꽃잎 길이와 너비가 주어지고 이 꽃의 품종이 제시되어 있는 데이터입니다. 이 데이터를 통해 학습을 한 후 꽃받침 길이와 너비, 꽃잎 길이와 너비를 보고 붓꽃의 품종을 알아맞히도록 한다면 이 알고리즘의 성능을 간접적으로 확인할 수 있겠네요.

더욱더 많은 데이터를 사용하자, 이미지넷

이전 절에서 데이터의 중요성과 MNIST 데이터 집합, 패션 MNIST 데이터 집합, 붓꽃 데이터 집합과 같은 머신러닝 알고리즘을 위한 데이터베이스에 대하여 알아보았다. 이 데이터 집합의 데이터를 잘 구분하는 기계의 지능은 과연 인간의 지능과 유사하다고 할 수 있을까? 인간의 지능은 이러한 단순한 데이터를 구별하는 알고리즘보다 수천 배 이상 더 복잡하고 어려운 일도 쉽게 해낸다. 이런 인간의 시각 지능, 분류 지능은 어떻게 구현할 수 있을까?

컴퓨터 비전 computer vision 기술은 컴퓨터 과학의 중요한 분야로 인간 눈의 기능을 기계가 수행할 수 있도록 카메라로부터 영상 이미지를 취득하고, 알고리즘을 통하여 분석하고 판별하는 기술이다. **컴퓨터 비전 기술에서 가장 중요하면서도 기본이 되는 기술은 이미지를 인식하는 기술**이다. 즉, 자율주행 자동차가 성공적으로 도로를 달리기 위해서는 자동차에 달린 카메라가 도로와 신호등, 차량, 오토바이, 장애물, 보행자 등을 잘 인식하는 기술이 선행되어야만 하는 것이다.

규칙 기반 시스템의 고양이 인식 방법

예를 들어 고양이를 인식하는 프로그램을 만드는 방법을 생각해 보자. 첫 번째 방법으로는 가능한 많은 규칙을 입력해서 고양이를 다른 사물과 구분하는 방법이 있을 것이다.

그림에서는 ②번 단계가 **특징 추출 단계**인데, '고양이는 털이 있고, 귀가 뾰족하며, 눈이 둥글고, 수염이 있다'와 같은 방법으로 특징을 기술하고, ③ 이 특징을 묘사하는 모델을 만든 후, ④ 새로운 고양이 이미지를 테스트용 이미지로 사용하여 이 모델이 고양이를 잘 인식하는지 보면 될 것이다.

두 번째 방법으로는 그림과 같이 수많은 고양이 이미지를 모은 다음 고양이의 특징을 학습하는 딥러닝 모델을 만들어서 고양이를 인식하도록 하는 방법이 있을 것이다.

이 방법은 여러 가지 고양이의 이미지를 통해서 딥러닝 시스템이 학습을 하기 때문에 매우 예외적인 경우에 대해서도 잘 동작하는 특징이 있으나 **새로운 데이터를 많이 모으는 일이 선행**되어야 한다.

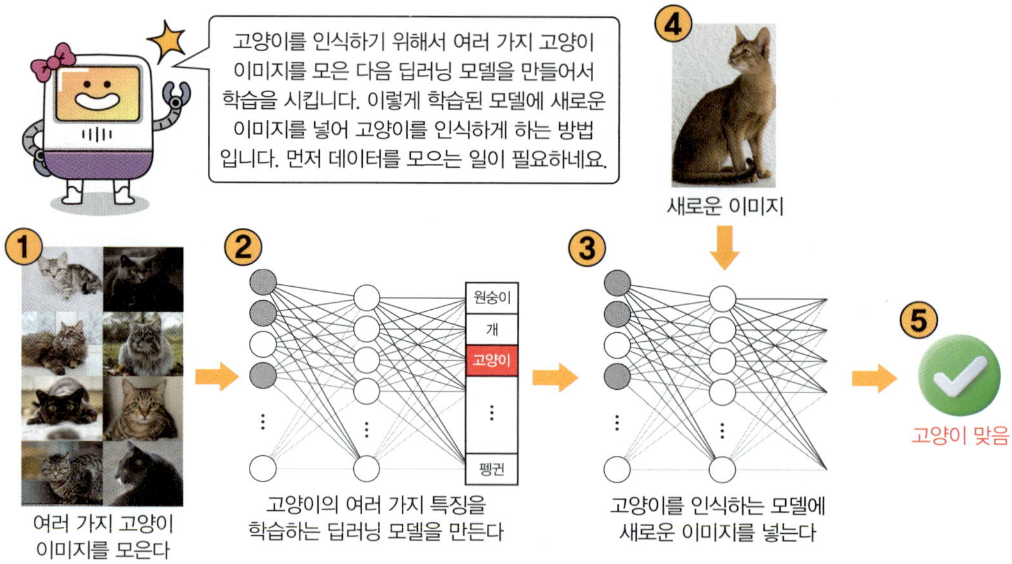

딥러닝 시스템을 사용한 고양이 인식 방법

고전적인 손글씨 숫자 이미지 데이터베이스뿐만 아니라 여러 종류의 사물을 인식하도록 하기 위해서는 대규모의 실세계 이미지 데이터베이스도 필요할 것이다. 하지만 실세계의 사물은 워낙 방대한데다 변형도 다양해서 이를 일일이 수집하고 분류한 다음 이름표를 달아서 데이터베이스화하는 일은 쉽지 않다. 이 어려운 작업에 도전한 사람이 있는데 스탠퍼드 대학교의 **페이페이 리** Fei-Fei Li 교수와 그의 연구진이었다. 이들이 만든 데이터베이스는 **이미지넷** ImageNet **데이터베이스**라고 하는데, 2만 개 이상의 범주로 나눌 수 있는 1천 5백만 장 이상의 방대한 이미지로 구성된 이 데이터베이스는 **오늘날의 딥러닝 기술을 발전**시키는 데 크게 기여하였다.

이 프로젝트는 2006년 페이페이 리 교수의 아이디어에서 출발했는데 당시의 인공지능 연구자들은 대부분 모델과 알고리즘의 개발에 집중하는 분위기였다. 그러나 페이페이 리 교수는 인공지능 알고리즘을 위한 **품질 좋은 훈련 데이터를 확보할 수 있다면 더 나은 결과를 얻을 수 있을 것으로 기대**하였다. 이미지들을 수집하고 분류하는 일은 세계 최대의 전자상거래 회사인 아마존과의 협업으로 추진되었으며, 1억 장이 넘는 이미지를 분류하고 정리하는 일은 전 세계 167개국에 흩어진 5만 명가량의 작업자가 참여하여 진행되었다.

페이페이 리 교수

이미지넷 데이터베이스의 예시(1천 5백만 장의 방대한 이미지)

02 이미지넷 경진대회와 딥러닝의 부상

이미지넷 데이터베이스를 확보한 페이페이 리의 다음 과정은 이 이미지를 이용하여 인공지능 기술을 발전시키고자 하는 이들에게 무료로 이미지를 공개하는 일이었다. 또한 2010년부터 매년 정기적으로 경진대회를 열어서 인공지능 연구자들이 서로의 알고리즘을 자랑하고 정보를 교류하도록 하였다. 이 경진대회는 ILSVRC라고 부르며, 이는 **이미지넷 대규모 시각 인지 경진대회** ImageNet Large Scale Visual Recognition Challenge의 앞글자를 딴 것이다. 이 책에서는 편의상 **이미지넷 경진대회**로 지칭한다.

이 대회의 우승 알고리즘은 2010년도, 2011년까지 인간이 고안한 방식으로 데이터의 특징을 추출하도록 하는 머신러닝 기반의 알고리즘이었다. 이것은 인공 신경망 연구가 침체되었던 시기에 지속적으로 사용된 방식으로, 작은 성능 개선도 어려운 상태에 도달해 있었다. 당시 인식 오차는 각각 28%, 26%로 사물 네 개 중 하나를 잘못 인식하는 수준이었다. 따라서 자율주행 자동차와 같은 정밀한 사물의 식별이 필요한 시스템에서 사용하기에는 매우 부적절했다.

다음 그림은 2012년 이미지넷 경진대회의 도전 목표로 첫 번째 도전 목표는 사진 이미지의 사물을 분류하는 것이며, 두 번째 도전 목표는 사진의 이미지를 **분류** classification 하고 **검출** localization 까지 하는 것, 세 번째 도전 목표는 분류한 사물을 더욱 상세하게 분류하는 것이다.

이미지넷 경진대회의 도전 목표 예시

그러나 2012년 이미지넷 경진대회에서 **전 세계의 인공지능 학자들을 경악하게 만든 사건**이 발생하는데, 바로 딥러닝 기술의 일종인 **합성곱 신경망** 구조의 **AlexNet이 압도적 성적으로 우승**한 일이다. 개발자 **알렉스 크리제프스키** Alex Krizhevsky 의 이름을 딴 AlexNet은 매년 조금씩의 성능 개선만이 이루어지던 이미지넷 경진대회에서 자그마치 **10% 이상의 큰 성능 개선을 통해서 인식률 개선의 정체를 돌파**한 것이다. 딥러닝 기술 이전까지만 하더라도 1년에 고작 1~2% 가량의 성능 향상에 만족해야만 하는 상황이었는데, 자그마치 10%나 되는 큰 성능 향상은 많은 학자들을 충격에 빠뜨리기에 충분했다.

이를 계기로 많은 연구자들이 딥러닝의 성취에 주목하게 되었으며, 관련 연구에 뛰어들게 되어 **딥러닝은 인공지능 연구 분야의 주류로 부상**하게 되었다. AlexNet은 캐나다 토론토 대학에서 개발한 딥러닝 모델이며 이 모델의 주요 개발자 중에는 **제프리 힌턴** 교수도 포함되어 있다.

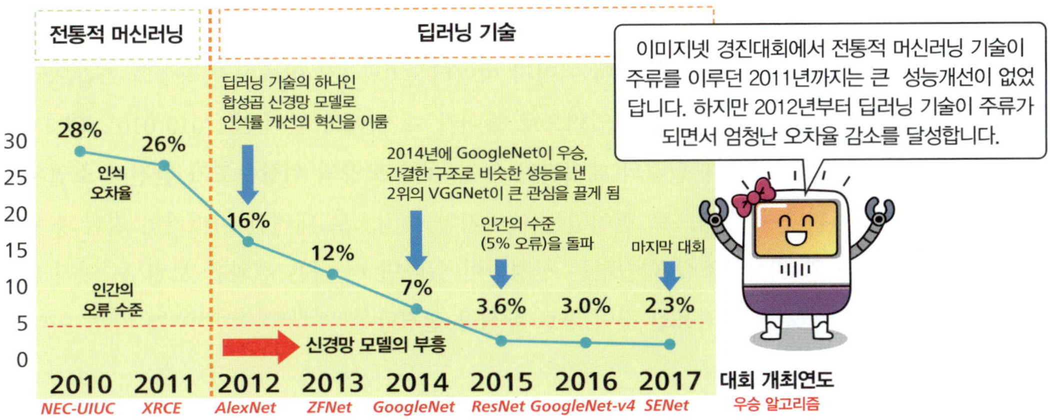

이후 인공 신경망 모델은 이미지 인식 분야에서 다른 종류의 머신러닝 기술들을 압도하며 주도적 자리를 차지하게 된다. 2014년 대회의 우승은 GoogleNet이었는데, 당시 2위를 차지한 VGGNet은 비슷한 성능을 훨씬 더 간결한 구조로 달성함으로써 1위보다 더 많은 관심을 받기도 하였다. 인공지능이 7% 가량의 오류 수준을 달성하게 되자 인간이 사물을 인식할 때의 오류 수준이 어느 정도인가에 대한 관심도 증가하였는데, 이 오류 수준은 5%가량(95%의 인식률과 동일한 표현)으로 알려져 있다.

2015년부터는 딥러닝 알고리즘이 인간의 오류 수준을 뛰어넘는 **96.4%의 높은 인식률**을 보이면서 2017년을 마지막으로 이 경진대회는 더 열리지 않고 있다. 마지막 대회의 인식률은 97.7%로 **인공지능 알고리즘이 특정 분야에서 인간보다 더 뛰어난 능력을 가지고 있음**을 보여주었다. 이처럼 이미지넷 경진대회는 인공지능 기술의 발전을 이루는 데 큰 계기가 되었다.

03 이미지의 특징을 훈련하자: 합성곱 신경망

이미지의 특징을 학습하는 합성곱 신경망

이미지넷 경진대회에서 발표된 알고리즘 중에서 이미지를 인식하는 데 사용된 가장 핵심이 되는 기술인 **합성곱 신경망**에 대해 살펴보자. 이를 위하여 앞서 살펴본 이미지 데이터와 입력층, 은닉층, 출력층을 가진 신경망에 대해 다시 한번 살펴 보도록 하자. 우리가 만든 모델의 입력 데이터가 그림과 같은 '0'자 모양이라고 가정할 경우 이 이미지 데이터는 0과 1로 이루어진 픽셀의 조합으로 구성된다. 그리고 데이터는 신경망 모델의 입력으로 들어갈 때 아래와 같이 001 010 010 ...의 1차원 배열로 입력이 된다.이 과정에서 원래의 데이터가 가진 **'0'자 모양의 위상구조가 완전히 소멸**된다. 만일, 0을 인식하기 위하여 '수평으로 뻗어있는 이미지와 수직으로 내려간 이미지의 결합'과 같은 'ㄱ'자 형태의 이미지의 위상구조를 학습하는 신경망이 있다면 더 나은 결과를 보일 수 있지 않을까? 이런 아이디어를 신경망에 적용한 것이 바로 **합성곱 신경망** Convolutional Neural Network: CNN 이다.

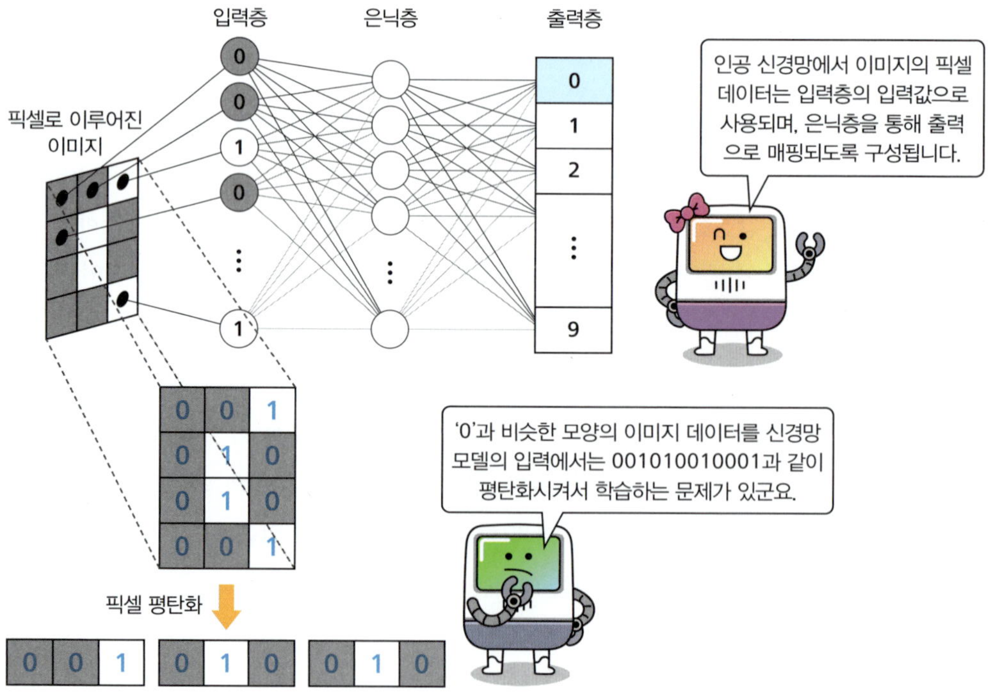

인간이나 동물이 눈으로 본 사물을 어떤 방식으로 '인식'하는가에 대해서는 오랜 시간 동안 사람들의 궁금증을 자아내었다. 1950년대 말 **데이비드 허블** David Hubel 과 **토르스텐 비셀** Torsten Wiesel 은 고양이에 대한 실험을 통해 시각 정보가 들어올 경우, **시각 피질** visual cortex 에 있는 뉴런들이 시야의 일부 범위 안에 있는 영역에 대해서만 활성화되어 정보를 받아들인다는 것을 알게 되었다. 이들은 하나의 뉴런을 활성화시키는 데에 영향을 미치는 시각 정보의 영역을 **수용장** receptive field 이라고 불렀다. 예를 들면 어떤 뉴런은 **수평선 이미지에 반응**하고, 어떤 뉴런은 **수직선 이미지에 반응**하며 이러한 낮은 수준의 이미지에 대한 반응을 조합하는 더 **큰 수용장이 패턴에 반응**한다는 결과였다.

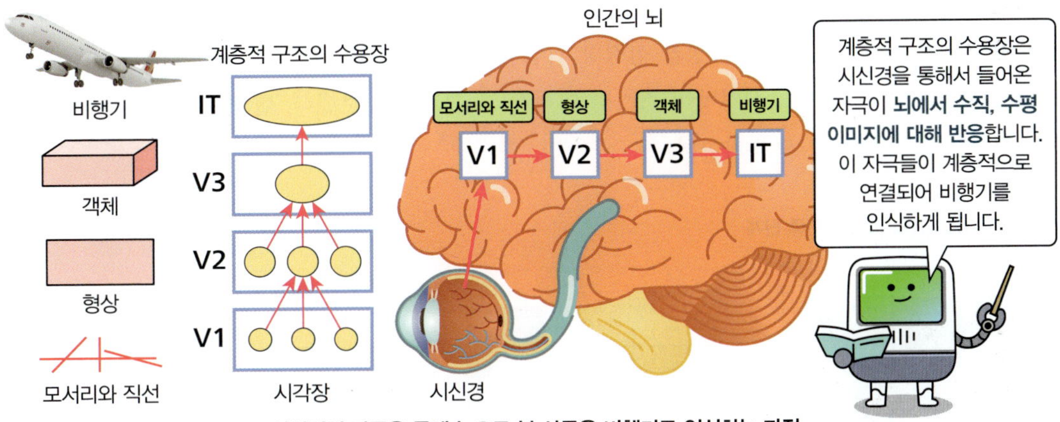

시신경의 자극을 통해 눈으로 본 사물을 비행기로 인식하는 과정

그림을 통해서 시신경의 자극을 비행기라는 사물로 인식하는 과정을 살펴보자. 이 그림의 왼쪽을 살펴보면 시신경을 통해 전달된 자극이 뇌세포 V1 영역이라는 곳의 뉴런을 통하여 모서리와 직선으로 인식하는 단계가 나타난다. 이러한 정보는 다음 단계로 전달되어 V2 영역의 뉴런은 형상을 인식하고, V3 영역은 이 정보를 바탕으로 객체를 인식한다. 마지막 영역인 IT 영역에서는 사물을 비행기라는 추상적인 사물로 인식을 한다. IT로 표기된 추상화 영역에서는 비행기가 방향을 달리하고 있어서 그 형상이 다소 비행기와 다를지라도 이것을 '비행기'라는 추상적인 사물로 인식한다.

동물 실험의 결과가 이미지 인식의 혁신을 가져오다

딥러닝이라는 연구 분야의 한 종류인 **합성곱 신경망**은 이러한 실험의 결과로 알게 된 동물의 시각 정보 처리 방식을 이미지 인식에 적용한 것이다. 즉, 시각 수용장의 역할을 **합성곱** 혹은 **컨볼루션** convolution 이라는 연산이 수행하여 그 결과를 다음 층의 신경망에 전달하는 방식이다. 이 방법은 다른 영상 분류 알고리즘에 비해 상대적으로 입력에 대한 전처리가 거의 필요하지 않다. 기존의 신경망은 이미지를 잘 다루기 위해 특징을 추출하여 입력으로 만드는 단계가 필요하다. 그러나 합성곱 신경망은 학습 과정에 입력 이미지에 대한 특징을 추출하는 방법도 함께 학습한다. 이러한 이유로 문제와 관련된 지식을 바탕으로 인간이 개입하여 **특징을 추출하는 과정** feature engineering 이 필요하지 않은 것이다. 이것이 합성곱 신경망의 주요한 장점이다.

다음 그림은 **히로노부 후지요시** Hironobu Fujiyoshi 의 논문에서 인용한 것으로 전통적인 머신러닝의 이미지 분류 단계와 딥러닝의 일종인 합성곱 신경망의 이미지 분류 단계를 통해서 머신러닝과 딥러닝의 차이점을 알려준다. 이 문제는 올바른 샘플에 해당하는 사람과 틀린 샘플에 해당하는 사물을 학습시킨 모델이 새로운 이미지를 분류하도록 하는 문제이다. 그림과 같이 머신러닝 이미지 분류 단계는 데이터에 대하여 사람이 손으로 특징을 추출한 후에 이 특징을 머신러닝 알고리즘에 넣어 학습을 시키는 것이다. 하지만 합성곱 신경망 기법과 같은 딥러닝 이미지 분류에서는 특징을 추출하고 분류하는 것을 합성곱 신경망이 스스로 익혀서 그 결과를 내보낸다. 합성곱 신경망은 어떤 방법으로 이렇게 똑똑하게 잘 동작할까?

전통적인 머신러닝의 이미지 분류 단계

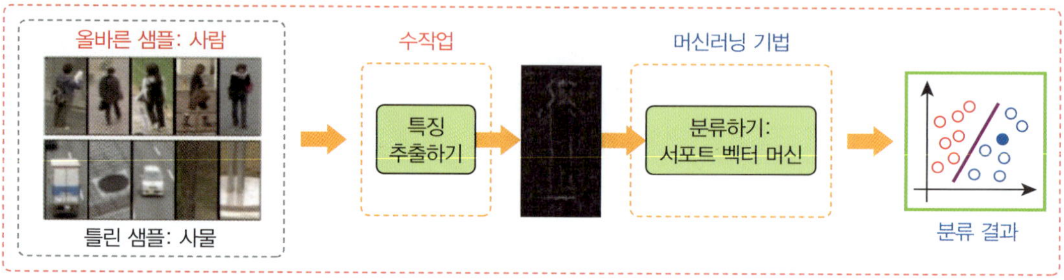

딥러닝의 일종인 합성곱 신경망의 이미지 분류 단계

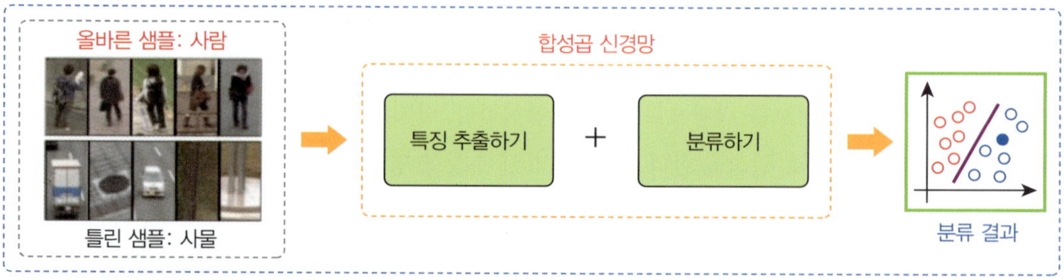

이미지에서 특징을 추출하는 과정은 그림처럼 이미지 내의 특정한 영역에 대해 원래의 이미지가 가지는 기하적 관계를 유지한 채로 살펴보는 것이 필요하다. 즉 그림과 같이 부분적인 영역에서 신호가 어느 방향으로 바뀌는지, 모서리가 있는지, 좁은 목이 있는지 등의 **공간적인 특징을 파악**하는 일이 중요하다. 그림을 살펴보면 모니터와 같은 네모난 형태의 사물을 인식하기 위하여 작은 영역에 해당하는 3 × 3 영역에서 직각 모서리 형태의 구조를 찾아내고, 4 × 4 크기의 영역에서 좁은 목을 발견하는 필터가 있다고 한다면 이 **필터를 사용하여 모니터의 모양을 손쉽게 유추**할 수 있을 것이다.

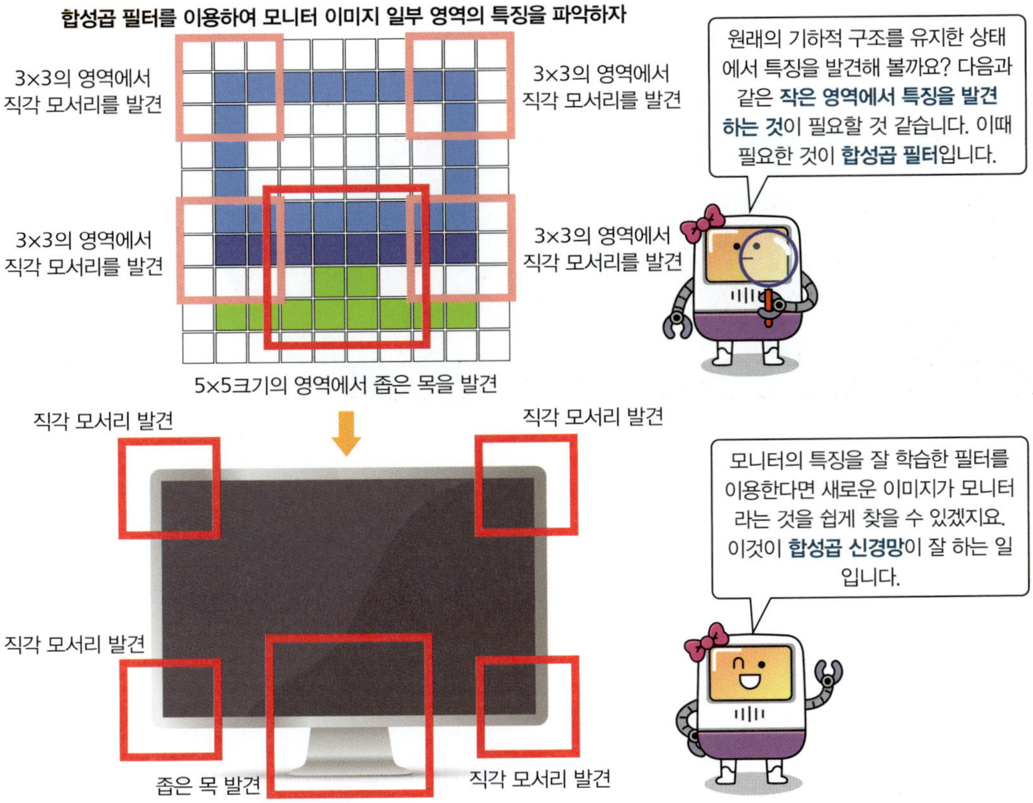

이미지를 조작할 때 사용하는 방법 중에 **커널**kernel 혹은 **필터**filter라고 불리는 작은 행렬을 사용하여 새로운 값을 얻는 방법이 있다. 다음 그림을 살펴보면 비행기의 유리창, 날개, 꼬리 날개를 인식하는 필터가 있는데 학습을 통해서 이 필터를 만들어 낼 수 있다면 이 필터를 이용하여 계층적 구조의 수용장과 유사한 비행기 인식기를 만들어 낼 수 있을 것이다.

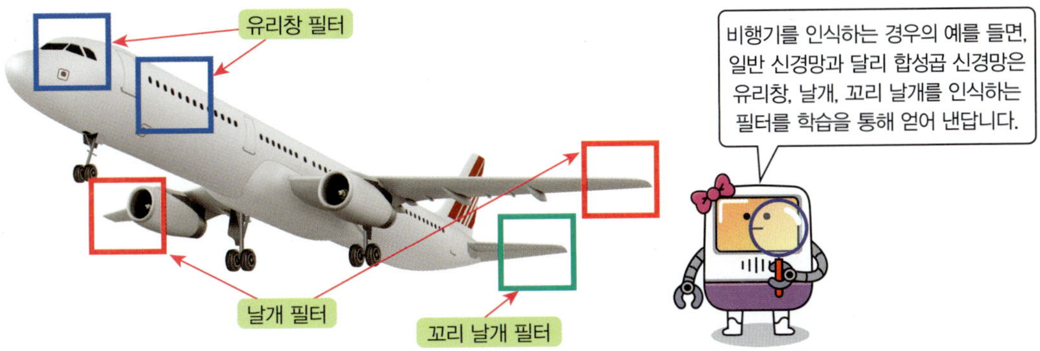

흔히 스마트폰에서 사용하는 필터는 그림과 같이 여러 가지 효과를 적용한 사진을 얻는 데 사용된

다. 하지만 컴퓨터 과학이나 전자기학 분야에서 사용하는 필터는 이것보다 더 강력하며 매우 다양한 용도로 사용된다.

다음 그림은 손글씨 숫자 이미지가 주어졌을 때 **낮은 단계의 특징 추출 필터**와 **높은 단계의 특징 추출 필터**가 계층적으로 동작하여 숫자 3을 인식하고 분류하는 과정을 보여주고 있다. 딥러닝 과정에서 이루어지는 특징 필터의 생성과 분류 과정은 모두 **심층 신경망이 수행하는 반복적인 학습의 결과**이며 사람이 개입할 필요가 없다.

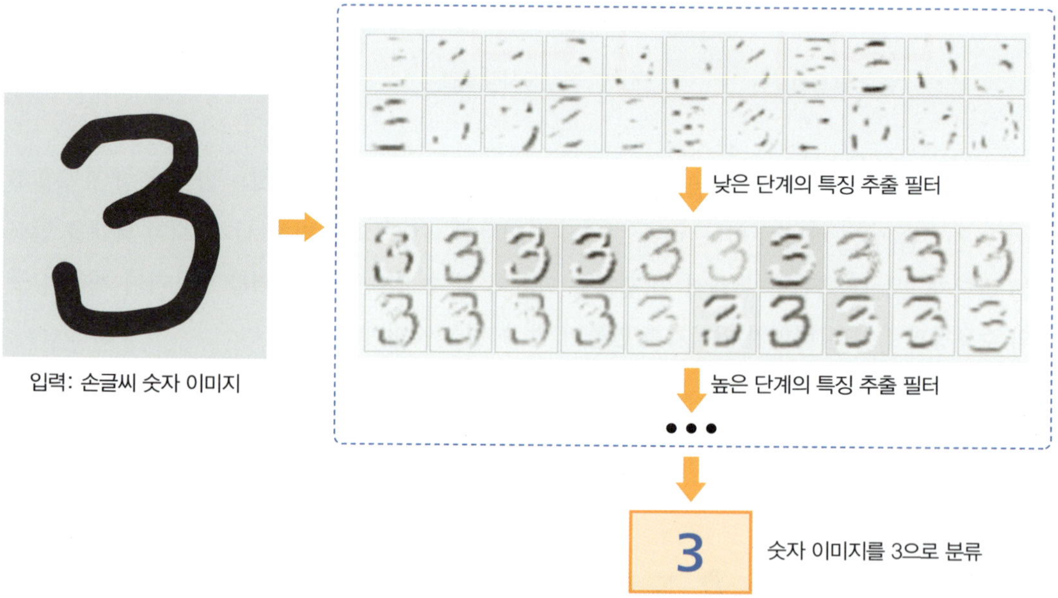

합성곱 신경망의 구조는 이와 같이 다소 복잡하지만 크게 본다면 다음과 같이 두 단계로 수행된다.

1. 특징 추출: 합성곱 필터를 사용하여 입력 데이터의 고유한 특징을 찾는 단계
2. 분류: 찾아진 특징들을 가지고 클래스를 고르는 단계

합성곱 신경망의 쓰임새는 매우 다양한데, 다음 그림은 저자의 구글 포토에 접속하여 붓꽃이라는 이름으로 검색한 결과이다. 그 결과 저자가 찍어서 업로드한 구글 포토의 여러 사진들 중에서 붓꽃을 찾아서 보여주고 있다.

NOTE 구글 포토의 정보 추출 원리

구글 포토는 2015년도에 서비스를 시작하여 2021년 현재 전 세계 10억 명이 넘는 사용자가 이용하는 클라우드 서비스이다. 우리가 스마트폰으로 사진을 찍을 경우 이 사진에는 이미지 정보, 시간 정보와 함께 사진을 찍은 곳의 위치 정보도 저장된다. 이렇게 만들어진 사진을 구글 포토라는 클라우드 서비스에 업로드할 경우 어떤 일이 발생할까?

구글 포토의 인공지능은 사용자의 사진을 학습하여 사진의 사물에 대한 레이블링 작업을 실시한다. 레이블링 작업이란 사진 속의 사물, 배경, 위치 등 다양한 정보를 추출하는 과정을 거쳐 **검색이 가능한 검색 키워드를 만드는 것**을 말한다. 이러한 똑똑한 사물 인식을 위해 구글은 방대한 검색 데이터베이스를 구축하였다. 구글은 그동안 확보해 온 방대한 이미지 데이터들과 함께 '오픈 이미지 데이터 집합'이라는 컴퓨터 비전 연구 전용 데이터 집합을 사용하여 검색 데이터베이스를 구축하였는데, 이 데이터 집합은 구글과 카네기 멜런 대학, 코넬 대학이 공동으로 구축한 것으로 900만 개가 넘는 이미지들로 구성됐다. 이 중 10만 개는 사람이 직접 해당 이미지가 어떤 내용을 담고 있는지를 입력해놓는 라벨링 작업을 거쳤다.

이러한 이미지로 학습하는 과정에는 날짜나 시간, 장소, 주위 랜드마크, 로고, 이미지 내 텍스트 등을 종합적으로 학습해 이미지가 어떤 이벤트를 말하고 있는지까지 파악할 수 있도록 했다. 구글 포토는 심지어 휴일이나 생일 등을 포함한 여러 이벤트를 구분해낸다.

04 이미지에서 원하는 사물을 찾아보자: 객체 탐지

객체 탐지 기법은 이미지에서 원하는 사물을 찾아내는 기법으로 영상 기반의 감시, 얼굴 인식, 로봇 제어, 사물인터넷, 자율주행 자동차, 제조업, 보안 등의 다양한 분야에서 활용되는 핵심 기술이다. 이전 절에서 다룬 합성곱 신경망은 객체를 분류하는데 매우 유용하게 활용되고 있다. 이 합성곱 신경망 기술을 좀 더 세분화하여 살펴본다면 **분류 문제**, **분류와 영역 지정**, **객체 탐지**, **객체 분할 기술**로 나눌 수 있다.

객체 분류란 입력 이미지가 표현하는 대상을 여러 클래스로 나누는 일인데, 그림과 같이 특정 이미지에 있는 객체가 고양이, 개, 토끼 등의 범주값 중에서 **고양이 객체**라는 것을 판별하는 것을 말하며, **분류와 영역지정**이란 분류된 객체에 대하여 그 객체 영역만을 추출하는 기술을 말한다. 그림의 '**고양이 + 영역**'에서 붉은색으로 표시된 부분은 전체 영역에서 고양이 객체가 있는 영역을 보여준다.

객체 탐지 object detection 란 특정 이미지에서 **경계 상자** bounding box 로 영역을 설정하고, 해당 영역 내에 물체가 존재하는지, 존재한다면 그 물체가 무엇인지 판별하는 일이다. 다음 그림을 보면 개와 고양이가 여러 마리 있으며 이때 개별 객체의 영역을 구분하는 기능과 함께 분류까지 하는 것이다. **객체 분할** object segmentation 이란 객체가 속한 영역과 다른 객체가 속한 영역을 나누는 것을 말한다. 객체 탐지와 객체 분할은 다음과 같이 개, 개, 고양이가 포함된 다중 객체 이미지에 대하여 적용할 수 있어야 한다.

자율주행 자동차 등에 시각 지능이 본격적으로 활용됨에 따라, 객체 인식 문제는 정확도뿐만 아니라 신속성도 중요해지고 있다. 사진은 마이크로소프트사의 뉴스에서 가져온 것으로 자율주행 자동차에서 촬영한 영상과 이 영상을 분류한 결과이다. 이 영상의 객체는 노란색으로 표시된 신호등, 초록색으로 표시된 자동차, 주황색으로 표시된 보행자가 있는데, 자율주행 자동차가 만들어지기 위해서는 이러한 사물을 **실시간으로 인식하는 기술**이 반드시 필요하다.

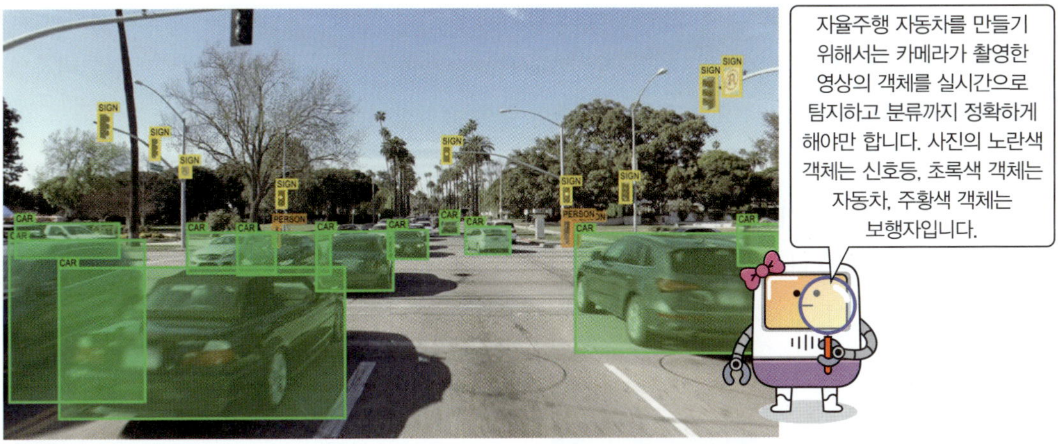

출처: 마이크로소프트뉴스

NOTE 실시간 vs 비실시간

실시간 시스템realtime system 을 그냥 반응이 빠른 시스템으로 정의하는 것은 매우 모호한 정의이며, 항상 **정해진 결과를 보장**하면서 사용자의 **제한시간**deadline 요구사항을 만족하는 시스템이다. 반면 비실시간 시스템은 정해진 결과를 제한된 시간에 반드시 내어 보낼 필요는 없다.

예를 들어 시속 40km/h로 달리는 자율주행 자동차의 앞에 보행자가 나타난 경우, 자동차를 제어할 수 있는 0.1초 이내(제한시간 요구사항)에 이 보행자를 인식(정해진 결과를 보장)해야만 한다. 이 제약조건을 만족하는 시스템이라면 실시간 시스템이라 할 수 있다. 하지만 구글 포토의 사진을 검색하는 경우 특별히 제한시간 요구사항이 필요하지 않을 것이며 이러한 경우는 비실시간 응답을 하더라도 무방할 것이다.

기존의 합성곱 신경망 모델 중에서 객체가 있을 만한 영역을 선택적으로 탐색하는 기술인 R-CNN은 일정 수준의 정확성은 제공하지만, 다음 두 단계를 거쳐야 하기 때문에 실시간 응답을 제공하는 데에 한계가 있다.

1. 후보가 될 수 있는 수많은 영역을 찾고, 각 영역을 합성곱 신경망에 적용하여 특징을 추출하는 단계
2. 추출한 특징을 이용해 분류 모델을 적용하여 각 영역별 클래스를 판단하는 단계

이를 극복하기 위한 방법으로 일정한 수준의 **정확성을 유지**하면서, **객체 인식의 처리속도를 높이는 다양한 신경망**들이 개발되고 있다. 2015년에 **조셉 레드몬**Joseph Redmon 등이 매우 빠르고 정확한 객체 탐지 구조인 **YOLO**를 제안했다. YOLO는 You Only Look Once의 머리 글자를 딴 알고리즘의 이름이다. YOLO의 세 가지 주요한 특징은 아래와 같이 요약할 수 있다.

- **한 번 보고 처리**: 이미지 전체를 단 한 번만 본다. 이 특징을 따서 이름을 지었다.
- **통합된 모델 사용**: 단 하나의 인공 신경망을 통해 처리한다.
- **실시간 객체 탐지**: 실시간으로 여러 장의 이미지를 탐지할 수 있다.

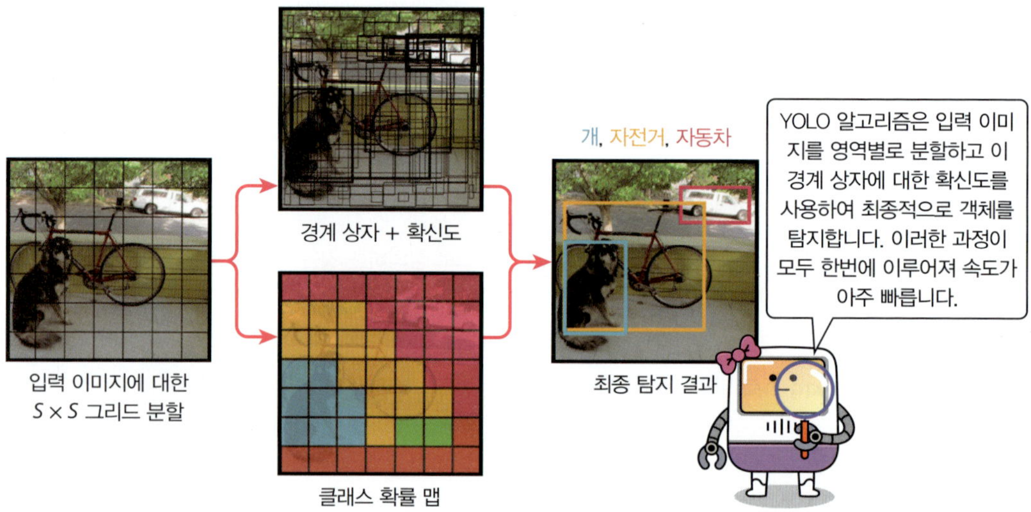

합성곱 신경망으로 숫자를 인식시켜 보자

[실습 목표]

이번 실습에서는 이번 장에서 배운 합성곱 신경망을 이용하여 여러분이 입력한 숫자를 인식시켜볼 것이다. 이제 숫자 MNIST 데이터를 학습시켜 만든 모델을 온라인에서 테스트해 볼 수 있는 아래 웹사이트에 접속해 보자.

```
https://transcranial.github.io/keras-js/#/mnist-cnn
```

이 웹사이트는 **레온 첸** Leon Chen 이라는 MD.ai사의 창업자가 운영하는 사이트로 머신러닝 플랫폼인 케라스를 이용하여 만든 모델을 온라인에서 테스트할 수 있도록 구성한 콘텐츠이다.

[단계 1] 위의 웹사이트에 접속한다. 다음과 같은 초기화면이 나타날 것이다.

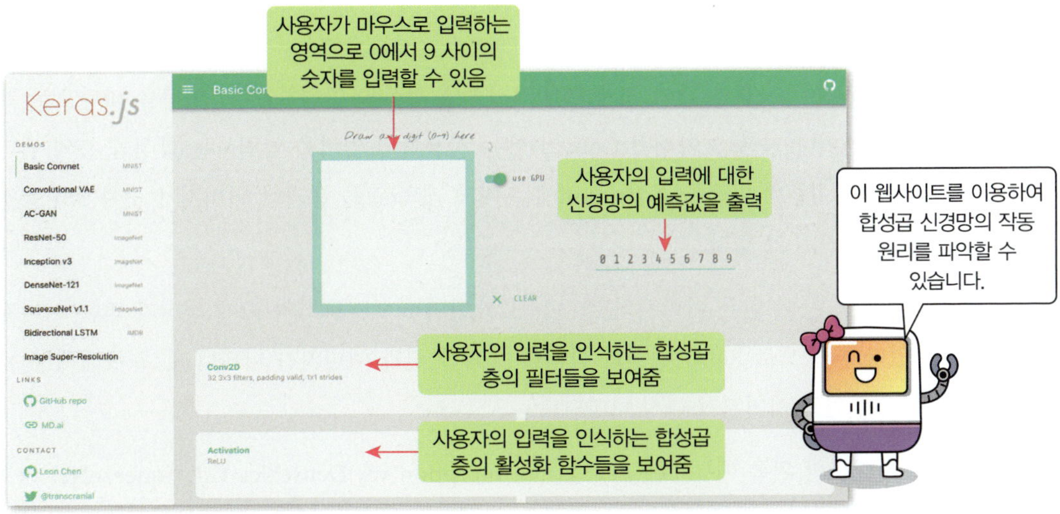

웹사이트의 화면 중앙에는 마우스를 이용하여 임의의 숫자를 입력할 수 있는 영역이 있다. 이 영역에 0부터 9 사이의 숫자를 입력할 경우, 시스템에서 제공하는 신경망 모델의 예측값을 보여준다. 아래쪽에 있는 Conv2D는 합성곱 신경망의 필터를 보여주며, Activation은 활성화 함수의 결과를 보여준다. 합성곱 신경망에 대한 자세한 설명은 이 책의 범위를 벗어나므로 생략한다.

[단계 2] 위쪽 사각형 영역에 다음과 같이 마우스를 이용하여 3을 입력해 보도록 하자. 이와 같이 입력하면 오른쪽에 있는 0에서 9의 예측값 중에서 **3이 가장 높게 나오는 것**을 확인할 수 있다.

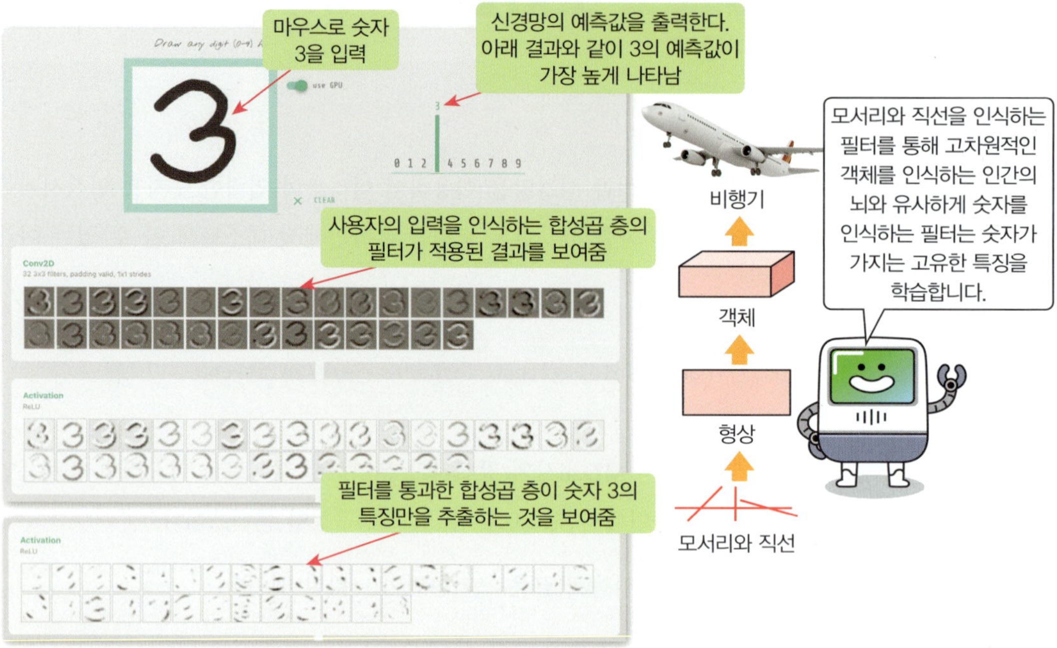

합성곱 신경망의 원리는 그림과 같이 모서리와 직선으로 형상을 인식하고 이 형상을 바탕으로 객체를 인식하는 원리이다. 숫자 3 아래쪽 Conv2D에는 사용자의 입력을 입력하는 합성곱 층의 필터가 적용된 결과를 보여주며 아래쪽 Activation에는 여러 개의 층을 통과한 이미지가 숫자 3의 특징을 추출하는 것을 보여주고 있다.

Conv2D라는 합성곱 층이 만든 이미지의 개수는 32개이며 3 × 3 크기의 32개 필터가 만든 이미지를 보여주고 있다. 다음으로 ReLU 활성화 함수를 통과한 결과 이미지가 나타나며 그 아래에는 32개의 3 × 3 필터가 만든 이미지가 다시 나타난다.

[단계 3] 이 사이트의 왼쪽 메뉴에는 ResNet-50, Inception v3, DenseNet-121, SqueezeNet v1.1 등의 모델을 나타내는 메뉴가 있다. 이 모델들은 많은 연구자들에 의하여 이미 **검증된 좋은 합성곱 신경망 모델**이며, 이들을 선택할 경우 그림과 같이 매우 복잡한 신경망 모델이 나타난다.

다음 이미지는 Inception v3 모델의 예시인데, 이 모델은 약 **2천 4백만 개의 학습 파라미터가 필요한 매우 깊은(deep) 신경망** 모델이다. 이러한 거대 모델을 만드는 것이 인공지능 과학자들이 하는 일이 될 것이다.

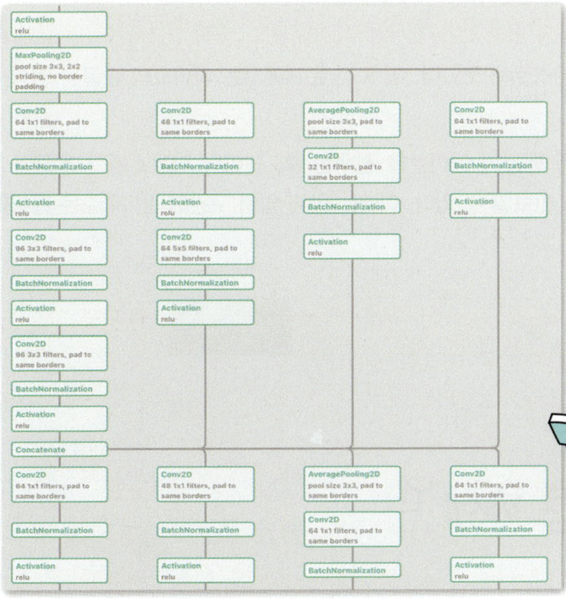

Inception v3 모델의 심층 신경망 예시(일부)

도전 문제 1

- 다음과 같이 마우스를 이용하여 숫자 0과 9를 입력해 보자. 이 숫자를 인식하기 위하여 필터들이 어떻게 적용되어 나타나는지 살펴보도록 하자.

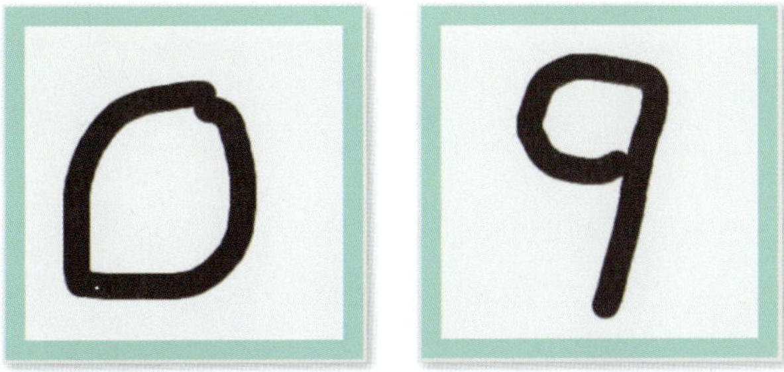

- 다음과 같이 인식률이 비교적 낮게 나타나는 유형의 입력 예시를 찾아보도록 하자.

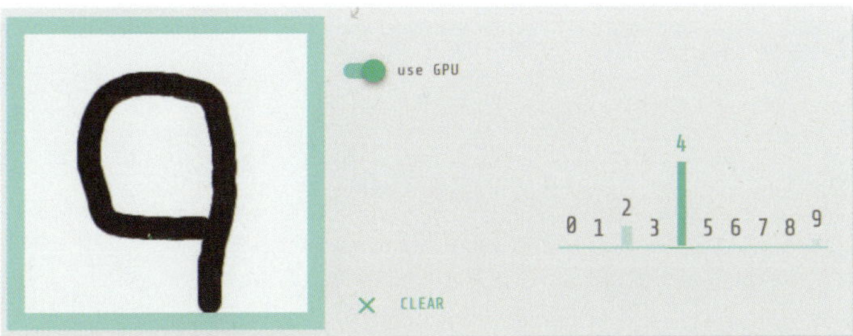

도전 문제 2

- 우리는 2장에서 파파고의 번역기를 테스트해 보았다. 이 도전 문제에서는 파파고의 손글씨 인식 성능을 테스트 하자.
- 파파고에서 다음과 같이 창의 아래쪽 펜글씨 아이콘을 선택한 후, 펜이나 마우스를 사용하여 필기를 해보자(**주의**: 파파고에서 필기 버튼이 안보일 수 있다. 이때는 글씨 입력 구간에 '안'과 같은 글씨를 입력 하자).

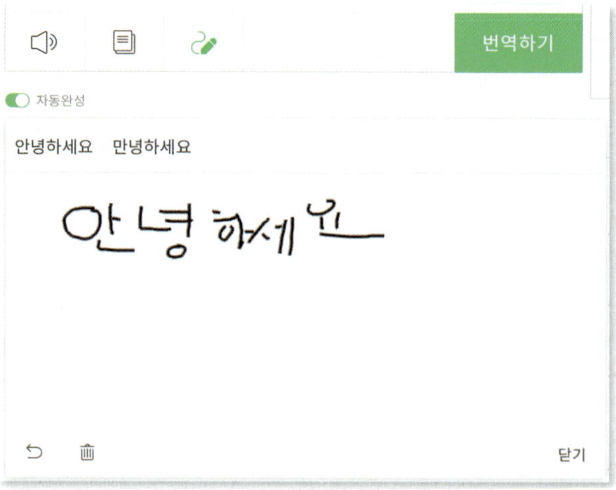

- 여러분이 입력한 '안녕하세요' 필기 글씨를 어느정도 잘 인식하는지 파파고의 성능을 테스트하자.
- 혹시 인식 오류가 있다면 어떤 글씨에서 오류가 있는가를 살펴보자.

요약

01 학습을 위한 데이터에만 최적화되어 학습 데이터 이외의 데이터에서는 좋은 성능을 내지 못하는 머신러닝 알고리즘이 존재한다면 이 알고리즘은 **일반화가 덜 된 알고리즘**이라고 할 수 있다.

02 최근 딥러닝 알고리즘의 획기적인 발전과 성취로 인하여 과거에 숫자 하나를 분류하는 데 며칠씩 걸리던 작업이 몇 초만에 이루어졌으며, 매우 높은 분류 정확도를 달성하게 되었다.

03 **컴퓨터 비전** 기술은 컴퓨터 과학의 중요한 분야로 인간 눈의 기능을 기계가 수행할 수 있도록 카메라로부터 영상 이미지를 취득하고, 알고리즘을 통하여 분석하고 판별하는 기술이다.

04 **이미지넷** **데이터베이스**는 2만 개 이상의 범주로 나눌수 있는 1천 5백만 장 이상의 방대한 이미지로 구성되어 **오늘날의 딥러닝 기술을 발전**시키는 데 크게 기여하였다.

05 페이페이 리는 2010년부터 매년 정기적으로 경진대회를 열어서 인공지능 연구자들이 서로의 알고리즘을 자랑하고 정보를 교류하도록 하였다. 이 경진대회는 **이미지넷 대규모 시각 인지 경진대회**라고 한다.

06 많은 연구자들이 딥러닝 연구에 뛰어들게 되어 **딥러닝은 인공지능 연구 분야의 주류로 부상**하게 되었다.

07 이미지의 기하적 위상구조를 학습하는 신경망을 인공적으로 구현한 것이 **합성곱 신경망**이다.

08 **시각 피질**에 있는 뉴런들이 시야의 일부 범위 안에 있는 영역에 대해서만 활성화되어 정보를 받아들인다는 것을 알게 되었다. 하나의 뉴런을 활성화시키는 데에 영향을 미치는 시각 정보의 영역을 **수용장**이라고 불렀다.

09 **객체 분류**란 입력 이미지가 표현하는 대상을 여러 클래스로 나누는 일인데, 다양한 종류의 객체 범주 중에서 **특정한 객체**라는 것을 판별하는 것을 말한다.

10 **분류와 영역 지정**이란 분류된 객체에 대하여 그 객체 영역만을 추출하는 기술을 말한다.

연습 문제

[단답형 문제]

괄호 안에 들어갈 적절한 단어를 기입하여라.

01 학습을 위한 데이터에만 최적화되어 학습 데이터 이외의 데이터에서는 좋은 성능을 내지 못하는 머신러닝 알고리즘이 존재한다면 이 알고리즘은 (   )(가)이 덜 된 알고리즘이라고 할 수 있다.

02 (   ) 기술은 컴퓨터 과학의 중요한 분야로 인간 눈의 기능을 기계가 수행할 수 있도록 카메라로부터 영상 이미지를 취득하고, 알고리즘을 통하여 분석하고 판별하는 기술이다.

03 스탠퍼드 대학교의 페이페이 리 교수와 그의 연구진이 만든 (   ) 데이터베이스는 오늘날의 딥러닝 기술을 발전시키는 데 크게 기여하였다.

04 (   )(은)는 동물의 시각 정보 처리 방식을 이미지 인식에 적용한 것이다. 즉, 시각 수용장의 역할을 (   ) 혹은 (   )(이)라는 연산이 수행하여 그 결과를 다음 층의 신경망에 전달하는 방식이다.

05 합성곱 신경망의 구조는 크게 (   )(와)과 (   )의 두 단계로 나눌 수 있다.

06 (   )(이)란 사진 속의 사물, 배경, 위치 등 다양한 정보를 추출하는 과정을 거쳐 검색이 가능한 검색 키워드를 만드는 것을 말한다.

07 (   )(는)은 이미지에서 원하는 사물을 찾아내는 기법으로 영상 기반의 감시, 얼굴 인식, 로봇 제어, 사물인터넷, 자율주행 자동차, 제조업, 보안 등의 다양한 분야에서 활용되는 핵심 기술이다.

08 이미지로부터 객체를 얻는 방법 중에서 (   )(이)란 입력 이미지가 표현하는 대상을 여러 클래스로 나누는 일이고, (   )(이)란 분류된 객체에 대하여 그 객체 영역만을 추출하는 기술을 말한다.

09 (   )(이)란 특정 이미지에서 경계 상자로 영역을 설정하고, 해당 영역 내에 물체가 존재하는지, 존재한다면 그 물체가 무엇인지 판별하는 일이다. (   )(이)란 객체가 속한 영역과 다른 객체가 속한 영역을 나누는 것을 말한다.

10 (   )(는)은 항상 정해진 결과를 보장하면서 사용자의 제한시간 요구사항을 만족하는 시스템이다.

[짝짓기 문제]

다음은 인공지능 연구에서 사용되는 데이터와 이에 대한 설명이다. 관련 있는 것을 올바르게 짝짓기 하여라.

MNIST 데이터 •	• 인공 신경망을 학습시키기 위하여 만들어진 손글씨 숫자 이미지 데이터
패션 MNIST 데이터 •	• 인공 신경망을 학습시키기 위하여 만들어진 옷과 신발 이미지 데이터
붓꽃 데이터 •	• 페이페이 리 교수가 세계 최대의 전자상거래 회사인 아마존과의 협업으로 추진한 프로젝트
이미지넷 데이터베이스 •	• 영국의 통계학자이자 생물학자인 로널드 피셔의 논문에서 소개된 데이터 집합

[객관식 문제]

다음 질문에 대하여 가장 알맞은 답을 선택하여라.

01 인공지능 알고리즘을 평가하기 위한 이미지넷 경진대회에서 발표된 기술 중에서 이미지를 인식하는 데 사용된 가장 핵심이 되는 기술 이름은 무엇인가?

❶ 합성곱 신경망 ❷ 적대적 신경망
❸ 생성 신경망 ❹ 위상변화 신경망

02 다음 중 실시간 객체 탐지 기술인 YOLO의 주요한 특징에 해당하지 않는 것은 무엇인가?

❶ 한 번 보고 처리 ❷ 통합된 모델 사용
❸ 객체의 특징 추출 ❹ 실시간 객체 탐지

03 스탠퍼드 대학교의 페이페이리 교수와 그의 연구진이 만든 대규모 영상 데이터베이스는 다음 중 무엇인가?

❶ 리 데이터베이스 ❷ 포토 데이터베이스
❸ 페이 데이터베이스 ❹ 이미지넷 데이터베이스

심화 학습

[주제 1] 2018년 중국의 유명 가수인 장쉐여우가 중국의 7개 도시를 돌며 콘서트를 하고 있었다. 당시 약 5만 명이 모였던 장시성 난창시 공연장에서 한 카메라에 수배 중인 용의자가 안면인식 프로그램에 의해서 탐지되었다. 이 용의자는 다수의 군중이 있는 곳은 안전할 것이라고 생각했지만 합성곱 신경망을 활용한 인공지능은 이 용의자를 특정하고 경찰에 알려주었다. 한 보도에 의하면 중국 정부는 13억 명의 전 국민 얼굴을 3초 안에 판별하는 안면인식 기술을 개발하고 있다고 한다. 모든 국민의 얼굴을 인식하여 범죄자를 검거한다면 사회는 보다 더 안전해질까? 모든 국민의 정보를 가진 강력한 정부가 인공지능 기술을 통해 개인을 통제하고 감시한다면 어떤 문제가 발생할까?

[주제 2] 2015년 구글 포토에 업로드된 한 흑인 남녀의 사진에 대해 구글 포토가 여성을 고릴라라는 태그를 달아서 자동으로 표시하였다. 인간이 만든 데이터로 학습한 알고리즘은 이 흑인 여성의 사진에 대해 동물로 판단한 것이다. 이 소식이 X(구 트위터)를 통해 알려지자 구글측은 문제점을 파악한 후 "아직 자동 인식 기능이 정교하지 않아 문제가 많다. 지난번엔 사진 속 백인 얼굴을 개나 물개와 혼동한 적도 있다."며 사과했다. 또한 이번 오류가 흑인에게만 해당되는 것은 아니라는 점도 강조했다. 이처럼 불완전한 인공지능 기술이 큰 사회적 문제를 끼칠 수 있지 않을까? 인공지능 알고리즘이 차별적인 편향을 가지고 있다고 추정되는 사례를 수집해 보자.

11

대규모 언어 모델과 생성형 인공지능

학습목차

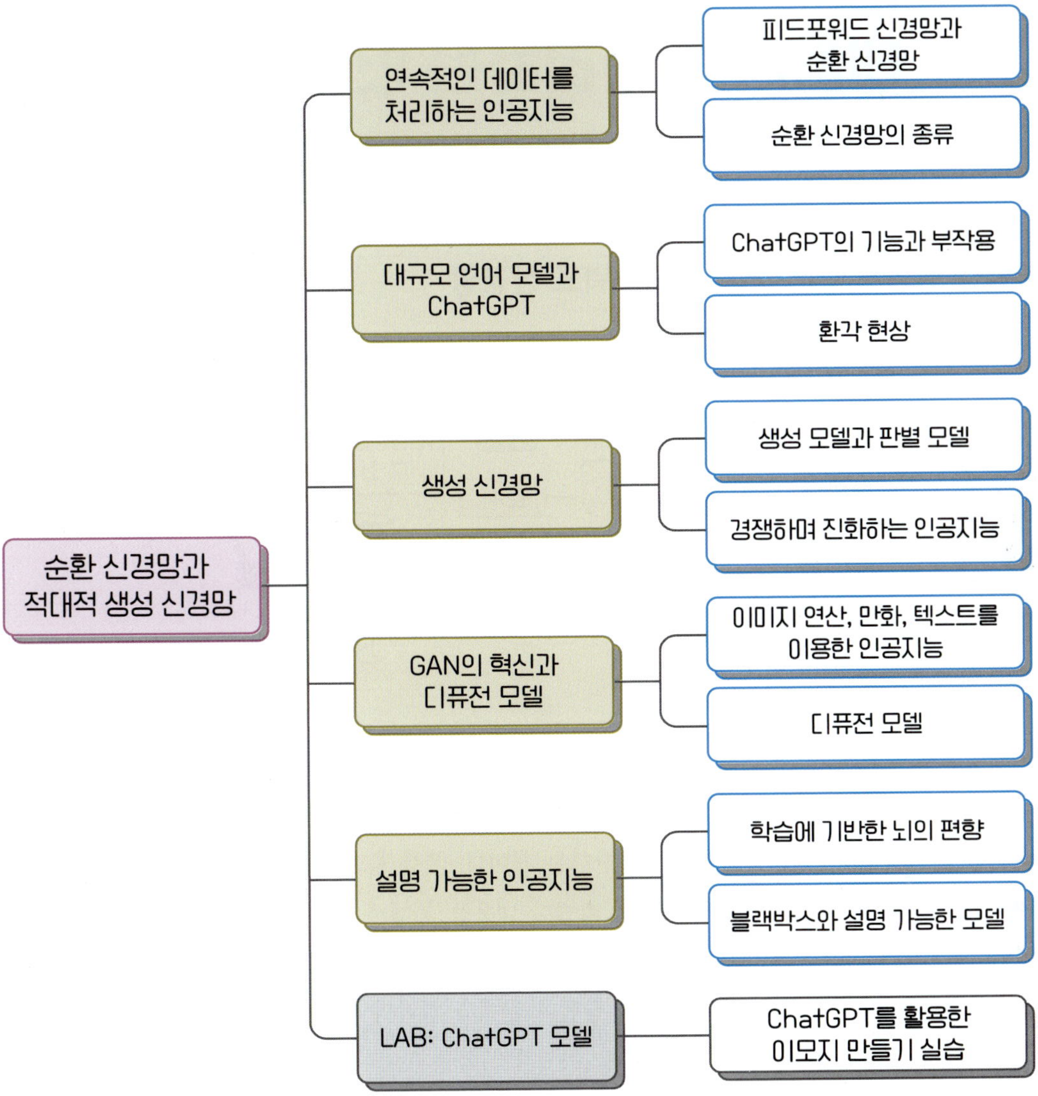

학습목표

- 피드포워드 신경망과 순환 신경망의 차이점에 대하여 알아보자.
- 인공 언어와 자연어에 대해 이해하자.
- 트랜스포머 알고리즘에 기반한 대규모 언어 모델과 ChatGPT를 알아보자.
- 적대적 생성 신경망의 핵심 개념을 이해하자.
- 디퓨전 모델을 이용한 생성형 인공지능을 살펴보자.
- 블랙박스 형태의 인공지능을 투명하게 만들고자 하는 설명 가능한 인공지능에 대해 이해하자.

01 순서를 가진 연속적인 데이터를 처리하는 인공지능

신호가 출력층 방향으로만 가는 피드포워드 신경망

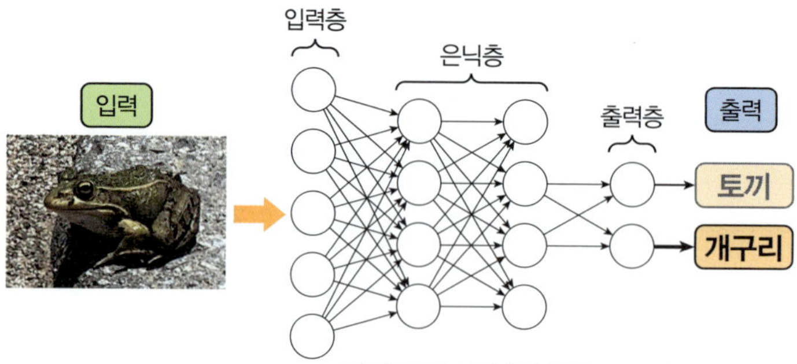

피드포워드 신경망의 예시

앞서 배운 신경망들은 모든 신호가 오직 출력층 방향으로만 향하는 비교적 단순한 모양의 신경망이다. 이와 같은 신경망들을 **피드포워드 신경망** Feed Forward Neural Network: FFNN 이라고 한다. 이러한 신경망의 단점은 한 시점의 이미지나 정보만을 이용한다는 점이다. 예를 들어 합성곱 신경망은 그림과 같이 개구리의 사진을 입력으로 받아서 기존에 학습한 내용을 통해서 '토끼'와 '개구리' 중에서 더 높은 확률의 '개구리'라는 출력을 내보내는 구조이다. 하지만 우리가 책을 읽거나 영화를 보면서 느끼는 감동이나 감정은 이전에 읽고 본 문장이나 장면이 현재의 입력과 함께 작용하여 일어난다. 따라서 시간에 따라 누적된 정보가 없다면 그 내용을 이해하기 힘들 것이다.

순차적으로 제공되는 정보를 다루는 순환 신경망

피드포워드 신경망과는 달리 **순환 신경망** Recurrent Neural Network: RNN 은 시간에 따라 순차적으로 제공되는 정보를 다룰 수 있는 신경망으로 다양한 분야에서 널리 이용되고 있다. 순환 신경망을 구성하는 신경망의 구조를 간단히 설명하면 활성화 함수를 통해 나온 출력이 다시 자기 자신에게 입력으로 제공되는 구조이다. 이런 형태의 신경망은 **시간의 흐름에 따라 연속적으로 발생하는 신호를 보고 다음 신호를 예측하는 일**에 좋은 성능을 보인다. 순환 신경망 기술이 응용되는 분야로는 기계 번역, 로봇 제어, 음성 인식, 음성 합성, 리듬 학습, 노래 만들기, 시계열 데이터의 예측과 같은 다양한 분야가 있다.

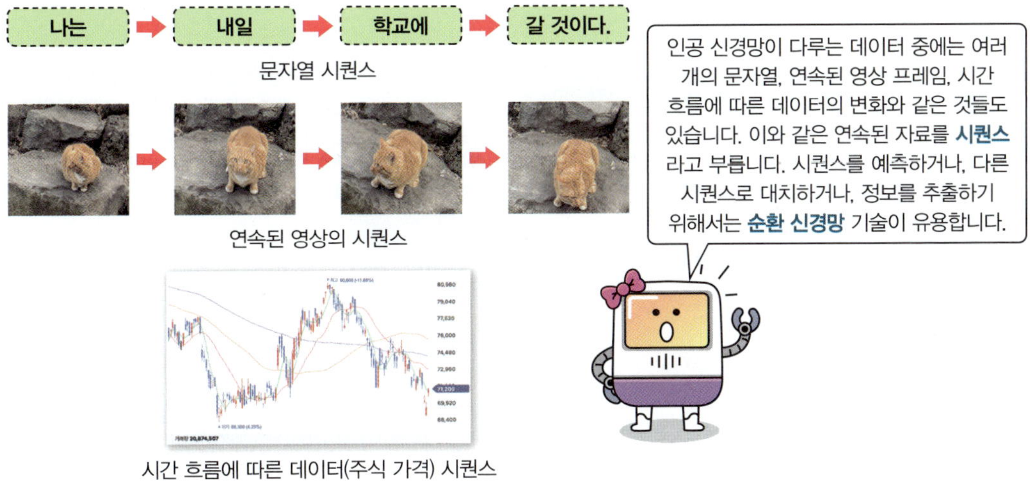

순환 신경망 기술이 적용되는 예로 기계 번역 프로그램인 네이버의 파파고를 살펴보자. 이런 시스템은 번역하고자 하는 문장이 입력되면 다른 언어로 번역된 문장이 출력된다. 이때 입력과 출력 모두 글자나 단어들이 **순서를 가지고 연속적으로 나타나는데** 이를 **시퀀스** sequence 라고 한다. 만일 영상 데이터가 머신러닝에 사용된다면 각 영상을 이루는 프레임이 시퀀스가 될 수 있을 것이다. 기계 번역은 n개의 단어들이 순차적으로 입력될 때 이를 번역한 m개의 단어들을 순차적으로 나열하는 것으로, 순환 신경망 기법 중에서 n:m 방식의 기법이다. 이를 다대다(多對多) 또는 **시퀀스-대-시퀀스** sequence to sequence, seq2seq 매칭이라고도 부른다.

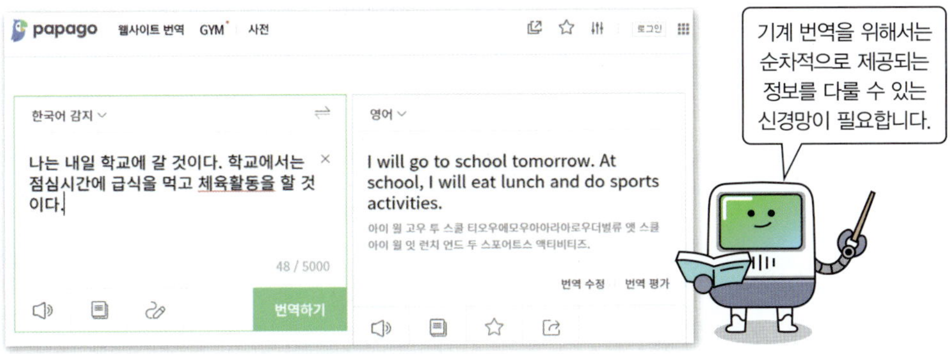

만일 이런 순차적인 구조를 사용하지 않고 입력된 자료인 단어에 대해서만 피드포워드 신경망에서 학습한 내용을 적용한다면 어떻게 될까? 아마도 다음과 같이 '나는 내일 학교에 갈 것이다.'라는 한

국어를 'I tomorrow to school will go.'라는 영어로 번역하는 결과를 얻을 수 있을 것이다. 한국어와 영어는 어순이 다르기 때문에 이것을 충분히 학습해야 하는데 **피드포워드 신경망은 이와 같은 순차적인 구조를 학습하지 않기 때문에 이것만으로는 원하는 결과를 얻기 어렵다.**

피드포워드 신경망의 한계를 극복하기 위해서는 신경망을 학습할 때 출력된 결과를 신경망의 입력으로 되먹임하는 구조가 필요한데, 이러한 형태의 인공 신경망을 **순환 신경망**이라고 한다. 이 신경망의 구조는 다음과 같은 그림으로 나타낼 수 있다. 그림에서 보면 입력 시퀀스가 '나는 – 내일 – 학교에 – 갈 것이다.' 인데 이러한 구조를 순환 신경망에 넣은 다음 'I – will go – to school – tomorrow.'의 **시퀀스 구조가 출력되도록 신경망을 학습시키는 네트워크를 만드는 것**이 학습의 핵심 원리이다. 만약 이 구조를 학습한 신경망에 '나는 – 내일 – 식당에 – 갈 것이다.'가 입력 시퀀스로 들어오면 'I – will go – to restaurant – tomorrow.'의 시퀀스 구조를 출력한다.

이를 **되먹임 구조로 표현**하면 다음과 같이 입력층, 은닉층, 출력층을 가지는 구조로 나타낼 수 있다.

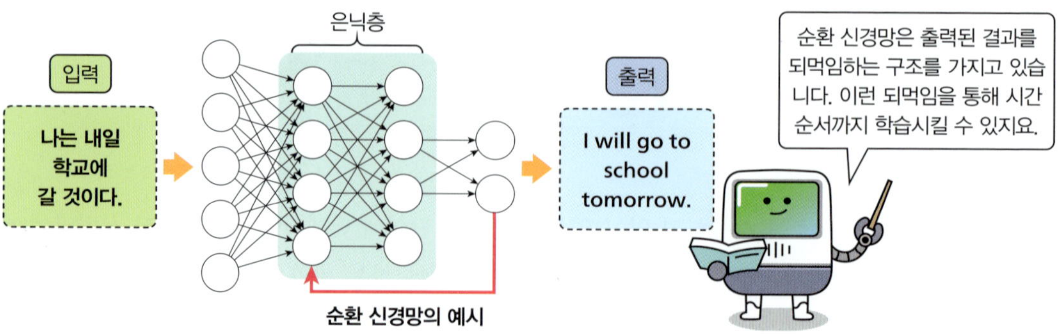

되먹임 구조란 **출력의 결과를 다음 단계의 출력을 예측하기 위하여 입력으로 사용하는 구조**를 말한다. 이러한 순환 신경망의 구조를 좀 더 구체적으로 분류해본다면 **일대다 구조**, **다대일 구조**, **다대다 구조**가 될 수 있다. 다음은 순환 신경망의 구조와 그 예시를 보여준다.

일대다 구조

입력이 하나일 때 출력이 여러 개가 나타나는 일대다(1:m) 구조의 순환 신경망은 다음과 같이 하나의 이미지를 분석하여 이 **이미지를 묘사하는 글을 생성하는 신경망**이 그 예가 될 수 있다. 이러한 기능을 **이미지 캡셔닝** image captioning 이라고 한다. 이미지 캡셔닝을 위해서는 이미지 내부의 객체를 인식하고 이를 바탕으로 상황을 묘사하는 기술이 필요하다. 다음의 그림을 보면 사진 이미지 속에 헬멧을 쓰고 배낭을 맨 소년이 있으며, 바닷가에서 바이크를 타고 있다. 이러한 객체 인식을 바탕으로 순환 신경망은 '**헬멧을 쓰고 배낭을 맨 소년이 바닷가에서 바이크를 타고 있다.**'라는 상황을 묘사하는 캡션을 생성한다.

하나의 입력에 대한 묘사: 이미지 캡션 생성　　**하나의 입력 이미지를 묘사하는 캡션이 출력됨**

다대일 구조

일대다 구조와는 반대로 다대일(n:1) 구조의 순환 신경망은 다음과 같이 문장을 분석하여 긍정/부정과 같은 감정을 판단하는 신경망이 그 예가 될 수 있다. 다음 그림을 보면 '**『노인과 바다』는 정말 재미있는 소설이야.**'라는 문장에 대해서 '**긍정**'이라는 하나의 출력을 내보내는 것을 볼 수 있다. 이와는 달리, '**톨스토이의 소설 『전쟁과 평화』는 너무 지루해**'라는 문장을 입력할 경우 '**부정**'이라는 출력을 내보낼 수도 있을 것이다.

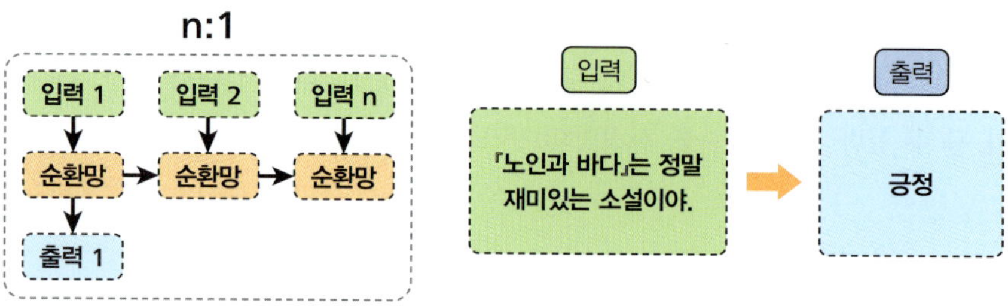

시퀀스 분석: 문장의 감정 판단

문장에 대하여 하나의 감정이 출력됨

다대다 구조

다대다 구조의 순환 신경망은 다음과 같이 기계 번역에 적용될 수 있다. 아래 문장을 보면 '**나는 내일 학교에 갈 것이다.**'라는 여러 단어로 이루어진 한국어 문장을 '**I will go to school tomorrow.**'라는 여러 단어의 영어 문장으로 번역하였다. 이러한 기술을 **시퀀스 매칭** sequence matching 이라고도 한다.

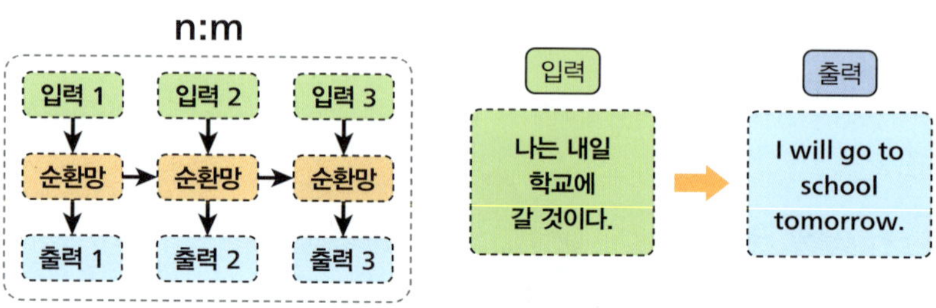

시퀀스 매칭: 기계 번역

한국어 문장에 대하여 영어로 번역된 문장이 출력됨

기계 번역의 어려움과 순환 신경망의 한계

기계 번역은 어떤 언어로 된 문장을 입력으로 받아 다른 언어로 번역하는 작업을 말한다. 이 작업은 인공지능 초창기부터 주목받는 작업이었으나 그다지 우수한 성능을 보여주지 못했다. 인공지능의 겨울을 촉발시킨 유명한 사건 중의 하나는 1960년대 미국 **자동 언어 처리 자문 위원회** Automatic Language Processing Advisory Committee: ALPAC 의 인공지능 연구에 대한 보고서이다. 2차 세계대전과 한국전쟁 이후 냉전이 이어지면서 미국 정부는 러시아어로 된 문서와 과학 보고서를 자동으로 번역하는 시스템에 큰 관심을 가지고 있었다. 이에 따라 1954년 이후 자동 기계 번역에 2,000만 불 이상의 엄청난 연구비를 투자하였다.

초기 인공지능 연구자들은 짧은 시간 내에 기계 번역이 가능할 것으로 예상하였으나, 10년이 지난 1964년까지 큰 진전이 없자 미국 정부는 자동언어처리자문 위원회라는 조직을 만들고 이 문제를 깊이 살펴보게 되었다. 이 위원회는 2년간의 검토 결과, 기계 번역 기술이 어려운 문제이며 **당분간 쓸만한 기계 번역 기술이 개발될 가능성이 보이지 않는다는 결론**을 내렸다. 기계 번역의 역사가 50

년이 지난 2000년대 초반까지도 기계 번역이 다소 한계를 가지고 있다는 점을 생각해 본다면 이 당시의 전망이 지나치게 낙관적이었음을 알 수 있다.

이전 절에서 살펴본 **순환 신경망**은 시퀀스 데이터를 처리하는 데 탁월한 능력을 갖춘 딥러닝 모델로 기계 번역 분야에 사용될 수 있다. 그럼에도 불구하고 이 모델은 다음과 같은 큰 한계가 있다.

1. **장기 의존성 문제: 순환 신경망은 시퀀스가 짧을 경우 성능 저하가 없으나 매우 긴 시퀀스에서 성능이 저하**되는 경향이 있다. 이로 인해 순환 신경망은 **장기 의존성**을 학습하는 데 어려움이 있다. 장기 의존성이란 시퀀스 데이터에서 멀리 떨어져 있는 입력과 출력 사이의 연관성을 의미한다. 예를 들어, 긴 문장을 이해하려면 문장의 시작 부분에서 주어진 정보를 문장의 끝까지 기억해야 할 수 있다. 이처럼 시퀀스의 특정 위치에서 얻은 정보가 후속 위치에서의 결정에 영향을 미치는 상황을 '장기 의존성'이라고 한다.
2. **병렬화 불가능 문제:** 순환 신경망은 이전 시간 단계의 출력에 의존하는 순차적인 특성 때문에 시퀀스 데이터를 잘 처리할 수는 있지만 이 특성으로 인하여 계산을 병렬화하기 어렵다. 이는 학습 속도를 저하시키는 원인이 된다. 이는 특히 GPU와 같은 하드웨어 가속기를 활용하여 학습 속도를 높이는 딥러닝에서 큰 문제가 될 수 있다. 이러한 장치들은 동시에 많은 수의 연산을 병렬로 처리하는 데 최적화되어 있기 때문에, 이들의 성능을 최대로 활용하기 위해서는 알고리즘이 병렬 처리를 지원할 수 있어야 한다.

이와 같은 순환 신경망의 한계를 극복하기 위해, **트랜스포머** Transformer 아키텍처가 소개되었다. 트랜스포머는 순환 신경망의 순차적인 특성을 버리고, **셀프 어텐션** self-attention 이라는 구조를 도입함으로써 시퀀스 내의 모든 요소들 사이의 관계를 동시에 고려한다. 이렇게 하면 트랜스포머는 긴 시퀀스에서의 장기 의존성을 잘 학습할 수 있으며, 병렬 계산도 가능하게 되어 학습 속도가 향상된다. 최근 트랜스포머 모델은 기계 번역, 텍스트 요약, 감성 분석 등 다양한 자연어 처리 작업에서 탁월한 성능을 보이고 있으며, GPT와 같은 최신 언어 모델의 기반 아키텍처로 사용되고 있다.

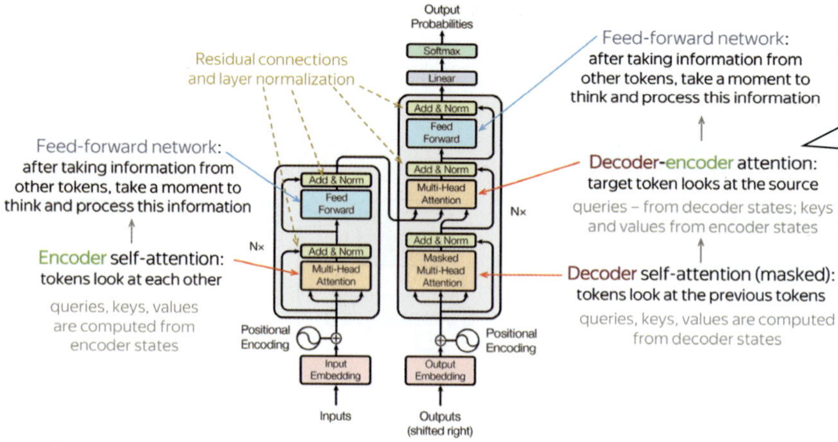

이 다이어그램은 트랜스포머 모델의 핵심 구조를 설명하고 있습니다. 트랜스포머를 구현하기 위해서는 인코더, 피드 포워드 신경망, 디코더, 디코더-인코드 어텐션 등의 다양한 신경망이 이용됩니다.

출처: https://arxiv.org/abs/1706.03762

02 대규모 언어 모델과 ChatGPT를 알아보자

사람의 말을 이해하고 자연스럽게 대화를 하며 정보를 주는 인공지능의 예로 마블 유니버스의 히어로인 **아이언맨** Iron Man 에 등장하는 **자비스** JARVIS 가 있다. 자비스는 아이언맨 슈트를 만드는 것을 돕기도 하지만 주인인 아이언맨을 비꼬거나 농담을 하며 대화를 하기도 한다. 다음은 자비스와 주인공 토니 스타크의 대화 일부이다.

토니: (아이언맨 슈트를 보고) 정열적인 빨간색을 섞어봐.
자비스: (비꼬는 농담) **그럼 퍽이나 눈에 안 띄겠군요.**

토니: 자비스, 우리 외계인 몸 속 구경이나 할까?
자비스: **아...전 별로 보고 싶지 않은데요?**

자비스 수준의 대화를 이어갈 수 있는 인공지능은 인간 수준의 지능을 갖추어야 하기에 현재의 기술로는 당장 구현하기에 어려움이 있다. 인간과의 대화는 왜 이렇게 높은 수준의 기술이 필요할까? 많은 연구가 진행되었음에도 불구하고 인간이 일상 생활에서 사용하는 언어를 처리하는 모델을 만들기 위해서는 많은 어려움이 있다는 것이 밝혀졌다. 그러나 최근 등장한 **대규모 언어 모델**이라고 하는 새로운 인공지능은 과거와는 차원이 다른 수준의 높은 기술적 완성도로 세상을 놀라게 하고 있다.

샌프란시스코에 있는 인공지능 연구기관 **오픈AI** OpenAI 가 구축한 GPT-3는 2020년에 발표된 **트랜스포머 모델을 사용하는 대규모 언어 모델**이다. GPT란 Generative Pre-trained Transformer의 머리글자를 딴 약어인데, 수천 권의 책과 인터넷에서 크롤링한 텍스트를 학습 데이터로 삼아 단어·구절들을 묶어 문장을 자동으로 생성해 내는 탁월한 성능으로 주목받았다. ChatGPT는 많은 양의 문서 학습을 위하여 **커먼크롤** common crawl 이라는 웹 데이터를 사용한 것으로 알려져 있는데, 이 데이터는 약 570기가바이트 정도이다. 커먼크롤이란 전세계의 방대한 웹페이지 데이터를 자동으로 수집한 사이트로, 이를 누구나 자유롭게 사용할 수 있도록 제공하는 **비영리 프로젝트**이다. 주로 연구자, 개발자, 데이터 과학자들이 웹 데이터를 분석하거나 자연어 처리 모델을 훈련시키는 데 사용한다. 결국 ChatGPT의 성능은 57만 권 이상의 책을 학습한 전문가 수준이며, 매우 높은 수준으로 볼 수 있다. ChatGPT는 커먼 크롤 데이터뿐만 아니라 논문 공개 저장소인 **아카이브**의 논문, 코딩 전문가들의 커뮤니티인 **스택오버플로**의 코딩까지 학습하였기 때문에 실제 성능은 이보다 더 뛰어날 것이다.

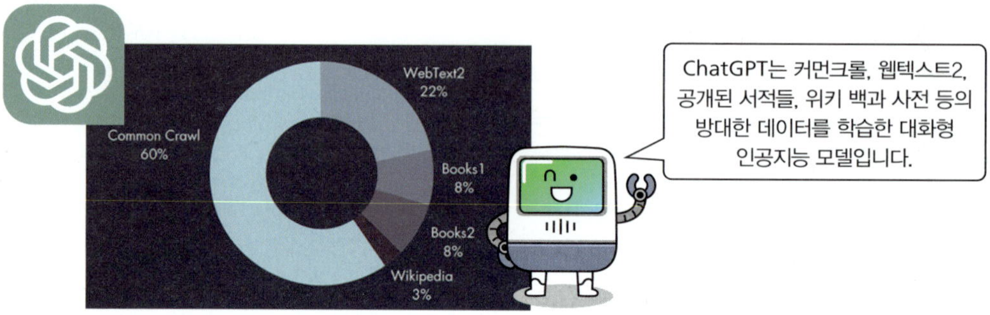

한걸음 더 아카이브 논문 저장소

아카이브 논문 저장소는 연구자들이 논문을 자유롭게 공유하고 열람할 수 있는 **온라인 플랫폼**이다. 주로 과학, 기술, 수학, 물리학 등 다양한 분야의 논문이 여기에 저장된다. 이 플랫폼을 통해 연구자들은 자신의 연구 결과를 다른 사람들과 빠르게 공유하거나, 동료 연구자들의 최신 연구를 열람할 수 있다.

아카이브 논문 저장소의 주소는 arXiv.org이다. 이 사이트에 업로드된 논문은 2024년 현재 240만 개로 전 세계 연구자들이 논문을 무료로 올리고 열람할 수 있는 곳이다. 이 사이트를 통해서 연구자들은 논문이 학술지에 정식으로 출판되기 전이나 동료 평가를 받기 전에도 공개할 수 있다.

이 저장소의 주요 특징은 다음과 같다.

1. **열린 접근성:** 누구나 논문을 온라인에서 무료로 볼 수 있고, 연구자들은 자신의 논문을 업로드할 수 있다.
2. **빠른 공개:** 대부분의 학술지 논문 출판에는 시간이 오래 걸릴 수 있지만, 아카이브 논문 저장소에서는 연구 결과를 빠르게 공개할 수 있다.
3. **다양한 분야:** 물리학, 수학, 컴퓨터 과학, 생물학 등 여러 학문 분야의 논문을 다룬다.
4. **열린 학문 교류:** 연구자들이 연구 결과를 빠르게 공유하고 피드백을 받을 수 있어, 학문적 논의가 활발히 이루어진다.

한걸음 더 **스택오버플로**

스택오버플로는 stackoverflow.com이라는 웹사이트에서 제공하는 서비스로 프로그래밍과 소프트웨어 개발 관련 질문과 답변이 제공되는 곳이다. 이 사이트는 개발자들이 서로의 문제를 해결하기 위해 경험과 지식을 공유하는 커뮤니티로, 전 세계에서 널리 사용된다. 2022년 11월 한 달 동안 이 사이트에 올라온 질문은 모두 2천3백만 개로 알려져 있다.

이 GPT-3를 개발한 회사인 OpenAI는 테슬라의 최고 경영자 **일론 머스크** Elon Musk, 링크드인 공동창업자 **리드 호프먼** Reid Hoffman, 페이팔 공동창업자 **피터 틸** Peter Thiel, 구글 출신 딥러닝 전문가 **일리야 서츠케버** Ilya Sutskever 등 IT 업계의 거물들이 참여해 2015년에 설립한 인공지능 전문 연구기관이다.

GPT-3는 기존 AI와 달리 상당히 많은 분야의 질문에 답할 수 있다. 이 대화형 인공지능은 단일 문장이 아니라 대화의 문맥을 파악하고 창의적인 답변을 내놓는 수준에 도달했으며 인간이 작성한 뉴스 기사와 구분하기 어려운 수준의 기사도 작성 가능하다. 실제로 GPT-3와 대화를 나눠보면 GPT-3는 인류의 어리석음과 사랑에 대해 얘기하고, 거짓말도 하는 것으로 알려졌으며 다음과 같이 인간이 입력한 문장에 대하여 낚시성 기사를 작성하는 능력을 보여주었다.

인간이 입력한 문장

충격적인 소식이다. 과학자들이 안데스 산맥의 외딴 미개척 계곡에서 유니콘 무리를 발견했다. 놀랍게도 유니콘들은 완벽한 영어를 구사하고 있었다. 갈기도 완벽하게 정리되어 있었고, 디올 메이크업을 한 것처럼 보였다.

인간이 입력한 문장을 바탕으로 GPT-3가 생성한 문장

인류학자 다니엘 세인트모리스는 말했다. "우리는 유니콘들을 발견하고 큰 충격을 받았습니다. 살면서 한 번도 보지 못한 모습이었으니까요. 전설 속에서나 들어봤지, 실제로 존재할 것이라고는 생각지 못했죠."
과학자들이 계곡에 처음 도착했을 때 유니콘들은 깜짝 놀라며 당황했지만, 동시에 흥분된 기색을 보이기도 했다.
유니콘들은 연구원들을 반갑게 맞이하며 실은 아주 오랫동안 그들을 기다려오고 있었다고 말했다.

ChatGPT가 안겨준 충격

GPT-3의 발표 후 2년이 지난 2022년 11월 30일, OpenAI사는 ChatGPT라는 GPT-3 모델에 기반한 대화형 인공지능을 발표하였는데, 이 인공지능은 GPT-3의 성능을 뛰어넘는 대화 능력과 글쓰기 실력 그리고 검증된 윤리성을 가진 모델로 짧은 시간에 많은 사용자를 확보하게 되었다. ChatGPT의 등장은 2016년도에 개최된 구글의 딥마인드 그랜드 챌린지에서 등장한 알파고를 능가하는 큰 충격을 전 세계에 안겨주었다. 구글의 알파고는 바둑을 좋아하는 매니아 층과 소수의 인공지능 연구자들에게 인간의 직관을 넘어서는 인공지능이 가능하다는 점을 알리는 신호탄이었으며, 일반인들은 아직도 인공지능의 놀라운 능력을 쉽게 접할 수 없다는 점에서 한계가 있었다. 반면, ChatGPT는 **일반인들도 대화형 인공지능의 놀라운 능력을 손쉽게 경험**할 수 있도록 한 점에서 기존의 인공지능과는 다른 신선한 충격을 안겨주었다. ChatGPT의 여러 가지 활용 사례 중에서 몇 가지를 익혀보자.

ChatGPT의 활용 사례

외국어 배우기

ChatGPT는 다음과 같은 대화를 통해 사용자들이 영어와 같은 외국어를 익힐 수 있도록 돕는 기능이 있다. 만일 사용자가 ChatGPT에게 영어 선생님의 역할을 부여한 후 영어 문장을 이야기하면 ChatGPT는 영어로 대화를 이어간다. 또한 잘못된 문장을 바로잡고 올바른 영어 문장을 알려준다.

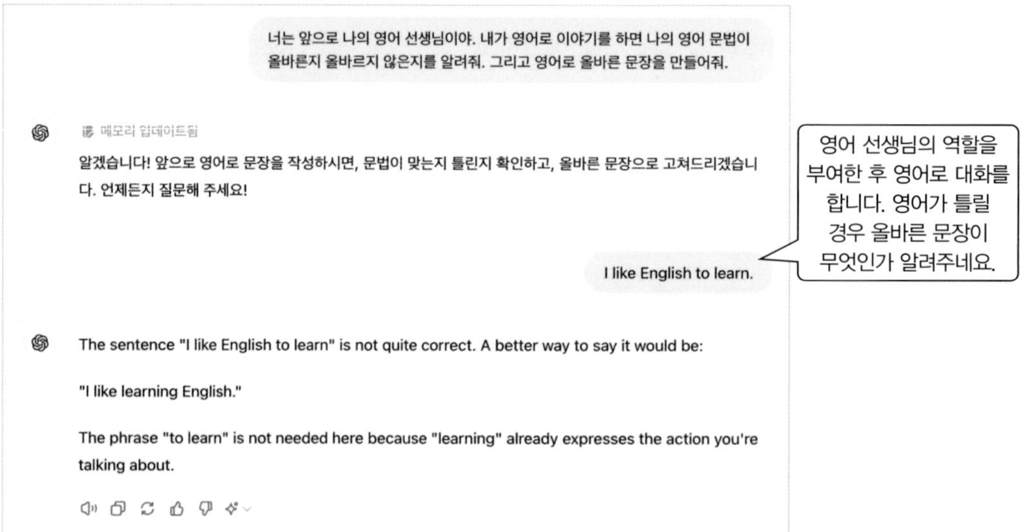

코딩 익히기

ChatGPT는 다음과 같이 코딩 문제를 해결하는 능력도 갖추고 있다. 사용자가 특정한 기능을 수행하는 프로그램 코드를 작성해 달라고 요청하면 ChatGPT는 해당 코드를 만들어 주며 코드에 대한 설명 글까지 만들어 주는 탁월한 능력이 있다.

파이썬 언어의 random 모듈을 사용하여 로또 번호 5개를 추천해 주는 프로그램을 작성해줘.

다음은 Python의 `random` 모듈을 사용하여 로또 번호 5개를 추천하는 프로그램이다. 로또 번호는 1에서 45 사이의 숫자 중에서 무작위로 선택된다.

```python
import random

def recommend_lotto_numbers():
    # 로또 번호 범위는 1에서 45까지, 5개의 번호를 무작위로 선택
    lotto_numbers = random.sample(range(1, 46), 5)
    lotto_numbers.sort()  # 번호를 오름차순으로 정렬
    return lotto_numbers

# 로또 번호 추천
recommended_numbers = recommend_lotto_numbers()
print("추천된 로또 번호: ", recommended_numbers)
```

ChatGPT는 주어진 명령에 맞는 코드를 만들어 주는 능력도 탁월합니다. 또한 코드에 대한 설명 글까지 만들어 주지요.

설명:

- `random.sample()` 함수는 중복되지 않도록 지정된 범위 내에서 5개의 숫자를 무작위로 선택한다.
- `range(1, 46)` 은 1부터 45까지의 숫자 범위를 나타낸다.
- 선택된 로또 번호는 `sort()` 를 사용하여 오름차순으로 정렬된다.

책과 보고서 쓰기

ChatGPT를 이용하여 일주일 만에 책 출간하기를 시도하는 인터넷 커뮤니티까지 등장할 정도로 ChatGPT는 책과 보고서 쓰기에 탁월한 능력을 가지고 있다.

대규모 언어 인공지능의 이해와 활용이라는 주제의 인공지능 전문도서를 집필할 예정이야. 독자들은 비전문가를 대상으로 하려고 해. 이 책을 위한 적절한 목차를 5장으로 구성해줘.

메모리 업데이트됨

다음은 **"대규모 언어 인공지능의 이해와 활용"**이라는 책을 위한 5장 구성의 적절한 목차이다. 이 목차는 비전문가를 대상으로 하여, 복잡한 개념을 쉽게 설명하는 것을 목표로 한다.

책이나 보고서의 목차를 만들어 주는 능력도 탁월합니다.

목차

1. **인공지능과 언어 모델의 기초**
    - 인공지능이란 무엇인가?
    - 언어 모델이란 무엇인가?
    - 대규모 언어 모델의 탄생 배경
    - 일상에서 사용하는 AI의 예시들
    - AI가 언어를 이해하고 생성하는 원리
2. **대규모 언어 모델의 구조와 동작 원리**
    - 대규모 언어 모델의 기본 개념
    - 트랜스포머(Transformer) 모델의 원리
    - 데이터와 학습: AI가 어떻게 학습하는가?

보고서와 논문 요약하기

ChatGPT에 논문 파일을 업로드 한 후 이 논문의 내용을 한글로 요약해 달라고 요청해 보자. 다음 결과와 같이 빠르고 정확하게 번역한 후 요약을 해 줄 것이다.

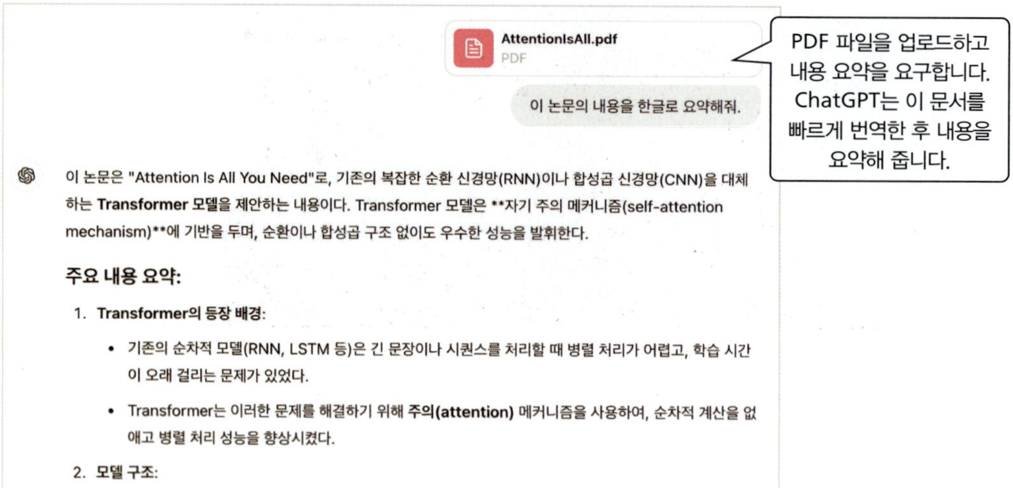

기타

앞서 언급한 기능 이외에도 ChatGPT를 활용할 수 있는 다양한 방법이 있으며 다음과 같은 사례가 있다.

- **시험 문제 만들기**: 'Make a new passage about recent 'climate change' and make a MCQ (including 5 choices) to test the understanding of the purpose of the passage'와 같은 영어 질의를 통해 기후 변화에 관련된 문장을 제시하고 5개의 문항 예시를 생성하는 영어 시험 문제를 만들 수 있다.
- **문장 수정하기**: 문장을 만든 후 ChatGPT를 활용하여 더 나은 문장으로 만들거나 문장을 다듬을 수 있다.
- **문장 번역하기**: 자신이 작성한 문장을 영어, 일본어, 중국어 등의 여러 나라 언어로 쉽게 번역할 수 있다.
- **감정 분석**: 문장에 대한 감정 분석이 가능하다.
- **이메일 작성**: 다양한 종류의 이메일을 쉽게 작성할 수 있다.
- **기획 아이디어 수집하기**: 비즈니스 관련 아이디어를 질의하고 여러 종류의 아이디어를 모을 수 있다.

ChatGPT의 부작용

ChatGPT와 같은 대화형 인공지능이 놀라운 대화 능력을 보여주고 있으나 이 대화형 인공지능은 **인간과 같이 사고하고 추론하는 능력이 있는 인공지능은 아니다.** 따라서 다음과 같은 간단한 질문에 대해서도 ChatGPT는 사실 여부를 판단하지 못하고 듣기 좋은 그럴듯한 말을 이어간다. 이와 같이 생성형 인공지능이 실제로 존재하지 않는 정보나 사실을 만들어 내는 것을 **환각 현상**hallucination 이라고 한다.

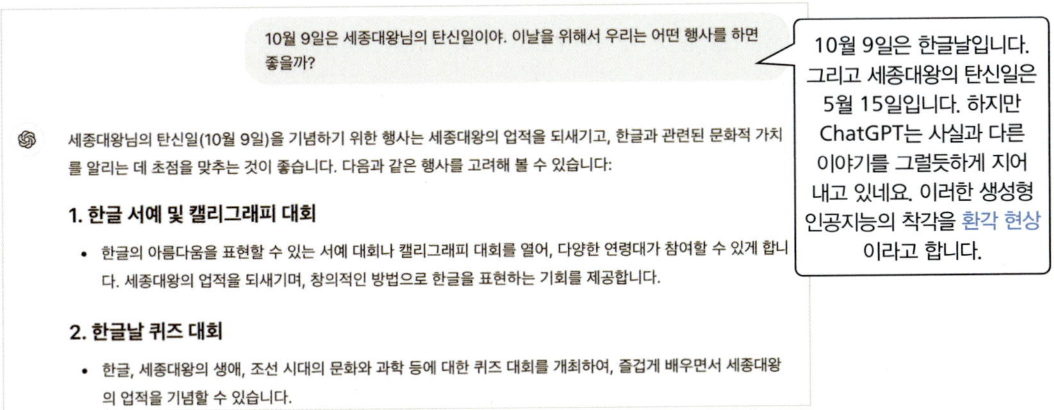

위의 예시를 보면 사용자의 질의는 10월 9일 한글날을 세종대왕 탄신일로 잘못 이야기하고 있다. 그러나 ChatGPT는 이러한 잘못된 질의에 대해 그럴듯한 이야기를 이어가고 있으며, 이 질의가 사실인가를 확인하지 못한다. 하지만 워낙 그럴듯한 문장을 이어가기 때문에 **질문자 역시 이 인공지능의 답변을 사실로 착각할 수 있다.**

환각 현상의 원인

환각 현상은 인공지능이 훈련 데이터에 기반해 문장을 만들어내는 과정에서 나타난다. 거대 인공지능 모델은 방대한 인간의 텍스트 데이터를 학습하지만, 그 데이터가 항상 사실에 기반하지는 않으며, 모든 상황에 대해 정확한 답을 갖고 있지 않다. 이러한 이유로 사용자의 질문에 대해 무언가를 답해야 할 때, 실제 사실과는 다르거나 아예 없는 정보를 만들어내는 경우가 생긴다. 이러한 정보는 외견상 그럴듯해 보일 수 있으나, 실제로는 오류 또는 허구인 경우가 많다.

이러한 인공지능의 환각 현상은 몇 가지 이유로 발생할 수 있다.

- **확률 기반 언어 생성**: 언어 모델은 다음에 나올 단어나 문장을 확률적으로 예측하여 생성한다. 이 과정에서 논리적으로 말이 되지만 실제로는 사실이 아닌 답을 만들어낼 수 있다.
- **불완전한 학습 데이터**: 인공지능이 학습한 데이터가 불완전하거나 잘못된 정보를 포함하고 있을 때, 그 정보를 기반으로 잘못된 답변을 생성할 가능성이 크다. 인공지능은 특정 주제에 대해 학습한 데이터를 기계적으로 참조하기 때문에, 그 정보가 틀리면 그에 기반한 생성 결과도 오류를 포함하게 된다.
- **맥락 이해의 한계**: 인공지능은 인간이 던지는 질문의 맥락을 완벽히 이해하지 못할 때가 많다. 질문의 문맥이나 의미를 잘못 해석하면, 그에 맞지 않는 답변을 생성하면서 환각 현상이 나타날 수 있다.
- **불명확한 사용자 질의**: 사용자가 모호하거나 불명확한 질문을 했을 때, 생성형 인공지능은 그 질문에 대한 답을 제공하려고 무리하게 추론하거나 가정하여 환각을 일으킬 수 있다.

간단한 GPT의 역사는 아래와 같다.

- **GPT-1**: 2018년에 처음 발표되었다. 이 모델은 단어의 시퀀스를 처리하고, 주어진 문맥에서 다음 단어를 예측하는 데 초점을 맞추었다. GPT-1은 1억 1700만 개의 모델 파라미터를 가지고 있었으며, 기존의 다른 자연어 처리 모델들에 비해 높은 성능을 보여주었다.
- **GPT-2**: 2019년에 발표되었으며, 그 성능과 인상적인 텍스트 생성 능력으로 큰 주목을 받았다. GPT-2는 이전 버전에 비해 훨씬 큰 크기의 15억 개의 모델 파라미터를 가지고 있었고, 더욱 다양하고 복잡한 텍스트를 자연스럽게 생성할 수 있었다.
- **GPT-3**: 2020년에 발표된 GPT-3는 무려 1,750억 개의 모델 파라미터를 가지고 있어, 그 규모와 성능에서 압도적인 차이를 보여주었다. 또한 GPT-3는 미세 조정 없이도 다양한 언어 작업에서 뛰어난 성능을 보였다.
- **GPT-4**: ChatGPT의 큰 성공에 이어서 2023년 발표된 GPT-4는 이미지와 글을 동시에 다루는 멀티모달 기능을 보유하고 있으며, 미국 변호사 시험과 미국 생물올림피아드에서 각각 백분위 90%, 99% 달성하여 놀라운 성능을 보였다.
- **GPT-4o**: 2024년 5월에 발표된 다중 언어, 다중 모달 생성 인공지능이다. 이 모델은 인간의 언어뿐만 아니라 그림을 이해하고 수학 문제를 푸는 등의 기능을 제공한다.
- **o1**: 이 모델은 복잡한 작업을 추론하는 기능을 가진 인공지능으로 과학, 코딩, 수학 분야의 이전 모델보다 더 어려운 문제를 해결할 수 있다.

GPT 모델은 꾸준한 발전을 통해서 인공 지능 연구와 자연어 처리 분야에 중요한 영향을 미쳤다.

03 피카소와 고흐의 그림을 따라 하는 인공지능: 생성 신경망

이번 절의 내용을 익히기 전에 우선 아래에 있는 세 장의 이미지들을 보고 ①, ②, ③ 중에서 어느 것이 실사 사진이고 어느 것이 인공지능이 생성한 가짜 사진인지를 구분해 보자.

아마도 여러분은 세 장의 사진 전부 너무 현실적으로 보여서, 모두 실사 사진이라고 생각했을지도 모른다. 하지만 위의 세 이미지는 모두 인공 신경망을 통해 생성된 가짜 사진들이다. 인공지능은 어떻게 이런 정교한 이미지를 생성할 수 있을까? 이러한 정교한 이미지를 만들거나 1장 LAB에서 다룬 것과 같이 고흐, 세잔 등의 유명한 화가의 화풍으로 그림을 그리는 인공지능 기술이 바로 **적대적 생성 신경망**Generative Adversarial Networks: GANs 이다. 적대적 생성 신경망은 이미지 분야의 혁신을 가져온 합성곱 신경망과 함께 최근 가장 주목받고 있는 인공 신경망 기술이다. 이 기술을 활용한 이미지 생성 및 변환 기술은 인공 신경망이 다양한 노이즈 입력을 받아 원하는 카테고리의 **기존에 존재하지 않는 새로운 이미지를 생성**해내거나, 입력 이미지나 비디오를 **다른 형태나 정보를 지닌 이미지 또는 비디오로 변환하는 기술**로 최근 몇 년간 급속도로 발전하여 많은 관심을 받고 활발하게 연구되고 있다.

생성 모델

적대적 생성 신경망에 대해 알아보기 위하여 우선 **생성 모델**generative model 에 대해 알아보자. 생성 모델은 **주어진 데이터를 학습하여 학습 데이터의 분포를 따르는 유사한 데이터를 생성**하는 모델이다. 이 모델을 이해하기 위하여 다음 그림을 살펴보자. 그림의 왼쪽에는 많은 개수의 이미지들이 있는데 이것들이 학습을 위한 학습용 데이터이다. 생성 모델은 이 데이터를 이용하여 데이터의 분포를 학습한다. 그리고 임의의 노이즈를 추가하여 데이터 샘플링을 하는 방법으로, 기존에 관찰했던 데이터와 같은 분포를 갖지만 실제로 존재하지는 않는 새로운 데이터를 생성한다.

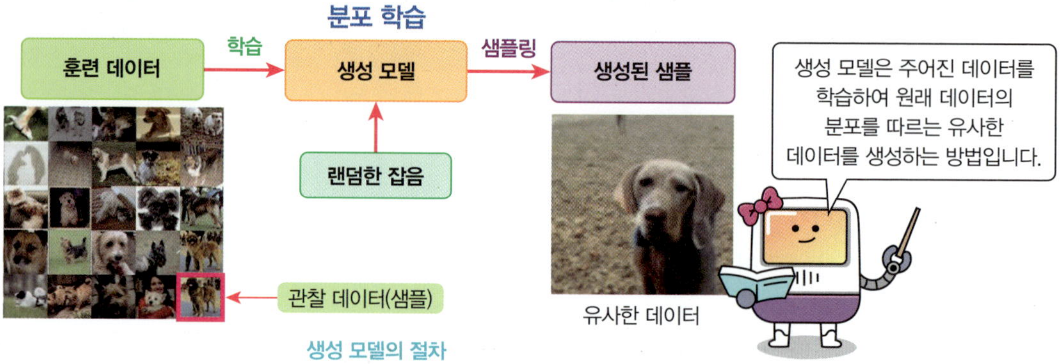

생성 모델의 절차

생성 모델링을 위해서는 생성하려는 개체의 샘플을 많이 가진 데이터 집합이 필요하다. 이러한 데이터가 훈련 데이터이며 훈련 데이터 집합의 개별적인 관찰 데이터를 **샘플** sample 이라고 한다. 각 샘플은 많은 특성으로 이루어진다. 그림 속 개(dog)의 이미지는 많은 픽셀로 구성되어 있다. 이렇게 여러 개의 픽셀로 이루어진 데이터로부터 동일한 규칙을 가진 이미지를 만드는 것은 사실 매우 어려운 작업이다. 이러한 까다로운 일을 하는 생성 모델의 핵심 원리는 **주어진 학습 데이터를 학습하여 학습 데이터의 분포를 따르는 유사한 모델을 만드는 것**이다.

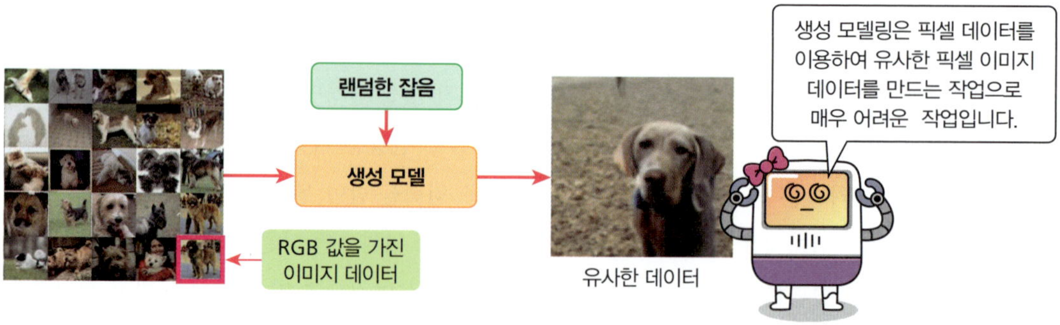

판별 모델

생성 모델에 이어서 또 하나의 중요한 개념인 **판별 모델** discriminative model 에 대하여 알아보자. 판별 모델의 예는 다음과 같이 여러 장의 가짜 이미지와 진짜 이미지가 주어졌을 때 이 데이터를 학습하여 진짜와 가짜를 판별하는 모델이다. 충분히 잘 학습된 판별 모델이라면 새로운 이미지가 들어왔을 때 어느 이미지가 가짜 이미지인지 혹은 진짜 이미지인지를 효과적으로 잘 구분할 수 있을 것이다.

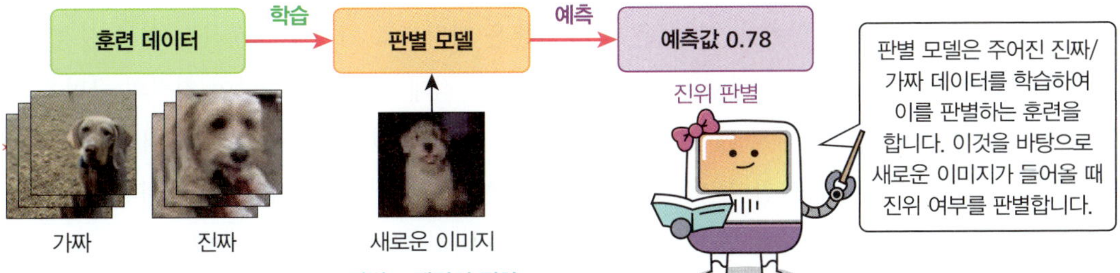

판별 모델링의 절차

적대적 생성 신경망

다음과 같은 흥미로운 시나리오를 생각해보자.

> "A 나라의 금융 기관은 **위조 지폐범**으로 인해 많은 어려움을 겪고 있다. 이에 대한 해결책으로 이 나라에서는 최고의 위조 **지폐 판별 능력을 갖춘 경찰**을 채용하여 진짜와 가짜 지폐를 빠르게 판별하여 위조 지폐의 유통을 차단하고 있다. 그러자 위조 지폐범들은 더욱더 진짜 같은 위조 지폐를 발행하여 유통시키려고 한다. ..."

위의 위조 지폐 범죄의 예에서 가짜 지폐를 만들려는 위조 지폐범을 **생성 모델**이라고 하고, 위조 지폐 판별 능력을 갖춘 경찰을 **판별 모델**이라고 할 수 있다. 만일 판별 모델의 성능이 뛰어나서 경찰이 위조 지폐를 아주 잘 판별해낸다면, 생성 모델은 이 결과를 바탕으로 다른 시도를 통해 더 진짜 같은 위조 지폐를 만들어 낼 것이다. 이러한 과정이 반복되어 생성 모델과 판별 모델 두 가지가 함께 학습을 한다면, 위조 지폐의 성능이 점점 좋아져서 결국에는 진짜와 구분할 수 없는 가짜를 만들어내는 생성 모델을 얻을 수 있다. 이것이 **적대적 학습** adversarial training 의 핵심 개념이며, 이 두 모델을 합한 것이 적대적 생성 신경망이다.

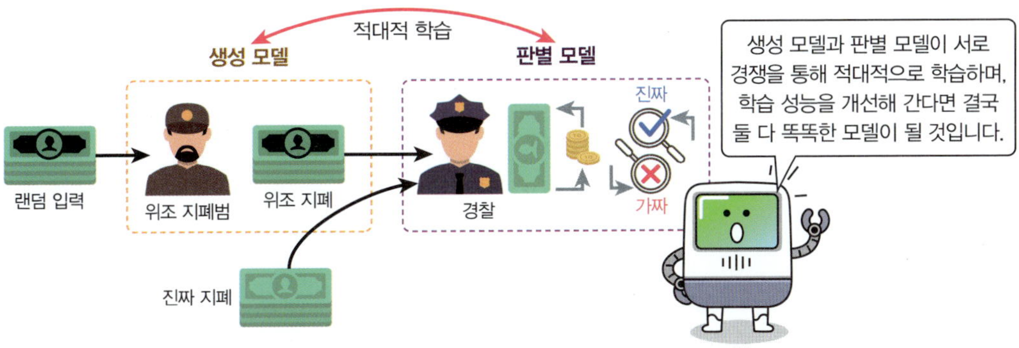

2014년 **이안 굿펠로** Ian Goodfellow는 기존의 생성 모델링에 분류 문제를 해결하는 **판별자 네트워크** discriminative networks를 도입한 후 진짜 같은 가짜 이미지를 만드는 **적대적 생성 신경망**을 제안했다.[1] **얀 르쿤** Yann LeCun 교수는 적대적 생성 신경망(GAN)을 가리켜 **최근 10년간 머신러닝 분야에서 가장 혁신적인 아이디어**라고 말했다. GAN은 게임 이론을 바탕으로 가짜를 생성하는 인공 신경망과 진짜를 판별해 내려는 인공 신경망이라는 목적이 다른 두 적대적 인공 신경망이 최적의 균형을 찾도록 하는 것이다. 서로 협력하지 않는 **경쟁자들이 각자 최선의 선택을 하면 서로가 자신의 선택을 바꾸지 않는 균형 상태에 도달**한다. 이 상태를 **내시 균형** Nash equilibrium이라고 한다. 내시 균형이라는 용어는 게임 이론에서 등장한 단어로, 경쟁자 대응에 따라 각자가 최선의 선택을 하는 경우, 서로 전략을 바꿀 필요가 없는 균형 상태가 되는 것을 의미한다. 즉, GAN에서 내시 균형의 의미는 관찰 데이터의 분포가 생성자 네트워크가 학습한 분포와 정확히 일치하는 것을 의미한다.

GAN의 주요 활용 사례들은 다음과 같다.

- **예술, 패션 및 광고**: 고흐와 같은 유명 화가의 화풍을 따라할 수 있는 능력 활용
- **비디오 게임**: 저해상도 비디오 게임을 선명하게 하여 게임을 품질 향상시킴
- **영화 산업**: 사망한 인기 배우나 가수의 모습과 창법 등을 현실 세계에 재현
- **딥페이크**: 영화 속 배우 얼굴을 다른 사람의 얼굴로 대체

한걸음 더 **적대적 생성 신경망의 수식**

적대적 생성 신경망(GAN)의 영어 약자 GAN은 우리말로 **간** 또는 **갠**으로 읽는다. 딥러닝의 핵심인 심층 신경망이 서로 경쟁을 통해서 더 나은 성능으로 발전할 수 있다는 참신한 아이디어로 인해 GAN은 많은 인공지능 연구자들의 주목을 받고 있으며, 이를 응용한 다양한 기술도 출현하고 있다.

적대적 생성 신경망에 사용되는 여러 가지 기술은 세부적으로 들어가보면 매우 다양하고 복잡하지만 **이안 굿펠로**는 이를 다음과 같은 하나의 아름다운 수식으로 표현하였다.

$$\min_{G} \max_{D} V(D, G) = \mathbb{E}_{x \sim p_{\text{data}}(x)} [\log D(x)] + \mathbb{E}_{z \sim p_z(z)}[\log(1 - D(G(x)))]$$

[1]Goodfellow, I. et al., (2014) Generative Adversarial Nets, *Proc. the 27th International Conference on Neural Information Processing Systems* 2 pp. 2672 – 2680.

NOTE 두 개의 인공지능 모델을 가진 적대적 생성 신경망

적대적 생성 신경망(GAN)이라는 인공지능 모델은 **하나의 인공지능 모델 안에서 두 개의 인공지능 모델이 동작**한다. 이 중 하나는 **생성을 목적으로 하는 인공지능**이며 다른 하나는 **판별을 목적으로 하는 인공지능**이다.

경쟁하며 발전하는 GAN 인공지능

경쟁하며 진화하는 생물

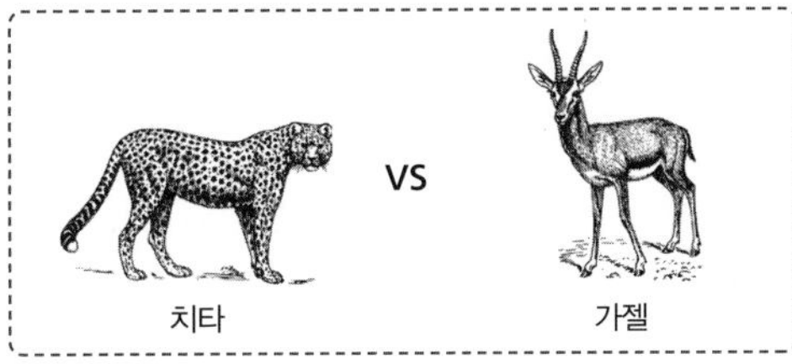

초원의 초식 동물 **가젤**gazelle은 육식 동물인 **치타**cheetah와의 달리기 경쟁에서 이기기 위해 매우 빠른 속도로 뛰도록 진화하였으며, 치타 역시 가젤을 사냥하기 위하여 더욱 빠른 속도로 뛰도록 진화하였다. 상호 간의 경쟁적 성질을 가진 두 개체는 **진화를 거듭할수록 달리기 속도가 빨라져**서 오늘날의 치타는 최고 속도가 무려 시속 110km에 이른다고 한다. 적대적 생성 신경망의 원리 또한 이와 같이 경쟁을 통해 서로 진화하며 발전하는 양상을 띄고 있다.

적대적 생성 신경망에서 **적대적**이라는 단어는 이 인공지능 모델의 창시자인 이안 굿펠로가 사용한 adversarial을 한글로 번역한 단어인데, 이 단어는 적대적이라는 의미 외에도 대립적이라는 의미를 가지고 있다. 비록 적대적이라는 강한 느낌의 단어로 번역되기는 했지만 GAN은 **대립적 생성 네트워크**, **경쟁적 생성 네트워크**로 이해하여도 무방할 것이다.

04 적대적 생성 신경망의 혁신과 디퓨전 모델

적대적 생성 신경망은 그동안 딥러닝에 기반한 머신러닝이 성공적으로 잘 하던 분야인 예측과 분류에 이어 **창의성이라는 분야로 그 영역이 확장**되었다는 점에서 큰 의미가 있다. 인공지능 기술은 선형 회귀를 통한 예측 그리고 합성곱 신경망을 통한 이미지 분류로도 큰 성과를 거두었지만 창의성이라는 면에서는 다소 부족함이 있었다. 그러나 적대적 생성 신경망은 이 분야마저도 인간을 뛰어넘는 혁신을 보여주었다.

적대적 생성 신경망은 최근 딥러닝 분야에서 매우 주목받고 있는 기술로 다음과 같은 다양한 분야에 응용되고 있다.

이미지 연산을 사용하여 예시 이미지 생성

적대적 생성 신경망은 그림과 같이 여러 장의 이미지를 학습하여 진짜 같은 가짜 이미지를 만드는데 쉽게 사용할 수 있다. 그림의 왼쪽에는 안경을 쓴 남성과 안경을 쓰지 않은 남성의 사진이 있다. 이러한 이미지를 학습하여 안경을 안 쓴 여성의 얼굴에 자연스럽게 안경 쓴 이미지를 합성할 수 있는데, 이를 위하여 vec('안경 쓴 남성') − vec('안경 안 쓴 남성') + vec('안경 쓴 여성')과 같은 덧셈(+), 뺄셈(−)으로 이루어진 이미지 연산을 사용하였다.

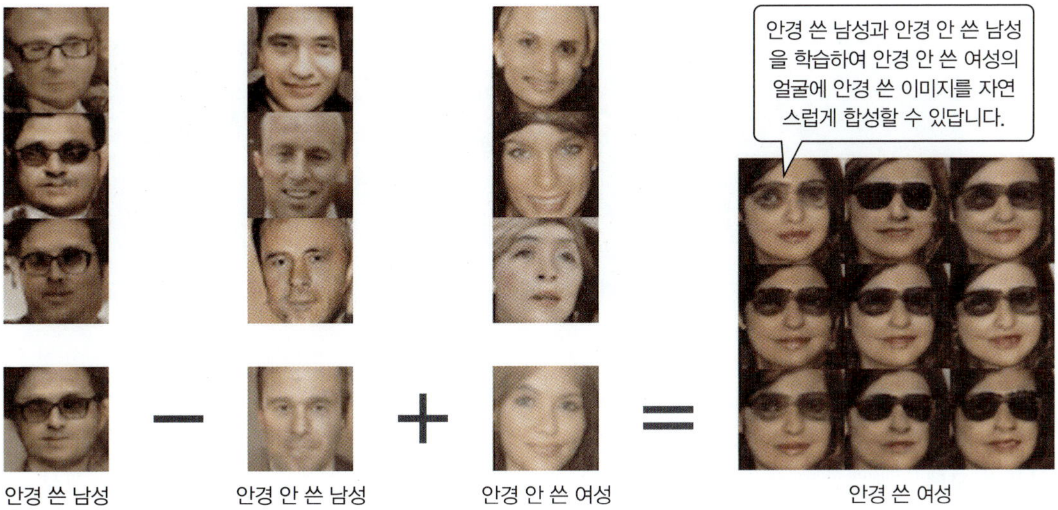

만화를 그리는 인공지능

한국의 웹툰이 세계적인 인기를 끌면서 많은 사람들이 웹툰 작가를 꿈꾼다. 그렇다면 그들은 이제 인공지능 웹툰 작가와 경쟁해야 할지도 모른다. 다음 그림의 만화 캐릭터는 모두 인공지능이 실제 만화 캐릭터를 참고하여 만든 것이다. 물론 만화의 스토리와 콘티를 만드는 작업은 아직 창작자의 영역이지만 아래의 그림과 같이 인공지능이 그린 캐릭터가 상당한 수준에 이르렀음을 알 수 있다.

텍스트를 이용하여 이미지를 만드는 인공지능

다음의 이미지는 텍스트를 통해서 자동으로 생성된 새와 나뭇가지의 모습이다. 예를 들어 '빨간색 머리털을 가지고 있으며, 머리에서 꼬리까지의 깃털이 빨간색에서 회색으로 변하는 모양의 작은 새'라는 텍스트를 이용해서 인공지능이 만든 여러 가지 모습의 새 이미지들이다.

생성 모델의 혁신: 디퓨전 모델

디퓨전 모델 Diffusion Model 은 딥러닝에서 최근 주목받고 있는 생성 모델 중 하나로, 이미지 생성, 음성 합성 등 다양한 분야에서 뛰어난 성능을 보이고 있다. 이 모델은 **데이터에 점진적으로 노이즈를 추가하고, 그 노이즈를 제거하는 과정을 통해 데이터를 생성하는 방법을 학습하는 인공지능 모델**이다. 방대한 이미지를 통해서 이미지를 생성하는 방법을 학습한 후, 이를 기반으로 고품질의 이미지를 만들어내는 데 성공하면서 큰 관심을 받고 있다.

디퓨전 모델의 기본 아이디어는 **확산**(디퓨전)과 **역확산**(역디퓨전) 과정에서 데이터를 생성하는 인공지능 모델이며, 각 과정의 역할은 다음과 같다.

- **확산 과정**(Forward Diffusion): 원래의 데이터에 대하여 점차적으로 무작위적인 잡음 noise 을 추가하여 변형하는 과정이다. 예를 들어 깨끗한 이미지를 점점 흐릿하게 만들거나, 완전히 랜덤한 노이즈로 바꾸는 방식이다.
- **역확산 과정**(Reverse Diffusion): 잡음이 포함된 데이터에서 점차적으로 그 잡음을 제거하면서 원래의 데이터를 복원해 나가는 과정이다. 여기서 중요한 점은, 원래의 데이터가 없더라도 잡음이 있는 데이터로부터 역으로 원래 데이터를 생성하는 과정에서 원래 데이터의 특성을 학습하는 것이다.

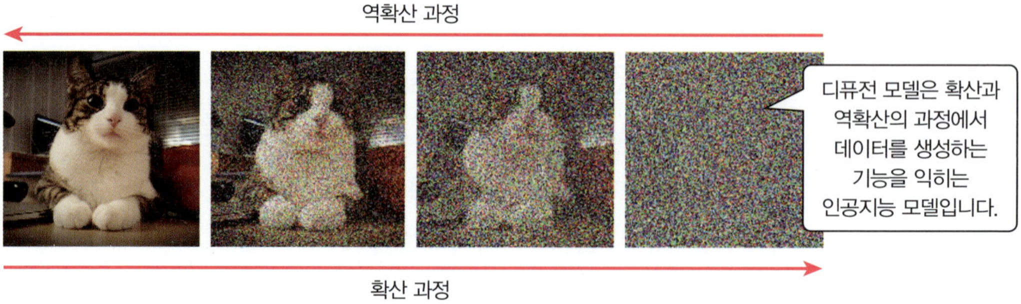

디퓨전 모델은 적대적 생성 신경망과 같은 생성 모델들에 비해 훈련이 비교적 안정적이다. 적대적 생성 신경망은 생성자와 판별자의 두 신경망이 경쟁하는 방식으로 훈련되기 때문에 때로는 불안정할 수 있지만, 디퓨전 모델은 한 방향으로 데이터를 변환하는 방식이라 안정성이 높다. 디퓨전 모델은 다양한 분야에서 적용되고 있으며, 특히 이미지 생성에서 아래 예시와 같이 혁신적인 결과를 보여주고 있다.

디퓨전 모델 기법의 한 종류인 스테이블 디퓨전이라는 모델로 생성한 이미지입니다. '말을 타고 있는 우주 비행사의 사진'이라는 텍스트로부터 만들어진 실사와 같은 이미지입니다.

불완전한 이미지

디퓨전 모델로 복원한 이미지

다음은 디퓨전 모델의 대표적인 응용 분야이다.

- **이미지 생성**: 디퓨전 모델은 높은 해상도의 이미지를 생성하는 데 활용된다. 이 모델은 무작위적인 노이즈로부터 시작하여 매우 정교한 이미지를 만들어낼 수 있다.
- **이미지 복원 및 변환**: 디퓨전 모델은 흐릿하거나 손상된 이미지를 복원하거나, 스타일 변환, 색상 복원 등에도 사용할 수 있다.
- **음성 합성**: 디퓨전 모델은 음성 데이터를 생성하거나 복원하는 데에도 사용할 수 있다. 음성 합성 분야에서 노이즈가 포함된 신호를 원래 신호로 복원하는 방식으로 활용된다.
- **텍스트-이미지 생성**: 디퓨전 모델은 텍스트 설명을 바탕으로 이미지를 생성하는 작업에도 쓰일 수 있다. 이는 DALL-E와 같은 모델에서 채택된 방식이다.

디퓨전 모델은 최근 딥러닝 연구에서 매우 혁신적인 생성 모델로 자리 잡고 있으며, 이미지 생성, 음성 합성, 텍스트-이미지 생성 등 다양한 분야에서 중요한 역할을 하고 있다. 이 모델은 점진적으로 노이즈를 제거하면서 데이터를 생성하는 독특한 방식으로 인하여 고품질의 결과물을 만들어 내는 데 매우 효과적이다. 하지만 생성 속도나 훈련 과정의 복잡성 등 개선이 필요한 부분도 존재한다.

생성 모델의 위협

최근 몇 년간 인공지능, 특히 생성형 인공지능의 발전은 우리의 일상과 사회에 큰 변화를 가져왔다. 이 기술은 놀라운 창의적 가능성을 열어주었고, 이미지 생성, 텍스트 작성, 음성 합성 등 다양한 분야에서 혁신적인 성과를 보여주고 있다. 하지만 이러한 발전이 모든 측면에서 긍정적인 것은 아니다. 특히 생성형 인공지능은 가짜 이미지와 가짜 뉴스를 손쉽게 만들어낼 수 있는 도구가 되었으며, 이는 사회적으로 심각한 위협을 야기하고 있다.

생성형 인공지능은 고도로 사실적인 이미지를 만들어내는 능력을 가지고 있다. 생성형 인공지능을 활용한 대표적인 기술 중의 하나인 딥페이크 기술은 실제 인물의 얼굴을 다른 사람의 몸에 자연스럽게 합성하거나, **존재하지 않는 사람의 얼굴을 마치 실제 인물처럼 창조**할 수 있다. 이러한 기술은 예술, 엔터테인먼트, 마케팅 등에서 유용하게 쓰일 수 있지만, 그 반대로도 악용될 위험이 크다. 오른쪽 그림은 생성형 인공지능으로 만든 가짜 트럼프 대통령의 사진으로 소셜 미디어에 공유되어 큰 논란을 일으키기도 했다.

생성형 인공지능으로 만든 가짜 트럼프 대통령

인공지능이 생성한 그럴듯한 가짜 이미지는 다음과 같은 방식으로 악용될 수 있다.

- **명예 훼손 및 사생활 침해**: 딥페이크를 이용해 유명 인물이나 개인의 이미지를 왜곡하거나 부적절한 콘텐츠로 만들면 그들의 명예가 심각하게 훼손될 수 있다.
- **범죄에 악용**: 범죄자들은 가짜 신분증, 증명서 등을 만들어 신분 도용, 금융 사기 등을 벌일 수 있다. 이러한 가짜 이미지는 매우 사실적이기 때문에 일반인이 구분하기 어려운 경우가 많다.

생성형 인공지능 기술의 발전은 피할 수 없는 흐름이다. 이러한 기술은 긍정적인 면에서 많은 혜택을 줄 수 있지만, 동시에 악용될 경우 심각한 문제를 일으킬 수 있다는 점을 우리는 잊지 말아야 한다. 우리는 이 기술이 더 나은 세상을 만드는 데 기여하도록, 경각심을 가지고 이 문제를 고민해야 할 시점이다.

NOTE 사기의 도구로 사용된 첨단 인공지능 기술

홍콩 사우스차이나모닝포스트 신문은 2024년 2월, 인공지능 딥페이크 기술을 활용한 엄청난 사기 금융 사건을 보도하였다. 이 사건의 전말은 다음과 같다.

2024년 1월 중순, 한 글로벌 금융사의 홍콩 지부에서 일하는 재무 직원은 영국 본사의 최고재무책임자(CFO)로부터 이메일을 받았다. 이 이메일은 거액의 돈을 비밀리에 송금할 것을 요구하는 이메일이었다. 직원은 처음에 CFO를 가장한 피싱 메일로 치부했다. 그러나 이후 초대된 그룹 화상 회의에서 동료 여러 명과 CFO가 참석한 것을 확인하고는 의심을 거뒀다. 이들의 얼굴과 목소리가 직원이 아는 실제 인물과 동일했기 때문이다.

직원은 이들의 지시에 따라 홍콩 시중은행 계좌에서 총 15차례에 걸쳐 2억 홍콩 달러(한화로 340억 원에 해당함)를 이체했다. 이후 그는 영국 본사에 직접 문의한 끝에 사기당했음을 알고 경찰에 신고했다.

사기꾼 일당은 CFO를 비롯해 화상 회의에 참석한 모든 직원의 얼굴과 목소리를 딥페이크 인공지능 기술로 재현해 직원을 속인 것으로 드러났다. 홍콩 경찰 당국자는 “여러 명이 참석한 화상회의에서 이 직원이 봤던 모든 사람은 가짜였다”고 말했다.

05 설명할 수 없다면 이해한 것이 아니다: 설명 가능한 인공지능

당신은 이해하였는가? 그렇다면 설명해 보라

양자 전기 역학의 발전에 크게 기여한 공적을 인정받아 1965년에 노벨 물리학상을 수상한 **리처드 파인만**은 아무리 어려운 내용이라도 일반인을 상대로 다양한 표현으로 설명할 수 있는 뛰어난 커뮤니케이션 능력을 가진 학자로도 높은 평가를 받고 있다. 다음은 파인만의 노트에 관한 책을 출간한 **굿스타인**의 회고이다.

> 파인만은 정말 훌륭한 선생님이었어요. 파인만은 아무리 어려운 내용이라도 신입생을 상대로 다양한 표현으로 설명할 수 있다는 것을 자랑스러워했죠. 한번은 제가 파인만에게 "왜 반정수 스핀을 가진 입자는 페르미 디락 통계를 따르는 걸까?"하고 물었더니 파인만은 "신입생을 위한 강의를 준비하지"라고 맞받아쳤어요.
>
> 그런데 며칠 후 이렇게 말하더군요. "실패했어. 대학교 1학년 수준으로 풀어낼 수 없었네. 그러니까 난 전혀 이해하지 못한 거야."라고 말이죠.

파인만은 아인슈타인과 같이 **"만일 당신이 어떤 이론을 단순한 용어로 설명할 수 없다면, 당신은 그것을 제대로 이해한 것이 아니다"**라며 이해한 이론에 대한 명확하고 단순한 설명의 중요성을 이야기하였다.

딥러닝 기술에 기반한 인공지능이 매우 큰 성취를 이루고 있지만 한 가지 큰 문제가 있는데, 바로 인공지능의 판단에 대하여 그 결과물이 생성되는 과정에 대한 설명이 없다는 것이다. 다음 그림의 비유를 살펴보자.

리처드 파인만

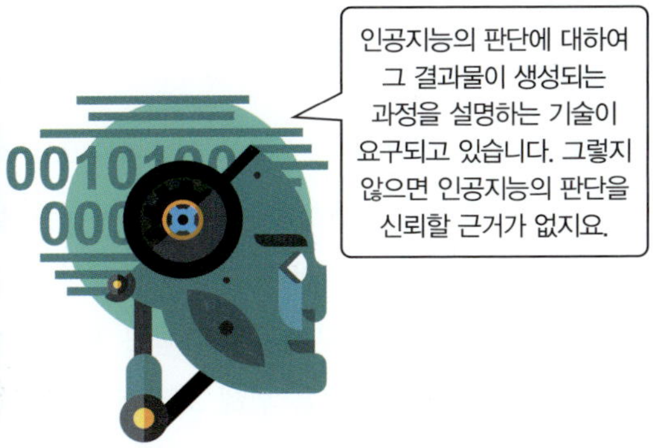

설명 가능한 인공지능

인간의 뇌는 가끔 주어진 정보를 잘못 해석한다

또 다른 사례로 다음과 같은 그림 속의 회색조 원을 살펴보자. 왼쪽과 오른쪽 회색 원의 밝기는 어느 쪽이 더 밝을까? 아마도 왼쪽 회색 원이 더 밝은 회색으로 느껴지겠지만 정답은 **같은 밝기**이다. 인간의 눈은 최근에 개발된 첨단 카메라보다도 뛰어난 성능을 가지고 있다. 하지만 인간의 뇌는 시각 정보를 해석할 때 다음 예시와 같이 현실과 동떨어진 해석을 내리기도 하는데 이것을 **착시 현상**이라고 한다. 착시 현상의 원인은 인간의 눈이 아니라 뇌에 있다. 즉, **인간의 뇌는 과거의 경험을 바탕으로 판단하고 능동적인 해석**을 하므로 같은 회색을 보더라도 검은색으로 둘러싸인 회색을 더 밝다고 판단하는 것이다.

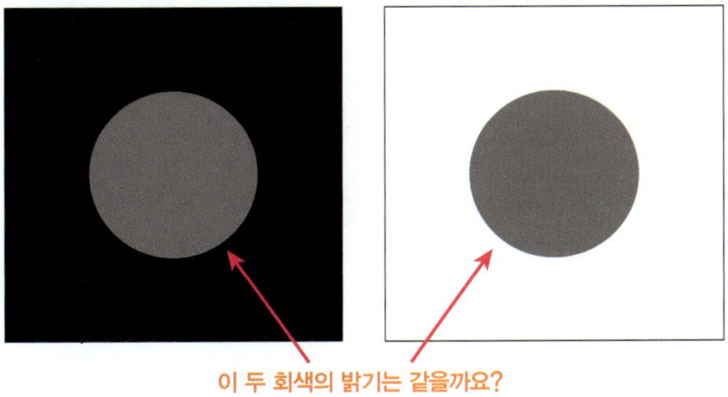

착시 현상은 **인간의 뇌가 갖고 있는 고정 관념 때문에 발생**하는 것으로 알려져 있다. 왜냐하면, 뇌는 눈앞에 보이는 사물의 실체를 빠르게 파악하기 위해 기존의 지식을 총동원하며 이 지식에 부합하는 형태나 밝기로 사물을 인식하기 때문이다. 이러한 면에서 본다면 착시 현상 역시 **학습에 기반한 뇌의 편향**으로도 볼 수 있으며, 왜 그러한가와 같은 궁극적인 질문에 대해서는 정확하게 그 숨어있는 원리를 설명하기보다는 **'뇌가 그렇게 학습을 하였기 때문'**이라는 시시한 대답을 할 수밖에 없을 것이다.

오늘날의 많은 인공지능은 데이터를 바탕으로 학습을 진행하여 분류를 하거나, 수치값을 예측하거나, 새로운 데이터를 생성하는 데 놀라운 성능을 보이고 있다. 그 과정에서 수없이 많은 파라미터가 경사 하강법, 오차 역전파와 같은 다양한 알고리즘을 통해서 최적의 값을 찾아나가며 결과를 알려준다. 인공지능의 연구자들은 결과를 통해서 알고리즘을 개선해나가며 가장 좋은 알고리즘을 보여주는 모델을 문제해결을 위해 최종적으로 채택한다. **이와 같이 사람의 인지 영역을 넘어선 내부 구조 탓에 인공지능이 왜 그런 결과를 도출했는지는 개발자도 알 수 없다.** 이러한 형태의 인공지능 모델을 **블랙박스**Black Box 라고 부르기도 한다.

다음 그림은 블랙박스의 이해를 돕기 위한 그림으로, 입력 이미지가 주어졌을 경우 심층 신경망 모델이 이 이미지에 대하여 높은 확률로 고양이라고 추정하는 과정을 보여준다. 이미지 인식에 주로 사용되는 **합성곱 신경망 모델 중에서 매우 뛰어난 성능을 보여준 구글의 Inception 모델은 2016년 이미지넷 경진대회에서 불과 3%의 인식 오류**를 보여주었으며, 인간의 인식 오류인 5%보다 더 좋은 성능을 보여주었다. 이 모델은 6천5백만 개의 엄청난 파라미터를 가지고 있다. 이러한 심층 신경망 모델이 있을 경우, 우리는 실험을 통해서 그 분류 결과와 정확도를 알 수는 있지만 모델의 **수많은 가중치 뒤에 숨어있는 원리는 파악하기 힘들다.** 즉, **'인공 신경망 모델이 그렇게 학습을 하였기 때문'**이라는 답이 되는 것이다.

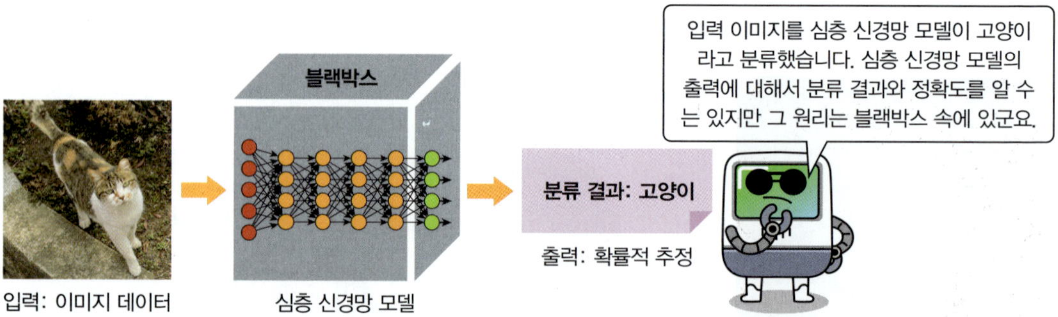

불투명한 인공지능을 투명하게 만들려는 노력

설명 가능한 인공지능은 영어로 eXplainable Artificial Intelligence라고 하는데 이 단어들의 머리글자를 따서 XAI라고 표기하기도 한다. 앞서 살펴본 바와 같이 **불투명한 인공지능 알고리즘을 신뢰할 수 있고 책임감 있게 만드는 데 있어 중요한 것은 설명 가능성**이다. 설명 가능성은 시스템의 의사결정 결과값에 대한 인과 정보를 통해 인공지능 알고리즘을 이해할 수 있도록 하는 방법이다. 다음 그림은 설명 가능한 모델의 수행 결과이다. 이 모델은 이미지 데이터를 고양이로 인식하게 된 근거로 **털이 있음**, **수염이 있음**, **귀가 쫑긋함** 등과 같은 상세한 근거와 과정을 투명하게 제시하고 있다. 이러한 근거를 통해 이 이미지가 95%의 확률로 고양이 이미지라는 것을 알려준다.

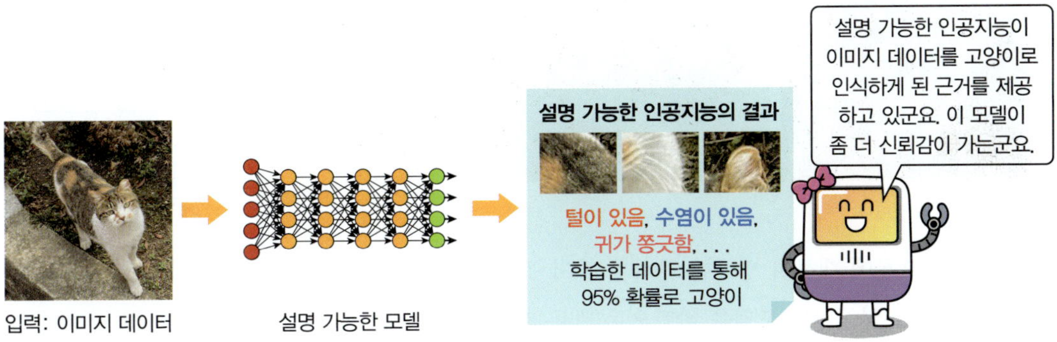

이와 같이 언어를 이용하여 설명할 수도 있으나 CAM Class Activation Map 과 같이 **객체의 인식 과정을 시각적으로 나타내는 방법**도 있다.

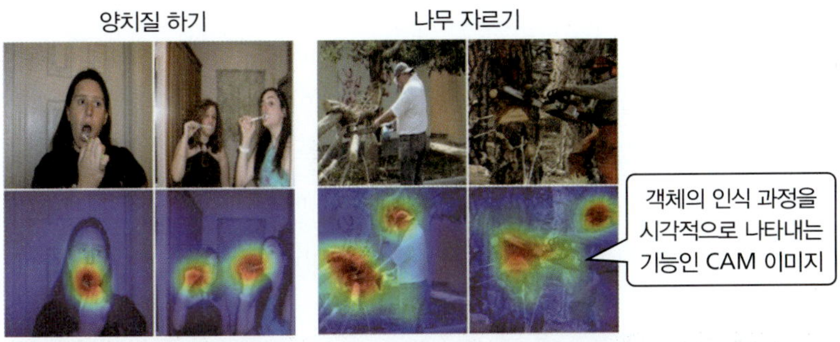

우리가 사용하는 **많은 인공지능 모델은 설명 불가능한 블랙박스 모델**이다. 이로 인해 발생한 실질적인 문제 사례를 살펴보자. 다음 그림은 2017년에 발표된 「딥러닝 모델에 대한 견고한 실세계 공격(Robust Physical-World Attacks on Deep Learning Models)」 논문에 실린 내용으로 잡음을 포함한 이미지를 인공지능이 잘못 인식한 경우이다. 이 그림은 STOP 표지판에 인위적인 잡음이 추가된 사진이다. 인간의 판단으로는 이 표지판이 STOP 표지판으로 보이지만, 딥러닝 모델은 이를 속도 제한(Speed Limit) 표지판으로 인식했다고 한다.

이러한 인식 오류에 대하여 명백한 근거를 알지 못한다면 우리는 이 인공지능을 신뢰하기 힘들 것이다. 따라서 이 인공지능 모델을 바탕으로 만든 자율주행 자동차의 인식 성능에 대하여 고객의 인정을 받기도 어려울 것이다.

인공지능의 이러한 취약점을 이용하여 상당히 위험한 실험이 실제로 이루어진 사례도 있다. 2019년 3월, 중국 텐센트 산하의 킨 시큐리티 연구소가 이러한 **적대적 사례를 이용해 자율주행차 시스템이 도로를 역주행하게 하는 실험에 성공**했다. 킨 시큐리티 연구소는 테슬라 전기차의 자율주행 시스템을 대상으로 실제 도로에 작은 점 3개를 칠하고 주행하도록 했는데, 자동차는 이 점으로 인해 중앙선을 넘어 맞은편 차선을 달려 역주행하는 결과로 이어졌다. 도로의 점들 때문에 테슬라가 이를 오른쪽 차선으로 인식하고 왼쪽으로 방향을 틀어 맞은편 도로를 주행한 것이다. 인공지능의 이미지 인식의 결함을 악용한 공격을 **적대적 공격** adversarial attack 이라고 하며, 인공지능의 놀라운 성능과 함께 적대적 공격의 많은 사례도 계속해서 발표되고 있다.

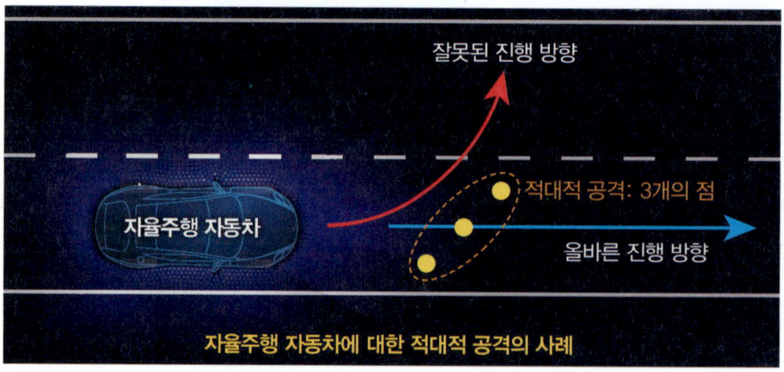

자율주행 자동차에 대한 적대적 공격의 사례

설명 가능한 인공지능을 위한 국제적 지침

많은 국가들이 개인의 데이터 보호를 위한 규정을 가지고 있는데 유럽연합은 2018년부터 적용되는 **일반 데이터 보호 규정** General Data Protection Regulation: GDPR 을 통해 개인 데이터를 보호하고자 노력하고 있다. 이 규정은 유럽연합과 유럽경제지역에 속해 있는 모든 사람들의 사생활 보호를 목적으로 하며 기업체나 기관에서 무단으로 개인 정보를 수집, 사용, 복제, 파괴하지 못하도록 한다. 만일 GDPR 규정을 위반하는 기관에 대해서는 연 매출의 최대 2%에 해당하는 벌금이 부과될 수 있다. 또한 심각한 위반 사항이 발생하는 경우에는 연 수익의 최대 4%에 해당하는 벌금이 부과될 수도 있다.

또한, GDPR에는 '**시스템의 결정에 대한 설명을 요구할 수 있는 권리**' 항목을 통해서 인공지능 시스템의 설명 가능성을 입법화하였다. 만일 여러분이 매일 접속하는 포털의 메인 화면이나 유튜브의 초기 화면에 지속적으로 인종차별적인 주장을 하는 글과 영상이 나타난다면 어떻게 될까? 사용자들은 차츰차츰 이 주장에 익숙해질 것이고 필연적으로 인종차별을 인정하는 성향을 많이 가지게 될 것이다.

인공지능을 통한 자동화된 의사결정에 있어서 그 주체가 되는 설계자는 결국 인간이기 때문에 여러 가지 편향으로부터 완벽하게 중립적일 수는 없을 것이다. 이로 인해서 그 결과가 객관성과 공정성을 담아내지 못함에도 불구하고 사회에 미치는 영향은 정치·경제·문화 등의 모든 분야를 망라하며, 이용자들의 선호와 판단 그리고 행동까지도 변화하게 만든다. 오늘날 **인공지능의 알고리즘은 국가와 사회의 정치적·사회적·경제적·문화적 상호작용과 의사결정에 중요한 기능과 역할을 담당하면서 계속해서 영향력을 높여** 나가고 있다. 이 때문에 GDPR에서 입법화한 항목의 알고리즘에 기반한 자동화된 의사결정에 대한 설명을 요구할 권리가 타당함을 이해할 수 있다. 설명을 요구할 권리는 이용자에게 프로파일링 기반의 알고리즘 결정에 관해 설명을 요구할 기회를 부여함과 동시에, 알고리즘 설계 과정에서 인간적 개입의 중요성을 강조한 점에서 큰 의미가 있다. 또한 설명을 요구할 권리는 해당 기업의 영업 비밀에 해당하는 알고리즘 설계 과정에 정보 주체가 개입할 수 있도록 강제하는 규범적 가능성을 열어줌으로써, **알고리즘의 공정성·투명성 및 차별성 이슈를 풀어나가는 데 핵심적인 역할**을 할 것으로 생각된다.

인공지능을 이용하여 의사결정을 하기 위해서는 다음과 같은 세 종류의 핵심적인 기능이 만족되어야 할 것이다.

- **설명 가능성**: 모든 의사결정에서 근거를 명확하게 설명할 수 있어야 한다.
- **투명성**: 인공지능 모델이 의사결정 과정을 명확하게 이해할 수 있어야 한다.
- **증명 가능성**: 의사결정 과정의 뒤에 있는 숨겨진 수학적 확실성이 존재해야 한다.

LAB 11

ChatGPT의 여러 가지 모델을 활용하자

[실습 목표]

이번 실습에서는 ChatGPT의 여러 가지 모델을 사용하는 방법을 알아볼 것이다.

[실습하기]

[단계 1] 실습을 위하여 아래의 웹사이트에 접속한다.

```
https://chatgpt.com/
```

[단계 2] 웹 페이지를 살펴보면 왼쪽 상단에는 ChatGPT에서 제공하는 인공지능 모델로 4o mini가 나타나 있으며 이 모델은 사용자가 선택 가능하다. 오른쪽 상단에는 계정을 만들거나 로그인을 할 수 있는 기능이 있다. 그리고 가운데에는 몇 가지 예시 프롬프트가 제공되고 있다.

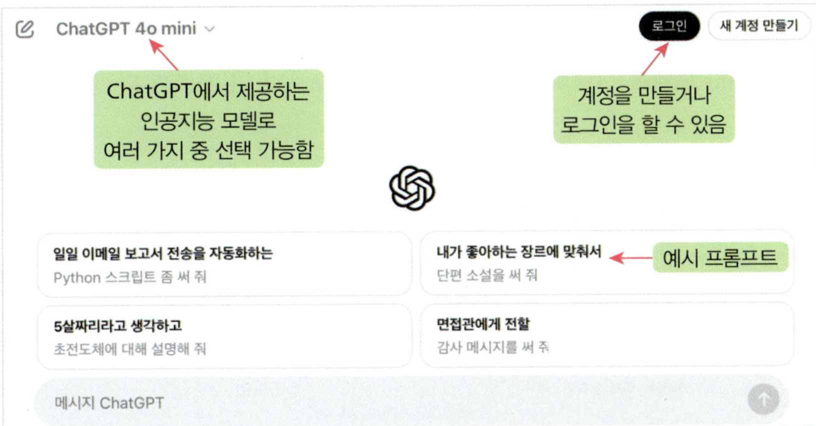

[단계 3] 이 사이트에 계정을 만들고 로그인을 하자. 로그인 한 후 다음과 같은 프롬프트를 입력하도록 하자.

```
ChatGPT로 할 수 있는 유용한 작업들에는 어떤 것들이 있는지 알려줘.
```

입력을 마치면 엔터키를 통해 프롬프트를 전달하자. 다음과 유사한 답변이 나타난다.

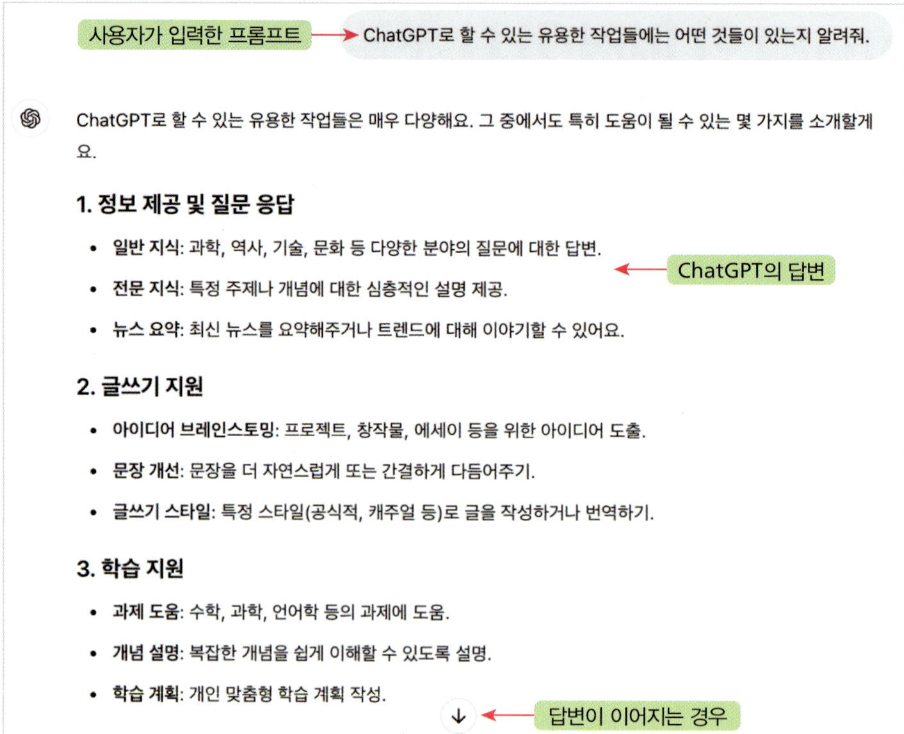

[단계 4] 다음으로 아래쪽 4o 옆의 화살표를 클릭하자. 선택 가능한 모델이 다음 그림과 같이 나타난다. GPT-4o mini 모델을 선택하자. 이 모델은 GPT-4o보다 더 빠르며 답변이 간략하다.

[단계 5] GPT-4o mini 모델의 결과는 다음과 같다.

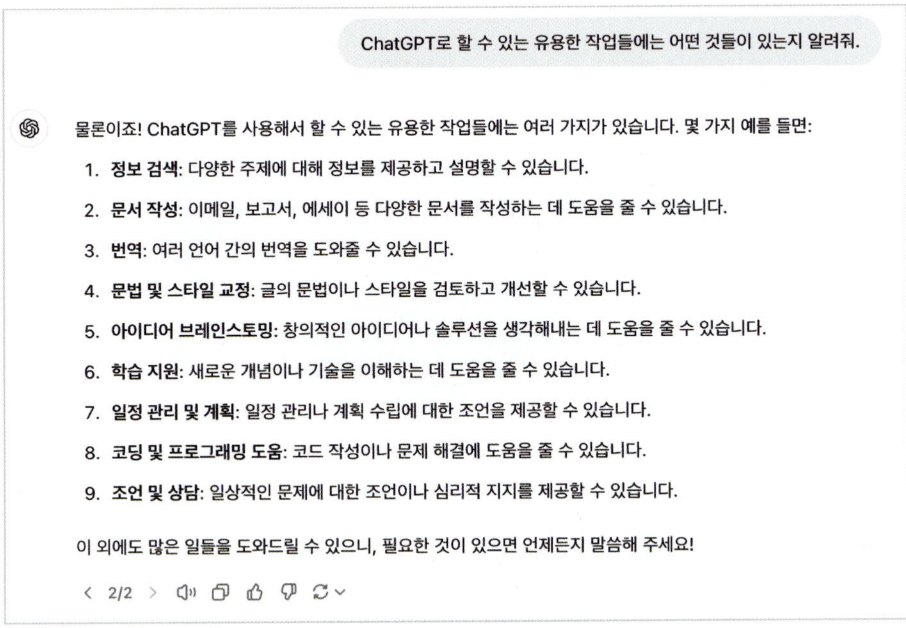
ChatGPT로 할 수 있는 유용한 작업들에는 어떤 것들이 있는지 알려줘.

물론이죠! ChatGPT를 사용해서 할 수 있는 유용한 작업들에는 여러 가지가 있습니다. 몇 가지 예를 들면:

1. **정보 검색**: 다양한 주제에 대해 정보를 제공하고 설명할 수 있습니다.
2. **문서 작성**: 이메일, 보고서, 에세이 등 다양한 문서를 작성하는 데 도움을 줄 수 있습니다.
3. **번역**: 여러 언어 간의 번역을 도와줄 수 있습니다.
4. **문법 및 스타일 교정**: 글의 문법이나 스타일을 검토하고 개선할 수 있습니다.
5. **아이디어 브레인스토밍**: 창의적인 아이디어나 솔루션을 생각해내는 데 도움을 줄 수 있습니다.
6. **학습 지원**: 새로운 개념이나 기술을 이해하는 데 도움을 줄 수 있습니다.
7. **일정 관리 및 계획**: 일정 관리나 계획 수립에 대한 조언을 제공할 수 있습니다.
8. **코딩 및 프로그래밍 도움**: 코드 작성이나 문제 해결에 도움을 줄 수 있습니다.
9. **조언 및 상담**: 일상적인 문제에 대한 조언이나 심리적 지지를 제공할 수 있습니다.

이 외에도 많은 일들을 도와드릴 수 있으니, 필요한 것이 있으면 언제든지 말씀해 주세요!

2/2

[단계 6] 만일 여러분이 유료로 ChatGPT를 사용하고 있다면, 다음과 같은 다양한 모델을 만날 수 있다.

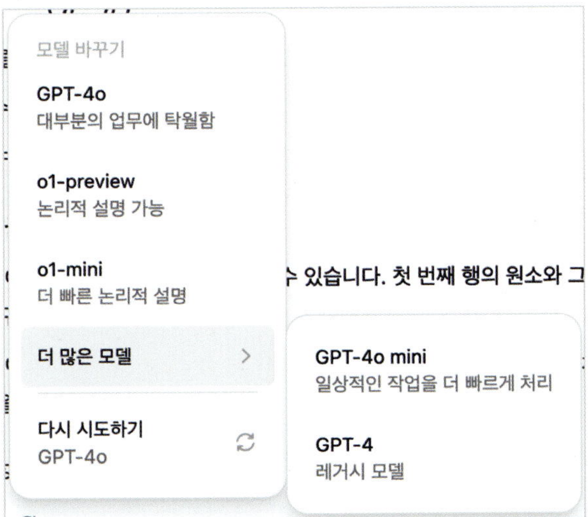

각각의 모델은 응답속도와 설명 방식에서 차이가 있다. 이 차이를 잘 살펴서 자신에게 가장 필요한 모델을 찾아서 이용해 보도록 하자.

도전 문제

- 다음과 같은 창의적인 프롬프트를 입력하여 인공지능에게 그림을 그리는 일을 시켜보자.

"헬륨 비행선이 항공모함을 매달고 하늘을 나는 몽환적인 그림을 그려줄래? 이 그림에는 구름이 뭉게뭉게 보이고 저 멀리 달이 보이고 있어."

요약

01 **피드포워드 신경망**은 입력층과 은닉층의 신호가 오직 출력층 방향으로만 향하는 신경망이다.

02 **순환 신경망**은 시간에 따라 순차적으로 제공되는 정보를 다룰 수 있는 신경망으로 다양한 분야에서 널리 이용되고 있다.

03 인간이 사용하는 언어를 **자연어**라고 한다. 인공지능 기술이 발전하면서 컴퓨터가 인간의 언어를 알아들을 수 있게 만드는 것이 **자연어 처리** 기술이다.

04 **트랜스포머 모델**은 셀프 어텐션이라는 구조를 도입하여 시퀀스 내의 모든 요소들 사이의 관계를 동시에 고려한다. 이러한 구조로 인해 기계 번역, 텍스트 요약, 감성 분석 등 다양한 자연어 처리 작업에서 탁월한 성능을 보이고 있다.

05 정교한 이미지를 만들거나 고흐, 세잔 등의 유명한 화가의 화풍으로 그림을 그리는 인공지능 기술 중에서 가장 성공적인 모델이 바로 **적대적 생성 신경망**이다.

06 **적대적 생성 신경망** 인공지능 모델은 **하나의 인공지능 모델 안에서 두 개의 인공지능 모델이 동작**한다. 이 중 하나는 생성을 목적으로 하는 인공지능이며 다른 하나는 판별을 목적으로 하는 인공지능이다. 이 모델은 두 개의 인공지능 모델이 서로 경쟁하면서 반복적으로 성능을 개선하여 균형 상태에 도달하도록 한다.

07 **내시 균형**이란 서로 대립하는 경쟁자들이 각자 최선의 선택을 하면 서로가 자신의 선택을 바꾸지 않는 균형 상태에 도달하는 것이다.

08 **디퓨전 모델**은 딥러닝에서 최근 주목받고 있는 생성 모델 중 하나로, 이미지 생성, 음성 합성 등 다양한 분야에서 뛰어난 성능을 보이고 있다.

09 **생성형 인공지능**은 고도로 사실적인 이미지를 만들어내는 능력을 가지고 있다. 이 기술은 가짜 뉴스를 만들거나 사생활 침해의 가능성이 높은 이미지를 만드는 데에도 악용될 수 있어 사회적 경각심이 필요하다.

10 사람의 인지 영역을 넘어선 복잡한 내부 구조 탓에 인공지능이 왜 그런 결과를 도출했는지는 개발자도 알 수 없다. 이와 같은 형태의 인공지능 모델을 **블랙박스**라고 부르기도 한다.

11 인공지능의 결함을 악용한 공격을 **적대적 공격**이라고 한다.

12 **인공지능 알고리즘은 국가와 사회의 정치적·사회적·경제적·문화적 상호작용과 의사결정에 중요한 기능과 역할을 담당하면서 계속해서 영향력을 높여** 나가고 있다. 따라서 인공지능의 의사결정에 대한 근거를 설명하는 **설명 가능한 인공지능**에 대한 필요성이 증가하고 있다.

연습 문제

[단답형 문제]

괄호 안에 들어갈 적절한 단어를 기입하여라.

01 모든 신호가 오직 출력층 방향으로만 향하는 신경망을 (   )(이)라고 한다.

02 (   )(는)은 시간에 따라 순차적으로 제공되는 정보를 다룰 수 있는 신경망으로 기계 번역, 로봇 제어, 음성 인식, 음성 합성, 리듬 학습, 노래 만들기, 시계열 데이터의 예측과 같은 다양한 분야에서 널리 이용되고 있다.

03 입력이 하나일 때 출력이 여러 개가 나타나는 일대다 구조의 순환 신경망의 예시로 하나의 이미지를 분석하여 이 이미지를 묘사하는 글을 생성하는 신경망을 들 수 있다. 이러한 기능을 (   )(이)라고 한다.

04 산술적 연산과 함께 논리적 연산을 처리하도록 명령어들을 체계화하여 프로그램을 만들고 이를 기계에 입력하면 복잡한 일을 빠르게 처리할 수 있다. 이러한 명령어들의 모임이 바로 (   )이며 이를 만들기 위한 문법 체계를 가진 언어가 (   )이다.

05 인간이 사용하는 언어는 컴퓨터에서 사용하는 (   )(과)와 구분하여 자연 언어라고 한다.

06 인공지능 기술이 발전하면서 컴퓨터가 인간의 언어를 알아들을 수 있게 만드는 학문과 기술 분야가 새롭게 등장하였는데 이것이 바로 (   )기술이다.

07 순환 신경망에서 사용되는 (   )(이)란 출력의 결과를 다음 단계의 출력을 예측하기 위하여 입력으로 사용하는 구조를 말한다.

08 인공지능 분야에서 (   )(이)란 어떤 언어로 된 문장을 입력으로 받아 다른 언어로 번역하는 작업을 말한다.

09 (   )(은)는 순환 신경망의 순차적인 특성을 버리고, 셀프 어텐션이라는 구조를 도입함으로써 시퀀스 내의 모든 요소들 사이의 관계를 동시에 고려한다. 이 모델은 장기 의존성을 잘 학습할 수 있다.

10 ChatGPT와 같은 생성형 인공지능이 실제로 존재하지 않는 정보나 사실을 만들어내는 것을 (   )(이)라고 한다.

11 (   )(는)은 이미지 분야의 혁신을 가져온 합성곱 신경망과 함께 최근 가장 주목받고 있는 인공 신경망 기술로, 원하는 카테고리의 기존에 존재하지 않는 새로운 이미지를 생성해내거나 입력 이미지나 비디오를 다른 형태나 정보를 지닌 이미지 또는 비디오로 변환할 수 있다.

12 (   )(는)은 주어진 데이터를 학습하여 학습 데이터의 분포를 따르는 유사한 데이터를 생성하는 모델이다.

13 (   )(는)은 여러 장의 가짜 이미지와 진짜 이미지가 주어졌을 때 주어진 데이터를 학습하여 진짜와 가짜를 판별하는 모델이다.

14 (   )(는)은 데이터에 점진적으로 노이즈를 추가하고, 그 노이즈를 제거하는 과정을 통해 데이터를 생성하는 방법을 학습하는 인공지능 모델이다.

15 인공지능이 갖는 결함을 악용한 공격을 (   )(이)라고 한다.

16 인간의 뇌는 시각 정보를 해석할 때 현실과 동떨어진 해석을 내리기도 하는데 이것을 (   )(이)라고 한다.

17 최근 인공지능의 결정이 국가와 사회에 큰 영향을 미치게 되면서 인공지능의 의사 결정에 대한 근거를 설명하는 (   )에 대한 필요성이 증가하고 있다.

[짝짓기 문제]

다음은 시퀀스의 구조와 이 구조를 활용한 순환 신경망의 응용 사례이다. 관련 있는 것을 올바르게 짝짓기 하여라.

일대다 구조 •	• 나의 이미지에 대해 묘사하는 글을 생성하는 신경망
다대일 구조 •	• 기계 번역
다대다 구조 •	• 문장을 분석하여 긍정/부정과 같은 감정을 판단하는 신경망

[객관식 문제]

다음 질문에 대하여 가장 알맞은 답을 선택하여라.

01 심층 신경망 중에서 시간에 따라 순차적으로 제공되는 정보를 다룰 수 있는 신경망 이름은 무엇인가?

❶ 순환 신경망 ❷ 합성곱 신경망
❸ 적대적 신경망 ❹ 생성 신경망

02 다음 중 전 세계의 방대한 웹 페이지 데이터를 자동으로 수집한 사이트로, 이를 누구나 자유롭게 사용할 수 있도록 제공하는 비영리 프로젝트를 지칭하는 것은 무엇인가?

❶ 커먼 크롤 ❷ 구글링
❸ 웹 크롤링 ❹ HTML

03 다음 중 인공지능의 환각 현상에 대한 원인으로 보기 힘든 것은 무엇인가?

❶ 확률 기반 언어 생성 ❷ 뛰어난 맥락 이해 능력
❸ 불완전한 학습 데이터 ❹ 불명확한 사용자 질의

04 인공지능을 이용하여 의사결정을 하기 위해서는 세 종류의 핵심적인 기능이 만족되어야 할 것이다. 이 핵심적인 기능과 가장 거리가 먼 것은 무엇인가?

❶ 설명 가능성 ❷ 투명성
❸ 개별성 ❹ 증명 가능성

05 다음 중 디퓨전 모델의 대표적인 응용 분야로 보기 힘든 것은 무엇인가?

❶ 질문에 대한 답변 ❷ 이미지 생성
❸ 이미지 복원과 변환 ❹ 텍스트-이미지 생성

심화 학습

[주제 11] **딥페이크 기술**은 인공지능을 기반으로 개발한 인간 이미지 합성 기술이다. 이 기술은 기존에 있던 인물의 얼굴이나, 특정한 부위를 영화의 컴퓨터 그래픽스 처리처럼 합성한 가짜 영상을 총칭한다. 딥페이크의 오용 중에서 큰 문제가 되고 있는 것들 중에는 가짜 뉴스와 연예인이 등장하는 가짜 포르노그래피가 있다. 2가지 중에서 실제 문제가 된 사례를 조사하고 대책에 대하여 자신의 의견을 제시해 보자.

예시: 2022년 러시아의 우크라이나 침공 관련 가짜 뉴스,
2024년 딥페이크 성착취물 공유 텔레그램 등

[주제 12] 점점 교묘해지는 **가짜 뉴스**의 등장으로 인해 일반인들은 진짜 뉴스와 가짜 뉴스를 판별하는 것이 어려워지고 있다. 가짜 뉴스의 문제점을 이야기해 보고 이를 현명하게 판별하기 위하여 우리는 어떠한 훈련을 해야 하는지 생각해 보자.

12

인간과 겨루는 인공지능: 강화 학습

학습목차

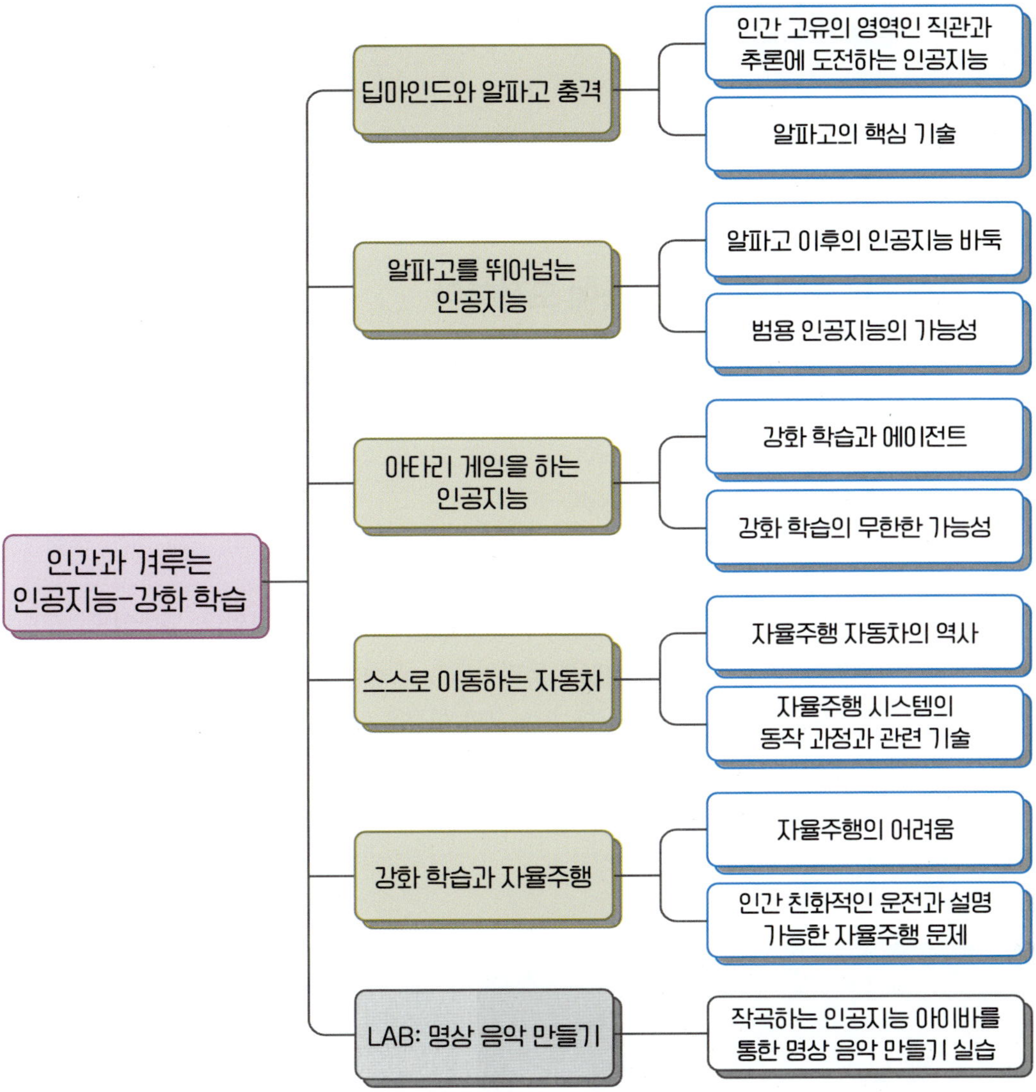

학습목표

- 강화 학습 기반의 알고리즘을 사용하는 알파고가 인공지능에게 끼친 영향을 알아보자.
- 스스로 학습하여 게임하는 인공지능에 대해 살펴보자.
- 강화 학습에 대해 이해하고, 다중 에이전트 강화 학습에 대해서도 알아보자.
- 자율주행 자동차에 필요한 기술과 전망을 살펴보자.
- 엔드투엔드 자율주행에 대해 알아보고 강화 학습을 자율주행에 적용할 때의 문제점을 살펴보자.

01 딥마인드와 알파고 충격

구글이 탐낸 인재들이 모인 회사가 바둑에 도전하다

딥마인드는 2010년 **데미스 허사비스, 셰인 레그, 무스타파 슐레이만**이 영국 런던에서 설립한 신경과학에 기반한 인공지능 개발 회사이다. 이 회사는 설립 4년 후인 2014년 구글에 인수되면서 **구글 딥마인드** Google DeepMind 라는 이름으로 회사 이름을 변경하였다.

구글 딥마인드는 알파고, 알파스타, 알파폴드 등의 유명한 인공지능 제품을 개발하였다. 딥마인드의 인공지능 바둑 프로그램인 **알파고** AlphaGo 는 2014년 딥마인드가 구글에 인수되면서 본격적으로 개발되었으며 2015년도에 프로토타입 버전이 나왔다. 알파고의 이름은 구글의 지주회사인 알파벳이라는 이름에서 가져왔다. 알파는 그리스 문자의 첫 번째 글자(α)로 최고를 의미하기도 하며 고는 일본어로 바둑을 뜻하는 碁(ご)에서 가져왔다. 이 두 단어의 합성으로 이루어진 **알파+고**는 **최고의 바둑 프로그램**을 의미한다.

경기	승리
1차	알파고
2차	알파고
3차	알파고
4차	이세돌
5차	알파고

이세돌 기사는 한국 기원에 소속된 바둑 9단의 뛰어난 실력자로 국제 바둑전에서 여러 차례 우승한 실적을 가진 인물이다. 이세돌 기사와 딥마인드의 바둑 프로그램인 알파고와의 바둑 대국의 정

식 명칭은 **구글 딥마인드 챌린지 매치**로 2016년 3월 9일부터 15일까지 모두 다섯 차례 진행되었다. 대국이 이루어지기 전 바둑계에서는 대부분 이세돌 기사의 승리를 점쳤다. 비록 이전 해에 벌어진 2015년 대국에서 알파고가 유럽 챔피언 **판 후이** Fan Hui 2단을 상대로 승리를 거두기는 했지만 2단과 9단의 바둑 실력 차이는 워낙 큰 것이어서 이것으로 알파고의 승리를 예상하기는 어려웠다.

이 대국은 구글 딥마인드의 인공지능 기술을 세계 최고의 바둑 기사를 통해 테스트할 수 있는 중요한 행사였기 때문에 구글 회장인 **에릭 슈미트** Eric Schmidt 와 구글의 창업자인 **세르게이 브린** Sergey Brin 까지 한국을 방문하기도 했다. 알파고를 대신해서 바둑돌을 놓는 것은 **아자 황** Aja Huang 박사라는 알파고 개발팀원이 진행했는데, 이 대국에서 알파고는 **이세돌** 선수를 4:1로 이기며 승리를 거두게 되었다. 알파고의 승리는 인공지능 기술이 범용 인공지능이나 초인공지능 기술로 발전할 수도 있다는 것을 보여주었기 때문에 바둑계뿐만 아니라 전 세계의 많은 인공지능 연구자들에게도 큰 충격을 주었다.

바둑은 인간 고유의 직관, 추론, 추상화가 필요한 게임이다

인공지능이 바둑을 두는 것이 어려운 이유를 자세히 살펴보자. 우선 바둑판이 다음 그림과 같이 4개의 돌을 둘 수 있는 모양으로 되어 있다고 가정해 보자. 한 착점당 (돌 없음, 흰 돌, 검은 돌)의 3가지의 경우가 있기 때문에 단순 계산을 할 경우 $3 \times 3 \times 3 \times 3 = 81$가지의 경우가 생긴다. 만일 3×3 줄 크기의 바둑판이 있다면 바둑의 착점이 9개이므로 $3 \times 3 \times 3 \times 3 \times 3 \times 3 \times 3 \times 3 \times 3 =$ 19,683가지의 경우의 수가 나온다. 물론 실제로 바둑을 둘 때에는 규칙에 의해서 돌을 둘 수 없는 곳도 있으며 시간 순서에 따라서 발생하는 경우의 수도 고려해야 하지만, **9개의 착점이 있는 바둑판의 단순 경우의 수가 1만 9천 가지가 넘는다**는 것은 꽤 충격적이다.

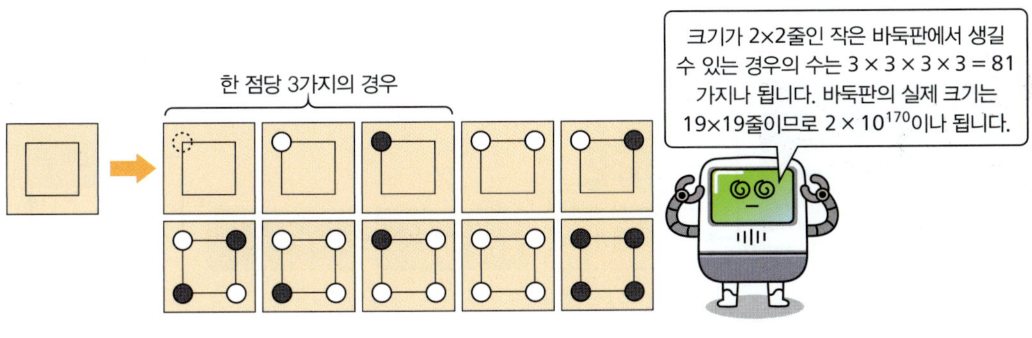

실제로 알파고가 이세돌 기사와 두었던 바둑은 가로 19개 세로 19개의 선이 수직으로 만나서 만든 착점이 모두 361개나 된다. 따라서 바둑판의 착점에 둘 수 있는 모든 경우의 수는 3^{361}로 약 2×10^{170}가지나 된다. 즉 1 뒤에 0이 170개나 붙는 어마어마하게 큰 수이다. 천체 물리학에서 추정하는 우주 전체의 원자 개수는 약 12×10^{78}인데 바둑판의 경우의 수는 우주 전체의 원자 개수를 초라하게 만든다. 이 경우의 수 역시 바둑판에 놓을 수 있는 바둑돌의 상태에 불과하며 수순에 따라 중복될 수 있어서 **수순을 고려한 경로는 약 10^{360}가지**나 된다. 이러한 모든 가능성을 인공지능이 탐색할 수는 없으며 제한된 시간에 가장 승리할 가능성이 높은 경로를 탐색하며 돌을 놓아야 하는 매우 어려운 문제이다. 따라서 **바둑 게임이야 말로 인간 고유의 영역인 직관과 추론, 추상적 사고의 결정체**라는 의견이 지배적이었다.

NOTE 알파고와 기보 그리고 하드웨어

장기나 바둑의 대국 수순을 기록한 자료를 기보(棋譜)라고 하는데, **알파고**는 16만 개의 바둑 기보(棋譜)를 불과 5주 만에 학습했다. 인간이 하루도 쉬지 않고 30년간 매일 10개의 바둑 기보를 익힌다고 하더라도 고작 10만 개 정도의 기보를 익힐 수 있을 뿐이다. 이처럼 바둑 입문자가 기보를 공부하며 바둑 기사의 패턴을 습득하는 방식을 **지도 학습**이라고 한다. 또한 이세돌 기사와 바둑을 두기 전에 스스로 3,000만 회가량의 연습 바둑을 두었다고 한다. 이와 같이 정답 없이 스스로 수행하는 학습 방법을 **강화 학습**이라고 한다.

하드웨어 측면을 살펴보자. 알파고가 판 후이 기사와 대결할 때 사용한 하드웨어는 분산 하드웨어 환경에서 1,202개의 CPU와 176개의 GPU를 이용하였다. 하지만 이세돌 기사와 경기를 할 때 사용된 하드웨어는 48개의 텐서 프로세서 유닛(TPU)이라는 병렬처리 하드웨어를 사용했다.

알파고는 바둑에서 승률이 가장 높은 수를 두기 위해 딥러닝 기술에 기반한 심층 강화 학습이라는 기술을 사용하였다. 이러한 기반 기술과 함께 **몬테카를로 방법**, **정책망** policy network, **가치망** value network 이라는 신경망을 통해서 학습을 수행하였다. 다음은 이 기술들이 가지는 의의를 간단히 살펴보도록 하자.

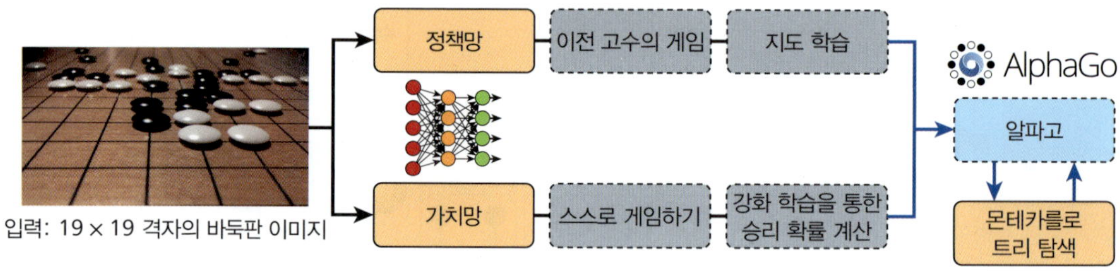

고수들의 게임을 모방하는 훈련을 통한 학습: 정책망

정책망은 **이전 고수들의 게임을 모방하는 훈련을 통해 학습을 하는 방법**으로 일종의 지도 학습 기법이다. 이를 위하여 KGS라는 바둑 사이트의 기보를 가져와서 고수의 기보만을 학습하였다. 만일 인터넷 출현 이전 시기와 같이 충분히 많은 바둑 기보를 얻기 힘든 상황이었다면 알파고 역시 좋은 데이터를 가지고 학습을 할 수 없었을 것이다. 알파고는 기보에 있는 16만 회의 게임의 약 3,000만 수를 이용하여 학습을 하였다. 이런 학습을 통해 알파고는 입력된 19 × 19 줄 크기의 격자에서 어디에 두는 것이 가장 좋은지에 대한 판단을 할 수 있었다. 물론 이와 같이 기보를 이용한 정책망 이외에도 빠르고 작은 정책망, 강화 학습 정책망을 활용한 최적화를 통해서 빠르게 판단하고 더 높은 승률의 수를 두도록 하였다.

바둑판의 형세를 판단: 가치망

가치망은 바둑판의 형세를 판단하는 기능을 가진다. 알파고는 스스로 바둑을 두면서 바둑판의 각 부분을 평가하고 특정 부분의 승리 확률을 계산하는 기능을 학습하였다. 바둑을 몇 집 차이로 이길지에는 관심이 없으며 오직 승리 확률이 높은 수만을 두도록 학습을 하였다. 확률로 표현한다면 **알파고의 승리 확률이 50%를 넘으면 승리할 가능성이 높은 국면**이 되는 것이다. 이 승리 확률을 안다면 누구나 훌륭한 바둑 기사가 될 수 있지만, 사실 바둑을 다 두기 전에는 자신이 둔 수에 대한 승리 확률을 알 수가 없다. 알파고는 가장 실력이 좋았던 정책망끼리 3,000만 회의 대국을 두게 하여 그 승리 확률을 계산하였다.

게임 트리에서 가장 좋은 수를 탐색하자: 몬테카를로 트리 탐색

알파고의 최종적인 착점을 결정하는 데 사용되는 방법이 몬테카를로 트리 탐색 방법이다. 몬테카를로는 모나코를 구성하는 행정구역의 하나이다. 이 도시는 도박장과 카지노가 유명한데 이 알고리즘은 바로 도박의 확률 이론에서 유래한다.

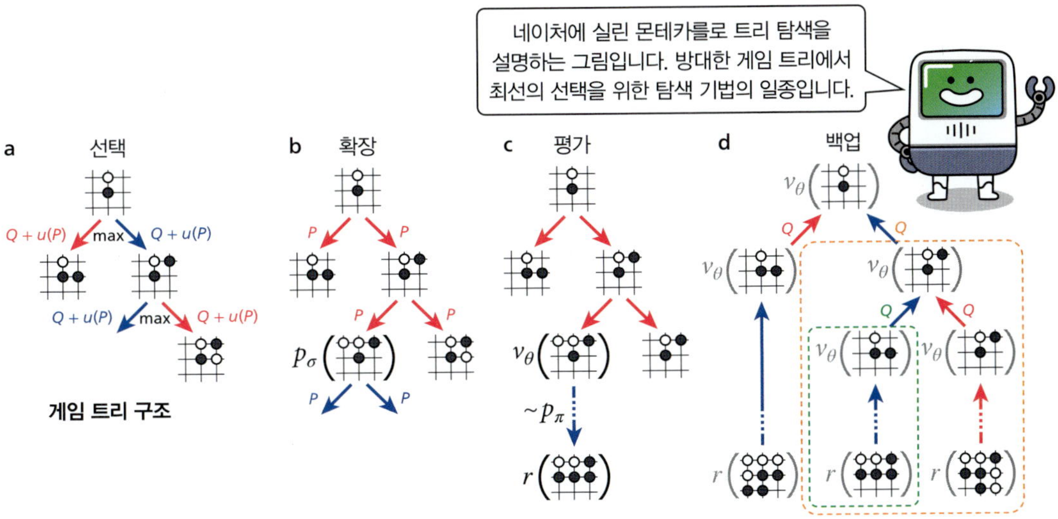

바둑은 자신의 수에 대하여 상대의 수를 읽고 그 다음 수를 탐색하는 게임이기 때문에 그 경우를 모두 나타낸다면 거대한 게임 트리 구조가 된다. 이렇게 방대한 **게임 트리 구조에서 가장 좋은 수를 탐색하는 것**은 현재의 계산 능력으로는 불가능하다. 이 때문에 일부만을 무작위로 뽑아서 탐색하는 기술을 사용하였는데 결과적으로는 이 방법으로도 비슷한 결과를 얻을 수 있었다고 한다. 물론 아무 데나 무작위로 두는 것은 아니며, 이 수가 유망한지 가치망을 통해서 형세를 따져본 다음 정책망으로 확장하여 수를 계산한다.

알파고의 개발자들은 이러한 기술의 상세한 연구 결과를 2016년 1월에 「심층 신경망과 트리 탐색 기법을 이용한 바둑 익히기(Mastering the game of Go with deep neural networks and tree search)」라는 제목의 논문으로 네이처에 기고하였다.

NOTE 컴퓨터는 바둑의 아름다움을 알지 못한다

알파고와의 다섯 번째 대국을 끝낸 후 이세돌 9단은 "**컴퓨터는 바둑의 아름다움을 알지 못한다**"는 말을 남겼다. 인간을 완벽하게 꺾은 알파고이기는 하지만 자신의 행동이 바둑을 두는 것이라는 것을 인지하지는 못했을 것이며 최고의 분산 처리 컴퓨터에서 돌아가는 최신 강화 학습 알고리즘에 의해 단지 최적값을 출력한 것이다.

02 알파고를 뛰어넘는 인공지능의 출현

알파고는 사실 여러 가지의 버전이 있는데 2015년도에 판 후이 2단과 대국을 한 버전의 알파고는 **알파고 판** AlphaGo Fan 이라고 하며, 이세돌 9단과의 시합에서 승리한 알파고는 **알파고 리** AlphaGo Lee 라고 부른다. 이 알파고는 계속하여 알파고 제로, 알파제로, 그리고 뮤제로 기술로 진화하였다. 알파고의 성취만으로도 과학 기술계는 큰 충격을 받았지만 알파고 이후의 진화 역시 충격적이다. 2016년 이세돌 기사와의 경기 이후, 2017년 딥마인드는 **알파고 리**의 후속 버전 **알파고 제로** AlphaGo Zero 를 발표하였다.

알파고 제로는 개발자들이 바둑의 기본적인 규칙만을 알려주었으나, 스스로 대국을 하면서 불과 3일 만에 알파고 리와의 시뮬레이션에서 100 대 0의 압승을 거두었다. 그리고 알파고 제로를 발표한 지 한 달 반 만에 딥마인드는 알파고 제로를 한층 더 개량한 **알파제로** AlphaZero 를 발표했다. 알파제로는 바둑에서도 이전 인공지능 버전인 알파고를 능가하였을 뿐만 아니라 **체스** chess 와 일본식 장기인 **쇼기** 将棋 의 인공지능 프로그램과의 대전에서 모두 승리를 거두었다.

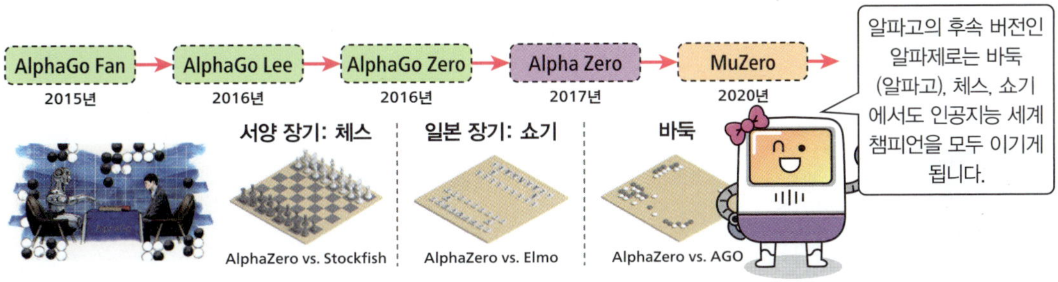

알파제로는 알파고와 같은 강화 학습 알고리즘을 사용하지만 체스의 기보를 보지 않고 기본 규칙만을 배운 상태에서 강화 학습을 수행한다는 점에서 차이가 있다. 알파제로는 9시간 동안 4,400만 회의 경기를 스스로 하였으며, 서양 장기인 체스의 가장 강력한 엔진인 **스톡피시** Stockfish 를 일방적으로 꺾는 능력을 보였다.

알파고, 알파고 제로, 알파제로는 모두 바둑, 체스 그리고 쇼기 등을 익히기 위해 반드시 게임 규칙을 사람이 사전에 알려주어야 했으며, **알파고의 경우 사람이 둔 기보를 통해 학습하는 방법을 사용**하였다. 하지만 딥마인드는 더 나아가 **알려지지 않은 환경에서 승리 전략을 계획**할 수 있는 능력을 가진 인공지능까지 선보였다. 이 새로운 인공지능의 이름은 **뮤제로** Muzero 라고 하는데 인간에 의한 **사전 학습이 필요없으며**, 심지어 규칙을 미리 알려주지 않은 경우에도 바둑, 체스, 쇼기, **아타리 게임** Atari Game 을 스스로 마스터하는 새로운 인공지능이다. 이 인공지능 뮤제로는 2020년 네이처를 통해 「학습된 모델로 계획을 세워 아타리 게임, 바둑, 체스, 쇼기 마스터하기(Mastering Atari, Go, chess and shogi by planning with a learned model)」란 제목의 논문을 통해 발표되었다.

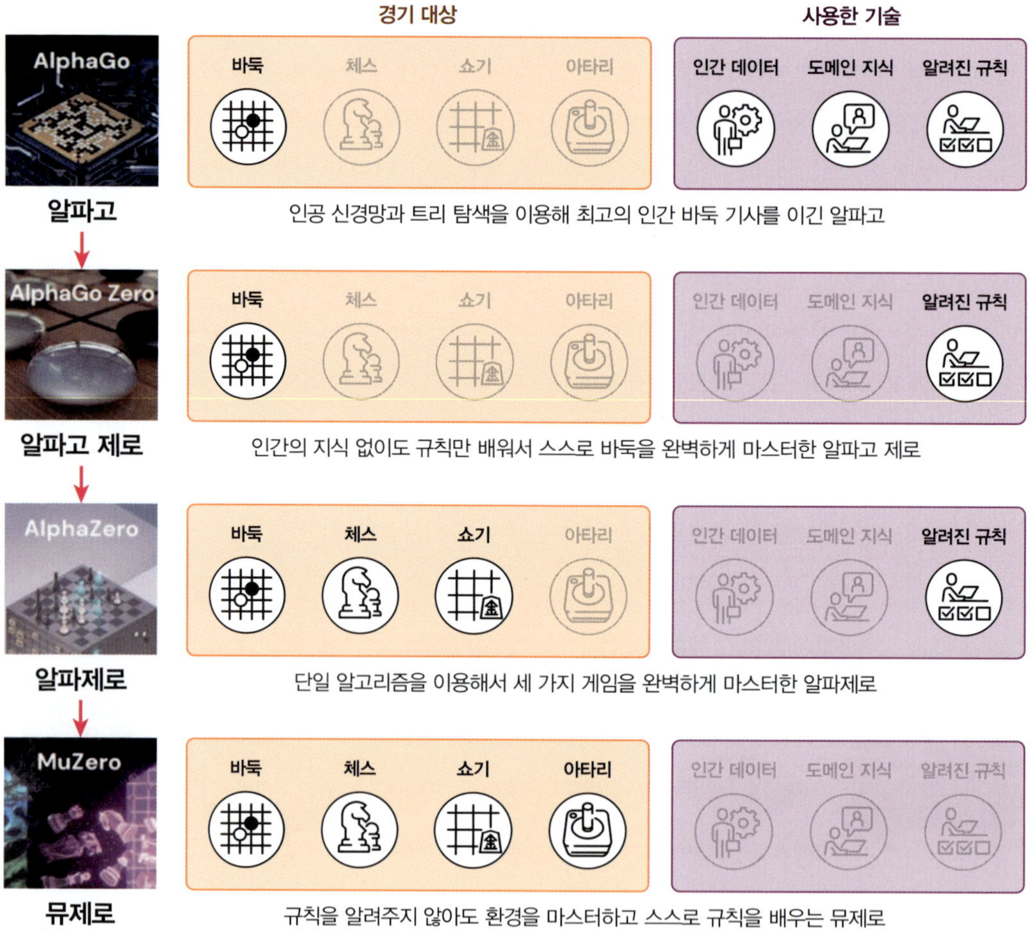

그림과 같이 알파고의 경우 인간 데이터(바둑의 기보), 도메인 지식, 알려진 규칙을 사전에 입력하여 인공지능을 구현하였다면, 알파고 제로와 알파제로는 알려진 규칙만을 가지고 인공지능이 스스로 학습을 하며 여러 종류의 게임을 한 것을 알 수 있다. 하지만 뮤제로의 경우 **사전에 게임에 대한 규칙을 전혀 주지않았음에도 환경을 마스터하고 스스로 규칙을 깨우치는 놀라운 인공지능**임을 알 수 있다.

다른 사람이 게임하는 것을 **어깨너머로 보며 눈치껏 게임을 따라하며 배우는 방식**의 계획할 수 있는 능력은 인간 지능의 중요한 부분인데, 뮤제로의 환경 모델 학습과 성공적인 계획 능력은 강화학습뿐만 아니라, **범용 인공지능 분야의 가능성을 연 중요한 기술**이라 할 수 있다. 이런 기술이 현재까지 규칙과 해결책이 알려지지 않은 여러 가지 복잡하고 어려운 현실 문제에 도입된다면, 그동안 인류가 알지 못했던 세상의 많은 비밀들을 풀어줄 수 있을 것으로 기대한다.

03 알파고의 시작: 아타리 게임을 하는 인공지능

추억의 게임기: 아타리 게임기

아타리는 미국의 게임회사로 1970년대에 비디오 게임기와 여러 종류의 게임을 출시하여 선풍적인 인기를 얻었다. 아래 그림은 **Pong 게임**과 **벽돌깨기 게임**의 화면이다. Pong 게임은 2명의 경기자가 막대기를 상하로 조절해서 공을 반사시켜 게임을 하는 방식이다. 벽돌깨기 게임은 공을 반사시켜 벽돌을 깨고 튀어나오는 공을 다시 반사시켜 점수를 올리는 방식으로 동작한다. 과거에는 게임을 할 수 있는 하드웨어 성능이 오늘날과 같이 뛰어나지 않았기 때문에, 이와 같이 단순한 2차원 화면에서 간단한 조작으로 점수를 올리는 방식을 선호하였다.

1970년대 출시된 아타리 게임기

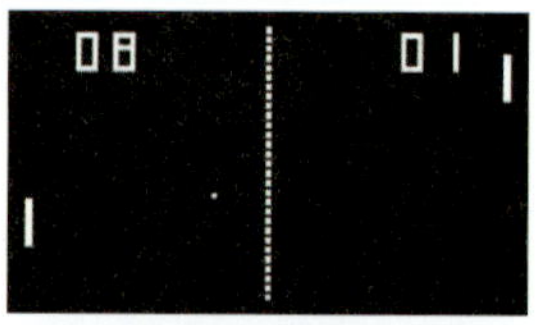

Pong 게임

벽돌깨기 게임

현재 상태를 바탕으로 보상을 최대로 하는 강화 학습 기술

구글에 합병되기 이전인 2013년 딥마인드사는 「심층 강화 학습을 이용한 아타리 게임하기(Playing Atari with Deep Reinforcement Learning)」라는 제목의 논문을 통해서 아타리사의 여러 가지 게임을 스스로 학습하는 **강화 학습** reinforcement learning 기술에 대해 소개하였다.

이 논문에서 소개된 강화 학습 기술은 벽돌깨기 게임을 스스로 학습하여 점수를 올리는 방법을 터득하는 획기적인 내용이었다. **강화 학습**은 행동심리학에서 영감을 받았으며, 어떤 환경 안에서 정의된 에이전트가 현재의 상태를 인식하여, 선택 가능한 행동들 중 **보상** reward 을 최대화하는 행동 혹은 행동 순서를 선택하는 방법이다. 즉, **환경과의 상호작용을 통해 학습해 나가는 것**이다. 에이전트는 상태라고 부르는 다양한 상황 안에서 정책에 따른 행동을 취하며 점차 학습해 나간다. 에이전트가 취한 행동은 그에 대한 응답으로 양(+)이나 음(−) 또는 0의 보상을 돌려받는다.

다음 그림은 **팩맨** Pac-Man 이라는 게임에 등장하는 주인공 캐릭터 팩맨과 게임 환경을 보여주고 있다. 이 게임 속의 환경은 에이전트가 행동을 하는 공간으로 상태에 따른 보상을 하고, 에이전트는 행동을 취할 수 있으며 여러 가지 정책을 선택할 수도 있다.

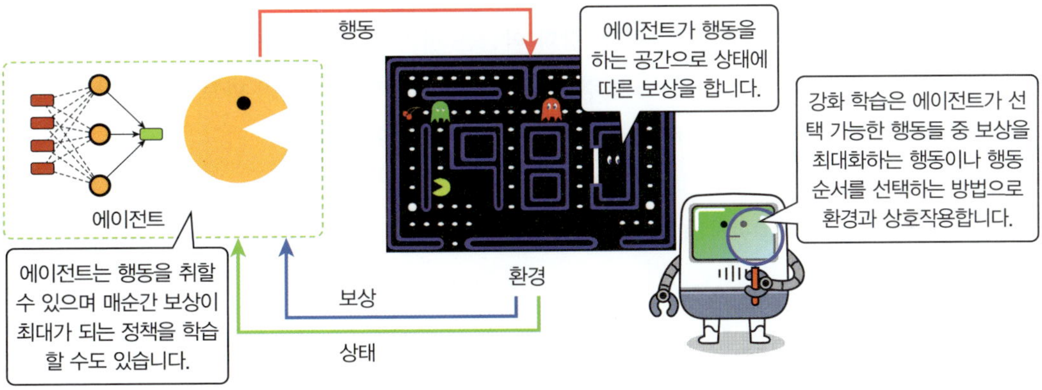

여기에서 에이전트의 목표는 처음 시작하는 시점부터 종료 시점까지 일어나는 모든 에피소드에서 받을 보상값을 최대로 끌어올리는 것이다. 이를 위해 음(−)의 보상을 받는 행동은 최대한 피하도록 하고, 양(+)의 보상을 받을 수 있는 행동을 강화시킨다는 의미에서 강화 학습이라는 이름이 붙게 되었다. 이렇게 에이전트가 학습을 하는 과정에서 점점 발전하게 될 의사결정 전략을 **정책** policy 이라고 한다.

계속해서 **팩맨** 게임의 예를 들면, 이 게임의 주인공인 팩맨 캐릭터는 게임 환경과 상호작용을 하면

서 이동하고 점수를 획득하며 유령 캐릭터와 충돌하면 생명을 잃는 역할을 하는 **에이전트**이다. **상태**는 매 순간 스크린에 보여지는 이미지이고, 한 에피소드는 게임의 한 판이 시작되는 시점부터 끝나는 시점까지의 내용이다. 에이전트가 취할 수 있는 행동은 '앞으로 이동', '뒤로 이동', '위로 이동', '아래로 이동' 등이 있다. 각각의 행동에 따라 보상은 달라질 수 있는데, 이에 따라 에이전트가 점수(●)를 먹거나 보너스 아이템을 얻은 경우 양(+)의 보상을 받고, 유령 캐릭터와 충돌하는 경우 음(−)의 보상을 받도록 설계할 수 있다. 이때 팩맨 캐릭터가 그냥 아무것도 하지 않는다면 보상은 0이 될 것이다.

이와 같은 상호작용이 무한히 반복되어 에이전트가 **보상을 최대로 얻기 위해 노력한다면 그 능력이 강화된다**고 할 수 있다. 에이전트는 매 순간 보상을 최대화하는 방향으로 그 행동을 선택하게 되는데 이것을 학습하는 것이 정책망이다. 강화 학습은 이러한 결정을 순차적으로 내려야 하는 문제에 적용할 수 있다. 이러한 문제를 모델링할 때 사용하는 수학적인 틀이 **마르코프 의사결정 프로세스** Markov Decision Process: MDP 라고 하며 아래와 같은 요소를 가진다.

- **상태** state : 에이전트의 정적인 요소와 동적인 요소이다. 예를 들어 에이전트의 속도, 가속도 등이 될 수 있다. 에이전트는 상태를 기반으로 의사결정을 한다.
- **행동** action : 어떠한 상태에서 취할 수 있는 행동이다(에이전트의 상, 하, 좌, 우 이동).
- **보상** reward : 에이전트가 학습할 수 있는 유일한 정보로 양의 보상, 음의 보상이 있다.
- **정책** policy : 순차적 행동 결정문제에서 구해야 할 답, 모든 상태에 대해 에이전트가 어떤 행동을 해야 하는지 정해 놓은 것이다.

강화 학습의 무한한 가능성

딥마인드사는 아타리 게임을 하는 효율적인 강화 학습 알고리즘을 개발하였고 이어서 알파고를 선보이며 전 세계의 주목을 받았다. 하지만 강화 학습이 게임만 잘하는 것은 아니다. 구글 로봇팀에서 연구 개발하고 있는 강화 학습은 로봇 시뮬레이션 시나리오뿐만 아니라 실제 환경에서도 인간의 행동을 흉내 내는 **휴머노이드** Humanoid 로봇과 같은 물체에 대한 행동 인식과 동작도 설계할 수 있다.

2021년도 현대자동차 그룹이 약 1조 원으로 인수한 보스턴 다이나믹스사는 로봇 기술에서 세계에서 가장 앞선 회사로 평가받고 있다. 이 회사에서는 2021년 2족 보행 로봇 **캐시** Cassie 가 걷는 영상을 공개하였는데, 이 로봇은 **강화 학습을 통해서 시행착오를 해가며 걷는 방법을 터득**하였다. 다리가 두 개인 이 로봇은 마치 아기가 걸음마를 배우듯이 야외에서 빠르게 걷기, 옆으로 걷기, 방향 틀기, 웅크리고 걷기, 예상치 못한 하중 견디기 등의 **여러 가지 새로운 과제를 스스로 학습**하며 수행하였다.

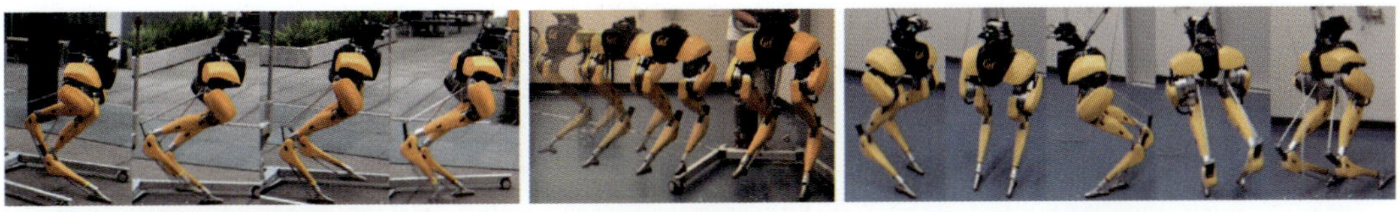

야외에서 빠르게 걷기 옆으로 걷기 방향 틀기

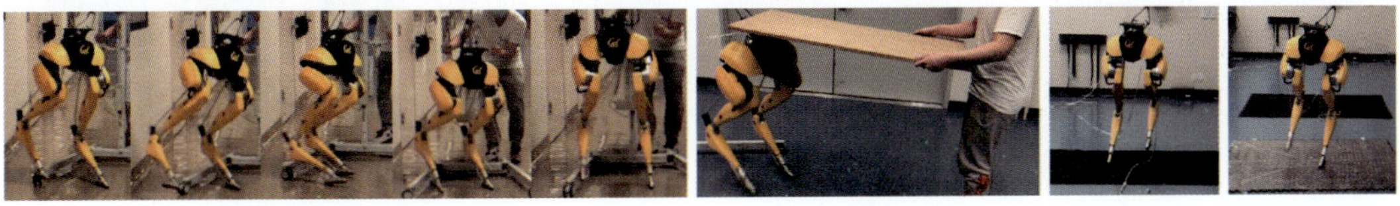

미끄러졌다가 복구하기 물건 함께 들기 미끄럼 예방 미끄러운 곳 걷기

하나의 에이전트가 주어진 환경에서 자신의 보상을 최대화하는 행동 또는 행동 순서를 학습하는 것이 강화 학습이라면 다수의 에이전트가 협업 또는 경쟁하는 환경에서의 문제를 강화 학습을 통해 해결하려는 방법이 바로 **다중 에이전트 강화 학습** multi-agent reinforcement learning 이다. 이 로봇 캐시는 2족 보행을 하는데 인간과 함께 물건을 들고 옮기는 일을 수행하는 어려운 작업도 해내고 있다.

강화 학습은 지도 학습처럼 미리 정답을 알려주고 이를 맞추는 방식이 아니라 에이전트가 알려지지 않은 환경과 상호작용하며 시행착오를 통해서 학습을 하는 방식이므로 인간의 학습 방법과 매우 유사하다고 할 수 있다.

04 스스로 이동하는 자동차

자동차의 시작과 자율주행의 역사

1886년 카를 벤츠가 만든 최초의 자동차

자동차 역사의 시작을 1886년 **카를 벤츠** Karl Benz 가 만든 삼륜 가솔린 자동차 **모터바겐** motorwagen 으로 잡는다면 약 130년이 넘는 긴 역사로 볼 수 있을 것이다. 하지만 스스로 주행하는 무인 자동차는 벤츠의 자동차로부터 약 90년이 지난 1977년 처음 세상에 나왔다. 일본 **츠쿠바 기계공학 연구소** Tsukuba Mechanical Engineering Laboratory 는 미리 표시해둔 흰색 표시를 쫓아 주행하도록 설계된 자율주행 자동차를 세계 최초로 제작했다. 비록 최고 속도는 시속 30km에 불과했지만, 진정한 의미의 최초의 자율주행 자동차로 볼 수 있을 것이다. 이후 유럽과 미국의 대형 자동차 회사는 그들의 앞선 기술을 선보이기 위하여 자율주행 분야에 지속적인 투자를 해 왔다.

이러한 자율주행 자동차 기술의 획을 그은 사건은 미국 국방부에서 주최하여 2004년부터 시작된 **DARPA**의 **그랜드 챌린지** Grand Challenge 로 볼 수 있을 것이다. DARPA라는 조직은 **방위 고등 연구 계획국** Defense Advanced Research Projects Agency 의 약자로 미국 국방부 산하의 조직이다. 이 조직은 민간과 국방 기술의 격차를 해소하기 위한 고위험 혁신적 연구 지원을 담당하는 중요한 조직이다. DARPA는 2004년, 2005년, 2007년 3회에 걸쳐 자율주행 자동차 경주 대회인 그랜드 챌린지를 개최했다. 그 당시 미국 의회는 2015년까지 지상군 병력의 3분의 1을 대체하기 위한 로봇을 개발한다는 목표 아래 1차 그랜드 챌린지의 상금 100만 달러를 승인했다.

2004년 3월 개최된 1차 대회는 미국 캘리포니아주 바스토와 캘리포니아-네바다 주 경계 프림 사이 240km 모하비 사막 지역에서 개최됐다. 이 대회에서 카네기 멜런 대학교의 레드팀이 험비 차량을 개조한 **샌드스톰** Sand Storm 으로 참여해 11.78km를 주행했지만 전체 코스를 완주한 팀이 없어 우승팀은 뽑지 못했다. 2005년 10월 개최된 2차 챌린지에서는 5개 팀이 212km 코스를 완주했으며, 스탠퍼드 대학교의 스탠리가 1위를, 카네기 멜런 대학의 샌드스톰과 하이랜더가 각각 2위와 3위를 차지했다.

2007년의 제3차 대회는 기존의 시외곽 도로가 아닌 인공적으로 만든 96 km의 도시 구간을 달리는 대회인 **어반 챌린지** Urban Challenge 로 개최되었다. 이 대회는 1, 2, 3등에 각각 200만 달러, 100만 달러, 50만 달러의 상금이 걸려 있었으며 캘리포니아 빅터빌 소재 조지 공군기지에서 개최되었다. 대회 결과 1위는 쉐보레 타호를 개조한 카네기 멜런 대학교의 **타탄** Tartan 레이싱팀, 2위는 폭스바겐 파사트 웨건을 개조한 스탠퍼드대학의 **주니어** Junior 가 차지했다. 이 대회에 참가한 자동차는 단순히 주행만 하는 것이 아닌 여러 가지 규칙을 준수해야만 했는데, 대회에 포함된 규칙에는 **모든 교통 규칙을 준수**할 것, **다른 차량, 장애물 그리고 합류하는 차량들 속에서도 안전하게 운전할 것** 등 비교적 어려운 과제가 포함되어 있었다.

타탄 레이싱팀의 자율주행 자동차

이러한 대회를 통해서 많은 대학과 연구소는 자율주행에 대한 경험을 확보하게 되었으며 이 기술 경험을 바탕으로 자율주행 기술은 한 단계 도약을 하게 되었다. DARPA의 그랜드 챌린지 참가 멤버들은 현재 미국 자율주행 개발의 중추 역할을 하고 있다. 2005년 대회에 참여했던 스탠리, 2007년 우승자로 주니어 개발을 주도한 **세바스찬 스런** Sebastian Thrun 과 멤버들, 그리고 상위권이었던 카네기 멜런 대학교의 연구팀 등이 대회 이후 구글에 영입되어 본격적인 자율주행 자동차 기술 경쟁이 시작됐다.

NOTE 자율주행 자동차와 관련한 법적인 한계

세계적인 IT 기업인 구글은 DARPA의 무인 자동차 대회에서 활약한 카네기 멜런 대학교와 스탠퍼드 대학교의 우수한 연구팀을 영입하여 2009년부터 자율주행 자동차 개발에 매진해 왔다. 그리고 다양한 자동차를 개조하여 2021년 8월에는 미국 샌프란시스코에서도 시범 운행을 시작했다. 이 자율주행 차량은 차선 변경, 신호 준수를 스스로 하며 충돌 위험을 피하는 방식으로 운행되고 있다.

하지만 이러한 자율주행 차량에 대해 2013년 3월 3일 비즈니스인사이더는 무인 자동차가 가진 한계점에 대해 분석 보도했다. 이 잡지는 무엇보다 법적인 부분을 주목했다. 예를 들어, 교통사고가 인명 사고로 이어질 경우 법적인 책임은 자율주행 소프트웨어 제공자, 차량 소유주, 차량 운행 요청자, 자동차 생산업체에 어떤 비중으로 물을 것인지에 대한 문제가 있다. 이 부분이 분명히 정리되지 않은 상태에서 사고로 인한 소송에 휘말릴 경우 모든 주체들이 어려움을 겪게 될 것이다.

자율주행 자동차 기술은 첨단 정보 통신 기술의 집합체

로봇 기술, 드론 기술 등 중요한 기술도 많으나 자율주행 자동차 기술은 첨단 정보 통신기술의 집합체이다. 자율주행 자동차를 위해서는 각종 센서와 카메라, 휴먼-머신 인터페이스 시스템, 차량 제어 시스템, 협력 주행을 위한 여러 기술이 한데 어우러져야 한다. 특히 정보통신에 바탕을 둔 기계 장치들이 시각이나 청각 등 인간 본연의 인지 영역을 대신한다는 점이 이채롭다. 무엇보다 로봇 산업이나 드론 산업에 비해서 규모가 크고 우리의 삶에 밀접한 영향을 끼칠 기술이다.

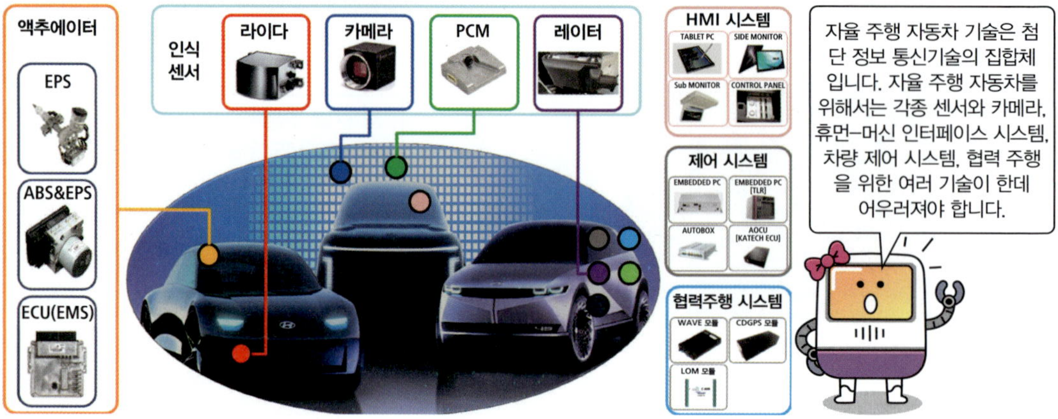

출처: 현대자동차

이 때문에 자율주행 자동차는 미래 교통산업을 이끄는 신성장동력으로 주목받고 있다. 삼정 KPMG가 발간한 「자율주행이 만드는 새로운 변화」 보고서에 따르면 글로벌 자율주행 자동차 시장 규모는 오는 2025년 1549억 달러, 2035년 약 1조 1204억 달러(한화로 약 1,385조 원)를 기록할 것으로 예상된다. 국내 자율주행 자동차 시장규모 역시 2025년 약 3조 6193억 원, 2035년 약 26조 1794억 원으로 연평균 40%의 성장세를 나타낼 전망이다. 특히 2030년이 지나면 자율주행 인프라 기술의 발전으로 **제한 자율주행 자동차 시장 규모와 완전 자율주행 자동차 시장 규모가 역전될 것**으로 보인다.

자율주행을 위한 과정: 인지, 판단, 제어

자율주행은 실시간으로 여러 센서나 카메라의 영상을 통하여 수집된 데이터를 처리하여 상황을 인식하고, 가속, 감속, 정지, 회피 등의 대응을 신속히 판단하여야 한다. 또한 자율주행에서의 데이터 처리는 입력 영상 혹은 입력 데이터가 연속적인 값을 가지고 이에 따른 행동 결과 또한 연속적인 값을 가지기 때문에 이를 실시간으로 빠르게 해결하는 것이 핵심적 요소라고 할 수 있다.

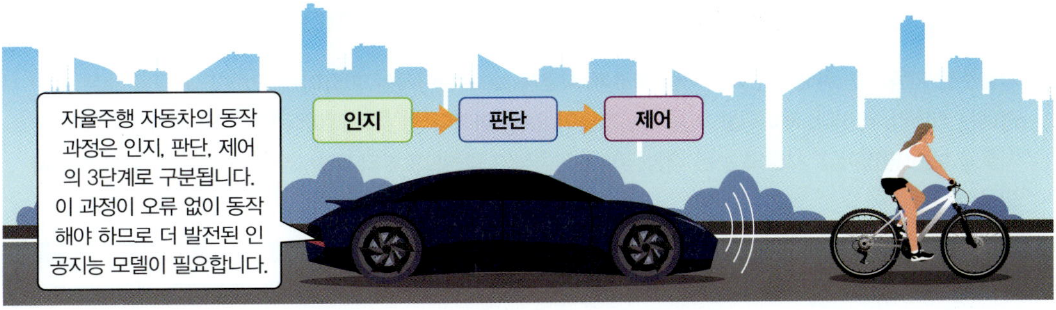

자율주행 차량 시스템의 동작 과정은 일반적으로 인지·판단·제어의 3단계로 분류된다. **인지** 기능은 카메라, 레이더, 라이다(LiDAR) 등 차체 내부의 센서 정보를 통해서 차량 주변 환경 정보를 알아차리는 것, **판단** 기능은 인지된 정보를 이용해 향후 벌어질 일을 예측한 후 가장 안전하고 빠른 차량 궤적을 생성하는 것, **제어** 기능은 최종적으로 생성된 차량 궤적을 부드럽고 정확하게 따라갈 수 있도록 운전대·액셀러레이터·브레이크를 조작하는 것이다. 최근 이 세 분야에 모두 딥러닝에 기반한 인공지능 기술이 큰 성과를 거두고 있다.

인지	컴퓨터 비전 기술의 발전으로 과거에는 어렵게 여겨졌던 카메라를 이용한 주행 환경 인지 기술이 자리를 잡고 있다. 차량에 탑재된 소형 카메라를 통해 입력된 이미지에 딥러닝을 적용하면 자율주행 시스템에 필요한 차선, 운전 가능 도로, 교통 표지판, 교통 신호 등의 정적인 환경 정보와 차량, 보행자, 자전거와 오토바이 등의 동적 환경 요소를 검출, 분류할 수 있다. 또한 **기존에는 인식이 불가능하다고 여겨졌던 영역의 성능까지 점차 개선**되고 있다. 앞으로 카메라의 이미지 정보뿐 아니라 레이더와 라이다의 센서 정보, 그리고 차량 간 통신에서 오는 정보를 모두 딥러닝에 적용할 경우 인간의 인지능력을 뛰어 넘는 자율주행 자동차의 인지 시스템을 구현할 수 있을 것으로 전망되고 있다.
판단	딥러닝 기술은 차량의 궤적을 생성하는 판단 기능에도 유용하게 사용될 수 있다. 미래의 움직임을 판단하고 결정하려면 다른 운전자의 움직임을 예측해야 한다. 하지만 다양한 운전 방식을 파악하고 이를 수학 모델로 정의하긴 쉽지 않다. 다른 차량 운전자가 어떻게 운전할지 논리적으로 예측하는 건 불가능하기 때문이다. 이처럼 행동 방식을 논리적으로 파악하기 어려울 때 딥러닝은 매력적인 솔루션이 된다. 다양한 운전 방식과 관련 센서 정보를 데이터로 입력한 후 이를 딥러닝 알고리즘으로 학습한다면 정확한 **수학 모델없이 데이터만으로도 다른 운전자의 운행을 예측할 수 있는 기술의 구현이 가능**하다. 이러한 방식은 논리적으로 설명하기 어려운, 운전자들의 미묘한 운전 규칙도 포함할 수 있기 때문에 발전가능성이 무궁무진하다.
제어	고도의 안정성이 요구되는 차량 제어 기능을 구현하려면 검증된 기존 기술을 사용하는 게 일반적이다. 하지만 탑승자의 승차감을 튜닝하기 위한 제어 기능엔 딥러닝을 적용할 여지가 있다. 승차감은 개개인이 느끼는 감성적 요소인 만큼 '공학적 기준'을 만들어 적용하기엔 한계가 있다. 따라서 이 경우, 딥러닝 기술을 활용해 **개개인의 운전 방식을 데이터화하면 인간 감성을 고려한 차량 제어가 가능**해진다. 다시 말해 단순 자율주행 기능뿐 아니라 탑승자의 안색 · 음성 · 상태 등을 인식, 개별 탑승자에게 '맞춤형 편의 기술'을 제공하는 서비스에도 딥러닝이 적용될 수 있다.

NOTE **자율주행 자동차의 눈은 무엇이 될까? 라이다와 레이더, 카메라**

자율주행 자동차를 위해서는 사람처럼 빠르게 사물을 보고 판단하는 기술이 필요하다. 사물을 보는 기술 중에는 카메라, 라이다, 레이더를 이용하는 기술이 있다. **라이다** LiDAR 와 **레이더** RADAR 의 가장 큰 차이라면 사물을 보는 방법이다. 사람의 눈은 태양광이나 인공적인 광원으로부터 배출되어 반사되는 빛을 매개로 사물을 본다.

라이다는 Light Detection And Ranging의 약자로 **고출력 레이저 펄스**(빛)를 발사해 레이저가 목표물에 맞고 되돌아오는 시간을 측정한다. 이를 통하여 사물 간 거리와 사물의 형태를 파악한다. 레이더는 Radio Detection And Ranging의 약자로 라이다와 동일한 방식으로 작동하지만 전파를 발사해 물체에 맞고 되돌아오는 데이터로 물체의 거리, 속도, 방향 정보를 파악한다.

반면, 테슬라의 CEO인 일론 머스크는 카메라만으로 자율주행 자동차의 운행이 가능하다고 주장한다. 사람이 두 개의 눈만으로 운전을 하듯 저렴한 카메라를 여러 개 설치한 후, 이 운행 데이터를 딥러닝 기술로 학습시킨다면 자율주행 자동차가 안전하게 운행할 수 있을 있을 것이라고 예측했다. 그러나 카메라 방식의 가장 큰 문제점은 야간 주행 시 물체를 식별하기 어렵다는 점에 있다.

05 강화 학습을 자율주행 자동차 운행 기술에 적용하자

강화 학습과 자율주행 자동차 기술

인공지능이 인간을 이긴 바둑만큼이나 경우의 수가 많은 것이 바로 운전 기술이다. 자동차는 달리는 도중에 도로와 차선, 교통 신호, 과속 카메라, 다른 자동차의 운행, 자전거, 오토바이, 보행자, 심지어 유모차와 같은 수없이 많은 정보를 받아들이며 목적지까지 안전하게 운행해야만 한다. 이뿐만 아니라 폭우, 안개, 태풍, 땅꺼짐 현상, 강한 바람, 도로 주변의 산불, 야생 동물의 출현, 교통사고 차량, 도로의 파손과 같은 예측하기 힘든 많은 상황이 있을 것이다. 2020년 자율주행 차량의 운행이 허락된 샌프란시스코의 일부 지역은 교통 인프라가 좋으며, 일년 내내 일정한 기온이 유지되고, 태풍이 거의 오지 않으며, 폭우가 많이 내리지 않기 때문에 자율주행 자동차의 운행이 비교적 쉬운 조건이라고 볼 수 있다.

폭우

도로 침수

도로 정체

안개와 빙판길

앞서 살펴본 것처럼 자율주행 자동차의 기능은 인지·판단·제어로 분류된다. 하지만 이 모두는 사람이 설계한 범위 안에서 작동하기 때문에 설계 시점에서 예상하지 못한 상황에서는 적절히 대처

할 수 없다. 따라서 이런 가정을 해볼 수 있다. 기능적 구분과 설계 없이 운전에 필요한 과정을 통째로 학습하는 딥러닝으로 자율주행 알고리즘을 구현하면 어떨까?

자율주행에 필요한 중간 기능 분류 없이 운전 과정 전체를 학습하는 방법을 **엔드투엔드** end-to-end 자율주행이라고 한다. 엔드투엔드 자율주행 자동차는 운전에 필요한 센서 데이터를 직접 입력받고 다양한 운행 상황에 대해 학습한 후 스티어링과 액셀러레이터, 브레이크 값을 직접 출력한다. 즉 딥러닝 알고리즘 안에서 인지·판단·제어 기능이 처음부터 끝까지 신경망으로 구현되는 것이다.

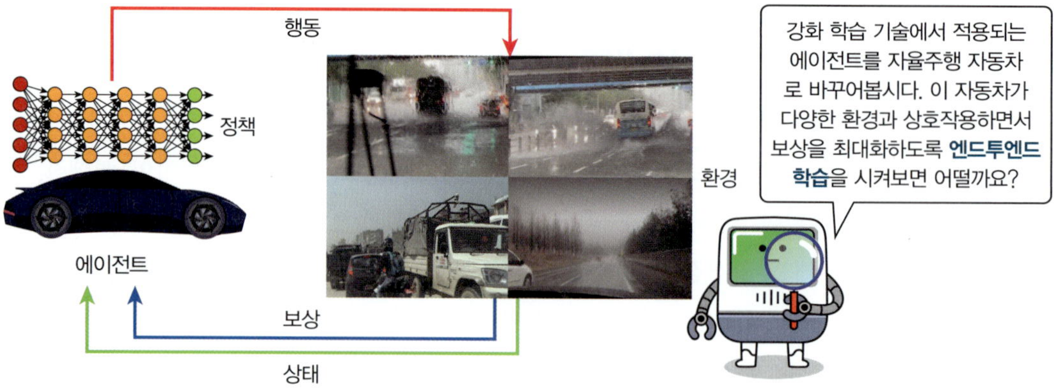

엔드투엔드 학습 방식엔 운전자의 운행 방식을 데이터로 수집하여 이를 모방하는 학습 방식과 **시뮬레이터를 이용해 가장 최적화된 운전 방식을 스스로 학습하는 강화 학습 기반 방식**이 있다. 엔드투엔드 방식을 자율주행 자동차에 적용하면 새로운 운행 환경과 관련해 추가 기능이 필요할 때 인지·판단·제어 알고리즘을 매번 재설계하거나 변경하지 않고, 새로운 상황에 대한 데이터를 추가해 학습함으로써 자율주행 시스템을 구현할 수 있을 것이다. 이와 같이 자동차가 다양한 환경과 상호작용하며 스스로 학습하도록 하는 기술에 강화 학습은 매우 유용할 것이다.

강화 학습 기반의 자율주행 자동차는 어떤 보상이 주어져야 할까? 이 보상에는 단기적 보상과 장기적 보상이 있을 수 있는데, **단기적 보상은 자율주행 자동차가 안전하게 목적지까지 도착**하는 것이며, **장기적 보상은 자동차가 안전하게 목적지까지 도착하되 최대한 빠른 시간에 도착**하는 것이 될 것이다.

인간 친화적인 운전과 설명 가능한 자율주행 문제

자율주행 자동차가 인간이 원하는 목적지까지 안전하고 빠르게 도착하기 위한 경로와 운전 방식을 선택하는 데 있어서 또 다른 고려사항이 있다. 자율주행 자동차를 타거나 반자율 운전을 경험해 본 탑승자들은 **주행 중이나 주행 후에 멀미와 두통을 경험했다는 사례**가 많이 보고되었다. 강화 학습의 원리는 에이전트가 환경 속에서 보상을 최대화하는 방향으로 정책을 만들어 가는 것인데 단기적 보상(안전 우선)과 장기적 보상(도착 시간 우선)에 의하여 운행을 할 경우 인간 탑승자가 느끼는 안락함에 대한 가중치가 떨어질 수 있다. 문제는 이 안락함이 매우 주관적이며 사람마다 다르기 때문에 **어떤 방식으로 인간 친화적인 운전에 대한 보상값을 주어야 할지**는 매우 큰 도전 과제라는 것이다. 아주 뛰어난 기술이라도 이용자에게 큰 만족감을 주지 못하여 실패하는 사례가 많기 때문에 이러한 도전을 자율주행 자동차 기술이 어떻게 뛰어 넘을지 주목해야 한다.

인간 친화적이지 않은 운전의 사례로는 잦은 급제동 상황이 있다. 차량이 급제동을 자주하게 될 경우 차량 탑승자의 불편함과 불쾌감은 매우 증가한다. 도로에서 발생하는 급제동의 주된 원인은 앞서가는 차량에서 발생하는 경우가 많다. 다중 에이전트 강화 학습에서 살펴본 바와 같이, 만일 여러 대의 자율주행 자동차들이 도로에서 상호작용하며 협업을 한다면 자율주행의 편의성은 더 증가할 것이다. 예를 들어, 앞 차에서 발생한 교통 사고 상황을 뒤 차량에 빠르게 전달하는 것이 가능하다면 뒤따라 가는 차량은 서서히 속도를 줄여 급제동은 줄어들 것이며 안전하고 보다 인간 친화적인 이동이 가능할 것이다.

또 하나의 문제는 **자율주행을 위한 설명 가능한 인공지능 기술**이다. 자율주행 기술은 잘못 운영될 경우 인간의 생명을 빼앗을 수 있기 때문에 블랙박스에 해당하는 딥러닝 기술에만 의존한 자율주

행 알고리즘을 만들어 냈다는 사실 자체가 자율주행 실현의 발목을 잡을 수 있다. 이미 설명 가능한 인공지능 문제에서 다루었지만 딥러닝의 원리는 수백만 개 이상의 신경망 가중치가 학습을 통해 복합적으로 연결돼 있고, 그 결과가 출력되는 구조이다. 하지만 이 네트워크를 왜 그런 결과가 나왔는지 논리적으로 분석, 검증하는 건 매우 어렵다. 대다수의 운전자가 정확한 논리 구조와 절차에 의해 운전하는 게 아니라 머릿속 운전 신경 네트워크를 따라 습관적으로 운전하는 것처럼 엔드투엔드 방식도 **설계된 논리적 절차가 아니라 학습으로 형성된 네트워크에 의해 운전**하기 때문이다.

쉽게 말해 인간이 자동차 운전을 하는 경우 주어진 상황에 따라 운전자가 어떻게 운전할지 100% 예측하기 어려운 것처럼 강화 학습 방식을 적용한 자율주행 자동차 역시 어떻게 운전할지 100% 예측이 불가능하다. 이에 따라 완전한 자율주행을 실현하려면 더 많은 설명 가능성에 대한 연구가 필요하다.

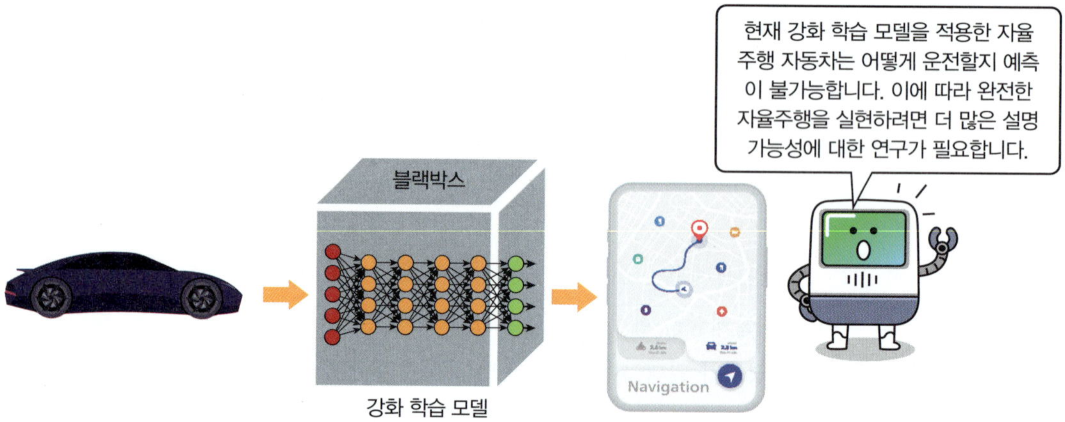

컴퓨터가 만드는 명상 음악을 감상하자

[실습 목표]

이번 실습에서는 음악 분야에서 인간과 유사하게 창의력을 발휘하여 작곡을 하고 연주를 하는 **아이바** Artificial Intelligence Virtual Artists: AIVA 를 이용하는 방법을 익혀보자. 인공지능 작곡가 아이바는 바흐, 베토벤, 모차르트 등 위대한 작곡가가 쓴 교향곡 1만 5천 곡을 토대로 학습을 하였다고 한다. 이 실습을 통해서 직접 음악을 만들어보고 아이바가 연주하는 명상 음악을 감상해 보자.

[실습하기]

[단계 1] 실습을 위하여 웹사이트에 접속하도록 하자.

```
https://creators.aiva.ai/
```

[단계 2] 명상 음악을 만들기 위해서 이 사이트에 로그인 한다. 다음의 창이 나타나면 [Continue with Google]을 이용하여 구글 계정으로 로그인 하거나 [Create an account]를 클릭하여 계정을 만들도록 하자. Finalize account creation 화면에서 [I agree to the EULA and Privacy Policy]를 체크한 후 [Create an account]를 선택하도록 하자.

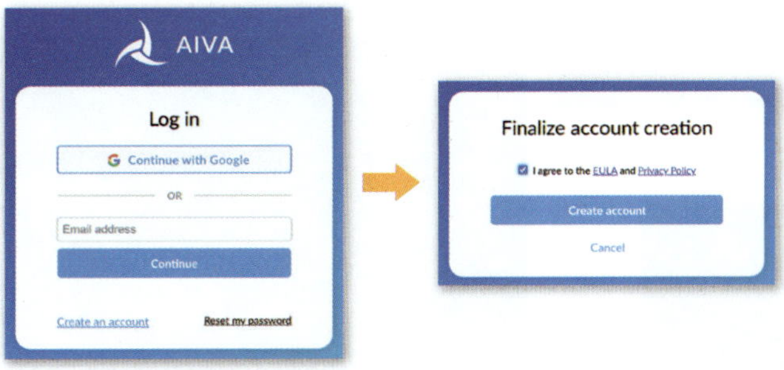

[단계 3] 계정을 만들면 다음 그림과 같이 화면의 왼쪽에 사용자를 위한 메인 메뉴가 있으며 환영 인사말 아래에 사용자의 유형을 입력해야 한다. 여러분이 처음 로그인을 해서 사용하는 경우라면 아마추어 작곡가(I am an Amateur Composer) 유형을 선택하자.

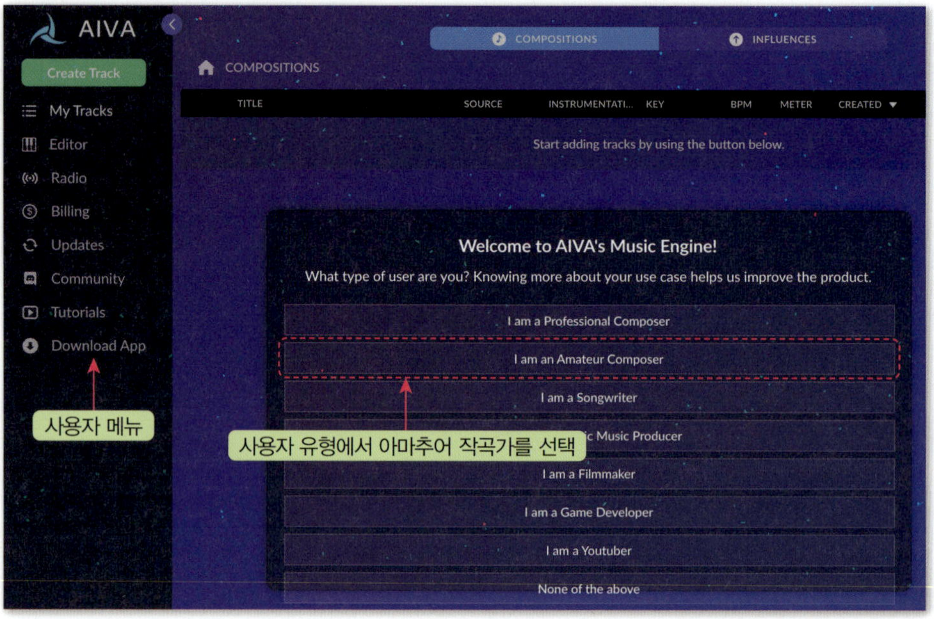

[단계 4] Welcome to AIVA의 [Watch Tutorial] 메뉴를 클릭하여 사용법 영상을 익히도록 하자. 필요할 경우 유튜브의 한국어 자막이 자동 번역되도록 하자.

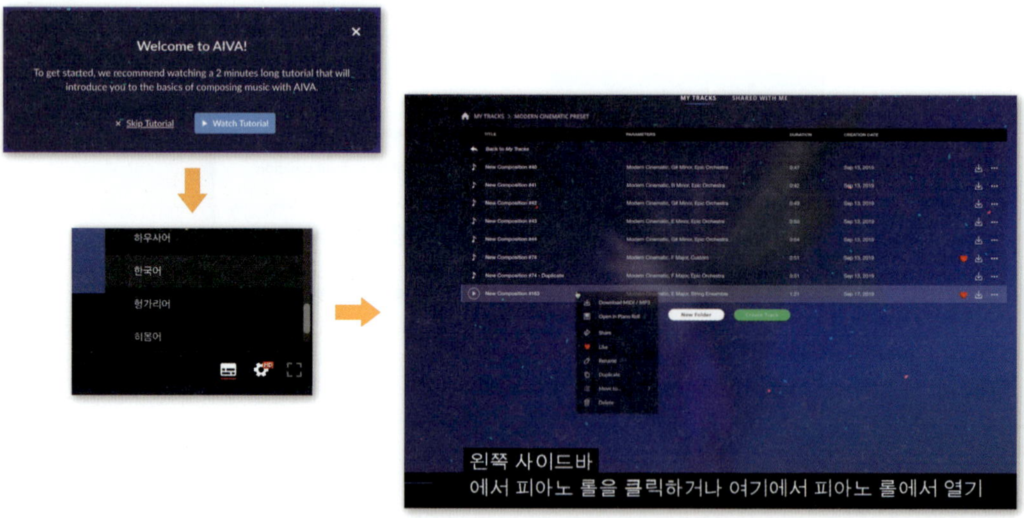

[단계 5] 사용법 영상을 다 본 후 아래쪽의 [Create Track] 버튼을 클릭하여 음악 트랙 만들기에 도전하자.

[단계 6] 트랙 만들기를 선택하면 다음과 같이 여러 가지의 음악 스타일을 표시해 준다. 여러분이 락 음악을 좋아한다면 [Heavy Rock]을 선택할 수도 있을 것이다. 여기에서는 [Meditation]을 클릭하여 명상 음악을 만들어보자.

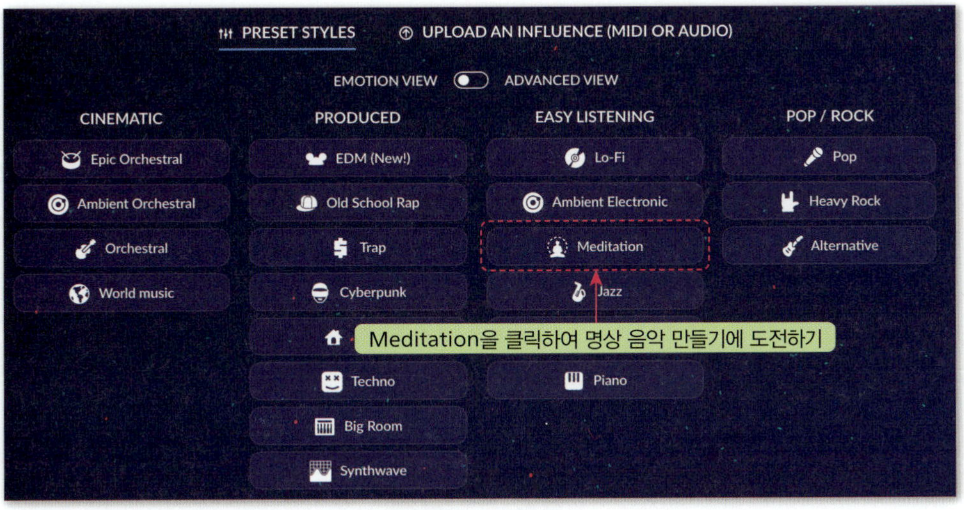

[단계 7] 감정, 음악의 길이, 몇 개의 곡을 만들지 선택하고 [Create your tracks]를 선택하자.

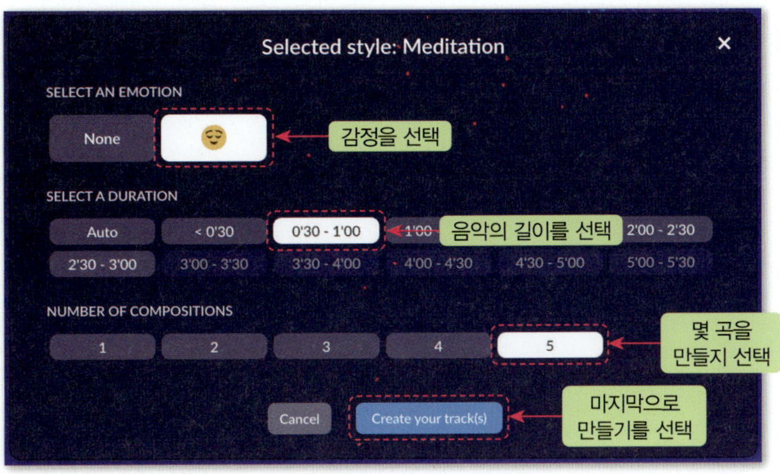

[단계 8] 조금만 기다리면 컴퓨터가 학습한 수천 곡의 명상 음악을 기반으로 여러분이 원하는 음악을 만들어 줄 것이다. 위의 메뉴에서 5곡을 선택했기 때문에 5곡의 명상 음악을 만들어 준다.

COMPOSITIONS

TITLE	SOURCE	INSTRUMENTATI...	KEY	BPM	METER	CREATED ▼	DURATION
New Composition #0	Ambient	Meditation Ense...	Eb Major	60	4/4	Mar 18, 2022	0:57
New Composition #1	Ambient	Meditation Ense...	Ab Major	60	4/4	Mar 18, 2022	0:57
New Composition #2	Ambient	Meditation Ense...	F Major	60	4/4	Mar 18, 2022	0:48
New Composition #3	Ambient	Meditation Ense...	Ab Major	60	4/4	Mar 18, 2022	0:48
New Composition #4	Ambient	Meditation Ense...	B Major	60	4/4	Mar 18, 2022	0:40

[단계 9] 이제 왼쪽의 음표 기호를 클릭하여 인공지능이 만든 5곡의 명상 음악을 느긋하게 감상하자.

도전 문제

- 인공지능 작곡 프로그램 아이바에서 재즈나 피아노와 같이 여러분이 좋아하는 장르 2개에 대하여 각각 2곡 이상을 만들어보자.

- 인공지능 작곡 프로그램 아이바가 만든 곡을 감상해보고 평소에 여러분이 좋아하는 사람이 작곡한 음악과 어떤 면에서 유사하며 어떤 면에서 다르다고 생각되는지 동료들과 함께 토의해 보자.

요약

01 구글 딥마인드는 2010년 **데미스 허사비스, 셰인 레그, 무스타파 슐레이만**이 영국 런던에서 설립한 신경과학에 기반한 인공지능 개발 회사이다.

02 딥마인드의 알파고는 정책망, 가치망, 몬테카를로 트리 탐색 기법을 적용한 강화 학습을 통해서 바둑 분야에서 인간의 직관과 추론, 추상적 사고 능력을 뛰어넘는 인공지능이다.

03 딥마인드는 알파고에서 더 나아가 **알려지지 않은 환경에서 승리 전략을 계획**할 수 있는 능력을 가진 인공지능까지 선보였다.

04 뮤제로의 환경 모델 학습과 성공적인 계획 능력은 강화 학습뿐만 아니라, **범용 인공지능** 분야의 가능성을 연 중요한 기술이라 할 수 있다.

05 **강화 학습**은 행동심리학에서 영감을 받았으며, 어떤 환경 안에서 정의된 에이전트가 현재의 상태를 인식하여, 선택 가능한 행동들 중 **보상**을 최대화하는 행동 혹은 행동 순서를 선택하는 방법이다.

06 다수의 에이전트가 협업 또는 경쟁하는 환경에서의 문제를 강화 학습을 통해 해결하려는 방법이 바로 **다중 에이전트 강화 학습**이다.

07 자율주행 자동차를 위해서는 각종 센서와 카메라, 휴먼-머신 인터페이스 시스템, 차량 제어 시스템, 협력 주행을 위한 여러 기술이 한데 어우러져야 한다. 이 자동차의 동작 과정은 **인지, 판단, 제어의 3단계로 분류**된다.

08 자율주행에서의 데이터 처리는 입력 영상 혹은 입력 데이터가 연속적인 값을 가지고 이에 따른 행동 결과 또한 연속적인 값을 가지기 때문에 이를 실시간으로 해결하는 것이 핵심적 요소라고 할 수 있다.

09 자율주행에 필요한 중간 기능 분류 없이 인공지능이 운전 과정 전체를 학습하는 방법을 **엔드투엔드** 자율주행이라고 한다.

10 강화 학습 기반의 자율주행 자동차의 **단기적 보상은 자율주행 자동차가 안전하게 목적지까지 도착**하는 것이며, **장기적 보상은 자동차가 안전하게 목적지까지 도착하되 최대한 빠른 시간에 도착**하는 것이 될 것이다.

11 매우 뛰어난 기술도 이용자에게 큰 만족감을 주지 못하여 실패하는 사례가 많기 때문에 자율주행 자동차에게는 **인간 친화적인 운전**이라는 큰 도전과제가 남아있다.

[단답형 문제]

괄호 안에 들어갈 적절한 단어를 기입하여라.

01 (   )(은)는 2010년 데미스 하사비스, 세인 레그, 무스타파 슐리이만이 영국 런던에서 설립한 신경과학에 기반한 인공지능 개발 회사이다.

02 구글 딥마인드 챌린지 매치에서 (   )(은)는 이세돌 기사를 4:1로 이기며 승리를 거두게 되었다. (   )의 승리는 인공지능 기술이 범용 인공지능이나 초인공지능 기술로 발전할 수도 있다는 것을 보여주었기 때문에 바둑계뿐만 아니라 전 세계의 많은 인공지능 연구자들에게도 큰 충격을 주었다.

03 2016년 이세돌 기사와의 경기 이후 2017년 딥마인드는 알파고의 후속 버전 (   )(을)를 발표하였다. (   )(은)는 알파고와의 시뮬레이션에서 100대 0의 압승을 거두었다.

04 알파고 제로를 발표한지 한 달 반 만에 딥마인드는 알파고 제로를 한층 더 개량한 (   )(을)를 발표했다. (   )(은)는 바둑에서도 이전 인공지능 버전인 알파고를 능가하였을 뿐만 아니라 체스와 일본식 장기인 쇼기의 인공지능 프로그램과의 대전에서 모두 승리를 거두었다.

05 딥마인드는 더 나아가 알려지지 않은 환경에서 승리 전략을 계획할 수 있는 능력을 가진 인공지능까지 선보였다. 이 새로운 인공지능의 이름은 (   )(이)라고 하는데 인간에 의한 사전 학습은 물론 규칙도 알 필요없이 바둑, 체스, 쇼기, 아타리 게임 등을 마스터하는 새로운 인공지능이다.

06 알파고의 최종 버전인 (   )의 환경 모델 학습과 성공적인 계획 능력은 강화 학습 뿐만 아니라, (   ) 분야의 가능성을 연 중요한 기술이라 할 수 있다. 이런 기술이 현재까지 규칙과 해결책이 알려지지 않은 여러 가지 복잡하고 어려운 현실 문제에 도입된다면, 그 동안 인류가 알지 못했던 세상의 많은 비밀들을 풀어줄 수 있을 것으로 기대된다.

07 (   )(은)는 행동심리학에서 영감을 받았으며, 어떤 환경 안에서 정의된 에이전트가 현재의 상태를 인식하여, 선택 가능한 행동들 중 보상을 최대화하는 행동 혹은 행동 순서를 선택하는 방법이다.

08 에이전트가 학습을 하는 과정에서 점점 발전하게 될 의사결정 전략을 (   )(이)라고 한다.

09 강화 학습은 결정을 순차적으로 내려야 하는 문제에 적용할 수 있다. 이러한 문제를 정의할 때 사용하는 방법을 (   )(이)라고 한다.

10 다수의 에이전트가 협업 또는 경쟁하는 환경에서의 문제를 강화 학습을 통해 해결하려는 방법이 바로 (   )이다.

11 자율주행 과정 중 (   ) 기능은 카메라, 레이더, 라이다 등 차체 내부의 센서 정보를 통해서 차량 주변 환경 정보를 알아차리는 과정이다.

12 자율주행 과정 중 (   ) 기능은 인지된 정보를 이용해 향후 벌어질 일을 예측한 후 가장 안전하고 빠른 차량 궤적을 생성하는 것이다.

13 자율주행 기술 중에서 (   )(은)는 인간 탑승자가 느끼는 안락함을 고려한 운전으로 이 안락함이 매우 주관적이며 사람마다 다르기 때문에 매우 큰 도전 과제로 남아있다.

[짝짓기 문제]

01 알파고의 학습 기법과 그 특징을 올바르게 짝짓기 하여라.

정책망 •	• 스스로 바둑을 두면서 바둑판의 각 부분을 평가하고 특정 부분의 승리 확률을 계산하는 기능을 학습
가치망 •	• 이전 고수들의 게임을 모방하는 훈련을 통해 학습을 하는 지도 학습 기법
몬테카를로 트리 탐색 •	• 알파고의 최종적인 착점을 결정하는 데 사용되는 방법

02 강화 학습에서 사용되는 마르코프 의사결정 프로세스의 요소와 그 특징을 올바르게 짝짓기 하여라.

상태 •	• 순차적 행동 결정문제에서 구해야 할 답
행동 •	• 에이전트가 학습할 수 있는 유일한 정보
보상 •	• 어떠한 상태에서 취할 수 있는 움직임 혹은 결정
정책 •	• 에이전트의 정적인 요소와 동적인 요소

[객관식 문제]

다음 질문에 대하여 가장 알맞은 답을 선택하여라.

01 자율주행 자동차의 일반적인 동작 과정 단계에 해당하지 않는 것은 무엇인가?

❶ 인지 ❷ 판단

❸ 제어 ❹ 주행

02 다음 중 딥마인드사의 알파고가 바둑 기보를 학습할 때 사용한 방식은 무엇인가?

❶ 인지 학습 ❷ 비지도 학습

❸ 습득 학습 ❹ 지도 학습

03 딥마인드사의 최신 인공지능으로 사전에 게임에 대한 규칙을 전혀 주지 않았음에도 환경을 마스터하고 스스로 규칙을 깨우치는 기능을 가진 인공지능은 무엇인가?

❶ 뮤제로 ❷ 알파제로

❸ 알파고 제로 ❹ 알파고

심화 학습

[주제 1] 알파고는 최근 바둑계를 은퇴한다고 선언하였다. 알파고 이후에 등장한 인공지능 바둑 프로그램에는 어떤 것들이 있을까? 알파고 이후의 다양한 인공지능 바둑 프로그램을 조사해 보고 그 특징들을 알아보도록 하자.

[주제 2] 인공지능 바둑 프로그램의 출현으로 인하여 **많은 바둑 기사들이 인공지능 바둑 프로그램에서 알려주는 승률이 높은 기보로 공부**를 하는 현상이 나타나게 되었다고 한다. 즉, **바둑을 두는 정석인 정답지가 공개**되어 과거의 바둑과 같은 개성적인 포석과 전개가 없어지는 아이러니가 발생하였다고 한다. 이처럼 과거에는 매우 높은 창의성이 필요했던 분야가 인공지능의 발전으로 인하여 인간 창의성이 소멸되는 현상에 대해 자료를 수집하고 정리해 보자. 인간의 창의성은 바둑에서 어떻게 드러나야 할까? 바둑이 아닌 다른 분야에서도 비슷한 사례를 조사하자.

[주제 3] 자율주행 자동차가 주행 중에 불가피한 사고를 내고 큰 합의금을 지불해야 하는 상황이 생겼다고 가정하자. 불행하게도 차량이 크게 파손되어 차의 결함 여부나 사고 원인 파악이 힘들어진 상황이 발생하였다. 이 경우 거액의 합의금은 탑승자, 차량 소유자, 보험사, 자동차 제작사 중 누가 부담해야 할까? 이에 관한 내용을 사전에 합의하지 않을 경우 발생할 문제점에 대해서 조사하도록 하자.

13

인공지능의 도전과 미래

학습목차

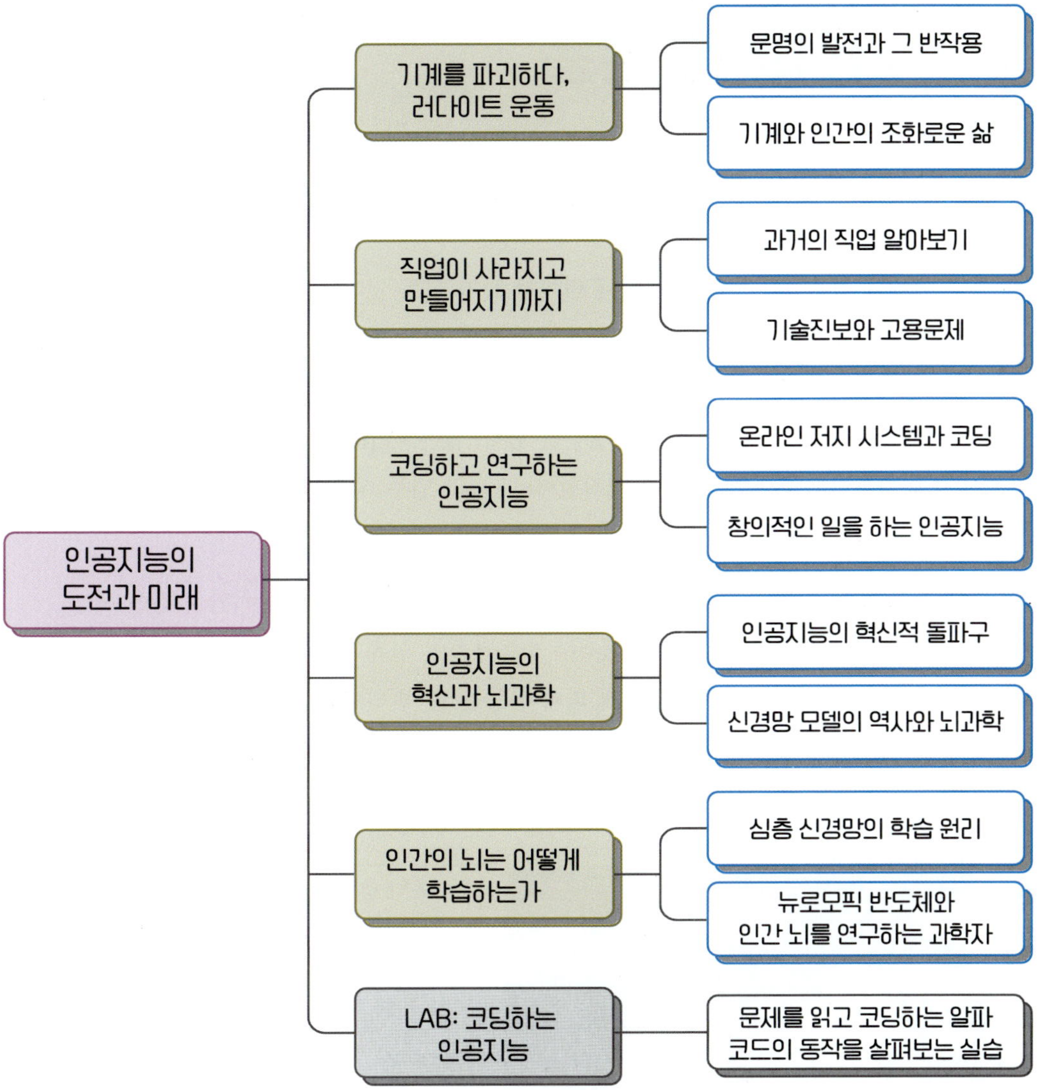

학습목표

- 러다이트 운동을 통해 인간에게 편리함을 주는 기계로 인해 발생한 문제에 대해 살펴보자.
- 기술 혁신에 따라 사라지는 일자리와 새로 생겨나는 일자리에 대하여 알아보자.
- 스스로 코딩하고 문제를 푸는 인공지능과 온라인 저지 시스템에 대해 알아보자.
- minDALL-E의 시스템에 대해 살펴보고 여러 분야에 걸친 적용 방법을 알아보자.
- 인공지능의 여러 가지 혁신에 대해 살펴보고, 뇌과학과 심층 신경망에 대해 이해하자.

01 기계를 파괴하다, 러다이트 운동

현대인은 잠시라도 기계와 컴퓨터가 없는 문명에서 떨어져 살기 힘들 것이다. 아침에 일어나면 스마트폰으로 시간과 오늘의 날씨를 확인하고, 전기 밥솥으로 만든 밥을 먹고, 식기 세척기를 이용해서 설거지를 하고, 자동차를 운전하여 출근을 한다. 자동차의 내비게이션은 목적지의 도착 예정 시간을 미리 알려주고 스마트폰으로 노래를 들으며 출근을 한다. 많은 기업의 사무직 근로자들은 컴퓨터를 켜서 이메일을 확인하고 하루의 업무를 시작한다. 그들의 업무 성과는 때로는 컴퓨터에서 수집되고 보고되며 이것이 중요한 평가 자료가 되기도 한다.

하지만 이러한 편리함을 주는 기계가 인간에게 처음부터 환영받는 존재였을까? 잠시만 시간을 되돌려 19세기 초반의 영국으로 가보자. 당시 영국에서는 노동자들이 섬유 기계를 파괴하는, **오늘날의 시각으로는 기괴한 운동**이 시작되었다. 이 기계 파괴 운동은 한 번의 사건이 아닌 1811년에서 1816년까지 계속된 지역적 폭동이었다. 오늘날 **러다이트 운동** Luddite movement 으로 알려진 이 운동은 노동자 계급이 자본가들에 맞선 계급 투쟁 운동으로 평가받고 있다.

기계를 파괴하는 러다이트 운동의 노동자들

이 운동의 이름인 러다이트는 **네더 러드** Ned Ludd, **캡틴 러드** Captain Ludd, **제네럴 러드** General Ludd 라는 서명이 있는 협박 편지와 성명서를 초기의 기계 파괴 운동 단체에서 사용한 것에서 유래되었다. 러드라는 이름으로 편지가 발송되기는 하였으나 이 이름은 가명으로 추정된다.

약 1760년경 시작된 산업혁명의 열풍이 영국을 뒤흔들 무렵 대부분의 섬유 노동자들은 **자본가로부터 하청을 받아 일하는 비정규직 노동자**들이었다. 산업혁명 이전의 영국은 양을 키워서 양의 털로 옷을 만드는 모직 산업이 발달하여 양모는 국가의 주요 수출품이었다. 하지만 18세기에 이르자 면직물 생산 기술의 발전으로 인하여 면직물 생산량이 폭발적으로 증가하였으며, 면직물 산업은 영국의 주요 산업이 되었다. 당시 영국에서 개발된 방적 기술은 인도의 면 방적기술보다 약 25배의 높은 생산성을 보였다.

이러한 상황에 비해 노동자 계급은 큰 어려움을 겪고 있었는데, 이들은 일하는 노동에 비해 너무나 부족한 임금만을 받고 있었다. 실제로 그들이 받는 임금은 하루에 빵 한 개 정도만 겨우 살 수 있는 정도였기 때문에 그들의 가족을 부양할 수 조차 없었다. 더구나 영국 정부가 자본가와 결탁하여 단결 금지법을 제정했기 때문에, 19세기 영국 노동자들은 노동조합 결성, 단체교섭, 파업 등으로 단결하여 자본가와 싸우는 노동 운동을 하지 못했다.

그래서 영국 중부 지역의 도시인 노팅엄셔·요크셔·랭커셔를 중심으로 자본가에게 빌려 사용하던 기계를 파괴함으로써 **자본가의 착취에 맞서 계급투쟁**을 하였는데 이를 러다이트 운동 또는 기계 파괴 운동이라고 부른다. 이들의 투쟁 대상은 기계 자체만이 아닌 자본가 계급이었으며 임금 인상과 노동 조건의 개선을 목적으로 폭력적인 방법을 사용한 것이다. 노동 조건 개선을 위해 기계를 파괴한 이유는 이 방법이 **작업을 중단시키는 가장 확실한 수단이었기 때문**이었다. 즉, 파업을 해서 공장의 노동자들이 작업을 중단하더라도 미숙련 대체 노동자들에 의한 기계의 운영이 이루어질 경우 파업의 효과가 떨어지기 때문이다.

산업혁명 초기의 어린이 노동자

산업혁명 초기에는 어린이나 부녀자들도 매우 힘든 육체 노동자로 장시간 일을 해야만 했으며, 러다이트 운동은 이러한 열악한 노동 조건을 개선하기 위한 계급 투쟁의 산물로 이해하려는 시각이 있다. 즉, 오늘날 일부의 오해처럼 이들의 투쟁 대상이 단순히 노동자를 대체하는 기계에 대한 반감만은 아니었다고 할 수 있다.

한걸음 더 **기계와 인간의 조화로운 삶**

러다이트 운동에서 노동자들이 기계를 파괴하는 폭력적인 행동을 한 것은 단순한 거부감이나 실업에 대한 공포만은 아니었다. 당시 영국과 유럽의 여러 국가들은 **나폴레옹 전쟁**으로 인해 경제 불황에 시달렸으며 고용 감소, 물가 상승 등의 **복합적인 상황에 기계의 등장까지 맞물린 것**이 크다.

기계의 도입과 대량생산이 이루어지던 산업혁명의 초기에 자본가들은 기계만 도입되면 그들의 사업이 영원히 번성할 것이라는 전망을 가지고 있었다. 식민지 착취를 바탕으로 한 제국주의 시절에는 대량생산된 물건에 대한 충분한 소비처인 식민지가 확보되어 있었다. 그러나 기계제 공업의 경쟁이 점점 심화되면 제품이 시장에 과잉공급되는 문제가 발생할 가능성이 있었다. 실제 그런 우려는 1920년대 말 전 세계를 휩쓴 대공황으로 현실화되었다.

새로운 기술과 산업의 등장으로 인한 기존 산업의 몰락과 실업은 현재도 진행되고 있다. 따라서 이러한 현상으로 인해 발생하는 **사회적 약자의 보호에도 힘을 써야만 기계와 인간의 조화로운 삶**이 이어질 것이다.

02 직업이 사라지고 만들어지다

사라진 직업들

과거에 있었던 직업 중에서 사라진 직업에 대하여 살펴보자. 그림 속의 물동이를 진 사람은 구한말부터 일제시대 초기에 직업인으로 활약하던 **물장수**이다. 과거에는 오늘날과 같이 깨끗한 식수를 구하는 일이 쉽지 않았기 때문에, 물장수라는 직업인이 물을 길어다 주는 일을 전문으로 하였다. 그러나 이 직업은 지속적으로 이루어진 상수도 시설의 보급으로 인하여 현재는 사라진 직업이 되었다.

물동이를 진 물장수

상수도의 수전

물장수라는 직업군은 너무 오래전 존재했던 직업이므로 이번엔 비교적 현대의 교환원이라는 직업군에 대해 살펴보자. **전화 교환원**은 1920년대에 탄생해서 1970년대까지 인기 직업으로 각광을 받었다. 전자식 교환기가 탄생하기 이전에는 가정집이나 사무실에서 특정한 곳으로 전화를 하기 위하여 중간에 전화 회선을 연결해주는 사람이 필요했다. 전화 교환원이 되기 위해서는 청각이 예민하고 목소리가 또렷해야만 하였으며, 비숙련 노동자가 하기엔 어렵고 전문성 있는 직업이었다. 키 제한도 있었는데 그것은 전화 교환기의 높이 때문이었다. 이렇듯, 한때 각광받던 인기 직업이 지금은 완전히 사라졌으며, 최근에는 스마트폰의 확산으로 인하여 유선 전화 자체도 사라지는 추세이다.

전화 교환원

전자식 교환기

이와 같이 **직업의 탄생과 소멸은 역사적으로 보아 기술의 발전에 따른 필연적 결과**라고 할 수 있다.

역사적으로 기술의 발전에 의해 일자리는 어떤 변화를 겪었을까? 19세기 초부터 현재까지 기술 발전에 따른 일자리 변화의 역사를 시기별로 살펴본다면 다음과 같은 표로 정리해 볼 수 있을 것이다.

시기	핵심 기술	기술 적용 분야	대체된 직업	보완 직업
19세기 초	공장제 수공업	장인 기술자의 일을 순차적인 일로 분해하여 분업화	고기술 장인 기술자	중간 숙련도의 기능공
19세기 말 이전	증기 동력과 공장 기계화	공장제 수공업을 기계 공정이 대체함	중간 숙련도의 기능공, 공장 노동자	블루 칼라 노동자
20세기 초	전기 동력과 공장 자동화	컨베이어 벨트의 도입과 조립 공정으로 자동화	저학력 블루 칼라 노동자	고학력 화이트 칼라 노동자
20세기 말	컴퓨터 공학	컴퓨터 기기에 의한 사무 자동화	고학력 화이트 칼라 노동자	고학력 연구개발 전문직
21세기	소프트웨어에 의한 지능화	지능형 소프트웨어 기술에 의한 생산 공정과 사무 자동화	고숙련 서비스와 저숙련 서비스	SW 개발, 융합, 창의적 문제해결 전문가

위의 표는 2015년 소프트웨어 정책 연구소에서 발표한 SPRi 이슈리포트에서 발췌한 것으로 표의 내용과 같이 산업혁명 이후의 역사를 살펴보면 반복적으로 **기술 진보에 의해서 기존의 일자리가 대체되는 것**을 볼 수 있다. 하지만 이러한 기술 진보는 새로운 비즈니스와 산업 생태계를 만들어내고, 예측을 뛰어넘는 새로운 일자리를 만들었다.

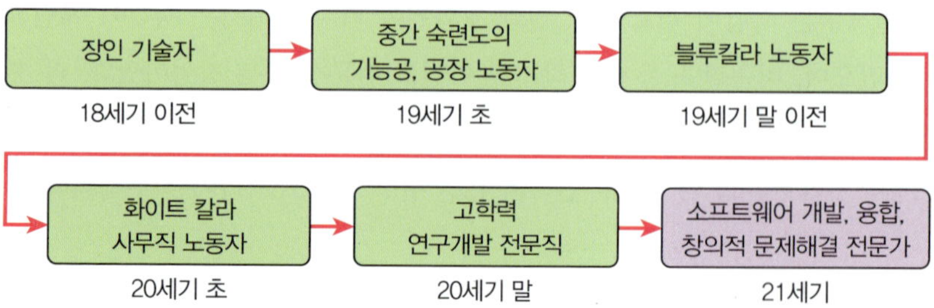

이 보고서에 따르면 21세기가 되면서 소프트웨어에 의한 지능화가 핵심 기술로 부각되고, 소프트웨어 기술의 발전에 의한 생산 공정과 사무 자동화 기술이 광범위하게 적용되어 고숙련 서비스와 저숙련 서비스 노동자들이 소프트웨어 개발, 융합 기술자, 창의적 문제해결 전문가라는 보완적인 직업군으로 대체될 것임을 예견하고 있다.

기술 혁신과 일자리에 대한 비관론과 낙관론

인공지능 기술이 핵심이 되는 4차 산업혁명 시기의 기술 혁신에 따른 일자리는 어떻게 변화할까? 기술 혁신에 따른 일자리의 변화에는 항상 비관론과 낙관론이 존재하였으나, 여러 차례의 기술 혁신과 1, 2, 3차 산업혁명에도 불구하고 노동 시장 자체의 규모는 그다지 감소하지 않았으며 오히려 성장하는 면을 보였다. 이제 미래의 기술 진보에 따른 이슈 중 가장 관심거리인 일자리 규모에 대하여 살펴보자. **고용 문제는 사회적 파장이 클 뿐만 아니라 개인의 삶과 직결**된다.

고용 문제에 관한 논의는 전문가 사이에서 비관론과 낙관론이 팽팽한 상황이다. 비관론 입장의 전문가들은 노동이 기계화·자동화 또는 디지털화로 대체되어 일자리가 줄어들고, 이로 인하여 대량 실업이 발생하고 큰 사회적 문제가 발생할 것이라고 주장한다. 이 입장의 전문가들 역시 그동안 진행되었던 기계화와 자동화 그리고 이로 인한 일자리 감소와 함께 **새로운 수요 창출 등으로 인해서 사회 전체 일자리가 증가**한 것이 사실임을 인정한다. 하지만 **4차 산업혁명은 이전과는 다른 양상으로 전개될 것이라고 주장**한다. 4차 산업혁명 시대의 기술 진보는 기존의 로봇과 기계화에 인공지능과 빅데이터 기술이 더해지면서 마침내 로봇과 인공지능이 인간의 총체적 능력을 뛰어넘을 수 있다는 점에 주목하고 있다.

반면 낙관론 입장의 전문가들은 기존의 기술 진보가 단기적으로는 일부 직종과 총 일자리에 부정적인 영향을 미쳤으나, 장기적으로 보았을때 공정혁신을 통해 생산성을 높이고 시장을 확대하였으

며 신제품 개발을 통해 새로운 수요를 창출함으로써 총량적으로는 일자리를 늘려 왔다는 점에 주목한다. 따라서 이러한 역사가 이번에도 반복될 것이며, **노동 시간의 감소는 기본소득을 통한 소득 보전을 통해서 상쇄할 수 있기 때문에 이것이 곧바로 노동자의 빈곤으로 이어지지는 않을 것**이라고 주장한다.

독일의 제조업 혁신에 대한 인더스트리 4.0과 주요 기술 변화를 예측한 보스턴컨설팅그룹의 Industry 4.0 보고서에 따르면, 2025년까지 독일에서 로봇과 컴퓨터 활용이 증가함에 따라 **조립 및 생산 관련 일자리가 61만 개 감소**하는 반면에 **정보통신 분야나 데이터 과학 분야에서 96만 개의 일자리가 새롭게 창출**될 것으로 예상하였다.

이 보고서는 생산 현장의 단순 반복 과업이 로봇과 컴퓨터로 대체되면서 생산직과 품질 관리직, 설비 보전직 등의 일자리가 감소할 것으로 전망하였다. 반면에 소프트웨어 및 정보통신 인터페이스 활용 증가, 정보통신과 비즈니스 모델에서 데이터의 중요성 증대, 생산과정에 로봇 도입 증가 등으로 정보통신 솔루션 아키텍처, 사용자 인터페이스 설계자, 산업 데이터 과학자, 로봇 코디네이터 등의 일자리가 증가할 것으로 전망하였다. 또 지능기계 부문 시장 확대로 해당 설비 생산직 일자리가 증가할 것으로도 예상하였다.

한편, 한국고용정보원의 보고서인 「4차 산업혁명 미래 일자리 전망」에서는 직무의 유형과 숙련 수준에 따른 기술 대체 가능성을 예측하였다. 이 보고서에서는 기술 대체 가능성에 대하여 다음 그림과 같은 4가지의 유형으로 정리하였다. 세로축은 노동자의 숙련 수준을 의미하고 가로축은 비정형화 정도를 의미한다. **숙련이란 일이나 작업이 익숙한 정도**를 나타내며, 숙련 수준은 많은 학습이나 오랜 기간의 훈련과 경험을 통해 체화되는 수준을 의미하며 의사나 판사와 같은 직업은 높은 숙련 수준이 필요하다. 반면 **정형화란 명시적인 규칙을 따르는 것**을 말하는데 단순 조립, 계산, 수납과 같은 업무는 비교적 정형화된 업무인 데 비하여 간병이나 육아와 같은 일은 비정형적인 일에 해당한다.

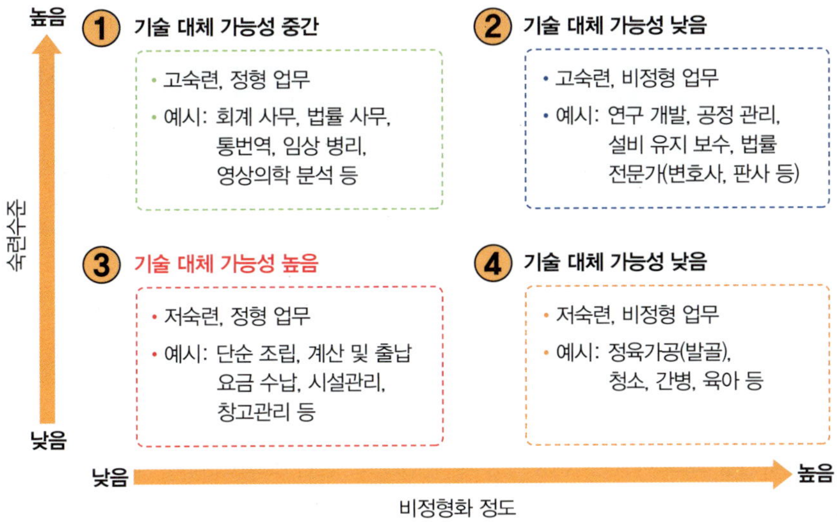

위 그림과 같이 기술 대체 가능성을 본다면 단순 조립, 계산 및 출납, 요금 수납, 시설관리, 창고 관리 등(③번 위치) **저숙련의 정형화된 업무는 디지털화나 자동화, 로봇 등의 기술로 대체될 가능성이 가장 높은 업무**로 볼 수 있다. 최근 고속도로를 드나드는 차량에 자동화된 요금 수납 시스템인 하이패스의 탑재가 증가하면서 수천 명의 수납원이 생계를 위협받게 되어 파업 행위까지 이어진 사례가 있다.

한편 숙련 업무이기는 하지만 정형화된 업무인 회계 사무, 법률 사무, 통번역, 임상 병리, 영상의학 분석 등(①번 위치)의 업무 역시 인공지능과 빅데이터의 발달로 기술 대체 가능성이 커지고 있다. 이 경우는 **직업 자체 또는 일자리가 완전히 사라지지는 않겠지만 일자리 축소는 불가피할 것으로 예상**된다. 예를 들어 네이버 파파고의 통번역 서비스가 지금의 수준보다 한 단계 높아질 경우 통번역 업무는 자연스럽게 인공지능의 일이 될 것이다.

연구 개발, 공정 관리, 설비 유지보수, 판사·검사, 의사 등(②번 위치) 고숙련의 비정형 업무를 수행하는 직업은 기술 대체 가능성이 낮을 것으로 예상된다. 이들 직업은 인간의 정서적 판단, 불규칙적인 사건·사고에 유연하게 대처하는 능력, 새로움에 대한 호기심과 용기 등 고도의 훈련과 연습이 필요하다. 인공지능이 이들 전문직의 일자리를 위협한다고 하지만, 단시일에 그런 일은 일어나지 않을 것으로 보인다. 마지막으로 ④번 위치에 해당하는 저숙련의 비정형 업무인 정육가공(발골), 청소, 간병, 육아 등의 업무는 기술 대체 가능성이 낮을 것으로 예상된다. 이들 업무는 비정형적인데다가 사람의 정교한 손길 또는 감정이 필요하기 때문에 로봇이나 자동화가 쉽지 않을 것이다.

03 코딩하고 창의적인 일을 하는 인공지능

인공지능이 창의적인 일까지 도전한다면?

기존의 많은 미래전망 보고서들은 인공지능의 혁신으로 인한 소프트웨어 개발과 공학자들의 직업 전망은 밝을 것으로 예상하고 있다. 이 전문 직종의 개발자들은 앞으로 주목받게 될 인공지능 시대의 핵심적인 인력이 될 것이라는 전망이다. 하지만 **코딩하고 소프트웨어를 개발하는 일까지 인공지능이 대체한다면** 이들은 과연 핵심 인력으로 자리를 잡을 수 있을까? 이 절에서는 코딩하고 연구하는 인공지능에 대해 살펴보도록 하자.

여러분이 바둑을 좋아하고 실력을 높이기 위해서는 어떻게 해야 할까? 여러 가지 방법이 있겠지만 바둑을 잘 두는 사람으로부터 바둑을 배우고 많은 실전 경험을 쌓아야 할 것이다. 실전 경험을 쌓기 위해서는 직접 사람을 만나 대국하는 방법도 있겠지만, 온라인으로 대국을 할 수도 있다. 다음 그림에 있는 **넷마블바둑**과 같은 온라인 사이트에서는 바둑을 좋아하는 사람과 만나서 대국을 하고 자신의 순위를 확인할 수 있다.

그렇다면 여러분이 프로그래밍 실력을 높이기 위해서는 어떻게 해야 할까? 여러 가지 방법이 있으나 백준 온라인이나 프로그래머스와 같은 웹사이트에 올라온 프로그래밍 문제를 풀거나 튜토리얼 강의를 들으며 실력을 쌓을 수 있을 것이다. 앞에서 언급한 웹사이트는 정기적으로 프로그래밍에 관련된 문제가 올라오며, 이 문제를 **온라인으로 채점하여 빠르고 정확하게 푸는 프로그래머에게 더**

높은 점수를 부여하는 시스템을 운영한다. 이러한 방식으로 운영되는 시스템을 **온라인 저지** online judge 시스템이라고 한다. 다음 그림은 백준 온라인이라는 온라인 저지 시스템의 문제 예시이다.

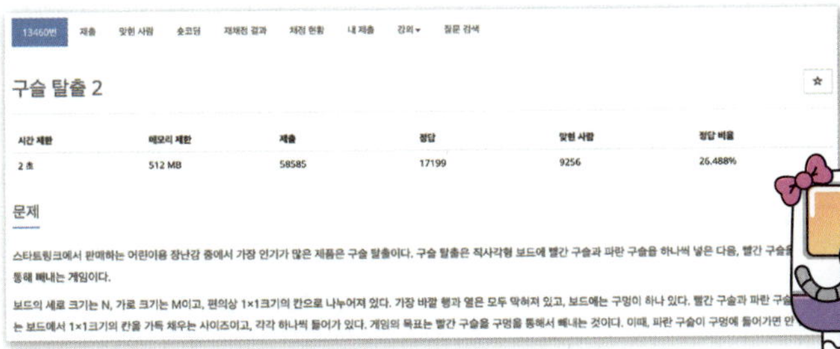

백준 온라인의 문제 예시

2022년 2월 구글 딥마인드에서는 프로그래밍 문제를 이해하고, 이를 해결하는 프로그램을 자동으로 코딩하는 인공지능인 **알파코드**라는 모델을 발표하였다. 알파코드는 5,000여 명의 개발자가 참여한 온라인 저지 시스템인 **코드포스** codeforces 코딩 대회에서 프로그래머의 평균 수준인 상위 54.3%를 달성했다고 전했다. **인공지능 기반 코드 생성 시스템이 프로그래밍 대회에서 인간 수준의 성능**을 보인 것은 이번이 처음이다.

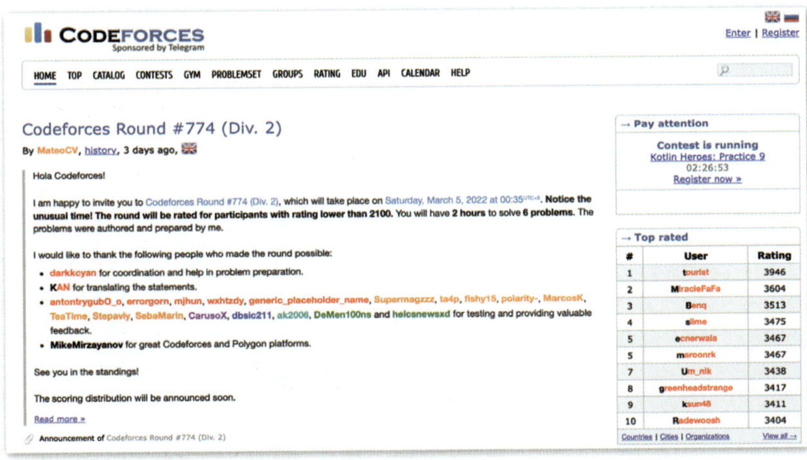

딥마인드의 알파코드가 참여한 온라인 저지 시스템 코드포스 웹사이트

알파코드는 기존의 문제 은행에 있는 코딩만을 하는 것이 아니라 전에는 없던 새로운 코드를 스스로 생성할 수 있다. **코드를 새로 작성하기 위해서는 자연어를 이해하는 능력이 필요하며 알고리즘, 비판적 사고, 논리 등 복합적인 능력이 필요**하다. 기존의 코딩하는 인공지능이 코딩 대회에서 인간 수준의 성능을 보이지 못한 것은 이러한 능력이 부족했기 때문이다. 지금까지 선보여진 코딩 인공지능은 대부분 기존에 있던 코드를 복사하거나 관련된 모든 알고리즘을 학습해 적용까지만 할 수 있었다.

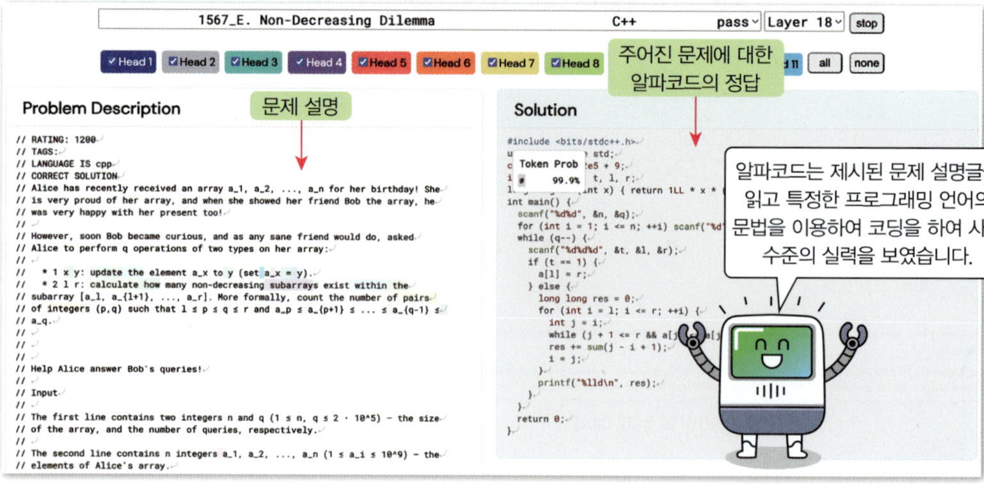

알파코드를 개발한 딥마인드는 논문에서 '최근 등장한 대규모 언어 모델은 코드를 생성할 수 있는 인상적인 능력을 보여줬고, 간단한 프로그래밍 작업도 할 수 있을 것으로 보인다'면서도 '하지만 이러한 모델은 더 많은 부분에서 평가할 때 여전히 성능이 떨어진다'고 지적했다. 이어 '단순히 지시문을 번역하는 것을 넘어 문제해결 기술을 요구하는 복잡하고 보이지 않는 문제들은(대규모 언어 모델이) 처리하지 못해 이러한 격차를 해소하기 위해 코드 생성을 위한 시스템 알파코드를 개발했다'고 밝혔다.

이 논문에서는 **'코딩이 가능한 인공지능은 스스로를 발전시켜가는 시스템으로까지 발전할 수 있을 것이다'**라는 말로 알파코드의 가능성을 제시하고 있다. 즉, 그림과 같이 로봇이 스스로를 고치고 자신의 성능을 개선할 능력이 있다면 조만간 엄청난 능력을 가지게 될 것이 자명하므로, 알파코드 역

시 **스스로 알고리즘을 고치고 개선시켜가는 능력을 갖춘다면 초지능으로까지 발전**할 가능성이 있을 것이다.

인간보다 더 창의적인 일을 하는 인공지능

이 책의 1장 LAB에서 여러분은 구글의 딥드림 제너레이터에 대해 알아보았으며 실습을 통해서 여러 가지 화풍의 그림을 자동으로 생성해 주는 기능도 함께 알아보았다.

이 딥드림 제너레이터 시스템은 주어진 이미지를 이용하여 특정한 화풍의 그림을 만드는 것이지만 **카카오 브레인**에서 만든 **minDALL-E**는 다음 그림과 같이 이용자가 텍스트로 명령어를 입력하면 실시간으로 원하는 이미지를 만들어주는 이미지 생성 모델이다. min이 붙은 이유는 오픈AI의 'DALL-E'를 누구나 접근하기 쉽게 작은 사이즈 모델로 만든 것이기 때문이다. 이 시스템은 그림과 같이 **'해변을 걷고 있는 큰 {분홍색, 검은색} 코끼리를 그려줘'**라는 인간의 언어를 바탕으로 그림을 그려주는 인공지능 시스템이다. 실제로 '바나나 껍질로 만든 의자 그려줘', '보름달과 파리 에펠탑이 같이 있는 그림 보여줘', '살바도르 달리 화가 스타일로 그려줘'라는 명령어를 입력하면 인공지능이 명령어 맥락을 이해하고 바로 이미지를 도출한다.

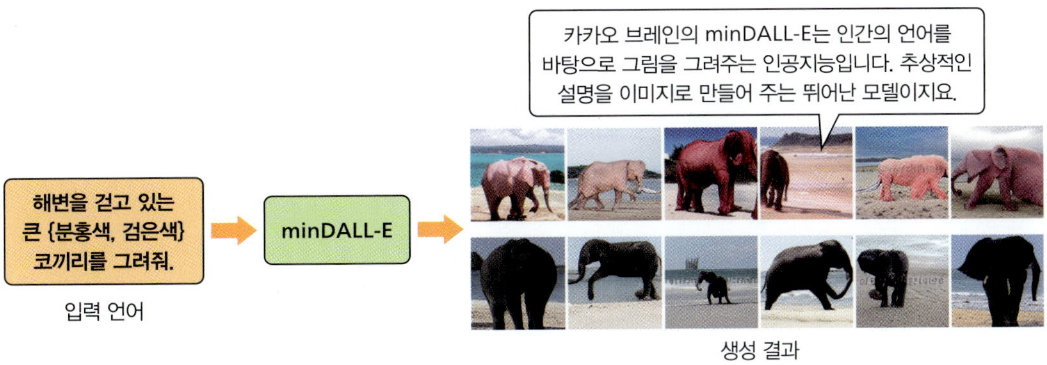

이 시스템의 특징은 1,400만 장이라는 방대한 이미지와 텍스트에 대한 학습을 바탕으로 관련된 이미지를 찾아내는 것이 아니라 인공지능이 스스로 명령을 이해하고 직접 이미지를 그리는 것이다. 이러한 뛰어난 시스템은 **스토리텔링 콘텐츠 삽화를 만들거나 교육 자료 제작에 활용하는 등 다양한 콘텐츠 산업에 적용할 수 있을 것으로 기대**되고 있다.

최근 카카오 브레인은 사람처럼 대화하는 인공지능을 위한 연구 개발을 하고 있으며, 한국어 자연어 처리를 하는 인공지능 모델인 **KoGPT** Korean Generative Pre-trained Transformer 모델 성능 고도화에도 집중하고 있다. 방대한 인간의 언어를 처리하기 위해서는 고성능의 컴퓨팅 인프라가 필요하다. 카카오 브레인은 구글에서 개발한 텐서 처리 장치인 구글 텐서 프로세스 유닛을 활용해 1엑사플롭스를 뛰어넘는 딥러닝 슈퍼컴퓨팅 인프라를 도입해 연구 효율을 높였다. 아울러 KoGPT 모델 매개변수를 60억 개에서 300억 개 사이즈까지 5배 늘려 이전보다 더 정확하게 사람의 말을 이해하고 명령을 이행할 수 있도록 만들었다. 김일두 카카오 브레인 대표는 "최근 공개한 언어 모델 KoGPT과 이번에 공개한 minDALL-E를 시작으로 다양한 초거대 AI 모델을 순차 공개할 것"이라며 "이는 차세대 딥러닝 구축을 위한 필수 연구 과정으로, 해당 모델을 오픈 소스로 공개해 국내 IT 생태계 기술 발전에 기여할 것"이라고 전했다. 조만간 독자 여러분은 인간의 언어를 이해하고, 인간의 음성 명령을 수행하며, 더욱더 창의적인 다양한 일을 하는 인공지능을 가까이에서 만날 수 있을지도 모른다.

04 인공지능의 혁신과 뇌과학

최근 인공지능 연구가 가져온 혁신

1940년대에 태동한 인공지능 기술은 1950년대의 다트머스 회의를 시작점으로 하여 큰 기대 속에서 출발하였다. 당시의 많은 인공지능 연구자들은 1980년대나 1990년대가 되면 인간 수준의 인공지능이 출현할 것으로 기대하였다. 하지만 인간의 지능을 만드는 것이 매우 어려운 일이라는 것을 이내 알게 되었으며 이로 인해 1차 인공지능의 겨울과 2차 인공지능의 겨울이라는 혹독한 시련을 겪게 되었다. 초기의 인공지능 연구자들에게는 인간 뇌의 구조가 많이 알려지지 않았기 때문에 인간이 생각하는 논리적 추론 과정을 컴퓨터로 구현하고자 하였다. 하지만 1차 인공지능의 겨울과 2차 인공지능의 겨울이라는 큰 시련을 겪으면서 이러한 접근 방식보다는 인간의 **뇌가 가지는 생물학적 특징을 컴퓨터로 구현하는 것이 더 나을 것이라는 결론**에 이르게 되었다. 그럼에도 불구하고 하드웨어 기술과 빅데이터 기술이 충분히 성장하지 못했던 한계로 인해 인공지능 연구는 2000년대 이전까지 정체를 겪고 있었다.

하지만 2000년대 초반 딥러닝이라고 하는 심층 신경망 기술을 분수령으로 해서 획기적인 연구 성과가 나타나게 되었다. 다음은 **인공지능의 혁신적 돌파구가 된 굵직한 사건**들이다.

혁신 분야	시기	설명
이미지 분류하기	2012년	합성곱 신경망(CNN) 기반의 알렉스넷이 이미지넷 경진대회에서 등장하며, 이미지 분류 정확도를 이전 알고리즘 대비 10% 이상 향상시킴. 이 모델은 딥러닝 활용의 신호탄이 됨.
창조적 활동	2014년	입력 데이터의 분포를 학습하여 데이터를 생성하는 생성자 네트워크와 유사한 데이터를 판별하는 구분자 네트워크 간의 경쟁을 통해서 발전하는 딥러닝 기반의 신경망인 적대적 생성 신경망(GAN) 개념이 등장하여 이미지 합성, 음원 생성 등의 응용 분야에 적용됨. 이에 따라 만화와 그림을 그리거나 음악을 만드는 인공지능이 출현함.
놀이	2016년	강화 학습(RL) 알고리즘을 사용한 알파고의 등장으로 인간의 전유물로 여겨졌던 바둑 분야에서 인간 챔피언 이세돌 기사를 꺾게 됨. 이후 스타크래프트 게임을 하는 알파스타가 출시되었으며 사전에 학습을 시키지 않아도 스스로 게임의 규칙을 익히는 뮤제로 등의 혁신적인 알고리즘이 등장함.
자연어 처리	2020년	우수한 성능을 보유한 초대규모 언어 모델 GPT-3이 등장하면서 자연어 처리 분야에 큰 충격을 주고 있음. GPT-3는 인간과 유사한 수준의 시와 소설, 시나리오를 쓰고 문장을 자연스럽게 생성함.

앞서 살펴본 표에 나타난 대부분의 혁신적인 사건들은 모두 머신러닝 알고리즘의 하나인 심층 신경망을 활용한 기술이기 때문에 오늘날의 인공지능 기술은 곧 딥러닝 기술을 지칭하는 것과 동일한 것으로 간주되기도 한다. 이제 이러한 딥러닝의 기반이 되는 신경망 모델과 뇌과학의 역사를 다시 한번 되짚어보도록 하자.

신경망 모델의 역사를 살펴보자

인간의 뇌는 매우 복잡하면서도 효율적이고도 놀라운 기관이다. 인류는 수페타바이트에 대한 데이터 분석을 통해서 지구로부터 5,500만 광년이나 떨어진 곳에 있는 M87 블랙홀의 그림자 사진을 만들어내었으나, 수천 년에 걸친 의학의 발전과 뇌과학의 눈부신 성과에도 불구하고 인간 뇌가 어떤 원리로 고등한 사고를 하는가에 대해서는 아직도 많은 것을 밝혀내지 못했다.

아인슈타인과 같은 위대한 학자는 지금부터 100여년 전 인류가 지구 밖으로 나가보지도 못한 상황에서 **특수 상대성 이론**과 **일반 상대성 이론**을 통해 우주에 대한 근본적인 시각을 바꾸는 연구를 하였다. 그는 빛의 속도에 의한 시간 지연 효과와 시공간의 개념을 제시하였는데, 이 대담하고도 놀라운 개념은 가설을 먼저 세운 뒤, 머릿속으로 그러한 진리를 '사고 실험'을 통해 검증하여 결론에 도달하는 방법을 통해서 만들어졌다. 그는 '느려지는 시간'이나 '휘어진 시공간' 같은 현대 물리학과 우주론의 패러다임을 **생각의 실험을 통해 새롭게 바꿔놓았다.**

아인슈타인과 같은 인간의 위대한 지성은 곧 **인간 두뇌의 위대함**으로 이해할 수 있다. 인간의 주요 장기 중 하나인 뇌는 약 1.5kg의 무게만을 차지하며, 뉴런들이 공간 효율적으로 빽빽하게 자리를 차지하고 있다. 인간은 두개골 속 좁은 공간에 있는 약 860억 개의 많은 뉴런을 유지하기 위해 하루 500kcal 가량의 에너지를 소비한다. 일반적인 성인의 하루 권장 섭취 칼로리가 2,000~2,500kcal이므로 인간이 하루에 섭취하는 칼로리의 20~25% 정도나 되는 엄청난 에너지를 뇌가 소비하는 것이다. 이렇게 많은 에너지를 소비하는 뇌는 감각기관을 통해서 받아들인 정보에 대하여 이성적인 판단을 내리고 행동하는 경우도 많은 반면 착시 현상과 같이 **주어진 시각 정보를 왜곡해서 해석**하기도 한다.

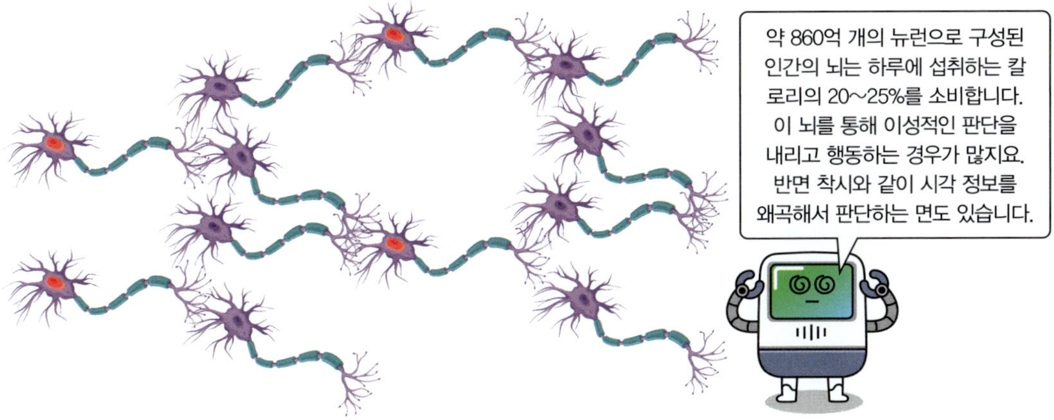

아주 오래 전부터 과학자들은 인간의 뇌를 완벽하게 기계적으로 구현할 수 있다면 이 기계적인 뇌가 곧 인공지능이 될 것이라는 생각을 가졌다. 이에 기반하여 인간 뇌의 작동 원리를 알아내고 이것을 인공적으로 구현하려는 노력은 인공지능이라는 용어의 탄생 이전부터 이어져 왔다. 이 절에서는 인간의 신경세포의 원리를 인공적으로 구현하려는 노력에 대해 알아보자.

1871년 미국의 의사인 **헨리 보우디치** Henry Bowditch 는 근육에 전기 자극을 주었을 때 근육이 일정 강도를 넘는 자극에 대해서만 수축하며 그렇지 않을 경우 반응을 보이지 않는다는 사실을 발견했다. 그는 이 현상을 통해 **자극에 대한 신경세포의 반응을 최초로 확인**하게 되었다.

1906년 노벨 생리의학상을 받은 스페인 신경 과학자 산티아고 라몬 이 카할은 특정 세포 염색 기법을 이용해 뇌에 여러 종류의 신경세포들이 존재하며, 신경세포들이 **시냅스** synapse 라는 연접 부위로 연결되어 있다는 것을 처음으로 발견했다. 이 발견은 **신경세포들의 자극이 곧 사고와 기억의 과정이라는 아이디어**를 제공하게 되었다.

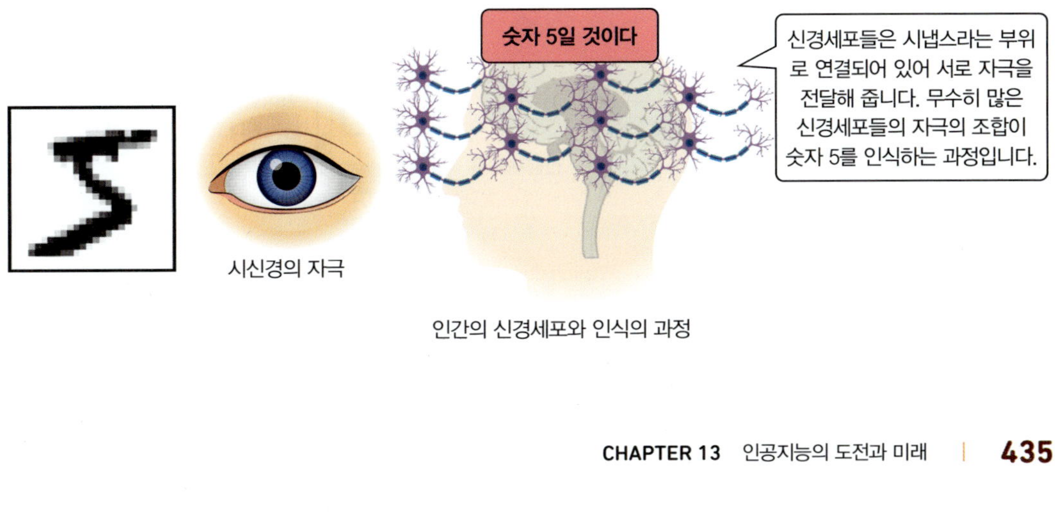

인간의 신경세포와 인식의 과정

1943년 **워런 매컬러** Warren McCulloch 와 **월터 피츠** Walter Pitts 가 획기적인 논문을 통해 자신들의 신경망 모델로 그림과 같이 모든 종류의 이진 논리 게이트를 구현할 수 있음을 증명한 바 있다. 이진 논리 게이트는 AND, OR, NOT, XOR과 같은 **컴퓨터의 기본이 되는 연산을 수행하는 회로**이며 이것을 퍼셉트론으로 구현할 수 있다는 것은 매우 획기적인 사건이었다. 그리고 이 퍼셉트론을 잘 조합하면 기본 논리 연산보다 다소 복잡한 XOR 문제를 해결할 수 있다는 것까지 알려졌다. 하지만 이 퍼셉트론을 조합하려면 입력을 받아들이는 신경 계층과 결과를 출력하는 신경 계층 사이에 숨은 층을 쌓아야만 했다. 여러 층으로 이루어진 퍼셉트론이 문제를 잘 해결할 수 있도록 사람이 신경망의 연결 구조와 **임계값**을 지정하는 방식으로 동작하는 이 방식은 학습이 가능한 수준이 아니었기 때문에 더 이상의 큰 진전을 이룰 수 없었다.

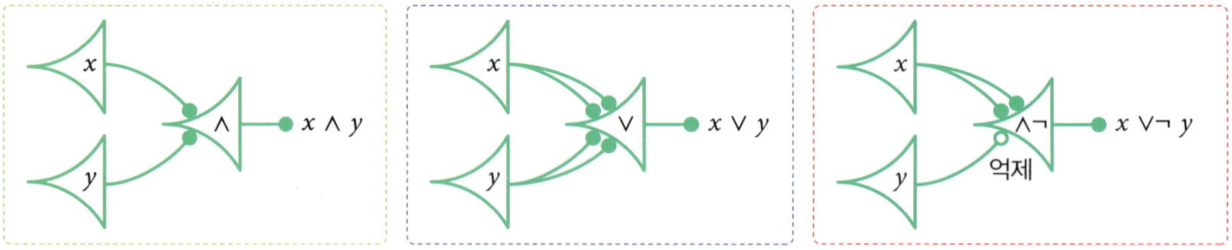

논리곱(AND 연산) 논리합(OR 연산) 부정과 논리곱

뉴런의 연결 강도를 변경하면 신경세포가 하는 일도 변경되는 것은 당연하지만 어떻게 학습을 시켜서 이 연결 강도를 목적에 맞게 변경시킬지에 대해서는 막막한 상태였는데, 이와 관련해 가장 중요한 토대를 만든 이가 캐나다의 심리학자 **도널드 헵** Donald Hebb 이다. 1949년 헵은 "신경세포 A의 축색돌기가 다른 신경세포 B를 자극하기에 충분할 정도로 가까이 있으면서 이 세포를 활성화시키는 일에 반복적이거나 지속적으로 참여한다면, 두 세포 가운데 하나나 둘 모두에서 성장이나 대사 변화가 발생하여 B를 활성화시키는 세포로서 A가 가진 효능이 증가한다"라고 했다. 이것을 압축한 것이 바로 그 유명한 '함께 활성화되는 신경세포는 함께 연결된다'라는 표현이다.

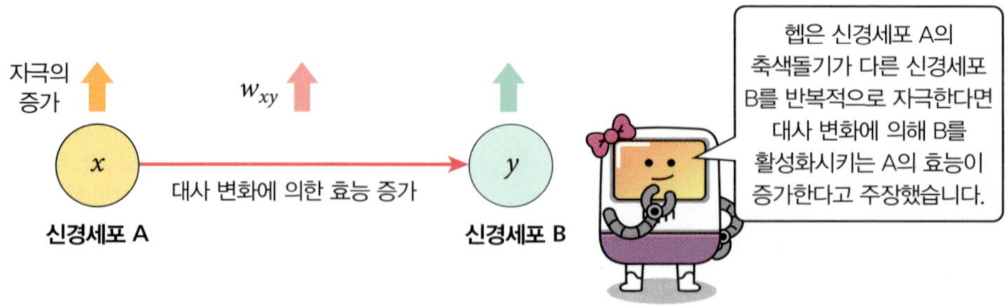

헵의 발견은 두뇌 신경망의 기능이 고정되어 있지 않고 바뀔 수 있는 **가소성** plasticity 을 가지고 있음

을 설명하는 것이며, 이러한 변화가 바로 뇌가 인지 능력을 향상시키는 학습 과정이라는 것이다. 이제 헵의 학습 모델을 수식으로 표현해 보자. 이를 위해 아래와 같이 두 개의 신경세포 x와 y가 연결 강도 w_{xy}로 연결되어 있다고 가정해 보자.

두 신경세포가 함께 활성화되는 정도는 두 신경세포가 내는 신호의 곱이고, 함께 연결되어 효능이 증가한다는 것은 x와 y의 연결 강도 w_{xy}가 커진다는 것이다. 이것은 결국 다음과 같은 간단한 곱셈 수식으로 표현할 수 있다.

$$w_{xy} = xy$$

이러한 연결 강도는 초기에는 임의의 값으로 구성되어 있으며 이들이 특별한 일을 할 수 있도록 바꿀 수 있다면 이것이 곧 학습이 되는 것이다. 헵이 말한 효능의 증가는 곧 연결 강도의 증가이며, 신경세포의 연결 강도는 학습을 통해 변화시킬 수 있다는 것이다. 즉, **헵의 학습 법칙** Hebbian learning rule 은 신경세포에 가해지는 입력과 출력에 따라 새로운 가중치를 바꾸어 나간다는 것이다.

다시 한번 살펴보는 신경세포와 인공 신경세포

퍼셉트론의 학습은 기본적으로 이 헵의 학습 법칙에 근거를 두고 있다. 학습이 가능한 퍼셉트론은 1958년에 **프랭크 로젠블랫** Frank Rosenblatt 에 의하여 공개되었다. 로젠블랫의 퍼셉트론은 다음 그림의 오른쪽과 유사한 구조를 가지며 발표 당시 인공지능의 새로운 장을 연 기술로 각광을 받았다. 그러나 **로젠블랫의 퍼셉트론 역시 XOR 회로를 학습으로 구현할 수 없다**는 것이 증명되면서 큰 어려움에 빠졌다.

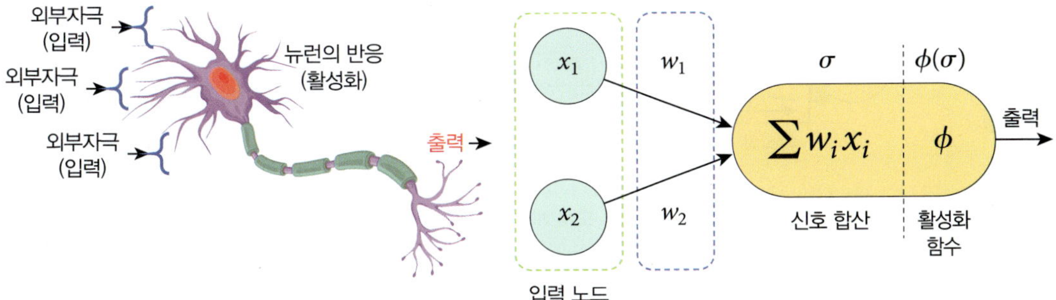

신경세포(뉴런)의 구조 인공 신경세포(퍼셉트론)의 구조

학습이 가능한 인공 신경망은 일반적으로 위의 그림과 같이 표현된다. 입력 노드의 신호는 디지털 컴퓨터에서는 수치값으로 표현되며 가중치 역시 수치값으로 표현되기 때문에 신호 합산에는 이들의 가중합을 의미하는 시그마 기호(Σ)를 사용하고 활성화 함수는 파이(ϕ)를 사용하였다.

이 그림은 퍼셉트론을 설명하는 가장 일반적인 그림으로 널리 사용되고 있다. 퍼셉트론을 그림과 같이 여러 층으로 연결하면 많은 문제를 풀 수 있다는 것은 알려졌으나 여전히 학습에 대한 어려움은 남아있었다.

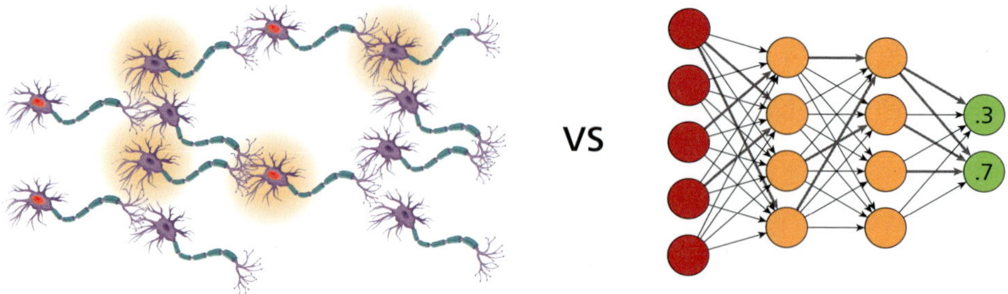

외부 자극에 의한 연결 강도 변화

입력(외부 자극)에 대한
인공 신경망의 가중치 변화

인간 신경세포의 연결 구조와 유사한 복잡한 연결을 가진 인공 신경망을 학습시킬 수 있는 효과적인 방법이 알려지지 않았기 때문에 인공 신경망 연구는 한동안 침체에 빠져들었으나, 1970년대에 제안된 **폴 워보스** Paul Werbos의 **오차 역전파**에 관한 연구가 1980년대에 결실을 맺으면서 신경망 학습 알고리즘은 큰 진전을 이루었다. 1980년대부터 오차 역전파라는 기법이 다양한 수학적 기법들과 결합하여 서서히 성공을 거두고 있었다. 이 방법은 아래 그림과 같이 입력 신호와 연결 강도의 합산에 의한 출력값을 구한 후 이 값과 정답과의 오차를 계산하여 이 오차를 줄여나가는 **경사 하강법**을 통해서 학습을 진행하였다.

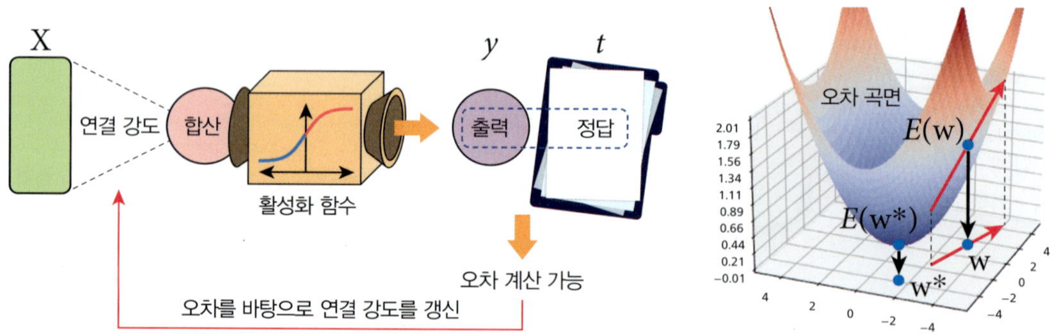

생물학에서 영감을 받은 연구의 정체를 수학으로 돌파하다

이러한 노력에도 불구하고 초기값 문제, 활성화 함수의 문제 등으로 인해 문제의 돌파구가 보이지 않자 많은 연구자들이 인공지능 연구를 떠나 새로운 주제를 찾아갔다. 인공지능의 돌파구를 연 사람들은 연구비 축소로 인한 혹독한 겨울을 맞이하면서도 풀리지 않는 문제를 풀기 위해 끈질기게 연구를 이어간 인내심 있는 학자들이었다. **제프리 힌턴** 교수와 같은 연구자들은 인간의 두뇌를 모방한 심층 신경망이 언젠가는 좋은 성과를 거둘 것으로 믿고 있었으며, 초기값 문제, 활성화 함수의 문제 등과 같은 문제를 하나하나 풀어나가기 시작했다. 이제 **생물학적 토대에서 출발한 인공 신경망의 학습 방법은 신경 생물학과 상관없는 다양한 수학 모델에 기반하여 풀리게 되었다.** 2000년대 초반의 딥러닝 기술은 바로 심층 신경망을 학습시키는 효과적인 수학적 모델인 오차 역전파와 경사 하강법 기법으로 인한 혁신의 산물이었다.

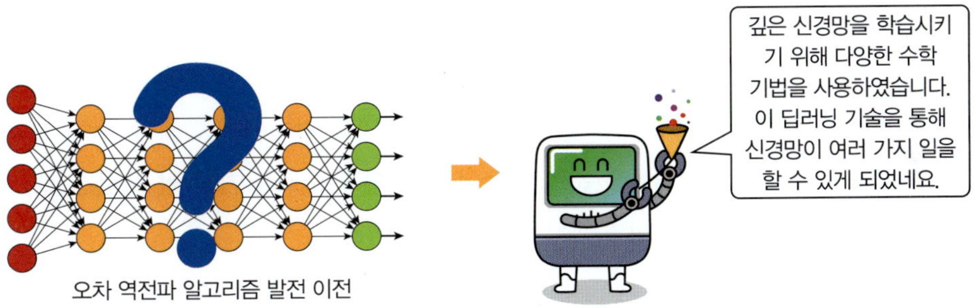

뇌과학의 연구에서 인공 시각 지능의 단초를 얻다

한편, 인간이나 동물이 눈으로 본 사물을 빠르게 '인식'하는 시각 지능에 대한 궁금증을 가진 학자들에 의해 **시각적 정보를 인식하는 과정에 대한 실마리**가 밝혀졌다. 1950년대 말 **데이비드 허벨**과 **토르스텐 비셀**은 고양이에 대한 실험을 통해 시각 정보가 들어올 경우, **시각 피질** visual cortex 에 있는 뉴런들이 시야의 일부 범위 안에 있는 영역에 대해 활성화되어 정보를 받아들인다는 것을 알게 되었다. 그들은 고양이 뇌의 시각 피질에 침 전극을 삽입하고 회전, 스케일 및 이동하는 물체에 대한 뇌전도 신호를 관찰하여 뉴런이 시각적 형태를 어떻게 부호화하는지에 대한 정보를 제공해 주었다. 이들의 발견은 컴퓨터 비전 분야의 비약적인 발전을 앞당기는 계기가 되었는데, 이것이 바로 **합성곱 신경망**의 개발이다. **합성곱 신경망의 핵심적인 아이디어는 인간 뇌의 수용장 구조를 인공 신경망에 접목한 것**으로 이미지넷 경진대회를 통해 큰 성공을 거두었다.

05 인간의 뇌는 심층 신경망과 같은 원리로 학습하는가?

뇌과학의 연구가 가져온 인공지능의 성과

합성곱 신경망이 대두되기 전에는 어떤 방식으로 심층 신경망을 학습시켰을까? 그림과 같이 28 × 28 크기의 픽셀 공간에 손글씨가 입력되는 경우를 가정하자. 이 경우 28 × 28 픽셀의 밝기값을 입력노드에 대응시킨 다음 이 값에 가중치를 곱하여 은닉층으로 전달한다. 그리고 은닉층에서는 다시 가중치를 곱한 다음 출력층으로 전달하면 출력층에서 숫자별 확률값이 나타날 것이다. 만일 이 값이 정답 1이 아닐 경우 정답에 가장 가까운 값이 나올 때까지 신경망을 반복해서 학습시키는 단순한 구조로 학습을 진행하였다. 이러한 단순한 방식의 **밀집 연결 구조**를 가진 **인공 신경망**으로도 학습은 되지만 그다지 좋은 성능을 보이지 못하는 경우가 많았다.

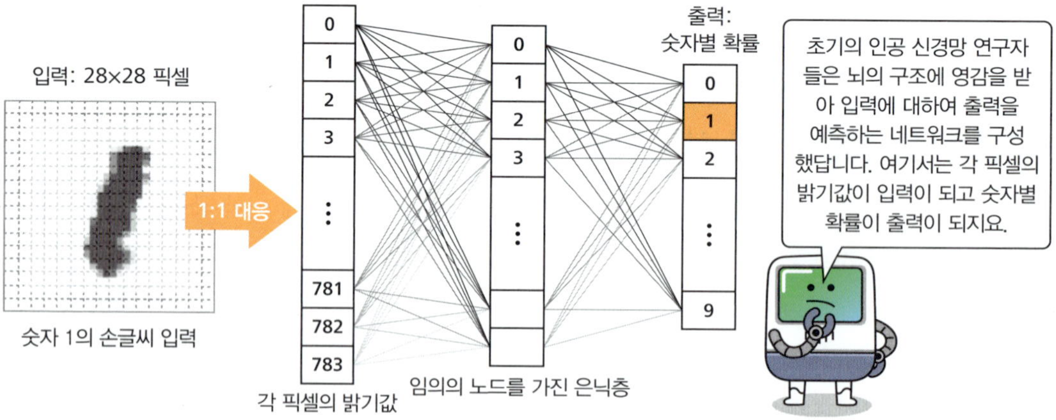

합성곱 신경망은 그림과 같이 인간의 뇌가 사물을 인식하는 과정에서 영감을 받았다. 시각 지능에 대한 많은 연구 결과 시신경으로부터의 자극이 뇌 속의 1차 시각 피질, 2차 시각 피질, 3차 시각 피질 등 여러 영역을 통과하여 계층적으로 정보를 처리하는 과정을 통해 인식을 하는 것으로 밝혀졌다. 즉 정보가 모서리와 직선에서 형상으로, 형상에서 객체로, 객체에서 보다 구체적인 이름의 사물로 추상적인 특징이 추출되어 시각 인식이 이루어지는 것으로 알려졌으며 이를 바탕으로 합성곱 신경망이 탄생하였다.

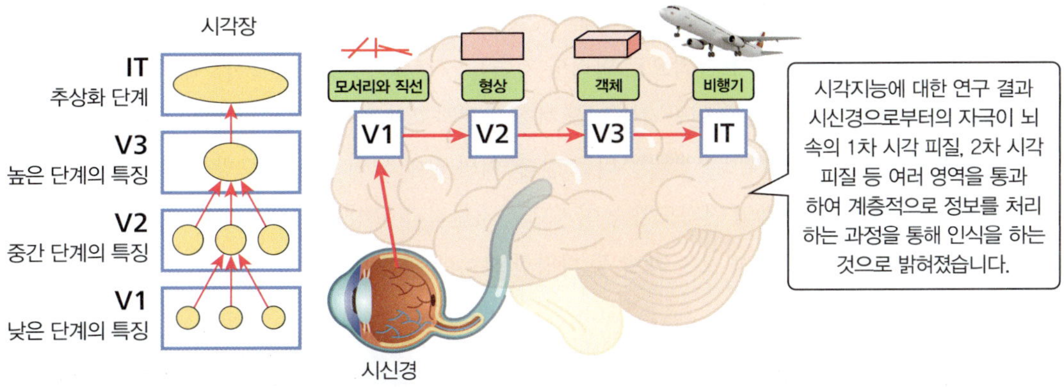

합성곱 신경망은 시신경으로부터의 자극을 계층적 구조로 추상화하는 데서 영감을 얻어 다음 그림과 같이 깊이 있는 신경망을 구성하도록 하였다. 이 신경망은 필터를 이용해서 특징을 추출하는데, 낮은 단계의 특징, 중간 단계의 특징, 높은 단계의 특징을 추출한 후 이 대표되는 특징을 밀집 연결 신경망에 넣어 추상적인 출력인 '비행기'로 분류되도록 하였다.

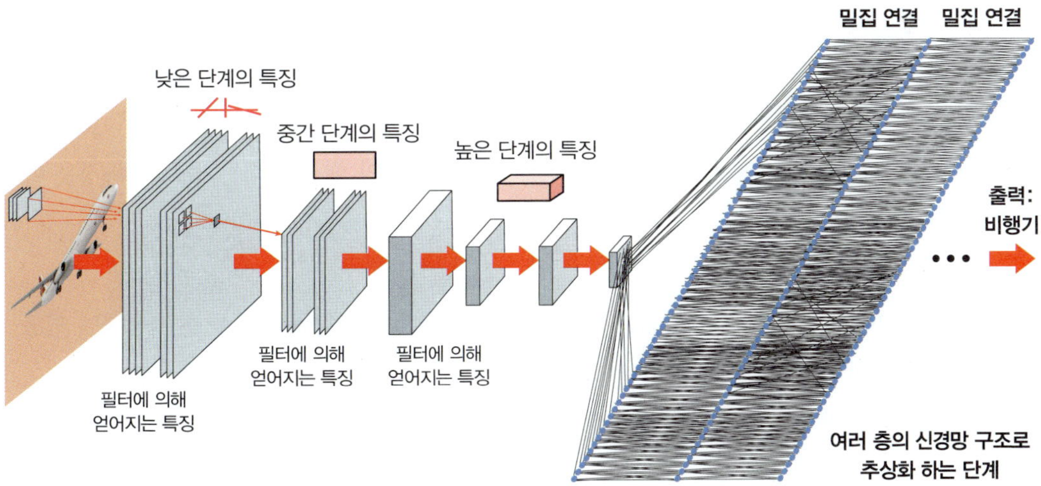

합성곱 신경망의 큰 성공은 외면받던 심층 신경망 학습기법인 딥러닝 기술의 성공이기도 했지만 인공지능 기술에서 사용되는 **인공 신경망이 가지는 생물학적 근사성이 실제로 의미를 가진다는 인식**을 심어주었다.

인공지능 기술을 위한 현재 컴퓨터의 한계와 그 돌파구

하지만 이러한 인공지능 알고리즘의 대부분은 중앙처리장치, 그래픽 처리장치, 주 메모리와 같은 구조를 가지는 기존의 컴퓨팅 시스템에서 실행된다. 만일 컴퓨터 자체가 신경망의 연결 구조를 그대로 가지고 있다면 보다 더 빠르고 효율적으로 딥러닝 기술을 구현할 수 있지 않을까? 이러한 아이디어에 바탕을 두고 인간의 뇌를 모방한 인공지능 반도체를 구현하고자 하는 기술도 진행되고 있는데 이것을 **뉴로모픽 반도체** neuromorphic semiconductor 라고 한다. 이와 같이 뇌의 구조를 모방한 반도체는 메모리와 프로세서가 통합되어 소자의 집적도가 높아지므로 저전력과 고성능을 구현할 수 있을것으로 기대되면 **자율주행 자동차, 인공지능 로봇 개발 등 다양한 분야에 활용될 것으로 예상**된다.

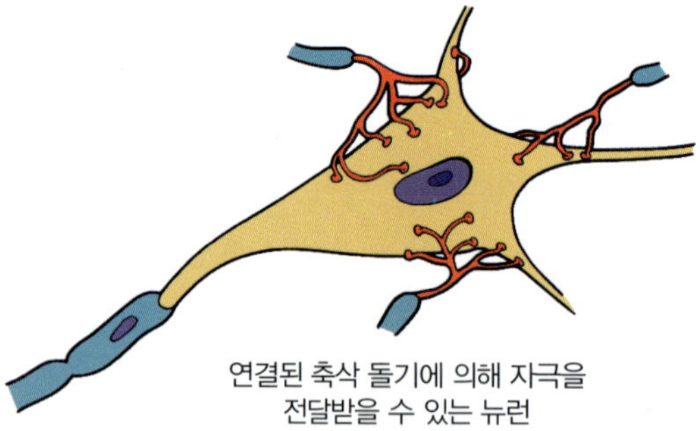

연결된 축삭 돌기에 의해 자극을
전달받을 수 있는 뉴런

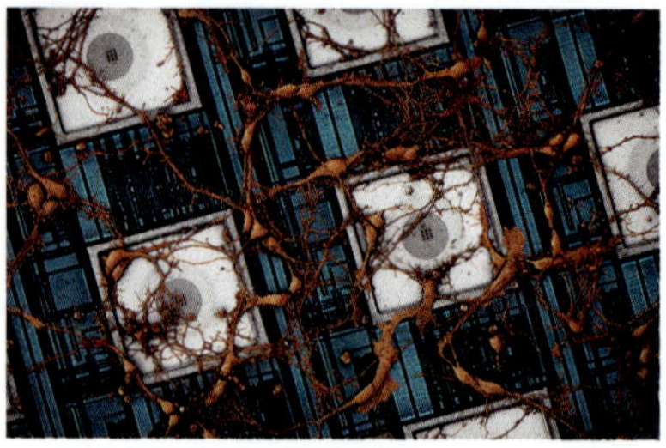

뉴런의 연결 구조를 모방한
뉴로모픽 반도체

딥러닝과 인공지능의 진전

오늘날 혁신적인 기술의 대명사로 인기를 누리고 있는 딥러닝의 핵심이 되는 중요한 특징은 다음과 같이 정리할 수 있다.

- 딥러닝은 인간의 신경세포가 가지는 연결 구조를 모방한 기술인데, 컴퓨터를 사용하여 인공적으로 구현한 신경망을 사용한다.
- 머신러닝 기술의 일종으로 작업에 대한 성능을 측정하여 인공 신경망의 가중치를 개선해 나가는 방법을 사용한다.
- 인공 신경망의 가중치를 점진적으로 개선하기 위하여, 정답과 추정값과의 오차를 최소로 만드는 오차 역전파 알고리즘을 사용한다.
- 인공 신경망의 층을 매우 깊게 만들어서 복잡한 문제를 풀 수 있도록 하였다.

매우 많은 층을 가진 인공 신경망에서 가장 핵심이 되는 학습 알고리즘은 바로 선형대수, 미분/편미분 등의 수학 도구에 기반한 오차 역전파 알고리즘이다. 이 알고리즘의 핵심은 많은 데이터를 통해 **심층 신경망을 학습시킬 때 오차가 발생하면 이 오차를 줄이는 방향으로 신경망 모델의 파라미터 값을 반복적으로 조절**하는 것이다. 오차 역전파는 매우 잘 동작하며 심지어 이 학습법에 기반한 합성곱 신경망 모델은 이미지넷 경진대회에서 인간을 넘어서는 인식률을 보였다. 바둑에서 인간 최고수인 이세돌 기사를 넘어선 알파고 역시 이 오차 역전파 학습법에 기반한 심층 강화 학습 기법을 사용하고 있다. 인간의 신경세포가 가지고 있는 복잡한 연결 구조에서 영감을 받아서 이를 흉내 낸 것이 심층 신경망이기는 하지만 인간의 신경세포가 학습을 하는 과정이 오차 역전파와 같은 학습법인가에 대해서는 아직 분명하게 밝혀지지 않았다.

이러한 인공지능의 성취는 뇌과학을 연구하는 많은 사람들에게 영감을 주고 있다. 인간의 뇌가 오차 역전파와 유사한 방법으로 학습하는지는 아직 잘 모르지만, 인간이 사고하고 학습하는 원리를 이해하는 데 매우 중요한 근거임에는 틀림없기 때문이다. 오랜 기간 동안 인간의 뇌를 연구하는 과학자들의 연구 성과에 의해 인공지능 연구의 돌파구가 열리게 되었으며, 인공지능의 학습 원리를 통해 인간의 뇌를 이해하려는 연구도 이루어지고 있다. 두 **연구의 상호 보완적인 협력**으로 인하여 **언젠가는 인간 뇌의 수수께끼가 풀리는 날이 있을 것이며 이러한 성과는 인공지능의 큰 진전을 가져올 것**이다.

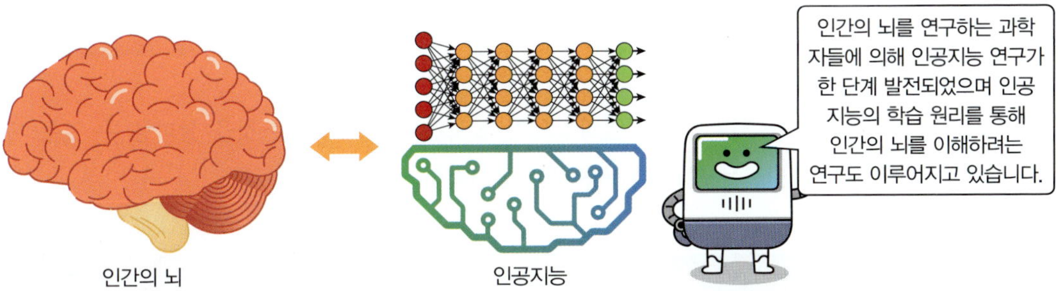

NOTE 뉴로모픽 반도체

뉴로모픽 반도체는 인간의 뇌 구조를 그대로 모방해서 만든 반도체 칩을 의미한다. 뉴로모픽의 사전적 의미는 '신경의 형태를 가진'이다. 1990년대 뇌의 신경세포인 뉴런과 뉴런를 이어주는 연결고리인 시냅스의 신호 전달 방식이 반도체의 트랜지스터 동작 방식과 유사하다는 점이 확인됐다. 반도체 업계는 뇌의 작동 방식을 닮은 반도체 칩이 차세대 반도체 기술이 될 것으로 보고 2000년대부터 본격적인 개발에 돌입했다. 뉴로모픽 반도체는 연산을 담당하는 중앙처리장치와 정보를 저장하는 메모리가 별도로 존재하는 기존 컴퓨팅과 달리 사람의 뇌처럼 연산과 저장을 동시에 할 수 있어 전력 소모와 연산 속도가 빠르다는 장점이 있다. 이에 따라 대용량 데이터를 병렬로 연결해 복잡한 연산, 추론, 학습 등이 가능하다. 뉴로모픽 반도체는 자율주행 자동차, 사물인터넷, 음성 인식, 인공지능, 로봇 등 차세대 기술에 사용될 것으로 전망된다.

출처: 조선비즈

알파코드가 코딩을 하다

[실습 목표]

이번 실습에서는 딥마인드의 알파코드가 문제를 읽고 해석하여 코딩을 하는 과정을 살펴보고자 한다.

[실습하기]

[단계 1] 실습을 위하여 웹사이트에 접속하자.

```
https://alphacode.deepmind.com/
```

[단계 2] 위의 웹사이트는 딥마인드의 알파코드가 실시간으로 코딩하는 것을 살펴볼 수 있는 재미있는 사이트이다. 이 사이트는 크게 다음과 같이 구성되어 있다.

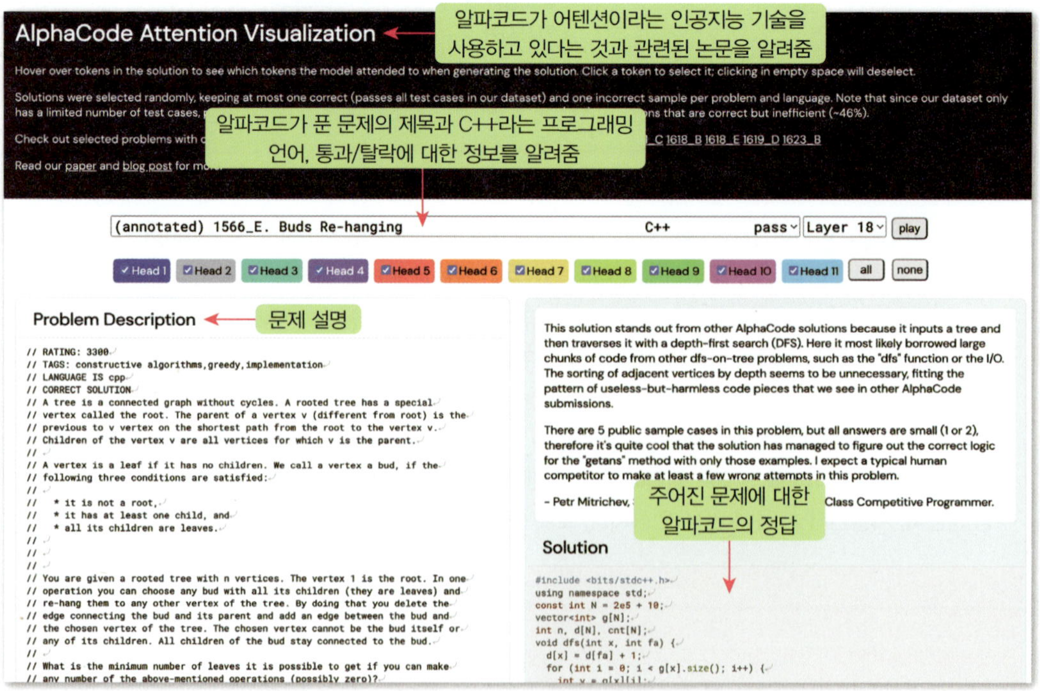

이 사이트의 상단에는 알파코드가 어텐션 시각화라는 인공지능 기술을 사용하고 있다는 것과 함께 관련 논문을 알려주고 있다. 아래쪽 1566_E 으로 시작하고 있는 제목은 알파코드가 푼 프로그래밍 문제의 제목과 사용한 프로그래밍 언어, 통과(pass)/탈락(fail) 정보를 알려준다. 여기에서는 프로그래밍 언어로 C++를 사용하였고, 통과(pass)한 것을 보여준다.

그 아래쪽의 Problem Description에는 문제에 대한 설명이 있으며, Solution에는 주어진 문제에 대한 알파코드의 코딩 결과(정답)가 나타나 있다.

[단계 3] 위의 문제들 중에서 다음과 같이 1553_A. Digits Sum 항목을 찾아서 선택하자. 이 문제는 파이썬이라는 프로그래밍 언어를 사용하여 코딩을 해야하는 문제이다. 마지막에 나타난 pass는 알파코드가 이 문제를 해결하였다는 것을 의미한다.

	1553_A. Digits Sum	C++	fail
✓	1553_A. Digits Sum	Python	pass
	1553_A. Digits Sum	Python	fail

[단계 4] 위의 문제는 다음과 같이 제시되어 있다. 문제에 대한 자세한 설명과 풀이 과정은 이 책의 범위를 벗어나므로 생략한다. 온라인 저지 시스템에서 문제가 주어지는 경우 다음과 같이 문제의 등급, 프로그래밍 언어, 문제와 문제에 대한 자세한 설명, 입력과 출력의 구체적인 예시를 제시하는 것이 일반적이다.

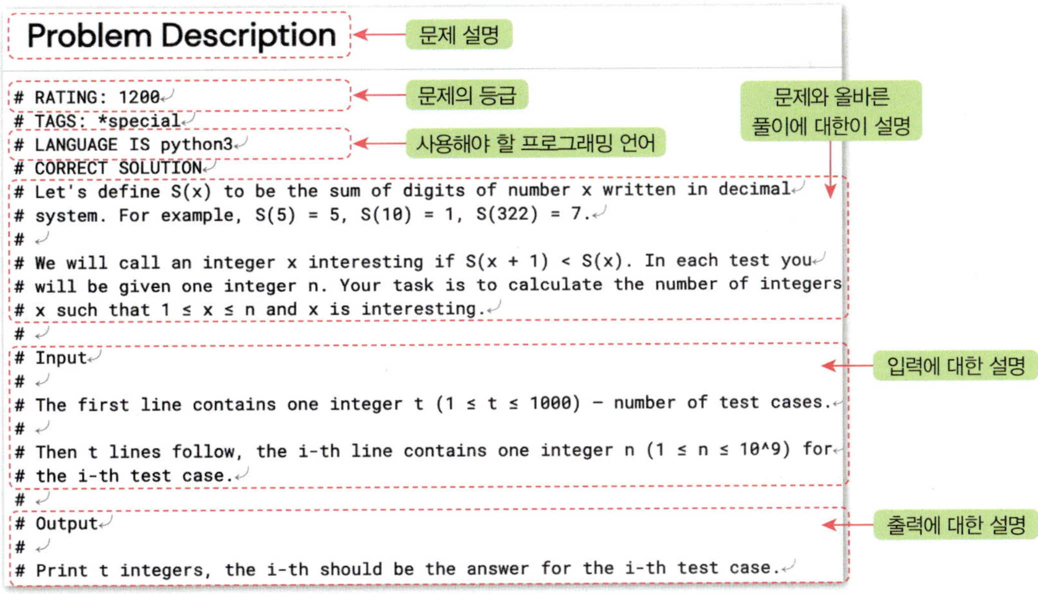

[단계 5] 문제를 확인했다면 다음의 [play] 버튼을 클릭해서 알파코드가 문제를 해결하는 과정을 지켜보도록 하자.

play

[단계 6] [play] 버튼을 클릭하면 화면의 오른쪽에 있는 [Solution] 영역에 알파코드가 문제를 해석해서 코딩하는 과정이 실시간으로 표시된다. 이때 알파코드는 작성 중인 코드가 어느 문장의 내용을 해석해서 작성한 것인지 근거가 되는 문장과의 일치도를 표시하며, 왼쪽의 문제 영역에서도 그 문장을 밝게 표시한다.

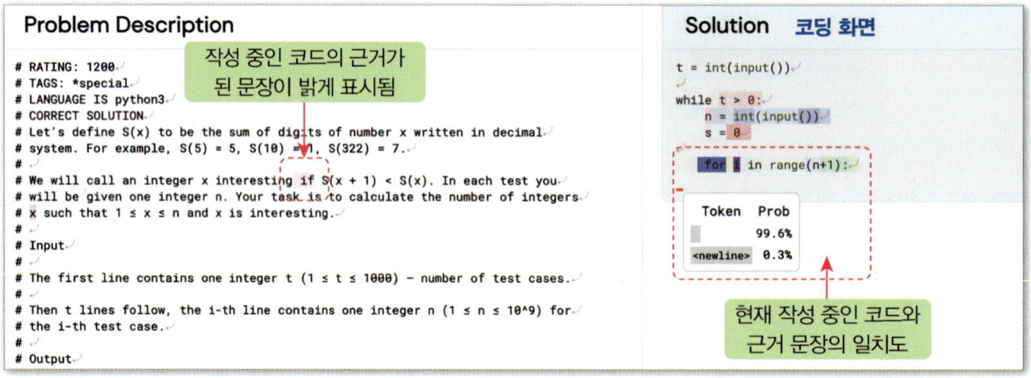

[단계 7] 프로그래밍이 종료되면 오른쪽에는 정답코드가 보이는데 이 코드의 특정한 영역에 마우스를 올려두면 관련된 문장이 왼쪽에 표시되는 것을 볼 수 있다.

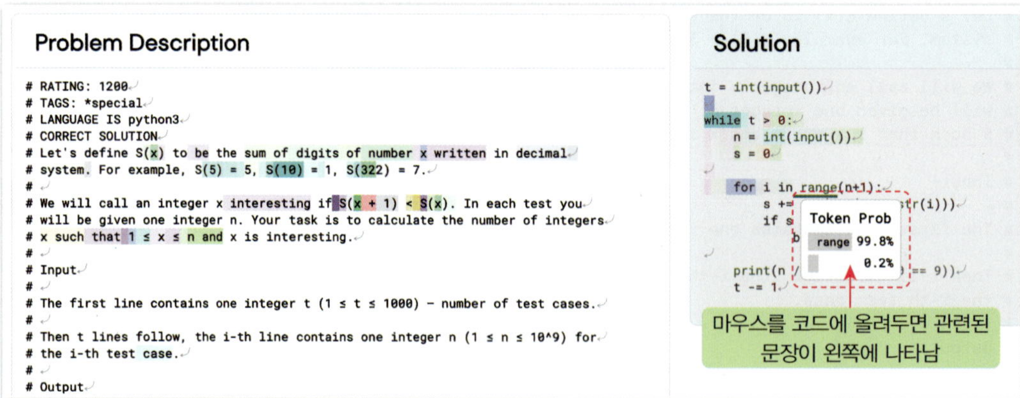

도전 문제

- 알파코드가 주어진 코딩을 하는 제한적인 기능을 넘어 스스로를 개선하는 기능을 가진다면 진정한 의미의 창의적인 인공지능이 될 것으로 보여진다. 과연 이러한 시간이 도래하더라도 현재의 프로그래머라는 직업은 유지될 것인가에 대해 토의해 보자.

요약

01 오늘날 **러다이트 운동**으로 알려진 19세기 초반의 기계 파괴 운동은 노동자 계급이 자본가들에 맞선 계급투쟁 운동으로 평가받고 있다.

02 러다이트 운동은 당시 노동자들의 열악한 노동 조건을 개선하기 위한 계급투쟁으로 이들의 투쟁 대상이 단순히 노동자를 대체하는 기계에 대한 반감만은 아니었다고 할 수 있다.

03 과거로부터 반복적으로 **기술 진보에 의해서 기존의 일자리가 대체되는 것**을 볼 수 있다.

04 4차 산업혁명 시대의 기술 진보는 기존의 로봇과 기계화에 인공지능과 빅데이터 기술이 더해지면서 로봇과 인공지능이 인간의 총체적 능력을 뛰어넘을 수 있다는 점 때문에 **노동시장에 미치는 영향력은 더 커질 것으로 예상**된다.

05 여러 가지 업무 중에서 **저숙련의 정형화된 업무는 디지털화나 자동화, 로봇 등의 기술로 대체될 가능성이 가장 높은 업무**로 볼 수 있다.

06 프로그래밍 문제가 주어지면 참여자들이 주어진 기준에 따라서 코딩을 하고 그 결과를 온라인으로 알려주는 시스템을 **온라인 저지 시스템**이라고 한다.

07 로봇이 스스로를 고치고 자신의 성능을 개선할 능력이 있다면 조만간 엄청난 능력을 가지게 될 것이 자명하므로, **알파코드** 역시 **스스로 알고리즘을 고치고 개선시켜가는 능력을 갖춘다면 초지능으로까지 발전**할 가능성이 있을 것이다.

08 minDALL-E 시스템의 특징은 1,400만 장이라는 방대한 이미지와 텍스트에 대한 학습을 바탕으로 관련된 이미지를 찾아내는 것이 아니라 인공지능이 스스로 명령을 이해하고 직접 이미지를 그리는 것이다.

09 **헨리 보우디치**는 근육에 전기 자극을 주었을 때 근육이 일정 강도를 넘는 자극에 대해서만 수축하며 그렇지 않을 경우 반응을 보이지 않는다는 사실을 발견했다. 그는 이 현상을 통해 **자극에 대한 신경세포의 반응을 최초로 확인**하게 되었다.

10 **인공 신경망**은 인간 뉴런의 작동원리를 흉내 낸 것으로 뇌과학의 발전에 힘입어 발전이 이루어졌다. 하지만 최근의 **딥러닝**은 **경사 하강법과 오차 역전파를 비롯한 수학적 최적화 기법에 의하여 알고리즘 개선**이 크게 이루어졌다.

11 인간의 뇌 구조를 그대로 모방해서 만든 반도체 기술인 **뉴로모픽 반도체**와 같은 기술이 최근 주목받고 있다.

[단답형 문제]

괄호 안에 들어갈 적절한 단어를 기입하여라.

01 19세기 초반 영국에서는 노동자들이 섬유 기계를 파괴하는 운동이 시작되었다. 이 기계 파괴 운동은 한 번의 사건이 아닌 1811년에서 1816년까지 계속된 지역적 폭동이었다. 오늘날 (　　　　　　)(으)로 알려진 이 운동은 노동자 계급이 자본가들에 맞선 계급투쟁 운동으로 평가받고 있다.

02 산업혁명 이후의 역사를 살펴보면 반복적으로 (　　　　　　)에 의해서 기존의 일자리가 대체되는 것을 볼 수 있다. 하지만 이러한 (　　　　　　)(은)는 새로운 비즈니스와 산업 생태계를 만들어내고, 예측을 뛰어넘는 새로운 일자리를 만들어왔다.

03 단순 조립, 계산 및 출납, 요금 수납, 시설 안내, 창고 관리 등과 같은 저숙련의 정형화된 업무는 디지털화나 자동화, 로봇 등의 기술로 대체될 가능성이 가장 (　　　) 업무로 볼 수 있다.

04 숙련 업무이기는 하지만 정형화된 업무인 회계 사무, 법률 사무, 통번역, 임상 병리, 영상의학 분석 등의 업무 역시 인공지능과 빅데이터의 발달로 기술 대체 가능성이 (　　　) 있다.

05 연구개발, 공정관리, 설비 유지보수, 판사·검사, 의사 등 고숙련의 비정형 업무를 수행하는 직업은 기술 대체 가능성이 (　　　) 것으로 예상된다.

06 저숙련의 비정형 업무인 정육가공, 청소, 간병, 육아 등의 업무는 기술 대체 가능성이 (　　　) 것으로 예상된다.

07 프로그래밍에 관련된 문제를 **온라인으로 채점하여 빠르고 정확하게 푸는 프로그래머에게 더 높은 점수를 부여**하는 시스템을 (　　　　　　) 시스템이라고 한다.

08 2022년 2월 구글 딥마인드에서는 프로그래밍 문제를 이해하고, 이를 해결하는 프로그램을 자동으로 코딩하는 인공지능인 (　　　　　　)(이)라는 모델을 발표하였다.

09 카카오 브레인에서 만든 (　　　　　　)(은)는 이용자가 텍스트로 명령어를 입력하면 실시간으로 원하는 이미지를 만들어주는 이미지 생성 모델이다.

10 1871년 미국의 의사인 헨리 보우디치는 근육에 전기 자극을 주었을 때 근육이 일정 강도를 넘는 자극에 대해서만 수축하며 그렇지 않을 경우 반응을 보이지 않는다는 발견을 통해 (　　　　　　)(을)를 최초로 확인하게 되었다.

11 1906년 노벨 생리의학상을 받은 스페인 신경과학자 산티아고 라몬 이 카할은 특정 세포 염색 기법을 이용해 뇌에 여러 종류의 신경세포들이 존재하며, 신경세포들이 (   )(이)라는 연접 부위로 연결되어 있다는 것을 처음으로 발견했다.

12 (   )(은)는 인간의 뇌 구조를 그대로 모방해서 만든 반도체 칩을 의미한다.

[짝짓기 문제]

각 시기와 관계있는 기술 발전에 따른 일자리 변화를 올바르게 짝짓기 하여라.

19세기 초 •	• 공장제 수공업을 기계 공정이 대체함
19세기 말 이전 •	• 컴퓨터 기기에 의한 사무 자동화
20세기 초 •	• 지능형 소프트웨어 기술에 의한 생산 공정과 사무 자동화
20세기 말 •	• 컨베이어 벨트의 도입과 조립 공정으로 자동화
21세기 •	• 장인 기술자의 일을 순차적인 일로 분해하여 분업화함

[객관식 문제]

다음 질문에 대하여 가장 알맞은 답을 선택하여라.

01 한국고용정보원의 보고서인 「4차 산업혁명 미래 일자리 전망」에서는 직무의 유형과 숙련 수준에 따른 기술 대체 가능성을 예측하였다. 다음 직업 중 기술 대체 가능성이 가장 높은 기술은 무엇인가?

❶ 단순 조립　　❷ 통번역
❸ 연구 개발　　❹ 법률 전문가

02 2012년 알렉스넷이 이미지넷 경진대회에서 등장하며, 이미지 분류 정확도를 이전 알고리즘 대비 10% 이상 향상시켰다. 이 이미지 분류 기술에 사용된 딥러닝 기술의 이름은 무엇인가?

❶ 심층 신뢰망　　❷ 합성곱 신경망
❸ 적대적 생성 신경망　　❹ 초대규모 언어 모델

심화 학습

[주제 1] 인공지능 기술이 핵심이 되는 4차 산업혁명 시기의 기술 혁신에 따른 일자리 구조는 어떻게 변화할까? 인공지능의 등장으로 인하여 소멸 중인 직업에 대하여 조사하고 새롭게 등장하는 직업군에 대해서도 알아보도록 하자. 이러한 변화가 우리 사회에 가져올 긍정적인 측면과 부정적인 측면을 알아보자.

[주제 2] 여러분의 주위에 있는 일자리 중에서 인공지능과 고도화된 기계화에 의해 빠르게 대체 가능한 일자리를 3개 이상 찾아보자(예시: 극장의 표 검사원, 고속도로의 요금 징수원 등).

[주제 3] 인공지능 기술의 발전으로 인하여 더 많은 수익을 창출하는 기회를 가지게 되는 직업이 등장할 것이며, 반대로 쇄락하는 산업이나 직업이 등장할 것이다. 더 많은 기회를 가지고 부를 창출하는 사람의 부는 기회를 박탈당한 사람들에게 골고루 나누어져야 할까? 새로운 기술로 인해 생업이 어려워지는 계층을 위해서 사회와 국가는 어떤 노력을 해야 할까? 또한 부의 재분배를 많은 사람이 동의하는 방식으로 실현하기 위해서는 어떠한 좋은 방법이 있을까?

[주제 4] 기본 소득이란 모든 국민에게 국가가 조건 없이 정기적으로 지급하는 일정한 금액의 돈을 의미한다. 이 개념은 모든 국민의 경제적 안정성을 제공하고, 빈곤을 줄이며, 사회적 평등을 촉진하기 위해 제안되었다. 인공지능의 등장으로 노동의 필요성이 감소하고 이로 인하여 부의 불평등이 심해질 것으로 예상되는데, 이러한 경우에 기본 소득을 지급하는 것이 사회 안정에 도움이 되는 제도인가? 기본 소득에 대하여 조사하고 자신의 의견을 기술하여라.

찾아보기

국문

ㄱ

ㄴ

ㄷ

ㄹ

ㅁ

ㅈ

ㅊ

ㅌ

ㅍ

ㅎ

영문

A

B

C

D

V

W

기타